Ditaduras e Revolução.
Democracia e políticas da memória

Ditaduras e Revolução.
Democracia e políticas da memória

2014

Coordenação:
Manuel Loff, Luciana Soutelo e Filipe Piedade

DITADURAS E REVOLUÇÃO.
DEMOCRACIA E POLÍTICAS DA MEMÓRIA
COORDENAÇÃO: Manuel Loff, Luciana Soutelo e Filipe Piedade

EDITOR
EDIÇÕES ALMEDINA, S.A.
Rua Fernandes Tomás, n⁰ˢ 76, 78 e 80
3000-167 Coimbra
Tel.: 239 851 904 · Fax: 239 851 901
www.almedina.net · editora@almedina.net
TRADUÇÃO DE TEXTOS
Sandro Motta Campos
DESIGN DE CAPA
Ilídio Silva
PRÉ-IMPRESSÃO
EDIÇÕES ALMEDINA, S.A.
IMPRESSÃO E ACABAMENTO

Dezembro, 2014
DEPÓSITO LEGAL
....

Este trabalho é financiado por Fundos FEDER através do Programa Operacional Factores de Competitividade – COMPETE e por Fundos Nacionais através da FCT – Fundação para a Ciência e a Tecnologia no âmbito do projecto FCOMP-01-0124-FEDER-020804 (Refª. FCT PTDC/HIS-HIS/121001/2010)

Os dados e as opiniões inseridos na presente publicação são da exclusiva responsabilidade do(s) seu(s) autor(es).
Toda a reprodução desta obra, por fotocópia ou outro qualquer processo, sem prévia autorização escrita do Editor, é ilícita e passível de procedimento judicial contra o infrator.

 | GRUPOALMEDINA

Biblioteca Nacional de Portugal – Catalogação na Publicação

Ditaduras e Revolução. Democracia e políticas da memória / coord. Manuel Loff
ISBN 978-972-40-5835-1

I – LOFF, Manuel, 1965-

CDU 94(46)"19"(042)

INDICE

INTRODUÇÃO 9
Manuel Loff / Filipe Piedade

PRIMEIRA PARTE
A luta pela memória em Portugal: da ditadura, da Revolução 21

Estado, democracia e memória:
políticas públicas da memória da ditadura portuguesa (1974-2014) 23
Manuel Loff

Passados insubornáveis:
acontecimento, razão escrita e memórias fracas 145
Paula Godinho

Resgatar a Memória: Os Jornais *3 Páginas para as Camaradas
das Casas do Partido* e *A Voz das Camaradas das Casas do Partido* 169
Cristina Nogueira

Ser e não ser:
A Revolução portuguesa de 74/75 no seu 40º aniversário 195
Fernando Rosas

Revolução de outro modo. Práticas de construção da memória
sobre a revolução entre as elites económicas do Porto 207
Bruno Monteiro

Memória da luta armada durante os 40 anos de democracia   233
Ana Sofia Ferreira

A memória das Forças Armadas sobre a Guerra Colonial
nas páginas de publicações militares (1976-2012)   247
Filipe Piedade

O revisionismo histórico em perspetiva comparada:
os casos de Portugal e Espanha   263
Luciana Soutelo

SEGUNDA PARTE
A memória da Guerra Civil espanhola e do Franquismo   289

O castigo no(s) pós-guerra(s)   291
Julián Casanova

A herança do passado.
O franquismo e a direita espanhola   307
Carme Molinero

Memória e silêncio.
A esquerda espanhola durante a transição   331
Pere Ysàs

TERCEIRA PARTE
Uma nova frente: a memória da ditadura militar no Brasil   353

As políticas de memória no Brasil, 50 anos após o Golpe   355
Carla Luciana Silva

50 Anos Depois: Discursos de Memória e Reconstruções históricas
sobre o Golpe de 1964 e a Ditadura Brasileira   375
Lucileide Costa Cardoso

ÍNDICE

QUARTA PARTE
Uma memória europeia?   403

Memórias europeias. Perspetivas emaranhadas   405
Enzo Traverso

Invasores ou vítimas? Sobre a memória transnacional
da guerra germano-soviética (1941-45)   427
Xosé M. Núñez Seixas

A ética da memória europeia: o que deve ser feito   453
Luisa Passerini

INTRODUÇÃO

As sociedades em que vivemos são confrontadas com diferentes tipos de discursos de memória sobre períodos significativos de opressão política e social ocorridos sobretudo no século XX[1]. Submetidas ao nazismo, ao fascismo, a regimes fascizados, ao estalinismo ou ao maoísmo, a sistemas colonialistas pesadamente opressivos, aos regimes do *socialismo real* da Europa oriental e à repressão social e policial, em especial dos *anos de chumbo* em que as sociedades liberais ocidentais viveram nos anos 1970 e 80 sob vigilância proto-totalitária, mas que voltam a viver hoje, num tempo de violência austeritária e de histeria islamofóbica disfarçada de *Choque de Civilizações* à moda de Huntington, a identidade histórica destas sociedades é submetida a usos políticos da memória coletiva em todas as suas expressões sociais, incluindo fenómenos de revisão *descafeinizadora*, com motivações políticas e ideológicas, da história da violência e opressão exercida pelo Estado, que constituem elementos decisivos no reforço ou constrangimento do funcionamento democrático.

A memória tornou-se, cultural e politicamente, um intenso campo de batalha nos últimos 40 anos. Portugal (e a Espanha, e o Brasil) não é exceção. O estudo do seu caso neste domínio é evidentemente interessante, já que a superação do passado ditatorial evoluiu em paralelo ao confronto que noutras sociedades europeias se desenvolveu com a memória pós-II Guerra Mundial, do nazifacismo, do Holocausto e do colaboracionismo face aos projetos e às práticas do ocupante. O ciclo de transformações políticas e sociais dos

---

[1] Mas não apenas: veja-se o caso do debate nas Américas em torno da herança da colonização ibérica, e da memória que sobre ela se construiu, ou à volta da escravatura, sobretudo nos EUA.

últimos 40 anos, desde o final do ciclo de impulso revolucionário e emancipador nos anos 1970 até à vaga de fundo neoliberal e neoconservadora que se vem espraiando desde então, foram, são, em quase todo o mundo, mas particularmente na Europa e no Ocidente, anos de batalha cultural e ideológica pela construção da hegemonia no campo da memória. Essa batalha vem-se travando na perceção de que a memória das lutas sociais e políticas do passado (daquele, pelo menos, que é consensualmente considerado como fundador de dimensões relevantes do presente) é uma componente central da construção das condições de desencadeamento e das perspetivas de novas lutas e da sua própria viabilidade. Num dos mais longos ciclos históricos de regressão de conquistas sociais de natureza democrática conseguidas através da luta contra o colonialismo e contra as muitas ditaduras reacionárias da segunda metade do séc. XX, a tentativa de liquidação da tradição revolucionária fundadora das democracias sociais contemporâneas passa necessariamente pela eliminação do valor universal político-ideológico, ético e moral do antifascismo, do anticolonialismo e do antirracismo – afinal, de todas as formas emancipadoras de leitura do mundo e das relações humanas.

Nas sociedades pós-autoritárias, as políticas públicas que operam e/ou afetam a memória de ciclos históricos de ditadura e opressão são oficialmente descritas como procurando promover e preservar a memória coletiva e têm, inevitavelmente, que lidar com as responsabilidades morais e políticas do Estado, que podem incorrer em consequências legais e assim levar a políticas de indemnização das vítimas e de punição/depuração de responsabilidades[2]. A maior parte das mais duras controvérsias surgidas desde os finais dos anos 70 centram-se, ainda que não exclusivamente, no papel específico do Estado na produção de representações do passado e de conceção e objetivos dessas políticas públicas[3]. Foi esse o caso, entre outros, da *Historikerstreit*, de 1986, na Alemanha Ocidental, da disputa sobre a crítica de Renzo De Felice do

---

[2] A bibliografia inglesa usa o conceito de "restitution". Cf. BARKAN, Elazar, *The Guilt of Nations. Restitution and Negotiating Historical Injustices*, N.Y./London: W.W. Norton & Company, 2000; LEFRANC, Sandrine, *Politiques du pardon*, Paris: P.U.F., 2002; BOOTH, James W., *Communities of Memory: On Witness, Identity, and Justice*, Ithaca: Cornell University Press, 2006; GREIFF, Pablo de (ed.), *The Handbook of Reparations*, Oxford: Oxford Univ. Press, 2006.
[3] VINYES, Ricard (ed.), *El estado de la memoria. Gobiernos y ciudadanos frente a los traumas de la historia*, Barcelona: RBA Libros, 2009.

INTRODUÇÃO

que ele procurou descrever como sendo a versão do antifascismo italiano do fascismo, ou da controvérsia sobre o negacionismo e revisionismo francês do Holocausto e da natureza do regime de Vichy e das suas responsabilidades genocidas[4]. O debate permaneceu bastante vivo na Europa Ocidental, durante todo o processo de reunificação alemã[5], da ascensão dos pós-fascistas ao poder nos governos Berlusconi, na Itália dos anos 90, e dos governos do PP em Espanha (Aznar, 1996-2004, e Rajoy, desde 2011) e do impacto generalizado da ascensão eleitoral da extrema-direita racista e/ou de discurso nostálgico/desculpabilizador de um passado fascista ou fascizado em vários outros países europeus (todos os quatro países escandinavos continentais, as repúblicas bálticas, a Holanda, a Polónia, a Eslováquia, a Hungria, a Áustria, a Croácia, a Bulgária, a Grécia, a Ucrânia), quer entrando diretamente na esfera do poder executivo por via de coligações, quer pesando decisivamente na formação de maiorias de governo. Por outro lado, uma nova frente de enfrentamentos sobre experiências autoritárias e/ou totalitárias foi aberta na memória coletiva com a implosão do sistema soviético, no final dos anos 80, inícios dos anos 90[6]. O mesmo padrão de disputa pela memória desenvolveu-se em várias sociedades latinoamericanas saídas das ditaduras militares[7] e, em alguns casos, na Ásia e África pós-coloniais.

---

[4] Ver uma primeira abordagem a todas estas controvérsias in LOFF, Manuel, *Salazarismo e Franquismo na época de Hitler (1936-1942). Convergência política, preconceito ideológico e oportunidade histórica na redefinição internacional de Portugal e Espanha*, Porto: Campo das Letras, 1996. Sobre cada um dos casos, ver WEIILER, Hans-Ulrich, *Le mani sulla storia. Germania: riscrivere il passato?*, trad. ital., Florença: Ponte alle Grazie, 1989 [ed. ori. alemã de 1988]; GALLERANO, Nicola (a cura di), *L'uso pubblico della Storia*, Milão: FrancoAngeli, 1995, e COLLOTTI, Enzo (ed.), *Fascismo e antifascismo. Rimozioni, revisioni, negazioni*, Bari-Roma:Laterza, 2000; e VIDAL-NAQUET, Pierre, *Les assassins de la mémoire*, Paris: La Découverte, 1987, e CONAN, Eric, ROUSSO, *Vichy, un passé qui ne passe pas*, Paris: Fayard, 1994.

[5] HERF, Jeffrey, *Divided Memory. The Nazi Past in the Two Germanys*, Cambridge, Mass./London: Harvard University Press, 1997.

[6] Cf. FERRETTI, Maria, *La memoria mutilata. La Russia ricorda*, Milão: Corbaccio, 1994, e «Percorsi della memoria: il caso russo», Passato e presente, 2003/2, pp. 17-35; RÉV, István, *Giustizia retroattiva. Preistoria del postcomunismo*, Italian translation, Milan: Feltrinelli,2007; TODOROVA, Maria (ed.), *Remembering Communism: Genres of Representation*, New York: Social Science Research Council, 2008; e COOKE, Paul, *Representing East Germany Since Unification: From Colonization to Nostalgia*, Oxford/Nova York: Berg, 2005.

[7] Cf. ZERAN, Z. et alii (eds.), *Encuentros con la memoria*, Santiago de Chile: Lom, 2004; BAUER, Caroline, *Brasil e Argentina: ditaduras, desaparecimentos e políticas de memória*, Porto

A democratização ibérica na década de 70 abriu uma etapa inicial de intensa libertação da memória, mas seguiu-se-lhe um período dominado por uma estratégia de *reconciliação*, mais visível em Espanha que em Portugal, mas acompanhada no nosso país de uma deliberada desvalorização da memória da resistência antifascista[8].

Após as primeiras duas décadas de democracia, a atmosfera social e cultural estava madura para confrontos entre discursos e políticas opostos de memória. O conjunto das ciências sociais tem produzido um corpo de trabalho sólido sobre as várias dimensões dos regimes de Salazar e Franco (comparativamente tarde, pelo menos até aos anos 90, em Portugal), mas isso não impediu as previsíveis polémicas revisionistas. Estas surgiram,

(i) em Espanha, à volta das responsabilidades da Guerra Civil, da repressão e da dignidade moral das vítimas, e tornaram-se rapidamente num aspecto central do debate político-social (nomeadamente na discussão em 2007 da Ley de la Memoria);

(ii) em Portugal, sobre a natureza política do salazarismo, sobre a Revolução de 1974-76, o colonialismo e a Guerra Colonial, a repressão política e movimentos de resistência.

Uma panorâmica da literatura espanhola sobre o tema permite defender que os elementos cruciais do debate sobre a memorialização estão claramente presentes num vasto leque de estudos sociais, constituindo um elemento central do confronto político e cultural, da mesma forma que discursos de

---

Alegre: Medianiz, 2012. Para o caso brasileiro, ver os capítulos que neste livro são da autoria de Carla Silva e de Lucileide Cardoso.

[8] Ver, sobre o caso espanhol, AGUILAR FERNÁNDEZ, Paloma, *Memoria y olvido de la Guerra Civil española*, Madrid: Alianza Editorial, 1996; sobre o português, LOFF, Manuel, «Coming to Terms with the Dictatorial Past in Portugal after 1974: Silence, Remembrance and Ambiguity», in TROEBST, S., BAUMGARTL, S. (eds.), *Postdiktatorische Geschichtskulturen im Süden und Osten Europas. Bestandsaufnahme und Forschungsperspektiven*, Göttingen: Wallstein Verlag, pp. 55-121, e «1989 im Kontext portugiesischer Kontroversen über die jüngste Vergangenheit. Die rechte Rhetorik der zwei Diktaturen», in FRANÇOIS, E., KOŃCZAL, K., TRABA, R., TROEBST, S. (Eds.), *Geschichtspolitik in Europa seit 1989. Deutschland, Frankreich und Polen im internationalen Vergleich*, eds., Göttingen: Wallstein, 2013, pp. 396-426.

memória contrastantes são elementos nucleares de identidades coletivas e individuais igualmente contrastantes.

Esse não é o caso em Portugal: apesar da pesquisa histórica sobre o regime autoritário ter feito progressos muito significativos nos últimos 20 anos, polémicas sobre a memória como as que emergiram no 20º, 25º e 30º aniversários da Revolução foram muito pouco estudadas, apesar da clara relevância pública e significado político dessas discussões em Portugal.

Mas, afinal, para que serve (política, culturalmente) recordar uma ditadura? Se a identidade histórica das sociedades é submetida a usos políticos da memória coletiva em todas as suas expressões sociais, é forçoso admitirmos que nelas se confrontam diferentes políticas da memória. Estado, movimentos sociopolíticos, instituições, indivíduos, produzem discursos memoriais autojustificativos e autorreferenciais que se cruzam, e frequentemente contradizem, narrativas produzidas à escala das classes e dos grupos sociais, dos géneros, das gerações, daquelas que se autodescrevem como tradições familiares. Os estados que se definem como democráticos, que resultam de processos pós-autoritários, produzem discursos institucionais que descrevem processos de (re)fundação radicados na rejeição da opressão (política, social, étnica, cultural, de género...) que precedeu a sua consolidação. Na historiografia e, particularmente, na divulgação histórica através dos mais variados instrumentos de atuação no espaço público (e particularmente através dos média), desenvolvem-se, também aqui inevitavelmente, políticas da memória.

A difusão do conhecimento do passado autoritário na «consciência política da nossa vida pública» é uma componente da qualidade da vida democrática de uma sociedade como são as políticas de Bem-Estar Social ou o Estado de Direito[9]. Em todas as sociedades submetidas ao autoritarismo emergem perguntas a que o Estado de Direito deve responder. Presumir que responder-lhes (judicialmente ou através de políticas de memória) é produzir uma História oficial – portanto ilegítima, intolerável – é presumir um dever de neutralidade (ou indiferença) ética e política do Estado democrático perante o processo histórico através do qual se construiu a democracia. A controvérsia

---

[9] VINYES, Ricard (ed.), *el estado de la memoria...*, pp. 23-24, e MITSCHERLICH, Alexander & Margarete, *Fundamentos del comportamiento colectivo. La imposibilidad de sentir duelo*, trad. esp., Madrid: Alianza Universidad, 1973.

que acompanha sistematicamente, inevitavelmente, todos os processos de verbalização e publicitação de uma memória que incomoda uma parte da sociedade por se sentir acusada, ou embaraçada perante a sua revelação, ou interpelada, tem sempre efeitos muito concretos, como bem sublinharam Eric Conan e Henry Rousso para o caso francês: porque interpelam as autoridades do Estado, «les obligeant à prendre position, à faire la lumière sur tel épisode, à dévoiler quelques secrets d'État et à refuter les faux»; mobilizam os *media*; frequentemente, fazem desencadear processos judiciais; têm consequências no ensino e na investigação, convocando a atenção pública para aquilo que antes era considerado ser melhor esquecer; e condicionam as políticas de comemoração, que passam pela «création de musées, l'apposition oficielle ou l'enlèvement sauvage de plaques et de stéles»[10].

A democratização tardia das sociedades ibéricas abriu, nos anos 70, processos paralelos de ajustes de contas com o passado ditatorial. O mesmo começou a ocorrer no Brasil de fim de século, e especialmente uma vez iniciado este em que vivemos já. Ao contrário do caso português, o debate espanhol tem já sido razoavelmente documentado e analisado do ponto de vista da História, da Sociologia e da Antropologia, com investigação ampliada quer à escala do Estado espanhol[11], quer centrada em casos regionais específicos, ou no papel de associações para a recuperação da memória histórica e a sua relação complexa com políticas públicas memoriais desenvolvidas pelas autoridades centrais, regionais e locais. A investigação tornou possível o confronto das políticas da memória da democracia pós-1977 sobre o Franquismo com aquelas levadas a cabo pelo próprio Franquismo sobre a Segunda República[12] e a

---

[10] CONAN, E., ROUSSO, H. *Vichy, un passé...*, p. 14.

[11] Cf., além dos capítulos que neste livro são da autoria de Carme Molinero, Pere Ysàs e Julián Casanova, MORAL, Félix, *Veiticinco años después. La memoria del franquismo y de la transición a la democracia en los españoles del año 2000*, Madrid: Centro de Investigaciones Sociológicas,2001; AGUILAR FERNÁNDEZ, Paloma, *Políticas de la memoria y memorias de la política*, 2008, e o já citado *Memoria y olvido de la Guerra Civil...*, ambos Madrid: Alianza; JULIÁ, Santos (ed.), *Memoria de la guerra y del Franquismo*, Madrid: Taurus, 2006. Sobre a memória da Transição, cf. MONEDERO, Juan Carlos, *La Transición contada a nuestros padres. Nocturno de la democracia española*, Madrid: Libros de la Catarata, 2013.

[12] MOLINERO, Carme, «La construcció de la memòria de la II República durant el franquime», in RISQUES, Manel, *et al.*, *Visca la República!*, Barcelona: Proa, 2007, pp. 251-72.

INTRODUÇÃO

Guerra Civil, e parece suficientemente ampla e madura para tentar produzir algumas perspetivas comparativas[13].

A publicação que agora se apresenta ao leitor resulta do trabalho de investigação desenvolvido no âmbito do projeto de investigação *Estado e memória: políticas públicas da memória da ditadura portuguesa (1974-2009)* (PTDC/ HIS-HIS/121001/2010). Este projeto, financiado por Fundos FEDER através do Programa Operacional Factores de Competitividade – COMPETE e por Fundos nacionais através da FCT – Fundação para a Ciência e a Tecnologia, e, tendo como Instituição de Acolhimento a Faculdade de Letras da Universidade do Porto (FLUP), contou ainda com a participação de investigadores da Faculdade de Ciências Sociais e Humanas da Universidade Nova de Lisboa (FCSH/UNL), da Universidade de Santiago de Compostela (USC) e da Universitat Autónoma de Barcelona (UAB). O projeto em questão teve a honra de poder contar com os contributos de investigadores de reconhecido mérito, quer a nível nacional quer no estrangeiro. Dessa equipa de investigação, liderada por Manuel Loff (FLUP, IHC da FCSH/UNL), fizeram parte nomes como os de: Fernando Rosas (IHC da FCSH/UNL), Ana Sofia Ferreira (IHC da FCSH/UNL), Bruno Monteiro (IS-UP/FLUP), Cristina Nogueira (IHC da FCSH/UNL), Isabel Menezes (FPCEUP, CIIE), Luciana Soutelo (IHC da FCSH/UNL), Paula Godinho (IHC da FCSH/UNL), Tiago Matos Silva (CRIA), Silvestre Lacerda (DGARQ), Filipe Piedade (IHC da FCSH/ UNL), Carla Luciana Silva (Universidade Estadual do Oeste do Paraná, IHC da FCSH/UNL), Lucileide Costa Cardoso (Universidade Federal da Bahia), Carme Molinero Ruiz (UAB e CEFID), Pere Ysàs Solanes (UAB e CEFID), Xosé Núñez Seixas (USC e Universidade Ludwig-Maximilian de Munique), Julián Casanova Ruiz (Universidad de Zaragoza), Luisa Passerini (Columbia University) e Enzo Traverso (Cornell University). Desenvolvendo a sua atividade em colaboração com vários centros de investigação nacionais e estrangeiros como o Instituto de História Contemporânea (IHC), Instituto de Sociologia da FLUP e Centre d'Etudis sobre les Èpoques Franquista i Democràtica, por exemplo, esta equipa de investigadores procurou analisar o processo de

---

[13] Cf., por exemplo TROEBST, Stefan; RUCHNIEWICZ, Krzysztof (eds.), *Diktaturbeeältigung und nationale Selbstvergewisserung - Geschichtskulturen in Polen und Spaniem im Vergleich*, Wroclaw: Wydawnictwo Uniwersytetu Wroclawskiego, 2004; e a já citada TROEBST, S. BAUMGARTL, S. (eds.), *Postdiktatorische Geschichtskulturen im Süden und Osten Europas...*

construção e preservação da memória coletiva em sociedades pós-autoritárias, em particular debruçando-se sobre as experiências ditatoriais portuguesa, espanhola e brasileira. Nesse sentido, estudaram-se as políticas estatais de preservação da memória coletiva dos períodos autoritários, bem como as políticas públicas, adotadas pelos regimes democráticos, de reparação dos danos causados a grupos e indivíduos que são legalmente definidos como vítimas de regimes de opressão política e social.

Como resultado do trabalho de investigação desenvolvido, entre abril de 2012 e setembro de 2014, obtiveram-se os textos que neste livro se incluem. São 16 trabalhos que abordam, segundo diferentes perspetivas, as questões da memória coletiva sobre períodos autoritários, focando-se nos casos português, espanhol e brasileiro, mas procurando abarcar um plano europeu de reflexão. Dada a diversidade (temática, metodológica e, naturalmente, de opinião) e a abrangência dos trabalhos aqui reunidos, optou-se pela sua organização quatro Partes:

Numa Primeira Parte (**A luta pela memória em Portugal: da ditadura, da Revolução**), apresentam-se trabalhos desenvolvidos em volta das questões da memória da ditadura e da Revolução em Portugal. Esta Primeira Parte é aberta pelo trabalho de Manuel Loff, intitulado «Estado, democracia e memória: políticas públicas e batalhas pela memória da ditadura portuguesa (1974-2014)», no qual o autor, procurando fazer uma síntese do essencial da investigação que se centrou, no âmbito deste projeto, no caso português, organiza em quatro períodos históricos os processos de reconstrução sociopolítica da memória da ditadura salazarista ao longo destas quatro décadas de democracia e explica porque, desde 1976, se foi construindo um écrã, um filtro, que impede olhar para a ditadura sem avaliar primeiro, ou simultaneamente, a Revolução de 1974-76, não somente enquanto fenómeno histórico *per se*, mas sobretudo enquanto modelo de democratização, de rutura com o passado autoritário, contraposto, portanto, à maioria dos modelos seguidos nos últimos 40 anos em processos paralelos de superação de ciclos autoritários. Em «Passados insubornáveis: acontecimento, razão escrita e memórias fracas», Paula Godinho apresenta um estudo de caso centrado nos discursos biográficos de antigos militantes do Movimento Reorganizativo do Partido do Proletariado (MRPP), numa abordagem antropológica da vivência da clandestinidade, sob a ditadura salazarista, dessa organização maoísta portuguesa.

INTRODUÇÃO

A autora chama a atenção do leitor para a questão das memórias "fortes" e "fracas", levantada por Enzo Traverso. Com «Resgatar a Memória: Os Jornais *3 Páginas para as Camaradas das Casas do Partido e A Voz das Camaradas das Casas do Partido*», Cristina Nogueira debruça-se igualmente sobre a memória da clandestinidade sob a ditadura portuguesa, baseando-se, essencialmente, na análise de dois jornais do Partido Comunista Português. A autora procura assim reavivar a memória coletiva relativamente aos resistentes, perseguidos, presos e torturados pelo regime do *Estado Novo*. Fernando Rosas, pelo seu lado empresta o seu contributo a esta publicação com «Ser e não ser: A Revolução portuguesa de 74/75 no seu 40º aniversário», um trabalho no qual, para além de uma análise do desenrolar do processo revolucionário desencadeado na sequência do 25 de Abril, o autor aborda a singularidade do golpe militar de 1974, bem como o papel da Guerra Colonial na precipitação do fim do regime do *Estado Novo*. Em «Revolução de outro modo. Práticas de construção da memória sobre a revolução entre as elites económicas do Porto», Bruno Monteiro procede a uma interpretação sociológica de registos biográficos de empresários do Norte de Portugal como base para a análise dos processos de formação da memória da conjuntura revolucionária (1974-1976) entre a burguesia económica do Porto. Já com «Memória da luta armada durante os 40 anos de democracia», Ana Sofia Ferreira percorre as questões da violência armada nos últimos anos da ditadura e nos 40 anos da democracia. Para além de abordar a luta armada levada a cabo contra a ditadura, debruçando-se sobre as várias organizações clandestinas que a concretizaram, a autora faz ainda o trabalho verdadeiramente inédito de tentar a síntese do recurso à violência como arma política no período pós-autoritário em Portugal. Nesta sequência de trabalhos sobre a memória da ditadura e revolução portuguesas, Filipe Piedade, em «A memória das Forças Armadas sobre a Guerra Colonial nas páginas de publicações militares (1976-2012)», apresenta um estudo sobre a memória da Guerra Colonial (1961-1974) veiculada através de revistas científicas ligadas a instituições militares. Apresentando ao leitor uma síntese do discurso produzido, quer sobre a Guerra Colonial, quer sobre a própria ditadura portuguesa em três publicações militares, o autor procura contribuir para a clarificação dos processos de construção e consolidação da memória sobre o período autoritário e sobre a experiência da guerra em Angola, Guiné e Moçambique entre as Forças Armadas e, particularmente, entre os historiadores e investigadores que dentro das suas instituições desenvolvem a sua atividade científica. A parte deste livro dedicada ao caso português termina com um trabalho de Luciana Soutelo que, em «O revisionismo histórico em perspetiva comparada: os casos de Portugal e Espanha», faz uma análise em volta do conceito de revisionismo histórico e da sua emergência em sociedades pós-autoritárias. A autora debruça-se, particularmente, sobre os casos português e espanhol, e, efetuando um exercício comparativo relativamente ao percurso percorrido pelos processos de revisionismo histórico quanto às ditaduras salazarista e franquista, consegue identificar especificidades desse fenómeno entre as duas experiências nacionais.

Dedicada ao tema da memória da Guerra Civil Espanhola e do Franquismo, a Segunda Parte deste livro (**A memória da Guerra Civil espanhola e do Franquismo**) conta com os contributos de três investigadores espanhóis. Assim, com «O castigo no(s) pós-guerra(s)», Julián Casanova começa por evidenciar um paralelismo entre o percurso da memória da Guerra Civil espanhola e o da Segunda Guerra Mundial, centrando-se depois no caso espanhol, no qual identifica um processo complexo, lento e inacabado de construção de uma memória coletiva, através de políticas públicas de memória, quer sobre a Guerra Civil Espanhola, quer sobre a ditadura franquista. Já Carme Molinero, em «A herança do passado. O franquismo e a direita espanhola», analisa, não só o processo de transição para a democracia que se sucedeu ao final da ditadura franquista, em 1975, como apresenta ao leitor o caminho percorrido em Espanha no sentido da criação de políticas públicas relativamente à memória da ditadura. Este trabalho da investigadora espanhola apresenta ainda uma análise do posicionamento da direita política espanhola ao longo desse percurso e a influência que sobre ele exerceu ao longo de todo o período democrático. Por último, Pere Ysàs Solanes encerra esta Segunda Parte com um trabalho que, sob o título «Memória e silêncio. A esquerda espanhola durante a transição», procura, antes de mais, desmitificar a ideia da existência de um "pacto de silêncio", no qual as forças da esquerda política espanhola teriam participado, sobre os aspetos mais violentos e polémicos da ditadura franquista. Com efeito, o investigador catalão apresenta ao leitor uma análise da atuação dos partidos de esquerda espanhóis no sentido de alcançar uma explicação para a criação desse mesmo mito.

INTRODUÇÃO

A Terceira Parte da publicação que agora se apresenta ao leitor é dedicada a **Uma nova frente: a memória da ditadura militar no Brasil**, e conta com o contributo de duas investigadoras brasileiras: Carla Luciana Silva, com um trabalho intitulado «As políticas de memória no Brasil, 50 anos após o Golpe», em que procura fazer uma síntese sobre as políticas públicas adotadas pelo Estado brasileiro no sentido da preservação da memória sobre a Ditadura Militar (1964-1985). Nesse sentido, a autora analisa uma seleção da legislação aprovada pelo Estado brasileiro sobre a experiência autoritária. Procurando abordar o uso político que se vem fazendo sobre a história da ditadura, este trabalho procura ainda abordar, sinteticamente, a memória coletiva que a sociedade civil brasileira tem vindo a construir sobre o seu próprio passado autoritário, sublinhando o papel, particularmente importante, desempenhado por vários movimentos sociais no processo de construção e preservação dessa mesma memória; e Lucileide Costa Cardoso que, com «50 Anos Depois: Discursos de Memória e Reconstruções históricas sobre o Golpe de 1964 e a Ditadura Brasileira», apresenta um estudo sobre o combate pela memória aberto, com o final da Ditadura Civil-Militar, no Brasil, em 1985. Baseando-se na multiplicidade de publicações biográficas e memorialísticas que proliferou na sociedade brasileira durante o período pós-autoritário, a autora analisa a luta pela memória sobre a experiência autoritária brasileira entre "vencedores" e "vencidos" e reflete sobre o papel que a investigação histórica poderá/deverá ter no aprimoramento de uma memória que vem sendo construída tendo como base principal o discurso memorialístico daqueles que vivenciaram a Ditadura brasileira.

Finalmente, este livro é encerrado por uma última Parte, em que se pergunta se existe/é viável **Uma memória europeia?** Esta Quarta Parte inclui os trabalhos de Enzo Traverso que, em «Memórias europeias. Perspetivas emaranhadas», começando por se dedicar a uma análise sobre o binómio memória-História, identifica os limites e interações entre esses dois conceitos. Para além desse exercício mais concetual, o investigador italiano faz uma viagem que vai desde a Europa Ocidental à Europa Centro-Oriental, passando pelos Balcãs e, até mesmo, pelo Norte de África no sentido de demonstrar que a memória de um determinado evento ou período pode diferir, muitas vezes de forma significativa, dependendo da perspetiva que desses objectos de análise histórica se tenha. Para Traverso, é incontestável, contudo, que a nível global o século XX é percecionado como tendo sido o "século das vítimas". Xosé Núñez Seixas centra-se, em «Invasores ou vítimas? Sobre a memória transnacional da guerra germano-soviética (1941-45)», no processo de criação de uma memória coletiva transnacional sobre os acontecimentos da Segunda Guerra Mundial (1939-1945) e, muito particularmente, sobre a brutalidade que a mesma alcançou na Frente Leste, a partir de 1941. O autor faz uma síntese do percurso de construção de uma memória nacional sobre a guerra seguido em países como a Alemanha (República Federal da Alemanha, República Democrática da Alemanha e, posteriormente, a Alemanha reunificada), Itália, Espanha, França, Finlândia, Holanda, Bélgica, Noruega e Suécia. Finalmente, Luisa Passerini questiona, em «A ética da memória europeia: o que deve ser feito», a existência de uma identidade europeia comum a todos os cidadãos de estados europeus, capaz de servir de base para a criação de uma memória europeia comum. A autora debruça-se sobre as dificuldades de criação dessa mesma memória, alertando, em particular, para a necessidade de reconhecimento de ruturas no decorrer dessa memória coletiva. Analisando o papel que os migrantes, as artes visuais e o cinema e, até mesmo, a mitologia vêm tendo no processo de construção de uma memória europeia comum, Passerini apresenta ao leitor uma boa reflexão sobre a dicotomia estabelecida entre as identidades e memórias nacionais e uma identidade e memória comuns a todos os europeus.

PRIMEIRA PARTE
A luta pela memória em Portugal: da ditadura, da Revolução

Estado, democracia e memória: políticas públicas e batalhas pela memória da ditadura portuguesa (1974-2014)

Manuel Loff[1]

> «*Em matéria de gratidão, é arriscado confiar de mais na memória dos povos. Mesmo a mais sincera devoção carece, para perdurar, do adjutório de suportes objetivos.*»
>
> Preâmbulo do Dec.-Lei 709-A/76, de 4.10.

Ao contrário da democracia espanhola, surgida a partir de um processo complexo de transição pactuada, no qual «los dirigentes políticos acordaron no utilizar el pasado como arma arrojadiza, ya que ello era considerado incompatible con el objetivo de establecer en España un régimen democrático estable y duradero»[2], a democracia portuguesa que nasce em 1974 (ainda que muitos a descrevam como nascida em 1976, ou até mesmo só em 1982...) está política, histórica e institucionalmente enraizada na rejeição da ditadura do *Estado*

[1] Professor no Departamento de História e de Estudos Políticos e Internacionais da Faculdade de Letras da Universidade do Porto, investigador do Instituto de História Contemporânea da FCSH/UNL (coordenador da linha temática «História e Memória: História Oral, Memórias Coletivas, e História do Tempo Presente»). Investigador Responsável do projeto de investigação *Estado e memória: políticas públicas da memória da ditadura portuguesa (1974-2009)* (PTDC/HIS-HIS/121001/2010). O autor agradece os contributos de Silvestre Lacerda, Cristina Nogueira, Josep Sánchez Cervelló e Filipe Piedade na preparação deste texto.

[2] AGUILAR FERNÁNDEZ, Paloma, *Políticas de la memoria, memorias de la política*, Madrid: Alianza, 2008, p. 26

Novo – tanto quanto, por exemplo, as democracias europeias que (res)surgem depois da II Guerra Mundial estão enraizadas na rejeição do fascismo como fenómeno internacional responsável pelo desencadeamento do pior conflito da história humana. Da mesma forma que o Preâmbulo da Constituição da República aprovada em 1976 estabelece que «libertar Portugal da ditadura» – definida como tendo sido um «regime fascista» – «da opressão e do colonialismo representou uma transformação revolucionária e o início de uma viragem histórica da sociedade portuguesa», a redemocratização francesa consagrada na Constituição de 1946, da IV República, disse-se, também ela, fundada na «victoire remportée par les peuples libres sur les régimes qui ont tenté d'asservir et de dégrader la personne humaine»[3]. Desta forma, o caso espanhol e todos os processos democratizadores (ditos *de transição*) que não tenham passado por uma rutura radical com o passado autoritário, distinguem-se dos casos como o português, nos anos 70, que se aproxima, assim, dos processos políticos que se sucedem à vitória aliada sobre o Nazifascismo em 1944-45. Mas, da mesma forma que se não pode julgar que a generalizada condenação do Nazismo e da ocupação nazi, aparentemente consensual na Europa do pós-guerra, tenha facilitado a «construcción de una memoria nacional indiscutida, fuerte y sin conflictos», a construção da democracia portuguesa por via revolucionária também não propiciou um consenso social substancial sobre a memória da ditadura e, em especial, da guerra que, pelo seu impasse, lhe deu origem. Como sublinha Patrizia Dogliani, «fueron pocos los Estados que lograron construir de inmediato una memoria patriótica de la Segunda Guerra Mundial». De facto, «el colaboracionismo, los fascismos autóctonos, la Resistencia y la "guerra civil" entre compatriotas alineados en frentes ideológicos opuestos ha [hecho] muy difícil, en algunos casos imposible, al menos hasta mediados de los años noventa, la construcción de una memoria pública, oficial y unitaria»[4]. Ora, da mesma forma que ocorre com os regimes europeus que foram produto da derrota do nazifascismo, na

---

[3] «Constitution de 1946, IVe République», in http://www.conseil-constitutionnel.fr/conseil-constitutionnel/francais/la-constitution/les-constitutions-de-la-france/constitution--de-1946-ive-republique.5109.html (acedido em julho de 2014).

[4] DOGLIANI, Patrizia, «La memoria pública de la Segundea Guerra Mundial en Europa», in VINYES, Ricard (ed.), *El estado de la memoria. Gobiernos y ciudadanos frente a los traumas de la historia*, Barcelona: RBA Libros, 2009, p. 178.

ESTADO, DEMOCRACIA E MEMÓRIA

ponderação de qualquer esquema comparativo que coloque o modelo português de transição por rutura para a democracia frente aos casos, como o espanhol, em que tal não ocorreu, qualquer observador esperaria, à partida, encontrar comportamentos por parte do Estado relativamente à representação do passado autoritário – isto é, políticas públicas de memória – muito mais empenhados na construção de uma memória descomplexada relativamente ao passado. Isso significaria que o Estado Português reclamaria como sua uma perspetiva geral do passado recente que pudesse ser apresentada como uma crítica democrática do autoritarismo, e, especificamente, da experiência autoritária portuguesa de 1926-74.

Mas não é, e quase nunca foi, o que se verifica. Se há surpresa – ainda que apenas relativa, é certo – que emerge do estudo das (re)construções sociopolíticas que nos últimos 40 anos se fizeram da memória da ditadura portuguesa é o facto de os limites dentro dos quais operam as políticas públicas neste setor desenham um quadro muito semelhante à maioria dos casos nos quais a democracia emergiu sem rutura com o passado autoritário. Os melhores exemplos, neste sentido, podem ser justamente dois daqueles que se analisam neste livro: a Espanha pós-franquista e o Brasil pós-ditadura militar. Pelo contrário, a expressão institucional, quer simbólica, quer discursiva, da memória que o Estado português e os seus dirigentes desenvolvem sobre os anos da ditadura em Portugal (1926-74) pode ser interpretada como particularmente ambivalente se tivermos em consideração alguns dos elementos cruciais que articulam a resistência histórica e o colapso do regime autoritário.

E, antes demais, recordemos que a democracia é, em Portugal, uma consequência quer de um golpe militar *sui generis* (que procurava democracia e paz, sete meses depois do golpe chileno de Pinochet procurar fazer regredir o processo mais avançado de democratização sociopolítica da história da América Latina ocorrido sem recurso a uma revolução), quer de uma revolução política e social. Ao contrário de todas as demais experiências de transição de regimes autoritários para fórmulas políticas (mais ou menos) liberal-democráticas do último quartel do séc. XX – aquelas que Samuel Huntington, de forma particularmente equívoca, agregou na chamada *terceira vaga* de democratização[5]

---

[5] Cf. *Third Wave: Democratisation in the Late 20th Century*, Oklahoma: Oklahoma University Press, 1991.

DITADURAS E REVOLUÇÃO. DEMOCRACIA E POLÍTICAS DA MEMÓRIA

–, o modelo português reunia, em teoria, todas as condições para produzir uma rutura clara com o passado ditatorial, não apenas na sua dimensão política, mas também nas suas dimensões sociais, económicas e culturais. A Revolução portuguesa é indissociável da fase final do predomínio da cultura progressista, sustentada sobre grandes viragens históricas como a derrota do Nazifascismo em 1945, o processo de emancipação anticolonial que decorria ainda e a cultura política que produziu os amplos movimentos sociais surgidos à volta do ano de 1968.[6] Nesta cultura política, provavelmente a primeira verdadeiramente partilhada a uma escala planetária por segmentos muito amplos de todas as sociedades, fundiam-se contributos de natureza muito diversa, desde a interpretação própria dos valores nacionalistas democráticos e socialistas em contextos tão diferentes quanto o Indostão, o mundo árabe ou a África e a América Latina, até à renovação, pela esquerda, das formas de fusão entre religião e política, de que o chamado catolicismo progressista foi um exemplo particularmente relevante no contexto português (além do espanhol e do latinoamericano). Não é difícil perceber o impacto muito forte que esta cultura teve na politização de uma sociedade como a portuguesa, sujeita a um processo de rápida, tardia e intensa industrialização, à Guerra Colonial e à emigração massiva[7]. É neste sentido que deve ser lido o início do Preâmbulo da Constituição da República aprovada em 1976: «O Movimento das Forças Armadas, coroando a longa resistência do povo português e interpretando os seus sentimentos profundos, derrubou o regime fascista». Uma das componentes mais evidentes da natureza revolucionária da democracia portuguesa é ela apresentar-se constitucionalmente fundada nesta ideia de continuidade entre resistência antifascista e MFA, um MFA autoconstituído como uma espécie de *braço armado* do Povo. Como afere D.L. Raby no seu estudo pioneiro de meados dos anos 80, «embora a revolução de 25 de Abril de 1974 fosse obra do MFA, a explosão popular que se seguiu ficou a dever-se,

---

[6] LOFF, Manuel, «As duas "primaveras": o Marcelismo e o 25 de Abril» (Comentário à conferência de Fernando Rosas), in CATROGA, Fernando (coord.), *Optimismo e pessimismo acerca do futuro de Portugal*, Lisboa: Fundação Mário Soares/Instituto de História Contemporânea da FCSH da UNL/Edições Colibri, 2008, pp. 111-42.

[7] LOFF, Manuel, «Fim do colonialismo, ruptura política e transformação social em Portugal nos anos setenta», in LOFF, M., PEREIRA, M.C.M. (coords.), *Portugal, 30 anos de Democracia (1974-2004)*, Porto: Editora da UP, 2006, pp. 153-193.

em grande parte, ao persistente trabalho político do PCP ao longo das décadas anteriores, às ideias que difundiu, ao exemplo de homens como Humberto Delgado, Henrique Galvão, e Manuel Serra e ainda à crescente ação da esquerda revolucionária a partir o início dos anos 60»[8].

Significativamente, muito poucos trabalhos se dedicam a estas políticas da memória no Portugal pós-autoritário. Excetuando a tentativa que fiz há muitos anos de comparar os dois casos ibéricos pós-autoritários e os debates dos anos 80 e inícios dos anos 90 na Alemanha, França e Itália[9], e de ter colaborado num projeto de comparação do caso português com o espanhol, grego e vários outros casos do pós-comunismo da Europa Centro-Oriental[10], a investigação tem optado muito mais pela análise do «legado do autoritarismo» e da justiça transicional[11], procurando sempre alguma perspetiva comparativa, mas sem se aproximar da discussão do papel do Estado, como tal, na representação do passado. Por outro lado, as controvérsias portuguesas sobre a memória do Estado Novo, ou, especificamente, sobre a Guerra Colonial (1961-74), praticamente não foram tratadas como objeto de investigação nas Ciências Sociais. Nenhuma investigação específica foi desenvolvida sobre as políticas públicas da memória em Portugal, especialmente sobre as políticas de reparação. Aparentemente, a génese revolucionária da democracia portuguesa poderá ter produzido políticas deste tipo muito menos intensas do que outros casos pós-autoritários. Ainda assim, a última década abriu as portas a uma reflexão significativa sobre a «memória da violência e a violência da

---

[8]   RABY, Dawn Linda, *A resistência antifascista em Portugal. Comunistas, democratas e militares em oposição a Salazar, 1941-1974*, trad. port. [ed. ori britânica de 1988], Lisboa: Edições Salamandra, [1990], p. 279.

[9]   *Salazarismo e Franquismo na Época de Hitler (1936-1942)*, Porto: Campo das Letras, 1996.

[10]   «Coming to Terms with the Dictatorial Past in Portugal after 1974: Silence, Remembrance and Ambiguity», in TROEBST, S., BAUMGARTL, S. (eds.), *Postdiktatorische Geschichtskulturen im Süden und Osten Europas. Bestandsaufnahme und Forschungsperspektiven*, Göttingen: Wallstein Verlag, pp. 55-121.

[11]   PINTO, António Costa, «Enfrentando o legado autoritário na transição para a democracia (1974-1976)», in BRITO, J.M. Brandão de (coord.), *O país em revolução. Revolução e democracia.* Lisboa: Editorial Notícias, 2001, pp. 359-84, «O legado do Autoritarismo e a Transição portuguesa para a Democracia, 1974-2004», in LOFF, M., PEREIRA, M.C.M. (coords.), *Portugal: 30 anos de Democracia...*, pp. 37-70, e *(org.), A sombra das ditaduras. A Europa do Sul em comparação*, Lisboa: ICS, 2013; e PIMENTEL, I. F.; REZOLA, Maria Inácia (coord.), *Democracia, ditadura. Memória e justiça política*, Lisboa: Tinta-da-China, 2013.

memória», como se lhe refere Fernando Rosas[12], que tem orientado e inspirado a linha de investigação mais produtiva sobre a ditadura salazarista que se desenvolveu eu Portugal nos os últimos 20 anos. Paula Godinho, por seu lado, tem desenvolvido uma investigação metodologicamente exemplar sobre a memória da resistência (e resistência da memória, primeiro em comunidades rurais, depois, como neste mesmo livro, no âmbito mais urbano e industrial)[13]. Depois de numa primeira fase, durante os primeiros anos da democracia, terem sido tornados públicos discursos autobiográficos, envolvendo alguns daqueles que viriam a ser os principais dirigentes do período democrático, um segundo impulso de publicação de relatos biográficos (de natureza estritamente autobiográfica ou ficcionada) tem-se vindo a desenvolver durante os últimos 15 anos. Desde meados dos anos 90 que as comemorações oficiais dos aniversários do 25 de Abril de 1974 têm vindo a produzir níveis elevados de controvérsia, mas não houve nenhuma tentativa consistente de interpretação da ação do Estado nestas comemorações. Diferentes estudos de opinião, focando-se nas perceções dos períodos democrático e autoritário, têm vindo a ser realizadas no âmbito destes aniversários, mas esses dados têm sido pouco tratados pela investigação científica. Mais de 30 anos de relatos memoriais, de historiografia institucional militar sobre o papel das Forças Armadas no século XX português, e em especial na Guerra Colonial (1961-74) não foram, até agora, objeto de estudo; as abordagens sociológicas desta instituição têm ignorado estas questões; apesar da ainda evidente falta de um esforço de investigação científica globalmente aplicado ao estudo da Guerra Colonial, o que não faltam, e desde há muitos anos, são autobiografias e obras de ficção literária, televisiva e cinematográfica, que ganharam uma grande visibilidade no ano do 50º aniversário do início da guerra.

O processo social de reconstrução da memória coletiva seguiu, como normalmente acontece, a cronologia da evolução política, social e cultural. Os

---

[12] «Memória da violência e violência da Memória», prefácio a MADEIRA, João (coord.), *Vítimas de Salazar. Estado Novo e violênvia política*, Lisboa: A Esfera dos Livros, 2007, pp. 15-30.
[13] Cf. *Memórias da Resistência Rural no Sul – Couço (1958-1962)*, Oeiras, Celta, 2001; «O *maquis* na guerra civil de Espanha: o caso do cerco a Cambedo da Raia», *História*, nº 27, Dezembro, 2ª série, ano XVIII, 1996, pp. 28-45; «A violência do olvido e os usos políticos do passado: lugares de memória, tempo liminar e drama social», in GODINHO, P. (coord.), *Antropologia e Performance – Agir, Atuar, Exibir*, Castro Verde: 100Luz, 2014, pp. 191-212.

temas que despoletaram controvérsia em 1974, no arranque da Revolução, não foram os mesmos que em 1990, em pleno cavaquismo e no contexto específico da queda do Muro de Berlim; as formas e os conteúdos dos discursos memoriais não são os mesmos nos anos 70, ou no início do séc. XXI; o empenho dos protagonistas da resistência na preservação e na divulgação de acontecimentos, lugares e objetos de memória foi muito diferente no momento em que acabavam de sair da clandestinidade e redobravam o seu empenhamento político e 30-40 anos mais tarde, quando haviam chegado ao seu ciclo vital da necessidade de fixar uma narrativa autobiográfica e se viam confrontados com a proliferação de discursos revisionistas e negacionistas do passado repressivo; recordar a miséria social e a mobilização para a guerra, por exemplo, vivida sob o Salazarismo foi forçosamente diferente em épocas de recessão socioeconómica e perda de direitos, como ocorre atualmente, e em ciclos de prosperidade económica para a maioria da sociedade e/ou de evidente triunfo político na consagração de um novo contrato social, com o exercício de direitos conquistados.

Por outras palavras, a história de como se expressou socialmente a memória da ditadura salazarista ao longo do percurso democrático dos últimos 40 anos confunde-se com a história dos portugueses, com as suas esperanças e as suas desilusões, com a conquista e a perda de direitos, com a adesão e a rejeição do sistema político criado entre 1974 e 1976.

1. A memória na Revolução (1974-76)

Os dois anos que mediaram entre o 25 de Abril e a aprovação da nova Constituição (abril de 1976) foram os anos do desmantelamento do Estado autoritário e da consequente libertação da memória da opressão. Esta manifestou-se, entre outros aspetos, através da homenagem às vítimas, antes de mais àquelas que haviam sido assassinadas pela polícia política, desde os comunistas e os militantes da chamada extrema-esquerda, até aos nacionalistas africanos. Passando pelo caso muito especial de Humberto Delgado, figura única no panteão das vítimas da ditadura: por um lado, ele era oriundo do mesmo universo castrense que havia sustentado e defendido a ditadura e (já sem Delgado) feito a guerra em África e que era o mesmo de onde surgira o MFA que trouxera a democracia; por outro, Delgado era alheio a qualquer identidade especificamente antifascista, mas havia feito um percurso de rutura radical com o passado autoritário e colonialista que mais ninguém havia feito a partir do interior da ditadura. Estas eram, afinal, algumas das condições básicas para poder congregar um consenso amplamente maioritário entre as forças sociopolíticas dos anos 70. O acolhimento popular aos presos políticos (libertados, recorde-se, por pressão popular e não por vontade originalmente formulado pelo MFA) e aos exilados requeria, necessariamente, a investigação dos crimes praticados pela ditadura e, em particular, pela sua polícia política, a PIDE/DGS. Por mais que se sublinhe que em Portugal os «responsáveis pelo regime ditatorial não foram levados a tribunal, como os julgamentos abrangeram somente elementos da ex-PIDE/DGS»[14], o nosso país não diferiu aqui da generalidade dos casos em que o ajuste de contas com o passado incluiu de alguma forma a via judicial. A diferença relativamente a muitos outros casos foi a declaração, mais de um ano depois do 25 de Abril, da *imprescritibilidade* dos crimes da polícia política (Lei nº 8/75, de 17.7), a qual, como se verá na fase seguinte deste processo histórico, deixou de ter qualquer significado prático. Esta foi também a fase dos chamados *saneamentos* da Administração Pública e de um grande número de empresas, públicas ou privadas, de que resultou muito mais auto-exílio de dirigentes salazaristas e grandes empresários que detenções e/ou processamentos. O mesmo tinha ocorrido nos processos de democratização que coincidiram com a Libertação da Europa em 1943-45, e ocorreria também em vários casos nacionais que, contudo, não conheceriam processos de natureza revolucionária (Grécia, Argentina, Europa pós-comunista).[15]

A memória da opressão expressou-se ainda na (re)publicação, agora legal, de textos de natureza memorialística nos quais se fazia a denúncia da repressão, quer às mãos da PIDE/DGS, habitualmente com o necessário apoio da

---

[14] PIMENTEL, Irene Flunser, «A extinção da polícia política do regime ditatorial português, PIDE/DGS», in PIMENTEL, I. F.; REZOLA, M.I. (coord.), *Democracia, ditadura...*, p. 128.

[15] Para António Costa Pinto, «o processo português foi mais semelhante ao das democratizações pós-1945, com uma combinação de saneamentos legais e "selvagens", estigmatização da elite política e policial do regime anterior e uma forte dinâmica política e cultural antifascista» («O passado autoritário e as democracias da Europa do Sul», in PINTO, A.C. (org.), *A sombra das ditaduras...*, p. 31).

ESTADO, DEMOCRACIA E MEMÓRIA

GNR e da PSP, quer a repressão exercida no âmbito colonial, antes e durante a Guerra Colonial de 1961-74, incluído um destaque especial para os massacres perpetrados em Angola, em Moçambique e em São Tomé. Esse foi um momento único no qual a memória da resistência antifascista portuguesa se confundiu com a memória da resistência anticolonial africana – e, com a dimensão pública de que beneficiou no período revolucionário, tal não voltaria a ocorrer. Também aqui, a história não se voltaria a repetir. Em 1975 e 1976, várias publicações clandestinas sobre esta matéria, produzidas nos últimos anos da ditadura, especialmente as das associações católicas progressistas, foram, finalmente, livremente distribuídas[16]. Nos anos seguintes, a frágil memória que se conservava nestas fontes, documentando um fenómeno intrínseco a todas as formas de colonialismo e de guerra colonial, não reemergiria no discurso público antes de passado um quarto de século, e seria extremamente difícil de encontrar referências a ela em qualquer manual ou prática pedagógica dentro do sistema educativo português.

1.1 Uma memória resistente

Esta foi, também, a única fase da vida social portuguesa na qual a memória antifascista conquistou uma hegemonia política evidente. A memória resistencial dos anos 1974-76 foi uma das dimensões da nova cultura política que impregnou profundamente a Revolução portuguesa. Deve-se-lhe, aliás, muita da perceção que desta se tem ainda hoje. Naquele contexto político específico,

---

[16] Cf., por exemplo, AMARO, José (org., intr. e notas), *Documentos secretos. Massacres na guerra colonial. Tete, um exemplo*, Lisboa: Ulmeiro, [1976] (a editora foi imediatamente processada por Ramalho Eanes, então Chefe do Estado-Maior do Exército, em 1976, por «abuso da liberdade da imprensa» – cf. «A mentira oficial», em *Expresso-Revista*, Lisboa, 5.12.1992); *Boletim Anti--Colonial 1 a 9*, Porto: Afrontamento, [1975]; *Cadernos necessários, 1969-1970* (Reedição de uma publicação clandestina policopiada e distribuída no interior do país desde Junho de 1969 até Março de 1970), Porto: Edições Afrontamento, 1975; *Colonialismo e lutas de libertação. 7 cadernos sobre a guerra colonial.* («Reedição de uma publicação clandestina policopiada. Compilação de textos significativos, procurando dar uma visão de conjunto sobre o colonialismo português e as guerras coloniais, com o intuito de fornecer um instrumento de trabalho para a luta anti-colonial»), Porto: Afrontamento, [1978]; *Depoimentos de presos políticos. Tortura na colónia de Moçambique, 1963-1974*, Porto: Afrontamento, 1977; HASTINGS, Adrian, *Wyryamu*. Porto: Afrontamento, 1974; STEPHAN, Ernesto, *Moçambique, vítima do colonialismo*, Lisboa: Prelo Editora, 1975.

essa memória resistencial – de tal forma plural que seria mais rigoroso falar sempre em *memórias resistenciais* – ganhou, pelo menos no desenho que ajudou a fazer do regime salazarista, um predomínio político e ideológico que superou claramente aquele que possa ter tido, até à Primavera de 1975, qualquer projeto político para Portugal: se era muito evidente a contraposição política entre os herdeiros das oposições moderadas ao *Estado Novo* (o PS, algum setor muito minoritário do PPD, sobretudo em torno de Emídio Guerreiro) e as várias componentes da esquerda revolucionária (o PCP e aqueles que com ele convergiam, como o MDP/CDE e a FSP de Manuel Serra, bem diferenciados dos setores maoístas, guevaristas ou trotskistas), alguma da descrição da natureza opressiva da ditadura era forçosamente partilhada. A inexistência de uma cultura minimamente uniforme da resistência não impedia que se manifestasse (ainda que não fosse senão por omissão) um consenso, então generalizado, sobre a natureza *fascista* do regime salazarista e do caráter *terrorista* da sua repressão política. Ambos os conceitos serão, sublinhe-se, recolhidos na Constituição de 1976 e na legislação do período. E é isso que explica aquilo que à investigadora Filipa Raimundo parece ser uma exceção (porque menospreza, por exemplo, os processos do pós-II Guerra Mundial): «a ausência de oposição aberta ao ajuste de contas com o passado por parte das principais forças políticas da época, diferentemente do que é hábito suceder em transições do autoritarismo à democracia»[17].

Em qualquer caso, a polarização inevitável que o processo revolucionário introduziu na sociedade portuguesa dificultou o enraizamento social e político de consensos mínimos sobre a memória da ditadura. Uma vez mais, tal não é exclusivo do caso português; mas vale a pena voltar a sublinhar, sobretudo para efeitos comparativos, que este fenómeno aproxima o caso português aos casos de democratização pactuada. Pelo contrário, o caso português já é relativamente excepcional quanto à prática inexistência de uma política oficial de implantação de lugares da memória da opressão, muito mais presente, não somente nas democracias surgidas do pós-II Guerra Mundial, mas também nos casos onde tal seria menos expectável: os das transições por pacto. E esta,

---

[17] RAIMUNDO, Filipa, «Partidos políticos e justiça transicional em Portugal: o caso da polícia política (1974-1976)», in PINTO, A.C. (org.), *A sombra das ditaduras...*, p. 88.

ESTADO, DEMOCRACIA E MEMÓRIA

como veremos, é também uma das consequências do desenlace do processo revolucionário.

A expressão pública da memória das vítimas da repressão salazarista foi naturalmente intensa ao longo do período revolucionário (1974-76), definindo uma etapa praticamente irrepetível no processo de recordação do Salazarismo no pós-1974. A libertação coletiva foi acompanhada, como sempre acontece, pelo reconhecimento às vítimas do direito a serem ouvidas, e por um consenso amplamente maioritário em torno da homenagem ao resistente e/ou ex-preso, ainda para mais num contexto em que a liberdade surgia como resultado dessa mesma resistência e em que esta aparecia como a metodologia para a construção da democracia. Um papel inevitavelmente destacado foi reconhecido aos militantes comunistas e, em menor escala, aos militantes das novas organizações da esquerda radical dos últimos anos da ditadura, reconhecidamente, uns e outros, os alvos mais perseguidos, no Portugal metropolitano, da polícia política. Uma das editoras da esfera comunista, as *Edições Sociais*, abriu uma coleção especialmente dedicada aos *Episódios da Resistência Antifascista*. Muito menos representativos no conjunto da resistência antifascista, velhos resistentes republicanos e socialistas (a começar pelo próprio Mário Soares[18] aos 50 anos de idade) publicaram também os seus próprios relatos memoriais da sua luta contra a ditadura. Significativamente, a maior parte destas memórias haviam já sido publicadas durante os anos 60.[19]

A Revolução permitiu, por fim, que se expressasse uma raiva antes contida contra a opressão salazarista, e abriu caminho à publicitação de uma das mais duras e cruéis experiências da repressão: o campo de concentração do Tarrafal. Entre 1974 e 1978, os textos mais relevantes da memória tarrafalista, escritos em segredo sob a ditadura e tendo circulado clandestinamente, foram reunidos e publicados por aqueles que haviam sobrevivido à deportação nos anos

[18] SOARES, Mário, *Portugal amordaçado*, [1ª ed. francesa: Calmann-Lévy, 1972] [Lisboa]: Arcádia, 1974.

[19] Para uma descrição dos trabalhos autobiográficos mais importantes de ativistas antissalazaristas, cf. VENTURA, António, *Memórias da Resistência. Literatura autobiográfica da resistência ao Estado Novo*, Lisboa: Câmara Municipal de Lisboa/Biblioteca Museu República e Resistência, 2001.

1936-54.[20] Textos memoriais de militantes libertários dos anos 30 seguiram o mesmo processo nestes primeiros meses após a libertação.

Do ponto de vista do Estado, os dois primeiros atos memoriais assumidos pelas novas autoridades centraram-se em dois casos específicos de vítimas militares da ditadura. Uma vez que já podiam «ser apreciadas com o indispensável realismo e a prudente serenidade, com vista à reparação das injustiças cometidas pelo Governo responsável relativamente ao pessoal militar» que serviam em Goa, em 1961, foram «anuladas as penas impostas aos militares em virtude dos acontecimentos ocorridos durante a invasão do Estado Português da Índia pelas forças armadas da União Indiana»[21], permitindo, assim, a reintegração no Exército do general Vassalo e Silva, Governador-Geral da Índia portuguesa no momento em que ocorreu a invasão, que fora castigado e expulso do Exército depois de ter sido libertado pelos indianos por não haver cumprido a «recomendação» de Salazar de «sacrifício total» das tropas portuguesas «como única forma de continuar a manter as nossas tradições e de prestar o maior serviço ao futuro da nossa Nação».[22] O segundo foi o caso mais simbólico de todos: o general Humberto Delgado foi reintegrado a título póstumo na Força Aérea em «reconhecimento público das [suas] virtudes e do valor»[23]. O julgamento dos responsáveis pelo seu assassinato, contudo, só se faria entre outubro de 1978 e julho de 1981.[24] Em 1990, os restos mortais

---

[20] Uma síntese geral em BRITO, Nélida, *Tarrafal na memória dos seus prisioneiros (1936-1954)*, prefácio de Manuel Loff, Lisboa: Dinossauro, 2006.

[21] Dec.-Lei nº 727/74, 19.12.1974. O Governo Provisório reconheceria, através de um tratado internacional, a soberania da Índia sobre Goa, Damão e Diu a 31 de Dezembro de 1974.

[22] Salazar a Vassalo e Silva, radiograma de 14.12.1961, in Ministério dos Negócios Estrangeiros, *Vinte anos de defesa do Estado Português da Índia (1947-1967)*, vol. IV, [Lisboa: M.N.E.,] 1968, doc. nº 1262, pp. 172-73. Significativamente, logo em 1975 publicava-se uma compilação documental sobre esta questão: SILVA, Botelho da (compil.), *«Dossier» Goa: Vassalo e Silva, a recusa do sacrifício inútil*, S.l.: s.ed., 1975.

[23] Dec.-Lei nº 647/74, 21.11.1974.

[24] Cf. ROSA, Frederico Delgado, *Humberto Delgado. Biografia do General Sem Medo*, Lisboa: A Esfera dos Livros, 2008. «Julgados à revelia, todos os arguidos – exceto Casimiro Monteiro, condenado a 19 anos e oito meses – foram ilibados das acusações ligadas à morte de Delgado e da secretária, sendo condenados por outros crimes. Rosa Casaco foi condenado a oito anos (seis crimes de falsificação e dois de furto de documentos), Barbieri Cardoso a quatro anos (quatro crimes de falsificação), Pereira Carvalho a um ano, Lopes Ramos a 22 meses (seis crimes de falsificação e dois de furto de documento) e Agostinho Tienza a 14 meses (uso de identidade falsa).» («PIDE: Julgamento do «caso Delgado» terminou há 25 anos», 26.7.2006,

do *General Sem Medo* seriam, por decisão da Assembleia da República, trasladados para o Panteão Nacional, numa decisão de política da memória na qual se fundiam um dos raros atos dos anos do cavaquismo, tão profundamente hostil para com a memória da resistência, no qual, por um lado, o Estado se comprometia com esta, e, por outro, se procedia a um reconhecimento simbólico da legitimidade de Delgado como Presidente da República cuja eleição «ele perdeu formalmente mas na verdade ganhou», como diria o presidente Soares na cerimónia da trasladação. Muito ao gosto desses anos, Soares optou, surpreendentemente, por fazer o discurso da reconciliação a propósito de um crime de Estado, sublinhando que «ao ato de homenagem em que participamos deve ser retirada toda a carga polémica»: «Serenadas as paixões, apagados os ódios e os ressentimentos pelo passar do tempo e removidas as divisões entre os portugueses é chegada a hora de fazer justiça e de reconhecer o que o combate de Delgado permanece vivo e atual» e que ele «consubstanciou a vontade de um povo amordaçado e partiu ao reencontro dos caminhos da liberdade e da cidadania». A propósito do julgamento dos responsáveis pelo assassinato de Delgado, «todos eles da PIDE, como se sabe», Soares diria que «não é disso, porém, que hoje nos cumpre tratar». «O Portugal livre que aqui represento tem natural orgulho naqueles que [prepararam] o reencontro com a melhor tradição liberal e democrática. (...) Delgado foi, incontestavelmente, um pioneiro da Revolução dos Cravos.»[25]

O desmantelamento do Estado opressivo tornou-se a primeira das reivindicações da sociedade portuguesa mal a liberdade lhe permitiu expressá-la, e não foi apenas avançada por quem estava politicamente mais organizado – os poucos partidos políticos da oposição de esquerda legalizados praticamente logo após o 25 de Abril, seguidos de várias organizações políticas novas que se criaram após a queda do Estado Novo, especialmente à direita -, mas, de facto,

---

in http://diariodigital.sapo.pt/news.asp?id_news=237552). Sobre a mobilização política à esquerda para «[julgar] a PIDE e os seus crimes, assente numa base de apoio(...)" de unidade antifascista, a exemplo daquela que se aglutinou em torno 'General Sem Medo'"», cf. MADEIRA, João, «"Julgar a PIDE, condenar o fascismo": Tribunal Cívico Humberto Delgado, uma experiência breve (1977-1978)», in PIMENTEL, I. F.; REZOLA, M.I. (coord.), *Democracia, ditadura...*, pp. 165-73.

[25] Soares, «Cerimónia Solene de Trasladação dos Restos Mortais do General Humberto Delgado...», 5.10.1990, in http://www.casacomum.org/cc/visualizador?pasta=00404.020 (acedido em agosto de 2014).

DITADURAS E REVOLUÇÃO. DEMOCRACIA E POLÍTICAS DA MEMÓRIA

deve ser compreendida como uma reivindicação maciça de todos os grupos sociais. Nos primeiros dias após a tomada de poder, as novas autoridades, ainda apenas militares, decretaram:

(i) A deposição do Presidente da Republica e de todos os membros do Governo, a «dissolução» e futura «extinção» da Assembleia Nacional, da Câmara Corporativa e do Conselho de Estado, sendo o poder provisoriamente transferido para a Junta de Salvação Nacional, de composição estritamente militar (Leis nº 1/74, 25.4.1974, e 2/74, 14.5.1974);

(ii) A dissolução da polícia política (então com o nome de Direção-Geral de Segurança) – exceto, temporariamente, nas colónias onde «depois de saneada» seria «reorganizada numa Polícia de Informação Militar» – (Dec.-Lei nº 171/74, 25.4.1974), da Direção-Geral dos Serviços de Censura (Dec.-Lei nº 199/74, 14.5.1974), da Legião Portuguesa e das organizações salazaristas de juventude (MP, MPF e Secretariado da Juventude) (Dec.-Lei nº 171/74, 25.4.1974) assim como do partido único (Ação Nacional Popular, nova designação marcelista da União Nacional a partir de 1970) (Dec.-Lei nº 172/74, 25.4.1974) e da organização corporativa (Dec.-Lei nº 362/74, 17.8.1974) que concretizara a filosofia económica e social do Estado Novo salazarista.

1.2 A PIDE, entre a memória e uma *justiça transicional* inacabada

As poucas narrativas historiográficas que, nos primeiros anos do séc. XXI, se centraram na análise da justiça transicional, definível como «o ajuste de contas com o passado autoritário por meio de instrumentos legais ou extralegais, quer por iniciativada elite política, quer de organizações da sociedade civil, durante o período de mudança de regime»[26] – e distinguindo o seu estudo do da «política do passado», que tem interessado muito pouco os mesmos investigadores (António Costa Pinto, Irene Pimentel, Filipa Raimundo) que, em Portugal, estudam esta «pequena parte do processo pelo qual uma sociedade interpreta e se apropria do seu passado num contexto

---

[26] RAIMUNDO, F. , «Partidos políticos...», n PINTO, A.C. (org.), *A sombra das ditaduras...*, pp. 88-89.

pós-autoritário»[27] – descrevem como «muito radicalizada» a «pressão» exercida no período revolucionário «no sentido de se criminalizar a PIDE/DGS», «sobretudo da parte das oposições ao antigo regime», que lideraram «uma forte mobilização anti-ditatorial e uma tentativa breve de ajustar contas, em particular com a PIDE/DGS».[28] Filipa Raimundo desenha assim as três fases no «processo de ajuste de contas com o passado»: se na primeira, «até ao 11 de março, a ação de grupos de grupos de extrema-direita e da direita conservadora dificultou a tomada de decisões e gerou um clima de incerteza e de alguma inércia», uma segunda, «entre "o 11 de março" e o "25 de novembro", traduziu-se nalguma agilização dos processos-crime e importantes avanços no sentido da criminalização dos ex-elementos da PIDE/DGS, com recurso a uma alegada legalidade revolucionária», e, numa terceira, «a vitória das forças moderadas e a progressiva institucionalização do Estado de Direito resultou no abandono da legalidade revolucionária e na consolidação da legalidade democrática, conduzindo à realização de julgamentos em tribunal militar, que se prolongaram até à década de 1980», que a mesma investigadora entende terem sido «medidas de "reconciliação"»[29]. O 25 de Novembro de 1975 abriu caminho à fase em que esse «"ajuste de contas" foi sendo abandonado, em nome também da gestão de um presente de promessas». Irene Pimentel, que recentemente fez um levantamento estatístico documentalmente muito útil do que entende ter sido o «limitado processo de "justiça retributiva"» aplicada a responsáveis pela ditadura salazarista, conclui que, «a partir de 1976, o processo de de justiça político (...) foi limitado quer pelos governantes, quer pela parte moderada dos militares que na época faziam parte do Conselho da Revolução [CR]», isto é, a ampla coligação de que Eanes passara a ser o referente. No texto da nova constituição, aprovada em abril desse ano, inseriu-se a possibilidade de «a lei [poder] regular especialmente»[30] uma forma específica de «atenuação extraordinária» das penas, designadamente, como depois se

---

[27]   BRITO, Alexandra Barahona de , «Justiça transicional e memória: exploração de perspetivas», in PINTO, A.C. (org.), *A sombra das ditaduras...*, p. 43.

[28]   PIMENTEL, I., «A extinção da polícia política...», pp. 119 e 129.

[29]   RAIMUNDO, F. , «Partidos políticos...», in PINTO, A.C. (org.), *A sombra das ditaduras...*, p. 97.

[30]   Art. 309º («Incriminação e julgamento dos agentes e responsáveis da PIDE/DGS»), nº 3, da CRP (1976).

verificou, substituindo penas de prisão por penas de suspensão de direitos políticos para aqueles que «tivessem mais de 70 anos à data do julgamento ou houvessem prestado serviço no Ultramar, às ordens das forças Armadas após o 25 d Abril», o que, segundo estabeleceu Irene Pimentel, «permitiria que as comissões conduzidas nas colónias africanas (...) contassem como atenuantes em 56,6% dos casos dos elementos da PIDE/DGS julgados».[31] Pelo seu lado, Filipa Raimundo terá ouvido Vítor Alves dizer-lhe, em entrevista realizada em 2007, que «a partir do momento em que os chefes da PIDE/DGS fugiram, ajudados pelo Spínola, ficando só a arraia-miúda, não havia razão para fazer julgamentos. Isso iria apenas manter o país em ebulição durante muitos anos (...)[,] politicamente era um erro. (...) Julgar pides, ministros, presidente do conselho, podia conduzir a um estado revolucionário com tribunais populares e justiça sumária. Seríamos automaticamente invadidos pela NATO e acabava-se num instante o 25 de abril. Por outro lado, pela via legal ainda hoje estaríamos a julgar pides».[32] Em síntese, a nova ordem política do pós-25 de Novembro adotara «uma forma de "resolver" algo expeditamente o processo de criminalização política e jurídica (...) ao não julgar os "mandantes" principais e ao "julgar" os elementos do aparelho repressivo, condenando-os a penas pequenas, absolvendo-os e/ou condenando-os».[33]

A memória da repressão voltaria à tona nos primeiros anos 90, primeiro com as pensões de sangue e os louvores concedidos a antigos agentes da PIDE/DGS por serviços prestados à Pátria, depois quando o convite a um ex-inspetor da PIDE, Óscar Cardoso, para participar num debate sobre o 20º aniversário da Revolução, na SIC, deu direitos de cidadania mediática ao mais desabrido negacionismo sobre a polícia política e a repressão salazarista. Nesta segunda situação, em 1994, Mário Soares, então Presidente da República, reiteraria a sua retórica da reconciliação: porque «aos mais altos responsáveis do regime lhes foi permitido sair livremente de Portugal» em 1974, «fui dos que achei, logo em Abril de 74 (e tive a coragem de o dizer), que os agentes da PIDE não deveriam ser perseguidos». Mas «as coisas são o que são e os agentes da PIDE não passaram de peões (muitas vezes sádicos e violentos) de uma vasta

---

[31] PIMENTEL, I., «A extinção da polícia política...», pp. 129 e 123.
[32] RAIMUNDO, Filipa, «Partidos políticos...», p. 96.
[33] PIMENTEL, I., «A extinção da polícia política...», p. 132.

engrenagem repressiva.» Assim, «20 anos depois do 25 de Abril é preciso perdoar – eu já o fiz há muito tempo –, mas não esquecer.» Era verdade que, ao acrescentar que «[não devemos] permitir essa tentativa escandalosa de branqueamento a que temos vindo a assistir, com completa impunidade e sem vergonha», Soares rompia, talvez pela primeira vez desde 1976, com o seu velho apelo para a *superação do passado*, mas não esperou pela demora quando José Augusto Rocha, exdirigente estudantil dos anos 60 e defensor de vários presos políticos nos tribunais plenários da ditadura, lhe desmontou o discurso: «A PIDE não foi condenada, não porque havia promiscuidade entre ela e as forças armadas, (...) e porque a generalidade dos torturados não foi depor em tribunal, mas porque o aparelho de Estado fascista incluía as forças armadas e a polícia e a especial natureza do Estado na transição do fascismo para a democracia teve ainda forças e preservou aquele aparelho do seu próprio julgamento. Ao contrário do que tem sido dito (...), a PIDE não foi bode expiatório dos altos dignitários do fascismo, já que uns e outros são e se confundem com o aparelho de Estado que integram». O facto é que «a previsão legal da punição dos dirigentes e funcionários [desta] só se verificou em 25 de Julho de 1975 com a Lei 8/75» e que esta «teve logo poderosos inimigos que planearam o seu desmantelamento e a desvirtuaram e a meteram num "ghetto". Com Novembro de 75, desde logo a Lei 16/75 (...) e a Lei 18/75 (...) lhe fizeram a primeira lavagem»[34].

2. A memória na *normalização democrática* (1976-92)

2.1 O 25 de Novembro contra o 25 de Abril

O final do período revolucionário e a descolonização abriram, não só um novo ciclo político na democracia portuguesa, mas também, como seria de esperar, um novo ciclo na forma como os portugueses recordavam a ditadura. Não é inocentemente que o discurso político hegemónico produzido desde então descreve o período posterior ao 25 de Novembro de 1975 como o da

---

[34] Mário Soares, «A superioridade moral da democracia», e José Augusto Rocha, «Mentiras e vergonhas várias à volta de um pide», in *Público*, 22.4 e 1.5.1994, Lisboa.

normalização democrática. Esta resultaria, afinal, da vitória de uma coligação apoiada internacionalmente pelos governos norteamericano e pelos mais importantes da Europa Ocidental, de tal forma ampla que reunia socialistas moderados, as várias direitas, a hierarquia católica e uma dificilmente compatível frente de chefes militares, que ia desde o *Grupo dos Nove*, da esquerda moderada, aos oficiais que se tinham mantido claramente alheios à preparação do 25 de Abril, e até mesmo a militares ultraconservadores que se haviam mantido fiéis ao regime deposto. Conseguida a queda do último dos governos de Vasco Gonçalves, no final de agosto de 1975, esta coligação preparou um confronto militar que, a 25 de Novembro, dividiu a Esquerda política e militar. A diversidade daquela coligação era tal que, lembremo-nos, nela se encontravam lado a lado aqueles que seriam os fundadores da *Associação 25 de Abril* (A25A) e os que liderariam a Liga dos Combatentes e as várias associações que, à escala regional, foram nascendo para representar os excombatentes da Guerra Colonial; isto é, aqueles que, de um lado, de alguma forma liderariam ao longo das décadas seguintes as comemorações anuais populares do 25 de Abril e aqueles que adotariam o 25 de Novembro como momento refundador da democracia portuguesa. Nas palavras de um dos seus porta-vozes habituais nos *media*, Nuno Rogeiro, «um 'regime de liberdade'» como o democrático português «só se dá em Portugal não em virtude do 25 de Abril de 1974», «movimento [em que se] conjugaram libertários e liberticidas», «mas do 25 de Novembro de 1975»[35]. A data foi sendo comemorada ao longo das décadas, ainda que de forma geralmente discreta, salvo no seu 25º aniversário, em 2000, quando a Associação de Comandos, a Câmara Municipal de Oeiras (presidida por Isaltino Morais) e os ex-CEMGFA Tomé Pinto e Loureiro dos Santos organizaram umas comemorações oficiosas nas quais aceitaram fazer-se representar o Primeiro-Ministro António Guterres, o presidente da AR, Almeida Santos, e os três partidos que sempre se reviram no significado

---

[35] Nuno Rogeiro, artigo in *Jornal de Notícias*, 26.4.1991, cit. in SOUTELO, Luciana, *A memória do 25 de Abril nos anos do cavaquismo: o desenvolvimento do revisionismo histórico através da imprensa (1985-1995)*, dissertação de Mestrado em História Contemporânea, Porto: Faculdade de Letras da Universidade do Porto, 2009, p. 233. Afirmações no mesmo sentido preencheram discursos pronunciados por ocasião do 25 Abril por Soares Carneiro como Chefe do Estado-Maior General das Forças Armadas (1989-94) ou os de Alberto João Jardim, por exemplo, citados no mesmo trabalho de Soutelo. Outro clássico desta tese é, repetidamente, João Carlos Espada (por exemplo, «Obra comum de partidos rivais», in *Expresso*, Lisboa, 24.4.1999).

político da data (PS, PSD e CDS); o Presidente da República, Jorge Sampaio, ter-se-á representado pelo chefe da sua Casa Militar.[36]

A marginalização política da Esquerda revolucionária (isto é, a chamada extrema-esquerda, o MDP/CDE e o PCP, ainda que estes dois partidos tivessem conservado alguns postos politicamente irrelevantes no último Governo Provisório, de setembro de 1975 a julho de 1976), incluído dentro desta um importante segmento do MFA, teve efeitos imediatos na reconfiguração dos discursos memoriais sobre a ditadura e, como era inevitável, sobre a própria Revolução. A começar pela chamada justiça transicional como dimensão específica, mas evidente, da narrativa do passado: enquanto uma infinidade de militares de Abril eram processados e expulsos das Forças Armadas, «nesse novo contexto político e ideológico», como sintetiza Irene Pimentel, «as leis nº 16/75 e 18/75», publicadas um mês depois do 25 de Novembro, «alteraram as características incriminatórias da lei nº 8/75 aos elementos da PIDE/DGS, possibilitando a sua libertação enquanto aguardavam julgamento». Não pode deixar de ser representativo da viragem política o confronto entre a perseguição legal aos militares de Abril derrotados em Novembro[37] e o facto de «os agentes da PIDE [serem] libertados ou libertarem-se – como foi o caso da fuga de 98 da prisão de Alcoentre», sendo que «muitos viriam a ser absolvidos ou apenas condenados à prisão preventiva já cumprida, sendo libertados de imediato.»[38]

A clivagem política que se verificou a 25 de Novembro fixou um padrão da abordagem das várias forças sociopolíticas relativamente às políticas de memória da ditadura e da Revolução, uma vez que as duas passavam a estar permanentemente associadas:

(i) de um lado, entendendo que o legado democrático e antifascista da Revolução se associava apenas ao 25 de Abril, ficavam o PCP, todos os setores da esquerda radical (com exceção do MRPP, que se colocara ao lado de Eanes no 25 de Novembro e na eleição presidencial de 1976)

---

[36] BRAGA, Isabel, «Esquerda recusa celebrar 25 de Novembro», in *Público*, 18.10.2000.

[37] Cf. RODRIGUES, Avelino, BORGA, Cesário, CARDOSO, Mário, *Abril nos quartéis de Novembro*, Lisboa: Livraria Bertrand, 1979.

[38] PIMENTEL, I, «A extinção da polícia política...», p. 132.

e os militares de esquerda que, derrotados a 25 de Novembro, haviam sido processados e/ou expulsos das Forças Armadas;

(ii) do outro lado, as direitas, civis e militares, que, entre referências discretas ou positivas a aspetos da experiência histórica salazarista, não comemorariam nunca o 25 de Abril senão por pura formalidade ritualística, e que, na celebração da democracia, diriam reconhecer-se apenas no 25 de Novembro;

(iii) à direita, constituiriam exceção os membros da antiga Ala Liberal do marcelismo que, em 1978, organizados em torno das chamadas *Opções Inadiáveis,* haviam abandonado o PSD de Sá Carneiro e, criando a *Ação Social-Democrata Independente* (ASDI), acabariam por convergir com o PS;

(iv) no meio ficavam aqueles que, como o PS e os militares que haviam sido do *Grupo dos Nove,* em 1975, e fundadores da A25A, em 1982, se reivindicavam, simultaneamente, da herança *revolucionária* do 25 de Abril e da *democrática* do 25 de Novembro, isto é, que entendiam que, sem renegar do 25 de Abril, o segundo fora «o momento a partir do qual foi possível clarificar o caminho que conduziu a uma sociedade aberta, plural, liberta do medo policiesco que começara a instalar-se na sociedade portuguesa ao longo de todo o ano de 1975»[39].

É verdade que depois das primeiras eleições legislativas (abril de 1976) o governo permaneceu nas mãos da corrente mais moderada dos herdeiros da cultura antifascista, isto é, do PS, mas por muito pouco tempo, até meados de 1978 (e no último meio ano foi já partilhado com o CDS). Desde 1976 que a Presidência da República era ocupada por um militar (Eanes, 1976-86) que nada tivera a ver com o 25 de Abril (mas, pelo contrário, ganhara relevância política com o 25 de Novembro), menos ainda com qualquer resistência antissalazarista. Os socialistas seriam, aliás, varridos do Governo entre 1978 e 1983, e de novo entre 1985 e 1995. Nos primeiros 20 anos da democracia portuguesa, em apenas seis houve ministros que tivessem passado até 1974 por uma qualquer organização da oposição democrática à ditadura. Pelo contrário,

---

[39] Edmundo Pedro, «O 25 de Novembro e a esquerda», in *DN*, 30.11.1988, cit. in SOUTELO, L., *A memória do 25 de Abril...*, p. 174.

ESTADO, DEMOCRACIA E MEMÓRIA

tende-se a desvalorizar o facto de as direitas terem estado sempre presentes no governo desde maio de 1974 até outubro de 1995, com as curtas interrupções do mês de duração do V Governo Provisório (Vasco Gonçalves) e do ano e meio do I Governo Constitucional (Soares).

2.2 A *Ordem da Liberdade* e a seleção dos protagonistas da luta pela democracia

Um dos primeiros instrumentos formais da política de memória da ditadura, e sobretudo da luta contra esta, de que o Estado democrático português dispôs foi criado ainda pelo I Governo Constitucional. No 5 de Outubro de 1976 – priorizando-se, portanto, a República sobre a Revolução de 1974 – é instituída «a ordem nacional denominada "Ordem da Liberdade", destinada a distinguir e galardoar serviços relevantes prestados à causa da democracia e da liberdade» (art. 1º), pretendendo «contemplar toda uma gama de méritos cívicos assinaláveis: os daqueles cidadãos, nacionais ou estrangeiros, que se distinguiram pelo seu amor à liberdade e pela sua devoção à causa dos direitos humanos e da justiça social», acrescentando-se, muito ao gosto do ideário dos socialistas portugueses, «nomeadamente na defesa pelos [sic] ideais republicanos e democráticos». O documento legal que Soares assinava insistia em juntar «acontecimentos como a implantação da I República e a luta que tornou possível a II, culminada esta no movimento revolucionário de 25 de Abril de 1974, [que] agigantaram paradigmas de patriotismo e de amor à liberdade verdadeiramente exemplares», procurando homenagear «os exemplares cidadãos que por esses valores lutaram e morreram» e sublinhando «a dívida do povo português» para com eles. O Governo vinha, assim, criar uma nova condecoração que «deve figurar em primeiro lugar no grupo das ordens nacionais» (art. 6º)[40]. A *Ordem da Liberdade* (OL) serviria para propor aos portugueses uma genealogia da luta democrática que, logo no primeiro mandato presidencial de Eanes (1976-80), espelharia muito especialmente o universo memorial do republicanismo, de que o PS se erigia como herdeiro. Das oito Grã-Cruzes (o grau mais elevado da OL na sua formulação legal de 1976) concedidas, quatro correspondiam a figuras históricas da I República

---

[40] Dec.-Lei nº 709-A/76 , 4.10.1976.

43

(Afonso Costa, Bernardino Machado, Sarmento Pimentel, Norton de Matos), todas, contudo, tendo mantido um forte empenho oposicionista na primeira metade da ditadura; somavam-se-lhes duas das poucas figuras que representavam o universo dos que haviam rompido com o Salazarismo ainda durante a ditadura (Humberto Delgado e D. António Ferreira Gomes) e criava-se a tradição de condecorar os presidentes do Parlamento (Henrique de Barros e Vasco da Gama Fernandes). Entre os vinte Grandes-Oficiais do mesmo período (1976-80), replicava-se a presença em grande número de históricos republicanos (por exemplo, António Sérgio, Jaime Cortesão, Raúl Proença) e socialistas (incluindo Raúl Rego que se manteria ainda em plena atividade política por vários anos), mas reforçava-se a homenagem a militares reviralhistas (destaque para o general Sousa Dias), aparecendo, por fim, um dirigente histórico comunista (Bento Gonçalves) e outro anarquista (Mário Castelhano), ambos mortos no Tarrafal, juntamente com alguns intelectuais próximos do PCP (Maria Lamas e Bento de Jesus Caraça) e um católico (padre Alves Correia). Entre os oito Comendadores, surgiam, finalmente, alguns nomes de republicanos que se haviam associado ao PPD/PSD no pós-25 de Abril (Emídio Guerreiro, Nuno Rodrigues dos Santos, Adão e Silva) e um único dirigente clandestino comunista (Francisco Miguel, também ele ainda em plena atividade política). Álvaro Cunhal nunca a recebeu, nem a título póstumo. No conjunto de 41 agraciados até 1980, incluem-se apenas dois comunistas, nenhum dirigente da chamada extrema-esquerda, mas uma generosa falange de republicanos e socialistas. No seu segundo mandato, Eanes, agraciaria com a Grã-Cruz da OL todos os membros do CR dissolvido em 1982, e vários outros militares do MFA por haverem participado na preparação do 25 de Abril (num total de 44 das 47 grã-cruzes desse mandato), incluindo Otelo Saraiva de Carvalho; entre os chefes dos governos provisórios, Pinheiro de Azevedo e Palma Carlos seriam ambos agraciados nesse mandato, mas Vasco Gonçalves nunca o foi até hoje; nenhum dos dois presidentes da República do período pré-constitucional receberiam a OL, ao contrário de todos aqueles eleitos desde 1976 uma vez cessadas as suas funções. Entre os chefes de Governo constitucionais, apenas Mário Soares (agraciado por Sampaio), Sá Carneiro e Pinto Balsemão (por Soares) receberiam até 2014 a OL. No segundo mandato de Soares (1991-96) e nos dois de Sampaio (1996-2006), a representatividade política e de social da OL viu-se claramente ampliada, enquanto que Cavaco

Silva reduziu a sua concessão ao mínimo histórico. Em 1989, Soares inauguraria a tradição de condecorar associações (como a Académica de Coimbra, a Portuguesa de Escritores ou a 25 de Abril) e centros republicanos escolares como *membros honorários* da OL; Jorge Sampaio ampliou a prática para localidades, especialmente Aveiro (palco dos três congressos republicanos de 1957, 1969 e 1973) e o Couço (para homenagear o levantamento popular do verão de 1958, na sequência da campanha de Humberto Delgado). Soares, pelo seu lado, imprimiu uma marca particular na interpretação formal que o Estado português foi fazendo da luta pela «causa da democracia e da liberdade» ao somar vários homenageados estrangeiros à listagem dos agraciados com a OL, especialmente nos anos imediatamente subsequentes à queda do Muro de Berlim, agraciando Vaclav Hável, Mikhail Gorbachov, Lech Wałesa, Bronislaw Geremek ou os praticamente desconhecidos presidentes da Bulgária (Jeliu Jelev, em 1990) ou da Hungria (Arpád Goncz, em 1993), ou ao associar à OL quer Juan Carlos de Borbón (1988), quer Adolfo Suárez (1996), mas não o fazendo com qualquer dirigente político espanhol que tivesse lutado contra a ditadura. Julgando poder presumir a mesma lógica, Soares agraciou também os primeiros presidentes do Chile pós-Pinochet (Patricio Aylwin) e da Namíbia (Sam Nujoma) e da África do Sul (Nelson Mandela) pós-*Apartheid*. Por outro lado, a OL foi sendo, neste campo, banalizada ao ser atribuída a um grande número de chefes de Estado lusófonos e aos dois últimos secretários-gerais da ONU (Pérez de Cuéllar e Kofi Annan). Vários dirigentes socialistas europeus (Mitterrand, Jospin, Papandreou) receberam identicamente algum dos graus da Ordem.[41]

2.3 A herança do MFA: do 25 de Novembro à Associação 25 de Abril

Se é certo que o processo final de aprovação da Constituição de abril de 1976 se desenrolou depois do 25 de Novembro, a correlação política de forças parecia ainda conservar algumas das características do período revolucionário (e, já agora, do que fora o mapa das oposições no período marcelista): um eixo político PS-PCP-MDP/CDE produtor do essencial do texto constitucional, de

---

[41] Consulta da listagem dos agraciados em «Ordens Honoríficas Portuguesas», in http://www.ordens.presidencia.pt/?idc=153 (acedido em agosto de 2014).

DITADURAS E REVOLUÇÃO. DEMOCRACIA E POLÍTICAS DA MEMÓRIA

que nem o PPD, nem a UDP, contudo, quiseram ficar de fora. A única força política que votou contra a Constituição, o CDS, era a também a única na Assembleia Constituinte que não podia reivindicar qualquer passado minimamente oposicionista. Seria, no entanto, a mesma coligação que vencera no 25 de Novembro de 1975 e elegera Eanes em 1976 a acordar, em 1982, uma reforma constitucional que pôs um fim definitivo ao ciclo revolucionário, redesenhando ideologicamente o texto constitucional e dissolvendo o Conselho da Revolução (CR), o último dos órgãos institucionais criados em 1974-75, afastando da área do poder o setor militar que fora a chave da viragem política do outono de 1975, o *Grupo dos Nove*. A Direita já governava desde 1978 (primeiro com os governos de iniciativa presidencial de Ramalho Eanes, depois com os da Aliança Democrática), e, recordemo-lo bem, só abandonaria o poder 17 anos depois, em 1995, incluindo uma coligação com os socialistas em 1983-85. O afastamento gradual dos militares do *Grupo dos Nove*, que haviam feito parte (e dado origem) à nova ordem política posterior ao 25 de Novembro, da área do poder e, consequentemente, da gestão das políticas da memória seguidas pelo Estado a partir de 1976, é um bom indicador de como a viragem à direita no sistema político português abria caminho a um discurso sobre o passado que, *grosso modo*, renegava quer da ditadura, quer da Revolução. Ainda antes da revisão constitucional de 1982, os ex-*Nove* tornaram-se o único segmento daqueles que se reconheceram no campo vitorioso do 25 de Novembro que manifestaram publicamente sentir-se segregados do discurso cada vez mais negativo (que, no âmbito que toca a esta investigação, deve ser considerado revisionista) que se assumia sobre a Revolução. É certo que Eanes lhes cederia, no seio do Conselho da Revolução, a competência de escolher o responsável pela comemoração do 3º aniversário[42] do 25 de Abril, em 1977, sendo para esse efeito escolhido Marques Júnior. A partir de 1978, a lei passava a estabelecer que «a Comissão Organizadora do Dia da Liberdade» era «nomeada anualmente por despacho conjunto do Presidente do Conselho da Revolução» (por inerência, o Presidente da República), dissolvido em 1982, «e do Primeiro-Ministro»[43]. Nesse ano (4º aniversário), a

---

[42] Os dois primeiros aniversários do 25 de Abril coincidiram com eleições constituintes (1975) e legislativas (1976).

[43] Dec.-Lei nº 39-A/78, de 2.3, art. 3º.

escolha de Soares e Eanes recairia em Sousa e Castro, que, tal como o anterior, se mostraria particularmente discreto nesta questão. No 5º aniversário (1979), a escolha de Mota Pinto e Eanes foi Vasco Lourenço; na comissão executiva, mais do que os socialistas Aquilino Ribeiro Machado (então presidente da Câmara Municipal de Lisboa) e David-Mourão Ferreira, e um subdiretor-geral dos Desportos (Reis Pinto), sobressaía o polémico ministro da Comunicação Social de Mota Pinto, Daniel Proença de Carvalho (então ainda militante do PS mas em rutura com o partido). Passara a ser nítido o incómodo do antigo *Grupo dos Nove* com a evolução política quando Lourenço denunciou «um profundo ataque ameaçador às diferentes conquistas que, com tantos sacrifícios, o povo português soube alcançar», e um discurso sobre o passado recente no qual «se mascara a realidade» e «se utiliza a demagogia para acusar de todas as dificuldades existentes o próprio 25 de Abril»[44]. O embate com o topo da hierarquia das Forças Armadas nomeada por Eanes era bem notório: de um lado, «o vice-chefe do EMGFA, almirante Souto Cruz, fez, recentemente, saber às unidades militares que as altas hierarquias das Forças Armadas não patrocinam comemorações privadas do "25 de Abril" por considerarem que as mesmas são vulneráveis a uma exploração político-partidária»; do outro, Lourenço reunia-se num grande almoço na Estufa Fria, em Lisboa, para desafiar as chefias numa *comemoração privada*, em que assegurava que «os oficiais do quadro permanente das Forças Armadas estão com o espírito do 25 de Abril. Estão e continuam com o 25 de Abril»[45]. Era tal a vontade, por parte do poder, de fixar novos limites no campo da memória pública, produzida pelo Estado, da ditadura, que a Administração da RTP nomeada pelo *ministro da Propaganda* (assim chamava Sá Carneiro a Proença de Carvalho, antes de se reconciliar com ele e o nomear, em 1980, presidente da RTP) do governo Mota Pinto mandaria interromper a emissão da primeira série documental feita depois do 25 de Abril sobre o século XX português, *Os Anos do Século*[46]. Tratava-se,

---

[44] «"Ataque ameaçador" às conquistas do povo – afirma Vasco Lourenço», in *DN*, Lisboa, 24.4.1979. Sobre este processo, ver uma boa síntese em CORREIA, Pedro Pezarat, *Questionar Abril*, Lisboa: Caminho, 1994, cap. IV («E depois do Abril»).

[45] Respetivamente, in *DN*, Lisboa, 21.4 e 23.4.1979.

[46] Realização de José Elyseu, RTP, 1979. Na página oficial da RTP, faz-se menção a sete episódios e não se faz referência a autores do texto e/ou consultores históricos (cf. http://www.rtp.pt/programa/episodios/tv/p29632/1, acedido em setembro de 2014).

DITADURAS E REVOLUÇÃO. DEMOCRACIA E POLÍTICAS DA MEMÓRIA

diria Proença de Carvalho em 2011, de «"desgonçalvizar" a tomada dos meios de comunicação social. A comunicação social estava ainda dominada pelas forças revolucionárias. A televisão era do Estado, a rádio, idem aspas. Havia ali um grande desafio»[47].

Entre os oficiais das Forças Armadas, o 25 de Novembro e, depois, o primeiro mandato presidencial de Ramalho Eanes abriram uma fissura muito evidente, com implicações fortíssimas na produção de discurso sobre a memória da ditadura (e, em especial, da Guerra Colonial) e da Revolução. Os setores conservadores retomavam o pleno controlo da hierarquia, com assento, por inerência, no próprio CR, «neste [passando] a pontificar elementos que, não só nunca tinham sido do MFA, como exibiram a intenção de se posicionar contra tudo o que o MFA representava»[48]. Foi essa maioria que em 1981 aprovou a promoção de António de Spínola a Marechal. Em 1984, o governo de *Bloco Central* de Mário Soares escolheu-o para presidir às comemorações do 10º aniversário do 25 de Abril, ainda que se introduzisse uma Comissão Executiva, por sua vez presidida por Francisco Sousa Tavares (então ministro da Qualidade de Vida), numa lógica ainda de homenagem ao seu passado de resistente (sobretudo como advogado de presos políticos), que era, desde 1979, deputado independente pelo PSD. Haviam passado apenas dois anos sobre a criação da A25A, e esta recusava-se, já então, a participar nas comemorações oficiais presididas por Spínola.[49] Três anos depois, em 1987, Spínola, que apoiara a candidatura de Soares à Presidência da República, é nomeado chanceler das Ordens Honoríficas Militares por Mário Soares (cargo que manteve até à morte) e, no mesmo ano, foi agraciado com a grã-cruz da Ordem Militar da Torre e Espada. Outros cinco anos mais tarde, em 1989, Cavaco (enquanto Primeiro-Ministro) e Soares (enquanto Presidente da República) nomeavam Soares Carneiro para chefiar o órgão de topo das Forças Armadas (o EMGFA), ele que fora o homem escolhido por Sá Carneiro para disputar, em 1980, a presidência com Eanes, isto é, o herói do 25 de Novembro... Até o diretor do jornal mais representativo dos setores liberal-conservadores, o *Expresso*,

[47] Entrevista a Anabela Mota Ribeiro, «Publicado originalmente no Jornal de Negócios em 2011», in http://anabelamotaribeiro.pt/76253.html (acedido em setembro de 2014).
[48] CORREIA, P.P., *Questionar Abril*, ..., p. 146.
[49] Cf. entrevista de Vasco Lourenço, sede nacional da A25A (Lisboa), a Manuel Loff e Filipe Piedade, 5.4.2013.

ESTADO, DEMOCRACIA E MEMÓRIA

se perguntava: «Tomemos um exemplo: o general Soares Carneiro. Como verão os militares de Abril a ascensão a chefe máximo das Forças Armadas de um homem que não só não terá saído de casa no dia 25 de Abril como terá chorado a queda do anterior regime? Foi para isto que fizemos a revolução – perguntar-se-ão os capitães. Será legítimo que os políticos usem o poder que lhes demos para fazer nomeações que diretamente nos afrontam?»[50] Fechava--se, assim, a espiral política que engoliria, um após outro, todos aqueles que haviam preparado o 25 de Abril e propiciado a Revolução: primeiro, a esquerda militar derrotada no 25 de Novembro pelo *Grupo dos Nove*, Eanes e a direita militar; depois, o *Grupo dos Nove*, afastado por Eanes do poder militar, vendo como com a revisão constitucional de 1982 se eliminava a sua última instância de representação (o Conselho da Revolução); finalmente, a consagração definitiva dos chefes da direita militar, até mesmo daqueles que haviam desafiado Eanes. Seriam estes a fazer, em nome das Forças Armadas, a história oficial da Guerra Colonial, tomando abertamente o partido da legitimidade das opções políticas de Salazar e Caetano.

2.4 A memória reacionária de uma Revolução *totalitária*, de uma guerra *patriótica*, de uma descolonização *catastrófica*, de uma ditadura *apenas autoritária*

Entretanto, a independência das excolónias e os conflitos abertos, primeiro em Angola (guerra civil, invasão sul-africana e subsequentes intervenções cubana e norte-americana), depois em Moçambique (guerra civil, com forte interferência rodesiana e sul-africana), em ambos os casos com a evidente ingerência de antigos colonos portugueses, trouxe de África para Portugal 470 mil pessoas (1/3 das quais nascida em África) que se haviam mantido fundamentalmente fiéis a um discurso colonial lusotropicalista, portadores de uma narrativa autobiográfica na qual a componente histórica e política que lhe dava sentido era muito mais pesada do que o seria para a maioria dos demais grupos sociais e geracionais portugueses.[51] A estreitíssima janela aberta para

---

[50] José António Saraiva, editorial citado no *DN*, 29.4.1990, cit. in SOUTELO, L., *A memória do 25 de Abril...*, p. 229.
[51] Fontes de discurso memorial do universo *retornado/espoliado do Ultramar*: na imprensa escrita, ver o semanário *O Retornado* (fundado em 10.10.1975); na edição contemporânea do retorno,

a memória das vítimas do colonialismo e da Guerra Colonial fechava-se agora para dar lugar à memória das vítimas da descolonização. A narrativa memorial padronizada sobre o que lhes acontecera foi muito bem sintetizada muitos anos depois pela jornalista Rita Garcia, num trabalho recente particularmente bem acolhido por este segmento da sociedade e que, por isso mesmo, reproduz integralmente a linguagem desde sempre por ele adotada: de «vidas felizes e prósperas que haviam construído no ultramar» se tinha feito o passado do *retornado*; o «futuro incerto na metrópole», pelo contrário, era feito de contrastes com portugueses que, «saídos de quarenta e oito anos de ditadura» – dos quais parecia que os que regressavam de África não tinham saído também – e que «encaravam com desconfiança a chegada daquela gente bronzeada e de costumes modernos (...) [que,] não só tinha um nível académico superior como estava habituada a uma economia mais dinâmica do que a portuguesa». Em suma, hoje, «quase quarenta anos volvidos, a maioria dos retornados não esqueceu o passado nem perdoou a forma como os governantes portugueses conduziram o processo de descolonização»[52].

cf. *Acusamos a descolonização. Relatos das vicissitudes passadas pelos retornados*, Lisboa: ed. apoiada por *O Retornado*, 1976; na blogosfera atual, entre muitos outros, ver http://retornadosdafrica. blogspot.pt/; no campo associativo, constituíram-se, em 1986, a Associação dos Espoliados de Moçambique (Estatutos publicados em *DR* de 8.7.1986; ver http://www.aemo.org/) e, em 1987, a Associação dos Espoliados de Angola (Estatutos publicados em *DR* de 28.11.1987; ver http://www.aeang.com/); na publicística com formato jornalístico produzida nos últimos anos: GARCIA, Rita, *S.O.S. Angola. Os dias da ponte aérea*, e *Os que vieram de África*, Alfragide: Oficina do Livro, respetivamente 2011 e 2012, MARQUES, Alexandra, *Segredos da descolonização de Angola*, Lisboa: Dom Quixote, 2013; no campo ficcional-memorialístico, FIGUEIREDO, Isabela, *Cadernos de Memórias Coloniais*, Coimbra: Angelus Novus, 2011; MAGALHÃES, Juca, *Os Retornados*, Lisboa: A Esfera dos Livros, 2008; CARDOSO, Dulce Maria, *O retorno*, Lisboa: Tinta-da-China, 2012; na TV, *Depois do Adeus*, RTP/SP Televisão, 2012, guião de I. Gomes, A. Vasques, C. Dias, J.P. Carneiro, L. Marques, S. Salgado, V. Monteiro, consultoria histórica de Helena Matos (diretora em 2005-06 da revista neoconservadora *Atlântico*).
[52] In *Os que vieram de África...*, pp. 17-19. Este discurso reproduz ponto por ponto o que já em 1984 Fernando Dacosta fixou sobre o «drama» e/ou a «catástrofe» da descolonização, assumido pela generalidade da direita e bem para além desta: *Os Retornados estão a Mudar Portugal*, Lisboa: Cadernos de Reportagem, 1984 (republicado como *Os Retornados Mudaram Portugal*, Lisboa: Parsifal, 2013). Tendo-se auto-definido muito tempo como estando politicamente à esquerda, Dacosta queixou-se em 2013 que «este passado recente [do Estado Novo] está muito mal contado e muito mal explicado. Para uns, a "longa noite do fascismo" foi o terror e para outros não foi. É o meu caso. (...) Fico espantado quando vêm com [a tese de que houve grande repressão]. Não senti praticamente nada disso. Dizia mal do Salazar em todo o lado.»

ESTADO, DEMOCRACIA E MEMÓRIA

O mesmo fenómeno de relativa sobrepolitização da memória sucedia também com dois outros grupos de *retornados*, de tipo muito diferente e cuja memória será muito menos valorizada que a dos *retornados de África*: quase 200 mil emigrantes voltaram, sobretudo, de França e da Alemanha, entre o 25 de Abril e o fim da década, e uns 100 mil soldados em vias de desmobilização que voltavam das colónias onde haviam cumprido serviço militar até à entrega formal do poder aos novos estados constituídos mas que, na maioria dos casos, passariam ainda pelos quartéis politizados de um país em Revolução. Também para estes, a sua identidade coletiva estava profundamente impregnada de uma memória com um muito forte significado político (refratários ao serviço militar que haviam emigrado para evitar a guerra; soldados que haviam sido protagonistas e observadores de um processo histórico com um significado tão intenso quanto a descolonização). O papel de todos estes portugueses na redefinição da memória coletiva da ditadura produziria efeitos muito diferentes: no primeiro caso, tingindo a memória dos últimos 15 anos da ditadura com o drama do desenraizamento forçado, da emigração *a salto*, da imigração ilegal no *bidonville* francês, que se tem diluído numa metáfora da *Gaiola Dourada*[53] de um resultado final que todas as partes (emigrantes de primeira geração e lusodescendentes, Estado português, sociedades de acolhimento) procuram pintar com as cores do sucesso; os segundos, fundiriam as suas memórias num magma ambíguo, sobretudo nos anos 90, com a emergência dos movimentos dos excombatentes, dominados pos setores da direita militar e civil profundamente hostis à memória da luta e da genealogia anticolonial associada ao legado da Revolução.

Muito pouco tempo passado sobre o 25 de Abril, as direitas já haviam quebrado qualquer consenso semântico, recuperando a nomenclatura salazarista

---

(«Fernando Dacosta em entrevista: "Os retornados reconstruíram Portugal"», in *O Diabo*, Lisboa, 12.9.2013). Contudo, Dacosta tinha assinado uma artigo em 1994 contra a divulgação do que então descreveu ser um retrato branqueador do *Estado Novo* («Um regime de anjos», em *Público*, Lisboa, 15.4.1994). O mesmo Dacosta produziu, em conjunto com Tiago Cunha, uma muito vendida fotobiografia de Salazar (*Salazar – Fotobiografia*. Lisboa: Editorial Notícias, 2000), baseando-se, sobretudo, na biografia que do ditador fez Franco Nogueira, e revelando, segundo António Melo, «um fascínio pessoal pelo chefe do Estado Novo que por vezes roça o obsessivo» (in «A nostalgia do patriarcado», *Público*, Lisboa, 6.1.2001).
[53] Referência ao filme *La cage dorée*, realização de Ruben Alves, produção Zazi Films/Pathé/TF1 Films Production, França, 2012.

Ultramar vs. *Colonialismo, Terrorismo* (ou *Campanhas de África*) vs. *Guerra Colonial*.[54] Três anos depois do 25 de Abril, vários dos dirigentes mais destacados da ditadura começaram a fixar com toda a liberdade, em letra impressa, o discurso da *traição*, isto é, os termos que depois seriam repetidos à saciedade pelos vários segmentos da opinião conservadora portuguesa para contradizer, de maneira muito hostil, os novos termos de descrição do passado e da realidade social que tinham triunfado com a democracia, e sobretudo aqueles relativos à natureza colonial da dominação portuguesa em África, à sua inaceitabilidade e ao consequente direito à autodeterminação das populações subjugadas, à injustiça da guerra e à insustentabilidade do esforço bélico, contra os quais as direitas sabiam dispor de mais apoio na sociedade.

Logo em 1976-77 publicar-se-iam (a par do primeiro dos seis volumes da biografia de Salazar por Franco), quatro livros que serviriam de fonte central desse discurso memorial: além do óbvio *Minhas memórias de Salazar* de Caetano[55], exilado no Brasil, três generais fiéis à ditadura (Joaquim Luz Cunha, Kaúlza de Arriaga, Bettencourt Rodrigues) e um quarto (Silvino Silvério Marques) que, depois do 25 de Abril, muito rapidamente se havia incompatibilizado com a Junta de Salvação Nacional e o MFA, publicaram *África – Vitória traída*[56], título que acompanhava o tom do livro do último ministro da Defesa da ditadura, Silva Cunha, e o de Jaime Nogueira Pinto, o *nacionalista revolucionário* que, contudo, vinha acertar contas com o marcelismo, cujo chefe teria tido uma «conduta mais do que suspeita» perante a preparação do 25 de Abril, sendo que a sua «conivência» nele seria «a única explicação plausível» para que um Regime com 48 anos de duração (dos quais seis [- o governo de Marcelo -] de decomposição acelerada) se entregou, com exemplar cobardia, pelas mãos dos seus responsáveis, a algumas centenas de galuchos,

---

[54] «Chamem-lhe Guerra do Ultramar, logo que lhe chamam Guerra Colonial sei como é que pensam», respondeu a chefe do Movimento Nacional Feminino a Ana Soromenho e Isabel Lopes, do *Expresso* («Cecília Supico Pinto. "Não concordei com milhares de coisas do Estado Novo"», *Expresso-Única*, Lisboa, 16.2.2008).

[55] [Lisboa:] Editorial Verbo, 1977. Ao contrário de Caetano, o último presidente da República da ditadura, Américo Tomás, regressou livremente a Portugal, sem que fosse aberto qualquer processo de depuração de responsabilidades, e publicou no início dos anos oitenta a sua autobiografia com o título depressivo de *Últimas Décadas de Portugal* TOMÁS, Américo [1980-83]. *Últimas décadas de Portugal*, 2 vols.. Lisboa: Fernando Pereira Editor

[56] Lisboa: Intervenção, 1977.

ESTADO, DEMOCRACIA E MEMÓRIA

mal comandados e municiados, sem qualquer experiência militar»[57]. É logo nestes anos, portanto, que se formula abertamente a tese de que «no fim de 1973 (...) no Ultramar não [estávamos] vencidos e, pelo contrário, tudo se preparava para um esforço que havia de conduzir à vitória»; contudo, «a armadura de defesa do Estado e do meio social contra as campanhas derrotistas, as infiltrações ideológicas e a agitação, foi enfraquecendo», facilitadas pelo «comportamento dos chamados católicos progressistas, certos chefes de indústria despeitados ou descontentes com decisões do Governo, algumas camadas da burguesia endinheirada, parte do corpo docente das Universidades e das escolas militares, que não queriam continuar a bater-se...» «Habilmente politizado [pelo] partido comunista» o *Movimento dos Capitães*, tendo surgido «os chefes potenciais» (Spínola e Costa Gomes), encontrada uma «justificação moral» no livro *Portugal e o Futuro*, de Spínola, «faltava só a oportunidade» que «surgiu com a demissão (...) dos Generais Costa Gomes e Spínola dos cargos de Chefe e Vice-Chefe do Estado-Maior-General das Forças Armadas»[58]. Em suma, a direita que se reivindicava herdeira de um projeto de «uma grande e próspera Nação, na fraternidade de raças e culturas, uma Nação reconstruída pela coragem e generosidade dos seus combatentes»[59], havia encontrado a sua *facada nas costas*, o seu mito explicativo da derrota política que teria forjado uma falsa derrota militar, semelhante ao das direitas ultranacionalistas alemãs construído depois de 1918 para explicar o derrube da monarquia imperial e a proclamação da República.

A generalidade dos estudos de opinião mostraram sempre, desde, pelo menos, o 10º aniversário do 25 de Abril, que a maioria da população nunca terá aceite a descolonização – a qual, contudo, foi condição essencial para a democratização –, da mesma forma que, provavelmente, nunca partilhou do princípio do direito à autodeterminação das populações coloniais sob dominação portuguesa. Os resultados comparativos da sondagem feita pelo *o jornal* em 1984 e de uma outra feita pela *Visão* dez anos depois, em 1994, mostravam que apenas cerca de 15% dos inquiridos, em ambos os caos, consideravam a descolonização como «bem concretizada», contra quase ¾ que tinham a

---

[57] *Portugal – os anos do fim. O fim do Estado Novo e as origens do 25 de Abril*, 3ª ed. (1ª ed. em 1976-77), Algés: DIFEL, 1995, pp. 489, 485, 491.

[58] CUNHA, Silva, *O Ultramar, a Nação e o "25 de Abril"*, Coimbra: Atlântida, 1977, pp. 354-56.

[59] PINTO, J.N., *Portugal – os anos do fim...*, p. 148.

DITADURAS E REVOLUÇÃO. DEMOCRACIA E POLÍTICAS DA MEMÓRIA

opinião contrária. Ao mesmo tempo, aqueles que pensavam que Portugal «necessitava» de reconhecer a independência das suas colónias tinha caído, entre 1984 e 1994, dos 69% para 60%, enquanto aqueles que eram contrários à independência ultrapassavam o 1/3 das pessoas inquiridas.[60] Em 1995, vinte anos após o fim do processo de descolonização, uma equipa da Universidade Católica inquiriu 1.506 pessoas sobre a questão e obteve uma resposta positiva de 2/3 à questão «Portugal fez bem em dar a independência às ex-colónias?» Contudo, esta resposta coexistia com uma avaliação negativa («descolonização correu muito mal»+«mal») da mesma dimensão quanto ao caso específico de Angola (tanto quanto no caso de Timor-Leste, então ainda sob ocupação indonésia), mais de 60% relativamente a Moçambique, mais de 50% relativamente à Guiné-Bissau, e até mesmo quase 50% de respostas negativas aos dois casos menores, Cabo Verde e São Tomé e Príncipe, nos quais nem houvera guerra. A responsabilidade pelo mau resultado desse processo histórico era atribuída sobretudo aos «negociadores» (31,9%), somando 10% os inquiridos que a atribuíam ao «MFA» ou ao «Partido Comunista»; pelo contrário, apenas 26,4% responsabilizavam o «anterior regime». Perguntados se «os retornados que deixaram bens nas ex-colónias deviam ter sido indemnizados» (supõe-se que pelo Estado português), 54,8% responderam que «sim» e 33,9% que «não».[61]

No 20º aniversário da Revolução, o *Público* pedira a 19 «personalidades de topo das artes e letras, da universidade, da indústria e da banca, do desporto», para escolherem «o melhor e o pior» dos primeiros vinte anos de democracia; nove delas escolheram a descolonização como estando entre «o pior», descrevendo-a como uma «tragédia» (Eduardo Lourenço), um «verdadeiro desastre nacional» (Manoel de Oliveira e Nuno Teotónio Pereira, ainda que este o atribua à «política suicida do regime anterior»), a «forma irresponsável e inapta como se procedeu» (embaixador Calvet de Magalhães), «de uma má situação para outra pior» (bispo João Alves, presidente da Conferência Episcopal Portuguesa).[62]

Esta permaneceu até hoje a principal contradição na memória coletiva portuguesa da ditadura, normalmente em correlação direta com a perceção

---

[60] «Sondagem. 25 de Abril?...», in *Visão*, 21.4.1994.
[61] «Vinte anos de independências. E podia ter sido de outra maneira?», in *Público*, Lisboa, 22.4.1995.
[62] «Personalidades escolhem o melhor e o pior», in *Público*, Lisboa, 24.4.1994.

dos anos revolucionários de 1974-76. A libertação surgiu como resultado direto de um conflito que os portugueses não sabem explicar, porque, na ausência de um consenso mínimo sobre a descrição da realidade, *não* conseguem utilizar os conceitos adequados à descrição destes fenómenos, mais consensualmente utilizados noutros contextos nacionais. A Guerra Colonial, neste sentido, tornou-se, ou é-o ainda, indecifrável. Assim, uma perceção claramente negativa da opressão política e social sofrida sob a ditadura, e até uma interpretação do breve período revolucionário como processo de libertação individual e coletiva, coexistem com um entendimento negativo do processo de descolonização, que leva uma grande parte da sociedade a justificar e a aceitar os motivos de Salazar para empurrar Portugal para o seu momento histórico mais trágico – os treze anos de Guerra Colonial. O discurso que enuncia a condenação da descolonização é de tal forma banal (sempre descrito a partir da perda: para Portugal, para os colonos, até mesmo para os africanos, os quais, contudo, estão sempre ausentes da avaliação) que tem vindo a ser uma fonte persistente de legitimação retroativa do colonialismo, percecionado ou não como sendo um dos principais alicerces do sistema salazarista. Uma memória claramente desconfortável da guerra, que maioritariamente tem desvalorizado e negado a tragédia humana em África, tem sido contrabalançada por um compreensivelmente crescente fenómeno de autovitimização dos excombatentes portugueses, que sofrem de grandes mazelas físicas e psicológicas, e do (mais antigo) processo da mesma natureza protagonizado pelos excolonos, que, ao contrário dos excombatentes, concentram apenas no período de transição para a independência, não incluindo a própria guerra (semântica praticamente ausente do seu discurso memorial), o seu momento dramático no qual tiveram que, ou optaram por, abandonar as excolónias, refugiando-se em Portugal, no Brasil ou nos territórios africanos onde se conservavam regimes de supremacia branca e de segregação racial.

Onde, contudo, as memórias dos *retornados* e as de um grande número de excombatentes divergem é na representação do colonialismo e da dominação colonial. Tal como o testemunho de muitos excombatentes sugere, enviar 900 mil portugueses para combater nas colónias ajudou uma parte considerável da sociedade portuguesa a confrontar as representações ideológicas e simbólicas do colonialismo português com a própria realidade. A guerra fez com que a realidade desmantelasse o mito, propiciando uma perceção crescente da injustiça/inutilidade da guerra e da ilegitimidade de uma ditadura colonialista. Quando o 25 de de Abril pôs fim à Guerra Colonial, parece terem convivido na sociedade portuguesa duas teses que, pelo menos naquele momento, não terão parecido incompatíveis: ao mesmo tempo que se percebera que a guerra fora um instrumento inaceitável de bloqueio do direito à autodeterminação dos africanos, uma parte provavelmente maioritária da sociedade não achava, como parece ainda hoje ser o caso, que a dominação colonial fora igualmente inaceitável.

Ao longo dos anos, a atitude do Estado português perante a memória da Guerra Colonial e do colonialismo creio poder dizer-se que variou muito pouco segundo os ciclos políticos e os protagonistas que o representavam – basicamente, entre (i) a menorização (ou omissão) do tema, sobretudo no plano do discurso que, em política externa, se faz sobre a memória do passado, e (ii) a justificação plena da legitimidade da opção pela guerra. Vejamos um exemplo de cada uma das atitudes.

Quando o primeiro Alto-Comissário para a Imigração e Minorias Étnicas, nomeado em 1996 pelo primeiro governo de António Guterres, se confrontou, no âmbito da Conferência das Nações Unidas contra o Racismo, Discriminação Racial, Xenofobia e Intolerância Conexa (Durban, 2001), com as exigências, feitas por países africanos e por organizações de afro-descendentes, de pagamento de reparações pela escravatura e pelo colonialismo, a sua resposta cortou qualquer possibilidade de debate ou de autocrítica: «não é legítimo exigir desculpas oficiais de um país que descolonizou, que reconheceu as suas responsabilidades nos erros do passado, e que criou uma relação de solidariedade com os países africanos de língua portuguesa».[63] Esta foi a resposta de um representante categorizado de um Estado que ignorou ou negou a tragédia humana africana causada pela Guerra Colonial, que não investigou ou sequer publicitou qualquer dado historicamente documentado sobre o número de vítimas africanas da repressão colonial e da guerra de 1961-74, que não reconheceu formalmente (nem ao abrigo de legislação nacional, nem do Direito Internacional) quaisquer crimes de guerra (massacres de populações civis,

---

[63] José Leitão (ACIME), in *Público*, Lisboa, 6.9.2001. Ao tomar posse, Leitão declarara à imprensa que «o modelo cultural português tende para a interculturalidade e a história deste país sempre foi uma História de interracialismo» (*Público*, Lisboa, 21.2.1996).

execução de prisioneiros, guerra química...) e que não discutiu reparações económicas por estes motivos com nenhum dos novos Estados independentes. A declaração solene do primeiro presidente português (Costa Gomes) a dirigir-se à Assembleia-Geral da ONU, em outubro de 1974 – «Não mais aceitaremos trocar a nossa liberdade coletiva de consciência por sonhos grandiosos de imperialismo» – não voltou a ser repetida, nem mesmo relembrada, desde 1975.

Mas não se pode dizer que o Estado democrático português não tenha uma versão oficial do que foi a Guerra Colonial. Ela está contida nos volumes produzidos pela *Comissão para o Estudo das Campanhas de África* (1961-1974), nomeada em 1980 pelo primeiro governo da direita a chegar ao poder depois do 25 de Abril, de Sá Carneiro, juntamente com o Estado-Maior do Exército[64] e foi presidida por um militar conservador, o general Themudo Barata[65]. Tinha como objetivo o «levantamento sistemático e exaustivo (...) de toda a documentação com potencial interesse histórico ou militar» para o estudo das *«Campanhas de África»*, para criar uma *«"base idónea"* para a análise – essa sim crítica – a cargo de futuros historiadores», ainda que se reivindicasse ser «um trabalho válido de história (...) emanado da própria estrutura militar», realizado com a «preocupação (...) [de] não [conter] erros», «fugir a juízos de valor» e ser «imparcial». Os militares sabiam bem que tratavam de um problema da «memória de grande parte da nossa população», na qual se teria «esvaído» já a «crise de identidade nacional» que, segundo Themudo Barata, teria decorrido dessa «metamorfose rara, senão única, na vida de qualquer povo»: a de «um país, por sua iniciativa e ciente do risco de sobrevivência que está em jogo, no curto período de ano e meio, amputar-se de 95% do território sob a sua soberania e há séculos integrado nos seus circuitos vitais».

Como nos discursos memoriais dos ex-colonos, eis a *amputação* e o *risco de sobrevivência* como conceitos centrais. Sempre no campo do «conceito da nação que éramos», aquele general categoriza a descolonização como «brusca

---

[64] Portaria nº 43/80, 16.2.1980.

[65] Para ele, a chegada de Salazar ao poder «criou um certo bem estar e uma estabilidade que as pessoas apreciaram. (...) Os primeiros governos de Salazar eram compostos por pessoas de verdadeira envergadura.» O *Estado Novo* «foi uma ditadura suave», «um poder pessoal, um poder centralizado e forte» (MELO, António, «Themudo Barata, 80 anos, o culto do patriotismo», in *Público*, Lisboa, 10.1.1999).

e extremamente melindrosa por atingir os alicerces multicentenários» daquele conceito, fazendo com que «as consciências fossem profundamente abaladas, desorientando muitos, exacerbando paixões, perturbando a lucidez e serenidade dos raciocínios, provocando um mútuo e violento recriminar».[66] Confrontando, sem o dizer abertamente, a Constituição e o regime democrático a que esta dera origem, a Comissão militar descrevia a «convicção unitária de Portugal e dos portugueses (...) [que] de tal forma (...) vincula o povo português que os seus representantes máximos, governantes e parlamentares, não ousaram, através dos tempos, arriscar nas leis fundamentais da Nação, nada que fosse contra a unidade da Nação Portuguesa, entendida como pluricontinental. E se isto é assim relativamente ao estatuto jurídico da Nação, é porque tal convicção existia na alma do povo e ninguém se atrevia a atentar contra ela».[67]

Os três pilares sobre os quais se estrutura a memória oficial do Exército Português relativa à Guerra Colonial configuram um discurso abertamente revisionista da narrativa genética da democracia portuguesa, ideologicamente nacionalista, culturalmente colonialista, idêntico em tudo ao segundo paradigma colonial salazarista, que vigorou entre 1951 (revisão constitucional integracionista) e o fim da Guerra Colonial:

i) **Um *Sonderweg* português na História**: ao contrário das demais potências coloniais europeias (julgavam os autores...), «a filosofia político-estratégica da Nação Portuguesa», que «correspondia aos desejos e anseios do povo português», «foi, sempre, considerar os territórios portugueses das ilhas atlânticas, da África, da Ásia e da Oceânia, como territórios indissociáveis da velha Lusitânia, apesar das doutrinas e das práticas contrárias que, a partir da II Guerra Mundial, se espalharam por toda a parte». Podiam, portanto, «as potências amigas e aliadas de Portugal [afirmar] ser irreversível o fenómeno da independência das colónias», e a isso se «respondia que era verdade mas que tinha

---

[66] Estado-Maior do Exército (EME], Comissão para o Estudo das Campanhas de África [CECA], *Resenha histórico-militar das campanhas de África (1961-1974)*, vol. 1 ("Enquadramento geral"), Lisboa, s.ed. [1988], pp. 16-17 e 6-7.
[67] EME/CECA, *Subsídios para o estudo da doutrina aplicada nas Campanhas de África (1961-1974)*. Lisboa, s.ed., 1990, pp. 30-31.

de corresponder, primeiro, a um período de autonomia progressiva e participada» – conceitos usados por Salazar e Caetano desde 1962 – «dada a força do sentimento de unidade»[68].

ii) **Integração e assimilação dos colonizados**: o domínio português nunca fora racista; pelo contrário, era-o «o Pan-Africanismo, tornando-se Pan-Negritude», que «[transportava] em si mesmo o germen do racismo contra o branco». Negando toda a violência da dominação e discriminação colonial, descrevia-se a «política oficial portuguesa» como tendo sido «sempre» a de, através do «Estatuto dos Indígenas, que servia de pretexto para sucessivos ataques contra Portugal», «defender as populações menos evoluídas e respeitar os seus costumes e usos na linha tradicional portuguesa».[69]

iii) **Os africanos apoiavam o esforço de guerra português, a guerra corria de feição:**« O [conflito armado] que se iniciara nos territórios portugueses não ocorria por iniciativa espontânea da grande massa das populações: era preparado a partir do exterior», designadamente da União Soviética, «bem colocada para manobrar todo o novo mundo emergente e orientá-lo contra os povos ocidentais», e por «uma minoria endoutrinada», o que explicava não só a guerra iniciada em 1961, mas até conflitos sociais como a revolta dos trabalhadores do algodão, na Baixa do Cassange, causada por «descontentamento habilmente explorado»; a «situação muito favorável às nossas tropas» que se vivia em Angola em 1974 devia-se também «à população(...), ao apoio ou aberta colaboração [maioritária]», o que ocorria em «qualquer dos territórios», onde «as populações naturais (...) [contribuíram] de forma maciça, espontânea e dedicada para o esforço militar».[70]

---

[68] EME/CECA, *Subsídios para o estudo...*, pp. 34-35.
[69] EME/CECA, *Resenha histórico-militar...*, *pp.* 58, 54.
[70]   EME/CECA, *Resenha histórico-militar...*, *pp. 49*, 58, 105-06, 113 (a Comissão atribuiu a «eliminação» de Amílcar Cabral a «elementos radicais» do PAIGC que queriam «calar [as] vozes» de quem queria «interromper a luta», p. 120), e *Subsídios para o estudo...*, p. 18. Sobre a responsabilidade da PIDE no assassinato de Cabral, cf. MATEUS, Dalila Cabrita (2004), *A PIDE/DGS na Guerra Colonial, 1961-1974*, Lisboa: Terramar, pp. 165-71.

DITADURAS E REVOLUÇÃO. DEMOCRACIA E POLÍTICAS DA MEMÓRIA

De novo, nem uma palavra sobre represálias contra as populações africanas suspeitas de apoiarem os movimentos de libertação, sobre os massacres em Moçambique ou no Norte de Angola, sobre 250 mil jovens refratários, sublinhando-se, pelo contrário, «o número insignificante daqueles que desertaram das fileiras»[71], isto é, aqueles que, tendo sido formalmente incorporados numa unidade militar, conseguiram ainda desertar com sucesso; elencados os mortos e os feridos, sem mais, nem uma palavra sobre os 140 mil excombatentes portadores de um síndrome se stress pós-traumático[72]; e nem uma palavra sobre «a ausência de africanos e mestiços em todas as posições importantes, nos setores privado e público da sociedade colonial (...) a sua minúscula representação nos níveis superiores do sistema educacional (...) o incessante uso de trabalho forçado, da prática difundida de expropriação de terras africanas, de prisões e torturas arbitrárias e até mesmo de massacres de aldeias inteiras»[73], tal como o estabelecido pela investigação histórica independente.

A hierarquia militar que toma conta das Forças Armadas depois da eleição de Eanes, no verão de 1976, adotou sem complexos um discurso revisionista sobre o colonialismo e a Guerra Colonial. Um papel simbólico especial na política da memória que lhe está subjacente é assumido pelas comemorações do *Dia de Portugal* (o 10 de Junho), transformadas por um setor da direita militar como homenagem anual aos excombatentes. Neste terreno simbólico encontraram-se, entre outros, oficiais que ocuparam posições relevantes na estrutura militar depois de 1976 (generais Lemos Ferreira, Altino de Magalhães e Diogo Neto, coronéis Jaime Neves e Caçorino Dias), juntamente com salazaristas como Kaúlza de Arriaga, Alpoim Calvão, Francisco Van Uden ou Jaime Nogueira Pinto ou monárquicos como Duarte Pio de Bragança e Nuno Cardoso da Silva.[74] Em 1987, depois de se terem construído monumentos aos combatentes em vários concelhos do país, foi constituída uma *Comissão*

---

[71] EME/CECA, *Subsídios para o estudo...*, p. 18.

[72] Cf. ALBUQUERQUE, Afonso de, LOPES, Fani, «Características de um grupo de 120 ex-combatentes da Guerra Colonial vítimas de "stress de guerra"», in *Vértice*, nº 58 (II Série), jan./fev. 1994, pp. 28-32, e QUINTAIS, Luís, *As guerras coloniais portuguesas e a invenção da História*, Lisboa: ICS, 2000.

[73] BENDER, Gerald, *Angola sob o domínio português. Mito e realidade*, trad. port., Lisboa: Sá da Costa, 1980, p. 11.

[74] Listagem de parte dos membros das comissões de honra e executiva das comemorações organizadas pelo *Movimento 10 de Junho* em 1997, in *Expresso*, Lisboa, 13.6.1997.

Executiva para impulsionar a construção, em Lisboa, de um *Monumento aos Combatentes do Ultramar*, presidida pela velha Liga dos Combatentes, reunindo várias associações da área nacionalista[75] e a Associação dos Deficientes das Forças Armadas. Parecia-lhes «imperioso passar "à pedra" a memória daqueles que tombaram em defesa de Portugal no antigo Ultramar e homenagear todos aqueles que serviram Portugal como simples combatentes».[76] Inaugurado em 1994, sob o governo de Cavaco Silva, seria o exministro do marcelismo, Veiga Simão, agora nas vestes de ministro da Defesa do governo de Guterres, a autorizar, em 1998, o financiamento da colocação das lápides com os nomes de todos os militares portugueses mortos na guerra.[77]

Os excombatentes de África teriam, portanto, que esperar pelos anos 90 para se tornarem o centro das novas políticas da memória das direitas, antes de mais na campanha pela construção deste monumento, associada à velha tese, subscrita por Caçorino Dias (presidente da Comissão Organizadora do 1º Encontro dos Antigos Combatentes do Ultramar, em 1994) de que «durante os últimos anos tem havido a clara intenção de esconder a verdade, de esconder a forma como nós deixamos África»[78]. Fernando Rosas percebia nesta «fação (...) ligada à extrema-direita» a pretensão de «que o Estado e a comunidade passem a considerar a guerra colonial como uma guerra patriótica, levada a cabo para defender os interesses da nação "imperial" ou "ultramarina"», que fora «"traída" por um punhado de militares e de "políticos" fundadores do Estado democrático e iniciadores da descolonização». E também ele os descrevia como «vítimas», mas, isso sim, «da política que os conduziu ao açougue da guerra colonial», merecedores de um «respeito extensível aos que caíram no campo dos movimentos de libertação».[79]

---

[75] Sociedade de Geografia de Lisboa, Sociedade História da Independência de Portugal, Associação de Comandos, Associação dos Combatentes do Ultramar, Associação da Força Aérea Portuguesa e Associação dos Especialistas da Força Aérea Portuguesa.

[76] «Museu do Combatente – Forte do Bom Sucesso (Junto à Torre de Belém)», in http://www.ligacombatentes.org.pt/museus/museu_do_combatente (consultado em agosto de 2014).

[77] O que motivou uma homenagem a Veiga Simão e a Cavaco Silva prestada pela Comissão Promotora dos Encontros do Ultramar no 10 de Junho de 1999 (cf. *Público*, Lisboa, 10.6.1999).

[78] «Direita volver», in *O Independente*, Lisboa, 3.6.1994.

[79] «Os "10 de Junho"», in *Público*, 13.6.1995.

Em todo o caso, 20-25 anos depois do fim da guerra, o país assistiria à generalização dos encontros, reuniões, convívios, de milhares de excombatentes por todo o país, realizados, seguramente, num misto de nostalgia e de catarse.[80] Este novo ambiente social e movimentação das associações que diziam representar os excombatentes foi aproveitada pelo CDS/PP para se apropriar com algum sucesso da discussão da valorização do serviço militar prestado numa frente africana para o cálculo das pensões de reforma, com o partido a transformar a questão em argumento central das suas campanhas eleitorais de 1999, 2002 e 2005. Só em 1999, com uma maioria de esquerda na AR, haveria consenso para passar a abarcar no conceito legal de «deficiente das Forças Armadas o cidadão português que, sendo militar ou ex-militar, seja portador de perturbação psicológica crónica resultante da exposição a fatores traumáticos de stress durante a vida militar» e criar uma «*Rede Nacional de Apoio aos militares e ex-militares portugueses portadores de perturbação psicológica crónica*»[81].

2.5 O bloqueio da memória da resistência: discutir a Revolução para não discutir a ditadura

Os quinze anos que se seguiram ao período revolucionário, pelo menos até 1992, corresponderam a um período de clara desvalorização política, social e ética das opções e da ação políticas daqueles que se haviam oposto e resistido à ditadura. E, consequentemente, de desvalorização e silenciamento da sua memória. O que é muito diferente de julgar que se se «[dava] lugar ao quase desaparecimento das políticas do passado da agenda e do debate público», como julga Filipa Raimundo[82]. Derrotados os projetos políticos das esquerdas – os do PCP, os vários da Esquerda radical, mas também os que o próprio PS dissera sustentar nas eleições de 1975 e 1976 –, não era esta uma consequência perfeitamente lógica? O mesmo, recordemo-nos, sucedeu rapidamente nos países que se haviam libertado da ocupação nazi e das ditaduras fascistas ou fascizadas que com ela colaboraram. Também na Itália, em França, na Bélgica ou na Áustria, por exemplo, se quebraram rapidamente (em 1946-47) as

---

[80] Exemplos de muitas dessas convocatórias são visíveis no portal http://ultramar.terraweb.biz/.
[81] Lei nº 46/99, 16.6. Cf. *Público*, Lisboa, 23.6.1999 e 13.4.2000.
[82] «Partidos políticos e justiça transicional em Portugal», ..., p. 116.

coligações antifascistas (que nunca se chegaram a constituir na Alemanha Ocidental) que haviam dado impulso aos movimentos de resistência e que haviam tomado o poder no momento da Libertação; e também nestes países entrou rapidamente em crise a cultura política do antifascismo, abruptamente substituída por uma lógica de Guerra Fria que abjurava do frentismo resistencial que incluíra em todos os casos os comunistas, tornados tanto ou mais odiosos que os nazis segundo os critérios da nova ordem política atlantista.

Tal como aconteceu em muitos outros casos semelhantes, os primeiros vinte anos da expressão social da memória da opressão salazarista foram fortemente marcados por:

i) a crise económica e social que se sucedeu ao processo de democratização, fundamentalmente coincidindo com as duas primeiras crises energéticas internacionais e com a ascensão de uma sociedade pós-industrial, que grande parte dos portugueses associou mais à mudança democrática que ao próprio legado autoritário;

ii) as elites económicas e governamentais serem praticamente unânimes na culpabilização da *aventura* revolucionária de 1974-76 pelos problemas de uma economia que passava por um duro processo de adaptação;

iii) a memória do confronto político mais recente (processo revolucionário, descolonização) ter ganho precedência sobre a memória de eventos ocorridos 15 (o *furacão* Delgado, o início da Guerra Colonial), 30 (as campanhas do MUD e de Norton de Matos) ou 40 (o Reviralho, o 18 de janeiro de 1934, o Tarrafal) anos antes, apesar de estes poderem ter sido percecionados como precedentes fundamentais do novo regime democrático;

iv) pelo isolamento político daqueles (comunistas e o que restava da Esquerda radical) que, tendo sido os mais persistentes e/ou visíveis opositores à ditadura na sua fase final, haviam sido também protagonistas dos projetos políticos aos quais, derrotados ou não no 25 de Novembro, o poder político atribuía todos os malefícios económicos e morais.

Uma nova memória reacionária, entre politicamente conservadora e historicamente nostálgica, que criava narrativas crescentemente hegemónicas sobre a descolonização, a coletivização, a nacionalização, a ocupação de terras, fábricas e casas, o exílio de grandes patrões e de dirigentes políticos da ditadura (que regressavam quase todos logo a partir de 1976), silenciava a memória daqueles resistentes antifascistas que, depois da prisão e da tortura, haviam perdido a aposta da Revolução. Não ajudava a relativa debilidade das associações (a União dos Resistentes Antifascistas Portugueses, URAP, da área do PCP, criada em 1976 «pelos antifascistas que durante a ditadura criaram a Comissão de Socorro aos Presos Políticos»[83], e a Associação de Ex-Presos Políticos Anti-Fascistas, AEPPA, criada logo em 1974 «no campo político estruturado em torno da UDP»[84]), por comparação com organizações da mesma natureza em países como a França ou a Itália, por exemplo, criadas para impulsionar as suas políticas da memória.

Começava a criar-se um *écrã da memória*: a memória negativa da Revolução procurava bloquear a expressão da memória da resistência. Para evitar ter de se pronunciar sobre a ditadura, a Direita concentrava-se, diabolizando-a, na memória do *Processo Revolucionário em Curso* (o *PREC*, expressão que, sobretudo enquanto sigla, ganhará uma conotação fortemente pejorativa). Logo em 1976, o CDS incluía no seu programa eleitoral o «objetivo [da] Reconciliação nacional», propondo como «objetivo de governo, entre outros, que seja feita justiça também às vítimas verdadeiramente inocentes do 25 de Abril.»[85] O Cavaquismo (1985-95), que preencheu a grande maioria deste período histórico, mais do que produto de uma aparente sensação difusa de rejeição, ou pelo menos de desilusão coletiva com a Revolução, tinha um projeto político politicamente neoconservador e economicamente neoliberal que requeria a criação dessa sensação. O discurso memorial promovido pelas direitas sobre a Revolução não foi, neste caso, simplesmente deixado aos habituais porta-vozes intelectuais[86]: foi diretamente assumido pelo Governo e veiculado pela voz

---

[83] URAP, «Quem somos», in http://www.urap.pt/index.php/urap/quem-somos-mainmenu-30 (acedido em setembro de 2014).

[84] CARDINA, Miguel, «Guerra total à fera fascista: a AEPPA e a memória como combate», in in PIMENTEL, I. F.; REZOLA, M.I., *Democracia, ditadura...*, pp. 151-64.

[85] Programa eleitoral do CDS à eleições legislativas de 1976, cit. in RAIMUNDO, F., «Partidos políticos e justiça transicional em Portugal», ..., Quadro 4.2, p. 104.

[86] Que, contudo, conservaram o seu inevitável papel neste terreno. Um dos que nesse período concluiu a sua transferência da esquerda maoísta para a direita liberal, Pacheco Pereira, utilizou o 10º aniversário do 25 de Novembro para definir assim o período revolucionário: «Parecia que um mau destino nos preparava para sermos, nesta ponta da Europa, uma qualquer

ESTADO, DEMOCRACIA E MEMÓRIA

do Primeiro-Ministro – e quando um chefe de governo faz um uso político da História, é inevitavelmente de política pública da memória que falamos. Se antes da viragem que a implosão do bloco soviético, em 1989, significou à escala internacional, Cavaco insistia sobretudo em condenar a metodologia política do próprio modelo português de democratização – «a sociedade portuguesa [viveu], em 1974-1975, um período de exacerbada agitação política e de predomínio do discurso ideológico»[87]; «Em Portugal temos alguma experiência do que possa ser o coletivismo e dos seus incalculáveis custos em termos de estagnação económica e social. Como arma de conquista do poder, forças comunistas levaram a cabo, há 14 anos, uma indiscriminada estatização da economia portuguesa» -, a partir de 1989 o Governo português adotaria uma leitura totalitária da Revolução portuguesa que, a partir de então, ainda que já estivesse presente desde antes de 1989, passaria a ser o recurso interpretativo permanente das direitas: «nos anos conturbados de 1974 e 1975» – adjetivos desta natureza ou do campo semântico da *doença*, da *loucura*, estarão sempre presentes nestes discursos memoriais -, uma «ameaça do totalitarismo de Estado instalou[-se] em Lisboa em nome do socialismo real»[88].

Aquela que poderíamos designar como a memória cavaquista da Revolução lançava as suas sementes num terreno já muito lavrado pelos efeitos das dificuldades económicas que acompanharam o processo de democratização em Portugal. Por norma, os ciclos de crise económica e de recessão

---

república popular democrática. Faz hoje 10 anos que terminou esse pesadelo», in *Diário Popular*, 25.11.1985, cit. in SOUTELO, L., *A memória do 25 de Abril...*, p. 147. Em 2002, atribuiria à «revolução», isto é, ao 25 de Abril, a virtualidade de ter «[evitado] que a extrema-esquerda evolua para o terrorismo, o que é muito importante»; «no princípio dos anos 80 (...) a extrema-esquerda nascida no final dos anos 60 adere quase totalmente à democracia e ao "mainstream" político em Portugal», processo do qual Pereira admite ter sido «pioneiro. Muitos dos que me criticaram acabaram por se calar depois» (entrevista a Luís Osório, in *DNA*, Lisboa, 12.1.2002)

[87]   SILVA, A. Cavaco, «O fortalecimento das relações económicas externas», discurso «No jantar da Câmara de Comércio Hispano-Portuguesa», in *Cumprir a esperança. Discursos proferidos durante a vigência do X Governo Constitucional*, [Lisboa:] Imprensa Nacional-Casa da Moeda, [1987], p. 386.

[88]   SILVA, A, Cavaco, «A melhoria das relações Leste-Oeste», discurso «No 3º Encontro de Lisboa – Lisbon Meeting, em Sintra», 1988, e «A autonomia regional», discurso «Na Região Autónoma da Madeira, 19.5.1990 (...)», in *Construir a modernidade. Discursos proferidos durante a vigência do XI Governo Constitucional*, [Lisboa:] Imprensa Nacional-Casa da Moeda, [1989], pp. 206 e 132.

dos níveis de bem estar abrem crises de perda de legitimidade do sistema de representação democrática, o que habitualmente passa por uma crise da própria crítica do autoritarismo. Cavaco instalou-se no poder depois de cerca de oito anos (1977-85) praticamente consecutivos de crise que favoreceram a proliferação de discursos memoriais muito negativos sobre a Revolução, e não apenas sobre as suas consequências, os quais não podiam senão abrir o caminho a versões abertamente revisionistas, e até mesmo negacionistas, sobre a memória da ditadura. É neste sentido que se pode perceber a perceção profundamente negativa que da experiência democrática emergia nos estudos de opinião feitos no décimo aniversário da revolução, em 1984. Este coincidiu com o pior momento de crise económica que se fez sentir após a queda da ditadura, durante o qual um governo de *Bloco Central* dos dois maiores partidos do sistema político geriam uma segunda intervenção do Fundo Monetário Internacional na economia portuguesa. Nesse momento, apenas 1/3 dos inquiridos diziam que o 25 de Abril tinha melhorado a sua «realização pessoal», apenas cerca de 1/5 achava que tinha melhorado a sua «situação económica», só 22,5% dizia que a Revolução tinha sido «positiva» para o «desenvolvimento económico», 24,5% para a «estabilidade social» e 26,4% para as «perspetivas da juventude». Pelo contrário, dez anos mais tarde, numa conjuntura económica bem mais positiva, as respostas positivas a estas mesmas questões tinham aumentado para 67,3%, 56,2%, 73,6%, 65,1% e 55,3%.[89] Numa sociedade na qual os gastos públicos com a Educação tinham subido de 1,73% do PIB em 1973 para 3,86% em 1977, ou para 4,21% em 1983, e na qual o número de estudantes no ensino secundário (15-17 anos de idade) e o de estudantes universitários tinha subido de 25,7 e 49,4 mil em 1970/71 para 134,7 e 87,3 mil, respetivamente em 1980/81[90], não mais de 33,4% dos inquiridos neste estudo avaliou em 1984 como positivo o legado revolucionário no que diz respeito ao «acesso ao ensino»; dez anos mais tarde essa mesma proporção duplicou. Tal como é frequentemente detetado nas sociedades pós-autoritárias, a libertação social e política apareceu associada com uma avaliação negativa da «moralidade pública» (para 49,7% dos inquiridos em

---

[89] «Sondagem. 25 de Abril? Claro que sim!», in *Visão*, Lisboa, 21.4.1994.
[90] Cf. BARRETO, António (coord.), *A situação social em Portugal, 1960/1995*, Lisboa: Instituto de Ciências Sociais da Universidade de Lisboa, 1996, tabelas 3.28, 3.09 e 3.15.

ESTADO, DEMOCRACIA E MEMÓRIA

1984, e para 45,9% em 1994), do «desenvolvimento da criminalidade» (66,4% e 76,4%) e da «influência da droga [na sociedade]» (73,4% e 84%). Em 1984, nove anos depois da descolonização mas 1,5 anos antes da integração europeia, apenas 35,2% pensava que a revolução tinha tido um efeito «positivo» na «independência política» e apenas 15,4% na independência «económica» do país; dez anos mais tarde, e oito anos depois de ter entrado na Comunidade Europeia e embarcado num projeto potencialmente federativo, as respostas positivas a estas mesmas perguntas tinham também subido para 62,7% e 55%, respetivamente.

Dez anos após a queda da ditadura, a «liberdade» parecia ser o único argumento sobre o qual parecia preservar-se ainda um consenso positivo relativamente à herança da Revolução: 82,5% dos inquiridos (88,4% em 1994) pensavam que o 25 de Abril tinha tido um efeito «positivo» relativamente à «liberdade de expressão» e 54,8% (71,8% em 1994) quanto à «liberdade da juventude». Excetuando estes casos, o outro único resultado da Revolução democrática avaliado positivamente (49,2% dos inquiridos em 1984) era a «imagem de Portugal no mundo»; uma vez mais, em 1994 essa resposta era dada por 82,2% dos inquiridos.[91]

Facto objetivamente observável ou não, a verdade é que o novo poder político se comportou, nestes anos de devastação social provocada pela crise económica e pelas políticas austeritárias de finais da década de 70 e primeiros anos 80, como se a sociedade portuguesa responsabilizasse a Revolução pelos problemas económicos e, dessa forma, se pudesse concluir que os portugueses se tinham desiludido com a Revolução e a democracia que ela havia criado. E, consequentemente, como se se vivesse uma revalorização das *certezas* autoritárias do Salazarismo (a segurança, a estabilidade económica). Em qualquer caso, tornara-se evidente uma rápida diminuição, relativamente aos anos revolucionários, da participação política[92] e a reversão das políticas socializantes do período revolucionário que não levantou os históricos obstáculos estruturais ao desenvolvimento socioeconómico, temporariamente

---

[91] «Sondagem. 25 de Abril?...», in *Visão*, 21.4.1994.

[92] Depois de participações eleitorais de cerca de 90% (91,7% em 1975, 87,5% nas legislativas de 1979), Cavaco ganhou as suas maiorias absolutas com uma participação de 72,6%, em 1987, e 68,2%, em 1991 (cf. «Voter turnout data for Portugal», in http://www.idea.int/vt/countryview. cfm?id=184 [acedido em março de 2013]), obtendo 50,2% e 50,4% dos votos, respetivamente.

maquilhados por debaixo de uma camada espessa de fundos (e de retórica) europeus que começou a cobrir a economia portuguesa a partir de 1986. E era evidente também que triunfavam novos valores, coerentes com a viragem neoconservadora que tomou conta de grande parte do planeta na década de 80, adotados pela mesma grande parte da sociedade portuguesa[93] que proporcionou a Cavaco duas grandes vitórias eleitorais (1987 e 1991), transformando-o no primeiro líder verdadeiramente popular na Direita portuguesa desde Salazar, superando em muito quer Marcelo Caetano, quer Sá Carneiro. Em 1987, Cavaco sentia-se já suficientemente à vontade para considerar o 19 de Julho de 1987 (o dia da sua primeira maioria absoluta eleitoral) como um «dia [que] ficará a marcar a história da nossa democracia», no qual esta «deu (...) um significativo passo em frente»[94], no que foi geralmente interpretado como colocando-o como momento alternativo ao 25 de Abril de 1974. A começar pela própria extrema-direita nostálgica que, pela pena de Kaúlza de Arriaga, perceberia «nas eleições parlamentares de 19 de Julho de 1987» o momento em que «o Povo Português terá confirmado e honrado a esperança [baseada] (...) nas suas qualidades intrínsecas, no seu sentido nacional, na sua intuição política (...)], forçando primeiro passo de salvação e recuperação nacionais»[95].

O Cavaquismo tentou, ao fim de uma década de democracia, impor um novo paradigma político dominante, claramente liberal-conservador (ao contrário do que insinuam muitas das avaliações da sua natureza ideológica, que tendem para uma espécie de *paternalismo* mais ou menos socialdemocrata), cuja retórica da valorização da *economia* relativamente à *ideologia* tinha evidentes implicações no campo da memória do passado salazarista e revolucionário. Tratou-se da mais completa estratégia que se desenvolveu em Portugal para negar, ou, pelo menos, contornar, qualquer relação da democracia portuguesa quer com a ditadura e a resistência antifascista, quer com a Revolução. Neste sentido, o Cavaquismo foi, inevitavelmente, a versão portuguesa da *Revolução*

---

[93] Cf. FREIRE, André (2003), «Pós-materialismo e comportamentos políticos: o caso português em perspectiva comparativa», in VALA, Jorge; CABRAL, Manuel Villaverde; RAMOS, Alice (coords.), *Atitudes Sociais dos Portugueses*, 5 («Valores sociais: mudanças e contrastes em Portugal e na Europa»), Lisboa: ICS, pp. 295-361.

[94] SILVA, A. Cavaco, «A estabilidade governativa», discurso «No acto de posse do XI Governo Constitucional», in *Cumprir a esperança...*, p. 19.

[95] ARRIAGA, Kaúlza de, *Guerra e política. Em nome da verdade. Os anos decisivos*, 2ª ed., Lisboa: Referendo, [1988].

Cultural conservadora, que à escala do Ocidente se fez contra a herança dos anos 60 (e, em especial, de 1968) e que no nosso país quis enterrar a herança de 1974.[96] A ideia era interpretar quer o Salazarismo, quer a Revolução, como fenómenos históricos suscitados por leituras ideológicas do mundo, que se espelhavam um ao outro («as forças de orientação totalitária tentaram em 1974-1975 impor ao país uma outra ditadura de sinal contrário»[97]); pelo contrário, a *democracia de sucesso* de que Cavaco tanto falava resultaria dessa «missão de (...) libertar Portugal de fantasmas paralisantes e liderar a viragem da sociedade nacional para o progresso» que Cavaco se autoatribuía. «Apesar da derrota totalitária em 1975», dizia Cavaco, «perdurou [uma] herança coletivista do 11 de Março», seguramente o pior dos «fantasmas paralisantes»[98].

Era, efetivamente, a forma mais eficaz de continuar a encenar a narrativa da herança terrível da Revolução sem ter sequer de falar do passado salazarista. Cavaco gostava de dizer «não [ser um] teórico, mas [um] dirigente com responsabilidades políticas», responsável por «profundas reformas estruturais» que fariam «recuar as fronteiras do setor público e abrir novos espaços para a iniciativa privada», e denunciava, em 1989, as «lentes ideológicas que uma certa Esquerda usava nos anos 60 [que] já nessa altura eram deformadoras da realidade», um verdadeiro «arcaísmo ideológico»[99]. Quando o *Expresso* lhe pediu um depoimento sobre Salazar, no centenário do nascimento deste (abril de 1989), evitou (como sempre fez) pronunciar-se sobre ele e deixou o encargo para um dos seus ministros mais representativos, Dias Loureiro, que elogiou a «perícia» de Salazar para «fazer Portugal emergir da [Guerra Civil espanhola e da Segunda Guerra Mundial] com o mínimo de custos» e a «muito positiva» política financeira desenvolvida no inicio da sua governação, reproduzindo aquele que foi, e é, um discurso absolutamente unânime no conjunto das

---

[96] Cf. AUDIER, Serge, *La pensée anti-68. Essai sur les origines d'une restauration intellectuelle*, Paris: La Découverte, 2008.

[97] «A liberdade, a paz e a segurança», discurso «Na sessão da Primavera da Assembleia do Atlântico Norte», 1988, in *Construir a modernidade...*, p. 174.

[98] SILVA, A. Cavaco, «Prefácio» e «A afirmação de Portugal no mundo», discurso «No IDN, 31.5.1990», in *Ganhar o futuro. Discursos proferidos durante a vigência do XI Governo Constitucional*, [Lisboa:] Imprensa Nacional-Casa da Moeda, [1991], pp. 8 e 125.

[99] «A melhoria das relações Leste-Oeste», ..., 1988, in *Construir a modernidade...*, pp. 202 e 206-7, e «Uma estratégia de desenvolvimento», discurso «No encerramento do debate parlamentar sobre o Orçamento de Estado para 1990, 22.11.1989», in *Ganhar o futuro...*, pp. 25 e 30.

direitas portuguesas (e, em primeiro lugar, da historiográfica), que presumem, afinal, terem sido os anos mais evidentemente fascistas da ditadura (a década de 30 e a II Guerra Mundial) o melhor de Salazar. Para Loureiro, teria sido apenas «a partir de 1945» que Salazar teria «[perdido] a visão do mundo moderno», «colocando Portugal fora das dinâmicas de recuperação europeia, perdendo-se uma oportunidade ideal para iniciar a industrialização». Só neste campo do económico é que à direita se concebe criticar «a guerra colonial» – uma expressão surpreendete neste depoimento, já que ela é praticamente tabú nos discursos da Direita sobre o Salazarismo –, não por ser uma opção política e moral inaceitável, mas porque «o desenvolvimento [económico] português ficou ainda mais comprometido».

Nos anos da integração europeia gerida por Cavaco, a lógica de adaptar a leitura do passado ditatorial à conjuntura histórica específica em que aquela era produzida levou a que a Direita descrevesse Salazar como pouco *modernizador*, ou até mesmo como fonte de bloqueio *do desenvolvimento*; os discursos mais assumidamente liberais no campo da economia, chegariam mesmo a considerá-lo *demasiado estatista/paternalista*. O que convivia bem, por outro lado, com «qualidades» como aquelas que Freitas do Amaral, pela mesma altura, nele via: «inteligência, cultura, (...) honestidade pessoal, devoção ao interesse público, força de vontade, amor a Portugal, capacidade governativa, sentido de Estado, independência face a outros poderes, a grupos de interesse, a potências estrangeiras, e ainda a faculdade de conceber um projeto político global e de o executar ponto por ponto».[100] Catorze anos depois, o mesmo Freitas seria muito frontal na sua avaliação sobre a relação da Direita portuguesa com a memória de Salazar e da ditadura: «a grande maioria da direita portuguesa só é democrata de fachada e que no fundo, lá no íntimo, é salazarista». Em 2003, ele confessava que «estava convencido, mas hoje julgo que estava errado, de que a grande maioria da direita portuguesa era, ou se tinha transformado, sinceramente, numa direita democrática». Dentro dela, «não se suporta que alguém supostamente de direita», como ele próprio, «critique esse regime [salazarista] ou essa época. O máximo que eles aceitam é que se

---

[100] Dias Loureiro, e Freitas do Amaral, in «Como os líderes vêem Salazar»", in *Expresso*, Lisboa, 22.4.1989.

diga que tinha coisas boas e más tal como o actual [regime democrático] tem coisas boas e más»[101].

E, de facto, nesse mesmo ano do centenário de Salazar (1989), dois juristas, politicamente monárquicos, que decidiram publicar a enésima compilação sobre «o pensamento e doutrina política» de Salazar, descreviam-no como «sábio, sóbrio e corajoso, uma vez que os seus próprios opositores lhe reconheceram, em vida, um caráter incorruptível [e] que os portugueses, em geral, sentiam nele o amor pela Pátria». Como poderia haver outros retratos do regime e do homem? Simplesmente por «malvadez, estupidez e desonestidade que foi atirada para cima da personagem e do seu trabalho». Era revelador que, queixando-se do «duro silêncio, atualmente orquestrado por homens poderosos e pelos fazedores de opinião» que, em sua opinião, ainda cobria a memória de Salazar, eles percebessem ter esta «começado a ser reintegrada na memória nacional»[102].

3. 1989-92: a memória cavaquista e o enraizamento do revisionismo

O impacto da viragem histórica de 1989 nas políticas da memória portuguesas foi notório[103], não tanto por ter criado uma nova linguagem de descrição do passado (pelo menos, retomou velhas formas de o descrever), mas por ter ajudado a desagregar mais do que já estava desagregada qualquer unidade dos discursos memoriais antifascistas. Nos três anos que separam a queda do muro de Berlim e a controvérsia que surgiu em torno da concessão, em 1992, de pensões de sangue e de louvores a agentes da PIDE/DGS por *serviços prestados à Pátria*, o ataque à herança revolucionária tinha um objetivo político imediato

---

[101] Freitas do Amaral, in «Margarida Marante entrevista Diogo Freitas do Amaral. De delfim da direita a livre pensador», in *Notícias Magazine*, 9.3.2003, Lisboa.

[102] HENRIQUES, Mendo Castro; MELO, Gonçalo de Sampaio e (orgs.), *Salazar. Pensamento e doutrina política. Textos antológicos*, Lisboa/S.Paulo: Verbo, 1989, pp. 10-11. No mesmo tom, PINTO, Jaime Nogueira (org.), *Salazar visto pelos seus próximos (1946-68)*, Venda Nova: Bertrand, 1993, e *António de Oliveira Salazar. O outro retrato*, Lisboa: a esfera dos livros, 2007.

[103] Cf. LOFF, Manuel, «1989 im Kontext portugiesischer Kontroversen über die jüngste Vergangenheit. Die rechte Rhetorik der zwei Diktaturen», in FRANÇOIS, E., KOŃCZAL, K., TRABA, R., TROEBST, S. (Eds.), *Geschichtspolitik in Europa seit 1989. Deutschland, Frankreich und Polen im internationalen Vergleich*, eds., Göttingen: Wallstein, 2013, pp. 396-426.

(a segunda revisão constitucional, aprovada em 1989, que eliminava a consagração constitucional das nacionalizações e da Reforma Agrária, o que permitiria, finalmente, abrir caminho à recomposição da natureza estritamente capitalista do modelo económico português), que, uma vez mais, não podia prescindir de uma revisão profunda do discurso oficial sobre a ditadura e a Revolução. O inverso desta afirmação pode, de facto, ser desde já considerada como uma das permanências mais facilmente detetáveis da análise da evolução das políticas de memória nos 40 anos de democracia portuguesa: elas acompanham passo a passo o debate sobre o modelo constitucional, o que reforça, como seria de esperar, a tese antes expendida de que o regime democrático está, em cada momento, diretamente fundado num determinado discurso memorial sobre o passado recente. Assim, quanto mais se rejeita o passado autoritário, mais se defende que a Constituição seja o repositório de um processo político de rutura com o passado e de criação de um futuro fundado sobre os valores da Revolução; pelo contrário, quanto mais se rejeita a via revolucionária para a democracia, tanto mais se exige que a Constituição perca o seu caráter de explícita rutura com o passado autoritário e mais este é reinscrito positivamente na identidade portuguesa, e, inversamente, mais a Revolução sobressai como um choque anafilático infligido à sociedade portuguesa.[104]

3.1 A teoria das *duas ditaduras*

Instalara-se uma atmosfera social e cultural na qual nenhum debate sobre a ditadura era possível sem se discutir também a Revolução de 1974-75, como se os dois períodos fossem histórica ou politicamente comparáveis, produzindo um discurso historicamente confuso e frequentemente anacrónico, para não dizer a-histórico. A partir do poder, impunha-se cada vez mais a *teoria das duas ditaduras*: segundo Cavaco Silva, depois do derrube do *Estado Novo*, em cuja caracterização muito raramente ele usa(va) o conceito de *ditadura*, «as forças de orientação totalitária tentaram em 1974-1975 impor ao país uma

---

[104] Cf. LOFF, Manuel, «*Depois da Revolução?*... Revisionismo histórico e anatemização da Revolução», in MELO, Demian Bezerra de (org.), *A miséria da historiografia: uma crítica ao revisionismo contemporâneo*, prefácio de Virgínia Fontes. Rio de Janeiro: Consequência, 2014, pp. 53-65.

outra ditadura de sinal contrário»[105]. Em 1994, um dos mais despudorados porta-vozes desta nova ordem política (e intelectual celebradíssimo) sintetizava assim a relação do Portugal de então com «o passado»: «A revolução não instaurou a liberdade. Derrubou um regime autoritário mas tentou erguer um regime totalitário em seu lugar.» – atente-se bem na distinção feita entre os dois adjetivos! – «A liberdade e a democracia pluralista fomos nós que as instaurámos depois, todos os que nos opusemos a isso. Mas Portugal ainda não digeriu a sua própria má consciência de ter sido o único país da história cujas forças armadas, não tendo sido derrotadas, tiveram a singularidade destemida de entregar de bandeja tudo quanto lhes apeteceu. Preferiram uma insubordinação corporativa por patrióticas razões de pré e promoções no quadro, seguidas de soviéticas motivações que por pouco iam tomando conta disto tudo. (...) Tudo isto foi feito com o aplauso alarve de uma consciência coletiva em estado de choque, sujeita às mais desenfreadas intimidações»[106]. O discurso que sobre a memória do séc. XX português se ia impondo à direita era a de que a Revolução, sobre a qual se tinha construído a democracia (por consequência, plena de defeitos mas quase sempre governada justamente pelos seus críticos), tinha aberto o caminho para uma curta ditadura *marxista/comunista/coletivista/totalitária* bem pior do que o *autoritarismo* salazarista. É tal a centralidade da Revolução e do seu desfecho na construção de todo o discurso memorial que as direitas portuguesas têm sobre a história portuguesa do séc. XX, e de tal forma se sobrepõe a todas as outras, que uma boa representação do *pastiche* em que se transformara o discurso memorial do período cavaquista pode ser encontrada na síntese que Spínola, vinte anos depois do 25 de Abril, faz da história portuguesa dos trinta anos anteriores. O mesmo homem que explicava, «[sem] quaisquer dúvidas, que votei no almirante Américo Thomaz» contra Humberto Delgado, em 1958; que justificava a sua participação, enquanto voluntário, na fase mais violenta da Guerra Colonial em Angola, em 1961, porque «o Ultramar era um desígnio nacional» e «a questão colocava-se em termos de defesa do Ultramar face aos ataques brutais e indiscriminados a que as populações portuguesas de todas

---

[105] «A liberdade, a paz e a segurança», discurso «Na sessão da Primavera da Assembleia do Atlântico Norte», 1988, in *Construir a modernidade...*, p. 174.

[106] Vasco Graça Moura, in *DN*, Lisboa, 10.4.1994, cit. in SOUTELO, L., *A memória do 25 de Abril...*, pp. 330-31.

as origens foram sujeitas»; que acreditara que «as minhas condições» de uma «"revolução social"» na Guiné que colocara a Salazar para aceitar o convite para ser governador da colónia haviam sido aceites pelo ditador; achava que Mário Soares era «merecedor da nossa gratidão a partir do momento em que lidera a resistência do nosso país contra novas ditaduras de esquerda»: «Mário Soares foi um homem corajoso no seu combate à ditadura, [mas] aprendeu muito com os desvios da revolução e soube corrigir o seu posicionamento». Semelhante avaliação era, aparentemente, compatível com o facto de Soares ser percecionado pela generalidade da direita nostálgica, sobretudo pelos chamados *espoliados* e excombatentes *do Ultramar*, como responsável por aquilo que Spínola descrevia como «a descolonização criminosa que as forças esquerdistas impuseram ao país»; tanto assim era que Spínola criticava a contestação sofrida por Soares na inauguração do *Monumento aos Combatentes do Ultramar* porque o presidente «homenageou os soldados de Portugal que combateram no Ultramar»[107].

Neste campo, é muito interessante perceber a coincidência da lógica argumentativa utilizada no caso português nos anos posteriores a 1989 com aquela que se tornava hegemónica, nesse mesmo momento, em todos os países que saíam dos regimes autodenominados socialistas da Europa Centro-Oriental, nos quais as forças liberais e neoconservadoras regressavam à versão anos 50 da *teoria totalitária* para descrever a derrota do Nazifascismo como um processo de substituição de um regime *totalitário* (o do ocupante nazi) por outro regime *totalitário* (o comunista), descrevendo-se simplesmente como *nacionalistas* e/ou *autoritários* os regimes que nesses países se tinham aliado à Alemanha e à Itália (e aqui sublinha-se sempre que tais alianças se teriam feito contra a União Soviética, desvalorizando-se o facto de se terem aliado ainda antes de 1941 contra os Aliados ocidentais) – os de Horthy na Hungria, Antonescu na Roménia, Tiso na Eslováquia, Boris III na Bulgária, dos *ustashi* na Croácia, as ditaduras bálticas abandonadas por Hitler a Stalin em 1940 e ocupadas por ele em 1941, os nacionalistas ucranianos. O paralelo estabelecia-se, note-se bem, entre regimes que haviam durado 40 anos (os chamados regimes socialistas do período 1947-89) e uma

---

[107] O monumento foi inagurado a 15.1.1994. Spínola, em entrevista escrita a José Pedro Castanheira, «"Costa Gomes evitou guerra civil"», in *Expresso-Revista*, Lisboa, 30.4.1994, pp. 24-38.

experiência revolucionária de 19 meses. Ouçamos Cavaco noutra das suas ousadas comparações a-históricas com tons abertamente huntingtonianos: «Portugal, que esteve à beira de uma ditadura marxista e coletivista em 1975, soube derrotar de forma pioneira na Europa o modelo de socialismo real. Do nosso difícil processo de transição para a democracia e para o progresso podem agora os povos do Leste extrair importantes ilações políticas.»[108] No mesmo contexto, repare-se como, em 1986, Cavaco comparava «os sistemas de tipo soviético» e a «ditadura cerca de meio século» em que «Portugal viveu»: a «liberdade, importa acentuar, é ainda mais flagrantemente posta em causa nos sistemas de tipo soviético do que nos regimes autoritários de direita», como o salazarista. «São sistemas realmente totalitários, e não **apenas** violadores das liberdades públicas.»[109] A interpretação da imprensa *mainstream* foi, já então, automática: «Para lá de uma crítica retroativa às escolhas dos Aliados na Segunda Guerra Mundial, Cavaco Silva deu um passo destemido para solucionar esta moderna querela dos universais que é o de conseguir escolher entre o Chile de Pinochet e a URSS de Gorbachev – inclinando o fiel da balança para o primeiro...»[110]

Não só: Cavaco terá sido, nesses mesmos anos, o primeiro líder da Direita portuguesa que se descrevia como democrática, e não da abertamente nostálgica do Salazarismo, a recuperar o *nacionalismo* como uma das componentes ideológicas da luta pela «derrota das forças totalitárias» em 1975: «nós continuamos fiéis aos valores do nacionalismo saudável»[111], dizia ele em 1991, cinco anos depois da integração de Portugal nas Comunidades Europeias que havia

---

[108] SILVA, A. Cavaco, «A afirmação de Portugal no mundo», 31.5.1990, in *Ganhar o futuro...*, p. 121. Um mês antes, já Soares Carneiro (nomeado por Cavaco e Soares para a Chefia do EMGFA), defendia a mesma tese em mensagem às Forças Armadas por ocasião do 25 de Abril: o 25 de Novembro teria sido "precursor das transformações em curso no Leste Europeu» (cf. *DN*, 26.4.1990, cit. in SOUTELO, L., *A memória do 25 de Abril...*, p. 199.

[109] SILVA, A. Cavaco, «Em defesa da liberdade e da democracia», discurso «No Senado de Berlim, 16.4.1986», in *Cumprir a esperança...*, p. 214; sublinhado meu.

[110] Óscar Mascarenhas, in *DN*, Lisboa, 20.4.1986, cit. in SOUTELO, L., *A memória do 25 de Abril...*, p. 168.

[111] SILVA, A. Cavaco, «Homenagem ao General Firmino Miguel», discurso «Na cerimónia de condecoração a título póstumo com a Medalha de Ouro dos Serviços Distintos, 4.3.1991», in *Ganhar o futuro...*, p. 117.

provocado (e voltaria regularmente a provocar) uma dúvida existencial numa parte das figuras da direita histórica.[112]

Contudo, a melhor plataforma que permite perceber a reprodução de conceitos e comparações nem está na simples importação para o Portugal de finais de 80, inícios de 90, de um discurso que se usava contemporaneamente do outro lado da Europa, mas está na reprodução do mesmo padrão de argumentos que se produziram durante a Guerra Fria nos países da Europa Ocidental onde a Libertação dos anos 1943-45 (derrota do ocupante alemão e dos regimes fascistas/fascizados que haviam colaborado com ele) fora acompanhada de mudanças políticas, económicas e sociais nas quais o papel dos comunistas e de outras forças da esquerda radical teve um papel central. Torna-se, aqui, particularmente revelador verificar a coincidência da atitude cavaquista perante o passado revolucionário com a de Salazar perante a Libertação da França e da Itália, ou, noutro contexto, com a revolução social na Espanha republicana de 1936, uma vez desencadeada a Guerra Civil: «Não esqueço que a liberdade da França foi acompanhada, diz-se, de mais de cem mil assassinatos políticos, a maior parte sem justificação patriótica. Não esqueço os quatrocentos mil assassinatos da libertação do Norte de Itália. Não esqueço o milhão de mortos da guerra de Espanha»[113], de que, aparentemente, a República teria sido responsável... O que está, em ambos os contextos, em causa é, não apenas, a recusa da *revolução* (ou, pelo menos, daquilo que se descreve como tal) como processo para alcançar a mudança; é, também, o conteúdo da própria mudança.

O horror da revolução como processo democratizador é tão central nas políticas de memória do cavaquismo (e das direitas em geral) que é absolutamente revelador perceber a similitude entre o discurso salazarista que pretendia impor uma memória oficial da I República e o discurso cavaquista sobre a Revolução. Veja-se o que Cavaco dizia desta em 1991, 16 anos depois do seu final: «um período de agitação permanente e orquestrada, de convulsão sistemática, de intranquilidade generalizada, de perseguições, de insegurança do cidadão, de ruína da economia nacional, da tentativa de aviltação das

---

[112] Sobre a relação entre a direita e o patriotismo, ver o recente PEREIRA, José Pacheco, «A direita deixou de ser patriótica», I e II, in *Público*, 5 e 12.7.2014.

[113] Salazar, discurso perante o III Congresso da União Nacional, 25.11.1951, cit. in GEORGEL, Jacques, *O Salazarismo*, trad. port., Lisboa: Dom Quixote, 1985, p. 409.

mais nobres instituições e da própria Instituição Militar [sic], da tentativa de descaracterização cultural do nosso Povo»[114]. E veja-se como Salazar fixava a memória oficial da República em 1940, 14 anos passados sobre o seu derrube: «descalabro das finanças e da moeda, a ruína da economia, o assalto da propriedade, a desordem da rua e dos espíritos, os assassinatos dos inimigos políticos e dos militares de prestígio, os insultos e vexames da gente honesta nas praças e nas cadeias, as campanhas anti-religiosas, a "justiça popular", a indisciplina e afundamento dos órgãos do Estado»[115].

Estes anos de transição das décadas de 80 para 90 foram também o momento no qual pareceu amadurecer a opção académica pela investigação historiográfica sobre a ditadura salazarista, depois de os contemporaneístas terem permanecido agarrados ao séc. XIX e à I República. Ainda que se manifestasse, a partir de então, um crescente interesse dos portugueses pela história da ditadura, comprovável pelo relativo sucesso editorial que desde então se verificou, o primeiro governo Cavaco Silva fez o maior investimento público na investigação histórica de todo período democrático ao criar a *Comissão Nacional para as Comemorações dos Descobrimentos Portugueses* em 1986, pensado «como projeto de mobilização do todo nacional (...) que daí [pode] extrair valiosos ensinamentos sobre os valores e determinação que permitiram alcançar tão vastos e grandiosos objetivos»[116], cuja presidência foi entregue pelo Primeiro-Ministro, dois anos depois, a Vasco Graça Moura (1988-95). Com Cavaco, portanto, retomava-se a velha opção do poder político português pelo investimento nacional-identitário na investigação centrada nos chamados *Descobrimentos*, em torno dos quais se desenvolvia desde, pelo menos, a I República um discurso tornado mais ou menos consensual, de base lusotropical e completamente autocondescente, sobre a «contribuição singular e decisiva que (...) [os Portugueses] deram para a abertura da Europa

---

[114] SILVA, A. Cavaco, «Homenagem ao General Firmino Miguel», 4.3.1991, in *Ganhar o futuro...*, p. 117.
[115] SALAZAR, Oliveira, *Discursos e Notas Políticas*, vol. III, Coimbra: Coimbra Editora, 1943, p. 202.
[116] Preâmbulo da Resolução do Conselho de Ministros nº 81/86, de 22.11.

ao mundo» (Cavaco Silva), «lançando a semente da solidariedade universal» (Mário Soares)[117].

Há alguma coerência entre a operação de recuperação de uma memória remota tida como *mobilizadora* – e tida como tal tanto pelas elites políticas dos anos 1980 quanto pelas dos anos 1880 ou 1940 – e uma outra que tentava *serenar* a memória do tempo recente, reclassificando semântica e politicamente a natureza do regime de cujo derrube emergira a própria democracia. É, neste sentido, muito reveladora a insistência de Mário Soares em descrever os anos do avanço do revisionismo histórico como anos de «paixões serenadas, [de] ódios e ressentimentos apagados pelo passar do tempo»[118]. E é, efetivamente, neste período que se afirma uma tendência para a reclassificação académica da natureza política do *Estado Novo*, ganhando clara preeminência a tese *autoritária* (e, consequentemente, *não-fascista*) face à tese *fascista* que havia predominado nos anos 60 e 70. Neste sentido – e como tantas vezes acontece – a viragem na investigação não fazia mais que acompanhar a viragem na atitude oficial, e, já agora, mediática. Desde havia muito que o Estado, designadamente nos textos legais e no discurso público, havia deixado de considerar ter sido fascista a ditadura do *Estado Novo*. Em 1978, por exemplo, quando o segundo governo de Mário Soares, de coligação com o CDS, consagrou legalmente o feriado do 25 de Abril como *Dia da Liberdade*, já não usava o adjetivo *fascista* para caracterizar a ditadura, mas chamava-lhe «um regime totalitário e antidemocrático»[119]. De facto, os socialistas usavam indistintamente o mesmo adjetivo *totalitário* para caracterizar, quer o que entendiam ter sido o projeto político do PCP em 1974-75 e a natureza dos regimes comunistas (como a Direita fazia), quer o *Estado Novo*[120].

---

[117] Respetivamente «O diálogo das civilizações» e «O encontro das culturas», in *Descobrimentos. A Era de Vasco da Gama*, edição especial do *Diário de Notícias* e da *Comissão Nacional para as Comemorações dos Descobrimentos Portugueses*, Abril de 1992, Lisboa, pp. 17 e 15.

[118] Mário Soares, «Cerimónia Solene de Trasladação dos Restos Mortais do General Humberto Delgado para o Panteão Nacional e da sua elevação à Dignidade de Marechal» 5.10.1990, in http://www.casacomum.org/cc/visualizador?pasta=00404.020 (acedido em agosto de 2014).

[119] Preâmbulo do Dec.-Lei nº 39-A/78, de 2.3.

[120] Era o que fazia Raúl Rêgo em 1979, ao falar da ditadura salazarista: «Podia ter sido diferente?», in *DN*, Lisboa, 2.3.1979. Em 1988, Soares sintetizava assim «a primeira fase da Revolução»: «o choque de duas formas de conceber Portugal: a democrática pluralista e a tentativa de perversão totalitária da Revolução» («Transição democrática em Portugal», «conferência proferida em Manila», 4.6.1988, in SOARES, M., *Intervenções 3*, Lisboa: INCM, [1989], p. 66).

3.2 Memória e História: «o fascismo existiu»?

Assim, depois de as primeiras contribuições académicas para a construção de um modelo coerente de definição do Salazarismo (Hermínio Martins, em 1968 e 1971, Manuel de Lucena, 1970)[121] acompanharem a tendência maioritária da resistência antifascista[122] em considerar *fascista* o *Estado Novo* (Martins considerava até que a Guerra Colonial havia «provided the régime with the moral equivalent of full-scale ideological renewal and manifest "refascistization"»), o Estado e a maioria dos investigadores passaram a dizer coisas distintas, pelo menos durante um curto período, até aos primeiros anos 80. Já a legislação e o discurso público do poder abandonara abandonara o aparato concetual do fascismo para falar de Salazar e do seu regime e o primeiro congresso que sobre a matéria se reuniu depois do 25 de Abril, em 1980, continuava, pelo contrário, a falar do «Fascismo em Portugal». Nele se recolhiam textos de Manuel Braga da Cruz[123], que caracterizava ainda o «salazarismo» como «uma democracia-cristã pervertida e invertida, porque "integralizada" e "fascizada"»; de Manuel Villaverde Cabral, que via «o regime autoritário português das décadas de '20 e '30 [surgir], independentemente de alguns traços específicos mais importantes, como uma das variedades mais acabadas da espécie negra do fascismo». À distância de mais de 30 anos, é menos surpreendente que Nuno Teotónio Pereira e José Manuel Fernandes considerassem então ser «um facto a existência de uma arquitetura característica do regime fascista português», cujo «estudo poderá fornecer elementos de grande importância para o esclarecimento da natureza e das características do fascismo português» ou, sobretudo, que Fernando Piteira Santos explicasse que Salazar, «a partir da *ditadura militar*, operou a fascização do Estado», um «Estado ditatorial como

---

[121] MARTINS, H., «Portugal», in WOOLF, Stuart J. (org.). *European fascism*, Londres: Weidenfeld and Nicolson/University of Reading, 1968, e «Portugal», in ARCHER, M. S.; GINER, S. (eds.). *Contemporary Europe: Class, Status and Power*. Londres: Weidenfeld and Nicolson, 1971; LUCENA, M. de, «O salazarismo: morte ou transfiguração?», in *Polémica*, nº 1. Paris, 1970.

[122] Cf. CUNHAL, Álvaro, *Rumo à Vitória*, [ed. ori.: Avante!, 1964] Porto: «A Opinião», [1974], ou SOARES, M., *Portugal amordaçado*, ... – mas o dirigente socialista cessaria pouco depois do período revolucionário de aplicar a categoria de *fascismo* à ditadura portuguesa. Um bom exemplo é o seu «Prefácio à edição francesa» a LÉONARD, Yves, *Salazarismo e Fascismo*, trad. port. [ed. ori.: (1996). s.l.: Editions Chandeigne], Mem Martins: Editorial Inquérito, [1998].

[123] O seu texto aparece datado de 4.7.1979.

DITADURAS E REVOLUÇÃO. DEMOCRACIA E POLÍTICAS DA MEMÓRIA

totalidade jurídica, política e económica», «um governo servidor e criador de *fascismo*.»[124] Percebe-se bem, assim, porque é que Maria Filomena Mónica escrevia em 1978 que, «contrariamente ao que em geral se supõe, as diferenças entre o Salazarismo e o fascismo italiano são mais profundas do que as seme-lhanças». Para ela, já então, «o salazarismo não passa, em última análise, de um regime conservador»[125]. No fim de 1981, em novo evento académico, desta vez sobre «A formação de Portugal Contemporâneo (1900-1980)», Braga da Cruz passava a falar de um «salazarismo» que «implantou em Portugal um nacio-nalismo antiliberal, um autoritarismo antidemocrático e um corporativismo anti-socialista», que, «por isso, se aproximou do fascismo, demarcando-se, po-rém, ideológica e politicamente dele», enquanto Manuel de Lucena reiterava a sua tese de um «Estado Novo como fascismo sem movimento fascista». Luís Reis Torgal[126], em texto assinado com Amadeu Carvalho Homem, começava então um percurso inverso, que o levaria anos mais tarde a já não partir do pressuposto que subscrevia em 1981, de que «há que distinguir o salazarismo do fascismo, ainda que aquele acabe por sofrer uma "inversão fascizante"», admitindo, contudo, que «sendo embora verdade que a ideologia oficial desde sempre se procurou distanciar dos totalitarismos (...), não é menos certo que autores afetos ao regime levavam em apreço a obra e a figura de Mussolini». Eduardo Lourenço, ao sustentar que «uma leitura "realista" do antigo regime se revelou sempre – para os seus inimigos, mas também para os seus fiéis – uma empresa difícil, se não impossível», colocava-se numa posição sedutora, mas pouco útil para efeitos teóricos: a de que o problema estaria num «regime que nunca se etiquetou senão com rótulos arbitrários ou incolores, uns e outros ao serviço da sua vontade de se mascarar»[127].

---

[124] AA.VV., *O fascismo em Portugal. Actas do colóquio realizado na Faculdade de letras de Lisboa em Março de 1980*, Lisboa: A Regra do Jogo, 1982, pp. 139, 30, 550-51, 17; itálico no original.

[125] MÓNICA, M. Filomena, *Educação e sociedade no Portugal de Salazar (A escola primária sala-zarista, 1926-1939)*, Lisboa: Presença/GIS, [1978], pp. 94-95 e 102.

[126] De Torgal, ver o utilíssimo «Estado Novo e "fascismo"», in *Estados Novos, Estado Novo*, vol. 1, Coimbra: Imprensa da Universidade de Coimbra, 2009, pp. 289-367. Nele sublinha «a tendência comum» da historiografia portuguesa «para o "não ser" [fascista]» depois da «tendência inicial, e rara, para o "ser"...» (subtítulos deste texto).

[127] Braga da Cruz, Lucena, Torgal e Carvalho Homem, Lourenço, in *Análise Social*, vol. XVIII (72-73-74) [*A formação de Portugal Contemporâneo (1900-1980). Comunicações ao colóquio organizado pelo Gabinete de Investigações Sociais (Dezembro de 1981)*], 1982-3º-4º-5º, pp. 794, 901, 1437-38,

ESTADO, DEMOCRACIA E MEMÓRIA

Bastariam cinco anos para perceber a diferença. Em novembro de 1986, no segundo grande congresso que se convocou sobre o *Estado Novo*[128], a escolha da própria expressão com que se designava a ditadura era um bom indício de por onde passavam as vias de consenso entre organizadores de diferentes sensibilidades: recorrer à autodefinição que o regime se havia dado, transformada em fonte primária mais ou menos indiscutível. Como bem sublinha Reis Torgal, «o curioso é que [naquele evento] nem um só português abordou a questão teórica do "fascismo", sendo a temática inteiramente entregue a estrangeiros que (...) ou não abordaram a questão das relações do Estado Novo com a categoria referida ou, se abordaram, fizeram-no de forma indireta e recusaram, como era comum, essa ligação»[129].

É neste arranque de um novo ciclo político e económico (integração europeia, cavaquismo) que se consagrou a ideia, quer no plano mediático, quer entre a maioria do universo académico, de que caracterizar o Salazarismo como uma variante nacional de fascismo seria sintoma de *leviandade* marxista ou de «generalização abusiva e política do termo», como sintetiza António Costa Pinto em 1989, para quem «a larga maioria do debate historiográfico» associava «as origens ideológicas de Salazar e do regime quase exclusivamente com o conservadorismo tradicionalista e católico (...) sem qualquer dos elementos individualizadores que caracterizavam a novidade do fascismo»[130]. Na velha regra de que os argumentos que contradizem os nossos são sempre ideológicos, Manuel Braga da Cruz, futuro Reitor da Universidade Católica (2000-12), daria, em 1988, um contributo central para fixar a nova ortodoxia do discurso académico liberal-conservador sobre a questão: (i) fixando a ideia de que o Salazarismo se teria tratado de uma «ditadura constitucional», ainda que «[violando] os limites e a separação dos poderes, acobertada pela própria Constituição e pelo próprio direito», de tipo «administrativo e burocrático»,

---

1431. Sintomaticamente, a enorme maioria das comunicações não abordava ainda o período da ditadura, e menos ainda a natureza do regime.

[128] AA.VV.., *O Estado Novo das origens ao fim da autarcia, 1926-1959*, 2 vols., Lisboa: Fragmentos, [1987].

[129] *Estados Novos, Estado Novo*, vol. 1, ..., p. 326.

[130] «Salazar e o fascismo europeu. Os primeiros debates nas ciências sociais», in ROSAS, Fernando; BRITO, José M. Brandão de (orgs.), *Salazar e o Salazarismo*, Lisboa: Dom Quixote, 1989, p. 157. Pinto desenvolveria esta tese em *O Salazarismo e o Fascismo europeu. Problemas de interpretação nas ciências sociais*, Lisboa: Editorial Estampa, 1992.

DITADURAS E REVOLUÇÃO. DEMOCRACIA E POLÍTICAS DA MEMÓRIA

«um regime monopartidário mas apenas conservador»; (ii) denunciando a «forte carga política ou conotação ideológica» no uso da categoria *fascismo*, da qual se faria um «uso e abuso indiscriminado»[131].

Nesta evolução teve peso inevitável o facto de este discurso historiográfico enfileirar diretamente naquele que havia sido sempre dominante no mundo académico anglossaxónico, que nunca havia abandonado a classificação autoritária da comparativamente *benevolente* ditadura portuguesa[132], a que se juntavam franceses como Pierre Milza[133] (que nem sequer havia estudado o caso português) ou Yves Léonard. O contexto político da viragem dos anos 80 para

[131] *O Partido e o Estado no Salazarismo*, Lisboa: Presença, 1988, pp. 254-55, 259, 28

[132] Neste período, ver os seguintes exemplos: GRAHAM, Lawrence S., *Portugal: the decline and collapse of an authoritarian order*, Beverly Hills: Sage, 1975; GRAHAM, Lawrence S.; WHEELER, Douglas L. (eds.), *In search of modern Portugal. The revolution and its consequences*, Wisconsin University Press, 1983; PAYNE, Stanley G., «Salazarism: fascism or bureaucratic authoritarianism?», in *Estudos de História de Portugal. Homenagem a A. H. de Oliveira Marques*, vol. 2, Lisboa: Editorial Estampa, 1983; e SCHMITTER, Philippe C., «The social origins, economic bases and political imperatives of authoritarian rule in Portugal», in LARSEN, S.U.; HAGTVET, B.; MYKLEBUST, J.P. (eds.), *Who Were the Fascists?*. Bergen/Oslo/Tromsö: Universitetsforlaget, 1980, pp., 435-466. Para avaliar a qualidade de alguns destes contributos, veja-se o caso da obra do consagrado politólogo de Yale, Amos Perlmutter: *Modern Authoritarianism. A Comparative Institutional Analysis*, New Haven/Londres: Yale University Press, 1981. Reconhecendo que o «knowledge of authoritarianism in Portugal is meager», Perlmutter «will depend on the work of Wiarda, Linz, Schmitter, and several historians» (p. 115), escrevendo disparates tais como um «Salazar's takeover in 1933», uma «constitution of 1935» ou os «three layers of corporatist structures» como sendo «primary (*sindicatos*), intermediary (union federation)», confundindo *grémios* de natureza patronal com «unions» que se presumem representar trabalhadores, «and highest (corporations)», sobre as quais «was an overarching structure called *copula* [sic] or the council of state» (pp. 116-17) – o que, além do risível erro ortográfico, pressupõe pensar que existiria uma entidade com a designação, ou a função, de *cúpula* da organização corporativa portuguesa que seria o... Conselho de Estado! Para quem assegurava que «will not generalize from the Portuguese case», Perlmutter não concluiu menos do que «Portugal is of particular interest because it demonstrates that there is no automatic linkage between corporatism and fascism, contrary to what some western historians and social scientists have argued» (pp. 115, 117)...

[133] MILZA, Pierre. *Les fascismes*, Paris Seuil, 1985 inclui 2,5 páginas sobre o Salazarismo num subcapítulo dedicado ao «fascisme dans les pays méditerranéens», em que se cita uma fonte primária (*Une révolution dans la paix*, 1937, compilação francesa de discursos do ditador produzidos em pouco mais de três anos), e inclui na bibliografia outra fonte primária sem a descrever enquanto tal (a edição francesa das entrevistas de António Ferro) no meio de um artigo, de 1957, do desconhecido Max Walther Clauss, e um livro (*Salazar et son temps*), de 1961, de um desconhecido e irrelevante Paul Sérant...

ESTADO, DEMOCRACIA E MEMÓRIA

os 90 assegurava hegemonia indisputada à *teoria do totalitarismo*, gerada nos primeiros anos 50 à medida do arranque da Guerra Fria, em perda evidente de vitalidade nos anos 60 e 70, recuperada com o avanço do neoliberalismo thatcheriano.[134] Era, contudo, à sombra dela que, seguindo também a esteira do desenvolvimento entre os meios conservadores e liberais europeus e norte--americanos de um discurso revisionista, que propiciara já várias polémicas públicas em torno do uso público da memória da chamada *Era do fascismo* (1922-45) na Alemanha (a *Historikerstreit* de 1986), em França, em Itália ou em Espanha[135], e começava já a fazer estragos por toda a Europa Centro-Oriental pós-comunista, se desenvolveu a versão lusa do revisionismo histórico sobre a ditadura salazarista, tornado «paradigma para a interpretação da Revolução de 1974».[136] Não surpreende, assim, que o discurso neo-salazarista que sobre a ditadura se foi consolidando em torno de um pequeno grupo de antigos apaniguados de Salazar e Caetano, a começar pelo exministro Franco Nogueira, anos depois acompanhado por Veríssimo Serrão[137], adotasse a mesma *teoria totalitária* para, através dela, contrapor o *Estado Novo* ao «Estado passivo, de acordo com modelos liberais, e [ao] Estado totalitário, de acordo com os modelos comunista, fascista ou nazi».[138] Mendo Castro Henriques e Gonçalo Melo sublinhavam no regime a «[tentativa de conciliação de] (...) uma prática política autoritária com fórmulas herdadas do Liberalismo do século XIX», um

---

[134] Sobre os usos políticos e intelectuais da *teoria do totalitarismo*, com as suas «"totalitarian" implications[:] (...) It was the right, indeed the only answer» e a sua adequação aos ambiência política dominante «in the 1980s of Reagan, Thatcher and Kohl, the idea of an "evil Empire"», a União Soviética e o comunista, «at least as evil as Nazism became a staple of conservative political discourse and gained renewed strength in intellectual circles», ver BOSWORTH, Richard, *Explaining Auschwitz & Hiroshima. History Writing and the Second World War, 1945-1990*, Londres/NY: Routledge, 1993 (cits. nas pp. 24, 160) e ŽIŽEK, Slavoj, *Alguém disse totalitarismo? Cinco intervenções no (mau) uso de uma noção*, trad. port., S. Paulo: Boitempo, 2013.

[135] Dediquei todo o subcap. I-2 de *Salazarismo e Franquismo na Época de Hitler...* (pp. 41-93) a analisar estes casos e ainda o português.

[136] SOUTELO, L., *A memória do 25 de Abril...*, p. 387.

[137] Reitor da Universidade de Lisboa em 1973-74, Presidente da Academia Portuguesa de História em 1975-2006. Os volumes XIII a XIX da sua *História de Portugal* (Lisboa: Verbo), cobrindo a ditadura, foram publicados entre 1997 e 2011.

[138] NOGUEIRA, Franco, *História de Portugal. 1933-1974*, II Suplemento, Porto: Livraria Civilização, 1981, p. 12. Recorde-se que durante muito tempo a única obra que cobria toda história da ditadura era o seu *Salazar*, 6 vols.. Porto: Civilização Editora, 1977-85.

regime que contava com «o apoio da assim chamada "maioria silenciosa"».[139] Jaime Nogueira Pinto juntará ainda mais componentes a esta caracterização: «nacionalista, orgânico, autoritário, contra-revolucionário, corporativo; (...), personalista democrático, de legalidade, republicano, capitalista»[140].

3.3 Memória, escola e universidade

Em semelhante contexto sociopolítico (governos de direita de longa-duração, viragem ideológica na categorização das ditaduras de direita), era absolutamente natural que a política educativa para o ensino da História, com inevitáveis consequências na produção de memória social sobre o passado recente, rejeitasse tudo quanto pudesse assemelhar-se a uma explicação marxista das origens (isolamento do liberalismo republicano, alienação do apoio dos setores populares pelo ataque permanente ao movimento sindical) e da natureza da ditadura (sua natureza de classe na definição das políticas económicas e sociais, projeto de modernização através da importação de instrumentos fascistas de reorganização da sociedade). Com a reforma curricular (iniciada em 1987, terminada em 1991) levada a cabo pelo segundo governo Cavaco (o primeiro maioritário), dirigida por Roberto Carneiro mas com a participação de figuras que marcariam a política educativa do PS (com destaque para Marçal Grilo), a tese da distinção necessária entre autoritarismo *corporativo* (o adjetivo passava a ser central na caracterização que do Salazarismo se fazia, pressupondo-se a sua origem e natureza não-fascistas) e *fascismo* tornava-se na espinha dorsal da explicação da natureza do regime português.[141] Os ciclo

---

[139] HENRIQUES, M.C.; MELO, G.S. (orgs.), *Salazar...*, 1989, pp. 10-11. Rui Ramos reproduziria a mesma tese 20 anos mais tarde em «Idade Contemporânea (sécs. XIX-XXI)», in RAMOS, R. (coord.), *História de Portugal*, Lisboa: A Esfera dos Livros, 2009, pp. 439-777.

[140] PINTO, J.N. (org.), *Salazar visto pelos seus próximos...*, 1993, p. XII.

[141] O subcapítulo 10.2 do programa de História do 3º ciclo do Ensino Básico, «Entre a ditadura e a democracia», abordava quatro questões, uma das quais «Portugal: a ditadura salazarista», a par dos «regimes fascista e nazi», a «era stalinista» e «as tentativas de Frente Popular», e recomendava aos professores que distinguissem os seguintes «conceitos/noções básicas»: «fascismo, corporativismo, totalitarismo, antisemitismo, Estado Novo», o último dos quais, como bem se percebe, de natureza e densidade concetual completamente diferente dos anteriores, mas colocado, de alguma forma, em alternativa. Cf. MINISTÉRIO DE EDUCAÇÃO, *Organização curricular e Programas*, vol. I («Ensino Básico. 3º Ciclo»), [Lisboa]: Reforma Educativa/DGEBS, [1991], p. 139.

políticos não seriam nunca isentos de algum impacto nesta área. Na «reformulação» do programa de História a que se procede em abril de 2002, no final do segundo governo Guterres, não só se prescreve o estudo do «triunfo das forças conservadoras» na transição da Ditadura Militar para o *Estado Novo* associado à «progressiva adoção do modelo fascista italiano nas instituições e no imaginário político», como se propunha como objetivo de aprendizagem o de «caracterizar a ideologia fascista, distinguindo particularismos e influências mútuas»[142], isto é, uma perspetiva muito próxima das teses do *fascismo genérico*, corrente interpretativa contraposta à *tese totalitária* que nega a possibilidade de encontrar o fascismo replicado fora da Itália ou da Alemanha.

Em geral, contudo, nas rotinas pedagógicas da grande maioria dos professores de História dos Ensinos Básicos e Secundário portugueses, sobretudo nos dois momentos em que os programas abordavam a ditadura (9º ano, para todos os alunos, 12º ano apenas para os que seguissem uma formação humanística), fugia-se geralmente do tratamento do Salazarismo, quer por si só, quer pelo que de inevitavelmente significava abordar a Revolução, tidas ambas como temáticas politicamente controversas, logo inabordáveis[143]. Não nos esqueçamos de que, além disso, até meados dos anos 90, a prática totalidade dos docentes carecia de formação académica na História do Portugal (ou do mundo) do séc. XX, ou, pelo menos, sob a ditadura e a democracia. O motivo habitualmente invocado era o da falta de uma investigação que pudesse sustentar solidamente o processo pedagógico, mas era muito evidente que a falta de interesse da maioria dos docentes universitários decorria de um dos preconceitos mais comum nos meios académicos conservadores: o da

---

[142] Módulo 7, 2.5, in MENDES, Clarisse (coord.), *Programa de História A, 10º, 11º e 12º anos. Curso Científico Humanístico de Ciências Sociais e Humanas. Formação Específica*, [Lisboa]: Ministério da Educação/Departamento de Ensino Secundário, [2002], pp. 50 e 52.

[143] Sobre o discurso dos manuais de História, cf. SILVA, Tiago Matos, «O 25 de Abril tal como é ensinado – a Democracia e o ensino da História», in LOFF, M., PEREIRA, M.C.M. (coords.), *Portugal: 30 anos de Democracia...*, pp. 251-63; e RODRIGUES, Mariana, *et.al.*, «Passado totalitário e Educação para a Cidadania: uma análise comparativa entre Portugal e Espanha», in MENEZES, Isabel, FERREIRA, Pedro D. (eds.), *Educação para a cidadania participatória em sociedades em transição: uma visão europeia, ibérica e nacional das políticas e práticas da educação para a cidadania em contexto escolar*, Porto: CIIE, 2012, pp. 43-66.

DITADURAS E REVOLUÇÃO. DEMOCRACIA E POLÍTICAS DA MEMÓRIA

inviabilidade da análise científica da história recente por falta de distanciamento temporal.[144]

1989 é, ainda, o ano em que abre, na Universidade Nova de Lisboa o primeiro curso de estudos de pós-graduados em História cobrindo explicitamente (e, em pouco tempo, quase exclusivamente) a ditadura e a Revolução.[145] Poucos anos depois, será sob a direção de um dos seus animadores, Fernando Rosas[146], que se fará a investigação que ajudou a amadurecer este campo da historiografia portuguesa. É com o avanço desta investigação, reforçada pela viragem para o séc. XX da investigação levada a cabo por vários professores da Universidade de Coimbra[147] (com particular destaque para Luís Reis Torgal) e, mais tardiamente, do Porto e do Minho, permitindo solidificar uma perspetiva alternativa àquela que, sobretudo fora da História e no campo da Ciência Política e da Sociologia, foi procurando consagrar a versão *autoritária-benevolente* do Salazarismo. Neste campo, o Instituto de Ciências Sociais da Universidade de Lisboa ia-se transformando no exemplo mais próximo a um *think-tank* do neoconservadorismo português, nele pontificando nos estudos sobre a ditadura Braga da Cruz e Manuel de Lucena, juntamente com vários outros investigadores que, sem nunca terem tido a ditadura como o centro da sua investigação, sobre ela produziam incessante discurso mediático (Vasco Pulido Valente, António Barreto, João Carlos Espada, Maria de Fátima Bonifácio, mais tardiamente Rui Ramos) que, pela sua própria natureza de texto opinativo, acabaria por ter muito mais impacto na opinião pública que o produto da investigação documental.[148] Ao seu lado, quatro professores da Fa-

---

[144] «Les arguments des adversaires de l'histoire du temps présent sont, eux aussi, [comme ceux des partisans], politiques: les cours d'histoire serviront à la propagande du régime en place et, pour le moins, seront le champ clos de querelles politiques»: LEDUC, Jean, «Histoire du Temps Présent, Histoire immédiate», in http://www.ihtp.cnrs.fr/historiographie/sites/historiographie/IMG/pdf/Jean_Leduc_Histoire_du_temps_present.pdf

[145] No ano seguinte, 1990, nasce o Instituto de História Contemporânea da FCSH/UNL.

[146] Sobre a natureza política do Salazarismo, ver os seus dois primeiros trabalhos sobre a questão: «A crise do liberalismo e as origens do «autoritarismo moderno» e do Estado Novo em Portugal», in *Penélope. Fazer e desfazer a história*, nº 2, Lisboa, 1988; e «Cinco pontos em torno do estudo comparado do fascismo», in *Vértice*, nº 13, II Série, Abril, Lisboa, 1989.

[147] Em 1998 nasce o Centro de Estudos Interdisciplinares do Século XX da Universidade de Coimbra.

[148] Do mesmo ICS, Maria Filomena Mónica quase não regressaria a esta temática depois da sua tese de 1978, ainda que tenha coordenado com António Barreto o suplemento ao *Dicionário*

culdade de Letras da mesma universidade fariam caminhos muito diferentes entre si, predominando entre eles também, contudo, a abordagem *autoritária não-fascista*: João Medina, António Telo, Ernesto Castro Leal e (exceção nesta abordagem) António Ventura.

4. Desde 1992: da *rebelião* da memória (1994) à transformação do passado em campo de batalha político e cultural

Em paralelo com uma política da memória que empenhadamente construía um écrã de memória que impedia discutir o Salazarismo sem discutir a Revolução, desde 1976 (ou, pelo menos, desde 1978) que o poder político em Portugal (quer os governos, quer os presidentes, os mais à direita como os socialistas) adotou o discurso da *reconciliação* com o passado como passo prévio a uma *pacificação* da sociedade portuguesa, descrita como necessária. A retórica da democracia *generosa* (com Soares, a «revolução generosa») seguia em tudo o tipo de articulação discursiva que se havia construído na Europa Ocidental do pós-guerra pelos governos que se definem anticomunistas no quadro da Guerra Fria: da mesma forma que a expulsão dos comunistas dos governos francês e italiano em 1947 abriu caminho à (ou, pelo menos, coincidiu com) amnistia e libertação de muitos colaboracionistas franceses e fascistas italianos, ao mesmo tempo que se criminalizavam muitos membros da Resistência[149], a Revolução portuguesa de 1974-75 passa a ser descrita como tendo sido caracterizada por um clima de «agitação permanente e orquestrada, de convulsão sistemática», a partir da qual «os comunistas tentaram, sem êxito, transformar Portugal numa nação de regime semelhante ao dos países do Leste europeu»[150] ao mesmo tempo que os agentes da PIDE/DGS eram libertados, com ou sem responsabilidades apuradas, e os membros das elites

---

de História de Portugal que cobria o período posterior a 1925 (vols. VII-IX, Porto: Figueirinhas, 1999-2000). António Costa Pinto, pelo seu lado, só integraria o ICS em 2005.

[149] Cf. DOGLIANI, Patrizia, «La memoria pública de la Segunde Guerra Mundial en Europa», ..., p. 183.

[150] SILVA, A. Cavaco, «Homenagem ao General Firmino Miguel», 1991, in *Ganhar o futuro...*, p. 117, e «O fortalecimento das relações económicas externas», discurso «No jantar da Câmara de Comércio Hispano-Portuguesa», 1987, in *Construir a Modernidade...*, p. 382.

política e económica regressavam dos seus exílios mais ou menos dourados.[151] Nos vinte anos que separam o 25 de Abril daquela que foi a primeira grande rebelião da memória antifascista, em 1994, a sociedade portuguesa fora submetida a um discurso ressentido e revanchista sobre a Revolução, que, a par de um outro da vontade de superação do passado autoritário, desqualificava a memória antifascista como puro sectarismo ideológico que não assentaria em nenhuma realidade efetiva. Esta retórica era idêntica, também aqui, àquela que foi muito comum no discurso do poder político em todos os países que passaram pelo trauma da derrota e da ocupação nazi e/ou fascista italiana durante a II Guerra Mundial, revestido de uma moralidade, de aparência cristã, da necessidade e da bondade do *perdão*, do afastamento do *mal*, da superação da dor e do conflito, da exortação a *olhar para o futuro* e a *esquecer* os motivos de divisão social no passado...

4.1 Arquivos inacessíveis...

Uma boa representação institucional de tais políticas podia ser encontrada na motivação que levou a que, até 1996, o governo de Cavaco Silva tenha mantido praticamente bloqueado o acesso aos arquivos mais relevantes da ditadura: os fundos documentais da Presidência do Conselho (arquivos Oliveira Salazar e Marcelo Caetano), da União Nacional, da Legião Portuguesa, da Mocidade Portuguesa e, acima de tudo da P.I.D.E./D.G.S., para além do do Ministério do Interior. A investigação sobre todos estes arquivos tinha estado reservada a um organismo criado pela Presidência do Conselho de Ministros em 1978, a *Comissão do Livro Negro Sobre o Regime Fascista*, que havia organizado pequenas equipas de investigadores para divulgar alguns aspetos da documentação[152], mas que foi dissolvido em 1991 pelo governo de Cavaco, momento a partir do

---

[151] Bom exemplo de fixação de um padrão de memória do patronato que se descreveu como *espoliado* pela Revolução, cf. FERNANDES, Filipe S., SANTOS, Hermínio, *Excomungados de Abril. Os empresários na Revolução*, Lisboa: Dom Quixote, 2005. Sobre a recomposição das elites económicas portuguesas a partir de 1976, ver LOFF, Manuel, «Elites and economic modernization in Portugal (1945-1995): authoritarianism, revolution and liberalism», in SATTLER, F., BOYER, C. (eds.), *European economic elites – between a new spirit of capitalism and the erosion of state socialism*, Berlim: Duncker & Humblot, 2009, pp. 153-195; COSTA, Jorge *et alli*, *Os donos de Portugal. Cem anos de poder económico (1910-2010)*, 2ª ed., Porto: Afrontamento, 2010.
[152] Divulgados numa série de volumes publicados com esta chancela.

qual, em vez de se abrir livremente aos investigadores e aos cidadãos legitimamente interessados, começara uma política de obstrução ao acesso. O regresso dos socialistas ao poder (1995) antecederia em pouco a morte do diretor dos Arquivos Nacionais – Torre do Tombo em funções, Borges de Macedo (1990-96), nomeado por Santana Lopes, o que permitiu, por fim, interromper uma política que fora, nas palavras de Fernando Rosas, «marcada por forte hostilidade ao acesso por parte dos investigadores»[153]. No discurso público assumido pelos responsáveis da política arquivística, e designadamente pelo próprio Borges de Macedo, a justificação estaria na «necessidade de extrema cautela» no manuseamento deste tipo de fontes contemporâneas, uma vez que, entre outras características, nelas se lidariam com muitos «dados da vida pessoal» de inúmeras figuras da vida política e social portuguesa, evidência aplicável quase a qualquer arquivo. Por detrás dela, escondia-se uma conceção inaceitável da função social dos arquivos públicos e da investigação histórica e, sobretudo, da distinção público/privado dos documentos recolhidos em arquivos públicos, presumindo que, em nome da superação de um passado controverso, a História do tempo recente não deveria ser feita enquanto fosse viva a geração que a protagonizou – como, por exemplo, o próprio gestor daquela política arquivística... Curiosamente, depois de terem sido abertos, uma personagem com a presença pública de António Barreto (exministro, exdeputado, então presidente de grande unidade de investigação em Ciências Sociais, portas dos *media* permanentemente abertas à sua opinião), propôs, sem sucesso, o desmantelamento do arquivo da PIDE/DGS, devolvendo os documentos de três milhões de pessoas aos que ainda estivessem vivos ou aos seus descendentes.[154] A reação de historiadores como Rosas e Iva Delgado

---

[153]   Entrevista ao *Expresso*, 6.5.1995, Lisboa. Ver também PAIXÃO, Paulo (1990). «Investigadores sem acesso aos arquivos da ditadura», e BRAGA, Isabel, «História contemporânea fechada a sete chaves» e «Torre do Tombo garante abertura do Arquivo da PIDE/DGS no dia 26. Se a Lua não fosse tão longe..» in *Público*, 27.11.1990, 19.1.1994 e 23.4.1994, Lisboa; ROCHA, Rui, «Os melindrosos arquivos da PIDE», in *Expresso*, 1.12.1990, Lisboa; e prefácio de Fernando Rosas a GARCIA, Maria Madalena, *Arquivo Salazar. Inventário e índices*, Lisboa: Editorial Estampa/Biblioteca Nacional, 1992. Caso seguramente dos únicos no mundo, o inventário de um arquivo de Estado desta natureza foi publicado privadamente justamente porque o seu diretor impedia a sua divulgação!
[154]   Cf. o seu artigo «As minhas cartas dos Arquivos da PIDE», em *Público*, 17.4.1996 Lisboa.

DITADURAS E REVOLUÇÃO. DEMOCRACIA E POLÍTICAS DA MEMÓRIA

ajudou a travar um gesto que levaria ao desmantelamento da unidade e da natureza intrínseca de um arquivo tão precioso como o de uma polícia política.

4.2 ... e «serviços excecionais e relevantes prestados ao país»...

É neste contexto histórico e cultural – retórica da *reconciliação*, uma política de *esquecimento* por via do bloqueio do acesso aos documentos de um passado fraturante/produtor de conflito – que emerge, em 1992, o escândalo da atribuição de «pensões de preço de sangue» ou «por serviços excecionais e relevantes prestados ao País» (de acordo com o Dec.-Lei nº 404/82, de 24.9, aprovado por um governo de Pinto Balsemão, da AD) a todos os agentes ou oficiais da antiga polícia política que se haviam candidatado às mesmas e que tinham a aprovação do Supremo Tribunal Militar (STM). No segundo caso estariam, segundo o STM, entre outros, agentes da PIDE como António Augusto Bernardo, comandante do campo de concentração do Chão Bom (nova designação atribuída ao campo do Tarrafal depois de 1961) durante os últimos quatro anos da ditadura, onde se havia detido mais de duzentos prisioneiros políticos africanos, e Óscar Cardoso, um dos agentes que estava presente na tarde do 25 de Abril de 1974 na sede da PIDE em Lisboa, de onde foram disparados os tiros que mataram quatro pessoas.[155] A ter sido aplicada a lei, Bernardo e Cardoso teriam, pelos vistos, «praticados feitos em teatro de guerra, atos de abnegação e coragem cívica ou altos e assinalados serviços à Humanidade ou à Pátria», ou «[praticado] algum ato humanitário ou de dedicação à causa pública de que resulte a impossibilidade física ou o falecimento do seu autor» (art. 3º do citado decreto). O gabinete do Primeiro-Ministro Cavaco Silva, a quem competia ratificar a decisão do STM, confirmara a atribuição destas pensões, depois de haver recusado, em 1989, a atribuição da mesma a Salgueiro Maia, falecido no dia 15 de abril desse mesmo ano de 1992, o capitão que havia comandado a força militar que cercou e obrigou Marcelo Caetano a render-se na tarde do 25 de Abril de 1974, e que se havia candidatado a uma dessas pensões, tendo conseguido um parecer positivo unânime do Conselho Consultivo da Procuradoria-Geral da República.[156] Só nove anos

[155] Cf. *Expresso*, Lisboa, 25.4 e 2.5.1992.
[156] O parecer fazia menção direta ao papel de Maia no 25 de Abril de 1974. Cavaco Silva tentaria corrigir o erro 20 anos depois, em 2009, prestando-lhe uma homenagem no 10 de

depois (e 27 anos depois do 25 de Abril), quase no final do segundo governo Guterres, é que a lei passou a estabelecer que, no âmbito dos «serviços excecionais e relevantes prestados ao País», «se entende por exemplar conduta moral e cívica a observância, de modo constante e permanente, do respeito pelos direitos e liberdades individuais e coletivos, bem como pelo prestígio e dignidade do País»[157].

O que se começa a notar no início dos anos 90 é um revisionismo histórico, em versão altamente agressiva da memória da luta contra a ditadura sobre a qual, em teoria, se baseia a democracia portuguesa, que havia avançado de tal forma que, talvez pela primeira vez, e em reação, se começa a reconstituir uma nova frente da memória do antifascismo que se havia rompido como consequência, entre outras, do 25 de Novembro nas políticas de memória, bem como pelo ambiente vivido no pós-queda do Muro de Berlim. É por isso que encontramos Francisco Sousa Tavares, que fizera à direita quase todo o seu percurso político pós-25 de Abril, a «indign[ar-se]» perante a «incrível decisão, inconstitucional e ilegal, de considerar serviços de pides – tais como o aniquilamento de "grupos terroristas" (sic!) e o exercício do comando do Tarrafal», e perguntava como havia sido possível «o primeiro-ministro e o ministro das Finanças [Jorge Braga de Macedo[158]] sujarem o nome com a assinatura posta no despacho de concessão de subsídios por "serviços excecionais prestados ao País"». Sousa Tavares sublinhava que «o Supremo Tribunal Militar, que negou a Salgueiro Maia uma pensão por serviços distintos, concedeu-a a dois "heróis" dos que julgaram a nação, durante décadas sem fim», e descrevia-a como um «insulto feito a Portugal e a cada um de nós. E eu devolvo-o. Considero essa trupe de generais e de almirantes um punhado de parasitas, sem sentido de dignidade nem de amor à pátria, sem atos de heroísmo ou de valor que lustrem os galões que ostentam, sentados à manjedoura do Estado, sempre a reclamarem uma maior ração, e que talvez se sintam desprotegidos pela ausência da PIDE que lhes dava segurança.» Uma das expressões que usará terá uma

---

Junho, o que foi considerado por António Sousa Duarte, biógrafo do capitão de Abril, como a «"assunção" e o "reconhecimento" de "um erro"», «tenuamente anestesiado"». «"De homenagens póstumas está Salgueiro Maia farto"» (*Lusa*, 10.6.2009, e *Expresso*, Lisboa, 5.6.2009).

[157] Dec.-LEI nº 161/2001, de 22.5.

[158] Coincidentemente, filho do diretor da Torre do Tombo que, naquele momento, mantinha fechado o acesso ao Arquivo PIDE/DGS...

reveladora sequência: «este escarro em tudo o que representou a Revolução de Abril ressoará muito tempo em todos os que sofreram, em todos os que foram perseguidos pela PIDE, em todos os que prestaram à pátria o excelso serviço de luta pela sua liberdade, com sacrifício da vida, do bem-estar, da carreira e da sua própria segurança. E que nunca pediram pensão nem preço pela sua luta jamais interrompida».[159] Dois anos depois, Vasco Graça Moura, que, até então, fora correlegionário político de Sousa Tavares, insistiria na estratégia do *écrã da memória*, queixando-se de que, a propósito dos «crimes da PIDE», «ninguém se [tivesse lembrado] das prisões arbitrárias, da censura, dos processos de intimidação, das denúncias, das manipulações, das calúnias, das ameaças de morte, das torturas e sevícias, das ocupações, saneamentos, destruições e outras selvajarias do pós-25 de Abril», sublinharia que «já não foi a PIDE quem as praticou»: elas «devem-se à aliança MFA-PCP de rejubilante memória, esse autêntico **escarro** no processo de democratização do nosso país.»[160]

Luciana Soutelo, que analisou detalhadamente esta polémica de 1992, foi pioneira em estabelecer que nela se «denota o avanço do revisionismo histórico na sociedade portuguesa (...). [S]emelhante situação escandalosa envolvendo os poderes militar e político não teria tido lugar caso não houvesse suficiente espaço social para uma tal tomada de posição. (...) [O] ato júridico de conceder pensões a antigos agentes da polícia política do Estado Novo, justamente pelo fato de terem exercido esta função, não difere muito das interpretações de caráter histórico que pretendem reabilitar o passado do Estado Novo e ao mesmo tempo depreciar o significado e as consequências do 25 de Abril.»[161]

---

[159] Francisco Sousa Tavares, in *DN*, 14.11.1992, cit. in SOUTELO, L., *A memória do 25 de Abril...*, pp. 260-61. Na sequência deste artigo, Tavares foi processado «por injúrias pessoais» aos membros do STM e faleceria em 1993 antes de o processo chegar a sentença.

[160] In *DN*, Lisboa, 10.4.1994 (sublinhado meu), cit. in SOUTELO, L., *A memória do 25 de Abril...*, p. 331.

[161] SOUTELO, L., *A memória do 25 de Abril...*, p. 263.

4.3 O ponto de chegada: dar voz aos torcionários e aos perpetradores

Dois anos depois, era de novo a reconstrução da memória da atuação da PIDE/DGS que funcionava como marcador do avanço do processo de desmantelamento do legado revolucionário de 1974-75, sempre associado à imprescindível desvalorização do legado autoritário, feita já não só de omissão e de ignorância, mas de pura negação e de reescrita. Era absolutamente reveladora a lógica que subjazia ao debate que, a propósito do 20º aniversário do 25 de Abril, o diretor de informação da SIC Emídio Rangel (então a mais bem sucedida estação de televisão comercial) organizara, juntando um historiador e antigo prisioneiro político da ditadura (José Manuel Tengarrinha), um antigo membro do Conselho da Revolução (Sousa e Castro) e o galardoado ex-*pide* Óscar Cardoso.[162] Perante os aturdidos Tengarrinha e Sousa e Castro[163], Rangel abrira todo o campo para que o ex-inspetor da PIDE fizesse um discurso memorial abertamente negacionista das práticas e das funções da polícia política, defendendo a «ética», o «patriotismo», a «cientificidade», a «eficiência» e a «brandura» dos interrogatórios dos seus agentes, chegando ao ponto de negar que se houvesse praticado tortura e execuções até 1974.

O desembarque dos antigos torcionários no debate da memória da ditadura era o clímax de um processo político de vinte anos que mostrava até onde havia que chegar na reconstrução da memória do passado. Foi o momento da história da memória da ditadura portuguesa em que mais nos aproximámos dessa sensação que diz ter tido Primo Levi, sobrevivente de Auschwitz, perante «as primeiras notícias sobre os campos de extermínio», com as quais se «delineava um massacre de proporções tão vastas, de uma crueldade levada tão longe, de motivações tão intrincadas, que o público tendia a recusá-las pela sua própria enormidade». Era então que «os SS se divertiam ao advertir

---

[162] «PIDE/DGS: Polícia sem lei», in *SIC*, 14.4.1994, Lisboa. Rangel diria a abrir o programa que havia convidado, sem sucesso, Álvaro Cunhal ou alguém do PCP e que estes se haviam mostrado indisponíveis, ao que este partido responderia que a *SIC* «apenas dirigiu, no início de março, de forma explicitamente individualizada, um convite a Álvaro Cunhal para "gravar um depoimento" sobre o significado político da PIDE e a fuga de Peniche, "a inserir numa reportagem" (...). Comunicada a indisponibilidade de Álvaro Cunhal, a *SIC* não fez qualquer outra diligência» (in *Público*, Lisboa, 25.4.1994).

[163] Ambos justificariam a sua participação no debate em artigos no *Público* (Lisboa, 20.4.1994), rejeitando críticas que lhes haviam sido endereçadas.

cinicamente os prisioneiros: "Qualquer que seja o fim desta guerra, a guerra contra vós ganhámo-la nós; nenhum de vós sobreviverá para testemunhar, e ainda que alguém o conseguisse fazer, o mundo não acreditaria. Pode haver suspeitas, discussões, investigações de historiadores, mas não haverá certezas, porque juntamente convosco destruiremos as provas."» Em resumo, diziam, «"seremos nós a ditar a história dos Lager"»[164]. Fernando Rosas, um historiador que fora expreso político torturado pela PIDE, levantou uma decisiva objeção metodológica (além de moral), colocando em causa, afinal, as formas de uma cultura mediática de reconstrução do passado, protestando «contra o facto de a SIC ter transformado um assassino e um torcionário num interveniente em pé de igualdade com os torturados, como se os seus estatutos se equivalessem em respeitabilidade e fidedignidade, como se os crimes da polícia política fossem uma realidade questionável em ameno diálogo entre os carrascos e as vítimas. Compreendo e aceito que os depoimentos dos ex-agentes da PIDE possam e devam ser usados como fonte histórica (...). Mas isso nada tem a ver com o dar aos pides o direito à palavra como se pudessem ser considerados cidadãos iguais aos outros».[165]

Numa tentativa de interpretação de como havia sido possível, como diria Manuel Alegre, «o branqueamento e reabilitação», não simplesmente do Salazarismo, mas «da PIDE»[166], Jorge Wemans, o subdiretor do *Público*, o jornal que, nascido no coração deste ambiente político e ideológico, abriria as suas páginas ao essencial da polémica, dizia que «a sociedade portuguesa [havia] adormecido no regaço do ditador, aceitando que subversivos eram os que lutavam contra o regime e não este, mesmo quando chegava a notícia das suas brutalidades.» Wemans percebera acertadamente que «o combate pelo poder político aberto logo após a generosa ação dos capitães de Abril conheceu tempos de crispação que impediram uma concertação sobre o modo como tratar seriamente o passado» – por outras palavras, a polarização política intrínseca à Revolução, como seria de esperar, impedia a criação de um consenso sobre as políticas de memória a seguir relativamente ao passado ditatorial. Wemans, contudo, mostrava, ele próprio, uma boa dose de esquecimento sobre o que

---

[164] LEVI, Primo, *I sommersi e i salvati*, 2ª ed., Turim: Einaudi, 1991, p. 3 (tradução livre do excerto; ed. port.: *Os que sucumbem e os que se salvam*, Lisboa: Teorema, 2008).

[165] Fernando Rosas, «O meu protesto», em *Público*, 19.4.1994, Lisboa.

[166] Intervenção na Assembleia da República, in *Público*, 21.4.1994, Lisboa.

se havia tentado fazer em 1974-78, ao sustentar que a «a tentação das vítimas diretas dos algozes da PIDE» fora «esquecer. Esquecer os rostos, os lugares e os factos. Esquecer a brutalidade e o sofrimento padecidos. Entre o perdão impossível e a vingança no fundo indesejada (...), o 25 de Abril inaugura um futuro possível mais apelativo do que o pesado passado. A urgência desse futuro impunha-se sobre o ajuste de contas do passado».[167]

O 20º aniversário do 25 de Abril[168] terá sido o ponto de chegada do que designei como a política de memória cavaquista. Já nos quatro meses anteriores, numa série de debates públicos, principalmente os que se convocaram nos termos muito específicos em que se processa o debate de ideias na televisão, bem como em variadíssimos eventos públicos, personagens do pré- e pós-Revolução, militares que se descreviam a si mesmos orgulhosos da guerra que haviam feito em África, antigos membros das elites salazarista e marcelista que se diziam orgulhosos pela perseguição que teriam sofrido em 1974 e em 1975, uma panóplia de fazedores de opinião das novas direitas que o cavaquismo havia consolidado no poder – todos persistiam na estratégia da *totalitarização* da experiência revolucionária, na culpabilização da Revolução por todo os desastres económicos em Portugal, e, sobretudo, na condenação radical da descolonização. Do outro lado, um grupo mais ou menos disperso havia enfrentando estes debates, de velhos opositores antifascistas, por vezes reticentes e aturdidos, intimidados pelo ambiente pós-queda do Muro, juntamente com alguns militares de Abril, obrigados a confrontar-se com camaradas que, completamente alheios ao MFA, dominavam desde havia muito tempo a estutura das Forças Armadas de onde os militares de Abril haviam sido expulsos, a maioria, ou dentro delas haviam sido obrigados a marcar passo. Foi, contudo, o debate na *SIC* que mudou a correlação de forças.

Num dos primeiros textos publicados na imprensa portuguesa sobre o fenómeno revisionista em Portugal, Torcato Sepúlveda perguntava-se: «Que vamos nós dizer depois disto aos nossos filhos que assistiram ao programa? Que imaginámos esta história toda? Que raio de herança será a nossa?»[169]

---

[167] Jorge Wemans, «Vinte anos depois», editorial, em *Público*, 22.4.1994, Lisboa.

[168] Ver análises mais detalhadas em LOFF, Manuel, *Salazarismo e Franquismo...*, subcap. I-2.4.2, e «Coming to Terms with the Dictatorial Past in Portugal after 1974: ...», pp. 92-97; e SOUTELO, L., *A memória do 25 de Abril...*, subcap. 3.4.

[169] «A revisão da história», em *Público*, 14.4.1994, Lisboa.

Um dos efeitos imediatos do debate foi suscitar a libertação da memória da detenção e da tortura, da indignidade e da violência, cativando uma atenção por parte dos *media* que não tinha tido paralelo desde o fim do período revolucionário. Em alguns casos, rompia-se explicitamente uma espécie de pacto de silêncio que muitas das vítimas da tortura tinham selado consigo próprios e com os seus pares. Noutros, respondia-se à retórica da *reconciliação* com a reivindicação do direito a «uma memória dolorosa, mas sagrada, que alimentarei até ao fim dos meus dias, porque se tornou parte de mim», colocando abertamente uma questão moral, central para todas as vítimas da repressão: «Eles, e os homens e mulheres da geração deles, perdoarão se puderem. Mas é preciso que não se esqueçam, que não percam a capacidade de se indignar com a vilania e os rostos políticos que ela teve. Para que não voltem a ser suas vítimas».[170]

Parecia, assim, começar a emergir à superfície a sensação de um património memorial violado, particularmente pouco cuidado por parte de muitos daqueles que, neste processo, tomariam posição na batalha pela memória que desde há muito se vinha desenvolvendo. O processo parecia corresponder, uma vez mais, à «anamnese» de que fala Henry Rousso, a fase de «retorno da memória reprimida», por vezes até de uma «obsessão memorial», que ocorre muitas vezes em reação às consequências que advêm de uma fase anterior de «repressão da memória»[171]. Na véspera do 20º aniversário, centenas de signatários juntavam-se para divulgar em vários órgãos de imprensa um manifesto denunciando a «despudorada campanha de branqueamento do anterior regime, dos seus agentes e das suas práticas, que atingiu o auge mediático a pretexto das comemorações do 20º aniversário do 25 de Abril. Recorrendo quer ao escamoteamento da verdade histórica, quer ao confusionismo, e dando voz, sem adequada crítica, a alguns dos seus responsáveis, tenta-se passar uma esponja sobre os crimes da ditadura e recuperar o seu ideário. (...) E por não nos esquecermos, não admitimos que, pela perversão da realidade histórica, se pretenda apagar a memória dos que se sacrificaram para a instauração de uma democracia. Não calamos a nossa revolta perante o silenciamento dos

---

[170]   Fernando Rosas, em *Público*, 19.4.1994, Lisboa.
[171]   ROUSSO, Henry, *Le syndrôme de Vichy de 1944 à nos jours*, Paris: Seuil, 1990.

crimes do fascismo e a promoção dos seus executores».[172] O que foi verdadeiramente inédito nesta iniciativa, e que se não repetirá desde então, foi a ela terem aderido todos os setores das esquerdas que, desde o apoio a Mário Soares na 2ª volta das eleições presidenciais de 1986, de que os não socialistas rapidamente se haviam desiludido, não haviam coincidido em coisa alguma: comunistas de várias gerações, incluindo clandestinos históricos como Octávio Pato, Dias Lourenço, Carlos Aboim Inglês, Domingos Abrantes ou Virgínia Moura (mas não Álvaro Cunhal); muito mais socialistas históricos, como Tito de Morais, Lopes Cardoso, Edmundo Pedro, Sottomayor Cardia ou António Reis (ainda que, compreensivelmente, não de Mário Soares), e antigos dirigentes da esquerda radical que haviam entretanto desaguado no PS, como Jorge Sampaio, Alberto Costa, João Cravinho, Eurico Figueiredo ou Eduardo Ferro Rodrigues, do que (os quase ausentes) dirigentes mais jovens que chegaram ao partido com a democracia, como Vítor Constâncio ou António Guterres (então secretário-geral), que não assinaram; dirigentes históricos das extremas-esquerdas que nesta área política permaneciam, tão diversos entre si como Francisco Martins Rodrigues, Francisco Louçã ou Nuno Teotónio Pereira; históricos das CDE's de 1969-73 e do MDP/CDE do pós-1974, lado a lado os que permaneciam aliados do PCP e os que se aproximavam do PS; e militares de Abril, como Vasco Lourenço, Mário Tomé, Aniceto Afonso, Marques Júnior, Pezarat Correia, Vítor Crespo (mas não Otelo Saraiva de Carvalho). Sinal evidente de que se percebia uma viragem na correlação de forças no espaço público da memória do passado recente era a presença de dois resistentes antissalazaristas que, contudo, haviam militado à direita na democracia (Vítor da Cunha Rego ou o caso especial de Emídio Guerreiro). Mas apenas eles os dois. Mais expectável era o caso de Helena Roseta, que começara no PPD e abandonara o PSD em 1986 para aderir ao PS em 1991. Significativamente, nenhum dos exmaoístas que haviam transitado politicamente para a direita, com destaque para José Pacheco Pereira, subscreveu este manifesto. Pelo contrário, fizeram-no muitos jornalistas (destaque para José Pedro Castanheira, Felícia Cabrita, Henrique Monteiro, Carlos Magno,

---

[172] «Os abaixo assinados foram presos políticos ou perseguidos políticos durante a ditadura fascista ou são familiares ou amigos de pessoas perseguidas, presas, ou assassinadas por agentes do Estado Novo.», manifesto, por exemplo em *Público*, Lisboa, 24.4.1994.

DITADURAS E REVOLUÇÃO. DEMOCRACIA E POLÍTICAS DA MEMÓRIA

Clara Ferreira Alves, Miguel Sousa Tavares, Joaquim Vieira), alguns dos quais assinarão nos anos seguintes entrevistas, artigos ou documentários abordando a memória da ditadura e da violência colonial a partir do testemunho descontextualizado dos carrascos, aparentemente irresistível enquanto fonte jornalística e/ou histórica, e dos quais, portanto, dificilmente se poderia dizer que cumpririam estritamente o princípio da «não promoção dos seus executores»...

O 20º aniversário do 25 de Abril terá marcado, talvez, o momento no qual a disputa pela memória do passado ditatorial mais se terá concentrado no espaço mediático. A evolução do modelo cultural português e a abertura aos privados do espaço televisivo terá tido, aqui, um papel central: depois de anos sem se ouvir a voz de um antigo torturado, a *SIC*, não só foi pioneira em convidar um agente da repressão a contestar o discurso memorial que se havia difundido no período revolucionário, como uma das jornalistas que subscreveu o manifesto de abril de 1994, Felícia Cabrita, seria quatro anos depois co-autora de um documentário[173] no qual se pretendia contar o massacre de Wiriyamu através das palavras e, sobretudo, das emoções, de Antonino Melo, o homem que chefiara a 6ª Companhia de Comandos que foi responsável pela matança dos habitantes de cinco povoações próximas de Tete, em Moçambique, em dezembro de 1972, um dos raros massacres perpetrados pelas tropas ou pelos colonos portugueses em África que foi denunciado à escala internacional. Em 1991, no 30º aniversário do início da Guerra Colonial, Joaquim Vieira, então diretor do *Expresso-Revista* e outro dos signatários do manifesto anti-revisionista de 1994, teria desafiado vários dos jornalistas da sua equipa a dedicar-se à questão, publicando-se, então, no *Expresso* alguns alguns artigos impressionantes sobre os massacres perpetrados contra as populações do Norte de Angola[174], sobre a «cultura de silêncio» dos anti-

---

[173] Cf. CABRITA, Felícia; CAMACHO, Paulo, *Regresso a Wiriyamu* (ideia original de Ricardo de Freitas, Renato de Freitas e Paulo Camacho), Lisboa, *SIC*, 1998. Cabrita seria ainda a autora de outro documentário, em 2002, sobre o massacre ordenado pelo Governador de São Tomé Carlos Gorgulho, em 1953, conhecido como o massacre de Batepá (cf. documentário sem título, em *Hora Extra*, Lisboa: *SIC*); sobre estes acontecimentos históricos, cf. SÁNCHEZ CERVELLÓ, Josep, «A matança de Batepá», em *História*, Ano XXI (Nova Série), nº 20 (dezembro 1999), Lisboa, pp. 26-37.

[174] CABRITA, Felícia, «África: os dias da raiva», em *Expresso-Revista*, Lisboa, 16.3.1991, pp. 6-15, com a colaboração de José Manuel Saraiva e António Costa Santos.

gos combatentes traumatizados[175], ou sobre um dos aspetos mais silenciados do modo português de fazer a guerra, o uso de bombas de napalm[176]. Era a primeira vez que, desde as publicações do período revolucionário sobre os crimes de guerra portugueses, um jornal de grande tiragem, ainda por cima propriedade de um dos dirigentes históricos da direita portuguesa, regressava a memórias que assumia serem embaraçosas e incómodas, sobretudo nesse final de ciclo cavaquista. Cabrita, que se diria anos mais tarde «viciada no tema»[177], havia já escrito sobre Wiriyamu em 1992, mas, pelo contrário, havia recorrido sobretudo aos testemunhos de sobreviventes africanos[178]. A escolha de um documentário centrado na narrativa de um perpetrador teria sido de Paulo Camacho[179], e com ele surgia aquela que se tornaria a regra dos anos seguintes: o combatente português vítima da própria guerra, sem que, por isso, a condenasse política ou até mesmo moralmente; vítima porque combatente, nada mais. Cabrita tinha tido «a noção de que ia enfrentar um criminoso de guerra» quando conheceu o ex-comando em 1992, mas, «cinco anos mais tarde, num trabalho para a televisão, havia de o levar ao encontro dos sobreviventes, onde finalmente purgou uma dor de anos». Nele, o telespetador português é convidado a partilhar a dor e a tristeza deste colono nascido em Moçambique, vítima, afinal, da história, o seu regresso comovente à casa da sua infância, à igreja que frequentara, à sua cidade natal, pela primeira vez desde 1975. É na sua memória que se centra o documentário, ele é «o narrador», sublinha Cabrita, que diz «[conhecer] bem aquela gente» de Wiriyamu, «não prevejo desgraças», ainda que se confirme que os sobreviventes

---

[175] REIS, Patrícia, «Recordações de África», em *Expresso-Revista*, Lisboa, 22.1.1994, pp. 24-31.

[176] CARVALHO, Frederico, «A guerra do fogo», em *Expresso-Revista*, Lisboa, 26.3.1994, pp. 24-29.

[177] CABRITA, Felícia, *Massacres em África*, Lisboa: A Esfera dos Livros, 2008, p. 137.

[178] CABRITA, Felícia; AZEVEDO, Clara, «Os mortos não sofrem», em *Expresso-Revista*, Lisboa, 5.12.1992, pp. 12-21. Dois anos depois, outro jornalista, João Paulo Guerra abordaria a mesma questão numa obra que pretendia cobrir o conjunto da Guerra Colonial, com uma metodologia de recolha de fontes muito mais próxima da abordagem historiográfica: *Memórias das guerras coloniais*, Porto: Afrontamento, 1994. Cf. também série de programas *O Regresso das Caravelas* na *TSF – Rádio Jornal*, Lisboa, 1994, de que resultará *Descolonização Portuguesa. O Regresso das Caravelas*, Lisboa: Dom Quixote, 1996.

[179] Cabrita dirá que, não dispondo do acordo de Emídio Rangel, o foi buscar diretamente ao proprietário da *SIC* e do *Expresso*, o ex-Primeiro-Ministro Pinto Balsemão (cf. *Massacres em África...*, p. 263).

DITADURAS E REVOLUÇÃO. DEMOCRACIA E POLÍTICAS DA MEMÓRIA

se recusam a falar, ou sequer ver, o perpetrador, e o único que o faz não fala Português, o que inevitavelmente reduz o impacto do seu testemunho aos olhos do espetador português. Cabrita dirá depois que chegara a «recear que [Melo] não aceitasse [a proposta] pelo perigo que a aventura representava» porque, «a seguir à independência teve a cabeça a prémio e refugiou-se em Portugal. A investigação do *Expresso* terá, segundo a sua autora, provocado um tumulto nos meios militares» e «alguns colegas de tropa que com ele tinham feito um pacto de silêncio acusam-no de traidor. (...) Quando chegássemos a Moçambique», onde «a tutela soviética ainda sobrevivia nas mentalidades», «ele seria sempre apresentado», por motivos de segurança, «como um dos jornalistas do grupo»[180].

O mesmo procedimento narrativo foi utilizado no mesmo ano de 1998 num documentário televisivo sobre os massacres da UPA no Norte de Angola de março-abril de 1961. Em 1991, Cabrita tinha escrito tanto sobre os massacres da UPA como sobre os chamados contra-massacres perpetrados pelas tropas

---

[180] CABRITA, F., *Massacres em África...*, pp. 247-48, 262-65. Recentemente, o investigador anglomoçambicano Mustafah Dhada (California State University) polemizou com Bruno Cardoso Reis e Pedro Oliveira por estes terem negado a intenção genocida da operação de Wiriyamu, alegando que «Portuguese late colonialism claimed not to be colonial at all (...) .And even though it could be argued that this equality [among races] was not real in practice, it nonetheless made genocide hardly a rational political option for the Portuguese regime». O massacre teria sido «the result of insurgent attacks conceived as a deliberate provocation to the Portuguese military», com o objetivo de «cause an overreaction that would damage the Portuguese campaign politically.» Em qualquer caso, «all the parties involved in this bloody event had conflicting interests that made it likely that they would tell different stories about the atrocities». Dhada acusou-os de «accept at face value the Portuguese propaganda denying the existence of Wiriyamu as a place, rather than consider data that incontrovertibly proved the existence of Wiriyamu, the massacre, its context, and the overall integrity of the narrative». Oliveira e Reis rejeitaram a acusação de negacionismo e de apologia do colonialismo e reiteraram entender que «war in Mozambique between 1964 and 1974 can be characterised as a civil war or intra-state war» (cf. REIS, B.C.; OLIVEIRA, P. A., «Cutting Heads or Winning Hearts: Late Colonial Portuguese Counterinsurgency and the Wiriyamu Massacre of 1972» e «Reply to Mustafah Dhada», e DHADA, M, «The Wiriyamu Massacre of 1972: Response to Reis and Oliveira», todos em *Civil Wars*, Londres: Routledge, respetivamente 14:1, 2012, pp. 80-103 15:4, 15:4, 2013, pp. 559–562, e 15:4, 2013, pp. 551-558). Dhada acaba de publicar *The 1972 Wiriyamu Massacre in Mozambique*, London: Bloomsbury, 2014. Um ano antes, Pedro Oliveira admitiria em declarações à agência *Lusa* que «Wiriyamu terá sido um "dos mais terríveis" episódios da guerra colonial portuguesa e que «os comandos militares nas colónias tendiam muitas vezes a aprovar ou encorajar tais acções, vistas como eficazes para intimidar populações 'insubmissas'"» (cit. in *Público*, Lisboa, 16.12.2012).

e pelos colonos portugueses sobre as populações africanas durante aqueles «dias de raiva», como lhes chamou, não só nos Dembos, em março-abril, imediatamente após a insurreição da UPA, mas também nos muceques de Luanda, em fevereiro. Em 1998, pelo contrário, as vítimas africanas já não têm voz no documentário que assina, uma vez mais, com Paulo Camacho. Apenas um único testemunho se refere à violência dos colonos e dos militares. O documentário remata com a afirmação de que «naqueles primeiros momentos da Guerra Colonial, os valores éticos eram muitas vezes esquecidos. (...) Nada mais seria como antes.»[181] Seria necessário esperar quase dez anos para que na televisão (e naquela que, coincidência ou não, é ainda pública), Joaquim Furtado documentasse de forma frontal e sem subterfúgios o *terror branco* imposto por tropas e, sobretudo, colonos portugueses sobre os angolanos em 1961, num dos programas da série *A Guerra: Colonial, do Ultramar, de Libertação*.[182]

Nos 40 anos de democracia portuguesa, à memória da violência colonial, sobretudo quando praticada sob a forma de matanças ou massacres sobre a população civil, nunca foi aberto espaço público suficiente para a sua livre expressão. Não se trata aqui simplesmente do tradicional silêncio incómodo que se adota para preservar os concidadãos que um dia foram combatentes em nome da Pátria, verificável (e aconselhado) em praticamente todas as sociedades que passaram pela experiência da guerra e da violência de massa; no caso português acrescenta-se o tom *lusotropical* com que se descreve publicamente

---

[181] CABRITA, Felícia; CAMACHO, Paulo (1998), *Angola, 1961. O princípio do fim*. Lisboa: SIC. Poucos anos depois, um novo documentário da SIC (MADUREIRA, Augusto, *Os soldados também choram*. Lisboa: SIC, [2003?]) viria a ser um bom exemplo de como se tornara socialmente consensual atribuir aos ex-combatentes o estatuto de *vítima*, retratando uma meia dúzia de casos terríveis, mas encorajadores, de pacientes portadores do síndrome de stress pós-traumático.

[182] FURTADO, Joaquim, «Massacres contra chacinas», 3º episódio de *A Guerra: Colonial, do Ultramar, de Libertação*, Lisboa: RTP, 2007. (A escolha das três alternativas contidas no título é uma boa representação de como se politizou a semântica usada na definição do conflito.) Já no episódio de José Manuel Silva Levy sobre «As Guerras de África (1961-1975)» da série *Crónica do Século* (Lisboa: RTP, 1999) se fazia uma avaliação geral da guerra e das suas consequências sociais e políticas muito mais equilibrada do que o que se havia produzido até então. Cf. referências historiográficas aos contra-massacres em MATEUS, Dalila Cabrita, MATEUS, Álvaro, *Angola 61, Guerra Colonial: causas e consequências. O 4 de Fevereiro e o 15 de Março*, Alfragide: Texto, 2011, pp. 145-53; e em MENESES, Filipe Ribeiro de, *Salazar. Uma biografia política*, trad. port., Lisboa: Dom Quixote, 2009, pp. 491-96.

DITADURAS E REVOLUÇÃO. DEMOCRACIA E POLÍTICAS DA MEMÓRIA

a guerra em livros de divulgação histórica que alcançam várias edições e lançados gratuitamente com jornais como o *Expresso*, através da qual a guerra é reduzida a um conflito que «não foi demasiado caro» e que era «pouco mortífero», na qual as «guerrilhas» tiveram «reduzido impacto», pelo que a «guerra foi aceite, depois de se perceber que "não matava tanta gente como se julgava"», e «talvez por isso, o recrutamento nunca foi um problema»[183], contrariando todos os dados estatísticos, e humanos, do problema.[184] Quando, em 2012, duas jornalistas do *Público* divulgam um relatório militar conservado no Arquivo PIDE/DGS no qual se documenta uma «"cerimónia" de fuzilamento com mutilação de cadáveres» realizada em «abril de 1961, poucas semanas após o início da guerra em Angola, na sanzala Mihinjo, a cerca de 20 quilómetros de Luanda»[185], a reação desabrida de um militar na reforma foi a de denunciar «a falta de vergonha na cara, desonestidade intelectual e a mais torpe parcialidade ideológica [que] têm campeado em Portugal» porque «o ocorrido não põe em causa a civilidade e, até, o humanismo com que as tropas portuguesas se comportaram na sua esmagadora maioria, em todo o longo conflito». O mais revelador foi este militar entender «já [ser] tempo de, quem de direito, tornar público, oficialmente, o que se sabe que se passou, pois não parece que haja nada a esconder». Ferreira, reeditando um dos mais banais slogans repetidos pelo discurso que, um pouco por todo o Ocidente, se queixa do *ódio de si próprio* dos críticos das versões oficiosas sobre os passados incómodos, dizia que «não conheço povo mais masoquista do que aquele a que pertenço e que se compraz em autoflagelar-se», e, inevitavelmente, regressava «à história de "Wiriamu" [sic], que já tresanda!», «ressuscitada» por «jornalistas, comentadores e "historiadores"» a quem «nunca se os vê

---

[183] RAMOS, Rui, «Idade Contemporânea...», in *História de Portugal...*, pp. 684-85.

[184] Cf. sínteses estatísticas em «Guerra Colonial, 1961-1974», in http://www.guerracolonial. org/graphics, e, em geral, AFONSO, Aniceto, GOMES, Carlos Matos (coords.), *Os Anos da Guerra Colonial*, Porto: QuidNovi, 2010.

[185] CANELAS, Lucinda, SALEMA, Isabel, «Relatório militar revela que tropas portuguesas participaram em decapitações», in *Público*, Lisboa, 16.12.2012. As autoras citam um artigo de António Araújo onde este investigador divulga a existência do referido documento, preocupando-se, contudo, em repetir por duas vezes às jornalistas que «isto, por si só, não revela uma política, o que havia era uma ordem sistemática [das chefias militares portuguesas] de pacificação». Araújo, um historiador do Direito, é assessor de Cavaco Silva na Presidência da República.

preocupados com os milhares (milhares, leram bem?) de ações violentas, raptos, bombardeamentos, trabalho forçado, assassinatos, etc., que a FNLA, o MPLA, a UNITA, o PAIGC e a FRELIMO fizeram contra as populações de todas as cores que queriam continuar portuguesas»[186].

O recurso ao perpetrador como fonte de informação primária, especialmente atrativa para a opinião pública no contexto do mercado mediático, já se dera em fevereiro de 1998, meses antes dos documentários de Cabrita e Camacho irem para o ar, e pela mão de um dos mais prestigiados e historicamente informados jornalistas especialistas na ditadura, José Pedro Castanheira, que, publicou uma longa entrevista a António Rosa Casaco[187], então já com 82 anos de idade, o homem que comandara a brigada da PIDE que, em fevereiro de 1965, assassinara Humberto Delgado e a sua secretária, a brasileira Arajaryr Campos. Condenado à revelia a 15 anos de cadeia pelo Supremo Tribunal Militar, em 1981, Casaco, que tinha escapado para Espanha poucos dias depois do 25 de Abril, havia conseguido escapar à justiça e continuado a viver imperturbavelmente no Brasil e em Espanha. Era em puro desafio das autoridades que Casaco, que voltava frequentemente a território português sem nunca ter sido detido, se fez fotografar pelo *Expresso* em Lisboa e em frente ao túmulo de Salazar, no Vimieiro (Santa Comba Dão). Castanheira – que já em 1992 tinha entrevistado o mesmo Óscar Cardoso[188] que, na *SIC*, provocaria a *rebelião da memória* do 20º aniversário do 25 de Abril –, tinha gasto

---

[186] FERREIRA, João J. Brandão, «Assim se vai fazendo a história e o jornalismo», in Público, Lisboa, 14.1.2013. Ferreira refere-se desta forma ao trabalho das duas jornalistas: «é fácil às duas moças jornalistas, que nunca cheiraram a pólvora, nem nos foguetes de Santo António, se façam [sic] de virgens ofendidas, por tão funesto ato; ou que burgueses, bem-postos na vida, após barriga cheia, se esmerem em dissertar sobre o "como" e o "deviam" as coisas se ter passado». Cf. também o seu *Em nome da Pátria. Portugal, o ultramar e a guerra justa*, prefácio de Adriano Moreira, Lisboa: Dom Quixote, 2009; entre as suas fontes, cita-se Óscar Cardoso, o ex-inspetor da PIDE/DGS.

[187] CASTANHEIRA, José Pedro, «"Como matámos Humberto Delgado"» e «"Voltaria a ser da PIDE"», em *Expresso*, Lisboa, 14 e 21.2.1998. Casaco, desde os anos 40 com ligações de grande confiança com antigos agentes da *Dirección General de Seguridad* espanhola dos tempos de Franco, foi avisado de que a polícia daquele país o acabaria por prender (ao fim de mais de 20 anos de mandados de captura), sendo-lhe permitido aguardar em liberdade a decisão sobre a sua extradição (cf. LUÍS, Filipe, «Rosa Casaco: Ele sabia que ia ser preso», in *Visão*, Lisboa, 23.4.1998), e deixado livre sem qualquer acusação, entendendo-o a justiça espanhola abrangido pela lei de amnistia de 1977.

[188] «O refúgio de um PIDE reformado», in *Expresso*, Lisboa, 9.5.1992.

DITADURAS E REVOLUÇÃO. DEMOCRACIA E POLÍTICAS DA MEMÓRIA

dois anos «de enorme expectativa, muita paciência e alguma negociação» a preparar o seu encontro com Casaco, em Espanha, e aceitou publicar a versão que este tinha do assassinato e da armadilha montada a Delgado («assistiu a tudo de longe» e sentira-se «"enganado pelos meus superiores. (...) Perante a consumação deste duplo crime, manifestei de imediato a minha veemente repulsa por tal ato tão miserável"») quando já não restavam sobreviventes dos acontecimentos, e quando já sabia que o Supremo Tribunal Militar não obrigaria ao cumprimento de prisão efetiva, como viria a confirmar-se um ano mais tarde.[189] Cinco anos depois, Rosa Casaco publicaria a sua autobiografia, *Servi a Pátria e acreditei no regime*, queixando-se da «falsidade acumulada no último quarto de século, relativamente ao regime derrubado em 25 de Abril de 1974» e do «jugo da opressão intelectual do totalitarismo das esquerdas» sob o qual a Europa e Portugal «permanecem em boa medida», apesar da «queda do Muro de Berlim, em 1989, e do desmoronamento da todo poderosa União Soviética». Para Casaco, «intelectuais desta proveniência, mesmo em minoria e em vias de extinção zoológica, são incapazes de sair da comédia, da farsa em que vivem, pretendendo ocultar a tragédia de um século de horrores e crimes pelos quais nunca serão julgados em tribunal algum».[190]

Na discussão que, inevitavelmente, de novo surgiu no espaço público, Mário Soares, que deixara a Presidência dois anos antes, retomou o discurso da bondade e da necessidade «do generoso propósito de assegurar uma autêntica reconciliação nacional», produto de uma «superioridade moral da democracia [que] consiste em não fazer aos inimigos da liberdade o que foi feito aos que lutaram por ela e tanto sofreram». A entrevista do *Expresso* tinha sido «um ato de puro branqueamento do regime policial e do próprio torcionário (...)[.] Uma espécie de vingança póstuma da PIDE contra Delgado», mas que tinha sempre achado que «os pides eram epifenómenos e que os grandes responsáveis eram

---

[189] Cf. *Público*, Lisboa, 26.2.1999. Entrevistado em «Falatório» (RTP2, Lisboa, 6.3.1998), Castanheira diria não ter tido conhecimento da preparação da sessão fotográfica em Lisboa e admitiria o «caráter provocatório» das palavras de Rosa Casaco. Este, por sua vez, queixou--se ao *Expresso* (carta de 14.3.1998) de um título «inaceitável» e «iníquo» através do qual ele parecia «admitir a minha própria culpabilidade num crime de morte que está mais do que provado que não cometi nem a tal instiguei quem quer que fosse».

[190] CASACO, A.R., *Servi a Pátria e acreditei no regime*, s.l.: s. ed., pp 11-12, onde chama a Castanheira um «nefasto fabulador», «um militante das esquerdas e como tal um "profissional comprometido"» (pp. 150-51).

os altos dirigentes da ditadura a quem eles obedeciam», os quais, não tendo sido «criminalmente» julgados, haviam sido sujeitos «ao julgamento que se fez na consciência das pessoas e que foi interiorizado pelo povo português». Em resumo, «hoje a sociedade portuguesa esqueceu por completo o passado ditatorial. Aprendeu a viver em democracia e gosta de viver em democracia (...). Está reconciliada consigo própria. É tolerante e vive em concórdia. Ninguém sabe mais quem foi quem no tempo da ditadura. Ainda bem. Orgulho-me de ter dado um contributo para que seja assim».[191]

Os estudos de opinião contrariavam este empenho na legitimação do perdão objetivo e da descrição da indiferença perante o passado como uma forma saudável de acerto de contas. Uma sondagem feita a uma amostra mais representativa do que é habitual (1.434 entrevistas pessoais) apurava 59,2% (contra 23,8%) de respostas negativas à possibilidade de um «perdão para o antigo agente da PIDE Rosa Casaco». Uma vez mais, os que mais se opunham ao esquecimento e ao perdão eram os inquiridos mais jovens (25-54 anos de idade) e mais à esquerda (77,5% dos que se diziam votantes comunistas, 64,1% dos socialistas), por contraste com os mais velhos e os mais à direita (32,6% dos votantes do CDS/PP, 31,2% dos PSD).[192]

A extraordinariamente prolífica investigadora Irene Pimentel, depois de ter dado um impulso importante no avanço da investigação da repressão salazarista com a sua tese doutoral, passada a livro sob o título de *A história da PIDE*[193], empreenderia este mesmo caminho da escolha do perpetrador como objeto ao publicar a *Biografia de um Inspector da PIDE*[194] sobre Fernando Gouveia, descrito como «o maior especialista, na PIDE, sobre o PCP», a par da biografia de uma personagem muito diferente, a do *Cardeal Cerejeira. O príncipe da Igreja*. É a própria Pimentel, contudo, que refletiu sobre a metodologia de abordagem destas personagens quando, a propósito de ambas as investigações, sublinhou ser «a empatia – não é o mesmo que a simpatia – um processo necessário para realizar um estudo historiográfico sobre uma pessoa», situação que lhe teria ocorrido com Cerejeira: «Como para muitas e muitos da minha geração, do Cardeal Cerejeira eu vislumbrava apenas uma

---

[191]   Soares, entrevista ao *DN*, Lisboa, 17.4.1998.
[192]   *Diário de Notícias*, Lisboa, 25.4.1998.
[193]   Lisboa: Círculo de Leitores/Temas & Debates, 2007
[194]   *Lisboa:* A Esfera dos Livros, 2008.

DITADURAS E REVOLUÇÃO. DEMOCRACIA E POLÍTICAS DA MEMÓRIA

caricatura uniforme de um homem e de uma personagem que (...) era encarada como suporte e cúmplice do Estado Novo ditatorial», mas «à medida que essa empatia cresce (...) os mitos e os enviesamentos vão desaparecendo para surgir uma realidade, sempre relativa e provisória, mas mais próxima de uma verdade.»[195] A perspetiva é, basicamente, a mesma de Filipe Ribeiro de Meneses ao publicar pela mesma altura *Uma biografia política* de Salazar: para ele, a ausência de biografias «académicas» do ditador (assumindo, portanto, serem comprometidas/militantes, presume-se, as de Franco Nogueira e a de Jaime Nogueira Pinto) dever-se-ia ao «[domínio dos] modelos marxistas e dos *Annales* durante muito tempo» sobre «a historiografia portuguesa», que teriam ajudado a impor a ideia de que «qualquer sinal de empatia ou tentativa de contextualizar e «compreender» Salazar seria um insulto às suas vítimas»[196]...

Meses antes de publicar a biografia de um dos mais brutais torturadores da PIDE (descrição que a própria assume), Pimentel diria, a propósito do *Prémio Pessoa* recebido em dezembro de 2007, que «nem a História se escreve a preto e branco, nem "o historiador é juiz" e, muito menos, "militante"», considerando «"inqualificável usar a História para fazer política"», designadamente «à volta de um passado, ainda fresco, e sobre o qual "toda a gente acha que tem ideias e juízos de valor"».[197] E em 2012, queixar-se-ia das críticas que teria recebido de José Casanova (PCP) «por ter pegado na figura do [inspetor da PIDE] Gouveia», o que, para ela, «na Alemanha isto era impensável. Então não se estudava o Hitler, ou, se se estudava, era-se automaticamente a favor do nazismo»[198], aparentemente passando por cima do núcleo central da polémica dos historiadores alemães desencadeada em 1986 (a chamada *Historikerstreit)*, que ela tão bem conhece, em torno do que se entendeu ser a *historicização* do nazismo, e da violência nazi em particular, por via da sua banalização como objeto histórico.[199] «Em Portugal estamos numa fase complicada, tudo o que

---

[195] PIMENTEL, Irene F., *Cardeal Cerejeira. O príncipe da Igreja*, Lisboa: A Esfera dos Livros, 2010, p. 13.

[196] MENESES, F.R., *Salazar...*, pp. 12-13.

[197] CARDOSO, Rui, «Irene Pimentel. "O historiador não é juiz nem militante"», *Expresso- -Actual*, Lisboa, 22.12.2007.

[198] Entrevista a Anabela Mota Ribeiro, «publicada originalmente no Público, em Janeiro de 2012», in http://anabelamotaribeiro.pt/64735.html (acedido em setembro de 2012).

[199] Uma boa síntese dos argumentos da polémica em WEHLER, Hans-Ulrich, *Le mani sulla storia. Germania: riscrivere il passato?*, trad. ital., Florença: Ponte alle Grazie, 1989 [ed. ori.:

se diz é virado ao contrário. Reconheço que isso é o triunfo das pessoas com uma mente totalitária.»[200]

4.4 Salazar, «o gajo que gostava de gajas»...

A atração mediática e editorial por Salazar tornou-se, curiosamente, moeda corrente na viragem do século. Em 1998, a *SIC* co-produziu e emitiu em 1999 uma série de seis episódios sobre Salazar[201], dirigida pelo jornalista José Mendonça da Cruz que escolheu como consultores o antigo ministro de Salazar, e seu biógrafo, Franco Nogueira; um antigo militante da extrema-direita antimarcelista, Jaime Nogueira Pinto, que se tornaria, já neste século, o grande divulgador da figura do ditador, designadamente no concurso televisivo *Grandes Portugueses*, organizado pela televisão pública[202]; e um guionista de telenovelas (Manuel Arouca[203]). O resultado final motivou, inevitavelmente, controvérsia; entre outros, Fernando Rosas, nele encontrou um «discurso frequentemente apologético, roçando até uma certa apoteose bacoca»[204]. Era aberto o contraste com o documentário produzido de forma mais ou menos simultânea pela estação pública, a *RTP*, convidando alguns investigadores

Entsorgnung der deutschen Vergangenheit? Ein polemischer Essay zum «Historikerstreit», Munique: Verlag C. H. Beck, 1988]. Em 2010, os comissários (Simone Herpel e Hans-Ulrich Thamer) da primeira exposição (*Hitler e os Alemães*) organizada num museu público alemão centrada na figura de Hitler desde o fim da guerra e o do nazismo, temendo «être accusés de complaisance ou de racolage» e «par peur que le public puisse être fasciné par le dictateur» decidiram evitar usar «tout ce qui concerne sa personnalité» («Hitler, une obsession allemande», in *Le Monde*, Paris, 15.10.2010).

[200] Entrevista a Anabela Mota Ribeiro..., janeiro 2012.

[201] Realização de Margarida J.Q.T. Pontes e Ana Cristina V.C. de Sousa, produção Valentim de Carvalho Televisão/*SIC*, Portugal, 1998. À lista de consultores acrescente-se a desconhecida Maria José de la Fuente.

[202] De que resulta *António de Oliveira Salazar – O outro retrato*, A Esfera dos Livros, 2007.

[203] Guionista, entre outras, de *Jóia de África*, a primeira das telenovelas portuguesas ambientada na África colonial, concretamente em Moçambique logo antes do início da luta armada, de tom abertamente *lusotropical*. Ex-colono, nascido em Pemba (antiga Porto Amélia) em 1955, Arouca é autor, entre vários outros, do romance *Deixei o meu coração em África* (Lisboa: Oficina do Livro, 2005) e de várias obras sobre Fátima.

[204] ROSAS, Fernando, «Salazarismos», 3.2.1999, DELGADO, Iva, «Salazar rebuçado», 10.2.1999, vários artigos de Manuel Braga da Cruz ao longo do mês de fevereiro de 1999, um de Mário Mesquita (31.1.1999) e a resposta de José Mendonça da Cruz «Salazar e os "estranhos propósitos"», 13.2.1999, todos publicados in *Público*, Lisboa.

consagrados sobre a ditadura (Fernando Rosas, António Telo, Irene Pimentel, ...) para ajudarem na conceção uma série cronológica de doze episódios, a *Crónica do Século (RTP*, 1999) que tinha o mérito, ao contrário da anterior, de refletir muita da pesquisa historiográfica que vinha sendo tornada pública.

O terreno tornara-se propício para puxar cada vez mais a figura do ditador para a trivialização narrativa, da qual emergia um Salazar *íntimo* e humanizado porque praticamente *despolitizado*. A vida íntima de Salazar ganhou uma atenção desmesurada, como sucedeu na Espanha pós-franquista com as profusões de biografias, umas mais oficiosas, outras mais psicológicas, do antigo ditador[205], como sucedeu, ainda que de forma muito mais discreta, na Alemanha a propósito do sucesso do filme *Der Untergang*[206], sobre os últimos dias de Hitler, fechado no *bunker* berlinense em que se suicidaria. Salazar «gostava tanto de crianças», «era um tímido», dele disse Cecília/*Cilinha* Supico Pinto, mulher de um dos homens de maior confiança política e pessoal do ditador, dirigente do Movimento Nacional Feminino (MNF) durante a Guerra Colonial, cuja biografia é, por sua vez, redigida uma investigadora de Coimbra. «Muitas vezes me pergunto se» muitas das decisões tomadas no campo da repressão «foi ele ou eram outros que mandavam e diziam que era ele. (...) "O senhor está rodeado de aldrabões que lhe mentem e não lhe dizem as coisas porque querem estar de bem consigo"», dizia ela a Salazar, «horrorizada» com «a PIDE [que] brutalizava imensa gente, com certeza que sim»[207]. No mesmo sentido, Franco Nogueira tinha já dito em 1992 que «falava muitas vezes com o chefe do governo sobre «a censura e a polícia política» e manifestava as minhas apreensões e as minhas discordâncias.» O homem que dirigiu a política externa salazarista durante a Guerra Colonial «muitas vezes em conversa com o doutor Salazar [lhe] dizia: "Senhor presidente, sabe, eu sou um liberal e sou um democrata" (...) e ele dizia: "Vejo que isso não há maneira de lhe passar"».[208]

---

[205] Dois exemplos entre muitos outros, publicados dentro e fora de Espanha: a hagiográfica SUÁREZ FERNÁNDEZ, Luis, *Francisco Franco y su tiempo*, 8 vols.. Madrid: Fundación Nacional Francisco Franco, 1984, e a psicológica GONZÁLEZ DURO, Enrique, *Franco. Una biografía psicológica*, Madrid: Temas de Hoy, 1992.

[206] Realização de Oliver Hirschbiegel, baseado em livr do historiador Joachim Fest, produção Constantin Media, Alemanha/Áustria/Itália, 2004.

[207] SOROMENHO, A., LOPES, I., «Cecília Supico Pinto....», *Expresso-Única*, 16.2.2008.

[208] Entrevista a Baptista-Bastos, in *Época*, nº 1, setembro 1992, pp. 4-9.

ESTADO, DEMOCRACIA E MEMÓRIA

Em 1999, a reincidente Felícia Cabrita publicava *Mulheres de Salazar*[209], produzindo um objeto de tal interesse mediático e editorial que acabou por ter problemas quer com a *SIC*, que em 2009 emitiria uma mini-série (*Vida privada de Salazar*[210]), quer, anos mais tarde, com o grupo editorial Leya, que retiraria do mercado a versão portuguesa de *Mulheres de ditadores*, de Diane Ducret[211]. O «miolo» da série televisiva era sintetizada assim pelo crítico Eduardo Cintra Torres: «O gajo que gostava de gajas – ou pelo menos gostou de algumas gajas». A série escolhera adotar «um registo voyeurístico pobre» excluindo a sua dimensão política: pelo contrário, «Salazar, na sua vida privada, é indissociável da sua ditadura pessoal, da forma como se projetou politicamente e ao seu regime, e do mito do "casamento com a pátria" e sua negação em privado.»[212] Outro dos livros que havia servido de fonte aos guionistas da série era a longa entrevista que outro jornalista veterano, Joaquim Vieira, publicou com uma das *pupilas* de Salazar, Maria da Conceição (*Micas*), sobre *Os meus 35 anos com Salazar*, na qual «nos dá a conhecer uma faceta até agora secreta do homem»[213]. De natureza, apesar de tudo, bem diferente, mas sempre centrado em aspetos do caráter de Salazar, o jornalista Pedro Jorge Castro tratou em *Salazar e os milionários* da «relação de Salazar com o dinheiro, na sua vida particular», «a ligação com o banqueiro Ricardo Espírito Santo, o empresário mais próximo do presidente do Conselho» ou «a cumplicidade [com] os outros milionários».[214] Entre uma miríade de publicações com que se pretendia entrar na intimidade e na *alma* do ditador, António Trabulo atreveu-se, em 2004, a publicar um *Diário de Salazar*, «uma obra de ficção com base histórica» na qual se «[procura] o homem escondido atrás das palavras».[215]

---

[209]   Lisboa: Editorial Notícias, 1999.
[210]   Realização de Jorge Queiroga, VC Filmes/*SIC*, Portugal, emitida a 8 e 9.2.2009.
[211]   Lisboa: Casa das Letras, 2011. Cf. «Livro retirado por acusações de plágio de Felícia Cabrita», *DN*, Lisboa. 6.1.2012.
[212]   «O gajo que gostava de gajas», in *Público*, 9.2.2009. O diretor de programas da *SIC*, Nuno Santos, defendeu que a série, assegurando que «é um trabalho de reconstituição sério, muito bem feito e cuidado, raro na TV em Portugal» (*Público*, 8.2.2009).
[213]   Lisboa: A Esfera dos Livros, 2007, excerto da contracapa. Vieira publicaria em 2010, na mesma editora, *A governanta. D. Maria, companheira de Salazar*.
[214]   Lisboa: Quetzal, 2009, p. 9.
[215]   Lisboa: Parceria A.M.A Pereira, 2004, de que se fizeram, pelo menos, sete edições. No prefácio, Fernando Dacosta garante que «Salazar (...) vai revelando-nos nas notas que escreve aos outros (...) uma maneira de ser português que adensa o enigma de ser português» e

Escreveu-se menos sobre Marcelo, o líder *fracassado* do Estado Novo. Depois dos contributos comprometidos de Veríssimo Serrão, publicaram-se biografias mais políticas e ensaísticas (de Vasco Pulido Valente, em 1990[216]) ou mais «feita como uma reportagem» (da jornalista Manuela Goucha Soares, em 2009[217]). Em 2008-09, o reitor da Universidade Católica (Manuel Braga da Cruz) organizou, juntamente com Rui Ramos, um ciclo de debates sobre *Tempos de Transição*, recolhendo «testemunhos de protagonistas e contemporâneos da governação de Marcelo Caetano (...) procurando ser o mais abrangente possível», o que significou juntar uma trintena de personagens, uma grande maioria das quais marcelistas e/ou seus colaboradores diretos ou familiares. Para «[registar] as críticas, dissidências e oposições suscitadas pelo Governo de Marcelo Caetano» convidou-se António Reis para representar a resistência socialista, Zita Seabra para a comunista (22 anos depois de ter saído do PCP e mais de 12 depois de ter aderido ao PSD), e José Miguel Júdice para o «Nacionalismo Revolucionário» – mas nenhum católico progressista, nacionalista africano ou da extrema-esquerda. Na introdução, assinada unicamente por Braga da Cruz, considera-se ter sido uma «ilusão[, alimentada nalguns espíritos,] de que se intentava caminhar para um sistema democrático» já que «Marcelo Caetano não nutria simpatia por semelhante forma de regime. Fora sempre um antidemocrata» e, «poucos anos depois, essa esperança inicial desvanecia-se (...), o Regime (...) fechava-se sobre si mesmo, e impossibilitava qualquer transformação a partir de dentro e controlada» em várias «grandes oportunidades» perdidas «de alteração do Regime»[218]. O co-organizador do

---

aplaude o esforço «em o humanizar para o desmistificar» (p. 10). Com data de 6.4.1965, o autor introduz a seguinte entrada: «Delgado foi morto. (...) Irão chover críticas e eu serei o principal visado. Anos atrás, a sua eliminação faria sentido. Agora, era escusada.» (p. 230). Trabulo é também autor de *Os Colonos*, Lisboa: Esfera do Caos, 2007, e de *Os Retornados. O Adeus a África*, Lisboa: Cristo Negro, 2009.

[216] «Marcello, o maior», in *K*, Lisboa, novembro 1990, pp. 40-45 e 162-84.

[217] Lisboa: A Esfera dos Livros, 2008.

[218] CRUZ, M.B., «Introdução. Tempos de Transição», in CRUZ, M.B., RAMOS, R. (orgs.), *Marcelo Caetano. Tempos de Transição*, Lisboa: Porto Editora/Círculo Eça de Queirós, 2009, pp. 8 e 10. Joana Reis, pelo contrário, descreverá Melo e Castro, o homem que Marcelo escolhe para dirigir o partido único, como «um adepto confesso da democracia», que «puxou quanto pôde Marcello Caetano para a abertura e transição do regime», «sem dúvida um precursor da democracia no país». *Melo e Castro. O provedor que dizia sim à Democracia*, Alfragide: Casa das Letras, 2013, pp. 14-15)

mesmo livro, Rui Ramos, contudo, escrevia no mesmo ano, numa obra de divulgação de grande sucesso editorial, que quando Caetano chegou ao poder, em 1968, «a democratização não estava na ordem do dia» e, portanto, o *Estado Novo* «até pôde continuar a passar por "moderado"» num mundo em que se verificava a «repressão da "Primavera de Praga"», a ditadura dos coronéis na Grécia, a «receita da modernização sem democracia» de Carrero Blanco (e Franco), em Espanha, ou, «no resto do Ocidente», os «constrangimentos policiais» provocados pela «"luta armada" da extrema-esquerda», pelos vistos idênticos aos praticados pela PIDE. «Quanto ao Ultramar (...), a guerra não confrontou os governantes portugueses com escolhas urgentes»: «Em Angola, a atividade guerrilheira era residual», e na Guiné, o PAIGC, dizia Spínola em 1972, estava «"em situação de manifesta inferioridade"». Em 1973, antes do choque petrolífero, «nunca se vivera tão bem em Portugal, com pleno emprego, subidas de salários e expansão do Estado social».[219]

Na viragem do século, Salazar já não podia falar de si mesmo, mas podiam falar dele e de si próprios muitos dos antigos hierarcas do regime, que adotaram, em geral, uma via de procura aceitação social do seu percurso de vida, de homologação cultural e (a)política das suas memórias, pela via quer da despolitização da memória (isto é, do esvaziamento da natureza intrinsecamente política da sua atuação passada, e do próprio momento em que o seu discurso entrava na esfera pública da memória), quer da *sobremoralização* dos objetivos que haviam perseguido e dos princípios de vida que diziam ter tido (isto é, da justificação do passado em nome de valores éticos e morais tidos por consensuais). «A minha arma é a verdade», insistia Cecília Supico Pinto. «Ter coragem é não mentir a si própria e eu olho-me ao espelho todos os dias. O Dr. Salazar gostava de mim porque sabia que eu lhe dizia a verdade, doesse a quem doesse.»[220] Ao publicar o seu *Juízo Final*[221], em pleno cavaquismo, Franco Nogueira definiu para si o «dever de todo o homem»: «agir com fé em

---

[219] RAMOS, Rui, «Idade Contemporânea...», in *História de Portugal...*, pp. 697-98, 701, 704.

[220] Cecília S. Pinto, entrevista de 2004, cit. in SANTO, Sílvia Espírito,*Cecília Supico Pinto. O rosto do Movimento Nacional Feminino*, Lisboa: A Esfera dos Livros, 2008, p. 96.

[221] Porto: Civilização, 1992, cit. p. 12. Um dos últimos atos de Durão Barroso enquanto ministro dos Negócios Estrangeiros de Cavaco foi homenagear Franco Nogueira, atribuindo o seu nome a uma ala do Arquivo Histórico-Diplomático e descerrando um busto (cf. «Viva Franco», *O Independente*, Lisboa, 21.7.1995).

DITADURAS E REVOLUÇÃO. DEMOCRACIA E POLÍTICAS DA MEMÓRIA

função dos princípios que possui, das convicções que sente, dos valores em que acredita». Américo Tomás concluíra em 1983 a sua autobiografia dizendo-se convencido de ser «credor pela ação desenvolvida durante 60 anos» em inúmeros cargos políticos, para concluir que «sei ser apenas, como sempre me honrei de ser [sic], um fiel português, devedor como tantos outros, do que não conseguiu realizar»[222]. Honestos mas desenganados com «o dito regime "das mais amplas liberdades"» em que se vivia desde o 25 de Abril: Marcelo Caetano, ao escrever as *Minhas memórias de Salazar*, «[pensava] que devia aos Portugueses o meu testemunho, dado com honestidade e objetividade, sobre o regime que servi», dirigido «a esses homens e a essas mulheres que resistiram às lavagens ao cérebro e são capazes de ainda ter uma opinião isenta (...), na esperança de ser lido com calma e compreendido sem distorção»[223]. O mesmo esperava Marcelo Mathias, outro dos ministros (e amigos pessoais) de Salazar, a quem, em 1984, «[restava] a esperança de que novas gerações de portugueses virão, para quem o conhecimento da vida e obra de Salazar constituirão não somente um exemplo como fonte de inspiração». Mathias entendia que a ditadura era «um período da nossa história que está ainda por analisar com a objetividade e a isenção que só o tempo poderá decantar, e formular juízos acerca de Salazar.»[224]

Honestos e apolíticos, ou quase: «nós somos apolíticas», repetira anos a fio a chefe do MNF[225], no mesmo registo de Marcelo Caetano, que descreveu em 1977 a Mocidade Portuguesa, de que fora Comissário Nacional (1940-44), como um «movimento de intenção patriótica» que «não semeava ódios, não dividia partidos, não era sectária»[226]. Na historiografia há quem chegue à mesma conclusão relativamente ao regime no seu todo: «o Estado Novo construído por Salazar era, de facto, relativamente apolítico, preocupado

---

[222] *Últimas décadas de Portugal*, vol. IV, ..., p. 393.
[223] Respetivamente, carta de Caetano a Veríssimo Serrão, 20.8.1977, cit. in SERRÃO, J.V., *Marcelo Caetano. Confidências...*, p. 165, e CAETANO, M., *Minhas memórias...*, p. 5.
[224] MATHIAS, Marcello, *Correspondência Marcello Mathias/Salazar, 1947/1968*, prefácio de J. Veríssimo Serrão, seleção, org. e notas de Maria José Vaz Pinto, 2ª ed., Lisboa: Difel, p. 97.
[225] Cit. in PINHO, Maria Eugénia F.A. de, *Na retaguarda da guerra: o Movimento Nacional Feminino de S. João da Madeira: 1963-1974*, Dissertação de mestrado em História Económica e Social Contemporânea, Coimbra, 2002.
[226] *Minhas memórias de Salazar*, ..., p. 113.

acima de tudo com a sua própria sobrevivência, confundida com o interesse nacional e com a preservação da ordem e da obediência».[227]

No outono de 2006, a televisão pública lançou a versão portuguesa de um modelo importado da BBC, um concurso a que chamou os *Grandes Portugueses*, do qual, ao fim de seis meses, os últimos dois abertos à votação do público, Salazar foi proclamado vencedor. A RTP anunciara-o como um «programa de entretenimento que, de forma bem disposta, combina o Documentário com o Grande Espectáculo. É um verdadeiro desafio ao País e, ao mesmo tempo, um excelente momento para um debate animado entre os portugueses sobre a sua História»[228]. Além disso, associava-se-lhe um *Road-Show* que levava o debate a muitas escolas do país ao longo de vários meses. É difícil encontrar ao longo destes 40 anos melhor exemplo de uma abordagem da História submetida às condições extremas de uma cultura mediática e tecnológica, ainda por cima com pretensões pedagógicas, que pressupõe formas tão pouco complexas, praticamente acríticas, de transmissão de um discurso memorial proposto como memória coletiva. Uma primeira votação estabeleceu os «100 melhores portugueses»; os dez primeiros, incluindo Salazar e Cunhal (que acabariam por ser os dois mais votados), foram transformados em finalistas do concurso e cada um deles passava a dispor de um *defensor* a quem a RTP oferecia os meios para preparar um documentário. Foi a oportunidade para Jaime Nogueira Pinto de «[apresentar] António Oliveira Salazar como um grande defensor de Portugal no século XX», um «político honesto, competente, inteligente, que governou o país num século de guerras e crises. Conduziu-o com mestria internacionalmente, depois de encontrar uma solução financeira e institucional para o fracasso do parlamentarismo partidário – o 'governo da rua' na I República.»[229] A polémica – sobre a relevância do resultado, a natureza do que se estava a propor à opinião pública (e aos jovens das escolas em particular), a

---

[227] MENESES, F.R., *Salazar...*, p. 110.

[228] «Quem é para si o maior português de sempre?», in http://www.rtp.pt/programa/tv/p21257 (consultado em julho de 2014). O programa era uma co-produção RTP/D&D, Portugal, 2006-07, e apresentado por Maria Elisa Domingues. A RTP era dirigida por Almerindo Marques, com Nuno Santos como Diretor de Programas.

[229] In http://www.rtp.pt/programa/tv/p21257/e3 (consultado em julho de 2014). Além de Salazar, os finalistas incluíam três outras figuras do séc. XX: Cunhal (defendido por Odete Santos); Aristides de Sousa Mendes (José Miguel Júdice) e Fernando Pessoa (Clara Ferreira Alves). Entre os *defensores* contava-se ainda Paulo Portas (de D. João II) e Ana Gomes (de Vasco da Gama).

falta de rigor da votação e o significado desta – estava servida. Um dos novos historiadores que, no séc. XXI, haviam entrado em liça na reconstrução da memória de Salazar, Filipe Ribeiro de Meneses, autor de uma bem sucedida *Biografia política* de Salazar inicialmente publicada nos EUA, só depois em Portugal, atribuiu suficiente relevância e credibilidade ao concurso para entender que «a vitória de Salazar», devida, entre «muitas razões (...)[, ao] desejo de evitar a eleição do líder histórico do comunismo português, Álvaro Cunhal», «ilustra a mudança de atitude detectável em Portugal em relação ao seu passado recente»[230].

4.5 A reemergência da memória da resistência

Os últimos anos do século significaram, por fim, a recuperação de muita da memória resistencial que se silenciara até ao 20º aniversário do colapso do regime ditatorial. Não se terá tratado apenas de perceber que o avanço do revisionismo, tanto no poder político, quanto no espaço mediático, obrigava os portadores de uma memória da resistência antifascista e de vítimas da repressão a retomar a palavra. O discurso misto da necessidade do *perdão* e da *reconciliação*, que se dirigia às vítimas da repressão e da violência salazaristas mas parecia não afetar os que se sentiam vítimas da Revolução e da descolonização, e que, ao contrário dos anteriores, se podiam sentir representados naqueles que ocupavam o poder desde 1978, tinha como pressuposto um modelo de sociabilidade descrito como normal(izado) e adequado a um contexto democrático, no qual, aparentemente, todos aqueles que se sentiam agredidos tanto pela ditadura como pela Revolução deveriam ser integrados, insinuando-se, portanto, a equiparação histórica entre um ciclo e o outro. Agora, contudo, os que não se calaram em 1994 não se voltariam a calar.

É que, por outro lado, parecia ter-se superado, pelo menos parcialmente, uma moral comunista (fossem ou tivessem sido os seus portadores militantes do PCP ou de outras organizações que se reivindicavam da mesma ideologia) que cultivava a sobriedade pessoal ao evitar conceder importância especial às experiências individuais na clandestinidade de militantes, normalmente desvalorizadas para realçar o esforço coletivo, e que, de certa forma, significou

---

[230] MENESES, F.R., *Salazar...*, p. 13-14.

a omissão e o silenciamento do discurso memorial de muitos daqueles que suportaram a repressão. Os mais relevantes líderes comunistas na clandestinidade do final dos anos 50 e dos anos 60 (incluindo Álvaro Cunhal) estavam ainda muito ativos politicamente no final dos anos 70 e nos anos 80 e, ou não estavam disponíveis para falar, e ainda menos escrever, sobre as suas experiências na clandestinidade, na prisão ou no exílio, ou não o consideravam sequer prioritário. Para Álvaro Cunhal, «em liberdade não continuei a pensar nesses anos» na prisão, «a sofrer por esses anos. (...) Da prisão (...), como outros camaradas com quem às vezes converso, lembramo-nos mais das coisas interessantes que se passaram.»[231] Cristina Nogueira sintetizou muito bem a «situação dilemática» que, em sua opinião, «sempre viveram os clandestinos comunistas»: «por um lado desvalorizam a sua participação individual, dando ênfase especial à ação coletiva do Partido Comunista, resistindo por isso ao testemunho individual das suas vivências; por outro lado, sentem que no campo da luta ideológica é importante darem a conhecer as suas memórias para que as gerações vindouras possam conhecer o que foi o regime fascista em Portugal»[232]. Cunhal, que reiteradamente se recusou a escrever uma autobiografia e que negava que a sua obra ficcional pudesse interpretada enquanto tal[233], acabou, afinal, por representar uma relativa exceção no conjunto dos militantes clandestinos que tiveram maior destaque no PCP, antes e depois do 25 de Abril. Chegados ao ciclo autobiográfico das suas vidas, vários deles empenharam-se em passar para escrito algumas das suas memórias da resistência, e a segunda metade dos anos 90 foi o momento em que essa viragem mais se notou, coincidindo com o movimento de resposta ao revisionismo que ganhou impulso a partir do 20º aniversário do

---

[231] Cunhal, in PIRES, Catarina, *Cinco conversas com Álvairo Cunhal*, Lisboa: Caminho, 1999, p. 293.
[232] NOGUEIRA, Cristina A.M., *De militantes a clandestinos: práticas e processos de formação na clandestinidade comunista (1940/1974)*, Tese de Doutoramento em Ciências da Educação, Faculdade de Psicologia e de Ciências da Educação, 2009, p. 38. Uma parte foi publicada sob o título *Vidas na clandestinidade*, Lisboa: Edições «Avante!», 2011.
[233] É a tese que se reitera em COMISSÃO DAS COMEMORAÇÕES DO CENTENÁRIO DE ÁLVARO CUNHAL, *Álvaro Cunhal. Fotobiografia*, Lisboa: Editorial «Avante!», 2013, p. 272. Para Pacheco Pereira, pelo contrário, «Na sua ficção, Cunhal escreveu mais do que as suas memórias, escreveu a sua autobiografia (...). E retratou-se sempre em várias personagens, algumas compósitas outras inteiramente identitárias.» (in «Álvaro Cunhal: biografia de uma biografia», in *Abrupto* (blogue), 13.11.2013).

DITADURAS E REVOLUÇÃO. DEMOCRACIA E POLÍTICAS DA MEMÓRIA

25 de Abril. Entre eles, assinale-se os casos de Jaime Serra[234], Carlos Brito[235], Virgínia Moura[236], Lino Lima[237], Dias Lourenço[238] Joaquim Gomes[239], Margarida Tengarrinha[240], Miguel Urbano Rodrigues[241]... Uma vez passado o fulgor editorial da memória antifascista no período revolucionário e dos primeiros anos que se lhes seguiram, Joaquim Pires Jorge fora o primeiro a fazê-lo, seguido de Francisco Miguel, em meados dos anos 80[242]. Os dissidentes comunistas que tinham abandonado o PCP pela direita ainda durante a ditadura tinham-se apressado a publicar bem antes desta conjuntura: durante os anos da Revolução, o famoso *Chico da CUF* (Francisco Ferreira)[243] e Silva Marques[244] (entretanto transformado em destacado dirigente do PSD); nos anos 80, Cândida Ventura[245]. Zita Seabra saiu em 1987 e, tendo-se transferido para o PSD, publicou as suas memórias já no séc. XXI exatamente no mesmo sentido dos anteriores.[246] Pelo contrário, os que se passaram para o PS fizeram-no na mesma fase que os que haviam permanecido no PCP[247]. No universo do PS, publicaram memórias An-

---

[234] *Eles têm o Direito de Saber. Páginas da Luta Clandestina*, 1999; *As Explosões que Abalaram o Fascismo. O que Foi a Ara (Acção Revolucionária Armada)*, 1999; *O Abalo do Poder. Do 25 de Abril de 1974 ao 25 de Novembro de 1975*, 2001, todos em Lisboa: Edições «Avante!».

[235] *Tempo de Subversão. Páginas Vividas da Resistência*, Lisboa: Editorial «Avante!», 1998.

[236] *Mulher de Abril. Álbum de memórias*, Lisboa, Edições «Avante!», 1996.

[237] *José Ricardo* (pseudónimo), *Romanceiro do Povo Miúdo. Memórias e Confissões*, Lisboa: Editorial «Avante!», 1991.

[238] *Alentejo, legenda e esperança*, Lisboa: Caminho, 1997, e *Saudades... não têm conto! Cartas da prisão para o meu filho Tóino*, Lisboa: Edições «Avante!», 2004.

[239] *Estórias e emoções de uma vida de luta*, Lisboa: Editorial «Avante!», 2001.

[240] *Quadros da Memória*, Lisboa: Editorial «Avante!», 2004.

[241] *O tempo e o espaço em que vivi*, 2 vols., Porto: Campo das Letras, 2002-04. Além destes, acrescente-se ainda CAMPINO, Joaquim, *Histórias clandestinas*, 1990; BERNARDES, Fernando Miguel, *Escrito na Cela*, 1982, e *Uma fortaleza da Resistência*, 1991; SILVA, Manuel da, *30 anos de Vida e Luta na Clandestinidade. Entrevista-depoimento*, s.d.; todos publicados em Lisboa: Edições «Avante!»; e ainda CASTANHEIRA, Alexandre, *Outrar-se ou a longa invenção de mim*, Porto: Campo das Letras, 2003, e PEDRO, Manuel, *Resistentes. Narrrativas*, Lisboa: Edições Leitor, 2007.

[242] Respetivamente, *Com Uma Imensa Alegria. Notas Autobiográficas*, 1984, e *Das Prisões à Liberdade*, 1986, ambos Lisboa: Editorial «Avante!».

[243] *26 Anos na União Soviética – Notas de Exílio do "Chico da CUF"*, Lisboa: Afrodite, 1975.

[244] *O PCP visto por dentro. Relatos da Clandestinidade*, Lisboa: jornal *Expresso*, 1976.

[245] *O "Socialismo" Que Eu Vivi*, Lisboa: o jornal, 1984.

[246] *Foi assim*, Lisboa: Aletheia, 2007.

[247] Por exemplo, PERDIGÃO, Rui, *O PCP visto por dentro e por fora*, Lisboa: Fragmentos, 1988, ou NARCISO, Raimundo, *ARA – Acção Revolucionária Armada. A história secreta do braço armado do PCP*, Lisboa: Dom Quixote, 2000.

tónio Macedo[248], José Magalhães Godinho[249] António Almeida Santos[250], César Oliveira[251], Edmundo Pedro[252], entre os católicos progressistas João Bénard da Costa[253], entre os dissidentes do PCP na direção da esquerda maoísta, Francisco Martins Rodrigues[254]... Antes do ciclo cavaquista, já o havia feito uma das muitas vítimas sobrevivas da depuração da universidade, Manuel Rodrigues Lapa[255].

A grande maioria dos resistentes não manifestou interesse, por motivos éticos ou por motivos mais estritamente ideológicos, em se fazer acolher ao abrigo da legislação que o primeiro governo socialista de Mário Soares produziu, em 1976-77, para compensar aqueles «cidadãos portugueses que se tenham distinguido por méritos excecionais na defesa da liberdade e da democracia» mas que «por motivos políticos tenham sido impedidos de exercer normalmente a sua atividade profissional». De acordo com o Dec.-Lei nº 171/77, de 30.4.1977, o Governo passava a poder atribuir pensões neste âmbito por «iniciativa (...) do Primeiro-Ministro, dos membros do Conselho da Revolução, do Governo, dos Deputados, dos órgãos de administração local e de quaisquer organismos ou instituição de interesse público» (art. 2º). Na realidade, estas pensões foram atribuídas a muito poucas pessoas e um novo Governo admitiu, um ano mais tarde, que «se levantaram problemas sérios», não apenas burocraticamente, mas principalmente, quando se tornava necessário especificar critérios objetivos de equidade e justiça.[256]

---

[248] *Na Outra Margem de Abril. Pequenas Histórias de Grandes Homens*, Lisboa: o jornal, 1988.

[249] *Pedaços de uma Vida*, Lisboa: Editora Pegaso, 1992.

[250] *Quase retratos*, Lisboa: Notícias, 2000.

[251] *Os anos decisivos. Portugal 1962-1985. Um testemunho*, Lisboa, Editorial Presença, 1993.

[252] *Memórias – Um Combate pela Liberdade*, 3 vols., Lisboa: Âncora Editora, 2008-12.

[253] *Nós, os vencidos do catolicismo*, Coimbra: Edições Tenacitas, 2003.

[254] *Os anos do silêncio*, Lisboa: Dinossauro, 2008.

[255] *As minhas razões. Memórias de um idealista que quis endireitar o mundo*, Coimbra: Coimbra Editora, 1983.

[256] Dec.-Lei nº 43/78, 11.3.1978. Cf. também os dec.-lei nºs 476/76, de16.6, e 839/76, de 4.12. Nova legislação foi introduzida pelo Dec.-lei nº 215/87, de 29.5. A partir de 2003, «a atribuição da pensão é efetuada por despacho conjunto do Primeiro-Ministro e do Ministro das Finanças, precedido de parecer favorável da Procuradoria-Geral da República» (art. 2º, Dec.-Lei nº 189/2003, de 22.8. Fernando Pereira Marques assinala que «existiram casos de recusa de equiparação do tempo de prisão a período de contribuições para efeitos de reforma» pretextando que «não se provara a interrupção de contribuições para a previdência» («O fascismo nunca existiu? Os resistentes antifascistas no regime democrático», in PIMENTEL, I. F.; REZOLA, M.I. (coord.), *Democracia, ditadura...*, pp. 147-48).

DITADURAS E REVOLUÇÃO. DEMOCRACIA E POLÍTICAS DA MEMÓRIA

Extraordinariamente revelador da natureza ideológica das políticas da memória da Direita portuguesa é o Dec.-Lei nº 404/82, de 24.9, do segundo governo Balsemão (AD), através do qual se passava a considerar dentro do mesmo conceito legalmente definido de «serviços excecionais e relevantes prestados ao País» quer feitos de guerra ao serviço de um Estado autoritário como os praticados por agentes da PIDE na Guerra Colonial, quer a luta política pela democracia feita em condições de clandestinidade e sujeito à perseguição, à detenção e à tortura por parte desse mesmo Estado autoritário. Dificilmente se encontraria um melhor exemplo da política da *reconciliação* que se pretendeu impor relativamente ao acerto de contas dos portugueses com o passado: torturar e eliminar guerrilheiros africanos era um «serviço» tão «excecional» e tão «relevante» prestado a Portugal quanto fora lutar pela democracia e acabar preso em Peniche ou em Caxias... Este foi, recordemo-lo, o documento legal a pretexto do qual se concederam pensões a agentes da PIDE e que se não concedeu a Salgueiro Maia. Guterres resolveria legalmente o problema em 1995 e, através de uma resolução do Conselho de Ministros, a viúva do capitão de Abril passaria a receber uma pensão. Em todo o caso, em 1999, o Governo reconhecia «a aplicação prática do regime de acumulação destas pensões com outras pensões ou com rendimentos de outra natureza tem conduzido a que seja nulo o valor de um elevado número das pensões por serviços excecionais e relevantes prestados ao País, frustrando-se, assim, as expectativas criadas aquando da sua atribuição»[257].

Os *tarrafalistas* mereceram um tratamento especial. Na legislatura de 1985-87, enquanto Cavaco governava em minoria, dispondo a esquerda (isto é, PS, PCP e o novo PRD) de maioria parlamentar, a AR integrou no Orçamento de Estado (OE) para 1987 a atribuição de uma pensão mensal vitalícia aos «cidadãos nacionais que hajam sido internados no campo de trabalho do Tarrafal é atribuída (...) uma indemnização simbólica, expressão do público reconhecimento da República Portuguesa por relevantes serviços prestados à liberdade e à democracia»[258], o que se renovaria no OE de 1993, já em plena maioria cavaquista. Em 1989, o mesmo aconteceria com «os que tivessem

---

[257] Preâmbulo do Dec.-Lei nº 466/99, de 6.11.

[258] Art. 11º, Lei 49/86, de 31.12. Jorge Sampaio, enquanto PR, foi o primeiro chefe de Estado ou de Governo a prestar homenagem oficial aos prisioneiros do Tarrafal do período 1936-54, em 2005.

privados da sua liberdade» por terem participado na greve geral do 18 de Janeiro de 1934[259] – mas haviam passado 55 anos sobre os acontecimentos e 24 anos desde o fim da ditadura...

Fernando Pereira Marques, historiador, ele próprio antigo preso político (fora militante da Liga de Unidade e Ação Revolucionária, LUAR), deputado socialista entre 1991 e 2002, ter-se-á defrontado com «a indiferença – para não dizer hostilidade – da maioria parlamentar de direita e até, para espanto meu, com reservas do próprio grupo parlamentar [do PS]» quando propôs na última legislatura cavaquista (1991-95) um projeto «no sentido de se contar o tempo de prisão por razões políticas para efeitos de pensão de velhice ou invalidez», e acabou por retirar a proposta. Um deputado do PS «manifestou mesmo preocupação em que esse benefício fosse extensível a quem tivesse cometido ações violentas, como assaltos a bancos».[260] Foi preciso esperar pelo fim do cavaquismo, em 1995, e pela reação antirrevisionista que a controvérsia de 1994 havia criado, para que se avançasse resolutamente no sentido da compensação efetiva dos resistentes, bem para lá do simples enunciado simbólico de um reconhecimento moral por parte do Estado não acompanhado de condições materiais de compensação. Em 1997, a AR aprovaria o projeto de, entre outros, Pereira Marques, que se transformaria na Lei nº 20/97, 19.6, através da qual o Estado passou a reconhecer como legalmente relevante para o cálculo das pensões de reforma «o tempo de prisão e de detenção efetivamente sofrido, assim como de clandestinidade, em consequência de atividades políticas desenvolvidas contra o regime derrubado em 25 de Abril de 1974», os quais, até então, não eram aceites para estes efeitos pelos serviços da Segurança Social[261]. A lei vinha agora definir «clandestinidade» como «a situação, devidamente comprovada, vivida pelos interessados, no País ou no estrangeiro, em que por causa de pertença a grupo político ou de atividades políticas desenvolvidas em prol da democracia os mesmo foram vítimas de perseguição policial impeditiva de uma normal atividade profissional e de inserção social

---

[259] Cf. Lei nº 26/89, 22.8.

[260] MARQUES, F.P., «O fascismo nunca existiu?...», in PIMENTEL, I. F.; REZOLA, M.I. (coord.), *Democracia, ditadura...*, p.

[261] Cf. MARCELINO, Valentina, «Pensões de reforma punem ex-presos políticos», in *Expresso*, Lisboa, 18.2.1995.

no período compreendido entre 28 de Maio de 1926 e 25 de Abril de 1974»[262]. De novo, como sucedia desde 1994, a divisão foi muito evidente entre aqueles que se descreviam como herdeiros da resistência antifascista (PS e PCP), e a direita, com o CDS/PP a votar contra e o PSD a abster-se. Para Maria José Nogueira Pinto, que então representava o CDS/PP, «estas medidas surgem ainda com uma grande mágoa e como uma forma de ajustar contas, com uma grande carga de vingança e numa perspetiva não histórica», e era inaceitável que o projeto «[restringisse] a um único período e a uma única categoria de cidadãos as medidas nele preconizadas.» O CDS persistia na teoria das *duas ditaduras* e equiparava, em nome do «espírito, que julga indispensável, de reconciliação nacional e geracional na perspetiva histórica de uma Nação de oito séculos que se fez e se fortaleceu num forte sentido de coesão nacional», a resistência à ditadura com a Revolução, isto é, as vítimas da PIDE e da repressão salazarista com as do «clima revolucionário e da ditadura poliárquica entretanto instaurada [em que haviam sido] violados e suspensos os direitos, liberdades e garantias de outros portugueses» no «período de 1974/1976», de «pessoas que se viram obrigadas a exilar-se, que foram expulsas dos seus locais de trabalho e tiveram de ir para a clandestinidade». Virando-se para as bancadas da esquerda, Nogueira Pinto sintetizava assim a sua leitura da batalha pela memória: «22 anos depois, a História já está escrita por pessoas do vosso lado, por pessoas do nosso lado. Está escrita e não vamos escamoteá--la.» Pelo seu lado, o PSD, passados que estavam os dez anos de cavaquismo, optou por se dizer «perturbado» ao ver «banalizado, porque reduz à mera compensação monetária o idealismo, o desinteresse, o altruísmo e a força das convicções que determinaram a luta pela liberdade e pela democracia de tantos e tantos cidadãos». Ao sublinhar que «temos, nesta bancada, para grande orgulho e honra de todos nós, muita gente que combateu o regime anterior, tanto ou mais do que muitos daqueles que compõem a bancada [do PS]»[263], e ao não se associar ao discurso das *duas ditaduras* do CDS que fora

---

[262] Art. 1º, nº 2, Lei nº 20/97, 19.6.

[263] Intervenções de Maria José Nogueira Pinto (CDS) e de Miguel Macedo (PSD), in*Diário da Assembleia da República*, I Série, 20.12.1996, pp. 833, 844-45, 834, 831-32. Reveladora da viragem que se processava na sociedade contra as posturas revisionistas, este deputado do PSD, desafiado por António Filipe (PCP) a tomar posição sobre as pensões concedidas a

ESTADO, DEMOCRACIA E MEMÓRIA

uma das marcas de água do cavaquismo, demonstrava-se como o ambiente social havia mudado desde 1994.

Mais de 20 anos passados sobre o derrube da ditadura, o sistema democrático assumia, por fim, um princípio legal que se viria a revelar como sendo uma das raras medidas de justiça reparadora com algum impacto social efetivo. Os potenciais beneficiários dela, contudo, teriam de esperar um ano mais para que a lei se pudesse executar[264]. É difícil saber com exatidão o impacto efetivo desta legislação porque, entre outros motivos, nunca foram revelados dados oficiais relativamente ao número de pensionistas que conseguiram ver deferidos os seus pedidos. Em fase de regulamentação da lei, em 1998, «cerca de duzentas pessoas que viveram situações de prisão e de clandestinidade» haviam requerido ver esse tempo contabilizado para efeitos de reforma, a maioria das quais estava ainda na vida ativa[265]. Um dos autores da lei teria reunido, em 2013, «dados oficiosos e aproximativos» que indicavam terem sido «apreciados cerca de 1.300 processos, dos quais só à volta de 800 [cerca de 60%] correspondiam aos requisitos legais», sendo «200 indeferidos, [e] dos restantes [600, cerca de ¾ daqueles que reuniam os requisitos previstos na lei], despachados favoravelmente, perto de 200 eram de membros do PCP, cerca de cem membros de outros partidos ou organizações, os remanescentes [300] de desertores, refratários ou insubmissos ou que justificaram perseguição policial devido a outras atividades de caráter oposicionista (movimentos estudantis, assalto ao quartel de Beja [em 1961], etc.)»[266] Entre estes últimos segmentos

---

agentes da PIDE/DGS, desmarcou-se da decisão do governo de Cavaco de 1992, sublinhando que «pessoalmente, [lamentava] que tivesse sido tomada essa decisão».

[264] Decreto Regulamentar nº 3/98, 23.2. A sua designação formal é *Comissão para a Contagem Especial de Tempo de Prisão, Detenção e Clandestinidade por Razões Políticas em Consequência de Atividades Políticas contra o Regime Derrubado em 25 de Abril de 1974*.

[265] J.M.R., «Pensões para antifascistas», in *Público*, Lisboa, 8.1.1998.

[266] MARQUES, F.P., «O fascismo nunca existiu?...», in PIMENTEL, I. F.; REZOLA, M.I., *Democracia, ditadura...*, p. 148. Eu próprio contactei a referida Comissão, em dezembro de 2005, e depois de vários telefonemas, os funcionários declararam-se-me incapazes de me fornecer quaisquer dados. No âmbito do projeto «Estado e memória: políticas públicas da memória da ditadura portuguesa (1974-2009)» (PTDC/HIS-HIS/121001/2010), que deu origem à presente investigação, Filipe Piedade tentou insistentemente obter respostas da mesma comissão ao longo de 2012, 2013 e primeiros meses de 2014, não obtendo sequer respostas a todas as tentativas de marcar reuniões com algum dos seus membros ou acesso a documentos primários que fossem considerados consultáveis.

DITADURAS E REVOLUÇÃO. DEMOCRACIA E POLÍTICAS DA MEMÓRIA

dos requerentes era natural ter havido também militância em alguma das organizações clandestinas, especialmente no universo da extrema-esquerda, comparativamente mais representado entre os estudantes universitários e os jovens refratários do que no conjunto dos resistentes, pelo que se poderá deduzir haver uma menor predisposição dos militantes do PCP a usar a seu favor a legislação de 1997, e, pelo contrário, uma maior adesão dos (ex-)militantes das demais organizações clandestinas da esquerda.

A viragem na sociedade propiciaria um novo interesse mediático pelas narrativas da resistência, pelas vidas que lhes tinham estado associadas, que se tinham tornado, para usar a famosa expressão de L.P. Hartley[267], em verdadeiro território *estrangeiro* à luz da experiência social dos portugueses do séc. XXI. Entre muito poucos exemplos, duas séries documentais significativas foram produzidas pela televisão pública, RTP. Uma primeira – A *Geração de 60* de Diana Arriaga[268], reunia um número significativo de testemunhos relevantes de ativistas da luta contra a ditadura no seu último ciclo histórico, com particular representação dos que se organizaram na extrema-esquerda e (o que já então era excecional) nos movimentos africanos de libertação – tinha sido preparada a partir de 1986 e foi difundida em 1989; uma segunda – *Resistência*, de Luís Filipe Costa e António Saraiva[269] -, baseada em testemunhos de resistentes de várias gerações, corresponde já à fase da reação antirrevisionista do final do séc. XX. A *SIC*, a mesma estação televisiva comercial que havia reproduzido, nos anos 90, narrativas da memória da Guerra Colonial na perspetiva dos colonos ou dos perpetradores em África e se mostrara menos interessada nas narrativas da resistência, emitiria documentários como *Os resistentes*, de Raquel Alexandra[270], sobre clandestinos comunistas, logo *compensado* pelo documentário de Ana Margarida Matos, do mesmo ano de

---

[267] «The past is a foreign country: they do things differently there», frase que abre o seu livro *The Go-Between*, Londres: Hamish Hamilton, 1953.

[268] Produção RTP, Portugal, s.d.. Em «Contar a história pelas histórias», http://www.memoriamedia.net/historiasdevida/index.php?option=com_content&view=article&id=50&Item id=92 (vídeo, consultado em setembro de 2014), Andringa diz ter entrevistado 105 pessoas em 180 horas de gravação.

[269] Produção RTP/Duvideo, Portugal, 1999, consultoria científica de Luís Farinha e João Madeira,

[270] Autora também de um documentário biográfico sobre Álvaro Cunhal, SIC, 2005.

ESTADO, DEMOCRACIA E MEMÓRIA

1998, com entrevistas com alguns dos mais altos responsáveis da PIDE[271]. Opção bem mais reveladora desta mudança de atitude seria a co-produção da série *Até amanhã, camaradas* (2005)[272], dirigida por um dos mais bem sucedidos realizadores portugueses, Joaquim Leitão, baseada na novela de Álvaro Cunhal (sob o pseudónimo de *Manuel Tiago*) – além da natural surpresa em Cunhal ter acedido a esta adaptação televisiva.[273]

A morte de Álvaro Cunhal, em 2005, o histórico líder comunista que deixara a liderança do PCP em 1992, ainda que ocorrida já em plena fase de recuperação da iniciativa por parte dos portadores da memória antifascista, surpreendeu pela capacidade de mobilização da *família* comunista, que se havia desgastado em sucessivas sangrias de militantes (e votos) a partir de 1991 e que, coincidentemente, recomeçava então um ciclo de recuperação. As 250.000 pessoas que lhe prestaram homenagem nas ruas de Lisboa criaram o maior ato público de homenagem à memória da resistência – e a maior manifestação política em Portugal desde havia, pelo menos, vinte anos. «A resistência [de Cunhal] ao regime de Salazar e Caetano» foi relembrada pelo presidente Jorge Sampaio como tendo-se tornado «mítica pela ousadia, pela constância e pela coragem. (...) Para todos os oposicionistas, mesmo que, como era o meu caso, nunca tivessem sido comunistas, a sua aura era enorme»[274]. Mesmo assim, Cunhal foi lembrado por Mário Soares, que o considerava «um heróico resistente antifascista», mas, antes de mais, alguém «fiel ao Comunismo, tal como o concebeu e assimilou, na época de Estaline, na sua extrema juventude, até ao fim dos seus dias. (...) Ele nunca mudou». Coerentemente, Soares entendia que Cunhal «tinha um projeto totalitário para Portugal, queria instalar uma "democracia popular" do tipo das que

---

[271] Fernando Rosas reagiria em «Pides em tempo de antena», in *Público*, Lisboa, 14.10.1998.

[272] Produção de Tino Navarro para *MGN Filmes/SIC*, Portugal, 2005, 6 episódios.

[273] O precedente fora a adaptação de uutra das novelas de Cunhal/Tiago, *Cinco Dias, Cinco Noites*, nesse caso para cinema, em 1996, por José Fonseca e Costa, argumento de Jennifer Field e de Costa, produção de Paulo Branco para Madragoa Filmes/Gemini Films/RTP, Portugal/França.

[274] «Álvaro Cunhal», in *Diário de Notícias*, Lisboa, 14.6.2005. Além de Sampaio, o resto do topo da hierarquia do Estado (Jaime Gama, presidente da AR, José Sócrates, Primeiro-Ministro, vários membros do governo socialista), os ex-presidentes Soares e Eanes, e até três deputados em representação do PSD e do CDS, passaram pelo velório de Cunhal na sede nacional do PCP (cf. *Público*, Lisboa, 16.6.2005).

havia no Leste da Europa. (...) Tenho a convicção profunda de que a História nunca lhe dará razão»[275]. Além da coerência anticomunista de Soares, nem aquando da sua morte, nem no ano do seu centenário (2013), deixou de ser enunciada a tese de um Cunhal «fruto, à semelhança de Salazar, de um Portugal, atrasado, pobre e rural», que teria imposto, em 1975, se não fosse derrotado, «uma ditadura [marxista-leninista]», representante do «Portugal de Leste, com polícia e partido»[276]. Contudo, tal não impediu que emergisse a tese de que era a «impotência» de Cunhal e, afinal, do PCP, que permitiria um (estranhamente diagnosticado) «consenso em torno de Cunhal facilitado porque [agora] a Cunhal é extraído tudo aquilo que é conflitual com os dias de hoje e [dele] sobra apenas uma interpretação da vida, sendo ela própria também falsificada.»[277] Por outras palavras, o impacto de Cunhal, pelo menos como lugar/ícone da memória da resistência antifascista, na sociedade portuguesa do início do séc. XXI decorreria mais da sua transformação num produto da cultura de massas, esvaziado de conteúdo ideológico, do que em se manter como modelo político para os «anos desta década infeliz», os anos 2010, em que «precisamos bem dessa memória mais profunda e complexa da história» de «um homem real bem pouco comum», cuja «personalidade merece um conhecimento menos preso à mitologia, quer hagiográfica, quer hostil»[278]. Se de *impotência* política se tratava, quem eram e ao que vinham as

---

[275] Mário Soares, respetivamente in «Memória de Álvaro Cunhal», in *Jornal de Notícias*, Porto, e entrevista a Teresa de Sousa, in *Público*, Lisboa, ambos 14.6.2005.

[276] FERNANDES, José Manuel, «O homem que sabia que não podia deixar de ser comunista», e BARRETO, António, «Quatro funerais», ambos in *Público*, Lisboa, 14 e 19.6.2005.

[277] PEREIRA, José Pacheco, in *DN*, Lisboa, 16.6.2005. No mesmo tom de Pereira alinharam António Barreto (Cunhal, «objeto de veneração transcendente», apostando que «não [lhe] faltarão as condecorações e as Ordens póstumas», coisa que não se confirmou, como provavelmente Barreto calcularia) Vasco Pulido Valente, a propósito do Cunhal «esquecido e trivializado» e «impotente», ambos in *Público*, Lisboa, 19 e 14.6.2005. Seis meses mais tarde, aquando da saída do 3º volume [«O Prisioneiro (1949-1960)»] de *Álvaro Cunhal. Uma biografia política* (Lisboa: Temas&Debates, 2005), o PCP chocará frontalmente com o biógrafo, ao denunciar «uma caluniosa e intelectualmente indigna campanha contra a história, o papel e a luta do PCP, a pretexto de pretensos assassinatos efetuados pelo PCP nos anos 50 (...), história desenterrada por Pacheco Pereira das operações da PIDE, aliás a sua principal e praticamente única "fonte"» («Sobre afirmações de Pacheco Pereira e falsificações da história do PCP», Nota do Gabinete de Imprensa do PCP, 6.12.2005).

[278] Respetivamente in «Álvaro Cunhal: ...», in *Abrupto* (blogue), 13.11.2013, e «No centenário de Álvaro Cunhal», in *Público*, Lisboa, 9.2.2013.

ESTADO, DEMOCRACIA E MEMÓRIA

centenas de milhar de pessoas que quiseram vir ao seu enterro? Que significa-do tinha, à luz da memória da resistência, de décadas de luta desigual contra a ditadura (e, depois, contra os adversários políticos no período democrático), esta homenagem final?

O centenário de Cunhal, em 2013, coincidiu com o que pareceu ser uma opção do PCP em intensificar a sua intervenção na memória enquanto campo político.[279] Depois de ter organizado em 2010 uma série de eventos come-morativos do centenário da República Portuguesa, com especial referência à memória da luta antifascista, adotando a tese de que «não por acaso o 5 de Outubro – tal como o 31 de Janeiro que o antecedeu – foi bandeira demo-crática empunhada na resistência ao fascismo» e de que «são os comunistas os herdeiros do que de realmente progressista e avançado para a época teve a revolução de 1910»[280], em 2013 multiplicaram-se as iniciativas em torno do centenário do nascimento do dirigente comunista, quer assumidas pelo PCP [inúmeras publicações de natureza documental, um congresso, uma exposição itinerante sobre a vida de Cunhal e, inevitavelmente, do seu partido, que se tornariam na primeira grande atualização, 22 anos depois, da exposição *60 Anos de Luta ao Serviço do Povo e da Pátria (1921-1981)*][281], quer pelas mais varia-das entidades e instituições, de natureza pública ou associativa. Tudo isto, na opinião de Pacheco Pereira, «significa uma viragem na atitude tradicional do PCP de fechar a sua história à investigação independente, publicando inclu-sive alguns textos e documentos até então incómodos e contraditórios com a história "oficial" do partido»[282] – o que por si só representava também uma viragem na atitude do próprio Pereira.

---

[279] Destaque para a disponibilização em linha de uma parte significatica da imprensa clan-destina do PCP (*Avante!, O Militante, O Têxtil, O Marinheiro Vermelho, O Comunista*) e para a publicação das *Álvaro Cunhal. Obras escolhidas* (4 vols., Lisboa: Editorial «Avante!», 2007-13). Para uma síntese de «As Edições "Avante!" e a história do PCP. Breve roteiro bibliográfico», atualizado até 2001, ver artigo deste título de Francisco Melo in *O Militante*, nº 253 (jul./ ago. 2001).

[280] «No Centenário da Revolução de 1910», in *O Militante*, nº 304, Lisboa, jan./fev. 2010, in http://www.omilitante.pcp.pt/pt/304/Historia/. O PCP preparou uma exposição itinerante sobre *A Revolução Republicana de 1910 na História da Luta do Povo Português*, acompanhada de uma série de debates um pouco por todo o país.

[281] Ver listagem de iniciativas em http://alvarocunhal.pcp.pt/centenario (consultado em agosto de 2014).

[282] «No centenário...», in *Público*, 9.2.2013.

Na área socialista, e com amplos apoios públicos em determinadas fases do seu percurso, Mário Soares criou em 1991 (quando iniciava o seu segundo mandato presidencial) a *Fundação Mário Soares* (FMS), «tendo como matriz a personalidade e a vida» do líder socialista. Em 1996, a fundação começou a reunir um arquivo, «inicialmente constituído a partir do arquivo pessoal do Dr. Mário Soares», mas «enriquecido com numerosos outros acervos documentais», uma «biblioteca especializada» e «um arquivo fotográfico», que se tornaram referência imprescindível na investigação sobre a resistência à ditadura.[283] Na aproximação ao 40º aniversário do 25 de Abril, a fundação organizou (a começar em outubro de 2013) uma série de homenagens a «Vidas com sentido» de resistentes, de «homens e mulheres que, pelos seus ideais, pela sua postura cívica e política, pelos seus combates, souberam dar sentido às suas vidas». Da seleção de personagens, destacava-se uma ampla maioria de socialistas e republicanos históricos, a que se optou por juntar alguns dos intelectuais que haviam estado mais próximos do PCP que do setor republicano da oposição democrática.[284]

Em 1984 nascera o Centro de Documentação 25 de Abril da Universidade de Coimbra «por inspiração de Boaventura de Sousa Santos [e proposta de] um grupo de docentes e investigadores do Centro de Estudos Sociais (...) com o objetivo principal de reunir materiais únicos que possibilitassem uma investigação científica séria e profunda sobre a vida política e social portuguesa do período que medeia entre o 25 de Abril de 1974 e a aprovação da Constituição da República», isto é, o período revolucionário. O CD25A «tornou-se pioneiro em Portugal, na recolha sistemática de arquivos e fundos documentais privados, dispondo hoje de um acervo documental muito rico e volumoso, proveniente das ofertas feitas por cerca de trezentos doadores».

---

[283] Cf. http://www.fmsoares.pt/fundacao/ e http://www.fmsoares.pt/aeb/ (consultados em julho 2014). Além da sua arquivística, a FMS tem uma intervenção muito intensa na organização de eventos de natureza académica e/ou de debate na História Contemporânea e dos sistemas políticos, acompanhada de uma comparativamente forte política de edição.

[284] Raul Rêgo, Fernando Valle, Manuel Mendes, Salgado Zenha, Manuel Tito de Morais, António Macedo, Catanho de Menezes, Gustavo Soromenho, Jorge Campinos, Mário e Beatriz Cal Brandão, Artur Santos Silva (pai), Teófilo Carvalho dos Santos, Sottomayor Cardia, José Luis Nunes, Abranches Ferrão, José Gomes Mota, Jaime Cortesão, Bento de Jesus Caraça, Maria Isabel Aboim Inglês, Maria Lamas, Azevedo Gomes, António Sérgio, Mayer Garção, Heliodoro Caldeira, Luís Dias Amado, Acácio Gouveia.

Ao ser «uma instituição pública, universitária, diretamente dependente da Reitoria da Universidade de Coimbra», o CD25A tornou-se, efetivamente, na única instituição pública – isto é, diretamente associada a uma das dimensões do Estado português – que se pode categorizar como *centro de memória* nos termos em que existem em vários outros países, para além, naturalmente, da rede de arquivos públicos que, ainda que conservem documentação relativamente a este período histórico, não foram concebidos com essa finalidade. Na apresentação do Centro, defende-se que essa natureza «facilitou muito as ofertas, sendo essa situação considerada pelos doadores como uma garantia de que a documentação recolhida é escrupulosamente preservada, criteriosamente tratada de modo a facilitar ao máximo a tarefa dos investigadores, garantindo-se também uma total isenção ideológico-partidária nos critérios, quer de recolha, quer de conservação, quer de divulgação dos documentos».[285]

Entre o 30º e o 40º aniversário da democracia, os *media* dedicaram-se mais do que em qualquer período a dar voz aos antigos presos políticos, e em especial a documentar a tortura. Surpreendeu, neste âmbito, o impacto de dois documentários de Susana de Sousa Dias – *Natureza morta*, de 2006, e *48*, de 2010[286] –, o primeiro dos quais dando destaque às fotos de presos retiradas dos arquivos da polícia política, cujos olhares parecem fitar o espetador, em silêncio, o segundo dando voz aos resistentes que passaram pelas prisões da PIDE. Em 2014, naquele que deve ter sido o ano mais difícil das comemorações redondas do fim da ditadura, a jornalista Ana Aranha produziu uma longa série de programas radiofónicos, emitidos na rádio pública *Antena 1* a partir de janeiro desse ano, ouvindo «homens e mulheres vão ao fundo dessas memórias, um exercício nem sempre fácil e por vezes doloroso [que] falam dos sofrimentos, dos medos, mas também da coragem que sentiram na época e da forma como têm vivido e convivido com esta parte do seu passado.»[287]

---

[285] «História», abril de 2014, in http://www.cd25a.uc.pt/media/pdf/historiaCd25A/Historia%20do%20Cd25A.pdf (consultado em agosto de 2014)

[286] Ambos com argumento, realização e montagem de S.S. Dias; *48* produzido por Ansgar Schäfer. A realizadora havia apresentado já em 2000 *Enfermeiras do Estado Novo*.

[287] ARANHA, Ana, «No limite da dor», série de programas radiofónicos, *RTP*, Portugal, 2014 (excerto in http://www.rtp.pt/play/p1379/e141185/no-limite-da-dor, consultado em setembro de 2014); e ARANHA, Ana, ADEMAR, Carlos, *No limite da dor. A Tortura nas Prisões da PIDE*, prefácio de Irene Flunser Pimentel, Lisboa: Parsifal, 2014.

DITADURAS E REVOLUÇÃO. DEMOCRACIA E POLÍTICAS DA MEMÓRIA

À escala nacional, são muito poucos os exemplos de arquivos públicos de recolha de fontes orais sobre a vida dos portugueses sob a ditadura, particularmente daqueles grupos sociais que, como ocorre nas classes populares, fixam muito menos a sua memória em documentos escritos e fotográficos do que fazem as classes médias e altas escolarizadas e com estratégias de forte investimento simbólico na conservação e transmissão familiar, e pública, de objetos e narrativas de memória considerada relevante. Desde o início do séc. XXI que se foi formando o Arquivo de Fontes Orais do Centro de Documentação do Museu da Cidade de Almada , «constituído (...) por mais de 175 testemunhos/entrevistas (...) com a voz e a memória individual dos almadenses anónimos», «organizado em torno de oito temas estruturantes na evolução urbana de Almada» em que se incluem o «Espaço Urbano (urbanização e crescimento da cidade; lugares antigos e lugares recentes; formas de sociabilização e apropriação de espaços; quotidianos e percursos dos habitantes)», as «Migrações», a «Resistência Política» ou o «Trabalho (ofícios tradicionais; Lisnave; Arsenal de Marinha; Timex; comércio e serviços)».[288]

A Câmara Municipal de Beja terá integrado, em 2008, na sua Rede Museológica um Arquivo de História Oral, com um núcleo em Baleizão, especialmente concentrado, como seria de esperar, em documentar a experiência social da vida camponesa alentejana sob a ditadura.[289] Um outro arquivo importante para a história da resistência, neste caso no Grande Porto, mas fora do âmbito da administração pública (central ou local), é o que foi criado pelo Centro de Documentação e Informação da Universidade Popular do Porto no âmbito do projeto de pesquisa «Memórias do trabalho – testemunhos do Porto laboral no século XX», com cerca de uma centena de «testemunhos recolhidos

---

[288] Cf. http://www.m-almada.pt/portal/page/portal/MUSEUS/ARQUIVO/?mus=1&actua lmenu=42436294&mus_arq_oral=44316677&cboui=44316677 (consultado em setembro de 2014).

[289] *Minhas senhoras e meus senhores... – vida, fome e morte nos campos de Beja durante o salazarismo* (livro e CD) Arquivo de História Oral, Rede Museológica do Município de Beja. Beja: Câmara Municipal/Cooperativa Cultural Alentejana, 2006. Luísa Tiago de Oliveira faz menção ainda a projetos de História Oral associados «ao Museu da Pessoa na Universidade do Minho, à Escola Superior de Educação de Santarém, à Rede Museológica do Município de Beja, ao Museu da Luz, ao Centro de Estudos de História do Atlântico na Madeira, à Academia de Marinha» («A História Oral em Portugal», in *Sociologia, Problemas e Práticas*, nº 63, 2010, pp. 139-156.

em suporte áudio e video sobre as condições de trabalho, as lutas sociais, as associações de trabalhadores e as organizações populares, as vivências das ilhas e dos bairros sociais, as práticas culturais mais relevantes da "cidade do trabalho" no século XX».[290]

Num contexto social de evidente predomínio do discurso memorial da burguesia progressista na construção da memória da resistência, a pouca memória operária e camponesa que possam estar registadas e conservadas em instituições públicas (ou não) é aqui que pode ser encontrada. A lógica de construção dos grandes arquivos (de documentação oral e escrita) da FMS e do CD25A, estruturada quer em torno de projetos e estratégias próprias de recolha de testemunhos, quer pela doação voluntária, acaba por reproduzir critérios e prioridades que não asseguram (e frequentemente apesar da vontade expressa dos investigadores e dos arquivistas) a representatividade social e regional dos movimentos e formas de resistência. A própria natureza da luta clandestina empurrou para a ribalta semilegal (ou, pelo menos, não clandestina) muitos protagonistas dessa burguesia progressista cuja trajetória de vida (formação cultural, empenho político organizado em movimentos de resistência ou em instituições públicas ou privadas, trabalho cultural, outras marcas facilmente detetáveis) reflete aos olhos de uma sociedade desigual mais legitimidade do que as componentes biográficas do mundo do trabalho manual, na fábrica ou no campo. Assim, o papel social e político atribuído na maioria dos discursos da memória da resistência às biografias da classe média oposicionista, sobretudo republicana e socialista (a coragem individual dos advogados dos perseguidos políticos) e estudantil radical (numa universidade extraordinariamente elitizada) está relativamente sobrerrepresentado, e a sua memória se tende a converter em narrativa da luta democrática, mais *adequada* à própria genética dos regimes democráticos de hegemonia social burguesa como acabou por ser o português. Pelo contrário, as memórias das greves operárias da II Guerra Mundial (1941-44) ou o protagonismo operário na remobilização antifascista dos anos '40 e 1958-62, ou os ecos transgeracionais da greve revolucionária do 18 de janeiro de 1934, estão muito mais presentes

---

[290] O projeto foi «criado com o apoio da *Porto 2001 S.A.*, integrando a programação do *Porto 2001 – Capital Europeia da Cultura*» mas não tem dependido (ou beneficiado) praticamente de nenhum apoio público.

nestes últimos projetos de História Oral. O mesmo ocorre com a memória da resistência camponesa alentejana – mas, que seja do meu conhecimento, ainda estão sem recolher as memórias das lutas dos baldios beirões e transmontanos ou do proletariado rural do Douro.

O Estado democrático português, enquanto tal, continua, 40 anos depois do fim da ditadura, sem ter criado um centro de memória da resistência e da luta contra a ditadura. Em 1976, associado não à comemoração do 25 de Abril mas do 5 de Outubro, o governo de Mário Soares criava, no papel, um *Museu da República e da Resistência*, que teria «sede em Lisboa e instalar-se-á no ex-presídio de Peniche», e que deveria ser «o repositório histórico-evolutivo das pegadas da liberdade, para que os vindouros não esqueçam que não se conquista sem luta nem se preserva sem vigilância».[291] Teriam de passar cerca de quinze anos para que a Câmara Municipal de Lisboa (CML), governada por uma coligação de socialistas e comunistas liderada por Jorge Sampaio (1989-96) para que uma autarquia, e não o Governo, criasse uma entidade com (quase) o mesmo nome, a *Biblioteca-Museu República e Resistência*, dedicada «ao estudo e à investigação da História Contemporânea Portuguesa»[292] efemeramente replicada, pelo menos, pelo Município de Aveiro.[293]

Oito anos depois da publicação do Dec.-Lei 709-A/76, seria, finalmente, o Município de Peniche a criar um pequeno núcleo da Resistência Antifascista no Museu da Cidade de Peniche, disposto no Parlatório e Celas de Alta Segurança, no 3º Piso do Forte de Peniche, cárcere político de alta segurança criado pela PVDE em 1934. No âmbito de um protocolo assinado entre a associação URAP e o município, a 25 de abril de 2007, no final do primeiro mandato de gestão CDU à frente da Câmara Municipal, começou «a desenvolver-se um projeto com vista concretizar (...) a criação, no espaço da Fortaleza, de um Museu da Resistência, destinado a atividades culturais

---

[291]   Preâmbulo e art. 1º do Dec.-Lei 709-A/76, de 4.10. Pelo Desp. Normativo nº 100/77, de 26.4, Soares delegaria em Manuel Alegre as suas competências no âmbito deste museu – sem qualquer consequência prática.

[292]   Cf. «História», in http://republicaresistencia.cm-lisboa.pt/menu/home.htm (consultado em julho de 2014).

[293]   O *Museu da República Arlindo Vicente* foi criado por uma Câmara de maioria socialista, em 1999, e extinto em 2007 por uma gestão PSD/CDS, sendo transformado em *Museu da Cidade*.

de divulgação pública de uma das mais terríveis épocas da História de Portugal contemporânea»[294].

A partir do outono de 2005, surgiram movimentos cívicos para conseguir transformar as sedes da PIDE/DGS de Lisboa e do Porto em centros da memória da resistência. No segundo caso, pressionando, sem sucesso, o Exército a ceder as instalações da antiga sede da PIDE/DGS, transformadas em Museu Militar, para a criação de um museu da resistência. Em Lisboa, o movimento foi desencadeado pela notícia da transformação da antiga sede nacional da polícia política (que, ao contrário do que sucedia no Porto, nunca fora propriedade do Estado) num condomínio de luxo. Deste movimento surgiria, a curto prazo, a associação *Não Apaguem a Memória* (NAM), em que convergem sobretudo ativistas ligados ao BE e ao PS, alguns dos quais exmilitantes do PCP, de entre os quais se destacará Raimundo Narciso, antigo operacional da *ARA* e exdeputado do PS, que presidiu ao NAM em 2008-12.

Em julho de 2006, o NAM entrega na AR uma petição, a que se associa Mário Soares, para «vincular "os poderes públicos à preservação da memória dos combates pela democracia e pela liberdade travados durante a resistência à ditadura do chamado Estado Novo"», de que acabará por resultar, dois anos depois, a Resolução da AR nº 24/2008, de 6.6, na qual se recomendava ao Governo que «[apoiasse] programas de musealização, como a criação de um museu da liberdade e da resistência, cuja sede deve situar-se no centro histórico de Lisboa (antiga instalação da Cadeia do Aljube), (...) podendo aproveitar-se outros edifícios que sejam historicamente identificados como relevantes na resistência à ditadura a par da valorização e apoio ao Museu da Resistência instalado na Fortaleza de Peniche.» Até 2014, o único efeito prático da resolução foi a evacuação dos serviços do Ministério da Justiça (cujo titular era António Costa, PS, antigo preso político) na antiga Cadeia do Aljube, cedendo-a à CML para ali instalar um «novo museu municipal», através do qual se «pretende apresentar um retrato alargado da história contemporânea portuguesa, cobrindo múltiplos aspetos da resistência contra a ditadura e da luta pela liberdade», procurando «preencher uma lacuna grave no tecido

---

[294] «O Forte de Peniche – Um testemunho de resistência e luta pela Liberdade no Regime Fascista (1934-1975», in http://www.urap.pt/index.php/actividade-mainmenu-29/notcias--mainmenu-35/136-o-forte-de-peniche-um-testemunho-de-resistncia-e-luta-pela-liberdade--no-regime-fascista-1934-197 (consultado em setembro de 2014).

DITADURAS E REVOLUÇÃO. DEMOCRACIA E POLÍTICAS DA MEMÓRIA

museológico nacional, cumprindo um dever de memória e de cidadania.»[295] Em abril de 2013, António Costa nomeava uma comissão instaladora do que se passava a designar como *Museu do Aljube – Resistência e Liberdade*, na qual, entre outros, além de Alfredo Caldeira (FMS) e de Fernando Rosas (IHC), se integrava pela primeira vez no processo um representante do PCP, Domingos Abrantes, antigo clandestino.[296] O museu, que se prevê abrir em 2015, parece ser a confirmação definitiva da omissão da Administração Central (e especialmente da Secretaria de Estado/Ministério da Cultura).

5. A memória no séc. XXI

5.1 *Normalizar* o 25 de Abril?

O regresso dos socialistas ao poder, com António Guterres, ao fim de dez anos de cavaquismo e um ano depois da *rebelião* da memória resistencial de 1994, parece ter produzido algumas mudanças significativas na perceção dos socialistas sobre a relevância das políticas da memória. Em 1999, num momento de otimismo económico, o Governo do PS decidiu investir recursos significativos nas comemorações do 25º aniversário da Revolução, a primeira vez em que o 25 de Abril era comemorado, por parte do poder político, em ambiente entusiástico. No campo restrito das estratégias públicas de interpretação do passado, a *Liberdade e Cidadania. 100 anos portugueses*. Exposição integrada nas comemorações oficiais do vigésimo quinto aniversário do 25 de Abril de 1974[297] pautou o tom «republicano»[298] das comemorações, presididas (20 anos

---

[295] Notícia 24.4.2013, in http://www.cm-lisboa.pt/noticias/detalhe/article/museu-do-aljube-resistencia-e-liberdade-apresentacao-do-projeto (consultado em agosto de 2014).

[296] Despacho nº 27/P/2013 do presidente da CML. Pelo Despacho n.o 78/P/2014, de 23.5, Costa nomeava um conselho consultivo de 43 membros, com 22 personalidades (a quase totalidade antigos resistentes e presos políticos que militaram em todos os setores da esquerda antifascista, e os historiadores António Borges Coelho (presidente), Cláudio Torres, Irene Pimentel e Pacheco Pereira), e 14 «organizações de memória», incluindo 5 arquivos/centros documentais, duas unidades de investigação, a A25A e a FMS.

[297] Título da exposição (realizada na Cordoaria Nacional, Lisboa) e do catálogo, comissários científicos António Costa Pinto e Margarida de Magalhães Ramalho (Alfredo Caldeira fazia parte da comissão consultiva), Lisboa: Editorial do Ministério da Educação, 1999.

[298] «Um século republicano» era o título do texto assinado pelo presidente Jorge Sampaio.

depois, de novo) por Vasco Lourenço. Na descrição do processo revolucionário, sublinhava-se que, «ao contrário da Espanha, Portugal conheceu (...) uma transição para a democracia por rutura, ou seja, sem qualquer pacto ou negociação faseada», sem se retomar os chavões da *ameaça totalitária*. Numa exposição essencialmente fotográfica, dizia-se que «Salazar foi responsável pela existência da mais longa ditadura do séc. XX», que criaria «algumas organizações inspiradas no fascismo» e adotara «símbolos positivos associados à "época do fascismo"»[299].

O mesmo registo narrativo seria usado nas comemorações do Centenário da República Portuguesa, em 2010. A sua exposição inaugural – *Resistência. Da alternativa republicana à luta contra a ditadura (1891-1974)* – retomava a tese de uma continuidade entre as duas grandes revoluções democráticas do séc. XX português, ambas identicamente odiadas pelos portadores/construtores da memória do *terror* revolucionário, ambas identicamente obstaculizadas na concretização dos seus objetivos democratizadores, e ambas institucional e constitucionalmente consideradas como fundadoras da democracia portuguesa.[300]

O regresso da direita ao poder, em 2002 (governo Durão Barroso, coligação PSD/CDS), fez com que o 30º aniversário da Revolução fosse de novo (como em 1979 e 1994) comemorado por uma elite governamental incómoda perante o legado do que se comemorava – e, ainda por cima, em nova fase de recessão económica que, como era habitual, empurrava os porta-vozes das direitas a recordar o *11 de Março* e a Constituição *ideológica* como empecilhos ao crescimento. A opção do governo foi, contudo, hábil: Durão Barroso escolheu para Comissário das Comemorações dos 30 anos do 25 de Abril, em 2004, o mesmo historiador político escolhido pelo governo anterior para comissariar a exposição de 1999, António Costa Pinto. O que ficou na memória coletiva, contudo, foi a escolha do *slogan* em torno do qual se estruturavam as comemorações: a pequena variação semântica introduzida em *Abril é Evolução*, em vez de *Revolução*, provocou uma muito forte, e francamente espontânea (até

---

[299] *Liberdade e Cidadania...*, pp. [1974. 25. Abril], [1932-1974. Estado Novo] (páginas não numeradas).
[300] Exposição comissariada por Manuel Loff e Teresa Siza no Centro Português de Fotografia, 31.1-31.12.2010. Catálogo coordenados pelos mesmos, Lisboa: INCM, 2010. Em Lisboa organizaram-se várias outras exposições, com destaque para a *Viva a República!*, coordenação de Luís Farinha, Cordoaria Nacional (cf. http://centenariorepublica.pt/, consultado em julho 2014).

pela facilidade de intervenção gráfica nos *outdoors* oficiais...), controvérsia nos *media* mas, acima de tudo, no espaço público a que acedia a generalidade dos cidadãos. Até a António Barreto, «a direita» parecia «[agir] como se estivesse a fazer contrabando (...). Não quer que se perceba que pouco fez pela liberdade», que «não se importava muito de viver com a liberdade confiscada pela ditadura salazarista. (...) Como queria festejar, mas sem afeto pelo 25 de Abril, fez esta pirueta de transformar a revolução em evolução! E com a ajuda de estatísticas, preparou uma comemoração científica.»[301] Pelo meio, a ter havido uma tentativa de, pela primeira vez, integrar as direitas (pelo menos as que se reviam nos dois partidos de um governo, ainda por cima presidido por um antigo militante maoísta de 1974-75) num registo *evolutivo*, quase transicional, do 25 de Abril, ela foi completamente engolida pela reação política em defesa da Revolução enquanto modelo especificamente português de construir a democracia. Pinto sintetizaria assim «o mote das celebrações oficiais (...): a chegada à maturidade da democracia portuguesa e da primeira geração de cidadãos que nasceram e cresceram numa sociedade aberta e pluralista. O objetivo destas celebrações foi assim o de devolver à sociedade portuguesa o retrato deste processo de mudança, visando sobretudo as gerações mais novas».[302] O ambiente sociopolítico era propício (e repetir-se-ia dez anos depois) a desmontar o discurso do poder: a impopularidade do governo era tal que, dois meses depois, a coligação governamental sofria uma derrota histórica nas eleições europeias desse ano, e menos de um ano depois, em fevereiro de 2005, o conjunto da direita obteria o seu pior resultado em eleições legislativas em 30 anos!

Sublinhe-se, em todo o caso, a seleção de estudiosos e personalidades que Costa Pinto (tutelado pelo ministro *político* Nuno Morais Sarmento) chamara às comemorações para pensar *Os desafios para Portugal nos próximos 30 anos* (sintomaticamente centradas num futuro que permitiria, eventualmente, eludir a discussão de um presente de crise já então tão pesada): antes de mais, uma viragem a favor dos cientistas políticos (Marina Costa Lobo, Pedro Magalhães,

---

[301] «Isto», in *Público, 25.4.2004.*
[302] PINTO, António Costa, «Pensar os próximos 30 anos», in PINTO, A.C. (coord.), *25 de Abril: os desafios para Portugal nos próximos 30 anos* Coordenação de António Costa Pinto, Lisboa: Presidência do Conselho de Ministros/Comissão das Comemorações dos 30 anos do 25 de Abril, 2004.

Carlos Jalali) e a constituição de um Conselho Consultivo que juntava uma jornalista próxima do PS (Clara Ferreira Alves), um exsecretário de Estado de Guterres (Rui Vieira Nery) e um futuro ministro de Sócrates (Luís Campos e Cunha), juntamente com um futuro ministro de Passos Coelho (Nuno Crato), um ex- e futuro selecionador nacional de futebol (Carlos Queiroz) e uma designer (Guta Moura Guedes) que, aliás, voltaria a ser chamada às comemorações de 2014... Entre os contributos para tentar definir os *desafios* para o futuro, os veteranos Vasco Graça Moura, Jorge Braga de Macedo ou Nuno Severiano Teixeira, juntamente com a futura mandatária para a Juventude da candidatura presidencial de Cavaco, dois anos depois, Kátia Guerreiro, que escrevia sobre «No passado, no presente e no futuro, o fado... em que mãos?»

Guta Moura Guedes (como comissária de uma exposição de *design*) ou Nuno Crato não seriam os únicos a repetir cenário em 2014: tudo parecia repetir-se! Naquele que deve ter sido, para os portugueses, o ano mais difícil das comemorações de aniversários redondos do fim da ditadura, a direita voltara ao poder. A falta de imaginação do governo Passos Coelho (e do novo ministro da tutela das comemorações, Miguel Poiares Maduro) fez com que Pedro Magalhães (desta vez acompanhado de José Manuel Tavares) fosse encarregado de organizar uma «Conferência internacional que tem como objetivo, a partir da experiência de democratização portuguesa – a primeira da chamada "terceira vaga" –, promover uma reflexão sobre o estado e o futuro da democracia enquanto regime», adotando, assim, oficialmente as teses de Samuel Huntington, num momento em que o regime democrático herdeiro daquela mesma democratização mostrava fortes sinais de rutura. Novidade curiosa era a escolha do arquiteto José Mateus, desconhecido da investigação historiográfica, para comissariar um «roteiro narrativo de visitas orientadas aos locais mais emblemáticos do 25 de abril de 1974», que seriam «acompanhadas, guiadas e explicadas por personalidades que viveram o acontecimento e por historiadores e investigadores especializados».[303] Mateus seria acompanhado pela historiadora Raquel Varela, coordenadora científica deste «roteiro», assumida militante trotskista que se envolveria em polémica com

---

[303] «Programa das comemorações dos quarenta anos do 25 de Abril de 1974», in Resolução do Conselho de Ministros nº 20/2014, 11.3.

investigadores de esquerda por ter aceite «fazer um trabalho encomendado pelo Governo»[304].

Nunca um governo se havia sentido tão embaraçado, e acossado por uma grande parte da opinião pública, numas comemorações do 25 de Abril. As polémicas sucederam-se, a começar pelo recurso generalizado à *Grândola, Vila Morena*, símbolo máximo da Revolução, como instrumento prático de contestação política, usado para interromper todo o tipo de cerimónias oficiais, intervenções parlamentares ou outras, dos mais diversos membros do Governo, nos contextos mais diferentes. A primeira vítima deste assédio, perfeitamente pacífico mas pleno de efeito político e comunicacional, foi o próprio Primeiro-Ministro, Passos Coelho, numa intervenção na AR em fevereiro de 2013, e prosseguiu num *grandolar* permanente ao ministro Miguel Relvas nas semanas que se seguiram até à demissão deste[305]. As grandes manifestações convocadas pelos movimentos sociais e/ou pelos sindicatos ao longo de 2013 e 2014 pejaram-se de símbolos da Revolução (além da *Grândola*, recuperação de slogans como «O povo unido jamais será vencido!», apelos diretos a um «novo 25 de Abril»[306]) e da resistência à ditadura (bandeiras negras da fome, canto público, improvisado ou organizado, inclusive em cerimónias oficiais,

---

[304] Entre outros, Ricardo Noronha interveio no debate para sublinhar «[existirem] diversas razões para que os historiadores recusem participar em operações de fabrico do consenso, acrescidas no caso de um evento que apenas pode ser considerado consensual se expurgado das dimensões conflituais que o atravessaram e que importa precisamente relembrar no momento em que vivemos» («Por que recuso participar na celebração do 25 de Abril promovida pelo governo», 24.4.2014, in http://passapalavra.info/2014/04/94453, consultado em maio de 2014). Varela achou-se objeto da «acusação de "colaborar com o Governo" dirigida a uma pessoa como eu, cujo percurso público nos últimos anos foi de séria e frontal oposição a este Governo», o que seria «uma forma retorcida de fazer política». «É legítimo discutir a oportunidade de aceitar fazer um trabalho encomendado pelo Governo (...) tal como é legítimo discutir a oportunidade de um engenheiro ou um arquiteto aceitar construir uma obra encomendada pelo Governo. O que não é legítimo é, ignorando o mérito próprio do trabalho encomendado, aproveitar essa circunstância para caluniar o autor dessa obra como "colaborador" desse governo» («Esclarecimento público – Comemorações oficiais do 25 de Abril – 40 anos», in http://raquelcardeiravarela.wordpress.com/2014/04/29/esclarecimento--publico-comemoracoes-oficiais-do-25-de-abril-40-anos/ (consultado em maio de 2014).
[305] Cf. PACHECO, Nuno, «*Grândola*, a espanta-ministros", in *Público*, 24.2.2013."
[306] Um horrorizado João Carlos Espada perguntar-se-ia, em abril de 2012, se, ao ler na capa de uma revista «Precisamos de um novo 25 de Abril?» se «terei chegado por engano à Guiné»... (in *Público*, 23.4.2012).

contra a vontade das autoridades, de algumas das *Heróicas* de Lopes Graça/ José Gomes Ferreira).

Na sessão oficial da comemoração do 40º aniversário do 25 de Abril na AR, em que a presidente do Parlamento não permitiu que o presidente da A25A falasse em nome dos capitães de Abril, Cavaco, ao mesmo tempo que elogiava «a ação decidida de um punhado de militares corajosos» havia 40 anos, vinha adverti-los de que ninguém era «proprietário do 25 de abril» e de que a data não «deve servir de arma de arremesso na luta política». O tom, politicamente defensivo, distinguia-se claramente das arengas de Cavaco dos anos 80 e 90. O presidente dizia querer cumprir «o dever cívico de realizar a pedagogia democrática da memória da ditadura perante as novas gerações» que «desconhecem o que é a experiência de viver sob um regime autoritário, a que o 25 de abril pôs fim». O mesmo homem que insistira durante anos na descrição de uma Revolução totalitária, ou que abrira caminho a tentativas totalitárias, assegurava que, «ao fazer uma retrospetiva destas quatro décadas (...) só nos aproximámos dos ideais de abril quando soubemos unir-nos nas opções essenciais», uma das quais teria sido... «quando conseguimos aprovar uma Constituição que é a matriz fundadora do nosso regime democrático e do Estado social de direito.»[307]

Em suma, a direita política (mas não a intelectual) vive hoje, ao contrário de há 20 anos atrás, um processo de desnaturalização da Revolução, de tentativa de consensualização/banalização do seu *corpus* simbólico e dos elementos mais consensuais do discurso sobre a ditadura (crítica da falta de liberdade, do impasse político criado pela guerra, do isolamento internacional, ...). Já nos governos Durão Barroso e Santana Lopes (2002-05), uma parte dos dirigentes da direita passou a adotar o cravo vermelho na lapela nas comemorações oficiais do 25 de Abril, num gesto que não tinha tido paralelo algum nos governos de Cavaco (e que, como seria de prever, continua a não ter, no homem que é Presidente da República em 2014); no governo Passos Coelho, uma geração de dirigentes nascidos no final dos anos 1950 e nos anos 1960 assume de forma aparentemente desproblematizada alguns dos símbolos da Revolução. A intenção, creio, é a inversa da de 1994 e dos anos 80: hoje,

---

[307] «Discurso do Presidente da República na 40ª Sessão Comemorativa do 25 de Abril», in http://www.presidencia.pt/?idc=22&idi=83219 (consultado em abril de 2014).

a direita liberal-conservadora, pelo menos nos momentos em que regressou ao poder no séc. XXI (2002-05, 2011-), é a de fugir à batalha da memória que antes atiçava contra a herança da resistência antifascista e, sobretudo, contra a Revolução e a metodologia política que ela trouxe para a sociedade portuguesa. Ao mesmo tempo que carrega contra uma Constituição-do-11--de-março, faz o elogio formal do 25 de Abril. Num ciclo histórico em que uma parte da sociedade coloca em paralelo a degradação da qualidade de vida do presente com a memória que guarda, ou lhe foi transmitida, da vida sob a ditadura, o historiador David Justino, assessor da Presidência da República, propunha que se «usassem os princípios que a revolução trouxe para refletir para o futuro, em vez de se olhar em volta à procura de sinais no tempo de hoje idênticos ao do tempo de pré-revolução de 1974».[308]

5.2 Um revisionismo intelectual

A batalha pela memória, aberta, desabrida, dos últimos dez anos, ajudou a consolidar a memória antifascista da Revolução em confronto com o avanço do discurso revisionista da direita historiográfica e que tomou conta do poder político durante os governos da Direita do período cavaquista. O que se assiste do lado das políticas da memória das direitas do séc. XXI é, mais do que uma eventual divergência interna[309], uma verdadeira divisão de tarefas: as elites políticas no governo adotam uma estratégia que se assemelhou em grande parte à da direita espanhola pós-franquista pelo menos até à vitória de Aznar em 1996 – isto é, não falar do passado, considerar a memória uma questão da intimidade familiar e individual, encarar estes debates com aparente fastio

---

[308] Na apresentação à imprensa da conferência *Portugal, Rotas de Abril: o Espírito da Democracia, a Cultura de Compromisso e os Desafios do Desenvolvimento*, de iniciativa presidencial, in *Público*, Lisboa, 6.12.2013.

[309] Que, em todo o caso, também ocorrem: Sampaio Pimentel, militante do CDS e vereador da Câmara Municipal do Porto com Rui Rio e com Rui Moreira, considerou «um rude golpe na memória, na história e no ADN do CDS» o voto favorável de um vereador centrista na CML (e deputado na AR) à atribuição da Medalha de Ouro da Cidade de Lisboa à A25A. «Convém saber que CDS temos – se o CDS barricado no Palácio de Cristal [em janeiro de 1975], que resistiu heroicamente contra as forças totalitárias da esquerda, ou o CDS que através de um deputado (...) condecora uma associação constituída por homens que, por sua vontade, impediriam a existência do CDS» (in *Público*, Lisboa, 28.4.2014).

e indiferença, por os considerarem inúteis para a construção do futuro; pelo contrário, os seus porta-vozes intelectuais têm acentuado a agressividade e o tom perentório com que atacam a herança revolucionária de 1974-75 e, importando literalmente os critérios do revisionismo internacional, a herança de 1910, e, até certo ponto, mesmo a de 1820, para retomar as políticas da memória dos anos 80 e primeiros 90.

A estratégia argumentativa procede, para começar, pela adaptação/acentuação das políticas da memória das direitas portuguesas desenvolvidas em fases anteriores: por exemplo, na tese das «duas ditaduras», a da Revolução *totalitária* é antecipada pela ditadura «do PCP na oposição», de que teria resultado de uma «longa noite antifascista» que impôs no 1º de Maio de 1974 a ideia de que «o "anterior regime" era o "fascismo"». Por outras palavras, a resistência antifascista à ditadura «deve ser entendida como um projeto político em si, em que o objeto de rejeição nunca passou de um pretexto. Começou por volta de 1925-26, muito antes do Estado Novo (1933) e antes mesmo da Ditadura Militar (1926)». Nesta «longa noite antifascista» produziu-se uma «história oficial», escrita pela esquerda, que «[faz] a história do Estado Novo do ponto de vista da oposição», onde Salazar aparece como «uma espécie de skinhead de gabinete» criado pelos «muitos antifascistas da esquerda», numa pura repetição das teses de De Felice enunciadas para o caso italiano havia 30 anos. «Ao público [chega] pouco» da «imensa transformação da história nas universidades», «vinte anos» em que «os trabalhos multiplicaram-se, experimentaram-se métodos inéditos, alcançaram-se novos pontos de vista». Pelo contrário, «continua a ser servida a papa infantil das ideias feitas há trinta anos»[310]. No país onde a escola e a universidade, os *media* e os atores políticos adotaram, por grande maioria, a tese de um Salazarismo não-totalitário e, portanto, não fascista, Rui Ramos insistia em ver as «ideias feitas» dos anos 70 a superarem anos de investigação. Os intelectuais que ocupam o espaço mediático desde o início dos anos 90 e que nele concentraram grande parte da sua expressão pública (o que, naturalmente, os ajudou a replicarem a sua visibilidade em sucessos editoriais), queixam-se, portanto, dos efeitos de uma «hegemonia cultural da vulgata marxista, esse porta-aviões gramsciano [que

---

[310] RAMOS, Rui, *Outra opinião. Ensaios de História*, Lisboa: O Independente, 2004, pp. 109, 100-01, 35-36, 46 e 8.

foi] construído antes do 25 de Abril», durante a ditadura.[311] Não admirava que fosse difícil combatê-la: afinal, o próprio «Salazar chegou ao governo depois de cem anos de hegemonia política das esquerdas, primeiro em versão liberal e depois republicana.» Ele «tornou-se mesmo, em 1932, o primeiro chefe de governo desde 1834 que não veio dos partidos de esquerda»[312] – o que faz da história contemporânea portuguesa um longo reinado de 100 anos de domínio da esquerda (desde Mouzinho da Silveira a João Franco e Sidónio Pais, passando por Fontes Pereira de Melo), seguido de 42 (1932-74) de interregno de direita, a que se segue, desde então nova hegemonia da esquerda. Porque, ao contrário de «toda a gente [que] dá por concluído que o 25 de Novembro foi uma derrota do cunhalismo», «o 25 de Novembro», pelo contrário, «oficializou a hegemonia da vulgata cultural marxista no seio da III República», que acabou por «colonizar, sem o saber, grande parte da nossa direita». Seria por isto que «o PCP não precisou de vencer eleições para marcar a governação da III República». O que transtorna estes intelectuais é a sensação de que «os mitos do PCP continuam a ter uma enorme influência na forma como a sociedade portuguesa percepciona o seu passado», comprovável, em sua opinião, na forma como «a nossa cultura política e mediática apenas glorifica a oposição revolucionária ao Estado Novo, esquecendo a Ala Liberal e a oposição católica, duas forças da oposição democrática e reformista.» Em resumo, «os proprietários da legitimidade revolucionária perderam espaço político no dia 25 de Novembro de 1975, mas, em troca, receberam uma hegemonia intelectual sobre aqueles que sempre lutaram por uma legitimidade constitucional e democrática. E, como é óbvio, esta legitimidade revolucionária alimenta diariamente os mitos que» Raposo «[tenta] desconstruir»[313].

Se os revisionistas do séc. XXI insistem em se descrever como Dom Quixotes batalhando contra os moinhos da hegemonia intelectual da esquerda[314]

---

[311] *História politicamente incorrecta do Portugal Contemporâneo (de Salazar a Soares)*, Lisboa: Guerra e Paz, 2013, p. 121, repetida da p. 14. Raposo foi diretor da revista neoconservadora *Atlântico* e é colunista no *Expresso*, jornal onde Ramos escreveu durante anos e que, no verão de 2012, distribuiu gratuitamente pelos seus leitores a *História de Portugal* coordenada por Rui Ramos, depois de aquela ter vendido seis edições.

[312] RAMOS, R., *Outra opinião...*, p. 38.

[313] RAPOSO, H., *História politicamente incorrecta...*, pp. 14 e 129-30.

[314] Em agosto de 2012 escrevi dois artigos sobre «Uma história em fascículos» (*Público*, Lisboa, 2 e 16.8.2012) a propósito da *História de Portugal* coordenada por Rui Ramos, o que provocou

(retórica, também ela, uma vez mais, presente na argumentação das novas direitas desde os anos 70, precisamente quando as leituras marxistas e progressistas em geral começam a perder terreno a uma grande velocidade), a herança revolucionária e/ou antifascista permenece o seu alvo central. No país que não julgou Marcelo e Tomás, que deteve, soltou, reintegrou e indemnizou todos os membros do último governo da ditadura, e que abriu caminho a novas, e longas, carreiras políticas e na Administração a um grande número de membros do governo ou altos funcionários[315], a síntese de Ramos e Raposo, de natureza, aliás, puramente ensaística, da Revolução portuguesa diz tudo das suas intenções, e também da sua metodologia de representação do passado: «domínio férreo de minorias organizadas» que «[dominavam reuniões]

uma primeira resposta de Ramos («Um caso de difamação», in *Público*, Lisboa, 21.8.2012) e abriu, pelos quatro meses seguintes fora, uma polémica que envolveu (só na imprensa escrita) Maria Filomena Mónica, António Barreto, Vasco Graça Moura, José Manuel Fernandes, Pedro Mexia, João Carlos Espada, Bernardo V. e Sousa, Nuno G. Monteiro e Pedro Lomba; Diogo Ramada Curto, António Guerreiro e Irene Pimentel; e Fernando Rosas, João Paulo Avelãs Nunes, José Neves, Ricardo Noronha, Luís Reis Torgal, Dalila Cabrita Mateus. Filipe Ribeiro de Meneses (cuja *Biografia política* de Salazar eu criticara em *Análise Social*, vol. XLVI (2º), 2011, pp. 349-57) comentou a polémica em «Slander, Ideological Differences, or Academic Debate? The "Verão Quente" of 2012 and the State of Portuguese Historiography», in *e-JPH*, vol. 10, nº 1, verão 2012, pp. 62-77, no qual opta pela explicação de que a minha atitude tinha a «slanderous, or quasi-slanderous nature» e, à distância, entre Dublin e os EUA, propõe que, perante as «rival historiographies at play in today's Portugal, and that these find it hard to communicate peacefully with each other, then it is the task of foreign-based academics to mediate between the currents». Desde que a polémica se desencadeou, Ramos foi condecorado por Cavaco Silva, no 10 de Junho de 2013 (Grande-Oficial da Ordem do Infante D. Henrique), foi nomeado pelo Primeiro-Ministro membro do conselho de curadores da Fundação Luso-Americana (cf. *Público, Lisboa, 18.11.2013*) e pela direção da FCT para membro do Conselho Científico de Ciências Sociais e Humanidades da FCT. Das três vezes abriu-se polémica nas redes sociais e, no último caso, na comunidade de investigadores.

[315] Um ministro (Veiga Simão) e dois secretários de Estado de Marcelo foram membros do governo do *Bloco Central* (1983-85); Simão regressou ao governo com Guterres; outros cinco secretários de Estado de Marcelo voltaram a cargos ministeriais com a AD ou com Cavaco; um nono membro desses governos (Victor Coelho, secretário de Estado do Orçamento), tornou-se presidente do Supremo Tribunal 14 anos depois da revolução (1988-90); um décimo (Nogueira de Brito) foi eleito deputado e destacado dirigente do CDS, o mesmo acontecendo com um exministro de Salazar, Adriano Moreira. Um número muito significativo de todos estes foi ou fundador ou dirigente da Confederação da Indústria Portuguesa, «uma instituição que muito deve aos quadros do período marcelista» (cf. CASTANHEIRA, José Pedro; MARCELINO, Valentina (1993), «Os homens de Marcelo: onde estão e o que fazem», em *Expresso-Revista*, Lisboa, 24.4.1993, pp. 22-29).

DITADURAS E REVOLUÇÃO. DEMOCRACIA E POLÍTICAS DA MEMÓRIA

através da manipulação processual», «vinte mil pessoas viram-se afastadas dos empregos», «pelo menos 1000 presos políticos, sete vezes mais do que no fim do Estado Novo», sujeitos a «episódios de maus tratos e até "tortura com choques elétricos"», «800 pessoas, incluindo menores, sujeitas no quartel [da Polícia Militar de Lisboa] aos mais brutais espancamentos e humilhações» – em suma, uma verdadeira «"Disneylândia de fantasia revolucionária"» (citando Phil Mailer)[316]. No discurso histórico de Ramos reproduzem-se, em simultâneo, as teses de Cavaco sobre a Revolução de 1974-75 e as de Salazar sobre a I República, fazendo dele o intérprete mais acabado da construção da memória das direitas portuguesas sobre a contemporaneidade portuguesa. Ao seu lado, Henrique Raposo não precisa de acrescentar mais nada (aliás, porque se limita a reproduzir os dados de Ramos, sem, pelos vistos, precisar de referir a sua origem): «o PREC» significara «a ilegalização de partidos à direita (...); o Pacto MFA-Partidos [que] limitou qualquer tipo de pluralismo, pois ficou determinado que a governação tinha de ser socialista fosse qual fosse o vencedor das eleições», o que ajudaria, segundo ele, a «[oficializar] a anulação ideológica do PSD»; «instituiu-se o "crime de imprensa" e suspenderam-se jornais, ou seja, foi criada uma PIDE de sinal contrário», nada menos!; «presos políticos foram torturados em prisões controladas por gangues da extrema-esquerda; piquetes violentos bloqueavam as entradas de Lisboa; ocorreram saneamentos em massa», sempre repetindo exatamente os mesmos dados de Ramos sem precisar de o citar; «para terminar, o PCP não respeitava as eleições e não reconhecia "maiorias aritméticas"»[317].

Nenhum destes autores representa uma autoridade pública ao entrar no terreno da memória coletiva e produzir uma representação, politicamente motivada, como é evidente, sobre o passado. Nem por isso deixam de pesar na forma como o Estado encara as políticas da memória (por via das suas elites políticas, de que ambos são próximos quando as direitas, como em 2014, estão no poder); no caso de Ramos, a sua dimensão institucional (o ICS, onde trabalha, a FLAD e a FCT, em que participa na definição de políticas de financiamento da investigação) é mais do que relevante nestas áreas. São hoje intérpretes de políticas da memória que entram em choque frontal com as

---

[316] RAMOS, Rui, «Idade Contemporânea...», in *História de Portugal...*, pp. 731-32.
[317] *História politicamente incorrecta...*, p. 137.

ESTADO, DEMOCRACIA E MEMÓRIA

origens da democracia portuguesa. Não são mais nem menos do que isto –
ou seja, a sua capacidade de influência depende do peso que se lhes der, do
público que consigam atrair. À sua volta, há quem finja desvalorizar tudo isto:
«O fascismo nada diz [a toda uma geração de jovens] e o antifascismo ainda
menos», escrevia a historiadora Fátima Bonifácio (outra investigadora que fez
a sua carreira no ICS da UL), a propósito de uma menção que João Soares, o
expresidente da Câmara Municipal de Lisboa, teria feito ao «patriotismo» do
PCP. A Bonifácio, que entende que «para os comunistas apenas interessa a
História, as pessoas não contam nada – nada!», ocorreu-lhe, uma vez mencio-
nados os comunistas portugueses, acusar o político socialista de «esquecer-se
[num ápice] os pelo menos 14 milhões de pessoas que o nazismo e o estalinismo, em partes praticamente iguais, (...) assassinaram» nessa "banalidade do
mal" não apenas canonizada pelo nazismo, mas também pelo comunismo»
que lhe parecia necessariamente associada ao caso.[318]

«Apenas interessa a História, as pessoas não contam nada – nada!» Nada.

---

[318] BONIFÁCIO, M. Fátima, «A persistência de uma ilusão», in *Público*, Lisboa, 27.3.2013.

Passados insubornáveis:
acontecimento, razão escrita e memórias fracas

Paula Godinho[1]

1. Memórias vencidas e a escrita da história

> *"Siempre lleva las de perder el que más muertos sepulta"*
> Alberto Méndez, *Los girasoles ciegos*

Em *Le passé, modes d'emploi – histoire, mémoire, politique*, Enzo Traverso evidencia a diferença entre as *memórias fortes*, que estão associadas aos grupos ganhadores, e se tornam oficiais, e as *memórias fracas*, subterrâneas, escondidas, interditas. A visibilidade depende de quem as produz, tendo algumas caído na clandestinidade e sido perpetuadas como recordação de vencidos, estigmatizados, ou mesmo criminalizados pelo discurso dominante (Traverso, 2005:54). O objetivo deste texto é interrogar os mecanismos de manutenção de uma memória coletiva, erradicada pela construção da memória pública. Esta última é visibilizada nos *media*, nos discursos públicos, nos livros escolares, na toponímia e noutros formatos memoriais. Centro-me num estudo de caso que tem como unidade de análise alguns dos discursos de antigos

---

[1] Professora no Departamento de Antropologia da FCSH e investigadora no Instituto de História Contemporânea

DITADURAS E REVOLUÇÃO. DEMOCRACIA E POLÍTICAS DA MEMÓRIA

militantes de uma organização maoista portuguesa, que se encontram mensalmente para almoçar.

No primeiro sábado de Junho de 2014 juntaram-se 13 comensais, na Quinta do Cabrinha, em Lisboa. Há mais de uma dúzia de anos que reúnem em cada mês. Alguns vêm de longe. Inicialmente, encontravam-se num restaurante na Feira Popular, entretanto desativado. Desta vez eram poucos, quiçá porque o custo da refeição comece a pesar, em tempos muitos duros como os que se vivem em Portugal. Por volta da uma da tarde, juntam-se à porta, cumprimentam-se efusivamente e conversam. São sobretudo homens, têm quase todos mais de sessenta anos e falam de política, mas também de literatura, de cinema, de futebol, da vida. Neste caso, discutiu-se a situação do país e o resultado das eleições europeias, que haviam ocorrido duas semanas antes. Por vezes, vêm algumas mulheres, também antigas militantes. Alguns reencontram-se fora deste momento mensal, convivendo em grupos mais pequenos, apoiando-se na doença e acompanhando-se nos lutos. Todos foram militantes de uma organização maoista, com grande atividade nos últimos anos da longa ditadura portuguesa e durante o processo revolucionário, o MRPP (Movimento Reorganizativo do Partido do Proletariado)[2]. Muitos foram operários nas Oficinas Gerais de Material Aeronáutico (OGMA), em Alverca. Alguns deles participam noutros almoços memorialistas, quer de outras organizações da extrema-esquerda pelas quais se dispersaram, quer de distintos sectores, com as suas recordações específicas, inseridas nas memórias mais gerais quanto ao MRPP. Conquanto esse movimento tenha tido um papel significativo no combate à ditadura e na luta contra a guerra colonial, foi omitido pela historiografia, exotizado, descrito pelos seus detratores e mesmo pelos esbirros da polícia política que o combateu[3].

---

[2] O MRPP (Movimento Reorganizativo do Partido do Proletariado) foi um partido político de orientação marxista-leninista-maoista, fundado clandestinamente em Lisboa, em Setembro de 1970. Destacou-se pelo seu ativismo anticolonial, através de uma intensa campanha de propaganda e de manifestações de rua. Em 12 de Outubro de 1972, a Pide assassinou José António Ribeiro Santos, membro da organização estudantil do MRPP. Converteu-se em 1976 no Partido Comunista dos Trabalhadores Portugueses (PCTP-MRPP), e continua a participar nos actos eleitorais, com resultados escassos e sem representação parlamentar.

[3] A PIDE (Polícia Internacional e de Defesa do Estado) foi a polícia política criada pelo regime de Salazar em 1945, responsável pela repressão das atividades oposicionistas, através de uma rede de informadores, do recurso sistemático à tortura e de numerosos assassinatos em

Num inspirador texto, denominado "Memória e acontecimento. A morte de Luigi Trastulli", Alessandro Portelli reporta-se à morte de um operário da fábrica de aço de Terni, em 17 de Março de 1949, num confronto com a polícia italiana, no momento em que os trabalhadores saíam da fábrica para se manifestarem contra a adesão da Itália à NATO (Portelli, 2013]1981]). Reportando-se a Walter Benjamin, recorda-se que *"Um acontecimento vivido pode considerar-se terminado, ou pelo menos confinado à esfera da experiência vivida, enquanto um acontecimento recordado não tem limites, dado que é, em si próprio, apenas a chave para tudo o que veio antes e depois dele"* (Walter Benjamin, *apud* Portelli, 2013:101). Depois de reconstituir o sucedido e de se ater à memória do acontecimento – que seria adiada e remetida para uma ocasião mais consentânea com o presente em que se recorda – Portelli conclui que o facto histórico mais relevante, foi, neste caso, a própria memória (Portelli, 2013:157), devido ao funcionamento ativo da rememoração coletiva.

As memórias refletem o presente em que emergem, e contam por vezes tanto sobre o momento da vida individual ou coletiva em que são recolhidas, como sobre o tempo a que reportam. Avivam-se nos grupos, e, neste caso, são corrigidas e complementadas por cada um, num núcleo de afetos atualizados pela comensalidade. Com António Monteiro Cardoso, realizo desde 2003 uma participação com observação nestes almoços mensais, tendo coletado as narrações de vida de 15 dos envolvidos (entre Maio de 2008 e Fevereiro de 2010), hoje todos distanciados da antiga organização[4]. Sem monomanias quanto às fontes e aos métodos, usámos materiais do arquivo da PIDE-DGS, incontornável devido à criminalização da oposição durante a ditadura – apontada também para Espanha (Roldán Barbero, 2010, *passim*) –, pois o MRPP teve militantes presos, torturados e, num caso, assassinado[5]. Na sociedade portuguesa e na conjuntura mundial do presente, estas memórias estão

---

Portugal e nas colónias. Em 1969, passou a designar-se DGS (Direção Geral de Segurança) até à sua extinção após o 25 de Abril de 1974.

[4] António Monteiro Cardoso e eu fomos militantes do MRPP até ao início dos anos 1980. Não conheci qualquer um dos elementos do grupo nos tempos de militância. Antes, havíamos entrevistado outros ex-militantes, consultado a imprensa e os comunicados emitidos pelo movimento, bem como os arquivos da polícia política da ditadura (Godinho e Cardoso, 2013; Godinho, 2011; Cardoso, 2011).

[5] Em 9 de Outubro de 1975 seria morto um outro militante – Alexandrino de Sousa – às mãos de membros de outra organização de extrema-esquerda. Durante o processo revolucionário

contaminadas pela ucronia que caracteriza a trajetória coletiva do grupo e de cada uma das pessoas, exigindo o questionamento de várias escalas da realidade, dos vários «passados» evidenciados e dos seus múltiplos estratos, que emergem com uma aproximação localizada e distanciada, em que os processos macro afetam os níveis micro (Godinho e Cardoso, 2013).

Durante muito tempo, os antropólogos olharam para as sociedades centrando-se no que nestas existia de estável. Na investigação de que dou conta, a memória remete para momentos de turbulência e mudança, interferindo mas igualmente rompendo com o passado. Esses instantes permitem ler a continuidade, mas também o ajustamento e a adaptação. Os seus vincos, provocados pelo atrito e celeridade da História, persistiram na memória coletiva, embora de forma diferenciada. O centro é um momento não inscrito na *memória forte*: o assassinato do estudante da Faculdade de Direito de Lisboa, José António Ribeiro Santos, em 12 de Outubro de 1972, perpetrado por agentes da PIDE-DGS. Conquanto enfatize uma cesura do tempo, colectivo e individual, não é marcante de forma idêntica para todos. Presente em vários relatos, por razões bem precisas, a informação densifica-se numa das narrações de vida recolhidas, embora se trate de alguém menos assíduo nos almoços mensais. Trata-se da história de vida de Aurora Rodrigues, publicada em 2011, que estava presente no momento do assassinato (Rodrigues, 2011; Cardoso, 2011; Godinho, 2011). Esse instante trágico determinou uma mudança radical na sua vida, a entrega à luta política e a quase inevitabilidade da sua prisão, com os momentos dramáticos, a humilhação e a tortura a que viria a ser sujeita. Nesta aproximação, são decisivos os conceitos de *memória colectiva*, a partir de Maurice Halbwachs (1925; 1950), *ucronia* e o seu tratamento por Alessandro Portelli, bem como o trabalho que entre antropólogos e historiadores vem sendo feito sobre a noção de *acontecimento* (Sahlins, 1985, 2000, 2005; Bensa, 2006; Farge, 2002; Godinho, 2004, 2007, 2011a, 2011b, 2014). A memória coletiva decorre de uma dialética entre o passado e o presente, com sucessivas e distintas configurações, em resultado de alterações sociais, políticas, económicas (Halbwachs, 1950). É conservada nos *quadros sociais* (Halbwachs, 1925) enquanto a memória social – sobreposta às várias memórias coletivas,

---

que se seguiu ao golpe de 25 de Abril de 1974, foram presos mais de quatrocentos militantes do MRPP, sobretudo em 28 de Maio de 1975.

e que é mais do que a soma destas, pois pressupõe um exercício de poder – permite uma leitura das versões hegemónicas, que dissolvem, emudecem ou embargam as versões dos grupos vencidos, sob os consensos dominantes. Por razões diversas, há grupos melhor posicionados para imporem a sua versão e construírem uma memória social, que passa à história, ensinada e aprendida, divulgada pelos *media*, tornada corrente e naturalizada (Godinho, 2014:194). Em função de conjunturas sociais, políticas e pessoais, há condições que podem desencadear «revoltas da memória» (Loff, 2000): um momento político propício, um ataque que vá demasiado longe relativamente à memória comum dos vivos, uma revelação por parte de um investigador, um formato de comemoração que aproveite uma data. As reificações em torno do passado político conflitual, consensualizando-o e tornando-o um objeto de consumo potável, estilizado, neutralizado e rentabilizado, enquadram um tempo em que a memória se tornou a religião civil do mundo ocidental (Traverso, 2005:12).

Os discursos sobre o passado são revisitações, que o reconstituem com base no conhecimento presente, marcado pelos condicionalismos históricos do momento em que a restituição é feita (Halbwachs, 1968), num balancear entre tempos. O olhar atual, contaminado pelo presente, altera a perspetiva acerca do tempo a que nos reportamos, sujeito a um processo de construção e envolvido num pensamento hegemónico específico, que o torna um *passado significativo* (Raymond Williams, cit. por Narotzky e Smith, 2002: 221).

2. Políticas da memória: fraquezas, forças e causas perdidas

> *Do passado apenas vemos as grandes linhas históricas,*
> *enquanto os interesses puramente humanos e pessoais*
> *nos passam despercebidos. No entanto, esses interesses*
> *puramente humanos e pessoais são muito*
> *mais importantes que os interesses colectivos.*
> *Os primeiros não deixam ver nem sentir os últimos*
> *Leão Tolstoi, 1865-69, Guerra e Paz*

O passado é um *artefacto do presente*, ubíquo, com recordações que podem ser palpáveis e intencionais (Lowenthal, 1985), que se prestam à manipulação (Hugues e Trautman, 1995), à omissão, à privatização,à denegação ou ao roubo (Goody, 2006), num tempo que gosta de vítimas, mas não de combatentes

(Traverso, 2005). Algumas sociedades que sofreram sob regimes ditatoriais passaram por fenómenos de reconstrução da história da violência, da opressão do Estado ou do colonialismo (Passerini, 1992). Interrogando as relações da história com a memória (Halwbachs, 1925, 1950; Elder, 1981; Le Goff, 1984; Nora, 1986; Hartog e Revel, 2001; Traverso, 2004), a bibliografia produzida acerca dos *processos de transição* (Greedy, 2006) permite a revisão, a confiscação, ou a retroação das memórias por parte dos grupos no poder. A metonímia é o tropo do triunfo da memória hegemónica e consensual, expressa nos livros escolares, na toponímia, nos feriados, nas comemorações nacionais, na historiografia que vive do fetiche dos documentos.

Os usos políticos da memória estão no centro das culturas construídas (Narotzky e Smith, 2002 e 2006; Pfohl, 2004; Hassig, 2006; Godinho 2011a; Godinho 2011b; Godinho 2014), seja como *passado utilizável* (Iordachi e Trencsényi, 2003), como *imaginação* (Anderson, 1983), ou *invenção* (Hobsbawm e Ranger, 1983). A perpetuação que resulta de políticas públicas em torno do passado deixa na penumbra o combate dos vencidos, as memórias subalternizadas, remetidas para modalidades de *ucronia* (Portelli, 1988) e para o âmbito restrito do grupo doméstico – ou nem isso. A ucronia, como um presente alternativo – o que teria sido se um conjunto de acontecimentos houvesse sobrevindo, e outros não se tivessem desencadeado – é um termo aparentado a utopia e designa um *não-tempo* (Portelli, 1988:46-56). Remete para uma causa perdida, em resultado de uma valoração que acarreta uma falta de convicção ou de um sentimento que é visto como desadequado, como algo que passou ou já terminou (Said, 2013:481).

Se este texto se centra na memória de acontecimentos que determinam a diferença entre um *antes* e um *depois*, na vida colectiva e na existência pessoal (Bensa, 2006, Cardoso, 2007, 2011; Farge, 2002; Godinho, 2004, 2007, 2011a, 2011b, 2014; Sahlins, 2000; Silva, 2001), enquanto antropólogos temos a percepção de que essas rupturas no tempo estão inseridas nos quotidianos dos vários indivíduos, repartidos por género, idade, grupo social, profissional e político (Almeida, 2008; Ferreira, 2010; Fonseca, 2007; Wikcham, 1989). Remetendo por vezes para a expressão do *dever de memória* (Levi, 1995), o passado ditatorial é abordado através de várias escalas: pelo nível denso das biografias, com que se reconstitui um referente histórico repleto de significados (Bertaux, 1981; 1988; Bourdieu, 1986; Cardina, 2011; Cipriani,

PASSADOS INSUBORNÁVEIS: ACONTECIMENTO, RAZÃO ESCRITA E MEMÓRIAS FRACAS

1987; Cipriani e Corradi, 1985; Coleman, 1986; Gaulejac, 1988; Ferraroti, 1981; Godinho, 1995, 2004, 2011b; Jewsiewicki, 1988; Kohli, 1980; Langness e Gelya, 1981), pelas histórias familiares (Bertaux e Bertaux-Wiame,1988; Bertaux-Wiaume, 1988-9), ou, pela saturação da informação do patamar anterior, num nível menos circunstanciado e mais lato, pois a passagem do particular ao geral ganha em compreensibilidade o que perde em realidade (Bensa, 2006:21).

Os usos políticos do passado (Hartog e Revel, 2001; Traverso, 2003) requerem uma aproximação teórico-metodológica que cruze várias disciplinas (Thomas, 1989), nas suas abordagens sobre a construção social da rememoração (Billig e Edwards, 1994; Connerton, 1993; Fentress e Wickham, 1992; Namer, 1987) ou sobre a memória colectiva (Confino, 1997; Crane, 1997; della Porta, 1992; Halbwachs, 1925, 1950; Traverso, 2003), eventualmente edificando *culturas de resistência* (Godinho, 1999, 2001). Entre a amnésia – que pode ser longa -, e a hipermnésia, em conjunturas que tornam hegemónicos determinados colectivos, a antropologia histórica (Axel, 2002; Dube, 2007; MacFarlane, 1977; Rading, 1989), a história oral (Apalategi, 1987; Bornat, 1989; Featherstone, 1991; Perks, 1990; Thompson, 1978 e 1981), o trabalho documental e a análise de redes, em conjugação, mostram-se adequadas a este objecto.

Esta investigação centra-se num grupo maoista. Em resultado da aplicação do marxismo-leninismo à China, o maoismo é uma resposta teórica a duas condições concretas da sociedade chinesa: (1) tratava-se de um país maioritariamente constituído por camponeses, com estruturas internas feudais; (2) a invasão japonesa. Ou seja, implica condições diferentes das detectadas por Marx e Engels no capitalismo ocidental, bem como por Lenine na Rússia de 1917, conquanto se haja revestido de uma componente de rebelião política e cultural no Ocidente, após o cisma sino-soviético[6].

Tal como sucedeu noutros países, a última década do Estado Novo em Portugal ficou marcada pela *"chegada de uma nebulosa de militâncias inequivocamente*

---

[6] No final dos anos '60 e no início dos anos 70', envolveu camadas jovens e grandes nomes da intelectualidade francesa – Jean-Paul Sartre, Michel Foucault, Jean-Luc Godard, François Truffaut, Simone de Beauvoir, etc. Alguns dos jovens militantes desses anos são hoje reconhecidos em diversas actividades, da literatura ao cinema, e em lugares de topo nas instituições da União Europeia.

colocadas à esquerda" do Partido Comunista (Cardina, 2010:7), que se deve ao desencanto face à experiência soviética, e a modelos de transformação revolucionária mais empolgantes, como os dos movimentos independentistas africanos e asiáticos, ou as revoluções cubana e chinesa (Cardina, 2011: 34-5). Refletem as profundas alterações sociais, culturais e morais que percorreram os anos 1960-70, e um *"notório jogo de semelhanças agrupava esse feixe plural, suportado na crítica aos partidos comunistas tradicionais, na activação de um internacionalismo de novas cores e na tentativa de alargamento do «político» a domínios considerados pouco antes como exclusivamente privados."* (Cardina, 2010:7).

Entre essas organizações, alcançaria importância pública o Movimento Reorganizativo do Partido do Proletariado (MRPP). A acção ousada dos seus jovens militantes demonstrava-se em manifestações-relâmpago e em imprensa prolífica, denunciando situações e ocorrências, bem como em pinturas murais, contra a repressão e a guerra colonial. Provinham do universo estudantil, sobretudo das áreas do Direito e da Economia, bem como da zona operária dos arredores de Lisboa. Estas inscrições nas paredes eram feitas em arriscados *raids* nocturnos por Lisboa e arredores, ou em brigadas que cobriam com pinturas murais, numa noite, uma parte do país, em automóvel (Godinho, 2011:13).

Vários dos que militaram no MRPP ocupam hoje lugares cimeiros a nível nacional e internacional. Em termos discursivos, demarcam-se desse passado, ocultam-no, filtram-no ou desvalorizam-no. Porém, outros sentem que a história, que também fizeram, com sacrifício pessoal e sujeitos à repressão que a muitos atingiu, os silencia ou maltrata. Num olhar retrospetivo, nos discursos confere-se exotismo à organização, enquanto é esquecida nos manuais de história. Este sub-tratamento ou omissão explica o entusiasmo com que foi acolhida a intenção de reconstituir um tempo vivido em coletivo, através de uma aproximação às memórias do grupo, dos textos produzidos e dos arquivos da polícia política[7].

---

[7] Uma pessoa recusou falar, mas ofereceu-se para criar connosco um *site* onde fiquem à consulta os materiais deste projeto. Num dos casos fomos convidados a recolher uma dolorosa narrativa de prisão, a anotá-la e a descrever o processo (Rodrigues, 2011).

3. A razão escrita e as revoltas da memória

> *"Há palavras que depois de ouvidas mudam passados e futuros, há gestos que deslocam o espaço e o adensam. Como se o mexer uma mão ou o vibrar de uma voz não se pudessem dissipar e andassem por aí, feitos só para fugir"*
> Nuno Camarneiro, *Debaixo de algum céu*

Num texto de reflexão metodológica acerca do seu trabalho sobre as organizações maoistas em Portugal (1964-1974), Miguel Cardina interroga *as* tensões inerentes ao uso de fontes orais em História (Cardina, 2012:27). Embora tenha desenvolvido trabalho no arquivo da polícia política, Miguel Cardina salienta as *"lacunas, erros e imprecisões"* a que pode conduzir a monomania quanto às fontes. No caso estudado pelo autor, a utilização exclusiva daquele arquivo conduziria *"à omissão de protagonismos, à rasura de grupos não identificados, e à relação equivocada de determinados militantes com certos grupos"* (Cardina, 2012:36n2). Nem todos os autores comungam esta crítica de fontes. No início de um subcapítulo d'*A história da PIDE*, Irene Flunser Pimentel escreve: *"O ex-inspector da PIDE/DGS Óscar Cardoso afirmou que os militantes do MRPP eram «filhos maus de famílias boas» que, no início dos anos 70, «já causavam mais problemas que os comunistas."* (Pimentel, 2007:216). Escusando-se à utilização de depoimentos orais e entrevistas pela *"profusão de fontes"*, por dispor de *"muitos testemunhos escritos"* e porque *"encontrou dificuldades em entrevistar, paralelamente aos ex-presos políticos e opositores ao regime alvo da PIDE/DGS, um número suficiente de ex-elementos desta polícia, que se revelaram indisponíveis"* (Pimentel, 2007:15),a autora conferiu a um agente da PIDE a possibilidade de dar o mote para a caracterização de uma das organizações que combateu o regime, a partir do início da década de 1970.

A obra de Irene Pimentel, de grande divulgação, teve reverberações em vários dos militantes da organização referida. Num dos casos, por razões acrescidas. Aurora Rodrigues nasceu em 1952 e é hoje procuradora do Ministério Público em Évora. Oriunda de uma família modesta, residente numa povoação rural do sul de Portugal, chegara à universidade em Outubro de 1969, através de uma bolsa de estudos. Foi militante do MRPP na clandestinidade e durante o processo revolucionário que se seguiu ao 25 de Abril. Presa pela PIDE-DGS em 3 de Maio de 1973, seria torturada, entre outros, pelo referido inspetor. Aurora não esquece nem perdoa.

Aproximara-se de Ribeiro Santos, no decurso de assembleias e do quotidiano repressivo da Faculdade de Direito (Rodrigues, 2011:66-70). O jovem que viria a ser assassinado é apresentado com um lado trivial, comum a outros jovens:

> *"Ele jogava matraquilhos, havia uns matraquilhos lá na faculdade, cá em baixo junto do bar e da associação, e ele mandava umas piadas, umas graçolas (nunca mais fui capaz de jogar matraquilhos) ... Aquilo era de facto, muito divertido, mas no meio daquilo tudo, lia-se muito, falava-se de política, falava-se de tudo e fazia-se. Era um grupo com grande abertura."*

A esse lado comum, acrescia a excecionalidade:

> *"tinha um dom da palavra espetacular. Aquele homem, que era um rapaz, excedia-se, ele era pequenino e magrinho, mas tinha uma voz forte, quando falava. Aliás, acho que o tiro que ele levou foi precisamente dirigido a ele, por isso, porque ele tinha um grande poder de mobilização. Era uma pessoa espantosa." (Aurora Rodrigues)*

Para Aurora Rodrigues, as consequências da morte de Ribeiro Santos prolongam-se até hoje. Fora sua colega de curso, amiga e camarada. Relatou com emoção contida o acontecimento que lhe alterou a vida, considerando que o mesmo sucedeu com muitos outros jovens da oposição à ditadura, num processo de radicalização que se acentuaria a seguir.

> *"No dia 12 de Outubro de 1972, assassinaram José António Ribeiro dos Santos em Económicas. (...) estava marcado um meeting contra a repressão e o imperialismo e eu estava lá. (...) O Ribeiro Santos trazia umas calças verdes de bombazina com uma gabardina azul e lembro-me de nos rirmos por aquilo não combinar e de ele também se ter rido." (Aurora Rodrigues)*

O momento que marcaria o corte definitivo, inexorável, nunca mais ultrapassado, que ceifaria a vida do amigo e camarada, ocorreu então:

> *"Foi aí que um dos pides sacou da arma, que já trazia de certeza, em posição fogo (...) ele sacou da pistola e deu um tiro à queima-roupa, mesmo junto ao corpo do Ribeiro Santos. Só não conseguiu atingir mais pessoas nessa ocasião, porque o Zé Lamego lhe*

agarrou a mão e puxou-lhe o braço para baixo, mas ele continuou a disparar. Feriu o Zé Lamego com um tiro na perna e ainda fez fogo para o anfiteatro, mas aí já sem poder fazer pontaria, porque o Zé Lamego o continuava a agarrar. (...) O Ribeiro Santos ainda esteve encostado junto da parte lateral da mesa do anfiteatro, com uma cor que me pareceu normal. Tenho isto absolutamente vivo. Eu estava ao pé dele, queria falar-lhe, saber o que ele tinha, como é que estava e ele, de repente, mudou de cor, ficou branco e ainda disse "depressa!". Foi então que foi levado para o hospital de Santa Maria. (...) Fui à procura dos médicos, estavam uns médicos sentados num grupo e eu dirigi-me a eles. Perguntei se não tinha entrado um estudante com um tiro e o que é que tinha acontecido e eles, a olhar para mim, disseram que não me podiam dizer. Para eles não me poderem dizer, soube logo o que tinha acontecido, saí e comecei a subir uns degraus. Veio um médico atrás de mim, lá deve ter furado o que tinham acordado, se é que tinham acordado alguma coisa uns com os outros, e disse-me que ele tinha morrido."

O crescendo de lutas e da consequente repressão nos anos finais da ditadura atinge um pico com este acontecimento. As repercussões seriam imediatas e mediatas, transformando o corte provocado pelos acontecimentos em *ruptura continuada*, que cauciona o seu devir (Deleuze, cit. Bensa, 2006).

> *"A seguir à morte de Ribeiro Santos, aquela coisa que estava a germinar na faculdade de Direito, que eu sempre vi, tornou-se imparável. Grande parte das pessoas foram decididamente do MRPP nessa altura, juntaram-se às posições que o Ribeiro Santos tinha defendido e defenderam-nas, ou politizaram-se, de uma forma ou de outra. Foi a politização da Universidade e não foram só os estudantes. Houve professores que se juntaram aos estudantes." (Aurora Rodrigues)*

A intensidade do acontecimento teve efeitos estruturantes, imprevisíveis na sua duração e no raio atingido. Tratou-se de um momento decisivo, tão vivamente sentido que muitas pessoas antes arredadas da atividade política, desceram à rua pela primeira vez. Para os que já estavam organizados, mas não o conheciam, é salientada a presença no funeral – que congregou alguns milhares de pessoas em plena ditadura – e a repressão subsequente.

> *"Fui [ao funeral do Ribeiro Santos]. Ainda houve aí umas castanhadas, foi todo o dia. Fomos para o cemitério, depois viemos para a Avenida da Liberdade... Eu não o conhecia pessoalmente, mas conhecia os acontecimentos que levaram ao seu assassínio. Tinha*

tido conhecimento no próprio dia da sua morte.” (Carlos Ferreira, antigo operário OGMA, reformado TAP, nascido em Tomar em 1944)

“Quando assassinaram o Ribeiro Santos, eu já estava organizado nessa altura. Fui ao funeral e estive depois em várias comissões de organização de manifestações, comissões de campo das que se fizeram no Rossio e na Praça do Chile. (...) Foram essas manifestações e outras, não convocadas, aquelas de toca e foge.” (João Reis, antigo operário OGMA, reformado, nascido em Alter do Chão em 1944)

Para muitos colegas e camaradas de Ribeiro Santos, já envolvidos na luta política, o momento acarretaria a determinação para uma entrega total (Cardoso, 2011:52-53). Nada voltaria a ser como antes. Foram assumidas novas responsabilidades políticas, eivadas de risco, sobretudo pelo núcleo próximo. Enquanto vários dos militantes frisam que já então estavam em grande atividade e o assassinato de Ribeiro Santos não constituiu uma alteração de substância, na vida de Aurora, o presente das coisas passadas, presentes e futuras incorporou indelevelmente um *choque existencial* (Robben e Nordstrom, 1995:13).

A força do acontecimento foi vivida de formas diversas pelos militantes de origem operária que, por um lado, não conheciam Ribeiro Santos, pessoalmente, e por outro, não assistiram ao momento traumático.

“Eu acabei a tropa em 9 de Agosto de ’72. Saí das OGMA como operário especializado e já tinha o curso acabado, porque entretanto, eu mais outro, arranjámos uma falcatrua, de modo a poder fazer exames e acabar o curso em menos anos do que os sete que estavam programados. Arranjámos um papel do nosso chefe, que era um gajo porreiro, e pôs lá no papel “fulano de tal vai ser enviado para Angola em trabalhos destas oficinas” e isso funcionava como se fosse mobilizado para a guerra. Desse modo, ficávamos no regime militar, que nos permitia fazer as cadeiras quando quiséssemos e isso fez-nos encurtar um ano ou dois. Portanto, eu saio em Agosto e a escola de Alverca ficava a dois passos da minha casa, portanto pensei: “Bom”. Aliás aquilo que queria fazer era ser professor, que eu, engenharia, já estava completamente fora disso não. Queria era estudar o neo-realismo, tornei-me um especialista em literatura portuguesa e tinha uma inveja do caraças dos gajos que davam português. Mas eu fui dar eletricidade e matemática para a escola de Alverca e tinha um horário com aulas de manhã e aulas à noite, mas que era porreiro, porque me dava uma grande flexibilidade. Aliás, este deve ter sido talvez dos anos mais felizes da minha vida, porque casei, saí de Alverca, fui dar aulas

e a Idalina ainda andava na Universidade. De forma que tinha aquele período do dia em que andava com os estudantes, foi quando conheci o Ribeiro Santos, o Lamego e o Saldanha Sanches. Chegámos a fazer comunicados de cooperativistas consequentes juntos e é nesse período que se dá a morte do Ribeiro Santos, que também mobilizou as pessoas da Livrope com o funeral, mas não teve a marca que teve para as pessoas em termos estudantis...

Para muita gente a morte do Ribeiro Santos é um marco para a sua entrada na política, mas para nós esse passo já estava dado. Além disso em Alverca ninguém o conhecia. Eu é que tive aquela sorte de o conhecer. A ideia que tenho dele é que era um tipo extremamente brincalhão, sempre a rir e ele, o Saldanha e o Lamego faziam um grupo muito interessante. Foi nessa altura que eu conheci essa malta toda, porque falta aqui um pormenor que é importantíssimo. É que eu não andava de ânimo leve na universidade. Antes da Livrelco fechar houve a oportunidade de tirar de lá a maior parte dos livros e então decidiu-se que os estudantes iam manter a Livrelco a funcionar, fazendo bancas de venda nas respectivas escolas." (Guerreiro Jorge, antigo operário OGMA e engenheiro, nascido em Panoias em 1946)

"Quando aconteceu o assassinato do Ribeiro Santos, eu estava na tropa na Póvoa de Varzim. Vinha cá aos fins-de-semana e falava sempre com o Arnaldo Matos sobre as questões do partido. Por isso, nessa ocasião a Federação é que tratou de tudo e o meu papel foi quase nulo. Por acaso eu estava cá e reuni imediatamente com o Danilo Matos, que dirigia a Federação, mas eles já tinham tomado uma série de medidas. Tinham divulgado um comunicado com o título "O fascismo apertou o gatilho e o revisionismo apontou o alvo!", que foi proposto pelo Saul.

Eu não conhecia pessoalmente o Ribeiro Santos. Conhecia o Saldanha Sanches, porque pertenci com ele aos comités de organização das manifestações de Alcântara, com outras pessoas, mas principalmente com ele." (Vidaul Froes, professor, nascido em Vila Franca de Xira em 1948 e membro do Comité Central do MRPP na sua fundação)

"Quando do assassinato do Ribeiro Santos, nós já estávamos no partido, mas não sentimos muito, porque eu não estava na Faculdade e ele [o marido, João Bacalhau] ainda não tinha entrado. Eu estava grávida da minha filha e trabalhávamos na mesma empresa, portanto vivemos isso, por outras pessoas que nos contaram." (Virgínia Bacalhau, funcionária pública aposentada, nascida em 1944 em Vila Franca de Xira)

"O Guerreiro Jorge e os que ficaram [antes do 25 de Abril] começaram a ter contacto com os estudantes, e depois no período posterior ao 25 de Abril. Eu saí... A nossa origem como ativistas não tem nada a ver, rigorosamente nada, com o meio estudantil. A gente sabia que havia as lutas estudantis, a gente soube, o Amadeu]Lopes Sabino], a morte do Ribeiro Santos – eu soube, estive no funeral, mas não o conhecia, não tinha nada a ver." (Manuel Figueiredo, antigo operário OGMA, engenheiro, nascido em 1945)

Nos relatos recolhidos há uma compreensível relação gradativa com a morte de Ribeiro Santos. No caso de Aurora Rodrigues, a adesão total ao movimento, embora continuando os estudos e mantendo vários empregos em *part-time*, resulta desse evento brutal. A densidade do período que se segue está marcada pela intensa ocupação do tempo, com atividades que se encaixam, justapõem e aglutinam.

Na sequência do acontecimento e dessa entrega total, fica referenciada pela polícia política, a quem não passara despercebida a sua revolta, durante o funeral de Ribeiro Santo. É presa em 3 de Maio de 1973, com mais 21 estudantes, durante um *meeting* na Faculdade de Letras de Lisboa. Nos calabouços da PIDE/DGS, Aurora recusou indicar a morada, para possibilitar que a família e os seus camaradas retirassem de sua casa os documentos mais comprometedores[8]. Ficou em isolamento numa cela, sem forma de medir o tempo. Este isolamento total antecedia a tortura, fragilizando a presa. Aurora iria ser dilacerada, através de humilhações, privação do sono, espancamentos e tentativa de afogamento:

"O que eles me fizeram foi encostar-me a uma parede – mas eram muitos, não eram só aqueles agentes que aparecem no processo – e começaram a fazer escarro ao alvo. Punham-se a escarrar a ver quem é que acertava. O alvo era eu. Isto foi uma das coisas que fizeram, que é extremamente humilhante." (Aurora Rodrigues)
"Ou foi para me manterem acordada ou porque disse uma vez a uma pide que não sabia nadar, o certo é que, a partir de certa altura, eles enchiam de água o lavatório, que estava na casa de banho e metiam-me a cabeça lá dentro. O lavatório não dava

---

[8] Ainda assim, na busca que ali foi feita, entre alguns comunicados, confiscaram um livro de poesia de José Gomes Ferreira, não apreendido pela censura. La poesia es una arma cargada de futuro, como escreveu Gabriel Celaya e cantou Paço Ibañez.

para meter a cabeça completamente, metiam-me a cara, empurravam para baixo e eu ficava a sufocar. Isto foi das coisas que mais me afligiu. " (Aurora Rodrigues)

A privação de sono foi uma prática habitual de tortura, conjugada pela polícia política portuguesa com outras modalidades, para devastar os presos. Podia ser acompanhada pela «estátua», que implicava permanecer em pé durante dias, pela já referida tentativa de afogamento, por choques eléctricos em certas zonas do corpo, pelo espancamento generalizado ou só dirigido a determinadas partes do corpo, pela alteração térmica, pela humilhação (Pimentel, 2007).

> *"Ao fim de uma noite ou duas sem dormir começamos, de certo modo, a perder o equilíbrio. A tortura ia continuando, eram dias e noites e eu estava ali. (...) Durante dois dias, resolveram que ia fazer a tortura da estátua. A certa altura, encostaram-me a uma parede, estenderam-me os braços em cruz e disseram-me: "Agora vais fazer o Cristo" e ficaram a agarrar-me os braços, cada um do seu lado. Eu disse: "Está bem. Enquanto vocês me agarrarem os braços, vou estar assim. Quando largarem, baixo os braços e a tortura é tanto minha como vossa" e eles largaram-me os braços. (...) Desta primeira vez, foram 16 dias de tortura do sono e é muito tempo. Há um momento em que já não conseguia saber se algumas coisas que eles diziam eram ou não verdade, porque a partir de certa altura perde-se o discernimento e o sentido crítico. (...) o que custa terrivelmente na tortura do sono são as manhãs, uma altura horrível, quando o sol nasce e se está sem dormir há tanto tempo. De manhã, quando vinha a luz, ligavam o aquecedor, que se destinava a incomodar, a aumentar-me o mal-estar. Às dez, às onze horas da manhã, quando a luz ficava mais forte e o preso não consegue abrir os olhos, tinham o aquecedor ligado, isto em Maio e Junho. Ou seja, quando estava calor, ligavam o aquecedor na temperatura máxima. Ao crepúsculo, ligavam-no outra vez e desligavam-no, à noite, quando arrefecia. Havia um esforço premeditado para aumentar o mal-estar dos presos. (Aurora Rodrigues)*

Ao longo de vários dias, a tortura foi em crescendo. Enquanto sofria a tortura do sono e era espancada, os torcionários iam-na avisando de que haveria de chegar a «brigada dos índios», fazendo-a crer que se tratava de uma equipa desregrada, incontrolável, selvagem, perante cuja inaudita violência se encontraria indefesa. Assim foi.

DITADURAS E REVOLUÇÃO. DEMOCRACIA E POLÍTICAS DA MEMÓRIA

"Daquela vez, não se limitaram a bater-me, como faziam antes. O espancamento não foi uma coisa súbita, de chegarem lá e começarem-me a bater. Para aí com dois ou três dias de antecedência, começaram a anunciar que o iam fazer, que vinham os índios e o dia foi-se aproximando. (...) Foi uma coisa tão horrível, tão horrível, porque foi um espancamento a sério. Não há espancamentos a brincar, mas este foi sistemático. Não sei quanto tempo é que ele bateu. Ele batia com um cassetete e com joelhadas no músculo, do lado da perna, por cima do joelho e na cara batia com as mãos. Nos braços não doía tanto, talvez pela posição em que eu estava, porque pus-me, como ainda me ponho muitas vezes, com as mãos nos bolsos e não reagi. Não fiz nada e ia dizendo para dentro, nem sei se disse alto, mas para mim, dizia: "Isto vai acabar. Isto vai acabar". Ia sempre dizendo isto para mim, de pé, no meio da cela. Não cheguei a cair. Com os meus braços ao longo do corpo, ele ia-me batendo nas pernas e na cara, e bateu durante muito tempo. Deu-me muitas pancadas. Bateu-me uma vez ou outra – mas não muito – no peito com o cassetete, mas bateu de forma sistemática nas pernas, no músculo ou tendão que fica no lado de fora por cima do joelho, que ainda tenho problemas aí. É uma dor muito forte, deve ser uma das partes do corpo mais sensíveis, só descobri dessa vez. Estava assim parada e só era sacudida com o impulso das pancadas, porque estava quieta com as mãos nos bolsos e não me defendi, porque não tinha maneira de me defender. Também não me virei a ele, porque não tinha como. (...) Depois daquele pide ter sido levado para fora da cela, não me cheguei a sentar. Senti uma impressão esquisita na barriga, não sabia se era vontade de defecar. Fui à casa de banho e verifiquei que tinha uma hemorragia, provocada pelo espancamento. Já não consegui levantar-me da sanita e tiveram de me levar em braços. (...) Quando passou o desmaio e recuperei a consciência, estava deitada no tal divã e ouvia-os a discutir, porque eles estavam com medo de me ter matado. Não sei quanto tempo estive desmaiada, porque nunca ninguém me disse, mas ainda era de dia. (...) A primeira coisa que eles fizeram, isto é, as pides mulheres, foi pôr-me "Hirudoid" na cara, que estava muito inchada. Sentia os inchaços na cara. Tinha os olhos inchados, mal os abria e tinha muita dificuldade em ver. (...) Eles não me mandaram embora. Continuaram a tortura nos mesmos moldes. (...) Agi convencida de que, na tortura, só manteria a presença de espírito, se não cedesse em nada. Se fizesse a primeira cedência, faria todas. Começou logo na identificação. Não lhes disse sequer como me chamava, que estava no bilhete de identidade, porque não lhes podia dizer a morada." (Aurora Rodrigues)[9]

---

[9] Aurora é a presa política portuguesa com mais horas de tortura de sono: "A 22 de Junho de 1973, quando terminou a segunda sessão continuada de tortura tinha no total 450 horas de tortura, dias e noites seguidos em total privação de sono. E eles não tinham conseguido nada."

Embora certos autores refiram este período como «primavera marcelista», evocando alguma aparente abertura na chegada ao poder de Marcelo Caetano, quando António de Oliveira Salazar ficou impossibilitado, o assassinato de Ribeiro Santos e a prisão e tortura de tantos antifascistas denota que o regime não mudara de intentos. A prisão de Aurora é uma consequência do grau de exposição à repressão, que resulta do seu envolvimento político a fundo após o assassinato do seu camarada e amigo. Devido ao grau de sevícias e humilhações que teve de suportar, essa prisão constituiu um dos mais marcantes eventos da sua vida, com repercussões até à atualidade[10].

Embora seja uma mulher que lida com a escrita, precisava de ser ouvida, embora aparentemente a sua vida tivesse prosseguido com normalidade. Depois de abandonar a organização, viria a acabar o curso de Direito, casou, tem uma filha e é na actualidade procuradora do Ministério Público, um emprego prestigiante e bem pago. Todavia, o relato das atrocidades a que foi sujeita ficou por fazer, retido e não partilhado mesmo com os familiares mais chegados, durante 38 anos. Contactou-nos por precisar de falar.

As reverberações de quanto sofreu Aurora prolongar-se-iam, sendo difícil intuir quando e onde param os efeitos de um acontecimento traumático, que se exerce e se propaga com consequências estruturantes e imprevisíveis, na sua duração e no seu raio. No olhar retrospectivo, a ucronia constitui uma construção sobre o tempo que poderia ter havido, e que foi denegado. A memória dos instantes de corte, marcados pelo trauma, eclipsa o campo de possibilidades, colide com o decurso da existência e requer novos princípios de compreensibilidade.

[10] Aurora viria a ser de novo presa, durante o processo revolucionário que se seguiu ao 25 de Abril, em condições de uma instabilidade política que tornava difícil perceber o que poderia redundar dessa detenção conjunta de 432 militantes do MRPP em 28 de Maio de 1975.

4. Dos passados insubornáveis

"o passado não tem sítio, a única vantagem do passado é não existir em lado nenhum"
Dulce Maria Simões, Os meus sentimentos

O passado não existe, mas tão só a sua reconstituição num presente determinado. Porém, há *lugares de memória* – construídos – quando os *meios de memória* (Nora, 1986) se tornam periclitantes, devido à contingência biológica e à instabilidade dos grupos a que reporta. Os acontecimentos só raramente podem isolar-se da sua mediatização (Bensa, 2006:174), ou seja, dos meios de memória que os ativam, como sucede no caso estudado, no âmbito do grupo que almoça mensalmente na Quinta do Cabrinha, em Lisboa.

Com uma distinção entre *antes* e *depois*, os momentos traumáticos deixam traços vincados nos que os viveram, testemunhando-os ou seguindo-os de maneira afetivamente próxima. O tempo adensa-se, e um curto momento torna-se fortemente impressivo sobre os sentidos e a razão. Longamente sub-tratados pelos antropólogos, os acontecimentos prestam-se à condução do campo da memória e das possibilidades a novos princípios de compreensibilidade. Remetem para uma história, incorporada na existência dos indivíduos, que confronta os antropólogos e os historiadores com as escalas de uma realidade em mudança rápida e sofrida, que implica um esforço de adequação em que as respostas de cada pessoa são função de uma conjuntura, filtrada pela história particular.

Ao afetarem as sociedades de forma diferenciada, esbatem numa dimensão mais lata situações de importância fulcral para um colectivo, desarticulando-as e enfraquecendo-as. Por outro lado, de forma diferida, repercutem num dado grupo e, de maneira diferenciada, nos diferentes indivíduos, eventos de âmbito mais vasto (Godinho e Cardoso, 2013). Como advertia Karl Marx os homens fazem a sua história, mas não a fazem sós, nem em condições escolhidas (Marx, 1869:15). Há uma realidade que não pode ser seleccionada, que esbate o que ocorreu num nível mínimo – local, grupal – retirando-lhe clareza e tornando-o insignificante. A definição desse nível mínimo, integrado numa construção social da memória e em usos políticos da história, procede de uma hegemonia, no sentido gramsciano, assente no consenso e, se necessário, na coerção.

Para Aurora, que testemunhou o assassinato do jovem maoista, em 12 de Outubro de 1972, o passado não passa, tornando-se pegajoso. Jacques le Goff (Le Goff, 1988:33), citando Santo Agostinho, salienta que existe um *presente das coisas passadas*, pungente, insuperável, embora camuflado no *presente das coisas presentes*: o rame-rame da vida parece decorrer sem problemas, assemelhando--se à dos seus vizinhos, familiares, amigos. Quanto ao *presente das coisas futuras*, a necessidade de atualizar mensalmente a memória do grupo remete para a *ucronia* – uma duplicidade pautada pelo que o futuro poderia ser se determinado acontecimento do passado não o inviabilizasse – mas igualmente para uma consciência da distinção, subsumida na assunção de «gente comum» (Godinho e Cardoso: 2013).

Entre a história e a antropologia, como estudamos estas cesuras, no tempo individual e nos ritmos colectivos? As vidas dos indivíduos, através da recolha e tratamento de relatos biográficos, são uma pista para a reconstituição de um referente, contribuindo para o estudo das mentalidades, da cultura política, ao mesmo tempo que permitem perceber o significado desses cortes na vida das pessoas. Tratando-se da abordagem de um período que coincide com o final da ditadura e com os tempos que se seguiram, o recurso às fontes escritas – sejam as da repressão, sejam as produzidas pelas organizações clandestinas – implica uma criteriosa crítica. Frequentemente, a partir de fragmentos biográficos, torna-se possível discernir onde ficou o passado e de onde virá o futuro (Greenhouse, 2002:29). Alban Bensa refere a dificuldade no tratamento destes momentos por parte das ciências sociais, ao contrário das abordagens não científicas, do jornalismo ao ensaísmo, sublinhando a necessidade de lhes dar um estatuto teórico forte (Bensa, 2006). Os factos sociais ocorrem no eixo do tempo e participam na historicidade do social, através da sua vivência pelas pessoas (Bensa 2006), com uma dimensão temporal que implica a sua apreensão dentro de processos. Nos casos das biografias destes militantes, o significado particular dos acontecimentos está vinculado a uma vivência grupal, enquadrada num tempo histórico. No âmbito do grupo, a *memória fraca* – embora intensa, marcante e decisiva, sobretudo para quem testemunhou o momento – cauciona e mantém continuidade com a atualidade. Fraca no que toca à possibilidade de impacto público, pela correlação de forças que condicionam o vigor memorial, a memória da resistência é inalienável no âmbito do grupo que se junta para almoçar. Conquanto a memória

DITADURAS E REVOLUÇÃO. DEMOCRACIA E POLÍTICAS DA MEMÓRIA

de um coletivo seja porosa, e o peso dos discursos dominantes sobre o passado e *aquele* passado seja forte, a vontade de lembrar e o exercício centrípeto do grupo é teimosamente insubornável.

Bibliografia

ALMEIDA, S. V. (2009) *Camponeses, Cultura e Revolução – Campanhas de Dinamização Cultural e Acção Cívica do MFA (1974-1975)*, Lisboa, Colibri.

ANDERSON, B. (1983) [1991] *Imagined Communities – Reflections on the Origin and Spread of nationalism*, London/New York, Verso.

APALATEGI, J. (1987) *Introducción a la historia oral- Kontuzaharrak (Cuentos Viejos)*, Barcelona, Anthropos.

AXEL, B., ed. (2002) *From the margins – Historical Anthropology and Its Future*, Durham, Duke University.

BENSA, A. (2006) *La fin des exotismes – Essais d'anthropologie critique*, Toulouse, Anarcharsis.

BERTAUX, D. (1981) "From the life-history approach to the transformation of sociological practice", in D. Bertaux (ed.) *Biography and Society – The Life History Approach in the Social Sciences*, Sage, 23, pp. 29-45.

(1988) «Fonctions diverses des récits de vie dans le processus de recherche», Sociétés, nº18, Mai, pp. 18-22.

BERTAUX, D; BERTAUX-WIAME, I. (1988) Le patrimoine et sa lignée: transmissions et mobilité sociale sur cinq générations», *Life stories/recits de vie*, nº4, pp.8-25.

BERTAUX-WIAUME, I. (1988-9) "Des formes et des usages. Histoires de famille", *L'Homme et la Societé*, Nouvelle Série, nº 90, pp. 25-35.

BILLIG, M.; EDWARDS, D. (1994) «La construction sociale de la mémoire», *La Recherche*, nº 267, Julho-Agosto, 1994, vol. 25, pp.742-745.

BORNAT, J. (1989) "Oral History as a Social Movement: reminiscence and older people", *Oral History*, vol 17, nº 2, Outono, pp.16-26.

CAMARNEIRO, Nuno (2013) *Debaixo de algum céu*, Alfragide, Leya.

CARDINA, M. (2011) *Margem de certa maneira – O maoismo em Portugal, 1964-1974*,Lisboa, Tinta da China.

(2012) "História Oral – caminhos, problemas e potencialidades" *in* Paula Godinho, coord. , *Usos da Memória e Práticas do Património*, Lisboa, Colibri: 27-44.

CARDOSO, A.M. (2007) *Timor na 2ª Guerra Mundial – o Diário do Tenente Pires*, Lisboa, CEHCP-ISCTE.

(2011) «Um tempo, um contexto» *in* Aurora Rodrigues, *Gente comum – Uma História na PIDE*, Castro Verde, 100Lux:45-56

CIPRIANI, R. (1987) *La metodologia delle storie di vita. Dall'autobiografia alle life history*, Roma, Euroma.

COLEMAN, P.(1986) "The past in the present – a study of elderly people's attitudes to reminiscence", *Oral History*, vol 24, nº1, pp. 50-59.

CONFINO, A. (1997) "Collective Memory and Cultural History", *The American Historical Review*, vol 102 (5):13786-1405.

CONNERTON, P. (1993) *Como as sociedades recordam*, Oeiras, Celta.

CRANE, S. A. (1997) "Writing the Individual Back into Collective Memory", *The American Historical Review*, vol 102 (5):1372-1385.

DELLA PORTA, D. (1992) " Life Histories in the Analysis of Social Movements Activists", in Mario Diani e Ron Eyerman (ed.) *Studying Collective Action*, London, Sage.

DUBE, S. (2007) *Historical Anthropology*, Oxford, OUP.

ELDER, G. (1981) "History and the life course", in D. Bertaux (ed.) *Biography and Society – The Life History Approach on the Social Sciences*, Sage, 23, pp. 77-115.

FARGE, A. (2002) "Qu'est-ce qu'un événement?", *Terrain*, nº 38, Março, 14 páginas.

FEATHERSTONE, S. (1991) "Jack Hill's House: Narrative form and oral history", *Oral History*, vol 19, nº2, Automn, pp. 34-41.

FENTRESS, J.; WICKHAM, C. (1992) – 1994 – *Social Memory* – trad. port. de Telma Costa, *Memória Social*, Lisboa, Teorema.

FERRAROTI, F. (1981a) – 1990 – *Storia e storie di vita* – trad, francesa de Marianne Modak, prefácio de Georges Balandier, introd. de Emmanuel Lazega, *Histoire et histoires de vie – la méthode biographique dans les sciences sociales*, Paris, Méridiens Klincksieck.

(1981b) "On the autonomy of the biographical method", in D. Bertaux (ed.) *Biography and Society – The life History Approch on the Social Sciences*, Sage, 23, pp. 19-27.

FERREIRA, S. (2010) *A fábrica e a rua – Resistência operária em Almada*, Castro Verde, 100 Luz.

FONSECA, I. (2007) *Trabalho, Identidade e Memórias: Levávamos a foice logo p'ra mina*, Castro Verde, 100 Luz.

GODINHO, P. (1993) "O grupo do Juan e a importância da rede social", *A Trabe de Ouro*, Tomo IV, ano IV, Outubro-Decembro, Santiago de Compostela, Sotelo Blanco: 571-583.

(1996) "O *maquis* na guerra civil de Espanha: o caso do cerco a Cambedo da Raia", *História*, nº 27, Dezembro, 2ª série, ano XVIII: 28-45.

(2001) *Memórias da Resistência Rural no Sul – Couço (1958-1962)*, Oeiras, Celta.

(2004) "«Maquisards» ou «atracadores»? A propósito das revisões da História no caso de Cambedo da Raia, 1946", AAVV, *O Cambedo da Raia – Solidariedade galego-portuguesa silenciada*, Ourense, Asociación Amigos da Republica:157-227.

(2005) "Confiscação de memórias e retroacção discursiva das elites: um caso na raia galaico-portuguesa", *Las politicas de la memoria en los sistemas democraticos: poder, cultura y mercado*, Actas do Congresso da Federación de Antropologia del Estado Español, Sevilha, Setembro de 2005;

(2007) "Fronteira, ditaduras ibéricas e acontecimentos localizados – O manto espesso de silêncio sobre dois momentos" *in* Manuela Cunha e Luís Cunha, *Intersecções Ibéricas – Margens, passagens e fronteiras*, Lisboa, 90 Graus Editora, pp. 55-70.

(2011) "História de um testemunho, com Caxias em fundo", *in* Aurora Rodrigues *Gente Comum – Uma história na PIDE*, Castro Verde, 100 Luz:11-43

(2012a) "Usos da memória e práticas do património, alguns trilhos e muitas perplexidades", in Paula Godinho, coord. *Usos da Memória e Práticas do Património*, Lisboa, Colibri.

(2012b) "Contextos da memória, lugares dessubstanciados e re-significação do passado:

DITADURAS E REVOLUÇÃO. DEMOCRACIA E POLÍTICAS DA MEMÓRIA

a fronteira como amenidade, insígnia e património", in Paula Godinho, coord. *Usos da Memória e Práticas do Património*, Lisboa, Colibri.

(2013b) *"Anti-sepulcro* – Desprivatização de memórias, memória pública e contra hegemonias", in Dionisio Pereira, coord. *A comunidade portuguesa na Galiza (1890-1940): emigrantes, exiliados e represaliados polo primeiro franquismo*, Santiago de Compostela, Através Editora: 203-212

(2014b) "A violência do olvido e os usos políticos do passado: lugares de memória, tempo liminar e drama social" in Paula Godinho, coord. Antropologia e Performance – Agir, Atuar, Exibir, Castro Verde, 100Luz:191-212.

GODINHO, P. ; CARDOSO, A. (2013) "¿Qué hacer con los acontecimientos? Memoria, sobresaltos y caminos para el estudio de un grupo de la izquierda radical en Portugal (1970-1976)", *Historia, Voces y Memória – Revista del Programa de Historia Oral- Universidad de Buenos Aires*, nº 5:51-74

GOODY, J. (2006) *The theft of History*, Cambridge, CUP.

GREEDY, P., ed. (2003) *Political Transition: Politics and Cultures*, London, Pluto.

GREENHOUSE, C.; MERTZ, E.; WARREN, K.(Ed.) (2002) *Ethnography in Unstable places – Everyday Lives in Contexts of Dramatic Political Change*, Durham e Londres, Duke University Press.

HALBWACHS, M. (1925) – 1994 – *Les Cadres Sociaux de la Mémoire* – Paris, Albin Michel, com posfácio de Gérard Namer

(1950) – 1968 – *La Mémoire Collective*, Paris, PUF – prefácio de Jean Duvignaud.

HARTOG, F.; REVEL, J., ed. (2001)*Les Usages Politiques du Passé*, Paris, Editions EHESS.

HASSIG, R. (2006) "Counterfactuals and revisionism in historical explanation", *Anthropological Theory*, vol 1(1):57-72.

HOBSBAWM, E.; RANGER, T. ed. (1983) *The invention of tradition*, Cambridge, CUP.

IORDACHI, C.; TRENCSÈNYI, B. (2003) "In Search of a Usable Past: The question of National Identity in Romanian Studies, 1990-2000", *East European Politics and Societies*, vol. 17 (3):415-453.

KOHLI, M. (1981) "Biography: account, text, method", in D. Bertaux (ed.) *Biography and Society – The Life History Approach in The Social Sciences*, Sage, 23, pp. 61-75.

LANGNESS, L.L.; GELYA, K. (1981) *Lives – An Anthropological Approach to Biography*, New York, Chandles and Sharp Publishers.

LE WITA, B. (1985) «Mémoire: l'avenir du présent», *Terrain*, nº4, Março, pp.15-26.

LE GOFF, J. (1984) "Memória", in *Enciclopédia Einaudi- 1. Memória-História*, Lisboa, INCM.

LE GOFF, J. (1988)[1977]*Histoire et mémoire*, Paris, Gallimard.

LEVI, P. (1995) *Le devoir de mémoire – Entretien avec Anna Bravo e Federico Cerejo*, s/l, Mille et Une Nuits.

LOWENTHAL, D. (1985) *The Past is a Foreign Country*, Cambridge, Cambridge University Press.

MARX, K. (1869) [1975] *O 18 Brumário de Luís Bonaparte*, Lisboa, Editora Vento de Leste.

MACFARLANE, A. (1977) « Historical Anthropology», Cambridge Anthropology, vol. 3, nº 3, 17 pp.

NAMER, G. (1987) *Mémoire et societé*, pref. de Jean Duvignaud, Paris, Meridiens Klincksiek.

NAROTZKY, S.; SMITH, G. (2002) "Being político *in Spain – An Ethnographic Account of Memories, Silences and Public Politics"*, History and Memory (Spanish Memories: Images of a Contested Past), vol 14, nº ½, Fall 2002, pp. 189-228.

(2006) *Immediate struggles – People, Power and Place in Rural Spain*, University of California Press, Berkeley e Los Angeles.

NORA, P. (1986) *"Entre Mémoire et Histoire"* in Pierre Nora (dir.) *Les Lieux de Mémoire – La République I*, Paris, Gallimard, pp. X- XLII.

RODRIGUES, A. (2011) *Gente comum – Uma história na Pide*, Castro verde, 100 Luz.

PASSERINI, L. (Ed.) (1992) *Memory and Totalitarianism*, Oxford, Oxford University Press.

PFOHL, Stephen (2004) "Culture, Power and History – An Introduction", *Critical Sociology*, vol. 30 (2):191-205.

PERKS, R. (1990) *Oral history: an annotated bibliography*, The British Library National Sound Archive.

PIMENTEL, I. (2007) *A história da PIDE*, Lisboa, Círculo de Leitores/Temas e Debates.

PORTELLI, A. (1988) "Uchronic dreams: working class memory and possible worlds", *Oral History*, vol. 16, nº2, Autumn: 46-56.

(2013) *A morte de Luigi Trastulli e outros ensaios*, Lisboa, UNIPOP.

ROLDÁN BARBERO, H. (2010) *El maoísmo en España y el Tribunal de orden Publico (1964-1976)*, Cordoba, Servicio de Publicaciones de la Universida de Cordoba.

SAHLINS, M. (1985) *Islands of History*, Chicago, University of Chicago Press [(1997) *Islas de historia*, Barcelona, Gedisa].

(2000) "The Return of the Event, Again", *Culture in Practice – Selectede Essays*, New York, Zone Books.

(2005) "Structural work: How microhistories became macrohistories and vice versa", *Anthropological Theory*, vol 5 (1): 5-30.

SAÏD, Edward W. (2013) *Reflexiones sobre el exilio*, Barceona, Debolsillo.

SILVA, T. M. (2002) *Pais de Abril, Filhos de Novembro*, Lisboa, Dinossauro.

THOMAS, K. (1989) "Historia y Antropología", *Historia Social*, nº3, pp. 62-80.

THOMPSON, P.(1978) [1988]*The voice of the past: oral history*, Oxford, Oxford, University Press.

(1981)"Life histories and the analysis of social change" in D. Bertaux (ed.) *Biography and Society – The life History Approach on the Social Sciences*, Sage, 23, pp.289-306.

TRAVERSO, Enzo (2005) *Le passé, modes d'emploi – histoire, mémoire, politique*, La Fabrique Editions, Paris.

WICKHAM, C. (1989) "Compreender lo cotidiano: antropología social e historia social", *Historia Social*, nº3, pp. 115-127.

Resgatar a Memória: Os Jornais
3 Páginas para as Camaradas das Casas do Partido e *A Voz das Camaradas das Casas do Partido*

Cristina Nogueira[1]

Introdução

A memória, o nosso olhar sobre o passado, aquilo que recordamos e como o interpretamos, confere-nos a visão do mundo em que vivemos e a nossa identidade, e não só a simples interpretação de uma época. Depende disso o lugar em que nos situamos, a classe a que pertencemos, os grupos com os quais nos identificamos. No entanto, e como refere Fernando Rosas:

> "A memória histórica dos factos sociais não é só nem principalmente uma faculdade psíquica de retenção ou convocação do passado. É um processo social de construção das representações e dos acontecimentos pretéritos e das suas causalidades, um processo complexo e frequentemente contraditório de tentar fixar um discurso interpretativo e, a esse título, um terreno

---

[1] Doutorada em Ciências da Educação pela Universidade do Porto, educadora de infância e investigadora do Instituto de História Contemporânea da Faculdade de Ciências Sociais e Humanas da Universidade Nova de Lisboa.

de disputa pela hegemonia de distintas conceções, na realidade, acerca do sentido do presente e do futuro" (2012:371)

Os discursos memorialísticos e/ou historiográficos constroem-se sucessivamente em função da força social dos seus detentores, pois, como refere Traverso" há "memórias fortes" e "memórias débeis" e a "visibilidade" e o reconhecimento de uma memória depende também da força dos seus portadores (2007:48).

Manuel Loff considera que está preservada na memória coletiva de parte significativa da sociedade portuguesa a ideia de que a ditadura foi conveniente a Portugal, no mínimo nos anos 30 e 40, e a tese perfeitamente subscrita de que o autoritarismo, não é, uma fórmula social e política inaceitável (2007:36). Fernando Rosas considera que às políticas passivas de apagamento ou neutralização da memória sucederam-se as iniciativas doutrinárias da sua revisão que se têm exprimido numa "visão banalizadora da natureza e das políticas do regime" (2012:376).

Estas revisões historiográficas, assim como a predominância de determinadas memórias em detrimento de outras, inserem-se num espaço de luta e confronto ideológico, surgindo maior "visibilidade" de umas memórias ou de outras conforme a situação sociopolítica do país e do mundo, isto é, de acordo com aqueles que detêm o poder. As "memórias débeis" ou "fortes" de que fala Traverso dependem da capacidade política e social que os seus portadores possuem e existe sempre luta ideológica neste domínio pela prevalência de umas ou de outras. Como refere Jacques Le Goff:

> "A memória coletiva assume um papel importante na luta das forças sociais pelo poder. Dar conta da memória e do esquecimento é uma das grandes preocupações das classes, dos grupos, dos indivíduos que dominaram e dominam as sociedades históricas. Os esquecimentos, os silêncios da história são reveladores destes mecanismos de manipulação da memória coletiva" (1988:109).

O presente texto pretende, a partir de dois jornais do Partido Comunista Português, contribuir para quebrar o esquecimento de que em Portugal existiram pessoas que viveram clandestinas a lutar contra o regime, que a isso dedicaram a sua vida e desocultar, ainda que de forma parcial, a sua forma de vida. Estes jornais são o cerne deste texto, porque por não serem dirigidos à população em geral, mas por serem órgãos internos do PCP são pouco conhecidos e estudados.

Por (de)formação profissional, e porque se entende a formação como alicerce fundamental para o *ser,* neste caso para o *ser clandestino,* é dada uma relevância especial ao apelo que estes jornais faziam ao estudo, como se estudava e o que se estudava.

Esperamos poder contribuir para resgatar uma memória esquecida e "débil", nas palavras de Traverso, numa época em que parece existir um reforço da negação/revisão da memória, iniciada em 1976 e que pretendeu desvalorizar, esconder e fazer esquecer a memória dos oprimidos, dos resistentes, dos perseguidos, dos presos e torturados por quase meio século de regime autoritário. Em síntese, fazer esquecer a memória do antifascismo e da resistência!

Dois jornais de e para as mulheres clandestinas

O jornal *3 Páginas para as Camaradas das Casas do Partido* é por iniciativa de Cândida Ventura[2], dirigente do PCP, criado em 1946, dirigido às "amigas ilegais" (mas com uma caixa no nº8 deste jornal onde se lê "3 Páginas é para as camaradas mas os camaradas também devem ler") e redigido por estas. Contrariamente ao jornal *Avante!* e a outra imprensa do PCP dirigida à população em geral, ou ao *Militante* dirigido aos militantes do PCP, estas

---

[2] Cândida Ventura nasceu em Lourenço Marques a 30 de Junho de 1918. Em 1936 matriculou-se na Faculdade de Letras de Lisboa, onde tirou o curso de Histórico-Filosóficas. Nesse mesmo ano ingressou nas Juventudes Comunistas. Participou na reorganização do PCP de 1940/41 e durante esses anos e ainda em 1942 fez parte do grupo redatorial do jornal *O Diabo.* Em 1943 passou à clandestinidade. Após as greves ocorridas em S. João da Madeira, nas quais participou, passou a ter trabalho de organização. Em 1946, no IV Congresso foi eleita para o CC como membro suplente e destacada para o controlo da organização operária em Lisboa. Presa a 3 de Agosto de 1960, foi julgada a 13 de Maio de 1961 e condenada a 5 anos de pena maior. Em 11 de Julho de 1963 foi-lhe concedida a liberdade condicional que em 14 de Novembro de 1972 foi convertida em definitiva. Entrou em rutura com o PCP na sequência dos acontecimentos da "Primavera de Praga", quando estava na Checoslováquia, onde viveu 10 anos. Demitiu-se do PCP em 1976.

publicações eram especificamente dirigidas às mulheres clandestinas, e os artigos refletiam essa especificidade.

Maria Lourença Cabecinha[3] refere essa colaboração: "Escrevia-os em casa, depois nas reuniões havia um camarada que os recolhia e levava para publicar. Quando o jornal estava pronto, numa outra reunião, distribuíam-no. Era uma escrita simples porque nunca andei na escola, comecei a aprender a ler aos treze anos com o meu pai, o bê-à-bá, fazer as letras, a gramática só veio na cadeia e ainda aprendi um bocadinho de francês para falar com os meus netos" (Silva, 2006:69).

Nestes jornais encontra-se refletido o universo feminino que estava clandestino. Havia colaborações de mulheres escolarizadas e intelectuais e outras, de mulheres muito pouco letradas. Havia colaborações de camponesas, operárias ou de algumas mulheres da pequena e média burguesia. Os artigos eram assinados com pseudónimos diferentes daqueles que eram usados em tarefas de organização ou na casa que habitavam, o que dificulta a identificação das autoras.

O jornal *3 Páginas para as Camaradas das Casas do Partido* contou com a edição de 68 números até 1956, altura em que é substituído por *A Voz das Camaradas das Casas do Partido*, editado até 1970, num total de 50 números. Entre os dois títulos foram publicados 119 números.

Em 63 números do jornal *3 Páginas* analisados colaboraram 63 mulheres e em 49 números de *"A Voz das Camaradas*, esta participação sobe para 80 colaborações. No entanto, nem todas participaram da mesma forma e, se existiram clandestinas que escreveram com regularidade, outras havia que colaboraram apenas uma vez. No entanto, verifica-se que o número daquelas que participaram regularmente era muito superior àquelas que participaram apenas uma vez. Assim, dos 63 pseudónimos presentes no *3 Páginas*, apenas 15 aparecem apenas uma vez, enquanto 40 surgem mais de três vezes; em *A Voz das Camaradas* 18 pseudónimos surgem apenas uma vez e 48 aparecem pelo menos três vezes. É de salientar ainda, que há nomes que se repetem 10, 15 ou 20 vezes na assinatura de artigos, ao longo dos vários números de cada jornal.

---

[3] Maria Lourença Cabecinha nasceu em Montemor-o-Novo. Aos 12 anos começou a trabalhar no campo e participou na grande greve de 1947. *Mergulhou* na clandestinidade em 1952. Foi presa em 1964 e libertada em 1969, voltando a mergulhar na clandestinidade.

A partir de 1956, Margarida Tengarrinha[4] fica com a responsabilidade da edição do jornal, considerando que ele necessitava de ser graficamente melhorado. O jornal *A Voz das Camaradas* difere dos *3 Páginas* essencialmente devido à quantidade e qualidade de gravuras e desenhos que ilustram as suas páginas. As ilustrações eram feitas por Margarida Tengarrinha e por José Dias Coelho.

Para além da alteração gráfica, houve também mudança de nome, após um intenso debate ainda durante a publicação do *3 Páginas*. Esta alteração do nome ficou a dever-se ao facto de o jornal não ter realmente três páginas, além de se considerar que era um nome que o desvalorizava. Passou então a chamar-se *A Voz das Camaradas das Casas do Partido*, mantendo contudo os mesmos objetivos:

> *"A orientação foi desde o princípio definida, aliás que já vinha do tempo das 3 Páginas, temos de ser perfeitamente justos, era esses boletins, quer o 3 Páginas, quer A Voz das Camaradas, têm como objetivo quebrar o isolamento, estimular as camaradas a escrever, porque havia muitas camaradas que eram quase analfabetas, estimular as camaradas a estudar e dar um apoio às camaradas no sentido de alguns problemas da defesa da casa e discutir também problemas políticos atuais e pô-las a escrever sobre esses problemas [...]" (Margarida Tengarrinha)*

Convém referir que existia na generalidade uma distinção de tarefas de carácter funcional que se refletia numa questão de género. Às mulheres estava sobretudo reservada a tarefa da *defesa da casa,* enquanto aos homens competiam tarefas no exterior, de transporte de imprensa ou de *controlo* de comités regionais, de zona, locais ou de empresa.

A *defesa da casa* consistia na vigilância exercida em torno da casa e no estabelecimento de relações com os vizinhos. Este era um trabalho desempenhado pelas mulheres e que originava um grande isolamento, pois na prática estavam quase impedidas de se deslocarem, de desenvolverem outros contactos, e estavam desenraizadas do seu habitat de origem.

---

[4] Estudante de Belas-Artes e ativista do MUD Juvenil. *Margarida Tengarrinha mergulha* na clandestinidade em 1955 onde, juntamente com o seu companheiro José Dias Coelho desempenha tarefas nos órgãos de imprensa clandestina e no trabalho de falsificações de documentos. A partir de 1962 integra a redação da Rádio Portugal Livre, voltando a Portugal em 1967, onde trabalha na redação do jornal Avante! até 1970, ano em que assume tarefas na Direção Regional do Norte do PCP.

Dois jornais que apelam à formação e ao estudo

A edição dos jornais *3 Páginas* e *A Voz das Camaradas* demonstra a preocupação da organização partidária com a formação política e ideológica daquelas que se encontravam na clandestinidade. Com a edição de imprensa clandestina dirigida especificamente às *camaradas das casas do Partido*, pretendia-se acima de tudo valorizar a formação política das militantes, incentivando-as ao estudo e preparando-as para a possibilidade de realização de outras tarefas para além das tarefas domésticas e de *defesa da casa* a que se dedicavam especialmente. À semelhança de outras publicações clandestinas, este jornal tinha objetivos formativos e informativos, fornecendo indicações úteis sobre a forma como algumas tarefas deveriam ser realizadas, dando especial atenção aos *cuidados conspirativos*. O texto, escrito numa linguagem que hoje se consideraria paternalista, procurava ainda valorizar a realização das tarefas desempenhadas pelas clandestinas, salientando a sua importância, assim como combater o isolamento a que as mulheres das casas do partido estavam sujeitas, fornecendo a cada uma a noção de que não estava sozinha nem isolada nas tarefas que desempenhava, fazendo parte de um corpo coletivo. No jornal *A Voz das Camaradas*, num artigo intitulado "Como encarar a nossa tarefa", «Joaquina», depois de enunciar a relevância das casas clandestinas e o papel que desempenham, termina considerando: "Por aqui se vê que a tarefa, na aparência tão modesta, de defender uma casa ilegal do Partido, é muito importante. Seria um erro grande subestimar esta tarefa e muito maior se esquecêssemos o seu valor para todo o trabalho do Partido". Com efeito, o trabalho das mulheres revestia-se de grande importância e responsabilidade. Era mesmo vital para a manutenção da organização clandestina. Era a elas que cabia a segurança do espaço físico necessário à sobrevivência da organização, numa situação de grande isolamento e tendo de fingir perante os vizinhos que viviam em perfeita normalidade. Se algumas mulheres não se sentiam particularmente satisfeitas com esta tarefa, até porque muitas vezes implicava a mudança de uma vida muito mais ativa e agitada politicamente na legalidade, outras porém consideravam-na verdadeiramente importante:

> *"É que eu não estava na retaguarda, aquilo era a casa do Partido e estava todos os dias ali, estava todos os dias a desempenhar uma tarefa do Partido, ali, na conversa com*

a vizinhança, na arrumação das coisas, era uma tarefa do Partido." (Maria da Silva Carvalho)

Através dos textos e artigos escritos pelas próprias mulheres, era favorecida a troca de experiências e criada a noção de que cada uma delas não estava só com os seus problemas e que estes eram sentidos por outras mulheres clandestinas na mesma situação.

Quebrar o isolamento era o primeiro objetivo destes jornais. Mais do que os homens que se deslocavam, falavam com outros, reuniam, as mulheres permaneciam por vezes dias consecutivos completamente sozinhas em atenção e alerta permanente a qualquer movimento suspeito. Como refere Aida Paula[5], que esteve clandestina grande parte da sua vida "o mais difícil para mim, porém, foi o isolamento. Durante o tempo em que estive clandestina, tentei com a ajuda fraterna dos camaradas, que a solidão não me afetasse em demasia" (Melo, 1975:36). Esta solidão tentava ser banida através de cartas que a redação de *A voz das Camaradas* recebia, paralelamente àquelas que eram publicadas no jornal, que tinha uma coluna dedicada à correspondência entre clandestinas. Eram as "amigas invisíveis", como lhes chama Margarida Tengarrinha, que muitas vezes ajudavam a suportar a solidão.

As tarefas domésticas também não eram fáceis, sobretudo a gestão de um parco orçamento, que se agudizou nos anos da guerra com a inexistência de senhas de racionamento. Aida Paula refere que "como não tínhamos senhas de racionamento, nem tínhamos posses para comprar géneros no mercado negro, muitas vezes passámos fome" (Melo, 1975:36) e Aida Magro[6] menciona que como não podiam obter senhas de racionamento "víamo-nos obrigados a recorrer ao mercado negro, onde, por muito favor, nos podiam dispensar

---

[5] Aida Paula nasceu a 9 de Dezembro de 1918 em Lisboa. Operária e filha de operários, tornou-se militante do PCP aos 18 anos, em 1936, e foi presa pela primeira vez com 20 anos quando trabalhava numa tipografia clandestina. Voltou a ser presa em 2 de Dezembro de 1958 e condenada a 2 anos e meio de prisão e medidas de segurança. Obteve a liberdade condicional a 14 de Janeiro de 1965. Como a sua mãe tinha saído da cadeia muito doente, Aida ficou na legalidade a tratar dela, até Luísa Paula falecer em 1966. Ainda foi presa uma terceira vez, em 1967 e libertada em 1968 bastante debilitada. Faleceu a 5 de Outubro de 1993.
[6] Aida Magro juntou-se na clandestinidade ao seu companheiro José Magro no fim da II Guerra Mundial. Foi presa em 27 de Maio de 1957 e julgada a 1 de Julho de 1958. Condenada a 2 anos e meio de prisão permaneceu detida durante 6 anos.

DITADURAS E REVOLUÇÃO. DEMOCRACIA E POLÍTICAS DA MEMÓRIA

azeite a 33$00, açúcar e arroz a 16$00, pão a 3$60, etc., etc. é preciso notar que a mensalidade para os três era de quinhentos escudos" (idem:140).

Estes jornais desempenhavam ainda um importante papel na formação das mulheres clandestinas. A alfabetização era indispensável a qualquer clandestino. Por um lado tornava-se necessário saber ler e escrever para desempenharem as suas *tarefas*, em particular aquelas que obrigavam à existência de uma cultura escrita, como por exemplo a leitura obrigatória do jornal diário ou a redação de artigos e documentos; por outro lado a alfabetização era a arma indispensável para acederem à leitura, promovendo assim o acesso à cultura, ao conhecimento e à formação política e ideológica. Por isso, sempre que aqueles que passavam à clandestinidade não sabiam ler nem escrever, eram criadas condições para serem colocados junto de outros clandestinos que tinham como missão alfabetizá-los. Embora esta questão se colocasse tanto a homens como a mulheres, tornava-se mais premente em relação às mulheres, o que se deve possivelmente ao facto de o analfabetismo ser mais intenso entre elas. É assim que tanto no jornal *3 Páginas* como em *A Voz das Camaradas* são constantes e veementes os apelos ao estudo e à alfabetização.

No nº 18 do jornal *A Voz das Camaradas*, de Abril de 1961, num artigo assinado por «Manuela»[7], é referido que: "As amigas que não sabem ainda ler, ou leem com dificuldade, devem colocar ao camarada da casa, muito seriamente a tarefa de auxiliá-las, porque saber ler faz muita falta".

No jornal *3 Páginas* nº 21, de Abril de 48, num artigo assinado por «Jorge» intitulado "Como se aprende bem a ler" é fornecido um guia de instruções em 7 pontos para ajudar aqueles que leem mal a aperfeiçoarem a leitura. Este artigo fornece um verdadeiro roteiro de aperfeiçoamento da leitura, sendo fornecidas indicações quanto à forma como e o que se deve começar por ler: ler todos os dias e em voz alta; escolher os assuntos de maior interesse e de leitura simples; variar os assuntos e ir dos mais simples para os mais difíceis; conversar sobre o que se leu; fazer um resumo. Quando existiam mulheres

---

[7] «Manuela» era o pseudónimo usado por Maria Helena Magro. Maria Helena Magro frequentou a Faculdade de Direito da Universidade de Lisboa, onde se matriculou no ano letivo 1940/41 tendo participado nas greves académicas de 1941. Ingressou no PCP em 1943 e *mergulhou* na clandestinidade em finais de 1945. Nunca abandonou a clandestinidade e faleceu perto de completar 34 anos de complicações provocadas pelo parto do segundo filho.

mais qualificadas academicamente, era a elas que competia "ensinar" os seus camaradas homens.

A leitura adquiria uma importância prática e era ligada ao trabalho concreto de cada clandestino. A motivação que se procurava encontrar para a aquisição da leitura residia no melhor desempenho das *tarefas* de cada um, para o que era muito mais fácil motivar aqueles que estavam na clandestinidade. Salientamos ainda, que a introdução na vida politica e a aquisição do conhecimento que muitas destas pessoas tinham sobre o PCP se fazia a partir das leituras de jornais e panfletos, de que salientamos o *Avante!*, órgão central[8] do PCP. As leituras em grupo do *Avante!* e de outros jornais e documentos por parte daqueles que eram alfabetizados e que liam em voz alta para os restantes elementos do grupo são referidas por vários clandestinos. O *Avante!* assumia um papel de agregação dos militantes, um papel simbólico e afetivo de construção da identidade do grupo, que se revê nas notícias que lê, não sendo portanto de estranhar que a possibilidade de leitura deste jornal fosse um dos fatores de motivação para a alfabetização. O *Avante!* fazia a ponte entre o local e o translocal, noticiando as condições de vida, os problemas e as lutas de outros que em terras distantes e desconhecidas tinham os mesmos problemas, o que levava a uma identificação dos que liam com aqueles que eram noticia. A existência da censura não permitia que as noticias das lutas, conquistas e vitórias dos trabalhadores fossem conhecidas, papel desempenhado por este jornal que, informando das lutas ocorridas e vitórias alcançadas, quebrava a sensação de isolamento que cada um ou que cada grupo na sua localidade ou local de trabalho sentia e facilitava a criação de sentido para as lutas que desencadeavam. O *Avante!* potenciava ainda o funcionamento democrático, pois corrigia o centralismo e secretismo a que a clandestinidade obrigava, pois como diz Lenine "A responsabilidade de cada membro do partido perante o partido em conjunto, estabelece-se por intermédio de um órgão central" (cit in Worontsov, 1977:35/36).

---

[8] Lenine considerava que "a criação do partido, a não ser representado convenientemente por um órgão determinado, permanecerá em grande medida letra morta" (cit in Worontsov, 1977: 43), sublinhando que esta função de representação do partido através do órgão central é a de fornecer uma explicação pública do conjunto da vida política e de dar as palavras de ordem que daí decorrem – esta é a justificação teórica do órgão central.

A importância da alfabetização centrava-se no acesso que permitia à leitura e ao estudo, sendo estes meios fundamentais de politização. A leitura assumia ainda na cultura comunista um projeto de progresso fortemente associado às possibilidades de revolução. Podemos dizer de forma simplista e linear que a cultura e o conhecimento são condições necessárias à revolução e que sendo a alfabetização necessária para o acesso ao conhecimento e à cultura também esta é condição necessária à revolução.

A questão do conhecimento como chave do progresso e da transformação social não é restrita da cultura comunista, sendo um princípio importante do iluminismo e da racionalidade moderna. Republicanos, anarquistas, anarco--sindicalistas, socialistas todos viram no acesso à cultura e ao conhecimento uma forma de libertação e de emancipação do Homem, assumindo a leitura um papel relevante, como forma de politização, se "entendida no quadro dos processos genéricos de desenvolvimento da imprensa associados à emergência do Estado-nação, cujo espaço simbólico se afirma como terreno principal da disputa politica e da formação das culturas politicas em geral" (Neves, 2006:676).

E. P. Thompson, na sua obra *A Formação da Classe Operária em Inglaterra* descreve o papel desempenhado pelo autodidatismo e pela imprensa na formação da classe operária no século XVIII. De acordo com este autor, durante a luta que se desenvolveu entre 1792 e 1836, os artesãos e operários converteram a tradição dos direitos de imprensa, da palavra, de reunião e de liberdade em algo particularmente seu. O mesmo autor refere ainda que todos os regeneradores da época consideravam que o único limite que se impunha à difusão da razão e do conhecimento era o que impunha a insuficiência de meios (2002:112). Já nesta época o conhecimento e a cultura surgiam como a resposta necessária à transformação da sociedade.

A alfabetização era uma arma indispensável na clandestinidade comunista, pois dela dependia o acesso à cultura e ao conhecimento e a formação política e ideológica dos militantes.

Numa análise efetuada ao jornal *A Voz das Camaradas das Casas do Partido*[9], verificamos que os artigos publicados se podem dividir pelas seguintes categorias e subcategorias:

---

[9] Referimo-nos aos jornais publicados entre 1956 (nº 0) e Março de 1970 (nº 50) excluindo o nº 23 do qual não possuímos nenhuma cópia. O jornal *3 Páginas* não foi objeto desta análise.

Categorias de Análise dos Jornais

A Voz das Camaradas das Casas do Partido

1. Política Internacional
2. Situação politica e social do país
   a. Questões sociais
   b. Luta pela paz
3. Datas comemorativas
4. Figuras de referência
   a. "Mestres"
   b. "Heróis e mártires"
5. Na clandestinidade
   a. Comportamento na prisão
   b. Tarefas e regras conspirativas
   c. Forma de se ser clandestina e comunista
   d. Aprendizagem/Estudo
   e. Organização do PCP
6. Artigos sobre o Jornal *A Voz das Camaradas*

As questões do estudo, da formação política, da alfabetização estão dispersas em muitos artigos, mas mesmo assim surgem alguns artigos dedicados especificamente à importância do estudo. Podemos pois considerar que esta não era uma questão menor.

"O nosso estudo"; "Estudemos a linha política do Partido"; "Para defender o Partido é preciso estudar"; "Em primeiro lugar o estudo": são alguns dos títulos de artigos que encontramos nos jornais *A Voz das Camaradas*. Verificamos que o termo mais utilizado é "estudo", muito mais do que leitura. A leitura aparece como uma forma de acesso ao estudo, assim como a alfabetização é necessária para o acesso à leitura. O estudo vai para além da leitura, sendo necessário para se conhecer e compreender algumas questões consideradas essenciais, nomeadamente a situação do país e do mundo, a posição política do PCP, assim como o comportamento a adotar para a *defesa conspirativa* ou em caso de prisão e para se adquirir uma "cultura geral". Estas e outras questões não se deveriam ficar pela simples leitura dos documentos, mas pelo seu estudo, para o qual se dão indicações importantes, já que a grande maioria destas pessoas era pouco escolarizada e não possuía anteriormente hábitos de estudo, de análise e de crítica.

Depois de termos verificado que o apelo ao estudo assumia um papel importante, torna-se necessário encontrar respostas para outras questões: O que se deve estudar? Como se deve estudar? Para que se deve estudar?

Pela análise efetuada unicamente aos jornais *A Voz das Camaradas das Casas do Partido*, verificamos que o que deve ser estudado se pode dividir em quatro grandes categorias:

(a) o jornal diário[10];
(b) a imprensa e restantes materiais do PCP, estudando-se assim "a linha política do Partido";
(c) livros de preparação marxista, "os nossos mestres";
(d) gramática, geografia, aritmética e história de Portugal, visando alcançar uma "cultura geral".

Os jornais diários que encontramos referidos mais frequentemente são: *O Século*, existente entre 1880 e 1979, *A Republica* cuja II série teve início em 1930, terminando em 1978, o *Diário da Manhã* existente entre 1931 e 1971 e o *Diário de Noticias* que iniciou a sua publicação a 6 de Janeiro de 1865 e ainda hoje se publica.

Na análise efetuada dos materiais indicados para estudo nos jornais *A Voz das Camaradas* encontramos referidos: relatórios do Comité Central, artigos do jornal *Avante!* ou do *Militante*, folhetos, nomeadamente o folheto *Se fores preso camarada...* e ainda obras de Marx.

Entre as fontes de informação referidas nestes jornais encontramos os jornais diários, obras de Lenine; o *Militante*, o *Avante!*, alguns relatórios e o Programa e Estatutos do PCP; são ainda feitas referências às seguintes obras: *História do Partido Comunista (B) da União Soviética*, *Promesse de l'Homme* de André Bonnard, *Assim foi temperado o aço* de Nikolai Ostrovski e *Os Contos Vermelhos* de Soeiro Pereira Gomes.

---

[10] O jornal diário era de leitura obrigatória, devia no entanto ser estudado, recortando-se e sublinhando-se as notícias consideradas mais importantes

No entanto, para além destas obras especificamente referidas nos jornais *A Voz das Camaradas* outras obras de literatura eram lidas, assim como as teses e relatórios dos Congressos, comunicados, brochuras e folhetos editados pelo PCP ou pelos movimentos da oposição e outros jornais, destinados muitas vezes a grupos profissionais específicos e editados pelo PCP, como por exemplo *O Camponês, O Corticeiro, O Têxtil*, etc.

Parece, à primeira vista, que o estudo visava sobretudo a formação política e ideológica. Reforçando esta ideia do estudo como forma de preparação ideológica, salientamos a existência de uma coluna denominada "Campanha de Estudo Politico", publicada entre o nº 58 do jornal *3 Páginas* (Agosto de 1954) e o nº 6 do jornal *A Voz das Camaradas* (Novembro de 1956) que visava explicitamente a formação política e ideológica.

Podemos pois considerar que, tal como refere José Neves:

> "A leitura é um indispensável lubrificante revolucionário que opera a dois níveis. Num primeiro nível, os quadros do Partido necessitam de ler os clássicos para encontrarem formas de direção política que sejam adequadas. Num segundo nível, a literatura do Partido, sob a forma de diferentes suportes textuais, em regra produzida por aqueles quadros, deve ser lida por uma comunidade de trabalhadores pensada como comunidade de leitores" (2006:678)

Gostaríamos no entanto de salientar que, esta "comunidade de leitores" a que se refere José Neves é uma comunidade mais ampla do que os militantes clandestinos, e integra obviamente uma "comunidade de trabalhadores", mas é também formada pelos clandestinos, isto é, a "literatura do Partido" a que se refere este autor é produzida por militantes comunistas, não por todos, mas é também lida por eles, daí os apelos entre os militantes clandestinos para que estudassem os "materiais do Partido".

Consideramos que o estudo e a leitura visavam adquirir uma formação política através do texto escrito, pois a cultura política comunista dominante do século XX considera que a politização dependente "da introdução de ideias – os elementos *vindos de fora*, tal como formulados por Lenine – é decisiva na cultura política marxista-leninista, sendo o livro e os jornais entendidos como materiais fundamentais a essa almejada introdução" (Neves, 2006:675). A experiência e a "ligação às massas" enriquece-se com a relação dialéctica existente entre a prática e a teoria e entre a teoria e a prática. São ainda centrais ao estudo os documentos editados pelo PCP e os clássicos, classificados como "os nossos mestres".

No entanto, seria certamente redutor limitar a estes dois aspetos as questões a estudar pelos clandestinos. Embora o estereótipo tradicional do militante comunista aponte para um leitor quase exclusivo dos clássicos, leitor atento do jornal *Avante!* e seguidor dos comunicados emanados dos órgãos dirigentes, verificamos que as leituras na clandestinidade não se reduziam a estes materiais e obras, assim como nem sempre o apelo ao estudo e à leitura dos clássicos se consubstanciou nesse mesmo estudo.

Com efeito, tanto os testemunhos recolhidos, como a análise dos jornais *A Voz das Camaradas* indicam-nos que havia uma séria preocupação com a "cultura geral", ou seja, com o estudo de diferentes ciências exatas e sociais. Referimos, meramente a título exemplificativo, já que vários artigos apontam neste sentido, o artigo de «Manuela» intitulado "A Importância da Cultura Geral", publicado no nº 6 de Novembro de 1956 do jornal *A Voz das Camaradas:*

> "Li há pouco um discurso de Lenine proferido no III Congresso das Juventudes Comunistas em 1920, sobre "Como Estudar o Comunismo". Um dos aspectos [sic] fundamentais focados por Lenine é a necessidade, para o comunista, de adquirir uma sólida cultura geral, de assimilar o tesouro cultural que, ao longo de séculos, a humanidade criou. Lenine diz: "Seria um erro concluir que se pode ser comunista sem ter assimilado o que os conhecimentos humanos acumularam. Seria um erro pensar que basta assimilar as palavras de ordem comunistas e as conclusões da ciência, sem assimilar a soma de conhecimentos dos quais o próprio comunismo é uma consequência. O marxismo é um exemplo que nos mostra como o comunismo surgiu da soma de conhecimentos humanos. Não se é comunista enquanto não se enriquece a memória com o conhecimento de todas as riquezas acumuladas pela humanidade.
>
> Como devemos aplicar esta indicação de Lenine às nossas próprias condições? Creio que devemos aplica-la a nós próprias dedicando uma atenção cada vez maior, não só ao estudo dos materiais políticos, mas também à nossa cultura geral, isto é, ao estudo do português e de outras línguas, da história, da geografia, da matemática, da geometria, das ciências naturais, ao estudo de tudo quanto se refira à situação e condições do nosso país, particularmente económicas

(que é muito importante conhecer e onde podemos ir recolhendo dados que podem até servir o trabalho dos nossos camaradas) e assim por diante."

Também um auto de apreensão da PIDE a um clandestino refere que entre os documentos apreendidos estavam "os seguintes livros de estudo: 'tabuada infantil'; 'geografia'; um livro de ciências naturais sem capa; 'problemas de aritmética e geometria'; 'Yes sir'; 'A Modern Reader' livros um e dois"[11], o que demonstra a importância dada ao estudo. No jornal *3 Páginas*, nº 2 encontra--se uma caixa de texto que tem a seguinte inscrição **"Biblioteca: diz-nos os livros que lês. Diz-nos que livros gostarias de ler. A nossa ligação com os serviços de biblioteca do Partido, permite-nos indicar-te e enviar-te livros. Se tiveres gosto, pede, para estudares, livros de Geografia, ou História ou outro assunto que te interesse"**.

Margarida Tengarrinha refere que para além dos "materiais do Partido", dos clássicos e de literatura neo-realista, circulavam pelas casas clandestinas outro tipo de obras:

> *"[...] nós não tínhamos dinheiro para comprar livros nas livrarias, dizer que não tínhamos livros para ler não é verdade, além dos materiais do Partido e de livros políticos de Lenine, Marx, etc. havia toda uma circulação de livros de literatura, obviamente de certa maneira com uma orientação e não eram tão, tão só na orientação política progressista, porque de Júlio Dinis, de Eça de Queiroz também havia muitos livros que passavam pelas nossas casas. Houve um ou dois livros do Eça de Queiroz que pela primeira vez li nas nossas casas, que ainda não tinha lido. Portanto isso mostra uma preocupação de elevar o nível cultural, dos e das camaradas, não só das, mas também dos, porque eles também liam [...]" (Margarida Tengarrinha)*

Pode-se considerar portanto que a preocupação com a formação ia para além da formação política e ideológica, embora obviamente fosse este o cuidado principal.

Podemos ainda constatar que, apesar dos apelos veementes ao estudo dos clássicos – Lenine, Marx, Engels e em determinado período também Stáline – que são colocados numa esfera quase mítica, considerados como "os nossos mestres", e de leitura fundamental à militância comunista, não

---

[11] TT – PIDE/DGS – PC 1081/61

desempenharam na prática um papel de formação política tão importante como à primeira vista pode parecer. Todos os biografados se referem às suas leituras e às obras que lhes foram mais marcantes. Maria Carvalho diz:

> *" [...] eu tinha 19 anos, mas líamos tudo, romances, poesia e ao mesmo tempo livros também do ponto de vista marxista, O Manifesto Comunista, A Origem da Família, da Propriedade e do Estado, tudo aquilo começou e era discussões de manhã à noite, à mesa, íamos comendo e ainda por cima em plena guerra." (Maria Carvalho)*

Engels, mais concretamente *A Origem da Família, da Propriedade e do Estado*, foi marcante para esta entrevistada que ainda mantêm a sua admiração por este autor, no entanto, não podemos deixar de salientar que mais nenhum outro clandestino entrevistado se refere a qualquer obra dos clássicos de forma particularmente relevante.

A literatura que circulava pelas *casas clandestinas* tinha notoriamente um sentido político e social. As obras do neo-realismo e do realismo soviético foram marcantes para a maioria dos clandestinos, podendo mesmo considerar-se que, mais do que através do estudo de Marx ou Engels, a formação política se fez por uma via mais afetiva, através da literatura:

Os "materiais do Partido" eram de acordo com Sofia Ferreira[12], "a base", aquilo que de facto era fundamental para a politização dos militantes, ficando os clássicos relegados para um segundo plano.

Não podemos descurar a importância dos textos intermédios, isto é, aqueles que resumiam e davam a conhecer a obra teórica de Marx, Lenine ou Engels. Com efeito, as obras que de forma mais sucinta e por vezes mais simples davam a conhecer os clássicos eram uma leitura que substituía por vezes os autores originais:

> *"Havia então alguns livros de divulgação, havia livros teóricos do Politzer, tínhamos em francês e quem sabia bem francês traduzia, porque o Politzer sobre o materialismo*

---

[12] Sofia Ferreira nasceu em 1922 e começou a trabalhar no campo com 10 anos. Com 12 anos vai para Lisboa servir e mergulha na clandestinidade em 1946. è detida em 1949, juntamente com Álvaro Cunhal e Militão Ribeiro e libertada em 1953. Regressa novamente à clandestinidade, passa a ter tarefas de organização e é eleita para o Comité Central do PCP em 1957. É novamente presa em 1959.

dialético e o materialismo histórico é muito pedagógico e eu lembro-me que não o tinha estudado antes e estudei-o na clandestinidade." (Margarida Tengarrinha)

Podemos pois concluir que havia alguma diferença entre a prática e o apelo que era feito para não se "ler somente os materiais correntes do nosso Partido. Temos de ir à fonte dos conhecimentos políticos, temos de adquirir uma bússola política: temos de estudar os nossos mestres" (*A Voz da Camaradas* n º 31).

Apesar de muitos terem lido as obras de Marx, Lenine ou Engels, não podemos deixar de considerar que a formação política e ideológica dos militantes clandestinos se fez através de textos intermédios, prioritariamente através da imprensa e restantes materiais editados pelo PCP e de outro tipo de obras, nomeadamente da literatura neo-realista. A cultura comunista estabeleceu fortes pontes com o mundo literário[13], nomeadamente com o neo-realismo, o que originou cumplicidades e afinidades afetivas com estes autores. A leitura das mesmas obras e dos mesmos autores, censurados e impossíveis de adquirir legalmente, constituíram marcos de um percurso calcorreado por inúmeros indivíduos que, concordando nas referências aos mesmos textos e autores, não pode ser reduzido a mera coincidência. A leitura destas obras criou um sentimento de pertença, uma identidade de grupo e uma cultura própria que se distinguia não só, mas também, pelo tipo de leituras que fazia. Os escritores brasileiros, onde se destaca Jorge Amado e as suas primeiras obras *Cacau, Jubiabá, Capitães da Areia* ou *Subterrâneos da Liberdade,* Gorki com *A Mãe,* alguns realistas americanos designadamente Steinbeck e *As Vinhas da Ira,* os franceses onde se destaca Zola e os neo-realistas portugueses, Alves Redol e Soeiro Pereira Gomes entre outros, constituíram um guia de leituras, cujos livros eram na sua maioria adquiridos clandestinamente e passados de mão em mão, funcionando como um meio de introdução ao marxismo, que captava de forma afetiva, pela emoção e pela exaltação de princípios éticos e valores morais.

Temos ainda de salientar que, se a preparação política e ideológica era considerada fundamental, o conhecimento, a aquisição de uma "cultura geral" era fortemente estimulada. A formação era entendida não apenas no

---

[13] Ver a este propósito MADEIRA, João (1996) *Os Engenheiros de Almas. O Partido Comunista e os Intelectuais.* Lisboa: Editorial Estampa

sentido instrumental, apenas como "formação política", mas valendo por si mesma. Este papel central do estudo, da leitura e da necessidade de aprender na cultura comunista, durante o período da clandestinidade, devem-se na nossa opinião, ao papel emancipador e revolucionário como o conhecimento era entendido. O conhecimento e a cultura eram necessariamente aliados da revolução e da transformação social, porque eram por si só sinónimos de progresso e fatores de dignificação humana. José Neves considera que, obedecendo à estratégia antifascista, a defesa da cultura se devia à atribuição que lhe era feita de uma essência histórica progressista, considerando que:

> "para dirigentes e intelectuais comunistas, a cultura das classes dominantes – a cultura erudita – era tida como um património em que estava conservado o poder dos revolucionários de ontem (a burguesia) e um património de que as classes dominadas deveriam apropriar-se, num processo que concretizaria a passagem de testemunho entre os progressistas do passado e os progressistas do presente. A massificação da cultura por que pugnaram os intelectuais comunistas visou organizar esta transmissão do facho que iluminaria a história" (2008:297).

Não podemos deixar ainda de considerar que o conhecimento e a cultura desempenhavam um papel fundamental na luta ideológica, pois era necessário saber e conhecer para se discutir e argumentar. Esta valorização do conhecimento torna-se ainda mais relevante quando aqueles que promoviam o acesso à cultura eram maioritariamente pouco escolarizados.

Na situação de clandestinidade o estudo efetuava-se normalmente de forma isolada, pois o compartimento da organização partidária levava a que muito poucos conhecessem muito poucos, o que não facilitava a existência de formas de estudo em grupo. Eram sós que os clandestinos se dedicavam a estudar, no entanto, a discussão sobre os assuntos a estudar, a troca de ideias ou de opiniões deveria ser efetuada com o outro ou outros clandestinos com que viviam ou com quem estabeleciam contacto.

A aprendizagem da escrita, da leitura e mesmo de uma língua estrangeira, geralmente o francês, dado o impacto que a cultura francófona tinha na época, realizavam-se à semelhança da escola, ou seja, o clandestino que desempenhava a função de "professor" ensinava, muitas vezes com livros escolares as matérias ao outro que assumia o papel de "aluno". No entanto, a assimetria existente na escola entre professor – aluno não se faziam sentir neste contexto.

Outra das tónicas colocadas em relação ao estudo é que a teoria não deveria ser separada da prática, isto é, prática e teoria deviam caminhar lado a lado, pois "uma cultura livresca, puramente teórica, sem aplicação prática de nada serve" (*A Voz das Camaradas n º 27*, "O nosso estudo", «Sara»)

Apesar de o estudo se fazer isoladamente, o clandestino deveria discutir as questões que estudou com outros, nomeadamente nas reuniões de célula. Em relação às mulheres clandestinas apelava-se a que discutissem com o clandestino com quem habitavam o conteúdo dos materiais estudados, sublinhando-se que "O amigo longe de ser um 'mestre' que nos vá fazer perguntas e inteirar se a 'lição foi bem aprendida ou decorada', deve travar connosco uma discussão frutuosa pondo-nos problemas práticos onde possamos aplicar aquilo que aprendemos" (*A Voz das Camaradas n º 27*, "O nosso estudo", «Sara»). Apesar de encontrarmos algumas similitudes entre a aprendizagem que se realizava na clandestinidade e a escolaridade formal, notamos aqui uma clara distanciação deste universo, quando se salienta que o resultado do estudo deve ser debatido e interligado à prática.

Nos apontamentos apreendidos a um clandestino[14], dirigente do PCP, datados de 1957, encontramos referências à forma como se deveria realizar o estudo:

"1º Individual
2º Segundo um plano
3º Plano elaborado por cima
4º Fornecimento de obras
5º Reunião colectiva [sic] de discussão sobre estudo feito"

Verificamos que há uma preocupação por parte dos dirigentes partidários, não só quanto ao estímulo ao estudo, como quanto à forma como se estudava, que não deveria ser aleatória.

Pelos testemunhos recolhidos verificamos que o estudo na clandestinidade era de facto feito individualmente, que havia fornecimento de obras por

---

[14] TT – PIDE/DGS – Pç.20 GTNT1385 [Processo de Aboim Inglês]

parte da direção partidária e que se realizava normalmente uma discussão coletiva dos materiais e matérias estudadas. Não recolhemos informações testemunhais quanto à existência de um plano de estudo, elaborado "por cima", ou seja, por parte dos responsáveis partidários, no entanto, parece-nos que o estudo não era efetuado de forma completamente aleatória, mas de acordo com a utilidade que teria para a atividade política e para a formação ideológica de cada clandestino.

Pela análise efetuada aos jornais *A Voz das Camaradas* verificamos que a aquisição de uma maior consciência política é uma das razões apontadas para a realização do estudo, surgindo esta consciência como necessária para o cabal desempenho das *tarefas* que assumiam e como preparação para a realização de outras possíveis *tarefas* futuras. A formação de uma consciência política e de classe, ou seja, a consciência do que se é – um assalariado inserido num sistema de exploração capitalista – e da consciência do que se será na sociedade comunista é fundamental para a resistência na situação de clandestinidade. Esta consciência, embora fragmentária, de que se é membro de uma classe com um interesse histórico determinado, que se constrói (e desconstrói) historicamente com a construção da unidade da classe operária, faz-se pela *praxis* e também pelo estudo. Faz-se pelo conhecimento da realidade social. No entanto, esta formação da consciência política não valia por si só, mas com o objetivo de se ser mais eficaz na sua ação, ou seja, uma melhor consciência política permitia um desempenho mais perfeito das *tarefas* que tinham em mãos e ainda daquelas que poderiam vir a desempenhar. O estudo era necessário para a formação de uma melhor consciência política e esta era útil para a realização de um melhor trabalho político. Como refere «Marta»[15] o estudo era necessário para "aumentarmos a nossa capacidade política, dentro da ideia justa de que mesmo nas condições atuais, muito podemos aprender e ajudar o Partido na sua atividade diária" (*A Voz das Camaradas n º 3*, "A nossa tarefa"). A mesma ideia é apontada por «Manuela»[16] quando refere que "a nossa instrução política é uma tarefa que não devemos esquecer. Quanto melhor conhecermos a linha do nosso Partido, as condições do nosso país e de outros

---

[15] «Marta» foi um dos pseudónimos usados por Aida Paula e Maria da Piedade Gomes. Escreveram as duas nos jornais *3 Páginas* e *A Voz das Camaradas* e portanto não podemos apontar com exatidão a autora deste artigo
[16] Pseudónimo de Maria Helena Magro

países também, melhor trabalho poderemos fazer" (*A Voz das Camaradas n º 18*, "Utilidade da nossa tarefa").

O estudo e a formação de uma forte consciência política e ideológica eram ainda fundamentais para a possibilidade de resistência no caso de prisão. Com efeito, só uma convicção profunda das causas por que lutavam podia permitir a resistência às torturas. Também era necessário um amplo conhecimento das técnicas usadas pela polícia para estarem preparados para aquilo que viesse a acontecer, não sendo surpreendidos, pelo que existia um apelo a que se estudassem os documentos que se dedicavam a esta questão. Como escreve «Teresa» o estudo ajuda, em caso de prisão "a analisar a situação e ter confiança na luta" (*A Voz das Camaradas, nº* 35 "Para defender o Partido é preciso estudar").

É ainda natural que num contexto de ditadura fascista em que a censura assumia um papel crucial no controle da informação, os clandestinos utilizassem os seus documentos para estarem informados. O conhecimento da realidade que se vivia, o desenvolvimento de lutas, o êxito ou fracasso alcançado neste ou naquele lugar pelas reivindicações dos trabalhadores e também a posição que o PCP deveria defender quanto a este ou àquele assunto eram impressos em milhares de páginas de panfletos, jornais, manifestos e brochuras que conseguiam ultrapassar as malhas da censura. O conhecimento dos acontecimentos políticos e sociais do país e do mundo ajudavam os clandestinos a quebrarem o seu isolamento, a sentirem o resultado da sua ação e da atuação de outros como eles, ou seja, o resultado da ação do coletivo partidário, e a criarem um sentimento de confiança no futuro. A certeza da justeza da sua luta e a confiança na vitória que seria alcançada, a convicção de que estavam a trabalhar para a construção de um mundo mais justo e a crença na derrota do fascismo era-lhes dado pela leitura da informação partidária que relatava as lutas desenvolvidas e as vitórias alcançadas. Era aí que viam os reflexos do trabalho anónimo, muitas vezes monótono e rotineiro que realizavam diariamente.

Sobre as questões políticas e aspetos internos organizativos do PCP, os militantes deveriam estudar a linha política e dar a sua opinião, numa atitude dialética, construtora de um trabalho coletivo, em que o resultado final seria a síntese das opiniões manifestadas.

Através do estudo os militantes ficavam não só a conhecer a posição da direção do PCP como se pretendia que expressassem a sua opinião, promovendo a discussão e levando até à direção as opiniões dos militantes, formando a "opinião coletiva".

Podemos portanto concluir que os motivos expressos para o estudo são sobretudo a formação de uma consciência política, necessária ao desempenho das *tarefas* que têm de realizar. No entanto, uma análise mais cuidada indica-nos também que a leitura e o estudo dos materiais editados pelo PCP pretendiam também uma formação para os valores morais e para a ética, uma formação do comportamento e do carácter dos clandestinos.

Verificamos que nos jornais *A Voz das Camaradas* os artigos sobre os "heróis" e "mártires", ou seja, aqueles que deram provas de grande resistência e de grande dedicação ao PCP e que foram mortos ou presos e sofreram pesadas torturas são bastante numerosos. Estes "heróis" e "mártires": Maria Machado, Alfredo Dinis, Catarina Eufémia, Georgette Ferreira, Álvaro Cunhal, Soeiro Pereira Gomes, Maria Helena Magro, Militão Ribeiro, José Dias Coelho, Luísa Paula, entre outros – eram frequentemente apontados como exemplos de comportamento a seguir. Pela análise efetuada a estes jornais verificamos que não estava ausente a preocupação com uma formação para os valores, pois nem todos podiam ser comunistas e clandestinos era necessário "merecer sê-lo" (*A Voz das Camaradas nº 19*). Assim, pela análise de conteúdo efetuada a estes artigos verificamos que são frequentemente expressas as qualidades que os clandestinos deveriam possuir: "sentido de responsabilidade", "honestidade", "firmeza" "combatividade", "abnegação", "persistência" "dedicação à luta", "espírito de classe", "simplicidade", "sinceridade", "modéstia", "espírito de sacrifício", "coragem", "espírito revolucionário" e "amor ao trabalho". Estas qualidades, por contraponto aos defeitos apresentados, a "vaidade", o "aburguesamento" e o pior de todos os males, "a traição" encontram-se em inúmeros artigos escritos pelas mulheres clandestinas. Os valores morais dos comunistas e o comportamento que deveriam adotar são objeto de mais de uma dezena de artigos, salientando-se que existiu nas páginas destes jornais um debate sobre o "aburguesamento", lançado no nº 25 (Setembro de 1962) deste jornal por «Maria Iber»[17] que alertava para o perigo de as clandestinas

---

[17] Pseudónimo de Catarina Rafael

ao terem, por vezes, de representar papéis de burguesas virem a assumir esse comportamento, e que se prolongou até ao nº 32 (Maio de 1963).

Com efeito, a moral dos comunistas por contraponto à moral burguesa é apontada como marca distintiva. Os comunistas não se distinguem apenas pelos seus objetivos e pela sua ação revolucionária. Distinguem-se também pelos seus princípios morais. A moral dos comunistas, entendida como superior à moral burguesa, tem a "sua base objetiva nas condições de trabalho e de vida do proletariado" (Cunhal, 1974) e agindo como "força material" é voltada para o futuro.

Entendendo os comunistas, o seu partido não só como uma vanguarda revolucionária, mas também como uma vanguarda moral, naturalmente que através da vivência quotidiana, mas também através dos textos que publica tenta formá-los nesses princípios morais e valores éticos.

Para a permanência na clandestinidade durante longos anos, sofrendo privações, enfrentando o perigo da prisão e da tortura e consequentemente o medo, foi necessário uma formação moral sólida, em que a fraternidade e a solidariedade interpessoal desempenharam um papel fundamental:

"Ser comunista não consiste apenas em ter um objetivo político e lutar pela sua realização. Ser comunista não é apenas uma forma de agir politicamente. É uma forma de pensar, de sentir e de viver" (Cunhal, 1985:193) e através da sua ação prática revolucionária os comunistas pretendem educar(--se) para os princípios morais que defendem, formar o carácter dos seus militantes e consequentemente daqueles que lhe dedicaram a vida abraçando a clandestinidade.

DITADURAS E REVOLUÇÃO. DEMOCRACIA E POLÍTICAS DA MEMÓRIA

Referências Bibliográficas

Fontes Primárias

Entrevistas

Entrevista a Margarida Tengarrinha, Lisboa, 21 de Junho de 2005, entrevista gravada, 1 cassete

Narrativa Biográfica de Américo Leal, Setúbal, 31 de Março de 2005, entrevista gravada, 2 cassetes

Narrativa Biográfica de Domicilia Costa, Porto, 25 de Outubro de 2004, entrevista gravada, 2 cassetes

Narrativa Biográfica de Maria da Silva Carvalho, Almada, 30 de Março de 2005, entrevista gravada, 4 cassetes

Narrativa Biográfica de Sérgio Vilarigues, Sintra, 14 e 28 de Maio de 2005, entrevista gravada, 5 cassetes

Narrativa Biográfica de Sofia Ferreira, Lisboa, 18 de Fevereiro de 2003, entrevista gravada, 3 cassetes

Arquivos

Arquivo Pessoal Domicilia Costa:

Carta do Secretariado do C. C. do PCP, dirigida Às camaradas das Casas do Partido, datada de Fevereiro de 1961.

Carta do Secretariado do C. C. do PCP, dirigida Às camaradas das Casas do Partido, datada de Outubro de 1972.

Arquivo Nacional da Torre do Tombo:

TT – PIDE/DGS – Pç. 20GT - NT1385

Arquivo Distrital de Lisboa:

ADL – Tribunal Criminal da Boa Hora – Pç. 14499, vol. 6, fl. 371: "Temas de estudo" [Processo relativo a Álvaro Cunhal, Militão Ribeiro e Sofia Ferreira]

Fontes impressas

3 Páginas para as Camaradas das Casas do Partido (1946-1956)
A Voz das Camaradas das Casas do Partido (1956-1970)
Militante nº 90, Janeiro de 1957

Fontes Secundárias

CUNHAL, Álvaro *A Actuação do PCP Durante o Período de Ditadura*, [on-line], http://historiaeciencia.weblog.com.pt/arquivo/011074.html, acedido em 04-12-2003

CUNHAL, Álvaro (1985) *O Partido com Paredes de Vidro*. Lisboa: Edições Avante!

GOFF, Jacques Le (1988) *Histoire et mémoire*. Paris: Gallimard

GORJÃO, Vanda (2002) *Mulheres em Tempos Sombrios. Oposição Feminina ao Estado Novo*. Lisboa: ICS

GOUVEIA, Fernando (1979) *Memórias de um Inspector da PIDE*. Lisboa: Roger Delraux

LOFF, Manuel (2007) Coming to Terms with the Dictatorial Past in Portugal after 1974: Silence, Remembrance and Ambiguity. Documento Policopiado

MADEIRA, João (1996b) *Os Engenheiros de Almas. O Partido Comunista e os Intelectuais*. Lisboa: Editorial Estampa

MELO, Rose Nery Nobre de (1975) *Mulheres Portuguesas na Resistência*. Lisboa: Seara Nova

NEVES, José (2006) "Da Alfabetização Leninista: O caso dos Irmãos Figueiredo" in Diogo Ramada Curto (Dir.) *Estudos da Sociologia da Leitura em Portugal no Século XX*. Lisboa: Fundação Calouste Gulbenkian, Fundação para a Ciência e Tecnologia

NEVES, José (2008) *Comunismo e Nacionalismo em Portugal. Politica Cultural e História no Século XX*. Lisboa: Tinta da China

NOGUEIRA, Cristina (2009) *De Militantes a Clandestinos: Práticas e Processos de Formação na Clandestinidade Comunista (1940-1974)*. Porto: Dissertação de Doutoramento em Ciências da Educação apresentada à Universidade do Porto

PERDIGÃO, Rui [1988] *O PCP visto por dentro e por fora*. Lisboa: Editorial Fragmentos

PIMENTEL, Irene Flunser (2007) *A História da PIDE*. Lisboa: Círculo de Leitores, Temas e Debates

ROSAS, Fernando "Memória da Violência e Violência da Memória" in GASPAR, Carlos, PATRIARCA, Fátima e MATOS, Luís Salgado (Org.) (2012) *Estado, Regime e Revoluções. Estudos em Homenagem a Manuel de Lucena*. Lisboa: ICS

SILVA, João Céu (2006) *Álvaro Cunhal e as Mulheres que Tomaram Partido*. Porto: Edições Asa

THOMPSON, Edward-Palmer (2002) *Obra Essencial*. Barcelona. Crítica

TRAVERSO, Enzo (2007) *El pasado, instrucciones de uso. Historia, memoria, política*. Madrid: Marcial Pons

WORONTSOV, Madeleine (1977) *Lenine e a Imprensa*. Lisboa: Edições Antídoto

Ser e não ser:
A Revolução portuguesa de 74/75 no seu 40º aniversário

Fernando Rosas

O movimento militar vitorioso a 25 de Abril de 1974 deu origem, desde o próprio dia, à explosão de um movimento revolucionário de massa, um verdadeiro abalo telúrico que subverteu a ordem estabelecida a todos os níveis da sociedade. Ele tentou criar e articular novas formas democráticas de organização e expressão da vontade popular em milhares de empresas, nos bairros populares das periferias das cidades, nos campos do sul, nas escolas, nos hospitais, nos órgãos locais e centrais do Estado e até nas Forças Armadas. Um movimento revolucionário de massas que no seu processo, nos seus distintos períodos ofensivos, ocupou fábricas, as terras do latifúndio, as casas de habitação devolutas, descobriu a autogestão e o controlo operário, impôs a nacionalização da banca e dos principais sectores estratégicos da economia, saneou patrões e administrações, criou Unidade Coletivas de Produção para a Reforma Agrária e geriu a vida de milhares de moradores pobres de Norte a Sul do país. Um movimento que no seu ímpeto impôs na rua, pela sua própria força e iniciativa, como conquistas suas, as liberdades públicas, a democratização política do Estado, a destruição do núcleo duro do aparelho repressivo do anterior regime e a perseguição dos seus responsáveis, o direito à greve, a liberdade sindical, as bases de uma nova justiça social. Um mundo voltado de pernas para o ar, os 19 meses em que o futura era agora, um curto e raro instante em que as mulheres e os homens comuns, o povo do trabalho e da exploração, sonhou poder tomar o destino nas suas próprias mãos. A isso se tem chamado, e a meu ver bem, a Revolução portuguesa de 1974/1975.

Um movimento de oficiais intermédios

Esta Revolução tem uma primeira e essencial particularidade a que normalmente se dá pouca atenção. É que ela é detonada por um golpe militar de características singulares na longa história dos golpes militares dos séculos XIX e XX em Portugal. Um movimento militar fruto do cansaço da guerra colonial que se arrastava há 13 anos, sem vitória possível e com graves derrotas à vista, travada contra os ventos da história, injusta e a prazo breve ruinosa. Num país impedido pela ditadura de se expressar e decidir livremente sobre este assunto, o descontentamento contra a guerra, numa dessas ironias em que a história é fértil, vai ser interpretado pelos jovens oficiais que a conduzem no terreno, os capitães e majores que comandavam as companhias, unidades matriciais da quadricula da ocupação militar colonial. Ou seja, não é um complot de generais, almirantes e coronéis (até ao fim fiéis ao regime e ao esforço de guerra, salvo raras exceções. É um movimento de oficiais intermédios a que, no processo, aderirão oficiais subalternos e milicianos. Uma conspiração que, no contexto de descontentamento popular crescente e no ambiente político e ideológico da época, rapidamente evolui dos objetivos corporativo-profissionais (que, aliás, o Governo satisfaz em Outubro de 1973) para um propósito político subversivo: de Setembro a Dezembro de 1973, dos plenários de oficiais de Évora ao de Óbidos, o movimento assumira claramente a consciência da necessidade de derrubar o regime. Sem democratização não haveria solução política para acabar com a guerra.

A rápida extensão e politização da conspiração dos oficiais intermédios, o seu controlo ou neutralização da maioria das principais unidades operacionais dos três ramos das FA no país, criava, assim, uma situação não imediatamente percetível mas decisiva: privava drasticamente o Estado e a hierarquia de força militar, ou seja, transformava-a, na realidade, e ao seu juramento de obediência ao regime, numa patética e inútil "brigada do reumático". Numa cabeça sem corpo e sem consciência de o não ter. Mas retirava esse poder operacional, também, aos raros generais dissidentes convencidos que tinham na mão um golpe militar. As primeiras horas do "25 de Abril" e do seu rescaldo foram uma amarga surpresa tanto para os comandantes hierárquicos como para o general Spínola e os oficiais que o seguiam.

Disto decorre uma segunda característica central: a neutralização/anulação do papel tradicional das FA. A vitória do movimento dos oficiais intermédios, na realidade, rompe a cadeia hierárquica de comando das FA, subtrai-as ao controlo tradicional do Estado e das chefias por ele designadas, dessa forma paralisando a função das FA como órgão central da violência organizada do Estado. Nesse sentido, em rigor deixa de haver FA, sucedendo-lhe – o que era coisa bem distinta -, o MFA, que a breve trecho controlará o essencial do poder militar operacional mais relevante através do COPCON. Neste inicial período spinolista, até à sua derrota em 28 de Setembro de 1974, quando muito, há a luta desesperada dos restos da velha hierarquia (aliás largamente saneada na "noite dos generais" pelos oficiais do revoltosos, logo a 6 de Maio) para eliminar o MFA. A derrota do spinolismo consagra assim essa espécie de anulação das FA como espinha dorsal da violência do Estado.

Convém acrescentar que essa circunstância tem ainda uma outra consequência relevante: a paralisação, pulverização e enfraquecimento geral do poder e autoridade do Estado. O que emerge do golpe militar é um poder poliédrico de competências conflituantes e debilitadas: uma Junta de Salvação Nacional sem poder real nas FA, um Governo provisório sem poderes sobre as FA e com as forças policiais e ministérios paralisados, um Conselho de Estado de competências largamente retóricas e, fora desta lógica institucional (ainda que representada no Conselho de Estado), a Coordenadora do Programa do MFA, única sede de poder efetivo, mas em forte disputa com a fação spinolista nas FA e nos demais órgãos. O velho poder caíra, já não ameaçava ninguém, e deixava um campo indefinido e vulnerável a uma drástica alteração da relação de forças no plano social e político.

O fim da guerra colonial

Finalmente, assunto que não desenvolverei aqui, o processo que se vem descrevendo tem um outro efeito: a cessação a curto prazo da guerra colonial nas três frentes e a formação, quer nos contingentes em África, quer na opinião pública portuguesa, de um forte movimento recusando novos embarques de tropas para as colónias, exigindo a litoralização do dispositivo militar e o regresso das tropas, pressionando pela imediata abertura de negociações com os movimentos de libertação nos termos por eles apresentados, ou, nas zonas de guerra, substituindo o combate pela confraternização com o "inimigo". O exército colonial e a opinião pública recusavam-se a continuar a guerra. A descolonização irá ser negociada pelo MFA e o Governo Provisório, sem opinião pública, sem FA e sem apoio internacional para algo que não fosse a autodeterminação e a independência para os povos das colónias.

A conjugação dos fatores acima indicados (o apagamento da função das FA como garante central da "ordem" e a deliquescência do poder do Estado) com a forte tensão política e social acumulada no período final do regime marcelista, origina a explosão revolucionária. O movimento de massas, largamente espontâneo, por virtude de um desses "mistérios" que caracterizam as situações revolucionárias maduras para a ação, teve, na própria manhã do golpe – o emblemático desenlace do confronto na Rua do Arsenal terá tido nisso o seu papel[1] – a dupla intuição que podia e devia tomar a iniciativa. A intuição do momento e a intuição da força própria: "é agora, porque agora somos mais fortes do que eles". A compreensão quase intuitiva de que a correlação de forças, naquele momento indesperdiçável, era favorável à iniciativa popular. E de espectador, o movimento de massas passa a actor principal. Antes do golpe militar, por si só, não obstante a sua força e radicalidade, não conseguiria derrubar o regime. Mas agora agarrava a oportunidade que esse particular movimento militar lhe facultava, entrando de rompante pelas "portas que Abril abriu". O golpe, ao contrário do que pretendeu a tentativa de A. Cunhal o recuperar para a velha narrativa do "levantamento nacional"[2],

---

[1] Na manhã do dia 25 de Abril de 1974, na Rua do Arsenal, em Lisboa, tanques da Escola Prática de Cavalaria, de Santarém, aderente ao movimento militar, enfrentou os da Cavalaria 7, comandados pelo brigadeiro Junqueira dos Reis, fiel ao regime. Depois de várias tentativas de conversações, o brigadeiro dá ordem de fogo contra o capitão Salgueiro Maia que comandava a força do RC7. O alferes que chefiava a guarnição do tanque recusa-se a obedecer e recebe voz de prisão. O cabo que, em seguida, recebe ordem idêntica, também desobedece. Parte da força passa-se para os revoltosos e os outros voltam para trás. Tornou-se claro que o regime não tinha força militar que o defendesse.

[2] Cf. Álvaro Cunhal, *A Verdade e a Mentira na Revolução de Abril (a contra-revolução confessa-se)*, ed Avante, Lx, 1999, pag. 101 e segs

não era a expressão armada da "insurreição popular" (inicialmente quereria mesmo evitá-la...), não era a explosão revolucionária, todavia, pelas suas características particulares, contribuiria decisivamente para a desencadear.

Na sua imparável dinâmica inicial, entre Maio e Setembro de 1974, o movimento popular revolucionário conquista na rua, nas fábricas, nos bairros populares, nas escolas, nas zonas rurais, muito do essencial: os fundamentos da democratização política, as liberdades fundamentais, a liquidação dos órgãos de repressão e censura política e das milícias fascistas, muito antes de tudo isso ter consagração legal. A democracia política em Portugal não foi uma outorga do poder. Foi uma conquista imposta ao poder. O mesmo quanto à democratização social, o direito à greve, a liberdade sindical, o salário mínimo, as férias pagas, a redução do horário do trabalho e os fundamentos de um sistema universal de segurança social. O movimento de massas fez tudo isso enfrentando com os seus órgãos de vontade popular eleitos em plenários de fábricas ou assembleias de moradores, a oposição sistemática da Junta de Salvação Nacional (JSN), do Governo Provisório (GP) e do PCP e da Intersindical nessa fase investidos em guardiões da "ordem democrática" contra o "esquerdismo irresponsável" (ao jeito da I República, chegaram a convocar manifestações contra as greves). No entanto, foi a força desse movimento que se mostrou decisiva na derrota da 1ª tentativa contra-revolucionária do spinolismo, em Setembro, de alguma forma impondo o MFA como força político-militar hegemónica no processo

A partir de Outubro de 1974, a crise económica, o encerramento ou a pilhagem de muitas empresas pelos patrões em fuga, o disparar do desemprego, alteram e radicalizam os padrões de ação: os trabalhadores ocupam as empresas, e, a partir de Janeiro, as herdades dos agrários alentejanos e do Baixo Ribatejo, experimentam a autogestão ou exigem a intervenção do Estado ou do MFA, ensaiam várias formas de controlo operário e fazem-no através de Comissões de Trabalhadores ou de moradores por si eleitas. Manter as empresas a funcionar, derrotar a sabotagem económica, assegurar o emprego, cedo coloca a questão da nacionalização dos sectores estratégicos da economia (a começar pela banca). O propósito é conquistado no rescaldo da derrota da segunda tentativa contrarrevolucionária dos spinolistas, em 11 de Março de 1975. Aprova-se a nacionalização da banca (na prática dos grandes grupos financeiros) e legaliza-se a Reforma Agrária já em curso. O controlo operário está na ordem do dia. O processo revolucionário parecia dar um passo em frente. Na realidade, era o último.

As três derrotas do processo revolucionário

Efetivamente, o heteróclito campo da revolução iria sofrer, nos meses seguintes, três derrotas sucessivas e determinantes. A primeira, com as eleições de Abril de 1975 para a Assembleia Constituinte. Não são só os modestos resultados do PCP (12,5%), do MDP (4,1%) e da UDP (0,7%): é alteração do critério legitimador do poder em redefinição. Na realidade, com as eleições de Abril 1975 legitimidade eleitoral impõe-se definitivamente sobre a legitimidade revolucionária. E a verdade é que o PS vencera as eleições constituintes com 37,8% dos votos. A revolução não tivera nem a capacidade de as adiar/anular como na Rússia de 1917 (o que era difícil num país onde a oposição fizera das eleições livres a sua bandeira de sempre), nem a força de as ganhar (como o *chavismo* venezuelano dos nossos dias). É precisamente a partir daqui, desta crise de legitimidade que nem a retórica tutelar do I Pacto MFA/Partidos consegue minimizar, que se inicia a rotura dos sectores intermédios com o processo revolucionário, argumentando contra a hegemonia totalizante que nele tendia a assumir o papel do PCP.

Rompe-se o Governo Provisório com a saída do PS e do PSD (unicidade sindical, caso República) e explicita-se a crescente e já indisfarçável desagregação do MFA. A extrema-direita terrorista passa à ação em todo o país contra as sedes e militantes de esquerda e a hierarquia católica distancia-se do PREC a pretexto da ocupação da Rádio Renascença. Inicia-se a mobilização de massa contra o processo revolucionário com os grandes comícios e manifestações convocados pelo PS a favor de uma democracia parlamentar e "europeia" e as concentrações de apoio ao episcopado no Norte e Centro do país. Na realidade, em Julho de 1975, com a formalização do "Grupo dos 9", está constituído, tendo como eixo os "Nove" e o PS, um campo político--militar de oposição e alternativo ao dividido campo revolucionário que lhe vai disputar, palmo a palmo, as posições-chave no aparelho militar e no Governo, como primeiro passo para o derrotar no plano da mobilização social. Um campo apoiado abertamente pela direita política e dos interesses, por sectores maoistas que reificavam o perigo de um regime tutelado pelo PCP e, mais na sombra, pelas, sabemos hoje melhor, largas ramificações da extrema-direita fascista e terrorista do ELP/MDLP e grupos afins.

Precisamente, a segunda derrota do campo da revolução socialista, em Agosto/Setembro de 1974, é o afastamento generalizado da "esquerda militar", sobretudo da mais próxima de Vasco Gonçalves e do PCP, não só da liderança do Governo provisório como das fortes posições detidas no aparelho militar: é encerrada a v Divisão, Vasco Gonçalves é afastado de 1º Ministro e impedido de assumir o cargo de CEMGFA, Eurico Corvelo é demitido da chefia do RMN, os "gonçalvistas" são colocados em minoria no Conselho da Revolução perdendo 9 conselheiros, são readmitidos os conselheiros do "grupo dos 9", o VI Governo é uma clara guinada à direita. Sobram Otelo e o COPCON, mas o cerco a este último núcleo do revolucionarismo militar começa de imediato. O que sai deste embate é uma substancial alteração da correlação de forças a nível político e militar: nas chefias e no Governo, instalam-se agora opositores ao curso revolucionário. Não era o fim, mas era o prefácio do fim

Com o processo revolucionário em curso, deter as cúpulas do poder político e até das chefias militares não era resolver a situação. Havia um movimento de massas disposto a lutar pelo que tinha conquistado. A "contra ofensiva das lutas populares", como lhe chamará o PCP, será forte e prolongada, mas representa já, não obstante a sua capacidade de mobilização entre Setembro e Novembro, um processo claramente defensivo contra o "avanço da reação" e a iminência de um golpe militar, na realidade, em preparação a partir do "grupo dos 9" e desde a" limpeza" desse Verão. Considerar essa radicalização terminal, quase desesperada e sem orientação clara, como o "momento insurrecional" ou o "assalto final" ao poder do Estado[3], parece-me ser uma abordagem que nada tem a ver com a realidade. As importantes mobilizações desse período, de uma forma geral, não colocavam a questão da tomada do poder: reclamavam as posições perdidas (demissão de Corvacho, desativação do CICAP, silenciamento à bomba da Renascença, atentados bombistas...), denunciavam os planos político-militares, esses, sim, ofensivos, do campo contra-revolucionário, em suma, estavam à defesa e tentavam segurar o que

---

[3] Cf. Raquel Varela, História do Povo na Revolução Portuguesa (1974-1975), Bertrand editora, Lx, 2014, pag. 421 e segs e pags 496 a 498.

tinham obtido. Isso não é incompatível, na ausência de um movimento de massas unificado e de uma direção política clara, com o deixar-se arrastar para a aventura golpista incipiente protagonizada pelos paraquedistas e as unidades do COPCON da Região Militar de Lisboa (RML) com o apoio de certos sectores sindicais afetos ao PCP e da militância da extrema-esquerda (ocupação das bases aéreas, de alguns pontos estratégicos da capital, da RTP e da EN). A 25 de Novembro, isso constituiu o pretexto há muito esperado para se desencadear o contra-golpe militar a sério. O que precisamente é revelador neste contexto é a surpreendente facilidade com que, praticamente sem resistência (excetuando o breve confronto na Polícia Militar), o Regimento dos Comandos subjugou, uma a uma, as unidades rebeldes. As escassas centenas de pessoas que as "defendiam" dispersaram e os seus chefes, disciplinadamente, se foram entregar ao Palácio de Belém. A terceira derrota era, agora, definitiva para o processo revolucionário.

O "25 de Novembro" e o fim da revolução

O novembrismo está para a contra-revolução, como o movimento militar de 25 de Abril estive para a revolução. Ele não era a contra-revolução, mas a alteração da correlação de forças que impôs, abriu o campo a que ela paulatina, progressiva e constitucionalmente se instalasse como política dominante da situação pós-revolucionária. Dissimulada e prudente ela entrava pelas portas que Novembro abrira. A 25 de Novembro, o golpe ordena a prisão de 118 militares, saneava da RTP e da EN 82 trabalhadores e demitia as administrações e direções da imprensa estatizada, substituídas por gente do PS e PSD ou militares afins. Ao contrário do que pretendiam a extrema direita e certos sectores da direita, não houve prisões massivas de "vermelhos", anulação das liberdades públicas, dissolução de partidos ou encerramento de sindicatos ou das suas publicações, O PCP manteve-se no Governo Provisório e a Constituição de 1976 consagraria o objetivo do socialismo, a irreversibilidade das nacionalizações, a Reforma Agrária, o controlo operário e o papel das CT.

Na realidade, o Grupo dos 9 negociara discretamente com o PCP uma *contenção pactuada* do processo revolucionário (o PCP travara no terreno os ativistas sindicais, os militantes civis e os militares arrastados para a aventura iniciada pelos paraquedistas) o que resultaria num processo obviamente distinto de uma clássica e violenta resposta contra-revolucionária. Um acordo que fazia a economia de uma contra-revolução sangrenta, mas em que os vencedores alteravam as regras do jogo em dois aspetos cruciais: impunham a consagração da legitimidade eleitoral sobre a legitimidade revolucionária e, sobretudo, liquidavam o MFA, repunham a hierarquia tradicional dos FA e, nesse sentido, anulavam a aliança essencial com esse braço armado de que dispusera o movimento popular no processo revolucionário. Regressavam as FA como espinha dorsal da violência legal do Estado. É certo que a revolução terminava. Mas deixava na democracia parlamentar que lhe sucedia a marca genética das suas conquistas políticas e sociais, dos direitos e liberdades que arrancara na luta revolucionária e cuja continuação impusera e defendia na nova situação política. É por isso que a equiparação esquemática que por vezes se faz entre a contra-revolução e a democracia parlamentar[4] desconhece que, no caso português, ela é fruto do compromisso com um processo revolucionário que profundamente a marcou. Ao contrário do que afirma a direita política e historiográfica – em curiosa aproximação com o citado ponto de vista – a democracia política não existe em Portugal *apesar* da revolução, mas *porque* houve a revolução.

Há, portanto, e um ser e um não ser na revolução portuguesa de 1974/75. Ela teve a força de subverter a ordem estabelecida atingindo os fundamentos do próprio sistema capitalista, mas não conseguiu segurar e, menos ainda, aprofundar essas aquisições num poder socialista durável. Foi travada a meio caminho e perdeu boa parte das suas conquistas mais avançadas na contrarrevolução mansa que se estabeleceu com a "normalização democrática".

---

[4] Ibidem, pag. 482 e segs.

Lista Das Siglas

CICAP = Centro de Instrução e Condução Auto do Porto. Era uma unidade militar do exército.

CM = Comissão de Moradores. Órgãos de vontade popular eleitos pelos moradores dos bairros populares das principais cidades do país.

COPCON = Comando Operacional do Continente. Tinha a seu cargo a coordenação das principais unidades operacionais encarregues da "manutenção da ordem pública". Otelo Saraiva de Carvalho foi designado como seu chefe.

CR = Conselho da Revolução. Órgão superior de direção político-militar do processo revolucionário, criado e eleito pela Assembleia do MFA na sequência da frustrada tentativa golpista de 11 de Março de 1975. Era presidida pelo Presidente da República. Manteve-se como órgão constitucional no texto da Constituição aprovada em 1976.

CT = Comissão de Trabalhadores. Órgãos de vontade popular eleitos pelos trabalhadores nas empresas a partir de Maio de 1974.

ELP = Exército de Libertação de Portugal. Organização clandestina de extrema-direita constituída por ex-dirigentes fascistas, militares contra-revolucionários e agentes da extinta polícia política. Responsável por inúmeras ações terroristas em Portugal a partir de 1975. Baseada em Espanha com apoio do governo de Madrid. Viria a integrar-se no MDLP.

EN = Emissora Nacional

FA = Forças Armadas

GP = Governo Provisório

Grupo dos 9 = Grupo de 9 oficiais do MFA e do Conselho da Revolução que subscreveram um documento recusando quer a "via totalitária", quer a via "social-democrata", defendendo a gradual transição para um socialismo adequado "à realidade concreta portuguesa".

JSN = Junta de Salvação Nacional. Foi designada pelo MFA em 25 de Abril de 1974 e presidida pelo general Spínola até 30 de Setembro de 1974. Foi dissolvida na sequência da tentativa golpista de 11 de Março de 1975 e substituída pelo Conselho da Revolução.

MDLP = Movimento Democrático de Libertação de Portugal. Organização clandestina de extrema-direita com base em

Espanha chefiada por Spínola e responsável por vários atentados terroristas no país a partir de 1975.

MDP = Movimento Democrático Português. Organização frentista hegemonizada pelo PCP e com existência desde 1969.

MFA = Movimento das Forças Armadas. Nome que adotou o movimento de oficiais que derrubou o regime a 25 de Abril de 1975.

MRPP = Movimento Reorganizativo do Partido do Proletariado. Organização maoista fundada, na clandestinidade, em 1970.

PCP = Partido Comunista Português.

PREC = Processo revolucionário em curso.

PS = Partido Socialista.

Renascença = Rádio Renascença, emissora da Igreja Católica.

RML = Região Militar de Lisboa.

RMN = Região Militar Norte.

RTP = Rádio Televisão Portuguesa.

UDP = União Democrática Popular. Organização de extrema-esquerda resultante da fusão de vários grupos marxistas-leninistas em 1975.

Revolução de outro modo.
Práticas de construção da memória da revolução entre as elites económicas do Porto.

Bruno Monteiro[1]

A uma importante literatura de carácter memorialístico existente a respeito dos patrões nacionais, têm-se ultimamente acrescentado obras, ora de pendor jornalístico, ora com pretensões historiográficas (expressas pela produção de teses académicas e pela integração em centros de investigação universitários), que visam apresentar as consequências que os acontecimentos revolucionários tiveram para os empresários portugueses. Se esse movimento de publicação servir como indicador aproximado para avaliar o vigor de uma corrente de pensamento, parecem ter-se criado circunstâncias para a recepção de obras que testemunhem sobre o "outro lado da revolução". Embora este texto não vise conhecer os motivos que podem explicar a irrupção de uma narrativa que verdadeiramente sempre acompanhou a escrita sobre a revolução, porque a partir do primeiro momento existe também um movimento de

---

[1] Sociólogo, investigador integrado do Instituto de Sociologia (UP) e investigador associado do Instituto de História Contemporânea (UNL). É bolseiro de pós-doutoramento com o apoio da Fundação para a Ciência e a Tecnologia.

contra-revolução[2], torna-se pertinente explanar sucintamente, porque não visamos conduzir uma crítica de pormenor, o modo de interpretação historiográfica que estas obras contêm e veiculam.

Sem presumir as suas possíveis ressonâncias políticas, que não nos interessam, o método de selecção, tratamento e exposição praticado por tais obras pauta-se usualmente por um menosprezo do processo de objectivação dos *testemunhos* dos próprios empresários, processo imprescindível para compreender a vinculação que os pontos de vista (retrospectivos) assim coligidos têm com o trajecto singular e colectivo percorrido pelas *testemunhas* e, por seu intermédio, com o lugar físico e social contemporaneamente ocupado no contexto revolucionário, passos cruciais para compreender, como veremos, as espécies de experiências concretas e simbólicas com que contactavam nessa época. Sem isso, fica precisamente por conhecer as condições sociais e históricas que permitem, ou formatam, o processo de produção da memória patronal. Não só tais interpretações sobre a revolução conseguem furtar-se ao respeito pelas regras comummente partilhadas pela comunidade científica, pretextando, em contrapartida, o plebiscito do *público*, como tendem, em congruência, a equiparar e a nivelar as críticas científicas pelos critérios e princípios que orientam e inspiram as opiniões formuladas pelos protagonistas implicados com a revolução, ignorando que o contexto de pertinência da ciência tem regras e paradas totalmente contrastantes por comparação com o senso comum. Sequestrando a contenda historiográfica com os binómios por meio dos quais se extremam e reduzem sistematicamente as leituras da conjuntura revolucionária a oposições simples[3], o trabalho de *verificação*, fundada pela *crítica* das fontes e factos e pela *polémica* entre colegas de ofício, vê-se assim transformado em simples matéria de *opinião*, em que o valor do comentário é apreciado unicamente a partir dos predicados pessoais do comentador.

---

[2] O termo assim usado tem um sentido que supera a simples conotação política, compreendendo, por acréscimo, as correntes de opinião e os movimentos sociais que se constituem, pela própria lógica do contexto revolucionário, em versões que concorrem, recusam e criticam essa mesma lógica; a respeito da Revolução Francesa, vd. Tackett (2001).

[3] Para uma crítica de tal modelo de leitura da revolução, que opõe, por exemplo, "vítimas" e "culpados", vd. Lüdtke (2013: 71-106).

O modo de pensar o processo de transformação histórica que é projecta-do por estes intérpretes da revolução, que recupera as explicações comuns segregadas pelos próprios participantes do contexto revolucionário usual-mente sem as encastrar sobre o seu contexto de pertinência, explica as suas preferências temáticas e técnicas. Sem procurar oferecer uma verificação exaustiva, vale a pena começar por evidenciar a escolha selectiva de casos pessoais, frequentemente envolvendo personalidades tidas por excepcionais – sem que tenhamos, porém, uma ideia da sua excepcionalidade individual, que só a inserção entre o feixe coetâneo de empresários permitiria avaliar. Nestes trabalhos, o motor da história são as personalidades e são as interac-ções entre elas que o põem em movimento; pressuposto que fornece o mote para a predilecção pelos casos que melhor encaixam nesses pré-requisitos ("líderes" visíveis ou ocultos, "milionários"). Em consequência, a lógica da acção parece estar completamente contida por redes de interacção, a explica-ção da história parece prescindir de patamares interpretativos que superem a situação de co-presença entre sujeitos, o que conduz, por sua vez, a que os comportamentos pessoais, emancipados teoricamente da ordem das estru-turas sociais mais vastas, pareçam orientar-se exclusivamente por simpatias e aversões, ou intenções e anseios, que são imanentes aos locais de encontro interpessoal. De seguida, encontramos usualmente uma pesquisa centra-da em episódios, eventos que surgem privados de um encastramento mais lato em termos temporais e territoriais ("aventuras"). Em compensação, a justificar as pretensões de posse de explicação de natureza histórica, existe uma verdadeira fixação com a cronologia, em que o apuramento minucioso do instante, visto numa sequência unilinear e teleológica de causas e con-sequências, serve para oferecer a aparência de exactidão. Muitas vezes, em virtude de uma leitura da revolução fortemente carregada em termos morais, estas propostas de interpretação chegam a propor retoricamente a revolução como uma imagem invertida do Estado Novo, em que, se mudam os papeis de *vítima* e *verdugo*, permanece o sistema policial de perseguição, as cominações inspiradas pelo segredo e pela conspiração, a transigência com o recurso a ilegalidades e traições, e a aplicação sistemática dos instrumentos de violência do Estado para reprimir os rivais. Esta *visão moral da revolução* tem fornecido a matriz de pensamento, que se ignora a si mesma como *política* e que, em contrapartida, se insinua como inócua e como sem interesses económicos e sociais, para este estilo de raciocínio, que serve igualmente a interpretações "progressistas" e "reaccionárias" porquanto constitui uma espécie de *filosofia espontânea* dos comentadores políticos.

1. Ver o tempo sob a óptica do presente: notas sobre o processo de objectivação sociológica do testemunho.

Em vez de continuar nesta crítica, parece-nos promissor explorar um programa de investigação sobre os processos de construção do passado que estão em acção nas enunciações dos próprios participantes do contexto revolucionário. Neste sentido, iremos proceder, em primeiro lugar, a um trabalho de reconstrução sócio-histórica que permita situar a burguesia económica do Porto no conjunto da população portuguesa e, em particular, entre o patronato da época. Este procedimento irá permitir uma aproximação aos limites da *superfície de exposição temporal* que a envolvia por ocasião da revolução, ou seja, o *espaço de experiência*, para usar a expressão de Reinhart Koselleck (2001: 258), em que se inscreveram os seus contactos com o mundo da vida da revolução entre 1974 e 1976. Os factores económicos e políticos da burguesia económica do Porto circunscreviam, assim, um círculo de experiências prováveis, um terreno de saturação para eventos e episódios, comportamentos e pensamentos, ou pressentimentos e esperanças que eram mais ou menos semelhantes e mais ou menos partilhados pelo conjunto dos burgueses da cidade. Num segundo momento, vamos procurar reconstruir o *horizonte de retenção* que parece ser acessível e importante para estes empresários por ocasião das nossas entrevistas entre 2010 e 2014. Reinterpretando o raciocínio de Reinhart Koselleck a respeito do *horizonte de expectativas* (2001: 263-264), ou seja, o limiar de visibilidade e os pontos de relevância que se impõem a certo instante do tempo para um conjunto de sujeitos históricos comungando de condições materiais e simbólicas de existência equiparáveis, vamos tentar captar os modos de enunciação da recordação, os pontos de convergência ou clivagem nas apreciações do passado, as soluções de interpretação da história, a tendência para a consagração ou para a repressão de certos episódios ou personalidades, e os regimes de justificação que são invocados por estes entrevistados para apresentarem retrospectivamente a sua vivência revolucionária. A *retenção*, reapropriando muito livremente o conceito de Edmund Husserl (1991: 33-34), não consiste num movimento de reflexo do passado, nem numa reposição passiva de impressões, envolvendo, sim, a restituição criativa do passado filtrada pelas competências e inclinações da testemunha, um pôr-em-forma da memória que surge coordenado com o presente da recordação – e que nunca é, inclusive se inventado, completamente fortuito.

Um tal programa de investigação permite ensaiar uma interpretação sobre as experiências da revolução e as suas memórias, planos de observação usualmente separados em virtude de se vincularem ou apelarem expressamente a paradigmas de pesquisa considerados independentes, ou mesmo opostos, por convenções que opõem explicação e compreensão, ciências nomotéticas e ciências ideográficas, métodos quantitativos e métodos qualitativos. Embora encontremos já propostas de superação nos trabalhos de Max Weber (Ringer, 1997), tais oposições permanecem e, em parte, impedem a transumância intelectual por terrenos de exploração assim separados. Neste texto, ao objectivar, primeiro, as experiências pessoais e colectivas que foram concretamente vividas com a conjuntura histórica da revolução e, em seguida, as memórias que foram posteriormente seleccionadas e enunciadas a seu respeito pelas mesmas pessoas que a viveram, torna-se possível interrogar, respectivamente, as condições sociais que fundaram as experiências revolucionárias da burguesia do Porto, em especial as suas orientações pretensamente contrárias ao Estado Novo, e as condições sociais que ajustam a produção de memória sobre esse contexto histórico. Se evitarmos as extrapolações entre esses planos de observação, precavendo-nos de propor relações de precedência hierárquica ou causal entre eles, torna-se possível interrogar as ligações entre o presente teórico da experiência original (1974-76) e o presente imediato do contexto de recordação (2010-14). Tendo conservado a neutralidade perante os nomes próprios, privilegiando apenas as propriedades objectivas do entrevistado, usamos, neste texto, como material empírico um conjunto de 31 registos biográficos, compreendendo um conjunto de entrevistas biográficas, com uma extensão entre uma e seis horas, e um menor conjunto de textos memoriais, em parte publicados, em parte inéditos. Ao mesmo tempo, para confirmar o carácter heurístico de um programa de investigação que aplica técnicas de análise *estatísticas* e *hermenêuticas*, reinterpretamos a pormenorizada massa de informação colectada, nos anos 1960-70, por inquéritos sociológicos de carácter extensivo sobre a elite industrial portuguesa.

2. Os fundamentos sociais de uma *burguesia contestatária*: a objectivação sociológica da *excepção* do Porto por recurso a uma sociografia das elites económicas.

A cidade do Porto, usualmente reputada como "capital do trabalho", teria sido, por acréscimo, "tradicionalmente liberal, contestatária e indócil" ao longo de todo o século XX, essencialmente porque contava com uma população e, em especial, uma "burguesia liberal", que era "rebelde à tutela" (Guichard, 1994: 560, 566). No entanto, ficamos frequentemente sem saber quais as condições sociais e históricas que contribuíram para sustentar a verosimilhança que pôde – e pode – ter a concepção que iguala o Porto a uma "cidade do contrapoder" perante o centralismo estatal e, em particular, a um "bastião oposicionista" durante o *Estado Novo* (idem: 569, 629). Da mesma maneira, permanece por esclarecer as razões que explicam a emergência e a prevalência de uma burguesia portuense com propensões liberais, quando não refractárias, nos tempos do Estado Novo. Em vez de tomar de empréstimo a imagem canónica do Porto, ela que, oferecida pronta a usar pelo pensamento erudito presume precisamente o que é preciso explicar, vamos procurar, com este texto, as condições sociais, económicas e políticas que promoveram a burguesia portuense ao estatuto de protagonista na *insubordinação* perante as instâncias do poder político em pleno Estado Novo.

Para tanto, iremos centrar-nos mais nas propriedades sociais, económicas e políticas que caracterizam os empresários portuenses nesse período – e menos nos princípios económicos e políticos que possam ter inspirado o funcionamento e a evolução do regime, tarefas que têm sido perseguidas por outros investigadores (para uma síntese, vd. Loff, 2009). Fazendo-o, estaremos em circunstâncias vantajosas não só para explicar as razões que objectivamente fundam a reputação contestatária que puderam ter os empresários portuenses, como também para compreender os impactos materiais e os significados simbólicos que a irrupção da revolução teve para eles. Este exercício de objectivação vai, assim, permitir apreciar as características próprias que teve a sua *superfície de exposição* aos eventos da revolução, as forças e os limites que pesaram concretamente sobre o patronato local para incentivarem ou reprimirem certas acções, sentimentos e posturas, para potenciarem a sua inclinação ou aversão a prosseguirem certas iniciativas e alternativas, ou para configurarem as suas expectativas ao mesmo tempo que as orientavam, expandindo ou comprimindo as margens de manobra de que gozavam nesse presente histórico. Nesse sentido, vamos começar por situar a burguesia portuense entre o *espaço do poder* (Bourdieu, 1989) que vigorava a escala nacional, o que vai, em particular, permitir apreciar a tensão existente entre as renovadas tentativas de empreendedorismo económico do Porto e a sua continuada marginalização no plano político. Ao mesmo tempo, iremos expor sumariamente a composição interna que complexifica o próprio patronato portuense a partir da sua inscrição entre o *campo dos poderes locais* (Bourdieu, 2000: 120) que a cidade do Porto circunscreve.

Ao contrário da imponente massa de textos, genéricos ou não, que foram coligidos e inventariados a respeito das leituras políticas que os visavam, são escassos os elementos empíricos que nos permitem caracterizar sociograficamente os empresários portuenses em pleno Estado Novo, tal como acontece frequentemente com as *elites locais* (vd. Almeida, 2005). A pesquisa de Harry Makler sobre a *elite industrial*, conduzida em 1965, permite-nos visualizar minuciosamente as propriedades socioeconómicas dos empresários portugueses nessa época, inspeccionar os seus trajectos escolares e profissionais, ponderar os vários coeficientes de ingresso e sedentarização entre o patronato segundo a proveniência geográfica e social ou os predicados da herança entretanto acumulada, e objectivar as estruturas de repartição de oportunidades que caracterizavam internamente a *elite industrial*.[4] Olhando para as suas origens

---

[4] O inquérito foi aplicado sobre uma amostra selectiva do patronato português, para o que se procedeu à escolha aleatória de 306 inquiridos a partir de uma população de 1834 dirigentes de empresas industriais com entre 50 e 999 empregados de 6 distritos portugueses (Lisboa, Porto, Braga, Aveiro, Setúbal, e Santarém), e que, logicamente, tiveram que ser extraídos das camadas mais culturalmente qualificadas e mais economicamente fortalecidas do patronato. Foram, também, entrevistados todos os dirigentes empresariais de empresas com mais 1000 empregados. Ao Porto, coube, por representatividade estatística, um total de 81 entrevistas (Makler, 1969: 57). Qualquer interpretação é válida apenas com a condição de tomar em consideração o modo de produção dos dados. Sobre os procedimentos técnico-metodológicos que foram utilizados (vd. Makler, 1969: 353-366).

socioeconómicas, Harry Makler constata que a maioria dos pais dos empresários inquiridos foram eles próprios empresários da indústria e do comércio (57,7%); outros progenitores tinham profissões liberais (13,2%) ou eram camponeses ou proprietários rurais (9,6%). Os industriais com proveniência entre o proletariado industrial ou agrícola, por sua vez, representavam somente uma pequena porção (tudo somado, 7%) (Makler, 1969: 66).

Os índices de selectividade do recrutamento da *elite industrial* são outra medida da resiliência e pertinácia das estratégias de reprodução social em vigor entre esta colectividade, fortemente pautada tanto pela elevada intensidade de recursos sociais, económicos e culturais, como pela inércia da respectiva conservação e transmissão ao longo do tempo. Para usar os termos de Hermínio Martins, são importantes, por acréscimo, os sinais de uma significativa conivência entre a posse e investimento de bens privados e o acesso e participação nos postos públicos do Estado ("burocratização"). Entre estes empresários, se não expressivamente, pelo menos tentativamente, nota-se também uma tendência para apostar em formas de reconhecimento simbólico, estratégias matrimoniais e padrões de consumo de cariz conspícuo ("aristocratização") (Martins, 2006: 105-112).

Vendo a inscrição territorial das empresas, consegue ter-se uma leitura em pormenor para o patronato portuense, em particular a partir do contraste entre o Norte e o Sul do país. Não lidamos aqui com nenhuma variedade de imperativo categórico territorial; tão-somente constatamos as consequências do processo histórico de encastramento espacial da industrialização em Portugal. Não obstante a progressiva integração dos circuitos de transacções económicas e a expansão e incrustação dos mecanismos institucionais do Estado pelo conjunto do território português, uma constelação de factores sociais e históricos conduziu a uma condensação funcionalmente especializada e cronologicamente variável do processo de industrialização. A nível nacional, cerca de metade (48%) da *elite industrial* cursou a Universidade (idem: 141). Entre as opções feitas, avultava a engenharia (27%), sobrepondo-se inclusivamente ao curso de economia ou aos estudos jurídicos (que contam com 6%) (idem: 142). A introdução da localização geográfica da empresa como opção de interpretação permite um suplemento de legibilidade, tornando-se perceptível o aparente menosprezo dos títulos universitários pelos empresários nortenhos comparados com os colegas de Lisboa (41% contra 67%), enquanto a proporção da elite industrial não possuindo mais do que a instrução primária era quatro vezes superior no Norte do que no Centro (idem: 163). Aliás, em termos latos, Harry Makler constata a existência de "uma interdependência entre o grau de instrução, as características estruturais das empresas e o nível de instrução" (idem: 179), sólido indicador a sugerir a existência e premência de uma segmentação vincada entre os posicionamentos sociais que circunscreve o patronato no interior do espaço social português, em especial vista a congruência existente entre perfis escolares e culturais, trajectórias familiares e biográficas e inserções profissionais e institucionais (públicas ou privadas) (idem: 179-180).

A Norte, prevalece, por seu turno, um estilo de controlo personalizado, com uma significativa maioria dos empresários (68%) a ter intervenção imediata sobre a empresa, proporção que noutras paragens se fica por valores mais modestos (49%), razão pela qual ele pôde ser visto, tomado comparativamente, como mais propenso a um estilo de actuação de cariz "autoritário" (idem: 323). "Enquanto, no Norte, os industriais dedicam a maior parte do seu tempo e esforço ao comando, especialmente em dar ordens, os maiores, do Centro, indicam que o estudo de projectos e orçamentos e o estabelecimento de normas é mais importantes para eles do que inspeccionar pessoalmente as actividades da empresa ou dar ordens" (idem: 261).[5] Sendo os contrastes menos pronunciados entre as empresas mais pequenas, é verdade que os patrões portuenses tendem mais para "uma atitude tradicional-autoritária" do que os colegas de Lisboa, que eram, comparativamente falando, mais "modernos" (idem: 262). Qualificando o patronato do Porto por comparação com os valores de caracterização social e económica registados para a burguesia nacional ou para outros patronatos regionais, como fizemos, permite-nos

---

[5] Quando vistas em pormenor as actividades de organização preferidas pelos empresários, vê-se emergir todo um estilo próprio para os empresários do Porto. Escolhendo apenas as dimensões que apresentam disparidades elevadas em relação aos empresários de Lisboa, podemos notar que os empresários portuenses preferem o "comando" à "previsão (5,35 contra 3,74 pontos numa escala de 7; enquanto em Lisboa, os valores são, respectivamente, 4,27 e 4,34). Dentro das actividades de "comando", os empresários do Porto são propensos a "dar ordens" e a "inspeccionar as actividades das empresas" (2,39 e 2,96) mais do que os empresários de Lisboa (1,78 e 2,49). Pelo contrário, dentro das tarefas de "previsão", são menos afoitos a "estudar projectos e orçamentos e fazer planos a longo prazo" ou a "estabelecer normas e directrizes" (1,89 e 1,85) do que os colegas de Lisboa (2,24 e 2,10) (idem: 259).

passar, em seguida, para uma tentativa de explicação das implicações que têm as propriedades objectivas em termos dos esquemas de pensamento, comportamento e sentimento do patronato portuense. Foi lendo estes e outros materiais que Hermínio Martins viria a propor, inclusive, a sua própria formulação para caracterizar sinopticamente a singularidade da elite industrial portuense. Nos seus termos, "a elite dos negócios teve uma aristocratização e oportunidade cleptocráticas mais limitadas do que a elite correspondente na capital" (Martins, 2006: 110). "Foi mais diversificada do ponto de vista social, mesmo exclusivista, e muito mais dada a filiações republicanas (um sinal da recusa da aristocratização). A mobilidade dentro de elite dos negócios foi significativamente menor do que no centro de Portugal, mesmo se compararmos empresas do mesmo tamanho. Tal familialismo, em conjunto com o conservadorismo tecnológico, o atraso económico e o ambiente social provinciano do Porto, sugere muito mais um *habitat* de burgueses pacatos do que um *habitat* de empresários schumpeterianos" (idem: 110). A bijecção entre o plano do tradicionalismo social e ético com o plano do aparente progressismo económico e político, com evidentes, mesmo que pontuais, sinais de oposição ao regime do Estado Novo, ocorre por razões que ultrapassam, pois, as imposições ecológicas associadas ao Porto. A constatação de uma burguesia portuense politicamente *contestatária*, porém empresarialmente conservadora, explica-se precisamente, como veremos em seguida, pela posição particular que ocupa no *espaço do poder* do Estado Novo – e não como um paradoxo perante a natureza de tal regime.

No seguimento do seu trabalho de investigação sobre a *elite industrial* portuguesa, Harry Makler investigou não só as características do recrutamento das lideranças do *Estado Novo*, como também as variantes de relacionamento que existiam entre os vários sectores do patronato e os organismos estatais e corporativos. Esta pesquisa permite suplementar o inventário entretanto constituído a respeito das propriedades sociais e económicas do patronato do Porto, com uma exploração das orientações e enunciações políticas que caracterizam esse colectivo; o que, tomadas as necessárias precauções contra as extrapolações, nos permite começar a interrogar sociologicamente a natureza dos vínculos existentes entre a situação económica da burguesia portuense e as suas tomadas de posição políticas. Lendo as conclusões a que chega Harry Makler, nas quais constata genericamente a existência de uma relação entre a origem socioeconómica e os cargos oficiais, vê-se existir uma acentuação por região que singulariza as orientações políticas dos empresários norte-nhos. Sobre estas, é legítimo concluir, primeiro, que "no Norte de Portugal, aqueles que ocupam posições públicas foram a certa altura presidentes de câmara, vereadores ou outros funcionários municipais mais do que ocupantes de cargos nacionais" (Makler, 1979: 135). Uma tal situação explica-a, em parte, "a tendência do regime ao longo dos últimos quarenta anos de preencher as posições políticas de topo com indivíduos de Lisboa, o que teria significado que os pretendentes políticos nortenhos teriam tido que preencher as suas ambições políticas a nível puramente local" (idem: 135). Por outro lado, os empresários "com origens na classe superior, que dirigem empresas nortenhas em sectores tradicionais e economicamente mais estagnantes, tais como têxteis, bens alimentares e produtos de madeira e cortiça, eram mais propensos a ocupar posições corporativas" (idem: 136).

A maior parte dos empresários portugueses não terá ocupado pessoalmente um cargo público ou corporativo (idem: 139). No entanto, existia uma peculiar "compartimentação da representação de interesses" entre ocupantes de posições nacionais e ocupantes de posições municipais ou gremiais, a qual, por sua vez, exprime a nível político uma compartimentação interna da elite industrial, que opõe respectivamente "tecnocratas" e "proprietários", os primeiros ligados, essencialmente, a empresas com participações públicas e a grandes grupos económicos, tecnologicamente complexos em geral, os segundos com proveniências maioritariamente em empresas nortenhas de sectores económicos tradicionais (idem: 137). Os ocupantes de cargos públicos centrais estavam em constante contacto com os elementos do governo, o que constituía uma vantagem numa época em que as redes de patrocinato eram cruciais para a circulação de recursos económicos e políticos. Ao invés, os ocupantes de cargos corporativos ou municipais tinham escassas oportunidades de contactarem regularmente com os círculos governamentais, o que, somado ao menosprezo com que as entidades oficiais tratavam estas instituições ("uma negligência informal, benigna"), levando a que, por exemplo, as ignorassem como instâncias de recrutamento das suas lideranças, afectava certamente a capacidade de tais empresários conseguirem conjugar e exprimir eficazmente os seus interesses (Makler, 1979: 151, 148). No entanto, estes empresários, concentrados entre os sectores económicos tradicionais do norte do país, "eram forçados a canalizarem os seus interesses através de uma instituição que não podia, aos seus olhos, representar eficazmente esses mesmos interesses" (idem: 149). O que contribui, por conseguinte, para que as opiniões críticas perante o funcionamento do Estado Novo se concentrassem entre este segmento do patronato, impondo-se apesar das suas concepções do mundo puderem ter um matiz tradicionalista de inspiração paternalista (e religiosa).

A burguesia tradicional e periférica do Porto, em contraste com os sectores da burguesia que conseguiam "contornar o sistema corporativo e penetrar o governo por meios mais privados e directos" (idem: 150), encontrou apenas maneira de satisfazer as suas aspirações económicas e políticas por recurso aos grémios e às municipalidades. Por seu turno, o Estado Novo, interessado em manter um estado máximo de desmobilização política, teve aqui um expediente para "oferecer expressão política controlada à elite proprietária", tendo, assim, "bloqueado a participação deste grupo na arena nacional de maneira a ele não entrar em conflito com o professorado e os advogados que foram recrutados pelas suas competências tecnocráticas ou burocráticas" para ocuparem os cargos de topo do Estado Novo (idem: 149). Esta *marginalização* de um certo sector da elite industrial portuguesa, precisamente onde se concentrava a burguesia nortenha, tradicionalmente conservadora, teve como consequência a potenciação de experiências pessoais e colectivas de frustração face ao *Estado Novo* e a instigação de comportamentos recalcitrantes a propósito da política governamental e corporativa. Soluciona-se, assim, a aparente fricção existente entre o seu conservadorismo e tradicionalismo, por um lado, e o seu liberalismo económico (e político), por outro, que se traduzia pontualmente pelo apoio a iniciativas oposicionistas, e correntemente por expressões de evitamento e reprovação dos mecanismos políticos do Estado Novo, principalmente se tinham implicações económicas sobre as suas empresas, como acontecia com o regime de condicionamento industrial.

A este respeito, são significativas as opiniões pronunciadas por empresários nortenhos a respeito da política económica do Estado Novo, onde se exprimem tanto os sentimentos de exclusão perante políticas económicas do regime favorecendo um outro segmento do patronato, concentrado em torno de Lisboa e, por conseguinte, física e socialmente próximo das instâncias governativas, tanto as repetidas iniciativas de evitamento ou superação das regulamentações que o Estado Novo procurava impor e que eram vistas como especialmente coercitivas para o Norte. Sobre o condicionamento industrial ou a importância do acesso prioritário aos organismos estatais ao longo do Estado Novo, leia-se, entre outras parecidas, a opinião de Américo Amorim: "O condicionamento industrial asfixiava tudo. Havia sempre problemas para os novos que queriam fazer qualquer coisa de fecundo. (...) [Ele] contribuiu para uma certa ociosidade, no que diz respeito à gestão, e provocou, em todo o tecido jovem, dificuldades de acesso à indústria. Tudo girava à volta desses grupos." (Mónica, 1990: 64). Os pretendentes contra os instalados, os marginalizados contra os favorecidos, os novos contra os empedernidos, a iniciativa (vista como "liberdade") contra a rigidez: será por oposições como estas que procede a crítica de empresários do Norte, principalmente entre os empreendedores recém-chegados ao escalão patronal, face aos regimentos económico e político do Estado Novo. Em parte pelo menos, era esta condição económica e politicamente periférica que pendia sobre certos segmentos da burguesia portuense, sobretudo entre os que tinham chegado recentemente a este lugar social, que explicava as práticas de seclusão e estigmatização ("snobismo") a que eram votados entre os círculos de sociabilidade burguesa e, em sentido inverso, os sentimentos de inibição que os próprios experimentavam, embora pudessem ser já portadores de evidentes sinais de sucesso empresarial, em presença das personificações da elite patronal portuguesa. Arthur Cupertino de Miranda poderia fornecer um exemplo da rotulagem que pesava sobre os empresários do Norte. "Os meios da ditadura nacional consideravam-no como um arrivista, e os tradicionais banqueiros como um *parvenu*" (Fernandes, 2003: 111). Em sentido inverso, esta situação explicava que ele pudesse ter, segundo António Champalimaud, "um complexo social" perante os círculos da "fina-flor", pois "sofria por não conseguir guindar-se a uma situação de relevo na alta sociedade de Lisboa". No seguimento de tais palavras, é que José Freire Antunes pôde concluir que Arthur Cupertino de Miranda "via Manuel Espírito Santo como uma espécie de supra-sumo da esfera social, onde se sentia deslocado e queria conquistar" (Antunes, 1997: 280).

Quisemos expor sucintamente a situação económica e política que caracterizava o patronato portuense nas vésperas da Revolução, a constelação de propriedades económicas e políticas que a singularizava por comparação com a burguesia portuguesa no seu conjunto e que firmava o seu *ponto de vista* específico sobre a contemporaneidade. Foi este carácter *regional* (e *regionalista*) dos investimentos e recompensas da burguesia do Porto que permitiu que esta convicção sobre a existência de uma excepção portuense evoluísse, por sua vez, para a sua própria confirmação: "os industriais do Norte" tinham, nessas ocasiões, oportunidade de se verem concretizados, simbólica e materialmente, como corpo unificado. É preciso acentuar, porém, que a própria noção de burguesia portuense oculta uma pluralidade de posicionamentos espalhados pela região do espaço social por si compreendida. A estrutura de oportunidades e coerções vigente entre a burguesia do Porto nos últimos tempos do Estado Novo vai circunscrever a extensão e a variedade de experiências vividas em plena revolução, tornando não só mais ou menos provável a exposição a certos impactos e a propensão para certas iniciativas, mas vai também modular, por outro lado, a percepção e o sentido com que os acontecimentos revolucionários serão apreciados e encarados. A multiplicidade de tonalidades que vão coexistir nas recordações conservadas pelos patrões do Porto a propósito de certos eventos ou personalidades da revolução explica-se, em parte, pelo contraste de pontos de vista que a composição da burguesia nacional e portuense permitia fixar. O lugar social ocupado sincronicamente pelos empresários do Porto vai funcionar como um *prisma* para as experiências vividas com a conjuntura revolucionária, tanto porque isso concorria imediatamente para tornar mais ou menos provável a ocorrência de eventos com uma natureza propícia ou, se não, traumática, como porque a própria forma de percepção com que tais acontecimentos foram apreendidos e apreciados era tingida pela perspectiva acessível a partir do lugar social ocupado, o que fará com que os mesmos fenómenos possam ser objecto de apreciações incompatíveis ou mesmo contrárias, positivas ou negativas, lisonjeiras ou estigmatizantes, consoante o ponto de vista do observador. Fortemente pautada pelo lugar social ocupado e pelo trajecto singular e colectivo que a ele conduziu, a variação de memórias existente sobre o 25 de Abril de 1974, remetendo instantaneamente para a evocação das vivências pessoais e colectivas que a revolução trouxe para os empresários portuenses, segue todavia, consoante a intermediação que a estrutura social contemporânea introduz, por trilhos que são sensíveis ao sistema de repartição de vantagens do espaço social da burguesia da época.

O próprio Harry Makler, regressando em 1976 para averiguar as consequências da revolução sobre o conjunto de empresários por ele já investigados, vai ver que a revolução teve os seus efeitos regulados pelo sistema socio-territorial de Portugal. A nível nacional, 27% das empresas foram intervencionadas pelo Estado, das quais 8% por via da nacionalização e 15% por via da interferência financeira ou administrativa dos organismos públicos. Por seu turno, entre os empresários, 19% largaram as suas posições e 2% foram purgados ou "saneados" (1979: 154). No entanto, as empresas maiores e concentradas em torno de Lisboa estiveram mais intensamente expostas a essas intervenções estatais, em particular por via das nacionalizações (14%), do que as empresas mais pequenas e situadas a Norte, para as quais as nacionalizações foram exíguas (2%). A proporção de empresários do Norte que teve que ejectar-se dos seus postos ficou-se pelos 18%, uma parcela significativa pequena comparada com os 37% entre os empresários a Sul. Entre as empresas maiores, inclusivamente, a maioria dos empresários pôde conservar o seu posto (idem: 155). Segundo a leitura de Makler, as novas iniciativas estatais visaram menos as elites proprietárias, localmente enraizadas em termos sociais e políticos (com cargos municipais ou gremiais, por exemplo) ou com orientações tradicionais em termos económicos e simbólico-ideológicos (com um estilo conservador e paternalista de gestão, por exemplo), do que os ocupantes de cargos importantes em empresas com largos consórcios e ligadas a sectores tecnicamente modernos, e com orientações tecnocráticas da organização empresarial (idem: 260). Sem que tenhamos que pronunciar-nos sobre as interpretações feitas por Harry Makler a respeito de tais elementos, que permanecem, parece-nos, a carecer de pesquisas situadas mais pormenorizadas, podemos, não obstante, ver que este padrão de intervenção tendeu a preservar parcialmente os empresários nortenhos. Ligados a empresas mais pequenas e a sectores tradicionais em termos económicos e tecnológicos, filiados em linhagens de proprietários ou fundadores eles próprios das empresas, com um estilo paternalista de supervisão e organização, participando unicamente – por impotência, sobretudo – nas instâncias políticas locais, e convivendo com um operariado menos militante e politizado (idem: 271, 273), os empresários do Norte viveram o impacto revolucionário de maneira peculiar.

3. Revolução em retrospectiva: as recordações da conjuntura revolucionária.

O fio que parece interligar um primeiro conjunto de experiências da revolução parece ser a impressão de uma crise generalizada da *boa sociedade*, uma perturbação das principais esferas de acção em que intervinham os empresários do Porto. Embora comungando da opinião que iguala a revolução a um *trauma* para os círculos de sociabilidade das elites enraizadas sobre a cidade – sintomaticamente conhecida como "a cidade dos três pês" (APM07), expressão usada por este entrevistado para acentuar a importância que localmente tinham as famílias Pinheiro Torres, Pinto de Mesquita e Pires de Lima – encontramos empresários que se inclinam ora para uma leitura negativa ora para uma leitura positiva sobre as consequências que, a prazo, a revolução trouxe para transformação da aparentemente cristalizada configuração de poderes inscrita sobre a cidade ao longo do Estado Novo. "Todos se conheciam e sabia--se, com facilidade, por ser patente, quem era abastado, intelectual, político, profissional de relevo ou influente por qualquer outro motivo. A cidade vivia na dependência de meia dúzia de famílias, com poderes de influência" (Aguiar--Branco, 2006: 113). Estes equilíbrios de poder que vigoravam entre as elites da cidade do Porto seriam fortemente transtornados com o 25 de Abril de 1974. A paralisação da lógica de funcionamento e das convicções em que se fundavam as iniciativas e as trocas do cosmos económico, ou a suspensão (e inversão por vezes) dos princípios que promoviam, formal e implicitamente, as tomadas de posição políticas, por exemplo, vieram provocar um estupor (temporário) entre certos segmentos da burguesia portuenses, não só incapazes de preverem e apreenderem cognitivamente os acontecimentos repentinos e inesperados trazidos pela revolução, como parcialmente incompetentes para reagirem com eficácia a essas novas solicitações e imposições que a revolução viria a criar com urgência.

Entre muitos entrevistados, a revolução foi vivida com "perplexidade" ou "choque". "A minha família, repare, está ligada à tradição. Uma família para quem a revolução não é algo natural, é mais natural uma evolução, uma reforma" (CT15). Esta irritação dos esquemas de percepção e apreciação da burguesia, a acusarem a súbita obsolescência do senso comum e dos hábitos de vida que vigoraram no anterior regime, significou a vivência de "angústia" e "incerteza" ao longo de um período de limbo (que terminaria, em certa medida, com o 25 de Novembro de 1975). Aos olhos dos empresários, a revolução veio, portanto, suscitar uma profanação da ordem simbólica, que, causa e consequência da suspensão ou inversão das hierarquias entre pessoas e valores ("ninguém respeitava", "toda a gente queria mandar", "estava tudo trocado"), permitiu a miscigenação das categorias sociais e intelectuais que ordenavam o mundo social ("desordem", "confusão", "balburdia") e, com isso, tolerou e incentivou a transgressão dos limites que suportavam a ordem moral da sociedade ("abusos"), multiplicando as ocasiões que vieram ser vividas e pensadas no registo da conspurcação, insulto, ou ofensa ("libertinagem"). Nestas condições, os *valores* – na plenitude de sentidos que tem a palavra, económicos e éticos – são expostos a contestações e a pretensões que os empresários viram como insuportáveis e, assim, o prestígio e o reconhecimento da figura patronal puderam não só ser menorizados, como também cancelados ou postos em causa, por vezes.

Esta falência do sentido da realidade, a que se soma uma contracção da porção de futuro que é permissível prognosticar e um seu correlativo obscurecimento sentimental, corresponde a uma perda de controlo sobre as condições objectivas de reprodução social do colectivo patronal ("isto foi uma caça ao empresário"). A instabilidade generalizada entre as regras consuetudinárias e concretas que presidem a essa tranquila acumulação e transmissão de patrimónios materiais e simbólicos com que se perpetua a burguesia – e que as lutas internas do campo burocrático que circunscreve o Estado e os organismos públicos, instituições que certificam e que protegem, com a lei e com outros instrumentos de violência legítima, a ordem social em vigor, – foi elevada ao paroxismo do pânico ("medo"). Esta visão patológica da revolução, que parece comprometer a "tranquilidade" que corresponde e suporta a "autoridade" e que, em contrapartida, traz incertezas e interrogação sobre as crenças e os valores ("veio por tudo em causa"), fornece a contraprova das convicções tradicionalistas da burguesia portuense, para quem a passagem tranquila do tempo em si mesma tem um significado virtuoso como requisito e expressão da "serenidade" e "seriedade" que é imperativo pautar o estilo de vida burguês.

No entanto, há quem perceba uma vertente positiva na conjuntura revolucionária, que trouxe uma mudança "necessária" ou mesmo "vantajosa", se exceptuarmos os "excessos" pontuais. Sobretudo entre os segmentos do empreendedorismo, a revolução veio criar inusitadas "oportunidades" económicas, que o neologismo inventado e empregado por um nosso entrevistado ("democracia de mercado") para mostrar a novidade da revolução permite apreciar correctamente. A conjuntura revolucionária tornou menos impositivos, ou simplesmente suprimiu, os mecanismos de controlo político que imperavam sobre a repartição de oportunidades no regime estadonovista, o que, em virtude de minorar e, em certos casos, cancelar o potencial de intervenção que certos protagonistas económicos tinham sobre o cosmos económico, veio concomitantemente alargar e refazer o espaço dos possíveis. "Nunca tive ligação à política, mas a democracia trouxe muitas vantagens" (BA09). Embora censurando os exageros e os perigos da revolução ("nacionalização", "comunismo"), esta parece ter trazido, porquanto prometia a instauração do mercado livre, novas oportunidades de actuação económica. Desde logo, comprometeu o sistema de patrocinato e conivência que sustentava o regime de condicionamento industrial, tão verberado pelos empresários do Norte que nós entrevistamos. Face a um regime de contenção política da iniciativa privada, como era o Estado Novo segundo estes empresários, que se sentiam superiormente manietados, surgia a promessa de concretização de um novo projecto económico exclusivamente suportado nos mecanismos da racionalidade capitalista, o que criaria entre estes *novos* protagonistas, por sua vez, um incentivo suplementar para a fabricação de uma nova figura de empresário, figura que rompesse com a imagem pública dos próceres empresariais do Estado Novo, tanto para prevenir momentaneamente eventuais penalizações políticas trazidas pelo contexto da revolução, tanto para consolidar a longo prazo a ruptura com esses outros empresários ("os do costume"). Não menos importante, ofereceu a possibilidade de restaurar ou criar os "centros de racionalidade económica" (ASS14).

A título individual, a revolução também proporcionou promoções políticas e profissionais, colocações ou vagas de acesso que, pouco tempo antes, eram praticamente impensáveis para os entrevistados em causa (ocorridas, especialmente, com a ascensão a organismos de coordenação estatal ou a escalões superiores de empresas em virtude da supressão dos precedentes ocupantes dos postos), e permitiu, por conseguinte, a emergência de novos protagonismos nos sectores público e privado, a expansão da envergadura dos negócios, antes entravada politicamente ou pela simples presença de concorrentes mais fortes e já estabelecidos. Noutros casos, surgem os proponentes de uma visão progressista de revolução, para quem a revolução em si não tem nenhuma mácula ingénita. Nesta versão, que pode ser vista como uma replicação da concepção liberal-burguesa da revolução em vigor nas primeiras tentativas de transformação do Antigo Regime, foram apenas os enviesamentos, os excessos, ou as perversões, introduzidas por certos protagonistas políticos (reunidos resumidamente pelo ápodo "comunistas") que se mostraram prejudiciais a uma imediata materialização das vantagens (económicas e políticas) da liberdade (económica e política).

Às interpretações que acentuam as consequências transformadoras da revolução, sejam elas positivas ou negativas, seguem-se as que contrapõem uma menorização sistemática da sua novidade e das suas consequências concretas. Neste caso, as propostas de leitura retrospectiva podem invocar, de maneira isolada ou conjunta, teses que acentuem a superfluidade, a inutilidade, a inocuidade ou a previsibilidade da revolução. O interesse de ponderar tais teses está precisamente em ver os modos de apropriação que prevaleceram entre a burguesia portuense a respeito de um acontecimento que comprometeu, a seu tempo, um estilo de vida. Na primeira variante, a revolução terá sido em larga medida supérflua, pois o Estado Novo já prometia trazer serenamente o que a revolução trouxe apenas à custa de enormes transtornos e custos. A revolução só veio precipitar – e perigar – a transição (suave) que se preparava (bem ou mal, conforme os entrevistados em causa) para um outro regime; outras opiniões insistem que foi precisamente a revolução que veio impedir que essa evolução se concretizasse plenamente. A segunda variante, por seu turno, insiste que a revolução foi inútil, particularmente impotente e escassa tendo em conta os seus maiores propósitos de mudança social e política. A justificar esta opinião são, por vezes, invocadas o reaparecimento dos mesmos protagonismos económicos ou políticos que vigoravam no Estado Novo. Usualmente, porém, invoca-se "a perda de tempo", os impasses e os prejuízos trazidos por uma época de excepção que apenas serviu para protelar ou retardar a instalação de um regime de liberdade. Os proponentes da terceira variante tendem a sublinhar a inocuidade relativa da revolução comparada com outras épocas ou outros contextos ("o 25 de Abril não foi nada à vista da Primeira República", "revolução que não foi bem a sério"). A última variante, outra forma de conjugar a tese da continuidade, sustem que a revolução, vista a partir dos sinais de prenúncio que os olhos de sucessores conseguem reencontrar, teve um carácter de previsibilidade, pois se não foi programada pelo próprio Estado Novo, foi pelo menos tolerada e permitida por ele.

Depois de inspeccionarmos a comoção mais transversal que pesou sobre a burguesia do Porto, temos porém que assinalar as variações que ela pode conter e que revelam importantes oscilações entre as experiências vividas e os sentidos emprestados aos acontecimentos revolucionários. As memórias dos empresários foram sensíveis às comissuras e cesuras sociais encerradas pela comum pertença burguesa; uma *enfatização* de natureza propriamente social é imposta à *memória colectiva* para permitir, entre certos limites, a constituição e conservação de memórias que parecem elípticas ou interpoladas apenas se vistas a partir de uma noção de memória imutável e homogénea, coerência que só a institucionalização podia fabricar como *ortodoxia* da memória. Entre estes empresários, encontramos uma tetrarquia de eixos de oposição, que se podem sobrepor entre eles, a repartir o seu mosaico de memórias e que servem, assim, como volantes para explicar as acentuações peculiares que são aplicadas a um consenso memorialístico mais lato para permitir que surjam, mesmo entre estes empresários, ocasionais contrastes. Uma primeira variação surge consoante a magnitude de integração na ordem funcional ou simbólica do Estado Novo, em particular avaliada pela ocupação de cargos oficiais em organismos públicos e políticos. A integração em termos ideológicos e profissionais no Estado Novo parece ser crucial para explicar a separação de horizontes de retenção da revolução existente entre integrados ("nacionalistas", funcionalismo público), por um lado, os apolíticos e os opositores (ou excluídos), por outro lado. Desde logo, tal integração explica as consequências imediatas que teve para eles a revolução ("saneamento", "prisão", "ameaças", "não aconteceu nada", "aproveitei para vender"), mas também as reacções que os empresários que ocupavam cargos públicos ou que eram reputados por coalesceram com o regime tiveram por comparação com outros empresários, estranhos, indiferentes ou opostos a uma participação qualquer com o Estado Novo. Note-se que integração pode também ser vista em termos económicos, consoante a maior ou menor dependência em relação ao funcionamento do Estado ("encomendas", "protecção", "tabela de preços"). Em segundo lugar, existe uma importante clivagem entre os estabelecidos e os pretendentes. Torna-se relevante considerar a antiguidade da pertença burguesa, que opõe a pertença a linhagens da nobreza de toga ou de proprietários rurais (Martins, 2006: 107), que constituíam, no Porto, uma espécie de notáveis locais com extrema influência sobre a repartição das vantagens localmente acessíveis, aos empreendedores económicos, estes últimos vistos frequentemente como *intrometidos* e como *plebeus*. Em terceiro lugar, as experiências e os significados da revolução parecem consonantes com a separação, intercalada por uma sucessão de casos intermédios, entre os empresários progressistas e os conservadores. Sem precisarem de se traduzir em vinculações políticas formais e explícitas, ou se manifestar em tomadas de posição públicas, são relevantes os contrastes entre as mundivisões conservadoras, usualmente associadas a uma proveniência entre famílias tradicionais, cujo exemplo será oferecido frequentemente por reminiscências nobiliárquicas nos nomes e nos hábitos, por uma escolarização em escolas de matriz católica e por uma inclinação por percursos académicos em "leis", e as mundivisões progressistas, em que pontuam, por exemplo, a escolarização laica (mesmo que em colégios privados), o contacto precoce com episódios políticos da Oposição, e a inserção em cursos universitários mais recentes, como a engenharia. Por último, vale a pena acentuar a importância crucial que têm os efeitos de trajectória, em especial o que eles representaram, após a revolução, em termos de bloqueamento, conversão (forçada ou voluntária) ou promoção das margens de actuação e das previsíveis expectativas de vida.

Na constituição das recordações da revolução, tal como as colectamos, importaram certamente as propensões a ver, a sentir e a pensar mais ou menos negativamente, mais ou menos entusiasticamente o fim do Estado Novo e a chegada do novo regime. Propensões que selectivamente triaram e retiveram a revolução, em função de princípios de percepção e apreciação que foram essencialmente apanhados com uma socialização familiar mais ou menos equivalente para os membros de um círculo social comum, e que, posteriormente vão pautar os limites, os silêncios, os relevos e o próprio modo prosódico como tais memórias são enunciadas pela oralidade ou pelo texto. Tiveram, porém, também crucial importância a trajectória social, com a sua inclinação positiva, nula ou negativa que se seguiu à Revolução. As vivências concretas em plena revolução, mais ou menos traumáticas, mais ou menos solícitas, podem ser reapreciadas retrospectivamente em razão da trajectória pessoal ou empresarial percorrida entretanto. Entre testemunhos similares, leia-se Belmiro de Azevedo, que pode agora enaltecer a sua escolha de evitar compromissos políticos, numa época em que eles pareciam inescapáveis, e apostar apenas nas actividades estritamente económicas: "Grande parte do meu êxito pessoal, devo dizer-lhe, deriva do facto de, até certo ponto, eu ter decidido ignorar a Revolução, o que tem a ver com a minha pouca educação política, por um lado, e também com o facto de eu estar localizado no Porto, onde as coisas se passaram com mais calma. Optei por não ligar demasiado à Revolução." (Mónica, 1990: 121). O entusiasmo, a condescendência (eventualmente irónica) ou, pelo contrário, a irritação com a revolução podem ser, assim, menos a consequência de experiências pessoais complicadas nessa época, e mais a consequência de um percurso de vida menos venturoso depois.

Num outro patamar, vale a pena inventariar as principais interpretações que são usadas pelos empresários portuenses para explicar o fim do Estado Novo, porque temos, assim, uma ocasião propícia para extrair os esquemas de causalidade histórica que se insinuam sob as enunciações patronais, e que podemos reunir em três regimes de interpretação da transição de regime político. Para uns, o Estado Novo simplesmente "apodreceu". No que parece ser um caso particular de uma lei civilizacional, o fim do Estado Novo foi apenas uma fatalidade causada pelo envelhecimento político e institucional do seu programa e das suas elites. A esta visão cíclica da história segue-se, assim, uma concepção orgânica do regime ("estava tudo a cair", "havia sinais de desagregação"). Para outros, o regime procurava uma "transição", precocemente interrompida pela revolução. Nesta forma de visão evolucionista da história, iam surgindo sinais de que o regime se preparava para satisfazer as novas necessidades da população e se preparava para contemporizar com as suas crescentes pressões sociais, económicas e políticas. O progresso seria, assim, o princípio rector dos regimes políticos, o que, embora aceitando que possa ter existido uma cessação da convicção com que ele foi praticado pelo Estado Novo, explicaria o iminente ajustamento em curso – que a revolução veio, segundo os seus intérpretes mais optimistas, apenas acelerar. Um último conjunto de entrevistados vê nesse acontecimento principalmente o sintoma de iniciativas perversas de "traição". Esta terceira variante, que se encosta a uma visão conspirativa da história, significa que o Estado Novo sucumbiu em resultado da sabotagem urdida no interior do regime ou, então, em consequência de uma interesseira covardia quando irrompeu o movimento militar insubordinado. O ponto em que todas estas variantes convergem, intencionalmente ou não, é numa subvalorização da iniciativa dos revolucionários.[6]

4. Epítome

Este texto tem como principal propósito a explicitação de um programa de investigação sobre os processos de formação das memórias da conjuntura revolucionária que caracterizam a burguesia económica do Porto. Na nossa pesquisa sobre as práticas mnemónicas dos empresários portuenses procuramos explorar as virtualidades de uma interpretação sociológica compassada entre a *superfície de exposição temporal* que os caracterizava, isto é, o círculo de experiências prováveis que encontraram ao longo da conjuntura revolucionária, tal como o pudemos reconstruir a partir da objectivação da sua posição pessoal e colectiva no interior do espaço do poder contemporâneo em Portugal, e o seu *horizonte de retenção*, ou seja, as enunciações por eles utilizadas para exprimirem os traços que seleccionam como pertinentes para evocar retrospectivamente o contexto revolucionário. Assim, para começar, insistimos que as experiências vividas em plena revolução pelos empresários do Porto não foram acidentais – nem acidentais foram as suas reacções perante os eventos. Em certo sentido, pode mesmo afirmar-se que as consequências imediatas da revolução, embora salvaguardando-se a larga margem de incerteza trazida pelas suas contínuas e repentinas transformações, foram sistematicamente mediadas pelo lugar social então ocupado, um *ponto de vista* particular fundado sobre a intersecção entre as propriedades económicas, culturais e políticas que os singularizavam no conjunto da sociedade e, em particular, entre o patronato português. A revolução não foi o império do acaso. Se os episódios vividos não foram aleatórios, não o terão sido menos as modalidades de interpretação e acção com que foram percebidos, apreendidos

---

[6] Neste texto, tivemos que omitir a nossa investigação a respeito das iniciativas económicas e políticas tomadas pelos empresários no contexto revolucionário, em que eles actuaram activamente para interferir sobre o curso dos acontecimentos. Sobretudo a nossa investigação sobre o trabalho de mobilização pessoal e colectiva nos movimentos associativos empresariais ajudaria a excluir a imagem de um empresariado completamente sujeitado e passivo face aos acontecimentos da revolução.

e manuseados os acontecimentos revolucionários. As reacções intelectuais e práticas dos empresários, tal como as iniciativas económicas e políticas por eles tomadas, estavam intimamente ligadas ao trajecto biográfico que conduziu ao lugar social finalmente ocupado nas vésperas da revolução; as suas propensões incorporadas traziam em si mesmas as marcas específicas da sua situação de classe e da sua carreira pessoal, tendo certamente proporcionado a improvisação de originais formas de comportamento e pensamento ao serem transladadas e solicitadas nas inusitadas circunstâncias criadas pela conjuntura revolucionária.

Neste sentido, a situação peculiar da burguesia do Porto em relação ao Estado Novo, tanto em termos económicos como políticos, explicou a sua inclinação a esperar, e a procurar explorar, as possíveis vantagens positivas que a revolução prometia trazer para a acção económica e, por outro lado, o ténue impacto que as iniciativas tomadas pelo novo regime tiveram para este patronato, significativamente poupado a iniciativas intervencionistas se visto em comparação com outros segmentos da burguesia portuguesa. Saber que a compartimentação política das elites portuguesas impedia o patronato portuense de um acesso privilegiado aos círculos do poder central; saber que os mecanismos políticos de controlo da economia nacional usados pelo Estado Novo, cruzados por redes de patrocinato consuetudinário, pesavam sobremaneira sobre as tentativas de expansão dos empresários do Norte; saber que a estrutura interna da burguesia nacional, apoiada não só nos volumes de vantagens acumuladas, como também na antiguidade e intensidade da integração sociabilitária entre as classes possidentes, colocava os empresários do Porto numa situação de menosprezo material e estatutário; saber tudo isto, permite, finalmente, compreender sociologicamente os motivos que conduziram a essa *ilusão bem fundada* que suportou as representações da burguesia do Porto como intrinsecamente "liberal" e "oposta" ao Estado Novo.

Por outro lado, explorar os registos de recordação utilizados pelos empresários do Porto permite verificar as operações de selecção, repressão e acentuação usadas, entre 2010 e 2014, para constituir o mosaico da *memória* da revolução. O mosaico da memória pode ser visto, assim, como o conjunto de testemunhos plurais e contrastantes que encaixam, todavia, entre o espaço do enunciável actualmente em vigor, ou seja, as imbricações, acentuações e combinações das memórias verbalizadas ocorrem sempre no interior dos limites das representações que são contemporaneamente verosímeis e plausíveis para os empresários a respeito da revolução. Nas nossas entrevistas, as estratégias de construção do passado mostraram-se, em particular, sensíveis às linhas de fractura de natureza económica e política que vigoravam nas vésperas da revolução, partições da burguesia que impuseram espaços de saturação e condensação de experiências contrastantes do contexto revolucionário. De igual modo, é importante avaliar o pendor mais ou menos positivo com que foi traçada a trajectória biográfica posterior ao contexto revolucionário, o que ajuda a perceber as recordações mais ou menos optimistas com que ele pode ser investido.

5. Bibliografia

ALMEIDA, Maria Pires (2005). Fontes e metodologia para o estudo das elites locais em Portugal. *CIES e-Working Paper*, 7, 27 pp.

BOURDIEU, Pierre (1989). *La Noblesse d'État*. Paris : Minuit.

BOURDIEU, Pierre (2000). *Les structures sociales de l'économie*. Paris : Seuil.

CASTRO, Pedro Jorge (2014). *O ataque aos milionários*. Lisboa: Esfera dos Livros.

FERNANDES, Filipe e SANTOS, Hermínio (2005). *Excomungados de Abril*. Lisboa: D. Quixote.

GUICHARD, François (1994). "Século XX". In: Luís de Oliveira Ramos (dir.), *História do Porto*. Porto: Porto Editora.

HUSSERL, Edmund (1991). *On the phenomenology of the consciousness of internal time*. Dordrecht: Kluwer.

KOSELLECK, Reinhart (2001). *Futures past. On the semantics of historical time*. New York: Columbia University Press.

LOFF, Manuel (2009). Elites and Economic Modernization in Portugal (1945-1995). In: Friederike Sattler e Christoph Boyer, *European Economic Elites. Between a New Spirit of Capitalism and the Erosion of State Socialism*. Berlin: Dunker & Humblot.

LÜDTKE, Alf (2013). «A grande massa é indiferente, tolera tudo...» Experiências de dominação, sentido de si e individualidade dos trabalhadores alemães antes e depois de 1933. In: Bruno Monteiro e Virgílio Borges Pereira (orgs). *A política em estado vivo*. Lisboa: Edições 70, pp.71-106.

MAKLER, Harry (1969). *A Elite Industrial Portuguesa*. Lisboa: CEF/FCG.

MAKLER, Harry (1979). "The Portuguese industrial elite and its corporative relations: a study of compartimentalization in an authoritarian regime", In: Lawrence Graham e Harry Makler (eds.), *Contemporary Portugal. The Revolutions and its Antecedents*, Austin, University of Texas Press, pp.123-165.

MAKLER, Harry (1983). The consequences of the survival and revival of the industrial bourgeoisie", In: Lawrence Graham e Douglas Wheeler (eds.), *In search of modern Portugal. The revolution and its consequences*. Madison: University of Wisconsin Press, pp.251-283.

MÓNICA, Maria Filomena (1990). *Os grandes patrões da indústria portuguesa*. Lisboa: D. Quixote.

Memória da luta armada durante os 40 anos de democracia

Ana Sofia Ferreira[1]

1 – Luta armada durante o marcelismo

O processo de institucionalização do Estado Novo estancou o ciclo de movimentos militares ou com recurso à violência que havia caracterizado o final dos anos 20 e boa parte dos anos 30. A guerra civil intermitente de que fala o Professor Fernando Rosas iniciada com a revolta de Fevereiro de 1927 encerrou-se, derrotados e submetidos os militares republicanos, após os golpes reviralhista de 1931-32. Mas, em 1934 com a fascização dos sindicatos e, em 1937, no contexto da guerra civil de Espanha, com o atentado a Salazar, reemerge uma violência política de base operária e popular muito na tradição do sindicalismo revolucionário e do anarquismo da primeira república.

Decorreram depois mais de 20 anos para que se reerguessem as vozes, as iniciativas e as organizações e grupos, de início informais, que defendem o uso da violência para derrubar a ditadura. A discussão sobre o recurso à luta

---

[1] Mestre em História pela Faculdade de Letras da Universidade do Porto; doutoranda em História na Faculdade de Ciências Sociais e Humanas da Universidade Nova de Lisboa; investigadora no Instituto de História Contemporânea. Desenvolve trabalho na área da história política e memória.

armada com esse objectivo vai correr no interior da oposição desde finais dos anos 50 e em particular durante os anos 60, sem, no entanto, se traduzir em acções concretas, apesar dos enfrentamentos violentos, de rua, principalmente na campanha de Humberto Delgado ou nas manifestações de Maio de 1962.

As eleições de 1958 e, sobretudo, a imensa fraude eleitoral, trouxeram à oposição portuguesa a certeza da impossibilidade de derrubar o regime através de uma «solução pacífica» ou pactuada para a substituição de Salazar. A dimensão da fraude eleitoral causa nas oposições um sentimento de impotência e revolta que vai estar na origem na situação de crise que o regime vai viver durante os quatro anos seguintes.

Será durante a campanha eleitoral que começa a surgir dentro da oposição a ideia que o regime só poderá ser derrubado com acções armadas. Humberto Delgado manteve sempre contacto com militares descontentes no seio das Forças Armadas e ainda durante a campanha eleitoral conspira-se para a realização de um golpe que levasse ao derrube do regime.

O período 1958-1962 vai caracterizar-se por uma sucessão de acontecimentos que evidenciam a fragilidade do regime. Logo em 1959, Humberto Delgado exila-se no Brasil e dá-se o Golpe da Sé. Em 1960, Álvaro Cunhal e outros dirigentes comunistas fogem do forte de Peniche. Em 1961, o paquete *Santa Maria* é assaltado por um comando chefiado por Henrique Galvão; inicia-se a guerra colonial, em Angola; dá-se uma tentativa de golpe de Estado, chefiada pelo Ministro da Defesa, general Botelho Moniz, e pelos comandos das Forças Armadas; as tropas da União Indiana ocupam Goa; e o ano termina com o assalto ao Quartel de Beja. Em 1962, o clima de instabilidade repercute-se na crise académica que dura de Março a Junho; nas jornadas de luta de 1 a 8 de Maio, que traz para a rua milhares de pessoas, que entram em confronto directo com a polícia e pedem armas para combater o regime; e na luta pelas 8 horas de trabalho no Alentejo.

Assiste-se nesta sucessão de acontecimentos a oposição de duas estratégias de luta armada diferentes. Uma, preconizada por Humberto Delgado, vem na via do putch militar, levado a cabo pelos oficiais descontentes com o regime e só secundariamente apoiado por civis armados. No fundo, tratava-se de fazer cair o governo através de um golpe militar que assegurasse a ordem nas ruas e que o poder não cairia nas mãos do povo. A outra, preconizada por Henrique Galvão põe a tónica nas acções espectaculares, realizadas por civis armados e rejeita o golpe militar. Para Galvão, as acções de carácter espectacular colocava a luta contra o regime no centro das atenções mundiais e abria novas perspectivas na luta contra o regime que a oposição deveria aproveitar.

A experiência do recurso á violência nas eleições de 1958, nas jornadas grevistas de 1962, e nos golpes militares deste período, abrem caminho á reivindicação de acções revolucionárias armadas. O debate acerca do recurso à luta armada para derrubar o regime começa a emergir e vai ocupar um lugar central nas polémicas e nas disputas à esquerda[2].

A cisão ocorrida no PCP em 1963-64, protagonizada por Francisco Martins Rodrigues, traz de modo sistematizado para o campo da doutrina política a tese da inevitabilidade do derrube violento do fascismo e da necessidade de criar organizações vocacionadas para realizar a acção directa que deve secundar ou anteceder as movimentações de massas.

Quando, em 1967, a LUAR, Liga de União e Acção Revolucionária, formada em Paris, assalta ao delegação do Banco de Portugal na Figueira da Foz – se é verdade que assentava na experiência do DRIL (Directório Revolucionário Ibérico de Libertação) e no voluntarismo de Henrique Galvão com o assalto ao Santa Maria ou o desvio do avião da TAP – é a primeira organização que a partir da segunda metade década de 60 tenta levar a cabo acções armadas contra a ditadura, procurando, por várias vezes, entrar no país, partir dos meios de exilados e emigrantes, para realizar acções armadas, sempre sem sucesso.

É na década de 70 que as circunstâncias politicas, económicas e sociais de Portugal favorecem o aparecimento de outras organizações armadas. Os quase dez anos de guerra colonial tinham desgastado o regime e as manifestações contra a guerra eram cada vez maiores, com o numero de desertores e refractários a crescer de ano para ano, com uma juventude a não querer hipotecar os seus sonhos numa ida para uma África longínqua, da qual nada conheciam, lutar por umas colónias que sentiam não ser suas. Por outro lado, o pais vai-se industrializando e terciarizando, o que faz crescer as periferias das grandes cidades, que são "invadidas" de pessoas que vêm do campo à procura de

---

[2] FERREIRA, Ana Sofia, 2010,*1958-1962, Quatro anos que estremeceram o regime*, in Catálogo da Exposição «Resistência. Da alternativa Republicana à luta contra a Ditadura (1891-1974)», Comissão Nacional para as Comemorações do Centenário da República, Porto

DITADURAS E REVOLUÇÃO. DEMOCRACIA E POLÍTICAS DA MEMÓRIA

melhores condições de vida e que têm aspirações e reivindicaçoes às quais o regime não consegue dar resposta. Assiste-se ao crescimento da classe média, da escolarização, da emigração e a uma mudança de mentalidades, trazida pelo acesso cada vez maior ao que se passava pelo mundo fora e que é visto na televisão e nas viagens que se começam a fazer com maior frequência ao estrangeiro, lido nas revistas, jornais, livros que vêm de fora e que circulam mais ou menos clandestinamente, ouvido nos novos discos que se escutam em casa dos amigos ou nas festas juvenis.

É neste contexto que as formas tradicionais de oposição, baseadas em manifestações pacíficas e abaixo-assinados, são sentidas como ultrapassadas e ineficazes e que, cada vez mais, surge a questão da oposição enveredar pela luta armada. Assim, em 1970, o Partido Comunista Português, depois de um prolongadíssimo período de maturação, avança com a ARA (Acção Revolucionária Armada), que leva a cabo a primeira acção em Outubro desse ano, a sabotagem ao navio Cunene que participa da logística de apoio à guerra colonial. A ARA realiza um importante conjunto de acções até 1973, procurando flagelar na rectaguarda o dispositivo militar colonial. A sua actividade é suspensa nesse ano, depois da PIDE-DGS já ter detido muitos dos operacionais e identificado o Comando Central. Porém, é invocando a importância da luta democrática e de massas, num quadro de convergência com o Partido Socialista a disputar nas eleições desse ano, que é justificada tal suspensão.

Em 1971, são as Brigadas Revolucionárias que desencadeiam a primeira acção. As BR surgem a partir de uma dissidência dentro do PCP, em que a questão da luta armada para derrubar o regime é um dos aspectos mais marcantes. Carlos Antunes e Isabel do Carmo divergem da orientação do parido em relação a esta questão e decidem formar uma organização armada que vai realizar acções até ao 25 de Abril de 1974. Tendo como orientação política e estratégica uma concepção autonomista e basista, as brigadas invertem a lógica de criação dos grupos armados, tendo surgido primeiro a organização armada e só depois e só depois o partido o partido, o PRP, Partido Revolucionário do Proletariado, criado em Argel, apenas em 1973.

Em Portugal, a luta armada revestiu-se de determinadas especificidades que não encontramos em outros países onde nesta altura existiam organizações semelhantes.

Em primeiro lugar, o facto de Portugal viver sob uma longa ditadura e estar a levar a cabo uma guerra colonial que contava já com nove anos, tinha desgastado o regime e provocado um crescente descontentamento da população para com o marcelismo. Isto significou que, em Portugal, a luta armada revestiu-se, sobretudo, de uma componente de luta contra a guerra colonial e de defesa da paz, numa aparente contradição entre o apelo à paz e o pegar em armas para lutar contra o regime.

Esta forte vertente contra a guerra colonial fez com que as acções armadas levadas a cabo pelas organizações de luta armada portuguesas tivessem como alvo preferenciais o esforço de guerra e o aparelho represivo do regime, mas, essencialmente, o primeiro. Os ataques dirigem-se, essencialmente, contra quartéis, barcos que transportavam mercadoria e soldados para a frente de combate, helicópetros do exército e instalações da NATO, que simbolizavam o apoio dos países imperialistas à guerra colonial.

Há uma preocupação por parte destas organizações em explicitar que estão contra a guerra mas não contra os soldados portugueses que combatiam no Ultramar, uma vez que estes eram "filhos do povo" obrigados a lutar numa guerra que não era sua. Aliás, estas organizações fazem apelos para os soldados se organizarem nos quartéis e a partir daí lutarem contra a guerra colonial.

Ao mesmo tempo, as organizações de luta armada portuguesas tiveram por princípio irredutível não fazer vitímas mortais entre os civis e entre os soldados. Todas as acções eram planeadas de forma a provocar a maior extensão de danos possíveis mas sem provocar danos colaterias. Quando, na preparação de uma acção, começavam a perceber que poderia haver vitimas esta era imediatamente abortada. Os únicos danos colaterias existentes foi a morte acidental de um jovem que ia a passar na rua numa acção da ARA e a morte de dois operacionais das BR quando colocavam uma bomba.

Para estas organizações a demarcação entre organizações de luta armada e organizações terroristas passava, no fundamental, pelo facto de as segundas admitirem o uso da violência contra pessoas e a existência de mortos, considerando isso como um dano inevitável mas que era justificado pelo objectivo da luta que era uma "luta justa". No fundo, é a velha máxima "não olhar a meios para atingir os fins". Por seu lado, as organizaões de luta armada, defendendo

DITADURAS E REVOLUÇÃO. DEMOCRACIA E POLÍTICAS DA MEMÓRIA

o uso da violência, consideram que nem toda a violência é justificada e que a vida humana é um valor inestimável[3].

Porém, o debate sobre esta questão foi muitas vezes intenso dentro das organizações armadas. Para a LUAR e a ARA esta questão sempre esteve bem definida. Embora na LUAR alguns operacionais, mais radicais, pudessem ter feito sugestões de natureza mais terrorista, como realizar raptos de pessoas ligadas ao regime ou matar inspectores da PIDE/DGS, esta via nunca chegou a vingar e os dirigentes da organização sempre se posicionaram contra ela, defendendo as acções contra alvos materiais. Na ARA, esta questão nem se colocava, pois o PCP sempre foi contra o terrorismo e via as acções da ARA como uma forma de impulsionar o movimento popular de massas. Ao mesmo tempo, ao Partido Comunista não interessava afrontar e afastar os sectores mais moderados da oposição, com quem continuava a fazer pontes.

Por sua vez, nas BR, Carlos Antunes recorda que havia quem defendesse dentro da organização o recurso aos raptos e ao assassinato de agentes da PIDE e de figuras destacadas do regime, o que suscitou um intenso debate sobre a definição de violência revolucionária e o método a utilizar pela organização[4]. Porém, esta via sempre teve mais detractores que adeptos e acabou por não vingar.

Este debate acerca da natureza das acções violentas volta-se a colocar após o 25 de Abril de 1974, já num contexto diferente, de institucionalização da democracia, de chegada ao poder da direita e de progressivo desaparecimento da esquerda radical.

2 – Luta armada em Democracia

Com o 25 de Abril de 1974, a memória das organizações que realizaram acções armadas no final do Estado Novo diluiu-se bastante no seio da disputa pela hegemonia de uma narrativa sobre a oposição que não se centrava propriamente nesses actos, tidos como marginais e em certa medida excêntricos,

---

[3] FERREIRA, Ana Sofia, 2013, Memória – potencialidades e interditos entre os dirigentes da luta armada, texto apresentado no I Encontro da Rede Ibero-americana de Resistência e Memória, nos dias 28 e 29 de Junho de 2013, na FCSH-UNL
[4] Entrevista a Carlos Antunes, 4 de Abril de 2014, Lisboa

excepções no longo curso da história da resistência e desvalorizados durante muito tempo como objecto de estudo com enquadramento académico.

Porém, quando desde a manhã de 25 de Abril, o golpe militar dos capitães se transforma numa revolução e se inicia um processo revolucionário, com momentos de aceleração histórica, como foi o caso do 28 de Setembro de 1974 ou do 11 de Março de 1975, são sobretudo os grupos da esquerda radical, quer tenham realizado acções armadas quer tenham apenas teorizado sobre essa necessidade, que protagonizaram a radicalização do processo com o objectivo que acharam tangível da tomada do poder pelos trabalhadores e da construção de uma sociedade socialista.

Se o 25 de Novembro de 1975 fechou a fase revolucionária do processo de transição para a democracia, isso significou também a derrota da esquerda radical em Portugal.

A partir daqui inicia-se uma nova etapa, com a institucionalização de uma democracia representativa, com as instituições próprias, cujo exercício decorria da legitimidade do voto e, nesse sentido, cujos agentes políticos trataram de travar e esvaziar as transformações revolucionárias ocorridas, mesmo que constitucionalmente consagradas, verificando-se, por exemplo, o recuo da reforma agrária e a travagem das nacionalizações, por via de movimentos de privatização nas cidades e nos campos. Além disso, em Março de 1977, o primeiro-ministro, Mário Soares, apresenta formalmente o pedido de adesão de Portugal à Comunidade Económica Europeia.

Já encerrado o período revolucionário, mas com a institucionalização da democracia ainda em curso, a esquerda radical ensaia novo fôlego, nas eleições presidenciais de 1976, com a candidatura de Otelo Saraiva de Carvalho, que obteve quase oitocentos mil votos, 17% do total expresso, o que demonstra não só a enorme simpatia e apoio popular daquele capitão de Abril, como do projecto político que ele representava e que havia sido derrotado no 25 de Novembro. É tentada a continuidade da candidatura através dos GDUPs, Grupos Dinamizadores de Unidade Popular, formados durante a campanha eleitoral, de modo a configurar uma organização que reunisse a esquerda radical. Era o MUP, Movimento de Unidade Popular, que no entanto soçobraria por desentendimentos, querelas e acusações mútuas entre as organizações que os suportavam.

A constituição, em Abril de 1978, da OUT, Organização Unitária dos Trabalhadores, corresponde ao esforço levado a cabo pelo PRP no sentido de reagrupar os sectores independentes e radicalizados que se haviam encontrado nas campanha presidencial. Os estatutos dessa nova organização consagra no artigo 4º que o poder popular só será possível *"pelo recurso à violência revolucionária armada"*[5].

No entanto, dois meses depois do Congresso, Carlos Antunes e Isabel do Carmo são presos, acusados de assaltos a bancos, deflagração de engenhos explosivos e outras actividades de carácter violento. Os conflitos internos dentro do PRP agudizam-se, com uma corrente dentro do partido a defender a radicalização da violência armada. Vai ser esta facção que, posteriormente, estará na base das Forças Populares 25 de Abril.

Mas os esforços por reagrupar a esquerda radical ganham nova, embora fugaz expressão com a criação da FUP, anunciada a 30 de Janeiro de 1980, numa conferência de imprensa, e que junta o Movimento de Esquerda Socialista (MES), a OUT, o Partido Comunista Marxista-Leninista (PCM-L), o Partido Comunista Português Reconstruído (PCPR), o PRP, a União Democrática Popular (UDP) e a União Comunista. Nos meses seguintes, Otelo e outros dirigentes da FUP participam em vários comícios, surgindo, a 28 de Março, a formalização do acordo político.

A 20 de Abril, anuncia-se publicamente a ECA, Estrutura Civil Armada, através do rebentamento de 100 petardos, em diferentes localidades do país, difundido simultaneamente o seu *Manifesto ao Povo Trabalhador*. Assim designada internamente, a ECA assume outra identidade para o exterior, pois as suas acções violentas e armadas são reivindicadas através da designação "Organização FP-25 de Abril". A sua estrutura tem como base grupos constituídos por vários elementos designados por equipas de intervenção, ou comando, que estão subordinados a um ou vários repensáveis por sector, que, por sua vez, respondem perante um ou vários chefes de zona (Norte, Centro, Lisboa, Alentejo e Sul), que têm de prestar contas perante o Directório de Intervenção Militar Armada[6].

---

[5] VILELA, António José, 2005, Viver e Morrer em Nome das FP-25, Casa das Letras, Lisboa, p. 34

[6] *Caso FP-25 de Abril, Alegações do Ministério Público*, Ministério da Justiça, Lisboa

MEMÓRIA DA LUTA ARMADA DURANTE OS 40 ANOS DE DEMOCRACIA

O Projecto Global, projecto político no centro do qual estaria Otelo Saraiva de Carvalho, considera as FP 25 de Abril como o embrião do exército revolucionário, tendo existido duas correntes nas FP, uma mais radical e outra moderada, sendo esta última contrária à prática de crimes de sangue, seguindo a tradição das organizações armadas revolucionárias que tinham surgido durante o marcelismo. Numa reunião da direcção da FUP, realizada em princípios de Maio, uma delegação de dirigentes de todas as organizações integrantes da coligação expressa descontentamento pelo facto da FUP não ter condenado publicamente as acções que as FP – 25, que, entretanto, tinham realizado assaltos a bancos e dois homicídios. Esta situação leva a uma ruptura dentro da FUP, e à saída das várias correntes políticas que a integram, ficando a FUP praticamente reduzida a gente oriunda do PRP e da OUT.

A 27 de Julho de 1980, a FUP é legalizada como partido político. Na *Declaração de Princípios* aprovada no I Congresso da FUP, em Março de 1983, afirma-se: *"O poder popular só poderia ser (...) uma realidade se os trabalhadores estiverem armados, constituindo um verdadeiro exército popular"*. O Programa de Luta Imediata vinca o carácter violento da organização que defende a tomada de poder através da força: *"é preciso não alimentar também ilusões sobre o método para a tomada de poder (...) que não se faz no quadro de instituições democrático-burguesas (governo, parlamento, etc.), mas sim recorrendo à violência organizada dos trabalhadores"*[7]No mesmo Congresso é aprovado um novo símbolo (metralhadora cruzada com uma enxada), cujo registo é recusado pelo Supremo Tribunal de Justiça.

Na reunião da comissão nacional da FUP, a 2 e 3 de Junho de 1984, aprova-se a candidatura de Otelo às eleições presidenciais que se iriam realizar em inícios de 1986, algo que não chega a concretizar-se devido à *Operação Orion,* da Polícia Judiciária, que cerca de 15 dias depois, encerra as sedes da FUP e detém dezenas de pessoas. Otelo faz parte do grupo de detidos e são-lhe apreendidos vários cadernos manuscritos pelo seu punho, que a polícia e o tribunal consideram ser relativos à organização. Neles foram vislumbrados resumos de várias reuniões do Projecto Global/FP-25 e da Direcção Político-Militar das FP-25, assuntos relativos a trocas de armamento, para além de referência aos assaltos a bancos, designados de acções de recuperação de fundos.

---

[7] Declaração de Princípios, I Congresso da FUP, Março de 1983

Entre 1980 e 1987 as FP-25 de Abril levaram a cabo várias acções violentas, das quais se destacam uma série de assaltos a bancos, muitos dos quais nunca reivindicados, atentados à bomba, provocando 10 mortes, e 7 atentados não consumados.

O julgamento do caso Projecto Global/FP 25 de Abril vai decorrer com grande repercussão mediática. Elementos das FP-25 de Abril, em liberdade, chegam a dar entrevistas a jornais e a RTP passa no Telejornal imagens de uma conferência de imprensa dada por elementos da organização que aparecem encapuzados, o que leva o Governo a exonerar o Conselho de Gerência da RTP e o Ministério Público instala um processo a José Solano de Almeida, chefe de redacção, Manolo Belo, jornalista e Carlos Fino, pivô do Telejornal, acusados de *"terem dado voz pública à insurreição através de interlocutores anónimos e encapuzados"*[8].

No Verão de 1986, chega ao fim o primeiro processo das FP 25 de Abril, com os arguidos acusados de organização terrorista, mas não de crimes de sangue. Do conjunto de dirigentes e operacionais julgados, dezasseis foram absolvidos e catorze foram condenados a penas que variavam entre os três anos e meio e os dezassete anos de prisão. Tanto o Ministério Público como os réus decidem recorrer para o Tribunal da Relação, que agrava as penas, e de seguida para o Tribunal Constitucional. Durante cinco anos, o processo transitou entre o Tribunal Constitucional, o Supremo Tribunal de Justiça e o Tribunal da Relação. Segundo a lei, o tempo máximo de prisão preventiva não podia exceder os três anos, pelo que, a 17 de Maio de 1989, o Supremo Tribunal de Justiça resolveu restituir à liberdade todos os elementos da organização que se encontravam naquela situação.

Nos últimos meses de 1986, o Tribunal de Monsanto voltou a ser palco do julgamento de uma segunda leva de elementos pertencentes ás FP 25 de Abril, que deram origem ao segundo processo. Este processo agregou elementos mais radicais da Organização e que, na altura, queriam implantar a denominada ORA (organização Revolucionária Armada), sector mais radicalizado das FP 25 de Abril que defendia a continuação de acções de carácter mais violento e a realização de raptos de personalidades importantes da vida económica e

---

[8] VILELA, António José, 2005, Viver e Morrer em Nome das FP-25, Casa das Letras, Lisboa, p. 78

política do país. A média do somatório das penas de prisão é de 12 anos para os aderentes e de 15 anos para os dirigentes.

Contando sempre com acções e movimentos de solidariedade de sectores políticos de esquerda, mesmo não concordando com as acções realizadas e os seus efeitos, defende-se uma amnistia para todos os presos no âmbito do processo FP 25 de Abril, que vai ser conseguida já em Março de 1996, depois do Partido Socialista ter conquistado maioria nas eleições legislativas e António Guterres ter sido eleito primeiro-ministro. Mário Soares, na altura Presidente da República mas a três dias de deixar o cargo, promulga a amnistia às infracções de motivação política cometidas entre 27 de Julho de 1976 e 21 de Junho de 1991. Nesta altura, a maioria dos presos já estavam em liberdade, graças aos sucessivos indultos presidenciais que foram sendo dados, ou devido ao facto de terem cumprido metade da pena, podendo sair em liberdade condicional. Para trás ficava uma intensa polémica no Parlamento que resultou num dos mais intensos debates da história da democracia[9]. Para o futuro, ficava a reintegração destes homens na sociedade, regressando à vida profissional e à actividade política e civil. Ficava também uma imagem de homens e mulheres que tinham cometido crimes em nome de um ideal político e, como tal, a amnistia significava a sua reintegração na sociedade e o normal funcionamento do sistema político do país.

A 6 de Abril de 2001, sessenta elementos das FP 25 de Abril são presentes a Tribunal acusados de crimes de sangue, que não tinham sido contemplados pela amnistia de 1996, sendo absolvidos por falta de provas. Ficam célebres duas imagens: a declaração da juíza Elsa Sales *"Os crimes foram praticados por alguns dos senhores aqui á minha frente, mas o tribunal não consegue identificar os autores"*[10] e a saída de Otelo do Tribunal, de braços erguidos, a fazer o V de Vitória.

O Ministério Público ainda recorre da sentença para o Tribunal da Relação mas este acaba ou sancionar a absolvição dos réus por falta de provas. O processo de crimes de sangue das FP 25 de Abril acaba por prescrever em 2004. Nesse ano, é também decretada pelo Supremo Tribunal de Justiça a extinção da FUP.

---

[9] Cf: Diário das Sessões da Assembleia da República, 2 de Março de 1996
[10] VILELA, António José, 2005, Viver e Morrer em Nome das FP-25, Casa das Letras, Lisboa, p. 259

A amnistia de 1996 e a sentença de absolvição, em 2001, representa um apaziguamento da sociedade baseado no isolamento político e na derrota deste projecto, desenvolvido em completa contramão com a realidade objectiva do país. Os anos quentes da década de 80 ficavam no passado, eram uma vaga lembrança na memória de muitos, mas uma lembrança que se ia desvanescendo. O país tinha-se democratizado. Não valia a pena, nem ninguém queria, nem quer, lembrar o passado violento, os seus remanescentes orgânicos e aqueles que o protagonizaram.

E que conclusões tirar depois desta análise, que foi mais um percurso sobre as questões da violência nos últimos anos da ditadura e nos 40 da democracia ?

1. Primeiro, é preciso reconhecer que foi a resposta mais radical ao marcelismo que alimentou a corrente mais radical do PREC. De facto, nas FP 25 de Abril veremos envolvidos, como dirigentes ou operacionais, vários elementos que durante o marcelismo foram militantes das organizações de esquerda radical que defendiam o recurso à luta armada para derrubar o regime e colocar um fim à guerra colonial, sobretudo da LUAR e do PRP/BR;

2. Durante o PREC são também estas organizações que vão defender algumas das medidas mais profundas de alteração da estrutura económica e social do país. Elas apresentam-se como defensoras da Revolução Socialista, da tomada do poder pelos trabalhadores e têm uma concepção política claramente autonomista e basista, tendo liderado o processo de constituição das comissões de trabalhadores e das comissões de moradores;

3. Com o 25 de Novembro e a derrota do PREC, reemergem dentro destas organizações as tendências mais radicais, sobretudo dentro do PRP, assistindo-se a um processo de progressivo afastamento dos fundadores e líderes históricos deste partido, Carlos Antunes e Isabel do Carmo, que sempre recusaram cometer crimes de sangue. Muitos dos militantes do PRP e operacionais das BR acabam por integrar o Projecto Global/FP 25 de Abril.

4. A derrota das Forças Populares 25 de Abril dá-se na ressaca tardia do PREC nos anos 80, quando, com a chegada ao poder da direita, com

Cavaco e Silva a governar o país durante dez anos, se tomam as primeiras medidas de alteração estrutural, no plano económico-social, do quadro vindo directamente do período revolucionário. A emergência das direitas um pouco por todo o mundo ocidental, de Tatcher, na Inglaterra, a Reagan, nos Estados Unidos, facilita esse processo, que se vai traduzir numa derrota histórica da esquerda radical, que definha, ultrapassada pela direita e pelos seus valores capitalistas e liberais. Em Portugal, significa também a derrota de um projecto político de cariz socialista e o ruir, pelo menos temporário, de um sonho de uma sociedade mais justa e igualitária.

5. Hoje, perante a situação económica, política e social do país, numa altura de falta de esperança, em que a crise enche as manchetes dos jornais, abre as notícias nas televisões e se faz sentir no quotidiano dos portugueses, tocando, de forma mais nítida a classe média e as classes mais desfavorecidas, volta-se e recuperar a memória de fomas mais radicais de luta. Perante a aparente falta de eficácia das manifestações pacíficas, os ouvidos surdos dos políticos, o discurso da inevitabilidade e a sensação de impotência para alterar a situação vigente, voltam a ouvir-se discurso de que se calhar só é possível alterar a situação utilizando a força. No entanto, a violência relembrada centra-se sobretudo no período do marcelismo em que a luta contra a ditadura e a guerra colonial e o facto de não terem sido cometidos crimes de sangue parecem justificar uma certa benevolência para com a violência política.

6. Todo o perídodo corresponde à violência das Forças Populares 25 de Abril acabou por cair no esquecimento, é como se não existisse. O país democartizou-se e as FP-25 de Abril acabaram por se tornar o não dito da história da luta armada em Portugal, que, como qualquer outro tema, constituindo parte da realidade, cabe à História, como a outras ciências sociais, resgatar.

Bibliografia:

BEBIANO, Rui, 2005, *Contestação do regime e tentação da luta armada sob o marcelismo*, in Revista Portuguesa de História, Tomo 37, Coimbra

FARINHA, Luís, 1998, O Reviralho. Revoltas Republicanas contra a Ditadura e o Estado Novo 1926-1940, Lisboa, Editorial Estampa

FERREIRA, Ana Sofia, 2010,*1958-1962, Quatro anos que estremeceram o regime*, in Catálogo da Exposição «Resistência. Da alternativa Republicana à luta contra a Ditadura (1891-1974)», Comissão Nacional para as Comemorações do Centenário da República, Porto

FERREIRA, Ana Sofia, 2013, *Memória – potencialidades e interditos entre os dirigentes da luta armada*, texto apresentado no I Encontro da Rede Ibero-americana de Resistência e Memória, nos dias 28 e 29 de Junho de 2013, na FCSH-UNL

MORTÁGUA, Camilo, 2013, Andanças para a Liberdade, Esfera do Caos, Lisboa

NARCISO, Raimundo, 2000, *ARA: Acção Revolucionária Armada: a história secreta do braço armado do PCP*, Lisboa, D. Quixote

SANTOS, José Hipólito, 2011, Felizmente Houve a LUAR: Para a História da Luta Armada Contra a Ditadura, Âncora, Lisboa

SERRA, Jaime, 1999, *As explosões que abalaram o fascismo: o que foi a ARA (Acção Revolucionária Armada)*, Lisboa, Edições Avante

VILELA, António José, 2005, Viver e Morrer em Nome das FP-25, Casa das Letras, Lisboa.

Fontes:

Entrevista a Carlos Antunes, 4 de Abril de 2014, Lisboa

Caso FP – 25 de Abril – Alegações do Ministério Público: com anexo documental. Ministério da justiça

Diário das Sessões da Assembleia da República, 2 de Março de 1996

A memória das Forças Armadas sobre a Guerra Colonial nas páginas de publicações militares (1976-2012)

Filipe Piedade[1]

Introdução

Sendo inegável que as Forças Armadas (FA) assumiram um papel de destaque na definição do regime político a adotar em Portugal, quer através do derrube da Primeira República, com o golpe militar de 28 de maio de 1926, quer através do derrube do regime do *Estado Novo*, com o golpe militar do 25 de Abril de 1974, cremos ser particularmente importante, em termos historiográficos, um estudo mais aprofundado sobre a memória que, dentro dessa mesma instituição, se vai produzindo e cimentando relativamente a acontecimentos determinantes na História de Portugal. Tendo em consideração que o Estado português, ao longo de todo o século XX, apenas envolveu as FA numa intervenção armada direta em duas ocasiões: durante a Primeira Guerra Mundial (1914-1918) e durante a Guerra Colonial portuguesa (1961-1974), acreditamos que o presente trabalho possa dar uma, ainda que modesta, contribuição para

---

[1] Mestre em História Contemporânea e Licenciado em Línguas e Relações Internacionais pela Faculdade de Letras da Universidade do Porto. Bolseiro de investigação do projeto *Estado e memória: políticas públicas da memória da ditadura portuguesa (1974-2009)*, (PTDC/HIS-HIS/121001/2010) e investigador do Instituto de História Contemporânea da FCSH/UNL.

DITADURAS E REVOLUÇÃO. DEMOCRACIA E POLÍTICAS DA MEMÓRIA

o estudo da memória que se vem (re)produzindo entre as FA sobre um conflito no qual se viram envolvidas durante 13 anos.

Reconhecendo que o presente trabalho não representa um levantamento exaustivo de todas as publicações militares[2], procurámos, ainda assim, reunir um conjunto de fontes primárias que nos permitisse apresentar ao leitor uma amostra significativa do essencial da produção científica que se tem vindo a publicar, através das principais instituições militares portuguesas, sobre a memória da Guerra Colonial. Nesse sentido, entre as fontes selecionadas encontram-se a revista *Nação e Defesa*[3], a revista *Proelium*[4] e o *Boletim do Instituto de Estudos Superiores Militares* (IESM)[5]. Apesar de terem sido ainda analisadas outras fontes documentais (caso dos *Cadernos do IDN*, por exemplo), o leitor verificará que o essencial do discurso de base para este trabalho foi recolhido, essencialmente, nas três revistas anteriormente referenciadas.

As Forças Armadas, a sociedade, o regime e a Guerra Colonial

Na sequência do derrube da Primeira República, as FA portuguesas autodefinem-se como "reserva moral da Nação". Com o golpe militar de 28 de Maio de 1926, os militares envolvem-se, de novo, diretamente na orientação do regime português. Debatendo-se com a dificuldade de conciliação das várias fações políticas no seu seio e fazendo-o sem um programa político claro, as

---

[2] Acreditamos que seria um exercício importante proceder a uma análise alargada da *Revista Militar* (http://www.revistamilitar.pt/), entre outras.

[3] A revista *Nação e Defesa* iniciou a sua publicação em abril de 1976, então editado pelo Gabinete de Estudos e Planeamento do Estado-Maior do Exército. Em julho de 1977, com a criação do Instituto de Defesa Nacional (IDN), a revista passa a estar agregada a este mesmo organismo. Para este trabalho foram analisados todos os números publicados desde 1976 até 2010.

[4] A revista *Proelium: Revista dos alunos da Academia Militar* iniciou a sua publicação em 1934. Tendo, momentaneamente, sido substituída pelo *Boletim Divulgação*, volta a publicar-se com o nome de *Proelium: Revista da Academia Militar* a partir da sua série VI, em 2004. Para este trabalho foram analisados todos os números publicados desde 2004 até 2013.

[5] O *Boletim do Instituto de Estudos Superiores Militares* iniciou a sua publicação em 2006, tendo sido substituído pela *Revista de Ciências Militares* a partir de maio de 2013. Para este trabalho foram analisados todos os números publicados desde 2007 até 2012.

hierarquias militares do período da Ditadura Militar rapidamente vão abrir caminho à ascensão de António de Oliveira Salazar[6].

De facto, foi «a incapacidade dos militares [que] trouxe a ditadura salazarista», e estes passaram, desde então, a assumir-se como «o esteio da ditadura [mais] do que a garantia da independência nacional». Apesar de ser incontestável que qualquer sistema ditatorial que se procure impor e manter terá, necessariamente, que contar com o apoio, ou, no mínimo, com a aquiescência das FA, a ideia de que, durante o período do *Estado Novo*, «as Forças Armadas permaneceram o esteio do totalitarismo português», tendo a sua ação ajudado «a manter a repressão» e tendo estas entrado «progressivamente para o jogo dos interesses oligárquicos»[7] do regime, não será, certamente, unânime entre os militares.

Em todo o caso, parece atualmente mais ou menos consensual que, pelo menos até ao início da Guerra Colonial, em 1961, «as Forças Armadas foram o fiel instrumento da política do Estado Novo». Efetivamente, até ao momento a partir do qual os oficiais das FA vão ganhando e, progressivamente, fortalecendo a convicção de que a resolução do conflito em Angola, Guiné e Moçambique terá de passar por uma solução política, «a oposição à transformação interna do regime e à reformulação da sua política colonial foi sistematicamente participada pelas Forças Armadas, tanto em termos de definição de princípios e alternativas, como na sua execução», muito embora não se deva esquecer a existência de algumas «oposições individuais, desconforto e crítica interna» ao longo de todo esse período, o facto é que, antes de 1961, nunca «chegou a configurar-se a unidade militar suficiente para inflectir a atitude de apoio ao regime»[8].

Embora o ano de 1961 pareça marcar o fim dessa aparente harmonia entre as FA e o regime, na realidade, inicialmente, «a guerra em África» terá

---

[6] Sobre este tema, consultar «Da Ditadura Militar ao *Estado Novo*: A afirmação do salazarismo» in PIEDADE, Filipe, *A caminho do Estado Novo e do Terceiro Reich: a "Lição de Hitler" e a "Lição de Salazar" na imprensa portuguesa (1930-1933)*, Porto: Faculdade de Letras da Universidade do Porto [Dissertação de Mestrado], 2012.

[7] GODINHO, Vitorino Magalhães, «A Academia Militar no contexto da sociedade portuguesa actual, frente à missão nacional e à função social das Forças Armadas», in *Nação e Defesa*, n.º 2, Novembro de 1976, pp. 127-129.

[8] AFONSO, Aniceto, «Guerra Colonial – uma aliança escondida», in *Nação e Defesa*, n.º 124 (4.ª série), *Que visão para a Defesa? Portugal-Europa-NATO*, Outono/Inverno 2009, p. 220.

funcionado, «entre Abril de 1961 e Setembro de 1968, como factor de subordinação das Forças Armadas ao regime salazarista»[9]. Essa subordinação viria, no entanto, a sofrer um duro golpe com a sequência de acontecimentos que levaria à integração das possessões portuguesas na Índia[10]. Optando pela responsabilização dos militares quanto à perda de Goa, Damão e Diu, Salazar abria um capítulo decisivo de desconfiança entre as hierarquias militares e o regime. Numa sociedade na qual as elites políticas haviam enraizado a convicção de que Portugal seria historicamente talhado para o desenvolvimento de povos por si colonizados, o efeito imediato dessa responsabilização das FA pela perda dos territórios coloniais na Índia seria o de desestabilização das relações entre a sociedade civil portuguesa e as suas FA. Por outras palavras, com essa ação, o regime salazarista levava à emergência de «um dos piores sentimentos que um militar pode ter em campanha», o de «sentir-se traído pelas costas!»[11]. Perante a impossibilidade de resolução, por meios estritamente militares, dos conflitos em Angola, Guiné e Moçambique, e face à incapacidade do regime em encontrar uma solução política para esses mesmos conflitos, no momento em que os responsáveis políticos do regime pediram às FA «para cumprirem o dever imposto pelo regime em África, os militares não se esqueceram de que já antes o regime tinha feito deles o seu bode expiatório»[12].

Apesar de tudo isto, a substituição de Salazar por Marcelo Caetano, em 1968, parece ter criado, inicialmente, alguma ilusão, entre as hierarquias militares, relativamente a uma possível alteração da política ultramarina do regime. Essa esperança numa efetiva "Primavera marcelista" que pudesse, para além de redefinir o núcleo ideológico do regime, levar a uma resolução de uma guerra que, em 1968, «já ia longa», acabaria por sair frustrada, em

---

[9] FERREIRA, José Medeiros, «Forças Armadas e o regime autoritário», in *Nação e Defesa*, n.º 94 (2.ª série), Verão 2000, p. 118.

[10] Em 1950, na sequência da sua independência, em 1947, a Índia exige a retirada de Portugal das cidades de Goa, Damão e Diu. Nas vésperas da operação militar indiana, de dezembro de 1961, Salazar ordena ao Governador Vassalo e Silva que as tropas portuguesas resistam até ao último homem. Perante uma gritante inferioridade numérica relativamente às forças militares indianas, os militares portugueses apresentam, rapidamente, a sua rendição.

[11] FERREIRA, João José Brandão, «O militar e o cidadão e as relações civil-militares», in *Nação e Defesa*, n.º 57, Janeiro-Março 1991, p. 77.

[12] PION-BERLIN, David, «As relações civis-militares na Argentina num período pós-transição», in *Nação e Defesa*, n.º 94 (2.ª série), Verão 2000, pp. 27.

parte porque «o "orgulhosamente sós" continuava a reunir adeptos. E isso, na prática, significava continuar em África»[13]. Apesar de Marcelo Caetano se ter mantido à frente do Governo durante mais de cinco anos, sem que durante esse período tivesse conseguido avançar qualquer tipo de solução política para o problema colonial, tal não impede que a tese sustentada por Vicente de Paiva Brandão nas páginas da revista *Proelium*, que defende que «quando Marcello pedia a continuação do esforço não era, necessariamente, por acreditar na vitória da guerra em África; era, somente, por considerar que os militares lhe deviam possibilitar as melhores condições possíveis no terreno, para a resolução política do problema»[14], não possa ainda encontrar atualmente algum acolhimento entre a sociedade portuguesa.

Apesar de «o regime fascista» não ter preparado «nem as Forças Armadas nem a Nação para a descolonização, inevitável», a verdade é que «a guerra colonial [durante] algum tempo gozou de foros de popularidade». Na realidade, durante os primeiros anos da guerra, terá sido apenas entre as «classes médias, onde se recrutava a oficialidade» e entre a «oposição» que se percecionava a Guerra Colonial como «mais uma forma de consolidar um regime injusto cá e além-mar»[15]. Para a generalização do sentimento de «incompreensão» e, até mesmo, de «condenação» entre a sociedade portuguesa relativamente à guerra nas colónias, muito terão contribuído «grandes erros políticos e estratégicos, designadamente no campo psicológico» cometidos pelo regime. Particularmente, o facto de a população portuguesa nunca ter sido «minimamente esclarecida acerca da natureza da guerra e do seu desenvolvimento», por se temer, entre os dirigentes políticos do *Estado Novo*, «a consciencialização». Pior ainda, essa «estratégia psicológica» de esconder «essa guerra à população, que a tinha de alimentar com meios humanos e materiais», terá levado

---

[13] BRANDÃO, Vicente de Paiva, «A defesa da África Austral no âmbito da política externa de Marcello Caetano», in *Proelium* (N.º 11, série VI), Lisboa: Academia Militar, 2009, p. 70.
[14] BRANDÃO, Vicente de Paiva, «A defesa da África Austral no âmbito da política externa de Marcello Caetano», in *Proelium* (N.º 11, série VI), Lisboa: Academia Militar, 2009, p. 78.
[15] GODINHO, Vitorino Magalhães, «A Academia Militar no contexto da sociedade portuguesa actual, frente à missão nacional e à função social das Forças Armadas», in *Nação e Defesa*, n.º 2, Novembro de 1976, pp. 131-132.

DITADURAS E REVOLUÇÃO. DEMOCRACIA E POLÍTICAS DA MEMÓRIA

a população a adotar uma atitude «de calúnia dos que combatiam e às vezes morriam»[16] nos três teatros de operações em África.

Esta dissociação entre a população e a ação das FA nos territórios coloniais requeria, evidentemente, uma solução urgente que pusesse fim ao conflito. Ora, essa necessidade esbarrava com a «forma obsessiva» com que o regime se dispunha a empenhar «todas as forças morais e materiais do país» no sentido da «manutenção dos territórios ultramarinos». Durante o período da guerra em África, «toda a actividade política estava orientada para a defesa de um projecto de país multirracial e pluricontinental», de tal forma que esse conflito «impregnou todas as acções do Estado»[17], evidenciando que «Lisboa era prisioneira do que se passava em África». Efetivamente, «o regime ditatorial [terá] vivido os seus vinte últimos anos pendente de uma solução para os problemas africanos que foi incapaz de encontrar»[18].

Há, no entanto, quem defenda que, pelo menos até 1963, «o regime parecia apostado em encontrar uma solução» para o problema colonial, desde que essa solução se inserisse «dentro do quadro da sua política ultramarina», que passaria por uma «autonomia controlada», obviamente com «prevalência do poder português (branco se quisermos)», e pela «salvaguarda dos interesses das grandes empresas portuguesas (muitas vezes contraditório com os interesses da comunidade branca em geral)». Para Aniceto Afonso, terá sido apenas a partir de 1963 que «a política ultramarina do regime» se transformou «num jogo de equívocos», sem que este conseguisse, a partir dessa data, «conceber ou admitir uma doutrina coerente e um plano adaptado à realidade, mesmo sob o seu ponto de vista»[19].

Presas entre uma opinião pública que, «nebulosamente a princípio, com maior discernimento depois [...] passa das dúvidas para a certeza ou quase

---

[16] CANELHAS, José Luís Almiro, «Estratégia psicológica», in *Nação e Defesa*, n.º 27, Julho--Setembro 1983, pp. 122.

[17] VAZ, Mira, «Acerca do conceito estratégico de Defesa Nacional – dos anos 60 à actualidade», in *Nação e Defesa*, n.º 67, Julho-Setembro 1993, pp. 52.

[18] FERREIRA, José Medeiros, «Relações Externas e Defesa Nacional», in *Nação e Defesa*, n.º 1, Julho 1976, pp. 12.

[19] AFONSO, Aniceto, «Guerra Colonial – uma aliança escondida», in *Nação e Defesa*, n.º 124 (4.ª série), *Que visão para a Defesa? Portugal-Europa-NATO*, Outono/Inverno 2009, pp. 219.

certeza de que é urgente encontrar uma solução política»[20] e acabar com a guerra em África, e um regime que teimosamente mantinha «uma absurda política colonial»[21], as FA iam esforçando-se por garantir «um elevado nível de eficácia militar durante [os] 13 anos de conflito», mantendo-o «num ritmo controlado, através de uma abordagem *comprehensive*», supostamente característica de um «"modo português de fazer a guerra"»[22]. Esse mesmo esforço das FA levará a que «os êxitos fáceis obtidos nos primeiros combates», ainda que obtidos «contra um inimigo ainda mal armado e atacando a descoberto e em massa», criem, inicialmente, entre «alguns responsáveis de LISBOA [sic] a errada convicção de que..."guerra? Em ANGOLA [sic]? É uma guerra de catanas, ao nível da Secção"»[23]. Não obstante, relembra-se esse «tremendo choque traumático que afectou gerações», causado pela «violência destruidora, a barbárie e o ódio dos massacres de 15MAR61»[24].

Perante «o eclodir das acções violentas no Ultramar», as FA passam a assumir uma «missão genérica de proteger populações e de manter a ordem pública»[25]. Afinal, «a Nação de Camões ver-se-ia confrontada com um inimigo, disseminado por três territórios, que ameaçava, com uma guerra subversiva,

---

[20] BALSEMÃO, Francisco Pinto, «A evolução da opinião pública durante as campanhas de África», in *Campanhas de África e a Estratégia Nacional*, IAEM, 1997, p. 76. (Francisco José Pereira Pinto Balsemão: entre 1969 e 1973 foi deputado independente da Assembleia Nacional. Fundador do Partido Popular Democrático, actual PSD, viria a ocupar o cargo de deputado na Assembleia da República em 1979, 1980 e 1985. Viria a ocupar o cargo de Primeiro-Ministro entre 1981 e 1983. Atualmente é membro do Conselho de Estado).

[21] PEREIRA, António Maria, «Direitos do Homem e defesa da Democracia», in *Nação e Defesa*, n.º 8, Outubro-Dezembro 1978, p. 78.

[22] MENEZES, António Cordeiro de, «Guerra subversiva e contra-subversão: o saber Português», in *Boletim* do IESM, n.º 12, Maio 2012, p. 24.

[23] CARNEIRO, António S. O. Soares, «As transformações operadas nas Forças Armadas para responderem às exigências do conflito em África», in *Campanhas de África e a Estratégia Nacional*, IAEM, 1997, pp. 94-95. (António da Silva Osório Soares Carneiro: entre 1968 e 1972 exerceu as funções de Governador de Luanda e de Secretário-Geral do Estado de Angola. Entre março de 1989 e janeiro de 1994 ocupou o cargo de Chefe de Estado-Maior das Forças Armadas. Foi ainda candidato às eleições presidenciais de 1980, com o apoio da Aliança Democrática, sendo derrotado pelo General Ramalho Eanes).

[24] CARNEIRO, António S. O. Soares, «As transformações operadas nas Forças Armadas para responderem às exigências do conflito em África», in *Campanhas de África e a Estratégia Nacional*, IAEM, 1997, p. 91.

[25] RAMALHO, José Luís Pinto, «A contribuição do Exército Português para a OTAN», in *Nação e Defesa*, n.º 89 (2.ª série), Primavera 1999, p. 105.

a coesão nacional e que, embora se encontrasse algo fragmentado no início, ultrapassadas as dificuldades iniciais e melhorando as relações entre si, tornava-se num obstáculo de elevado valor ao objetivo português de manutenção do império»[26]. Assim encarada, a guerra abria caminho para que o regime utilizasse «a melhor maneira de conseguir o apoio dos militares», através do «apelo à "Pátria em perigo" e [d]o discurso nacionalista». Tal estratégia não poderia deixar de conseguir, pelo menos nos momentos iniciais da guerra, o empenho das FA, já que apelava «directamente à motivação central da ética e dos valores militares, que se encaram a si próprios como a "última rácio", a salvação da Nação quando tudo o mais falha»[27]. E, efetivamente, relembra-se nas páginas da revista *Nação e Defesa*, «pelo que toca às instituições militares», «durante um século, foi o Império que as mobilizou e uniu, foi nele que reconheceram um objectivo nacional e por este se bateram com abnegação, coragem e alguns sucessos»[28]. Seria, portanto, expectável, e essencial, que o continuassem a fazer, a partir de 1961, em Angola, na Guiné a partir de 1963, e em Moçambique a partir de 1964.

Para António Soares Carneiro, tratava-se de uma «guerra travada tendo subjacentes três razões essenciais», a primeira das quais seria a de «promoção das populações e o desenvolvimento dos territórios», juntamente com «a integridade de PORTUGAL [sic]» e a «importância geoestratégica das Províncias Ultramarinas»[29]. Para a manutenção do esforço que as FA foram fazendo ao longo dos mais de 13 anos de guerra em África, terão contribuído, em primeiro lugar, uma «compatibilização dos esforços de defesa e de desenvolvimento», bem como uma suposta «fidelidade da maioria das populações» nos territórios afetados pelos conflitos, mas, «sobretudo», as «capacidades e vontade dos soldados metropolitanos e africanos que se bateram

---

[26] MENEZES, António Cordeiro de, «Guerra subversiva e contra-subversão: o saber Português», in *Boletim* do IESM, n.º 12, Maio 2012, p. 21.

[27] TELO, António José, «O papel dos militares nas grandes mudanças em Portugal – uma perspectiva de conjunto», in *Nação e Defesa*, n.º 112 (3.ª série), Outono/Inverno 2005, p. 118.

[28] FREIRE, João, «Instituições Militares, Poder político e Sociedade», in *Nação e Defesa, Portugal e a Aliança Atlântica*, n.º 123 (4.ª série), Verão 2009, p. 146.

[29] CARNEIRO, António S. O. Soares, «As transformações operadas nas Forças Armadas para responderem às exigências do conflito em África», in *Campanhas de África e a Estratégia Nacional*, IAEM, 1997, p. 99.

A MEMÓRIA DAS FORÇAS ARMADAS SOBRE A GUERRA COLONIAL

com inteireza, dignidade e valor»[30]. Sendo que tudo isso só terá sido possível dada uma «propensão humanista do soldado português, na protecção e apoio das populações» que terá garantido «a adesão da população»[31] ao esforço de guerra português contra uma «guerrilha e a contraguerrilha que, como manifestações de violência, se viveram nos teatros de operações da Guiné, Angola e Moçambique». Eventualmente, essas «manifestações de violência», levadas a cabo pelos insurgentes, não poderiam deixar de vir a marcar «profundamente [...] a estrutura e a vivência da nossa Nação»[32].

Apesar do desempenho das funções que lhe são atribuídas pelo regime, as FA vão-se confrontando com a evidência de que «qualquer ator que desenvolva ações de contra-subversão terá de ter em consideração que o fator tempo poderá jogar contra si, principalmente na frente doméstica». Apesar de os militares terem tentado manter «o fundamento estratégico da contra-subversão», que será o de «ganhar a iniciativa de modo a possibilitar a suficiente margem de manobra para o poder político encontrar uma solução adequada que, neste caso, poderia passar por uma via intermédia entre a integração e a independência», o regime continuaria a recusar-se a enfrentar a evidência de que a Guerra Colonial era uma «guerra que os militares não poderiam vencer sozinhos»[33].

O arrastar do impasse na guerra leva a que, de forma cada vez mais evidente, a população passe a «olhar as Forças Armadas como os verdadeiros responsáveis pelo não cumprimento de uma missão que, no entanto, vinham cumprindo integralmente desde o primeiro dia». Efetivamente, as «autoridades legais permitem que a Nação se convença, injustamente, de que as Forças Armadas vão à guerra, mas, por sua conveniência, não obtêm a vitória», o que originaria uma crescente «saturação militar produzida pelo impasse político»,

---

[30] CARNEIRO, António S. O. Soares, «As transformações operadas nas Forças Armadas para responderem às exigências do conflito em África», in *Campanhas de África e a Estratégia Nacional*, IAEM, 1997, p. 100.

[31] RODRIGUES, Joaquim Chito, «Concepção e desenvolvimento da estratégia operacional face à eclosão da conflitualidade nas ex-colónias portuguesas. A mudança de um esforço estratégico em Angola», in *Campanhas de África e a Estratégia Nacional*, IAEM, 1997, p. 285.

[32] ALVES, Lopes, J., «A estratégia indirecta e alguns cenários de confrontação indirecta», in *Nação e Defesa*, n.º 26, Abril-Junho 1983, p. 120.

[33] MENEZES, António Cordeiro de, «Guerra subversiva e contra-subversão: o saber Português», in *Boletim* do IESM, n.º 12, Maio 2012, p. 23.

DITADURAS E REVOLUÇÃO. DEMOCRACIA E POLÍTICAS DA MEMÓRIA

caracterizada pela interrogação dos militares relativamente à «justiça de uma guerra que a Nação deixara de compreender e apoiar»[34]. Apesar desse evidente afastamento entre a política ultramarina do regime e a visão que a opinião pública ia desenvolvendo da Guerra Colonial, ainda assim, os responsáveis políticos do *Estado Novo* pareciam acreditar que «jovens oficiais e conscritos», apesar de «mal pagos e o seu esforço [ser] pouco reconhecido», se mostrassem disponíveis para continuar a suportar «o ónus das guerras coloniais»[35] no futuro. A sequência dos factos, no entanto, viria a demonstrar que o regime estava demasiado optimista quanto à passividade desses militares face ao arrastamento da situação nas colónias.

Numa altura na qual «os soldados fugiam de situações de combate que se estavam a tornar cada vez mais difíceis, à medida que os movimentos de liber-tação, especialmente na Guiné-Bissau, iam ganhando vantagem»[36], a solução avançada pelo regime para contrariar as crescentes dificuldades com que se deparava para recrutar oficiais em quantidade suficiente para a manutenção do esforço de guerra nos três teatros de operações em África, viria a marcar a rutura definitiva entre a oficialidade militar do Quadro Permanente das FA – particularmente entre a classe dos capitães – e a direção que o regime con-tinuava a querer impor para a resolução do conflito em Angola, Guiné e Mo-çambique. Efetivamente, «doze anos após a deflagração das guerras coloniais, saturados com múltiplas e prolongadas comissões no Ultramar e susceptíveis à desmoralização, muitos destes jovens oficiais interpretaram o Decreto-Lei 353/73 como uma ameaça ao seu *status* profissional». Contemplando um sis-tema de promoções que permitia «aos *ex-milicianos* "saltar patentes" e, em alguns casos, ultrapassar em antiguidade oficiais do Quadro Permanente», o Decreto-Lei 353/73 viria a assumir-se como o detonador que faria rebentar o descontentamento acumulado entre os oficiais das FA, quer quanto à política militar e ultramarina do Governo, quer quanto à forma de regime que esta

[34] RODRIGUES, Joaquim Chito, «Concepção e desenvolvimento da estratégia operacional face à eclosão da conflitualidade nas ex-colónias portuguesas. A mudança de um esforço estratégico em Angola», in *Campanhas de África e a Estratégia Nacional*, IAEM, 1997, p. 127.
[35] PION-BERLIN, David, «As relações civis-militares na Argentina num período pós-tran-sição», in *Nação e Defesa*, n.º 94 (2.ª série), Verão 2000, p. 29.
[36] PION-BERLIN, David, «As relações civis-militares na Argentina num período pós-tran-sição», in *Nação e Defesa*, n.º 94 (2.ª série), Verão 2000, p. 28.

procurava, a todo o custo, manter. Era o início do fim para o regime do *Estado Novo*. E, apesar de, efetivamente, ter sido «a defesa dos interesses e valores profissionais – e não objectivos e intenções de carácter revolucionário – que motivou os organizadores e aderentes ao movimento de Capitães nesta fase inicial de contestação»[37], a sequência dos acontecimentos, que viriam a culminar com o golpe militar do 25 de Abril de 1974, viria a demonstrar uma rápida politização do Movimento das Forças Armadas (MFA), apesar de o Governo ter revogado o polémico Decreto logo em outubro de 1973.

Escusando-nos a apresentar ao leitor uma descrição dos acontecimentos que se foram sucedendo até ao golpe do 25 de Abril de 1974, mais significativo para os objetivos deste nosso trabalho será perceber qual a memória do 25 de Abril que se veiculou através das publicações militares em análise. Nesse sentido, cremos ser importante destacar a tese avançada, logo em 1976, por Natália Correia quando, nas páginas da revista *Nação e Defesa*, esta sustenta que, sendo a «civilização portuguesa» caracterizada pelo «seu *élan* civilizador», o 25 de Abril de 1974 teria feito «cessa[r] abruptamente» esse «grande impulsionador da civilização portuguesa». Aliás, para a autora, a perda das colónias era vista como uma «violenta mutilação», que poderia até «fazer perigar a independência nacional», levando, eventualmente, Portugal a ver-se confrontado com «esse percalço» ao qual «dificilmente escapam as sociedades descivilizacionadas»[38]. Abria-se, portanto, a discussão em volta dos efeitos que a perda das colónias poderia ter na "identidade nacional" portuguesa.

Efetivamente, «o colapso do primeiro e último império colonial europeu representou o fim dum ciclo de cinco séculos de história nacional em que a expansão e presença além-mar representou grande parte do *projecto nacional*»[39], o que leva a que, nas páginas de publicações ligadas a instituições militares, se sublinhe esse «trauma colectivo ocasionado pelas campanhas de África de 1961-74, e pelo processo de descolonização que se lhe seguiu». Na

---

[37] RATO, Vasco, «As Forças Armadas e a democracia portuguesa, 1974-1982», in *Nação e Defesa*, n.º 94 (2.ª série), Verão 2000, p. 132.

[38] CORREIA, Natália, «A tríade indissolúvel: sociedade – cultura – civilização», in *Nação e Defesa*, n.º 1, Julho 1976, pp. 4-5.

[39] ALMEIDA, José Carlos, «Portugal, o Atlântico e a Europa, A Identidade Nacional, a (re) imaginação da Nação e a Construção Europeia, », in *Nação e Defesa, Forças Armadas e Sociedade, continuidade e mudança*, n.º 107 (2.ª série), Primavera, 2004, pp. 153-154.

sequência desse processo de descolonização das ex-colónias portuguesas, as preocupações passam a centrar-se em volta de uma suposta «ausência de projectos nacionais mobilizadores de ânimos e congregadores de vontades em torno de objectivos comuns, claramente definidos», num novo ciclo no qual «as próprias noções de soberania, pátria e nação» se tornavam confusas e se esbatiam no «imaginário colectivo»[40], temia-se a «abdicação da soberania nacional» levando a que esta, bem como «a vontade colectiva de salvaguarda da independência nacional», se pudessem encontrar agora «enfraquecidas»[41].

Parece, portanto, ser largamente veiculada a ideia de que «os fundamentos e os objectivos políticos» definidos pelo regime do *Estado Novo* «em nome de uma concepção multirracial e pluricontinental da pátria portuguesa» haviam sido abruptamente «derrogados com a Revolução de 25 de Abril de 1974»[42]. Esse corte provocado pelo derrube da ditadura, e o subsequente processo de descolonização, leva a que haja quem se questione, já no século XXI, sobre se «o desfecho» da Guerra Colonial poderia ter «sido outro, caso a circunstância da revolução portuguesa de 1974 não tivesse ocorrido»[43].

Muito embora estas interrogações se revistam de toda a legitimidade, a verdade é que, como afirmou Mário Soares, a Guerra Colonial foi «a mola fundamental da revolta» dos militares, que «sentiam que a guerra estava perdida»[44]. E quem melhor do que os próprios intervenientes na guerra para perceberem qual o caminho que esta poderia tomar no futuro?

Conclusões

Na sequência dos resultados anteriormente apresentados, verifica-se que, de facto, «não obstante o período já decorrido após as Campanhas de África, o

[40] CAMPOS, Rui Falcão de, «As famílias e a defesa nacional», in *Nação e Defesa*, n.º 54, Abril/Junho 1990, p. 60.

[41] CAMPOS, Rui Falcão de, «As famílias e a defesa nacional», in *Nação e Defesa*, n.º 54, Abril/Junho 1990, pp. 66-67.

[42] VAZ, Mira, «Acerca do conceito estratégico de Defesa Nacional – dos anos 60 à actualidade», in *Nação e Defesa*, n.º 67, Julho-Setembro 1993, p. 51.

[43] BATALHA, Carlos; MIGUEL, Nuno; MONTEIRO, Nuno, «A eficácia e a adaptabilidade do Poder Aéreo ao longo da História», in *Boletim* do IESM, n.º 9, Novembro 2010, p. 18.

[44] Mário Soares in AVILLEZ, Maria João, *Soares, Ditadura e Revolução*, Lisboa: Público, 1996, p. 279.

tema continua ainda, naturalmente, a ser polémico», despertando «algumas paixões e controvérsias». Para tal, pelo menos em parte, contribuirá o facto de entrarem na discussão sobre a memória da Guerra Colonial gerações que a viveram na primeira pessoa. Obviamente que, sendo o contributo dos ex-combatentes um elemento essencial para a construção dessa mesma memória, o mesmo não deixará, por outro lado, de emprestar uma forte componente emotiva à discussão em volta da experiência da guerra. Por outro lado, parece existir ainda, na investigação feita dentro das instituições militares, alguma dificuldade em debater, de forma objetiva e desapaixonada, alguns dos pontos mais sensíveis em volta da Guerra Colonial (desde logo, o próprio termo parece ainda ser relativamente controverso, com vários autores a referirem-se a essa experiência como as "Campanhas de África"). É nesse sentido que, já em 1997, Joaquim Chito Rodrigues sublinhava ser «tempo de se iniciar uma fase mais rigorosa e objectiva do estudo da História recente» portuguesa. Não se referindo especificamente ao tema da Guerra Colonial – mas sendo relativamente evidente essa associação -, Chito Rodrigues parece querer alertar para o facto de a discussão em volta da Guerra Colonial dentro das instituições militares ser ainda feita, essencialmente, em volta dos pontos mais consensuais e, portanto, susceptíveis de causar menor atrito entre os militares que participaram nas operações da Guerra Colonial, no terreno, e aqueles que, tendo nascido já depois do 25 de Abril de 1974 e da conclusão do processo de descolonização de Angola, Guiné e Moçambique, nela não participaram. Não obstante estas dificuldades, será, ainda assim, desejável que a investigação desenvolvida dentro das estruturas militares seja capaz de dar, crescentemente, o seu valioso contributo para a análise do que foi a Guerra Colonial em termos históricos. Essa «História que se quer útil, para a formação das novas gerações que, muito legitimamente, reclamam um maior e melhor conhecimento sobre o caminho que nos levou ao País que somos»[45] muito poderá vir a beneficiar com uma discussão mais alargada que se promova dentro das próprias estruturas académicas das FA.

A discussão que se tem vindo a fazer, nas fontes analisadas, relativamente à experiência da guerra parece centrar-se ainda, em boa parte, em volta desse

---

[45] RODRIGUES, Joaquim Chito, «Encerramento do seminário», in *Campanhas de África e a Estratégia Nacional*, IAEM, 1997, p. 287.

"trauma colectivo" que a mesma provocou na sociedade portuguesa. Nesse ponto em particular, essa discussão parece acompanhar, no entanto, o sentido que muitas vezes toma quando esta é promovida entre a classe política do período democrático. Nesse sentido, vários dos autores de trabalhos aqui analisados parecem convergir com a perspectiva de um dos principais responsáveis políticos pelo processo de negociação da independência de Angola, Guiné e Moçambique, Mário Soares, quando este afirma que, caso o regime do *Estado Novo* tivesse reformulado a sua política colonial, «a descolonização não teria sido tão traumática», devendo esse processo ter passado por «uma transformação política feita pacificamente» que permitiria ter «evitado muitos sofrimentos»[46].

Já quanto aos motivos que levaram o MFA a derrubar o regime em 1974, a tese que sustenta que terá sido uma motivação corporativista, e não puramente democrática, partilhada pelos Capitães de Abril que terá levado ao golpe militar do 25 de Abril, parece ainda reunir um número suficiente de defensores para manter essa discussão bem aberta e viva. Aliás, em alguns casos verifica-se, em nosso entender, uma relativização das motivações ligadas à política colonial do *Estado Novo* no desenrolar dos acontecimentos que levaria ao derrube da ditadura. Essa relativização parece «ignora[r] o cansaço profundo e mesmo a hostilidade às guerras coloniais que traduziam o estado psicológico da maioria dos portugueses, nesses meses da Primavera e do Verão de 1974». Para tal, terá contribuído uma inversão no «estado de espírito das pessoas», registada logo «depois do regresso dos chamados "retornados", em princípios de 1976»[47]. Apesar de a Revolução portuguesa de 1974 se ter feito sob o lema "Democratizar. Descolonizar. Desenvolver", será, neste caso, importante não esquecer que o golpe militar que derrubou o regime salazarista, tendo germinado no interior das FA, não foi expressão de um consenso entre todos os militares quanto à inevitabilidade da mudança da forma de regime, muito menos quanto à inevitabilidade do processo de descolonização que se lhe seguiu. Nesse sentido, sublinhe-se as palavras de José Medeiros Ferreira,

---

[46] Mário Soares in AVILLEZ, Maria João, *Soares, Ditadura e Revolução*, Lisboa: Público, 1996, pp. 151-152.
[47] Mário Soares in AVILLEZ, Maria João, *Soares, Ditadura e Revolução*, Lisboa: Público, 1996, pp. 312-313.

quando este relembra que «há uma distinção a fazer entre o "movimento dos capitães" e o Movimento das Forças Armadas»[48].

Com efeito, se genericamente se reconhece que os 13 anos de guerra foram traumáticos tanto para os militares que nela se viram envolvidos como para a generalidade da população portuguesa que, durante esse período, teve de suportar os efeitos, diretos e indirectos, do esforço de guerra, passado o momento imediatamente posterior ao derrube da ditadura, no qual se pareciam congregar praticamente todas as vontades no sentido de se terminar imediatamente com a guerra nas colónias, a qualquer custo, parece ter emergido, principalmente entre os excombatentes, a convicção de que a forma encontrada para a descolonização em Angola, Guiné e Moçambique não terá sido menos traumática para a identidade nacional do que a própria experiência da guerra.

Por último, será importante sublinhar que todas as reflexões feitas sobre a Guerra Colonial nas fontes analisadas parecem demonstrar a justa preocupação de reconhecimento dessa «divida do Pais» para com todos aqueles que «responderam valorosamente quando a pátria os chamou e lhes pediu os maiores sacrifícios». Sendo justo que se reconheça «aos ex-combatentes e, em particular, aos deficientes das Forcas Armadas [...] a sua dedicação, o seu sentido do dever, [e] a sua coragem»[49], justamente por terem sido estes homens quem, «durante longos períodos», combateu «em ambientes inóspitos, longe da sua casa e da família, sujeitos a todos os perigos e sacrifícios, animados unicamente pelo sentido do dever militar», será, igualmente importante que essa «imagem viva dos sacrifícios exigidos pela decisão política à Nação»[50] não iniba as novas gerações de investigadores e historiadores formadas em instituições do Ensino Militar de se dedicarem a uma análise crítica daquilo que representou a Guerra Colonial em termos históricos, políticos e sociais.

---

[48] FERREIRA, José Medeiros, «Forças Armadas e o regime autoritário», in *Nação e Defesa*, n.º 94 (2.ª série), Verão 2000, p. 120.

[49] COELHO, Pedro Passos, «Abertura solene do ano lectivo 2011-2012. Discurso de Sua Excelência o Primeiro-Ministro», in *Boletim* do IESM, n.º 12, Maio 2012, p. 30.

[50] RODRIGUES, Joaquim Chito, «Encerramento do seminário», in *Campanhas de África e a Estratégia Nacional*, IAEM, 1997, p. 285.

Bibliografia

AFONSO, Aniceto, GOMES, Carlos Matos; *Os anos da Guerra Colonial.* Porto: Quidnovi II, 2010

AFONSO, Aniceto; GOMES, Carlos Matos. *Guerra Colonial – Angola, Guiné Moçambique.* Lisboa: Editorial Notícias, 2000.

BRANDÃO, José. *A cronologia da Guerra Colonial: Angola – Guiné – Moçambique 1961-1974.* Lisboa: Prefácio, 2008.

CANN, John P.. *Contra-insurreição em África, 1961-1974. O modo português de fazer a guerra.* Trad. port. [ed. ori.: (1997). Westport, Conn.: Greenwood Publishing Group]. S. Pedro do Estoril: Edições Atena, 1998.

CARRILHO, Maria. *Forças Armadas e mudança política em Portugal no século XX. Para uma explicação sociológica do papel dos militares.* Lisboa: Imprensa Nacional - Casa da Moeda, 1985.

EME, *Comissão para o Estúdio das Campanhas de África, Resenha Histórico-Militar das Campanhas de África (1961-1974)*, 1º Volume, Enquadramento Geral, 2ª Edição, Lisboa, 1988

FERREIRA, José Medeiros. *O comportamento político dos militares. Forças armadas e regimes políticos em Portugal no séc. XX.* Lisboa: Editorial Estampa, 1992.

INSTITUTO DE ALTOS ESTUDOS MILITARES (org.). *Estudos sobre as Campanhas de África (1961-1974).* Lisboa: Instituto de Altos Estudos Militares, 2000.

MARTELO, David. *A espada de dois gumes. As Forças Armadas do Estado Novo (1926-1974).* Lisboa: Publicações Europa-América, 1999.

MATEUS, Dalila Cabrita. *A PIDE/DGS na Guerra Colonial, 1961-1974.* Lisboa: Terramar, 2004.

MELO, João de (org.). *Os anos da guerra, 1961-1975. Os portugueses em África. Crónica, ficção e história,* 2 vols.. S.l.: Círculo de Leitores, 1988.

PINTO, António Costa. *O fim do Império Português: a cena internacional, a Guerra Colonial e a descolonização, 1961-1975.* Lisboa: Livros Horizonte, 2001.

RIBEIRO, Jorge. *Marcas da Guerra Colonial.* Porto: Campo das Letras, 1999.

TEIXEIRA, Rui de Azevedo (org.). *Guerra Colonial. Realidade e ficção.* Lisboa: Editorial Notícias, 2001.

VALE, José Lemos. *Guerra Colonial, as razões de Salazar.* Lisboa: Fonte da Palavra, 2009.

VAZ, Nuno Mira. *Opiniões públicas durante as guerras de África, 1961/74.* Lisboa: Quetzal Editores, 1997.

O revisionismo histórico em perspetiva comparada: os casos de Portugal e Espanha

Luciana Soutelo[1]

Ces pratiques instituent un nouvel horizon intellectuel, un nouvel "air du temps", un nouveau sens commun, un nouveau socle discursif, qui ont pour base non simplement le renversement de problématiques admises, mais bel et bien la démonization du communisme, du marxisme, du soviétisme, du stalinisme (tous termes, du reste, souvent mis sur le même plan, sans périodisation, soumis au même rejet). Cela les amène, au mieux, à rendre équivalents les régimes nazi et soviétique, à banaliser le fascisme, à lui trouver des circonstances atténuantes, à décontextualiser les prises de position des intellectuels antifascistes des années 1930, et, au pire, à penser que les régimes fascistes avaient anticipé la "vraie" nature des régimes socialistes.[2]

Do discurso intelectual ao *uso público da história*: uma aproximação ao *revisionismo histórico*

O conceito de *revisionismo histórico* originalmente faz referência a reavaliações de cunho ético-político acerca de experiências revolucionárias e ditatoriais da história contemporânea – tais como a Revolução Francesa, Revolução Russa, fascismos e nazismo. Contudo, no contexto dos anos 1980, e especialmente a

---

[1] Mestre em História Contemporânea e doutoranda em História na Faculdade de Letras da Universidade do Porto.

[2] ROBIN, Régine – *La mémoire saturée*. Paris: Stock, 2003. p.197. ISBN 2-234-05568-7

partir da década de 1990, é possível considerar as tendências *revisionistas* de interpretação histórica como um fenómeno social que abrange as mais diversas sociedades em torno da reinterpretação de seus respetivos passados recentes.

Pode-se definir o *revisionismo histórico* com base em três eixos principais: tendências apologéticas sobre o passado no que diz respeito a regimes nazi--fascistas e, de forma ampla, ditaduras de direita do século XX; releituras que procuram redistribuir o ônus da culpa a propósito de invertendo-se os juízos social e historiograficamente dominantes de modo a converter os opressores em vítimas; e criminalizações de revoluções, movimentos e processos revolucionários e, de forma mais geral, visões do mundo e valores de esquerda – o que se faz, em todos os casos, através da desconsideração do contexto histórico em análise. Segundo Enzo Traverso, o *revisionismo histórico* conforma "uma viragem ético-política" no modo de compreender o passado, uma radical inversão da consciência histórica dominante no mundo ocidental desde o pós-guerra.[3]

Domenico Losurdo considera como o fio condutor desta ampla releitura do mundo contemporâneo a liquidação da tradição revolucionária, desde 1789 aos dias atuais. Losurdo localiza no contexto inicial de Guerra Fria a origem do *revisionismo histórico* como corrente de pensamento político; pois a partir de então é possível identificar no meio intelectual o desenvolvimento de interpretações históricas orientadas em duas direções principais: i) a reavaliação da Revolução Francesa e, por extensão, da Revolução Russa, em um juízo condenatório que associa jacobinismo e bolchevismo; ii) a releitura dos conflitos mundiais: trata-se de opções metodológicas que, na maioria dos casos, elegem a cruzada ideológica contra comunismo como eixo norteador da análise sobre as guerras mundiais.[4] No entanto, apenas no contexto dos anos 1990 é possível considerar que estas teses – que sempre existiram através

---

[3] TRAVERSO, Enzo – *El pasado, instrucciones de uso. Historia, memoria, política*. Trad. de Almudena González de Cuenca. Madrid: Marcial Pons, 2007. ISBN 978-84-9768-341-8. TRAVERSO, Enzo – The New Anti-Communism: Rereading the Twentieth Century *in* HAYNES, Mike; WOLFREYS, Jim (Ed.) *History and Revolution. Refuting Revisionism*. Londres: Verso, 2007. pp. 138-155. ISBN 978-1-84467-151-9.

[4] LOSURDO, Domenico – *Le révisionnisme en histoire. Problèmes et mythes*. Trad. de Jean-Michel Goux. Paris: Albin Michel, 2006. ISBN 2-226-15885-5. O *revisionismo histórico* sobre a II Guerra Mundial abrange dois pontos principais: a relativização/reabilitação do nazi-fascismo e a deslegitimação da resistência antifascista.

da representação de correntes políticas conservadoras – passam a desfrutar de grande visibilidade no espaço público e, em muitos casos, tornam-se interpretações dominantes.

Esta situação de transformação do *revisionismo histórico* em fenómeno social relaciona-se ao êxito alcançado pela ideia de *totalitarismo* no curso dos anos 1990: conforme observa Henry Rousso, tanto o termo *totalitarismo* quanto a comparação espontânea entre nazismo e estalinismo acabaram por instalar-se definitivamente no senso comum.[5] Trata-se da reapropriação de uma teoria política desenvolvida no auge da Guerra Fria, nos anos 1950, e que se baseia num entendimento comum acerca da essência de regimes fascistas e comunistas. Segundo Enzo Traverso, no contexto pós-1989 a reunificação da Alemanha e o colapso da URSS propiciaram a renovação do debate sobre a noção de *totalitarismo*, que se dissemina e vulgariza, convertendo-se em chave de leitura do século XX e forma de legitimação do liberalismo ocidental.[6] Portanto, é possível afirmar que o *revisionismo histórico* dos anos 1990 é herdeiro das batalhas intelectuais análogas travadas nas décadas de 1950 e 1970, tendo-as aprofundado e desenvolvido em um ambiente sociopolítico muito favorável, marcado pela crise do mundo comunista.

Traverso identifica que nas três últimas fases do debate sobre *totalitarismo* – anos 1950, anos 1970 e período pós-1989 – o anticomunismo constitui o traço dominante.[7] Neste sentido, é interessante notar que a renovação da ideia de *totalitarismo* a partir da queda do muro de Berlim – no sentido de sintetizar o século XX como uma era de luta contra os *totalitarismos* – significou o alargamento das comparações: enquanto nos anos 1950 o liberalismo ocidental era legitimado através de sua comparação com os *totalitarismos* nazi-fascista e comunista soviético, na década de 1990 os exemplos *totalitários* do século multiplicaram-se, como forma de reiterar a superioridade moral da democracia

---

[5] ROUSSO, Henry – La legitimité d'une comparaison empirique *in* ROUSSO, Henry (dir.) *Stalinisme et nazisme. Histoire et mémoire comparées.* Bruxelas: Éditions Complexe, 1999. p. 26. ISBN 2-87027-752-0.

[6] Sobre a origem, sucessivos desenvolvimentos e transformações que a noção de *totalitarismo* conhece ao longo do século XX, cf. TRAVERSO, Enzo – Introduction. Le totalitarisme. Jalons pour l'histoire d'un débat *in Le totalitarisme. Le XXe siècle en débat.* Paris: Seuil, 2001. ISBN 978.2.02.037857.4.

[7] Ao contrário das fases iniciais, nos anos 1920 e 1930, em que o antifascismo era o principal eixo da discussão sobre *totalitarismo*.

liberal triunfante. Curiosamente, no entanto, raramente foram acrescentados à lista *totalitária* autoritarismos de direita para além dos "clássicos" nazismo e fascismo italiano, o que denota a orientação de uma ampla desvalorização política da esquerda.

Este aspeto da natureza político-ideológica pode ser considerado como a base de sustentação sobre a qual circulam variadas nuances argumentativas do *revisionismo histórico* e o eixo para a compreensão de sua transformação em fenómeno sociopolítico na década de 1990. Com efeito, se o *revisionismo histórico* surge no meio intelectual na segunda metade dos anos 1950, desenvolve-se, ainda no ambiente intelectual, ao longo das décadas de 1970 e 1980 – já num contexto de crise do marxismo e das esquerdas – e torna-se fenómeno social nos anos 1990, não é por acaso que esta última fase de amplo florescimento do *revisionismo* nas sociedades contemporâneas coincida com o período de mais aguda crise das esquerdas, após o desaparecimento do socialismo real. Trata-se de um elemento crucial para compreender não apenas a penetração das teses *revisionistas* na memória pública das sociedades – em inúmeros casos nacionais – como também o papel privilegiado cada vez mais desempenhado por estas versões da memória na disputa por uma visão hegemónica da história. Assim, Pier Paolo Poggio entende que no contexto pós-1989 o anticomunismo constitui uma conexão entre os vários *revisionismos* e correntes políticas que representa: liberais ou conservadoras.[8] É possível afirmar que na conjuntura dos anos 1990 se delineia um processo de convergência política entre correntes de centro e moderadas e as culturas de direita, o que se reflete, objetivamente, na popularização e banalização de interpretações históricas que – apesar de não serem novas – eram apanágio de correntes minoritárias da direita.

Manuel Loff identifica dois âmbitos fundamentais da operação *revisionista*: a comparação relativizadora e a manipulação acerca da necessidade social de superação do passado.[9] Este segundo aspeto corresponde a um elemento complexo que remete à esfera mais geral das visões do mundo e perspetivas

---

[8] POGGIO, Pier Paolo – *Nazismo y revisionismo histórico*. Trad. de Marta Malo de Molina Bodelón. Madrid: Akal, 2006. pp. 89-91. ISBN-13: 978-84-460-1551-2.

[9] LOFF, Manuel – Esquecimento, revisão da História e revolta da memória *in* DELGADO, Iva; LOFF, Manuel; CLUNY, António; PACHECO, Carlos; MONTEIRO, Ricardo (orgs.) *De Pinochet a Timor Lorosae. Impunidade e direito à memória*. Lisboa: Edições Cosmos, 2000. pp. 189-199. ISBN 972-762-192-9.

de futuro. Neste ponto, é possível estabelecer uma relação entre o desenvolvimento do *revisionismo histórico* e o contexto de *obsessão memorial* de finais do século XX[10]: pois se a fase de *obsessão memorial* pode ser caracterizada pelo acentuado interesse sobre o passado num tempo que carece de perspetivas sobre o futuro, não é por acaso que este seja um terreno fértil para o florescimento do *revisionismo histórico*, transformado em fenómeno sociopolítico. Ao liquidar a tradição revolucionária – para usar a terminologia de Losurdo – e criminalizar as revoluções, o *revisionismo histórico* sugere que não há alternativa possível às sociedades atuais, que o futuro será um eterno presente e a transformação social não passa de uma quimera. Esta também é, aliás, a conclusão da ideologia do *fim da história*, que pode ser considerada como o ponto de encontro entre *revisionismo histórico* e neoliberalismo político. Assim, é possível afirmar que o elemento da *necessidade de superação do passado* encontra projeção, em primeiro lugar, em argumentações que defendem a deslegitimação histórica de revoluções e movimentos revolucionários. Contudo, também a outra face do *revisionismo histórico* – a desculpabilização e reabilitação do nazi-fascismo – se alimenta deste postulado. Conforme esclarece Poggio:

> «Lo que importa subrayar no son tanto los resultados manifiestamente reaccionarios, más que conservadores, de la revisión historiográfica especular e inversa llevada a cabo en relación con el fascismo y el comunismo, sino la demolición del significado de la historia que se deriva de ella. En definitiva, la conclusión extraída, o claramente sugerida, es que fascismo y comunismo son lo mismo, manifestaciones distintas de una misma locura ideológica. El conflicto político que ha ocupado el siglo es insensato y, una vez reconocida su naturaleza, gracias al revisionismo, conviene olvidarlo, tratarlo con la distancia con la que se afrontan los acontecimientos del antiguo Egipto, evitando volver a plantear conflictos inútiles, utopías perniciosas».[11]

No que diz respeito à comparação relativizadora, trata-se de aspeto que incide diretamente na esfera da metodologia *revisionista*. As *comparações*

---

[10] Sobre a ideia de obsessão memorial, cf. ROUSSO, Henry – *Le syndrome de Vichy*. Paris: Seuil, 1987. ISBN 2-02-009772-9. ROUSSO, Henry; CONAN, Eric – *Vichy, un passé qui ne passé pas*. Paris: Fayard, 1994. ISBN 2-213-59237-3.

[11] POGGIO, *op. cit.*, p. 208.

relativizadoras evidenciam-se em análises que cotizam regimes ditatoriais e regimes/movimentos revolucionários ou, mais diretamente, nas comparações entre nazi-fascismo e comunismo.[12] Tratando do caso espanhol, Enrique Moradiellos destaca as negligências metodológicas ou, até mesmo, a desonestidade intelectual, de tais operações *revisionistas* – argumentação que, de forma análoga, pode ser aplicada para uma crítica sobre as *comparações relativizadoras* entre o regime salazarista e o período revolucionário português de 1974/1975:

> «Desde una perspectiva historiográfica cabe admitir que la República fuera una "Democracia imperfecta" en varios aspectos durante su corto y difícil quinquenio de existencia. Pero también resulta evidente que el Franquismo fue una "Anti-Democracia perfecta" durante toda su larga vigencia de casi cuatro décadas. ¿No resulta sospechosamente desequilibrado y sectario el trato diferencial dado por esos autores a ambos períodos históricos? ¿No llama excesivamente la atención esa obsesión denunciatoria e hiriente contra el breve interludio republicano y la paralela "comprensión", ponderación benévola o simple escamoteo y olvido del larguísimo epílogo dictatorial? ¿No sorprenden demasiado las exigencias de prudencia y ponderación a la hora de analizar y comprender el pasado dictatorial y la concomitante renuncia a aplicar el mismo rasero cuando se trata de hacer lo propio con la experiencia democrática republicana? ¿Cabe duda alguna, en consecuencia, sobre sus clamorosos propósitos políticos presentistas y sobre sus afinidades electivas más íntimas y arraigadas?»[13]

É possível dizer que de tais *comparações relativizadoras* decorrem anacronismos, resultado de interpretações que desvalorizam o contexto histórico da época e que analisam o passado com base em valores políticos e juízos morais do tempo presente. Rousso considera que tais anacronismos provocam uma rutura da continuidade histórica.[14] No caso português, as tendências

---

[12] Convém reconhecer que no caso das análises *revisionistas* sobre o comunismo se trata mais propriamente de *comparações generalizantes*, com vistas a eludir a contextualização histórica e, desta forma, deduzir da ideologia a sua condenação política, histórica e moral.

[13] MORADIELLOS, Enrique – Revisión histórica crítica y revisionismo político presentista: el caso español *in* CUESTA, Josefina. (dir.) *Memorias históricas de España (siglo XX)*. Madrid: Fundación Largo Caballero, 2007. p. 383. ISBN 978-84-86716-33-2.

[14] ROUSSO, 1994, *op. cit.*, p. 274.

anacrónicas das análises *revisionistas* manifestam-se no rompimento entre as realidades históricas do Estado Novo e da Revolução, o que favorece leituras retrospetivas que não consideram a Revolução dentro da lógica de consequências e continuidade histórica dos anos da ditadura. Apenas sob uma tal perspetiva é possível compreender, por exemplo, as condenações *tout court* da descolonização, o que pressupõe a completa desconsideração de um longo contexto histórico de política colonialista e guerra colonial – realidades contra as quais o movimento dos capitães se insurgiu em 1974. No caso espanhol, mais do que uma rutura da continuidade histórica, o *revisionismo histórico* envolve releituras do passado empenhadas em criminalizar, nos sucessivos períodos históricos do século XX, a II República, os republicanos e, de forma mais geral, movimentos e militantes de esquerda. Isto resulta, também, em anacronismos que fornecem um padrão de leitura para o passado baseado em interpretações caricaturais e simplificadas.

Os casos espanhol e português: surgimento e caracterização

É no contexto de transformação do *revisionismo histórico* em fenómeno social que se deve situar os casos português e espanhol. Ambos surgem primordialmente e apresentam como principal âmbito de desenvolvimento o debate público, com particular destaque para o papel desempenhado pelos meios de comunicação social. E neste sentido diferenciam-se dos casos francês, alemão e italiano, em que o *revisionismo histórico* surge num primeiro momento no meio académico para só posteriormente se generalizar e banalizar no debate público. Esta diferença pode ser explicada pelos distintos *tempos* ou fases da memória pública em cada caso. Pois o processo de (re)construção das memórias sobre a II Guerra Mundial inicia-se já no imediato pós-guerra, e a partir de fins dos anos 1960 e durante a década de 1970 passa a conhecer interpretações *revisionistas* elaboradas pela historiografia, teses estas que apenas se generalizam para o debate público a partir da década de 1980. Em tais casos, portanto, pode-se identificar dois momentos qualitativamente distintos de surgimento do *revisionismo histórico*: primeiro no meio académico, possivelmente sob a influência da crise do marxismo no meio intelectual e de uma primeira fase da crise das esquerdas no meio político; e posteriormente no debate público, âmbito em que floresce especialmente a partir da década de 1990, sob os efeitos do colapso do mundo comunista. É neste segundo momento que o *revisionismo histórico* passa a exercer forte influência na esfera da memória.

Nos casos de Espanha e Portugal, contudo, é preciso considerar que o processo de elaboração pública das memórias da II República, Guerra Civil e franquismo (Espanha) e do salazarismo e Revolução dos Cravos (Portugal) somente tem início a partir dos respetivos períodos de transição para a democracia, em meados dos anos 1970. Desta forma, em ambos os países o *revisionismo histórico* surge já na fase de *obsessão memorial*, quando, em âmbito internacional, o fenómeno se expandia para um carácter sociopolítico, para além de uma simples corrente intelectual. É interessante, portanto, notar esta especificidade das sociedades ibéricas, onde o *revisionismo histórico* já nasce como fenómeno social na conjuntura dos anos 1990, muito embora em ambos os casos sejam constatados posteriores desdobramentos da argumentação *revisionista* no meio intelectual.

No caso espanhol, conforme observa Moradiellos, o *revisionismo histórico* incide sobre as três fases principais do passado recente que estão na origem do "tempo presente": o quinquénio da II República (1931-1936), o triénio da Guerra Civil (1936-1939) e a longa ditadura franquista (1939-1975). Assim como o *revisionismo histórico* sobre a II Guerra Mundial, o eixo do *revisionismo* espanhol situa-se na intenção de redimensionar as responsabilidades da guerra civil, neste caso através da justificação do posicionamento dos sublevados: invertendo-se a situação de ataque ao sistema democrático, toda a culpabilidade da eclosão da guerra é atribuída à esquerda republicana. Moradiellos sintetiza da seguinte forma as principais conceções do *revisionismo histórico* espanhol:

> «Repecto a la República, ese colectivo subraya que fue un régimen impuesto casi por la fuerza a la sociedad española, nunca fue plenamente democrático y siempre estuvo dominado por unas izquierdas divididas pero decididas a evitar el triunfo electoral y el gobierno de las derechas por cualquier medio (incluyendo el uso de la violencia revolucionaria y separatista en octubre de 1934). A propósito de la Guerra Civil, remarca que fue el resultado inevitable de la anarquía existente en el país desde el triunfo electoral del Frente Popular en febrero de 1936 y del convencimiento del Ejército, con masivo apoyo popular, de que sólo una intervención militar podría conjurar la amenaza

de subversión revolucionaria y disolución nacional alentada por un gobierno débil ante los revolucionarios y traidor ante la Patria. Y, finalmente, por lo que hace a la dictadura, enfatiza que su victoria en la contienda fratricida salvó a España del comunismo y de los horrores de la Segunda Guerra Mundial, le proporcionó más de tres decenios de paz interior, activó un proceso de modernización económica sin paragón y sentó las bases para la pacífica transición política a la democracia bajo el arbitraje de la Corona.»[15]

Muitos historiadores espanhóis que se debruçam sobre a análise deste tema criticam o uso do conceito *revisionismo* para abordar a questão: pois não existe *revisão historiográfica*, ou seja, tais teses não se baseiam em investigação histórica ou trabalho documental; constituem, isto sim, reinterpretações que manipulam os factos já conhecidos com vistas a confrontar a historiografia. Trata-se, além do mais, de reinterpretações baseadas na recuperação dos mitos franquistas de explicação do passado que foram erigidos em ideologia de Estado durante a ditadura e que já haviam sido desmontados desde há décadas pela historiografia profissional. Neste sentido, os analistas convergem na consideração de que o fenómeno não envolve uma questão historiográfica e sim política – e daí resultaria o equívoco em denominá-lo *revisionismo*. Na verdade, é uma lógica semelhante à problemática do *negacionismo* sobre o Holocausto: obras que se situam fora do âmbito da historiografia profissional e que, no entanto, beneficiam da exploração sensacionalista dos meios de comunicação social e internet, reivindicam a condição de *corrente historiográfica*, de *revisão da historiografia dominante* e restituição da verdade histórica, numa clara intenção de alcançar não apenas legitimidade intelectual mas especialmente, aceitabilidade social. É natural, num tal contexto, que os historiadores rejeitem a denominação *revisionismo* como forma de evitar a instrumentalização e legitimação de um debate historiográfico inexistente.[16]

Desta forma, há consenso no entendimento de que o principal objetivo de tais teses *revisionistas* sobre o passado recente espanhol é instrumentalizar o passado por motivos políticos e tendo em vista perspetivas *presentistas* – práticas contrárias à atividade historiográfica e que explicam, aliás, os constantes

---

[15] MORADIELLOS, *op. cit.* P. 373.
[16] Cf. REIG TAPIA, Alberto – *Revisionismo y política. Pío Moa revisitado.* Madrid: Foca, 2008. pp. 9-43. ISBN 978-84-96797-10-9.

paralelos estabelecidos por estes autores entre a condenação da II República e a reprovação ao PSOE (Partido Socialista Obrero Español) e ao conjunto da esquerda em inícios do século XXI. Como observa Moradiellos, o *revisionismo histórico* filo-franquista constitui um fenómeno sociopolítico e cultural que evidencia a maior e mais consistente tentativa de reabilitação moral e intelectual da ditadura, com suas correspondentes implicações para o presente e o futuro da democracia espanhola.[17]

A emergência pública do *revisionismo histórico* em Espanha surge na viragem para o século XXI através de obras de escritores alheios à historiografia profissional, obras que, entretanto, beneficiam de considerável publicidade jornalística, televisiva e editorial e que apresentam significativo sucesso de vendas. Novamente, os historiadores convergem na consideração de que a compreensão do fenómeno depende de situá-lo no contexto social em que emerge, especialmente a partir do ano 2000, quando Espanha se encontra imersa no debate público sobre a reivindicação e reabilitação das memórias republicanas e da repressão franquista. Assim, Reig Tapia entende não ser casualidade o facto de a divulgação pública de Pío Moa e suas teses iniciar-se em 1999 e coincidir, em Setembro deste ano, com uma resolução parlamentar que condenava o levantamento de 1936 contra a legalidade constituída e que contou com a reprovação do PP (Partido Popular) por considerá-la uma declaração revanchista. Portanto, segundo Reig Tapia, para além de não ser alheio ao ambiente de crispação política da sociedade espanhola, o *revisionismo* alimenta-o e nutre-se dele com fins comerciais. Tal situação foi favorecida ainda pela conjuntura de maioria absoluta do PP, a partir de 2000, o que permitiu a este partido dispensar os anteriores discursos baseados no liberalismo e moderação – desde que havia chegado ao poder em 1996 – para recuperar diretamente sua essência identitária político-ideológica: autoritária e orgulhosa do passado franquista.[18] No mesmo sentido, Francisco Espinosa identifica no processo de divulgação do *revisionismo histórico* no espaço público um contra-ataque do PP no sentido de recuperar a *sua* memória e convertê-la em instrumento de luta política.[19]

[17] MORADIELLOS, 2007, *op.cit.* p. 375, 376.
[18] REIG TAPIA, 2008, *op. cit*, p. 35, 36, 41, 99, 105.
[19] ESPINOSA MAESTRE, Francisco – *El fenómeno revisionista o los fantasmas de la derecha española*. Badajoz: Del Oeste Ediciones, 2005. p. 95,96,86,88. ISBN 84-88956-68-1.

Um primeiro elemento que chama a atenção, portanto, é o contraste entre a generalizada rejeição da Academia às teses *revisionistas* e o amplo êxito e aceitação social de tais obras, verdadeiros *best-sellers* cujas tiragens e vendas superam em muito qualquer livro de carácter histórico – situação que não pode ser explicada unicamente pela propaganda e as agressivas técnicas de marketing de que beneficia o *revisionismo histórico*. Segundo Julián Casanova, tal fenómeno social relaciona-se à existência de uma significativa cultura política herdeira do franquismo, que se adaptou à democracia e adaptou sua memória aos novos tempos; de modo que para os novos propagandistas e a cultura política de direita não se trata de explicar a história, e sim de afirmar uma memória.[20] Também Javier Rodrigo relaciona o amplo sucesso do livro de Pío Moa, *Los mitos de la Guerra Civil*, à reprodução de uma contra memória sobre a Guerra Civil que ainda dispõe de significativa vigência no imaginário coletivo dos espanhóis. Rodrigo converge no entendimento de que o fenómeno *revisionista* reage à situação de forte deslegitimação pública do franquismo, decorrente tanto do incremento do conhecimento sobre a violência franquista quanto do *uso público da história* da repressão desde a chegada do PP ao poder; diante de um tal cenário, o *revisionismo histórico* empenha-se na relegitimação deste passado, utilizando velhas fórmulas com novas roupagens. Portanto, segundo Rodrigo, o sucesso de obras *revisionistas* insere-se no marco de um debate amplo e complexo, não circunscrito ao âmbito académico e às interpretações sobre o passado. Pois demonstra, na verdade, o impacto real das políticas públicas sobre o passado levadas a cabo desde meados dos anos 1990, assim como a existência de lealdades vivas aos valores simbolizados pela ditadura franquista.[21]

Em consonância com as análises da emergência do *revisionismo histórico* como reação ao movimento de reivindicação pública das memórias republicanas e da repressão franquista, Moradiellos chama a atenção para o facto de que ambos os fenómenos se inserem no âmbito de mudança geracional, com a chegada à vida pública, em meados dos anos 1990, dos *netos da Guerra Civil*. Este relevo geracional, ao permitir o questionamento do acordo tácito

---

[20] CASANOVA, Julián – History and memory: a new social dimension. *International Journal of Iberian Studies*. Volume 21, nº3, 2008. p. 198-200.

[21] RODRIGO, Javier – Los mitos de la derecha historiográfica. Sobre la memoria de la Guerra Civil y el revisionismo a la española. *Historia del Presente*, nº 3, Madrid, 2004. p. 187.

DITADURAS E REVOLUÇÃO. DEMOCRACIA E POLÍTICAS DA MEMÓRIA

de não-instrumentalização política do passado recente – operativo no espaço público desde a transição para a democracia –, desencadeia tais movimentos com caracteres opostos: tanto a reivindicação pública das memórias dos vencidos – silenciadas pelo franquismo e mantidas nos espaços privados e familiares pela democracia –, quanto a tentativa de relegitimação das memórias franquistas. Moradiellos sublinha que os autores *revisionistas*, em sua maioria, pertencem a esta nova geração, ou seja, já não são os velhos historiadores e publicistas franquistas diretamente comprometidos com o regime; alguns deles gabam-se, inclusive, de ter pertencido a organizações armadas de oposição à ditadura.

Este elemento de ex-adeptos da extrema-esquerda convertidos em fervorosos defensores da direita e extrema-direita situa o fenómeno na conjuntura dos anos 1990 pós colapso do mundo comunista. Conforme observa Moradiellos, o *revisionismo* hispano floresce sob o exemplo de uma tendência geral ocidental de questionamento das bases fundacionais do mundo desde 1945: a razão e ética da resistência francesa e italiana diante de seus regimes fascistas; o acerto ou desacerto dos aliados em combater contra Hitler e Mussolini em união com Estaline, e não o inverso; a consideração do Holocausto nazi como mera réplica do gulag soviético, etc. Neste quadro, a atribuição de todas as culpas à esquerda espanhola pela trágica história nacional respalda-se nesta tendência mais geral que elege o anticomunismo como fio condutor da explicação histórica.[22]

Este carácter transnacional do *revisionismo histórico* como fenómeno político-social de uma época merece considerável atenção, e talvez justifique a adoção do termo para caracterizar o caso espanhol, pois assim é possível situá-lo – sem desconsiderar suas especificidades e desenvolvimento particular – no contexto internacional de um movimento análogo. Como ressalta Francisco Erice, atribuir o auge do *revisionismo* espanhol aos "excessos" dos promotores da "recuperação da memória histórica" é eludir o carácter mais geral deste fenómeno, que transborda as fronteiras hispanas e possui, além disso, raízes anteriores a tais polémicas.[23] Com efeito, a análise dos argumentos

---

[22] MORADIELLOS, 2007, *op. cit.* p. 376-380.
[23] ERICE, Francisco – Combates por el pasado y apologías de la memoria, a propósito de la represión franquista. *Hispania Nova. Revista de Historia Contemporánea.* Nº 6 – Año 2006. p. 29.

do *revisionismo* espanhol evidencia sua semelhança com outros casos nacionais; assim como o *revisionismo* alemão, por exemplo, que elege a propaganda e o imaginário nazistas como patamar em que se pauta a explicação do passado, o *revisionismo* espanhol procede de forma similar em relação ao universo franquista.

É certo, e é importante explicitá-lo, que existe uma diferença substancial entre o *revisionismo* espanhol – surgido diretamente de um fenómeno protagonizado pelos meios de comunicação social, imerso no sensacionalismo e espetacularização do passado, transformado em mercadoria – e os *revisionismos* alemão, francês ou italiano, cujos precursores – antes de que tais teses se generalizassem e banalizassem no debate público – foram historiadores consagrados e reconhecidos no meio académico, como Ernst Nolte, Andreas Hillgruber, François Furet ou Renzo De Felice. Uma tal diferença cristaliza-se em evidentes nuances na linguagem e argumentação adotadas; pois enquanto os historiadores *revisionistas* utilizam argumentos mais sofisticados, nos quais a denúncia ideológica se traveste sob a forma de confusões e inversões interpretativas, os publicistas espanhóis – alheios ao mundo académico e cujo âmbito de atuação primordial é o debate público e a sociedade de consumo – operam um nítido deslocamento do debate de ideias e análise histórica para o campo político. Dessa forma, a denúncia ideológica é feita de maneira mais frontal e agressiva, sem qualquer respeito por um debate intelectual honesto – o que, aliás, nunca figurou entre os objetivos deste *revisionismo* espanhol, mais interessado em causar impacto na opinião pública –, de modo que se recorre tanto ao insulto e difamação pessoal de seus opositores quanto à desqualificação da historiografia, acusada de "marxistóide" ou "estalinista". Apesar deste carácter intensamente combativo e desrespeitoso do *revisionismo* espanhol – próprio da confrontação pública e não do debate intelectual –, deve-se reconhecer a adoção de métodos comuns às outras variações *revisionistas*, tais como: manipular as fontes históricas e informações, confundir, obscurecer e distorcer, ocultar, tergiversar.[24]

---

[24] Cf. REIG TAPIA, 2008, *op. cit.*; REIG TAPIA, Alberto; VIÑAS, Ángel – Residuos y derivaciones franquistas. Unos ejemplos *in* VIÑAS, Ángel (ed.) *En el combate por la historia. La República, la guerra civil, el franquismo.* Barcelona: Pasado y presente, 2012. pp. 924-928. ISBN 978-84-939143-9-4.

É por estas particularidades que os historiadores profissionais identificam Pío Moa e os demais autores *revisionistas* (César Vidal, Ángel David Martín Rubio, José Javier Esparza, Federico Jiménez Losantos, César Alcalá, etc.) como propagandistas ao serviço da direita, escritores mercenários que, além de fazerem propaganda política, têm em vista o lucro e sucesso editorial. É muito pertinente, portanto, a observação de Reig Tapia acerca da necessidade de denunciar e combater a invasão da politicagem no campo da história. Neste sentido, Reig Tapia considera que o *revisionismo histórico* se manifesta no âmbito da subcultura de massas, que se diferencia da esfera da cultura, esfera à qual pertence a disciplina de História; de modo que as teses *revisionistas* não apresentam qualquer interesse sob o ponto de vista da formação e conhecimento.[25] Convém refletir, no entanto, sobre o impacto social de tais teses; ou seja, muito embora sejam rejeitadas e desmentidas pelo meio académico, a aceitação social destas obras indica – como reconhecem os historiadores que analisam a questão – que vão ao encontro de uma cultura política de forma alguma insignificante na sociedade espanhola.

A questão fundamental, portanto, é que o *revisionismo histórico* espanhol, com efeito, se situa no âmbito do *combate pela memória* efetuado no espaço público. Isto remete à problemática da oposição entre *História* e *memória*, *Cultura* e *subcultura de massas*, *História* e *uso público da história*, cujas delimitações não devem ofuscar os seus pontos de contacto; ou seja, o facto de que a historiografia não pode ser entendida como uma esfera isolada do restante da sociedade, onde se está sujeito às visões – e manipulações – da memória. É o próprio Reig Tapia quem formula a inquietante questão: para que serve a excelência historiográfica se não ganha a opinião pública?[26] Por outras palavras, a oposição defensiva entre *História* e *revisionismo histórico*, *Cultura* e *subcultura de massas* não basta para explicar a influência e aceitação das teses *revisionistas* na sociedade espanhola.

No caso português, o *revisionismo histórico* não se apresenta exatamente da mesma maneira. Em primeiro lugar, o seu desenvolvimento e visibilidade no espaço público é anterior, sendo possível situar o seu surgimento como fenómeno sociopolítico em finais dos anos 1980, mas cujo auge só ocorreu

---

[25] REIG TAPIA, 2008, *op. cit.* p. 41, 39, 101.
[26] REIG TAPIA, 2008, *op. cit.* p. 31.

em meados dos anos 1990, mais especificamente por ocasião do vigésimo aniversário do 25 de Abril, em 1994. Em segundo lugar, o *revisionismo histórico* em Portugal manifesta-se especialmente através da visibilidade destas interpretações históricas no debate público, principalmente nos meios jornalísticos e televisivos. A particularidade do caso português em que o fim da ditadura ocorreu através de uma revolução social permite que se constatem tendências de *revisionismo histórico* em ambos os sentidos: tanto no sentido de desculpabilizar o salazarismo, aligeirando o seu carácter repressivo e mitigando os seus custos sociais, quanto no sentido de condenar a Revolução pelo seu radicalismo.

Assim como no caso espanhol, em que o *revisionismo histórico* recupera as teses franquistas de explicação do passado, este género de interpretação a respeito do Estado Novo baseia-se, em larga medida, nos mitos e autorrepresentações do regime salazarista. Fernando Rosas salienta o carácter de retomada e reelaboração de "velhos temas da historiografia conservadora ou até do discurso estadonovista, progressivamente ressuscitados". Segundo Rosas, trata-se de "uma visão banalizadora da natureza e das políticas do regime", argumentação que abrange os seguintes aspetos:

> «Falo das teorizações que enfatizam positivamente a "excepção" salazarista construída em torno do seu "carácter civilista" (uma "ditadura civil" saída de uma ditadura militar), do facto de ser um "Estado de Direito", é certo que não democrático, mas, apesar de tudo, "limitado pela moral e o direito", da temperança que lhe teria imprimido a sua matriz católica, dos benefícios de ter como chefe um "ditador catedrático" e professoral (por oposição aos *duces* e *führers* de extracção plebeia e viso populista), tudo contribuindo para um regime de baixo teor de violência, claramente distinto do "culto da violência" e da sua prática muito mais generalizada por parte dos "verdadeiros" regimes fascistas.»[27]

É possível afirmar que tal visão benevolente sobre o regime salazarista desemboca em argumentos que condenam a revolução de 1974, os quais,

---

[27] ROSAS, Fernando – Memória da violência e violência da Memória *in* MADEIRA, João; PIMENTEL, Irene; FARINHA, Luís (Coord.) *Vítimas de Salazar. Estado Novo e violência política.* Lisboa: A Esfera dos Livros, 2007. p. 20, 21. ISBN 978-989-626-044-6.

segundo Rosas, constituem as três negações do *revisionismo histórico* sobre a Revolução e incidem sobre os três "D"s que o MFA reivindicou como o sentido essencial da ação revolucionária: democratizar, desenvolver, descolonizar.[28] Primeiramente, através da ideia de interrupção de um ciclo de crescimento económico e até de uma lenta transição política que intentava conduzir à democracia e a uma resolução para a questão colonial. Desta conceção de brusca (e desnecessária) rutura política advém a condenação do processo revolucionário como *totalitário* e contrário à consolidação da democracia. E, como um dos principais efeitos do período revolucionário – que pode ser considerado como o aspeto mais suscetível às interpretações *revisionistas* e que mais facilidade encontra para penetrar na opinião pública portuguesa –, a descolonização é avaliada como um verdadeiro *desastre*.[29]

Com efeito, é possível considerar que estas três negações que menciona Rosas conformam os variados matizes da argumentação *revisionista* sobre o caso português e que podem ser sintetizados da seguinte forma: a *revolução desnecessária*, que corresponde às interpretações que pretendem reabilitar, recuperar e *branquear* aspetos do Estado Novo; a *dérapage à portuguesa*, ou as visões que condenam o período revolucionário – com destaque para o aspeto da intensificação das movimentações populares, entendidas como ameaçadoras da democracia, e a ideia de tentativa de tomada do poder pelo PCP com vistas à instauração de um regime *totalitário* –; e a *revolução como desastre*, o que abrange especificamente a problemática da descolonização e por vezes comporta também a legitimação da guerra colonial. Finalmente, existem as interpretações *revisionistas* mais radicais, que abrangem todos os âmbitos anteriores e defendem uma condenação irrestrita da Revolução, sem se ressalvar

---

[28] ROSAS, Fernando – Notas para um debate: a revolução e a democracia *in* ROSAS, Fernando; LOUÇÃ, Francisco (org.) *Ensaio geral. Passado e futuro do 25 de Abril*. Lisboa: Dom Quixote, 2004. p. 17, 18. ISBN 972-20-2656-9.

[29] Assim como em outros casos nacionais, nem todas as interpretações *revisionistas* defendem *todos* os seus argumentos, em relação à ditadura e à Revolução. No caso português, inclusive, são bastante comuns juízos que combinam ideias *revisionistas* – em geral a propósito de aspetos em que tais interpretações podem ser consideradas, desde meados dos anos 1990, como *versões dominantes da memória*, como a descolonização e o processo revolucionário – com críticas ao *revisionismo histórico* a respeito do *branqueamento* do Estado Novo, por exemplo. No entanto, para efeitos de compreensão do fenómeno convém explicitar toda a variedade da argumentação *revisionista*, reconhecendo sua lógica interna de encadeamento.

nem mesmo os aspetos mais consensuais de liberdade e democracia, cuja conquista é deslocada para períodos históricos posteriores à *normalização democrática* – aqui se ultrapassa, portanto, as visões que negam a democracia e a liberdade ao período revolucionário mas que as reconhecem no 25 de Abril; tais interpretações que entendem a Revolução como um *equívoco histórico* não consideram haver qualquer legitimidade nem no movimento que derrubou a ditadura em 25 de Abril de 1974 nem na revolução social que se lhe seguiu.[30]

O vigésimo aniversário do 25 de Abril pode ser considerado como o auge de um processo de desenvolvimento do *revisionismo histórico* no espaço público português, processo este que já apresenta contornos definidos desde finais dos anos 1980, inicialmente através da condenação da Revolução, argumentação que, cada vez mais, se desdobra também no *branqueamento* da ditadura. Em 1994, o debate em torno do *revisionismo histórico* projetou-se sobre a questão do *branqueamento* do Estado Novo: a considerável visibilidade pública destas versões da história teve como auge da polémica um debate televisivo em que um dos convidados era um ex-agente da PIDE, o que provocou uma onda de indignação e críticas – a "revolta da memória", nos termos de Loff.[31] Dez anos depois, em 2004, o foco da controvérsia centrou-se na discussão sobre a própria Revolução: o slogan adotado pelo Governo para as comemorações oficiais do 25 de Abril, "Abril é evolução", foi duramente criticado como uma tentativa de eliminar o horizonte de rutura do 25 de Abril. Conforme destaca Rosas, o propósito do *revisionismo histórico* português é "cortar as amarras ideológicas, políticas e simbólicas que ainda ligam a democracia portuguesa à sua génese revolucionária".[32] Ou, por outras palavras, negar à Revolução – seus valores, princípios e visão do mundo – o carácter de acontecimento histórico fundacional da democracia atual.

---

[30] Um resumo sobre estas diferentes vertentes do *revisionismo histórico* em: SOUTELO, Luciana – Visões da Revolução dos Cravos: *combates pela memória* através da imprensa (1985-1995) *in* VARELA, Raquel (coord.) *Revolução ou Transição? História e Memória da Revolução dos Cravos.* Lisboa: Bertrand, 2012. pp. 229-249. ISBN 978-972-25-2418-6.

[31] LOFF, 2000, *op. cit.*

[32] ROSAS, 2004, *op. cit.*, p. 19.

Repercussões na historiografia

A oposição estrita entre *historiografia* e *revisionismo histórico* não subsiste à constatação de que as teses *revisionistas* penetram também em instituições acreditadas, através de profissionais dedicados à análise e ao ensino da História. Um recente exemplo, que causou forte polémica na sociedade espanhola, foi a publicação do *Diccionario Biográfico Español*, da *Real Academia de la Historia*. Conforme sintetiza Ángel Viñas na apresentação de seu *contra dicionário*:

> «Levantaron enorme controversia algunas de las [entradas] relacionadas con el período 1931-1975. Franco apareció bajo una luz rosada (...) La experiencia republicana fue demonizada. La guerra civil resurgió en ocasiones como una lucha contra los "rojos". En algunas de las entradas aireadas en la prensa fue imposible desconocer el sesgo antidemocrático y a veces próximo a las querencias de la extrema derecha española. Todo ello presentado, bajo la autoridad de la augusta Institución, como si fuese la última palabra en historia.»

Viñas identifica em tal dicionário da *Real Academia de la Historia* uma provocação: provocação aos factos, ao conhecimento, à história e aos historiadores. Convém reconhecer, no entanto, que se trata de uma provocação qualitativamente distinta daquela empreendida pelos publicistas *revisionistas*, pois neste caso tais teses são divulgadas sob o aval de uma instituição consagrada. Neste sentido, é interessante a observação de Viñas sobre a necessidade de considerar-se que as teses *revisionistas* ecoam em uma parcela da sociedade espanhola, o que deve ser entendido como um efeito social de quarenta anos de ditadura. Para exemplificar esta situação, Viñas menciona uma sondagem realizada por *El País*, em 2011, com um abrangente número de pessoas a quem se pedia que se posicionassem numa escala ideológica desde a extrema-esquerda até a extrema-direita; a maioria considerou-se ideologicamente de centro, porém após a faixa etária dos 65 anos aumentava significativamente o número de pessoas que se auto posicionavam na extrema-direita. É possível dizer que um tal extrato social – que não comporta unicamente as pessoas mais afetas à herança franquista vivenciada, mas também as redes de sociabilidade dela decorrente, ou seja, a capacidade de tais valores, princípios e visão do mundo manterem-se e transmitirem-se através das gerações – conforma uma cultura política de direita recetiva ao *revisionismo histórico*, pela simples razão de que tal cultura política cultiva versões da memória sobre o passado recente que se reveem nas teses *revisionistas*. [33]

Portanto, é importante diferenciar – para efeitos de análise, especialmente – as manifestações do *revisionismo histórico* provenientes do debate público, da complexa dinâmica das sociedades de informação e consumo de finais do século XX, daquelas originadas no meio intelectual comprometido com a análise histórica, reconhecendo-se, porém, que ambas dialogam e se orientam para o mesmo público identificado com uma cultura política de direita e suas versões da memória. É certo que para os historiadores profissionais pode ser mais desafiante lidar com interpretações *revisionistas* saídas do meio académico do que com opiniões *revisionistas* divulgadas no espaço público, e de forma destacada pelos meios de comunicação social – as quais se localizam, inequivocamente, no âmbito da *memória social*. Conforme mencionam Viñas e Reig Tapia, a universidade privada madrilena CEU – San Pablo constitui um polo de atração para o *revisionismo histórico*. Para citar apenas um exemplo – que demonstra, aliás, a maior sutileza dos argumentos *revisionistas* oriundos do meio universitário, cujas confusões interpretativas sugerem um toque de *branqueamento* da história quase de forma tácita –, Luis Togores defende que após o fracasso da sublevação de 1936 a direita, esquecendo-se de suas precauções, foi obrigada a radicalizar-se, e acabou por fascistizar-se, já que o fascismo era a ideologia em moda na Europa da época, ao passo que a esquerda se lançou à guerra que começava e para a qual vinha preparando-se desde 1933, para fazer a revolução e impor um novo modelo de sociedade em Espanha. Como argumentam Viñas e Reig Tapia, trata-se de uma fórmula luminosa para purificar aquilo que constituiu o palpitar íntimo da direita espanhola.[34]

No que diz respeito à presença do *revisionismo histórico* na historiografia portuguesa, Manuela Cruzeiro identifica a existência de duas correntes principais: i) *continuista*, que desvaloriza a Revolução e suas consequências e ao mesmo tempo salienta uma linha de continuidade entre ditadura e democracia;

---

[33] VIÑAS, Ángel – Presentación *in* VIÑAS, 2012, *op. cit.* p. 13, 15, 23.
[34] REIG TAPIA, VIÑAS, *op.cit.* p. 931-938.

ii) *história dos vencedores*, que pauta a análise histórica do 25 de Abril no favorecimento dos resultados finais conhecidos pelo observador. Nos termos de Cruzeiro:

> «Qualquer das duas correntes assenta em pressupostos ideológicos e metodológicos que fatalmente conduzem de forma clara ou velada à subalternização do acontecimento revolucionário, encarado como uma espécie de interregno ou suspensão no tempo. No primeiro caso, apagado, no segundo selectivamente valorizado. Um e outro, contornando a dificuldade em penetrar nessa espécie de vazio conceptual e histórico, optando por leituras retrospectivas e/ou prospectivas que inscrevem e legitimam no passado o sentido das evoluções posteriores».[35]

É possível dizer que a primeira destas correntes historiográficas é aquela que conjuga o *revisionismo histórico* sobre a ditadura e sobre a Revolução, em que o último decorre do primeiro – ou seja, a desvalorização da Revolução é resultado da opção principal em ressaltar a continuidade entre ditadura e democracia, *branqueando-se* o regime anterior. Entende-se que a segunda corrente, contudo, abrange abordagens muito distintas, algumas das quais não se confundem com a argumentação *revisionista*.[36] Pode-se considerar que esta segunda corrente historiográfica identificada por Cruzeiro coincide com leituras históricas que privilegiam o papel das forças políticas e militares no processo, relegando a segundo plano, e muitas vezes em subordinação a estas forças, as explicações dos movimentos sociais – uma tendência claramente dominante na historiografia sobre o 25 de Abril. Embora nem todas estas

---

[35] CRUZEIRO, Maria Manuela – Revolução e revisionismo historiográfico. O 25 de Abril visto da história *in* MARTINS, Rui Cunha (coord.) *Portugal 1974. Transição política em perspectiva histórica.* Coimbra: Imprensa da Universidade de Coimbra, 2011. pp. 126-131. ISBN 978-989-26-0095-6.

[36] Por exemplo, a periodização sequencial do período revolucionário delineada por Josep Sánchez Cervelló, a qual, segundo Cruzeiro, atribui aos acontecimentos uma racionalidade que eles não tiveram, não se aproxima – em termos de análise do *revisionismo historiográfico* – da "leitura quase triunfalista" de Kenneth Maxwell sobre a Revolução, a qual afirma que em Portugal não foram os bolcheviques que derrotaram os mencheviques. Este autor defende expressamente a ideia do *duplo legado da democracia portuguesa*: a luta contra o autoritarismo de direita e de esquerda Cf. MAXWELL, Kenneth – *A construção da democracia em Portugal.* Lisboa: Editorial Presença, 1999. p. 182. ISBN 972-23-2402-0.

interpretações históricas procedam a conclusões *revisionistas*, é certamente deste modelo de análise que se origina o *revisionismo histórico* sobre a revolução portuguesa, com a sugestão, por exemplo, de que o alto preço da "cegueira colonialista do regime autoritário" foi a impossibilidade de uma "transição sem sobressaltos revolucionários esquerdistas para uma democracia parlamentar"[37] ou a tese do *duplo legado da democracia portuguesa*, argumentação cara à teoria do *totalitarismo*.

Portanto, é através da interpretação da Revolução – mais especificamente, do período revolucionário, marcado por intensas e variadas movimentações sociais – que o *revisionismo histórico* mais facilmente penetra no âmbito intelectual. Pode-se dizer, desta forma, que a permeabilidade da historiografia ao *revisionismo histórico* deriva de modelos interpretativos elitistas, os quais, ao considerar como elemento menos importante a compreensão sobre o eclodir e o desencadeamento dos movimentos sociais, podem, consequentemente, repreender o desenrolar do processo revolucionário, controlado, segundo esta ótica, por organizações políticas radicalizadas.

Assim, é possível localizar no carácter socialista e socializante do processo revolucionário o principal ponto de encontro entre *revisionismo histórico* no âmbito do *uso público da história* ou da memória social e *revisionismo historiográfico*, embora existam diferenças significativas entre um e outro. Tal como no caso espanhol, o *revisionismo* que se difunde no espaço público – além de ser mais diversificado, com muitas nuances argumentativas – expressa-se por uma linguagem vulgar, com simplificações históricas grosseiras, o que, naturalmente, não se reproduz no meio académico, pautado em argumentações sofisticadas.

Para além das diferenças, é interessante ressaltar a relação de interação entre o *revisionismo histórico* desenvolvido no debate público e aquele manifestado no meio intelectual. Considera-se que a penetração de teses *revisionistas* na historiografia indica a significativa influência social de tais versões da memória. Não surpreende, neste sentido, que as teses *revisionistas* presentes na historiografia sejam aquelas em geral mais facilmente aceites pela opinião pública e memória social. Esta situação, portanto, também deve ser compreendida sob a luz do *combate pela memória* que se desenrola no espaço

---

[37] REIS, António – Introdução *in* REIS, António (dir.) *Portugal Contemporâneo*. V. 6. Lisboa: Publicações Alfa, 1990. p. 8.

público das sociedades, tendo-se em vista tanto a considerável influência das formulações *revisionistas* na opinião pública e imaginário social quanto o facto de que os intelectuais não se encontram à margem do restante da sociedade, sendo também sujeitos aos efeitos de tendências políticas e sociais de sua época. É evidente que a marca de tais tendências político-sociais de uma época em trabalhos de análise histórica indica propósitos presentistas – conforme denunciam os historiadores espanhóis. A questão é ainda mais inquietante – motivo pelo qual se considera importante estabelecer as diferenças entre o *revisionismo* manifestado no meio intelectual e aquele desenvolvido no debate público – porque no caso da (re)elaboração de *memórias coletivas* o fator fundamental é a adequação a uma identidade compartilhada pelo grupo social e com base em uma certa cultura política, e por isso não se pode exigir que as memórias sejam sempre fiéis aos factos e contextos históricos, já que esta não é a sua lógica de funcionamento.[38] Contudo, no caso do ambiente intelectual, a penetração das teses *revisionistas* pressupõe a manipulação dos factos históricos e, desta forma, passa-se ao lado da deontologia própria das ciências sociais. Em última instância, é possível afirmar que a presença do *revisionismo histórico* na historiografia – seja este um processo anterior à sua generalização no debate público, como nos casos de Alemanha, França e Itália, ou posterior, como em Espanha e Portugal – sugere os efeitos e influência das memórias condizentes com uma cultura política de direita, que deixam, assim, sua marca também no discurso intelectual.

[38] Muito embora isto não signifique a necessidade de abstenção do *combate pela memória* em que emergem visões *revisionistas* do passado, nem que todas as versões da memória dispõem da mesma legitimidade de difusão pública; interpretações *revisionistas* defendidas por líderes políticos, jornalistas, analistas sociais, são igualmente graves àquelas manifestadas por intelectuais académicos, apesar de as primeiras incidirem mais diretamente na disputa pela conformação da opinião pública e as segundas na disputa pela legitimação do discurso histórico. A diferença que se quer demonstrar aqui é que supostamente o meio intelectual dever-se-ia mostrar impermeável a procedimentos não de todo alheios à lógica memorial, cujo objetivo – embora sempre manifeste representar um relato verdadeiro – não é a fidelidade histórica.

Conclusões

Enquanto no caso português é nítida a relação causal entre a emergência de um discurso de valorização memorial ou da *revolta da memória* e a anterior ofensiva *revisionista* no espaço público, em Espanha há uma inversão desta lógica, sendo possível considerar o desenvolvimento do *revisionismo histórico* como um fenómeno de reação ao surgimento de discursos de valorização das memórias republicanas e antifranquistas, que se desenvolvem publicamente a partir de meados da década de 1990. Portanto, enquanto em Portugal a *revolta da memória* é defensiva, contrária ao avanço de um discurso *revisionista* crescentemente desenvolvido e visível no espaço público – um discurso que ataca os fundamentos da democracia portuguesa, ou seja, a deslegitimidade histórica do Estado Novo e a Revolução de 1974 como a origem da democracia –, em Espanha a *revolta da memória* é reivindicativa, tendo em vista que as memórias republicanas e antifranquistas constituem um património histórico nunca antes reconhecido pública e oficialmente como o fundamento da democracia. Tal inversão, portanto, explica-se pela singularidade espanhola no que diz respeito à ausência de reconhecimento pela democracia do legado antifascista, ou, por outras palavras, no facto de a democracia espanhola não reivindicar este legado como sua origem fundacional – uma exceção entre as democracias europeias do pós-guerra. Uma vez que nos demais casos europeus, inclusive o português, o *revisionismo histórico* surge no espaço público com o objetivo fundamental de reavaliar e atacar esta legitimidade de origem das democracias, é natural que em Espanha o fenómeno seja posterior ao movimento de reivindicação pública do legado antifascista.

Contudo, apesar de ser, em larga medida, uma reação aos discursos memoriais que pretendem reivindicar publicamente as identidades republicanas e antifascistas, o fenómeno do *revisionismo histórico* espanhol beneficia-se também do impulso internacional para a reavaliação da vocação democrática das esquerdas. Ou seja, as razões do surgimento do *revisionismo histórico* apoiam-se, fundamentalmente – tanto em Espanha como em Portugal ou em outros casos nacionais –, no contexto do *espírito do tempo* de fins do século XX, quando o mesmo pessimismo político quanto às perspetivas de transformação social que impulsiona a *revolta da memória* encoraja a emergência pública de discursos memoriais pautados numa visão conservadora do mundo.

No que diz respeito à cronologia do *revisionismo histórico,* enquanto em Espanha se trata de uma reação aos discursos de reivindicação memorial que surgem no espaço público a partir da mudança no poder político, com a chegada do PP ao poder em 1996 após catorze anos de governos socialistas – o que situa a emergência pública do *revisionismo* espanhol na viragem para o século XXI –, em Portugal o anterior ambiente político de governos de direita, com maioria absoluta entre 1987 e 1995, favoreceu as tendências de *revisionismo histórico* no espaço público – materializadas inclusive em *políticas de memória,* como foi a consagração de ex-membros da polícia política com pensões.[39]

É interessante aplicar ao caso português a ideia do *revisionismo histórico* como elemento de uma cultura política de direitas que é recetiva a tais versões da memória sobre o passado recente – a exemplo da análise empreendida pelos historiadores espanhóis sobre o caso do país vizinho. Em Portugal, provavelmente a maior dificuldade em considerar uma tal explicação seja o facto de que algumas interpretações *revisionistas* – particularmente as que incidem sobre o período revolucionário e a descolonização – são muito mais socialmente compartilhadas do que qualquer dos aspetos do *revisionismo* espanhol. E não por acaso é justamente através da interpretação sobre o período revolucionário que o *revisionismo histórico* mais facilmente penetra na historiografia.

Enfim, o carácter transnacional do *revisionismo histórico* como fenómeno político-social de uma época e, em consequência, a possibilidade de comparação entre diversos casos nacionais, pode ajudar a compreender algumas especificidades de cada caso. No caso espanhol, por exemplo, trata-se da pertinência de situar o fenómeno no âmbito de uma tendência mais geral que elege o anticomunismo como fio condutor da explicação histórica; no caso

---

[39] Em 15 de Abril de 1992 é publicado no Diário da República um despacho conjunto da Presidência do Conselho de Ministros e do Ministério das Finanças em que são concedidas pensões a dois ex-inspetores da PIDE-DGS por "serviços excepcionais e relevantes prestados ao País". Pode-se dizer que se trata de uma *política de memória,* de reparação económica, em benefício expresso de ex-membros da polícia política da ditadura, numa inversão da conduta que se espera de Estados democráticos no sentido de reparar as vítimas da repressão ditatorial. Muito embora o referido despacho contemple também outras catorze pessoas em virtude de cargos militares desempenhados – dentre as quais cinco parentes de militares –, ou seja, não se tratou de uma medida específica para beneficiar ex-agentes da polícia política, ainda assim é muito claro que no caso dos dois ex-inspetores da PIDE os aludidos "serviços excepcionais e relevantes prestados ao País" se enquadram no contexto das funções exercidas nesta atividade profissional.

português, a importância de reconhecer, como aliás também aponta Henry Rousso, que tais interpretações se localizam num plano político-memorial e não num plano histórico.[40]

---

[40] ROUSSO, 1999, p. 19.

SEGUNDA PARTE
A memória da Guerra Civil espanhola e do Franquismo

O castigo no(s) pós-guerra(s)*

Julián Casanova[1]

As guerras mundiais de 1914-1918 e de 1939-1945 marcaram a história da Europa do século XX. A Espanha não participou em nenhuma delas, ainda que, dezenas de milhares de espanhóis tenham lutado na segunda. Na guerra civil espanhola de 1936-1939, quando o resto da Europa não estava em guerra e a política oficial, unânime, era de não intervenção, dezenas de milhares de europeus combateram, morreram e desapareceram em solo espanhol.

A Primeira Guerra Mundial foi considerada por muitos historiadores como a autêntica linha divisória da história europeia do séc. XX, a rotura traumática com as políticas então dominantes. A destruição e os milhões de mortos que provocou, as mudanças de fronteiras, o impacto da revolução russa e os problemas de adaptação de milhões de ex-combatentes estão na origem da violência e da cultura de confrontação que se instalaram em muitas das sociedades do continente nas décadas seguintes. Dela saíram o comunismo e o fascismo, convertidos primeiro em alternativas e depois em polos de atração para intelectuais, veículos para a política de massas, viveiros de novos líderes

---

* Este trabalho foi publicado em Julián Casanova y Ángela Cenarro (eds), *Pagar las culpas. La represión económica en Aragón (1936-1945)*, Crítica, Barcelona, 2014.
[1] Catedrático de História Contemporânea da Universidade de Saragoça e *Visiting Professor* na *Central European University* de Budapeste.

que saindo do nada, partindo de fora do *establishment* e da velha ordem monárquica e imperial, propuseram roturas radicais com o passado.

Vinte anos depois da assinatura dos tratados de paz que deram por concluída a Primeira Guerra Mundial, começou outra guerra destinada a resolver todas as tensões que o comunismo, os fascismos e as democracias tinham gerado nos anos anteriores. O rebentar da guerra em 1939 tornou realidade os piores augúrios. Em 1941, a guerra europeia converteu-se em mundial com a invasão alemã da Rússia e o ataque japonês à Marinha dos Estados Unidos da América em Pearl Harbour. O catálogo de destruição humana que resultou desse longo conflito de seis anos nunca antes se tinha visto na História.

A crise da ordem social, da economia, do sistema internacional, ia resolver-se pela força das armas, numa guerra total combatida por populações inteiras, sem barreiras entre soldados e civis, que pôs a ciência ao serviço da eliminação do adversário. Um grupo de criminosos que considerava a guerra como uma opção aceitável em política externa assumiu o poder e encostou à parede políticos parlamentares educados no diálogo.

Enquanto muitos europeus iniciavam essa guerra em setembro de 1939, os espanhóis tinham acabado a sua uns meses antes, uma guerra civil de quase três anos que reforçou as poderosas tendências maniqueístas da época e que se converteu rapidamente em internacional, em "cruzada santa", na "última grande causa". As ditaduras que surgiram na Europa nos anos trinta, na Alemanha, na Áustria ou na Espanha, tiveram de confrontar-se com movimentos de oposição de massas e, para os controlarem, necessitaram de pôr à prova novos instrumentos de terror. Já não bastava a proibição de partidos políticos, a censura ou a negação de direitos individuais. A realidade brutal que resultou das suas decisões foram assassinatos, torturas e campos de concentração.

A ditadura de Franco, saída da guerra civil e consolidada nos anos da Segunda Guerra Mundial, colocou a Espanha na mesma senda de morte e de crime seguida pela maioria dos países da Europa. Na realidade, o longo pós-guerra espanhol antecipou algumas das purgas e castigos que viriam a ser vividos noutros sítios, depois de 1945. Aparentemente, a história de Espanha, entre 1939 e 1945, deveria parecer-se pouco com a de outros países libertados do fascismo pelas tropas aliadas ou soviéticas. A comparação, contudo, proporciona notáveis ensinamentos sobre alguns dos temas que investigações recentes fizeram emergir acerca da repressão, da colaboração, da resistência ou das memórias que ficaram de todo o passado de violência. Isto é o que faremos nas páginas que se seguem, investigar as semelhanças e diferenças entre a legislação repressiva franquista, e em especial na Lei de Responsabilidade Política, e a violência retributiva que se propagou pelo resto da Europa após o final da Segunda Guerra Mundial.[2]

Pós-guerra(s)

Os vencedores da guerra civil espanhola decidiram, durante anos, a sorte dos vencidos. A destruição do adversário durante a guerra deu lugar à centralização e ao controlo da violência por parte da autoridade militar, a um terror institucionalizado e amparado pelas leis do novo Estado. Começou, nesse momento, um novo período de execuções massivas, de prisão e de tortura para milhares de homens e mulheres. O desmoronamento do exército republicano na primavera de 1939, levou várias centenas de milhares de soldados às prisões e a campos de concentração improvisados. A cultura política da violência e da divisão entre vencedores e vencidos, "patriotas e traidores", "nacionalistas e vermelhos[3]", impôs-se na sociedade espanhola durante, pelo menos, duas décadas após o final da guerra civil.

Um passo essencial dessa violência vingadora, sobre a qual assentou o franquismo, foi a Lei de Responsabilidade Política, de 9 de fevereiro de 1939. Nela se decretava "a responsabilidade política das pessoas, tanto jurídica como física", que, com efeitos retroativos ao dia 1 de outubro de 1934, "contribuíram para criar ou agravar a subversão de toda a ordem de que foi vítima a Espanha" e que, a partir de 18 de julho de 1936, tinham sido opositores ao "Movimento Nacional com atos concretos ou com passividade grave". Todos os partidos e "agrupamentos políticos e sociais" que tinham integrado a Frente Popular, seus "aliados, as organizações separatistas" ficavam "fora da Lei" e sofreriam

---

[2] Há já algum tempo que Tony Judt colocou a necessidade de repensar a história do século XX na Europa e especialmente no pós-guerra de 1945, como um todo, sem dividir o continente entre este e oeste: "Preface", *in* István Deák, Jan T. Gross y Tony Judt (ed), *The Politics of Retribution in Europe. World War II and its Aftermath*, Princeton University Press, Princeton (NJ), 2000, pp. IX-X. Judt aprofundou essa ideia in *Postwar: A History of Europe Since 1945*, William Heineman, Londres, 2005 (tradução do castelhano em Taurus, Madrid, 2006).

[3] Nota do tradutor: *Rojos* no original.

a "perda absoluta de todos os seus direitos e de todos os seus bens", que passariam "integralmente a ser propriedade do Estado".[4]

A entrada em funcionamento dessa engrenagem repressiva e confiscadora causou estragos entre os vencidos, abrindo caminho a uma perseguição arbitrária e extrajudicial que, na vida quotidiana, desembocou frequentemente em saques e pilhagens. Cair sob o peso dessa lei significava, nas palavras de Marc Carrillo, a "morte civil". Os afetados, condenados pelos tribunais e apontados pelos vizinhos, ficavam afundados na mais absoluta miséria.[5]

Para além dessa lei, as formas de aplicar o castigo por parte dos vencedores foram variadas. Continuou a haver, em primeiro lugar, nas últimas semanas da guerra e primeiras do pós-guerra, violência arbitrária, vingativa, com assassinatos *in situ*, sem julgamento prévio, continuação do *terror caliente* que tinha dominado na retaguarda franquista durante a contenda. A vitória incondicional do exército de Franco deu lugar à centralização e ao controlo da violência por parte da autoridade militar, um terror institucionalizado e amparado pela legislação repressiva do novo Estado. Esse Estado de terror, continuação do Estado de guerra, transformou a sociedade espanhola, destruiu famílias inteiras e inundou a vida diária de práticas repressivas, de castigo e de medo. A ameaça de ser perseguido, humilhado, a necessidade de dispor de garantias e boas informações para sobreviver, podia abranger qualquer um que não acreditasse numa adesão inquebrável ao Movimento ou um passado limpo do pecado republicano.

Aqueles que tinham provocado a guerra com a sublevação militar, tinham-na ganho e geriram desde o novo Estado a vitória, assentaram a ideia, impossível de contestar, de que os republicanos eram os responsáveis por todos os desastres e crimes que tinham ocorrido em Espanha desde 1931. Projetar a culpa exclusivamente sobre os republicanos vencidos livrava os vencedores da mínima suspeita. O suposto sofrimento coletivo dava lugar ao castigo de uma só parte. Franco, o máximo responsável da repressão, recordava-o com a linguagem religiosa que a Igreja católica lhe servia numa bandeja: "Não é

---

[4] *Responsabilidades Políticas (Ley de 9 de febrero de 1939. Comentarios, Notas, Disposiciones Complementarias y Formularios)*, por Rafael Díaz-Llanos y Lecuona, Librería General, Saragoça, 1939.
[5] Marc Carrillo, "El marc legal de la represió de la dictadura franquista en el periode 1939-1959", *in* VVAA, *Notícia de la negra nit. Vida i veus a les presons franquistes (1939-1959)*, Associació Catalana d'Expresos Politics, Diputació de Barcelona, Barcelona, 2001, p. 20.

um capricho o sofrimento de uma nação num dado ponto da sua história; é o castigo espiritual, castigo que Deus impõe a uma vida torcida, a uma história não limpa".[6]

Atribuir a responsabilidade aos vencidos é algo que também se fez na Europa após a Segunda Guerra Mundial. E ainda que tenha havido um acordo geral para concentrar nos alemães a culpa, o castigo e a violência vingadora contra aqueles que tinham lutado ou colaborado com os nazis, tal provocou estragos e não foi nada exemplar, embora se tenha tentado remediar para memória futura nos julgamentos de Nuremberga. Na realidade, como refere Isván Deák, "nos anais da história nunca houve tanta gente implicada no processo de colaboração, resistência e castigo aos culpados como na Europa durante e depois da Segunda Guerra Mundial".[7] Em Espanha perseguia-se com ressentimento a esquerda e noutros países eram os fascistas, nazis e colaboracionistas o alvo da ira como devolução do sofrimento que eles tinham causado.

As purgas no período imediato ao pós-guerra e a expulsão de cerca de quinze milhões de alemães, de diferentes países, produziram um transtorno demográfico na Europa central e do Leste, ao mesmo tempo que um número considerável de indivíduos era perseguido por colaboração e crimes de guerra.[8] Em todo o território ocupado pelos nazis, o que tinha sido a Europa de Hitler, essa ameaça de castigo aterrorizou ou fez regozijar largos setores da população, ainda que muitos carrascos e criminosos de guerra tenham escapado.

Centenas de milhares de pessoas foram vítimas dessa violência retributiva e vingadora com um amplo catálogo de sistemas de perseguição: desde linchamentos, especialmente nos últimos meses da guerra, a sentenças de

---

[6] Discurso pronunciado em Jaén, 18 de março de 1940.

[7] Itsván Deák, "Introduction", *in* István Deák, Jan T. Gross e Tony Judt, *The politics of Retribution in Europe*, p. 3.

[8] Segundo Eugene M. Kulischer, um dos autores de referência para esse tema, entre o eclodir da Segunda Guerra Mundial e o início de 1941, mais de trinta milhões de europeus foram obrigados a mudar de país, deportados ou dispersados, enquanto que de 1943 a 1948 outros vinte milhões tiveram que se deslocar: *Europe on the Move: War and Population Changes, 1917-1947*, Columbia University Press, Nova Yorque, 1948, p. 264. Para a expulsão dos alemães, Alfred M. de Zayas, *A Terrible Revenge: The Ethnic Cleansing of the East European Germans, 1944-1950*, St. Martin's Press, Nova Iorque, 1994.

DITADURAS E REVOLUÇÃO. DEMOCRACIA E POLÍTICAS DA MEMÓRIA

morte, prisão ou trabalhos forçados. Mas não foi igual em todos os lugares e com a mesma intensidade. Um dos grandes paradoxos desse pós-guerra escreve Deák, é que "a percentagem mais pequena de ex-nazis foi executada ou encarcerada na Alemanha ocidental. Por outro lado, a Alemanha ocidental fez um esforço maior do que qualquer outro país da Europa para expiar coletivamente o seu passado".[9] Em França, quase dez mil colaboracionistas, ou acusados de o serem, foram linchados nos últimos instantes da guerra e no momento da libertação. Na Áustria, os tribunais abriram processos judiciais contra 137.000 pessoas, para além de centenas de milhares de funcionários destituídos dos seus postos.[10]

A Hungria foi um caso paradigmático de violência fascista e antifascista, mais extraordinário ainda por se concentrar num curto período de tempo. O longo período de governo autoritário e ultranacionalista do almirante Miklós Horthy, a primeira ditadura de fação de direita que se estabeleceu na Europa após a Primeira Guerra Mundial, mantida sem demasiados problemas durante os seus primeiros vinte anos, virou radicalmente quando decidiu colocar a Hungria, na Segunda Guerra Mundial, ao lado da Alemanha nazi, em abril de 1941.

Horthy, fervoroso anticomunista, havia já algum tempo que se tinha curvado perante Hitler, esperando recuperar alguns territórios perdidos em Trianon, anexados à Checoslováquia e Roménia. E assim foi, ainda que a guerra, pelo seu lado, tenha sido desastrosa. Se a primeira dessas guerras mundiais tinha sido traumática para a Hungria, a segunda superou-a. Dezenas de milhares de soldados húngaros morreram na frente russa e os bombardeamentos aliados causavam danos nas cidades. Três anos depois de entrar na guerra, o descontentamento crescia e Horthy iniciou conversações secretas para se render aos aliados. A resposta de Adolf Hitler foi a *Operación Margarita*, a

---

[9] István Deák, "Introduction", p. 4.
[10] Para além da obra citada de Tony Judt, *Postwar,* surgiram recentemente investigações detalhadas sobre essas manifestações de violência: Giles Macdonogh, *After the Reich: The Brutal History of the Allied Occupation*, Basic Books, Nova Iorque, 2007 (traduzido para castelhano como *Después del Reich. Crimen y castigo en la posguerra alemana*, Galaxia Gutenberg, Barcelona, 2010) e Keith Lowe, *Savage Continent: Europe in the Aftermath of World War II*, Viking, Londres, 2012 (tradução para castelhano por Galaxia Gutenberg, 2012),

invasão da Hungria, para assegurar o controlo absoluto do país, a 19 de março de 1944.[11]

Horthy permaneceu no seu posto como governante, com um governo fantoche presidido por Döme Sztójay, e com o poder real nas mãos do plenipotenciário nazi Edmund Veesenmayer. A partir desse momento, a "regulamentação da questão judia" deu uma volta radical, com a cooperação ativa das autoridades húngaras. Horthy, mediante sucessivas "Leis Judaicas", em 1938, 1939 e 1941, tinha ido encurtando os direitos dos súbditos húngaros de religião judaica e aconteceram massacres de judeus na frente russa, protagonizados pelas SS, assistidas por tropas húngaras. Mas, com a invasão nazi, das restrições passou-se à perseguição aberta e envolveu-se em pleno a Hungria na solução final.

A 15 de maio de 1944 iniciaram o seu percurso os primeiros comboios de deportação. Nos dois meses seguintes, cerca de meio milhão de judeus de todo o país foram transportados para campos de exterminação. A solução final foi dirigida, na Hungria, por Adolf Eichmann e contou com a entusiasta colaboração do Ministro do Interior, Andor Jaros e pelos seus Secretários-de-estado, László Endre e László Baky. Foi decretado que os judeus tinham que usar uma estrela amarela presa à roupa e, a 15 de junho, Jaross, ordenou a concentração dos 200.000 judeus de Budapeste (15% da população) em duas mil casas dispersas pela capital, sinalizadas com uma grande estrela amarela.

Horthy, a 29 de agosto, expulsou Sztójay do governo e substituiu-o por um homem de confiança, Géza Lakatos, que conseguiu parar as deportações e preparou a assinatura de um armistício com a União Soviética. Quando, em 15 de outubro, Horthy anunciou à nação pela rádio que tinha solicitado "um armistício com os nossos maiores inimigos e o cessar das hostilidades contra eles", Hitler mandou o tenente coronel das Waffen-SS Otto Skorzeny, na "Operação Panzerfaust", tirar a autoridade a Horthy, pô-lo sob "custódia de proteção" e favorecer a tomada do poder do partido fascista húngaro, Cruzes de Flechas com o seu líder Ferenç Szálasi à cabeça.[12]

---

[11] Sigo aqui uma das obras de referência disponível em inglês: Ignác Romsics, *Hungary in the Twentieth Century*, Corvina/Osiris, Budapeste, 1999.

[12] Sobre as Cruzes de Flechas e Szálasi, Nicholas M. Nagy-Talavera, *The Green Shirts and the Others. A History of Fascism in Hungary and Rumania*, Hoover Institution Press, Stanford University, California, 1970. Uma história detalhada dos meses finais da Segunda Guerra Mundial

Szálasi, de 47 anos, que tinha abandonado o exército húngaro em 1935 para fazer carreira política, anunciou ao país o estabelecimento da "ordem nacional--socialista húngara". O seu governo, de "unidade nacional", iniciou uma orgia de sangue antijudaica e fez frente a todos os cidadãos considerados perigosos para a nova ordem e a continuidade da guerra. O terror reinou nos 163 dias em que o Partido das Cruzes de Flechas esteve no poder, com milhares de pessoas assassinadas nas margens do rio Danúbio e muitas outras torturadas na cave do número 60 da elegante avenida Andrássy, o quartel-general do grupo fascista, um edifício neorrenascentista construído em 1880.[13]

Em dezembro de 1944, Pest já estava sitiada pelas forças soviéticas. Os alemães, com os membros mais radicais das Cruzes de Flechas, refugiaram--se nas colinas de Buda e antes de se renderem, a 13 de fevereiro de 1945, na retirada fizeram explodir as pontes sobre o Danúbio e os principais edifícios públicos. A capital estava em ruínas. Os soviéticos foram recebidos como libertadores por muitos húngaros, especialmente pelos judeus, horroriza-dos pelo que se tinha passado. As pessoas aderiram em massa ao Partido Comunista, minúsculo antes da guerra e um partido ainda muito pequeno em 1944. Filiaram-se nele todos os estratos sociais, incluindo membros das Cruzes de Flechas, que mudaram os seus cartões verdes pelos vermelhos. Em 1942, o Partido Comunista na clandestinidade, tinha apenas 450 membros, em outubro de 1945 tinha já meio milhão.[14]

Os partidos democratas burgueses, de pequenos proprietários, o socialista e o comunista criaram a Frente Nacional Húngara de Independência. Come-çaram a perseguir os fascistas ou aqueles que após 1939 "tinham violado os direitos do povo húngaro". Um decreto de 26 de fevereiro de 1945 proibiu os grupos ultradireitistas, revogou todas as leis antijudaicas, "e permitiu a circu-lação de listas de indivíduos procurados por crimes de guerra e a abertura de processos judiciais contra os que eram capturados". O trabalho de perseguir os culpados foi confiado ao Departamento de Segurança Política, transformado,

---

in Peter Kenez, *Hungary from the Nazis to the Soviets. The Establishment of the Communist Regime in Hungary, 1944-1948*, Cambridge University Press, Nova Iorque, 2006.

[13] Foi posteriormente quartel-general da polícia secreta comunista, até 1956, e é hoje sede do Museu do Terror, inaugurado em 2001. Escrevi sobre eles em "Memorias divididas", *El País*, 25 de outubro de 2011.

[14] Ignác Romsics, *Hungary in the Twentieth Century*, pp. 224-225.

posteriormente, no temido Departamento de Segurança do Estado (AVO), famoso pela repressão sob o domínio comunista. Criaram-se tribunais populares, compostos inicialmente por delegados de todos esses partidos, que abriram numerosos processos judiciais sumários, parciais e pouco fiáveis.[15]

Entre fevereiro e abril de 1950, quase 60.000 pessoas passaram por esses tribunais; 27.000 foram declaradas culpadas, 10.000 foram sentenciadas a penas de prisão e 477 condenadas à morte, ainda que só 189 tenham sido executadas.[16] De acordo com László Karsai, cerca de 300.000 cidadãos húngaros, aproximadamente 3% da população, "sofreram algum tipo de castigo durante as purgas do início do pós-guerra". Ao contrário do que ocorreu noutros países, na Hungria não houve linchamentos de presumíveis colaboradores ou criminosos de guerra.[17]

Houve contudo, castigos exemplares, que saíram dos catorze grandes julgamentos políticos que tiveram lugar entre 1945 e 1946. Quatro ex-presidentes do Governo, vários ministros e altos oficiais do exército foram executados. Esse foi o destino, no julgamento mais esperado, de Ferenç Szálasi, principal instigador do paraíso nacional-socialista, convertido em pesadelo de centenas de milhares de húngaros, executado a 12 de março de 1946. Um ano antes, um decreto de 17 de março de 1945 tinha ordenado a expropriação das terras e das propriedades dos membros do Partido das Cruzes de Flechas e dos principais criminosos de guerra.[18]

A maioria dos atos de castigo "retributivo" aplicados aos fascistas, como assinala Tony Judt, foram levados a cabo antes de se constituírem formalmente os tribunais onde deveriam ser julgados. Das aproximadamente dez mil

---

[15] Ibidem, p. 227. Uma análise detalhada desse processo de purgas e repressão antifascista em László Karsai, "The People's Coruts and Revolutionary Justice in Hungary, 1945-1946", *in* Itsván Deák, Jan T. Gross y Tony Judt, *The Politics of Retribution in Europe*, pp. 233-251. Karsai conclui que a responsabilidade histórica dos principais criminosos de guerra húngaros está fora de dúvidas, mas os tribunais populares não se muniram de poderes suficientes para poderem decretar a sua criminalidade.

[16] Ignác Romsics, *Hungary in the Twentieth Century,* p. 227.

[17] László Karsai, "The People's Courts and Revolutinary Justice in Hungary", p. 233.

[18] Não esteve entre os condenados Miklós Horthy, de 76 anos quando foi deposto, de acordo com Ignác Romsics porque "se deu crédito aos seus esforços para salvar os judeus de Budapeste" e à sua tentativa em outubro de 1944 de tirar a Hungria da guerra (*Hungary in the Twentieth Century*, p. 228). Horthy pode refugiar-se em Portugal, graças aos contactos familiares com diplomatas portugueses, e morreu no Estoril em 1957.

DITADURAS E REVOLUÇÃO. DEMOCRACIA E POLÍTICAS DA MEMÓRIA

execuções sumárias que tiveram lugar em França na transição, desde Vichy à Quarta República, cerca de um terço ocorreram antes do dia D, 6 de junho de 1944, a data do início do desembarque na Normandia, e mais cerca de 30% durante os combates das semanas seguintes. Sucedeu algo de semelhante nos países do Leste e na Itália, onde a maioria das 15.000 pessoas assassinadas por fascistas ou colaboracionistas encontraram esse destino fatal antes ou durante os dias de libertação pelas tropas aliadas.[19]

Tal como aconteceu com a Lei de Responsabilidades Políticas, a "legislação retroativa" foi uma prática geral na Europa durante esse tempo de ódios. Os legisladores húngaros, por exemplo, estabeleceram em 1945 que os criminosos de guerra poderiam ser processados "inclusivamente se no momento em que cometeram os seus crimes, essas ações não estavam sujeitas a perseguição de acordo com a lei então em vigor".[20]

Como se pode observar, a violência direta, dirigida no momento final da guerra em Espanha contra os republicanos e na Europa contra os fascistas, e os procedimentos judiciais que se seguiram, adotaram uma considerável variedade de formas, perfeitamente comparáveis. Em muitos casos, antes de os tribunais ou as instituições "legítimas" estarem a funcionar, já se tinha feito justiça. A diferença essencial foi a duração desse pós-guerra e da violência contra os vencidos. Na Europa, após os dois primeiros anos de pós-guerra as sentenças decresceram e rapidamente chegaram as amnistias, um processo acelerado pela Guerra Fria, que devolveram plenos direitos de cidadania a milhares de ex-nazis, sobretudo na Áustria e Alemanha. No Leste, os fascistas de origem social baixa foram perdoados e incorporados nas fileiras comunistas e deixaram de perseguir os fascistas para perseguir os "inimigos do comunismo" que frequentemente eram esquerdistas, enquanto já no Ocidente, em 1947, onde as coligações de esquerda caíam paulatinamente, a tendência foi perdoar a todos. A identificação e o castigo dos nazis tinha acabado em 1948 e era um tema esquecido no início dos anos cinquenta.[21]

Em Espanha, contudo, o pós-guerra foi longo e sangrento, com a negação do perdão e da reconciliação, e com Franco, os militares e a Igreja católica, a

[19] Tony Judt, "Epilogue", *in* István Deák, Jan T. Gross e Tony Judt, *The Politics of Retribution in Europe*, p. 301.
[20] László Karsai, "The People's Courts and Revolutionary Justice in Hungary", p. 236.
[21] Itsván Deák, "Introduction", p. 12.

demonstrarem um compromisso firme e persistente com a vingança. As leis que se seguiram à da Responsabilidade Política, a da Repressão da Maçonaria e do Comunismo, de 1 de março de 1940, a da Segurança do Estado, de 29 de março de 1941 e a que fechou esse círculo de repressão legal, a da Ordem Pública, de 30 de junho de 1959, foram concebidas para continuar a castigar, para manter nas prisões milhares de presos, para os torturar e para os humilhar até à morte. Encorajados pelo triunfo, os vencedores saciaram até à última gota a sua sede de vingança e levaram a sua peculiar tarefa purificadora até ao último recanto de Espanha.

Por volta de 1950, todos os países do Leste da Europa estavam no campo das "democracias populares", mas, na década anterior à consolidação do domínio comunista, a experiência de cada um desses países, durante a Segunda Guerra Mundial e no período imediato ao pós-guerra, tinha sido muito diferente. Os partidos comunistas, com a proteção do exército vermelho soviético, neutralizaram e reprimiram todos os demais partidos antifascistas que tinham formado coligações, logo que derrotaram as potências do Eixo. O comunismo, como fizeram algumas democracias e o franquismo em Espanha, reinventou a história e durante anos negou à população qualquer possibilidade de um conhecimento crítico sobre o passado recente.[22]

Memórias

No pós-guerra, o "pacto de silêncio" converteu-se numa estratégia da política europeia e foi amplamente adotada durante o período da Guerra Fria, quando muitos factos tinham que ser esquecidos para consolidar a nova aliança militar face ao bloco comunista.[23] O termo foi utilizado em 1983 por Hermann Lübbe,

---

[22] Sobre o processo de tomada e consolidação do poder por parte dos partidos comunistas nesses países existe uma bibliografia amplia. Para o caso singular da Polónia, Krystyne Kersten, *The Establishment of Communist Rule in Poland, 1943-1948*, University of California Press, Berkeley, Califórnia, 1991, com prólogo de Jan T. Gross. A melhor história geral, Tony Judt, *Postwar: A Histroy of Europe Since 1945*.

[23] Aleida Assmann, "From Collective Violence to a Common Future: Four Models for Dealing with a Traumatic Past", *in* Ruth Wodak y Gertraud Auer Borea (eds.), *Justice and Memory. Confronting traumatic pasts. An international comparison*, Passagen Verlag, Viena, 2009, pp. 33-34, é uma análise clara das diferentes formas de tratar ou superar as traumáticas histórias de violência. O que a seguir se refere a Lübbe está também retirado de Assmann.

numa descrição retrospetiva, para mostrar que manter o silêncio foi uma "estratégia pragmática necessária" adotada no pós-guerra na Alemanha e apoiada pelos aliados, para facilitar a reconstrução e a integração dos antigos nazis.

Após um período em que a guerra e os seus terrores pareciam afundar-se no esquecimento, gerações mais jovens começaram a perguntar-se na Alemanha, França ou Itália, desde meados dos anos sessenta, o que se tinha passado durante a guerra e no pós-guerra. "A mudança paradigmática do modelo de "esquecimento" a uma reorientação para a "memória" ocorreu com o regresso da memória do Holocausto, após um período em estado latente.[24] Desde as imagens do julgamento a Adolf Eichmann, em Jerusalém em 1961, ao reconhecimento posterior na Alemanha do seu passado como carrascos, a memória, "recordar para nunca esquecer", converteu-se na única resposta adequada para essa experiência tão destrutiva e devastadora e recusou-se o modelo, que tinha estado vigente até esse momento, de fechar o passado traumático e olhar para o futuro.

Após 1989, a abertura dos arquivos na Europa do Leste desafiou também algumas das construções da memória e, à memória do Holocausto, somou-se a do sofrimento sob o comunismo. Os temas de retribuição e justiça colocaram-se também na África do Sul e nos países do Cone Sul, onde as Comissões da Verdade e os relatórios sobre violações dos direitos humanos tiveram, após a queda das ditaduras, um carácter fundamental para a reconstrução da democracia e da memória coletiva. Como adaptar as memórias à história e à gestão pública do passado, converteram-se em assuntos relevantes na última década do século XX e na primeira do XXI, quando se assistiu em muitos países a uma "reorientação geral desde as políticas do esquecimento às novas culturas da memória".[25] Uma reorientação que também aconteceu em Espanha.

A sociedade que saiu do franquismo, e a que cresceu nas duas primeiras décadas da democracia, mostrou índices elevados de indiferença para com a causa das vítimas da Guerra Civil e da ditadura. Após a Lei da Amnistia, aprovada a 15 de outubro de 1977, o Estado renunciava a abrir no futuro qualquer investigação judicial ou a exigir responsabilidades contra "os delitos cometido pelos funcionários públicos contra o exercício dos direitos das pessoas". Ainda

[24] Ibidem, p. 35.
[25] Ibidem, p. 34.

sob a recordação traumática da guerra, interpretada como uma espécie de loucura coletiva, com crimes reprováveis dos dois lados, e do medo imposto pela ditadura, ninguém falou então em criar comissões da verdade que investigassem os milhares de homicídios e a sistemática violação dos direitos humanos, praticada até ao final por Franco e pelas suas forças armadas.

Por diversas razões, a luta por desenterrar o passado oculto, o conhecimento da verdade e o pedido de justiça nunca foram sinais de identidade da transição para a democracia em Espanha, apesar do esforço de bastantes historiadores em analisar aqueles factos, para os compreender e transmitir às gerações futuras. Espanha estava cheia de lugares da memória dos vencedores da Guerra Civil, como o Vale dos Caídos em primeiro plano, inaugurado em abril de 1959, lugares para desafiar "o tempo e o esquecimento", como diziam os franquistas, homenagem ao sacrifício dos "heróis e mártires da Cruzada". Os outros mortos, as dezenas de milhares de vermelhos e infiéis assassinados durante a guerra e o pós-guerra, não existiam. Mas nem os governos nem os partidos democráticos estavam interessados em gerar um espaço de debate sobre a necessidade de reparar essa injustiça. Também não havia uma pressão social forte para evitar esse esquecimento oficial dos crimes da ditadura franquista.

Tudo isso começou a mudar, lentamente, durante a segunda metade dos anos noventa, quando vieram a público factos e dados desconhecidos sobre as vítimas da Guerra Civil e da violência franquista, que coincidiam com a importância que, no plano internacional, iam adquirindo os debates sobre os direitos humanos e as memórias de guerras e ditaduras, após o final da Guerra Fria e do desaparecimento dos regimes comunistas da Europa de Leste. Surgiu assim uma nova construção social da memória. Uma parte da sociedade civil começou a mobilizar-se, criaram-se associações para a recuperação da memória histórica, abriram-se valas em busca dos restos mortais dos mortos que nunca foram registados e os descendentes dos assassinados pelos franquistas, os seus netos mais que os seus filhos, perguntaram-se o que se tinha passado, porque é que essa história de morte e humilhação tinha sido ocultada e quem tinham sido os seus executores.

O passado obstinava-se em ficar connosco, em não ir, ainda que as ações para preservar e transmitir a memória dessas vítimas e, sobretudo para que tivessem um reconhecimento público e uma reparação moral, encontraram muitos obstáculos. Com o Partido Popular no poder e José Maria Aznar como presidente, desde maio de 1996 a março de 2004, não houve nenhuma possibilidade. Entretanto, nos anos finais do século XX e nos primeiros do século XXI, várias centenas de eclesiásticos "martirizados" durante a Guerra Civil foram beatificados. Tudo continuava igual: honra e glória para uns e silêncio e humilhação para outros.

A chegada ao Governo do socialista José Luís Rodríguez Zapatero abriu um novo ciclo. Pela primeira vez na história da democracia, numa democracia que cumpria já trinta anos, o poder político tomava a iniciativa de reparar essa injustiça histórica. Esse era o principal significado do Projeto de Lei apresentado nos finais de julho de 2006, conhecido como Lei da Memória Histórica. Com uma Lei, a memória adquiriria uma discussão pública sem precedentes e o passado converter-se-ia numa lição para o presente e o futuro. O Projeto não entrava nas diferentes interpretações do passado, não tentava delimitar responsabilidades nem decidir sobre os culpáveis. E também não propunha uma Comissão da Verdade que, como noutros países, registara os mecanismos de morte, violência e tortura e identificara as vítimas e os seus carrascos.

A Lei, aprovada finalmente a 31 de outubro de 2007, ainda que insuficiente, abriu novos caminhos à reparação moral e ao reconhecimento jurídico e político das vítimas da guerra civil e do franquismo. A partir dessa Lei, o juiz Baltasar Garzón pediu, em outubro de 2008, para investigar as circunstâncias da morte e o paradeiro de dezenas de milhares de vítimas da guerra civil e da ditadura de Franco, abandonadas muitas delas pelos seus assassinos em valetas de estradas, junto aos muros dos cemitérios, enterradas em valas comuns, assassinadas sem processos judiciais nem garantias prévias dos seus direitos. Como os poderes políticos nunca tinham levado a sério o reconhecimento jurídico e político dessas vítimas, foi um juiz quem tomou a iniciativa, ele mesmo, é verdade que atuou contra os GAL, e que enviou para a prisão centenas de terroristas da ETA ou ordenou a prisão de Augusto Pinochet.

Em vez de permitir que esse passado de degradação e assassinato político se investigasse, de tentar compreender e explicar como e por que ocorreu, condená-lo e aprender com ele, uma parte dos juízes, políticos e meios de comunicação iniciaram um assédio direto a Baltasar Garzón, que culminou, em maio de 2010, na suspensão e inabilitação do juiz por se atrever a investigar os crimes do franquismo.

Estabelecida a democracia, devemos recordar o passado para aprender. Milhares de famílias estão à espera que o Estado use os seus recursos para recuperar os seus ente-queridos, assassinados, escondidos debaixo da terra, sem julgamentos nem provas, para que não ficasse nenhum rasto deles. É necessário dar a conhecer a relação de vítimas da violência franquista durante a guerra e o pós-guerra, oferecer a informação sobre o lugar em que foram executadas e as valas em que foram enterrados. Face a essas histórias ainda por descobrir, não pode deixar-se de lado, abandonar ou destruir, a memória dos vencedores. As suas memórias são a melhor prova do peso real que a união entre a religião e o patriotismo teve na ditadura. Não é possível renunciar ao objetivo de conhecer para que coexistam memórias e tradições diferentes.

O esquecimento oficial, que é o que muitos querem que continue presente em Espanha, não fará desaparecer a memória das vítimas, porque ninguém encontrou ainda a fórmula para apagar os passados traumáticos, que voltam à superfície uma e outra vez. Para combater o silêncio e a indiferença face a esse terror organizado, o único remédio reside nas políticas públicas de memória, baseadas na conservação de arquivos, na criação de museus e na educação. Os Estados democráticos precisam de compilar e preservar os documentos e os testemunhos das épocas da ditadura, pô-los à disposição dos investigadores e das instituições. Essa história precisa de ser divulgada, de explicar o que se passou. Esse foi um dos objetivos básicos do projeto de investigação sobre a lei de responsabilidades políticas que o leitor tem agora nas suas mãos.

A herança do passado.
O franquismo e a direita espanhola

Carme Molinero[1]

A historiografia espanhola tem dedicado pouca atenção à cultura política da direita espanhola. Desde os anos oitenta e em particular durante a última década do século XX, os dirigentes do Partido Popular fizeram um verdadeiro esforço para diluir nos seus discursos tanto as referências narrativas que se relacionavam diretamente com as próprias do franquismo, como as referências concretas ao referido período histórico. Não foi assim durante a Transição e nos primeiros anos do regime democrático, nem tão pouco seria assim nos primeiros anos do século XXI. O *revisionismo*, que começou a adquirir consistência historiográfica recentemente, até ao momento não dedicou especial atenção ao período franquista centrando-se mais nos anos trinta – II República e guerra civil – estabelecendo ligações a partir da sua análise com muitos dos pressupostos da cultura política da direita atual.

---

[1] Professora Catedrática de História Contemporânea na Universitat Autònoma de Barcelona e diretora do *Centre d'Estudis sobre les Èpoques Franquista i Democràtica*. A sua investigação centra-se no estudo do período franquista e da transição da ditadura para a democracia, a partir de uma perspectiva social e política.

Este texto está estruturado em três partes. Na primeira parte analisa-se a posição da Aliança Popular – Partido Popular mais tarde – em relação ao franquismo já que, como se explicará brevemente, esta é a formação que se consolidou no espaço da direita; em segundo lugar, far-se-á referência ao nacionalismo excludente como uma das características que identifica esta formação e a relaciona com as culturas políticas do franquismo. Esta análise pode ter um interesse adicional para a atualidade: o Partido Popular governou e está a governar no século XXI com o guião da Aliança Popular de 1976 a 1978, não com as propostas que o partido efetuou na década de 90 numa «viragem ao centro». Na última parte e interligada com a anterior, faz-se referência à oposição da direita a assumir políticas de memória que impliquem reconhecer o carácter ditatorial do franquismo.

Que direita?

A 15 de junho de 1977 tiveram lugar as primeiras eleições realizadas desde 1936, com garantias democráticas. Tinham-se passado quarenta anos desde que o golpe de estado de julho de 1936 desencadeara uma traumática guerra civil e dera lugar a uma longa e cruel ditadura. A direita apresentou-se dividida em duas grandes formações de recentíssima criação, que tinham em comum o facto de os seus dirigentes procederem do regime franquista mas que se diferenciavam nos seus projetos e sobretudo nas suas atitudes face à nova etapa que abririam as eleições gerais. Os resultados eleitorais de junho de 1977 estiveram muito longe dos desejados e esperados pelos que apareciam como herdeiros do franquismo. Em particular supunham uma profunda frustração para os *sete magníficos* que estruturaram a Aliança Popular[2] que assistiram

---

[2] A referência ao título do clássico do género *western* que utilizou a imprensa espanhola para se referir aos impulsores da nova formação baseava-se na atitude desafiante dos seus dirigentes, dispostos a salvar a Espanha dos seus "inimigos internos". Ainda que na década de setenta a formulação da "Anti Espanha", como representação dos inimigos internos do Novo Estado franquista, não tinha a presença que tinha tido até à década de cinquenta, a ideia de "salvar Espanha" implicitamente relacionava com ela o imaginário da população adulta. Das mudanças que se tinham produzido é significativo o facto que em 1976, a expressão dos *sete magníficos* não deixava de ter uma componente ridicularizante. Tratava-se de Manuel Fraga pela Reforma Democrática, Laureano López Rodó, Ação Regional; Federico Silva Muñoz, Ação Democrática Espanhola; Cruz Martínez Esteruelas, União do Povo Espanhol; Gonzalo Fernandez de la

com profunda irritação a como a recém-criada União do Centro Democrático captava uma boa parte do "franquismo sociológico". Foi uma das vezes em que Manuel Fraga, que continuava a pensar que tinha sob controlo as linhas em que se inscrevia a sociedade espanhola, se enganava.

Após a morte de Franco e Juan Carlos de Borbón ter ocupado o trono, a continuidade teve o seu maior expoente em Carlos Arias Navarro, que presidiu o último governo de Franco e o primeiro da Monarquia. A figura central do novo gabinete foi, apesar de tudo, Manuel Fraga que como vice-presidente do Governo para Assuntos Políticos, tentou levar por diante o projeto reformista governamental. Não o conseguiu pois a sua importância era tão limitada que o Governo não conseguiu ampliar os seus apoios sociais nem convencer nenhum setor da oposição democrática. O fracasso daquela tentativa de reforma do regime foi lido a nível interno e internacional como a impossibilidade de superar a crise política se não se abrisse um processo que levasse a uma democracia semelhante às democracias europeias. Essa foi a encomenda que recebeu Adolfo Suárez, que, contrariamente à imagem recreada desde 1976 de uma firme condução do processo político, desde finais do ano foi modificando continuamente os limites da sua atuação até que obteve a aceitação da oposição democrática.

Neste sentido, é de destacar que os melhores resultados da UCD, a coligação formada para as eleições em torno do presidente do governo, não responderam exclusivamente à utilização da rede de poder governamental mas também à aspiração de mudança, ainda que controlada, que se tinha desenvolvido inclusivamente entre os setores conservadores que tinham apoiado o franquismo, mais ou menos ativamente, até à morte do ditador. A UCD formou-se a partir de dois núcleos básicos: por um lado, os setores abertos à mudança procedentes do Movimento Nacional, o nome com o que se evitou utilizar assiduamente as siglas falangistas FET-JONS desde os anos sessenta, um nome que se ligava no imaginário coletivo com a época do fascismo. Por outro lado, os setores que se autodenominavam democratas-cristãos mas que não tinham impulsionado, até aquele momento, nenhum projeto democrático homologável e cujas componentes, pelo contrário, tinham participado

Mora, União Nacional Espanhola; Licinio de la Fuente, Democracia Social; Enrique Thomás de Carranza, União Social Popular. Manuel Fraga será nomeado secretário-geral.

nas estruturas da ditadura; também foi destacável a ampla incorporação de indivíduos sem experiência política prévia, que se acercaram diretamente à nova formação política[3].

A atuação da UCD durante os primeiros anos da transição caracterizou-se por uma indefinição ideológica e inclusivamente política, que em parte se explica pela diversidade de culturas políticas de onde provinham e pela vontade de manter certa ambiguidade, rentável politicamente naqueles momentos de mudança. Contudo, em relação à ditadura franquista a atitude maioritária era de "distanciamento discursivo". Como se disse, boa parte dos seus quadros procediam ou diretamente das organizações do regime – o próprio Adolfo Suárez era Secretário-geral do Movimento quando foi nomeado presidente do Governo em 1976 – ou daqueles setores católicos que tinham participado nas instituições franquistas. Não obstante, também era uma característica amplamente compartida uma atitude de moderação que fica bem refletida nas palavras de Salvador Sánchez Terán. Quem foi governador civil de Barcelona nos anos transcendentais de 1976 e 1977, afirmou que,

"a geração que criou a UCD não fez a guerra nem dirigiu a exaltação patriótica religiosa do decénio dos anos quarenta, o lema de *Por el Imperio hacia Dios.* Por tanto, como reação não guarda rancor, tem uma *ampla compreensão* ainda que não comparta o fenómeno da guerra, não responde aos exaltados valores nacionalistas ou religiosos dos anos quarenta. Esta geração que hoje governa a Espanha foi educada na etapa mais férrea da ditadura, a sua reação é um desejo veemente de liberdade e democracia"[4].

Quer dizer, não renegavam as suas origens franquistas, mas não queriam olhar para o passado e sim para o futuro para além de pretenderem evitar a polarização política. Para isso consideravam necessária e até conveniente a negociação com aqueles que tinham uma larga trajetória e legitimidade democrática, isto é, a esquerda antifranquista e as formações do nacionalismo

---

[3] Entre a bibliografia sobre a UCD destacam os trabalhos de HUNEEUS, Carlos – *La Unión de Centro Democrático y la transición a la democracia en España.* Madrid: CIS, 1985; ALONSO--CASTRILLO, Silvia – *La apuesta del centro. Historia de la UCD.* Madrid: Alianza Editorial, 1996; HOPKIN, Jonathan – *El Partido de la transición: ascenso y caída de la UCD.* Madrid: Acento, 2000.
[4] SÁNCHEZ TERÁN, Salvador – Centro, Estado y Sociedad. In *Perspectivas de una España democrática y constitucionalizada.* Madrid: Unión Editorial, 1979. P. 373. O itálico é do autor.

periférico. Essa atitude não era partilhada pela direita mais obstinada, como já se tinha manifestado de forma diáfana quando em abril de 1977, Adolfo Suaréz chegou à conclusão de que era imprescindível legalizar o PCE. As reações da direita franquista e mediática foram fulminantes e a AP classificou de "verdadeiro golpe de estado, farsa jurídica e quebra quer da legalidade quer da legitimidade" a legalização do PCE[5]. Que a UCD experimentara uma crise galopante desde 1979 foi o resultado de uma parte significativa dos seus quadros considerarem que era imprescindível adotar um programa politica-mente conservador, pelo que se aproximaram à Aliança Popular. Em 1982, Adolfo Suaréz criou o Centro Democrático e Social, CDS, que teve uma vida muito curta.

A trajetória da Aliança Popular foi bem diferente. Manuel Fraga, que tinha ocupado o seu primeiro cargo oficial nos primeiros anos cinquenta, tinha-se apresentado como um reformista desde que abandonou o governo, em 1969, e particularmente desde 1973. No entanto, em 1976, quando o governo de Arias caiu, Fraga decidiu associar-se com outras figuras destacadas da classe política franquista mais reacionária. A Aliança Popular nasceu a 9 de outubro de 1976 e da sua composição é boa mostra que quatro quintos dos deputados e senadores eleitos nas eleições de junho de 1977, foram *ex-procuradores* fran-quistas[6]. Assim, não é estranho que em 1978, mais de dois terços dos eleitores considerassem que a AP era um partido franquista e quase metade catalogava--o de não democrático, além de não apto para evitar a confrontação pública dos espanhóis[7]. Desta forma a AP foi apercebida pelo eleitorado "como um partido de extrema-direita, que para alguns representava o último cartucho queimado na tentativa de manter o essencial da natureza do regime franquista através dos meios eleitorais"[8].

No entanto a crise da UCD foi deixando todo o espaço conservador nas mãos da AP ainda que esta tenha demorado mais de uma década para agregar

---

[5] *El País*, 24 de abril de 1977.

[6] Baena, Mariano y García Madaria, José – Élite franquista y burocracia en las Cortes actuales. In *Sistema*. Madrid: nº 28 (1979).

[7] MONTERO, José Ramón – Los fracasos políticos y electorales de la derecha española: Alianza Popular, 1976-1987. In *La transición democrática española*. Madrid: Editorial Sistema, 1989. P. 499-501.

[8] GUNTHER, Richard, SANI, Giacomo, SHABAD, Goldie – El *sistema de partidos políticos en España. Génesis y evolución*. Madrid: Centro de Investigaciones Sociológicas, 1986. P. 91-92.

DITADURAS E REVOLUÇÃO. DEMOCRACIA E POLÍTICAS DA MEMÓRIA

todos os votos daquela formação. Para captar o voto do "centro", já no III Congresso Nacional de 1979, a AP redefiniu-se como partido liberal conservador e acrescentaram-se os termos de reformista, liberal e democrático. Porém a maioria da população continuou a associar a "direita" com atitudes pouco compatíveis com a democracia e via a AP como um partido mais "autoritário e cacique" do que capacitado para governar bem[9]. A sua vinculação ao franquismo afastava a direita de amplas franjas da população[10].

Da reivindicação do franquismo ao seu encobrimento

A expressão imediata do seu vínculo à ditadura era a rejeição radical de qualquer tipo de rotura com o regime vigente. Essa rejeição tinha causas muito diversas, tanto ideológicas como políticas e também pessoais; para os primeiros dirigentes da Aliança Popular teria representado o fracasso de boa parte das suas vidas e renunciar a um passado de que muitos estavam orgulhosos. Os *sete magníficos* que tinham formado a Aliança Popular tinham tido responsabilidades governamentais durante a ditadura, tantas ou mais que Manuel Fraga, ainda que nenhum tenha tido tanta visibilidade na defesa do franquismo.

Manuel Fraga passou os anos de 1974 e 1975 como embaixador na Grã-Bretanha, pendente da evolução da ditadura. Quando foi nomeado vice-presidente do primeiro governo da monarquia, tentou desenvolver o seu projeto de reforma do regime. Durante esse tempo, quando a ocasião o requeria, não lhe importou trazer à colação a lembrança da guerra civil para consolidar as suas políticas; assim em abril de 1976 e ante a presença das propostas da oposição na cena pública, Fraga declarou em Barcelona que: "Soam nestes dias muitas vozes de confusão e demagogia, inevitáveis num momento de transição (...) Já sabemos quais as ocorrências que levam o nosso país à guerra civil: quais

---

[9] Montero José Ramón – Los fracasos políticos y electorales de la derecha española: Alianza Popular, 1976-1987. In *La transición democrática española*. Madrid: Editorial Sistema, 1989. P. 504-505 y 523-524.

[10] Em 1985 avaliavam o franquismo de forma positiva, 4% dos que se definiam como de esquerda, 16% do centro e 75% de direita; em 1995 as proporções eram de 7, 16 e 51% respetivamente. Ver Torcal Mariano y Medina, Lucía – Ideología y voto en España 1979-2000: los procesos de reconstrucción racional de la identificación ideológica. In *Revista Española de Ciencia Política*. Madrid, nº 6, (2002), p. 75.

provocam de forma inevitável a justificada intervenção do Exército, quando se põe em perigo a unidade sagrada da Espanha"[11].

Meses depois, em outubro, apresentou-se o manifesto que sintetizava as ideias básicas da AP; nele se declarava que "a Espanha atual, com seus acertos e erros, com as suas virtudes e defeitos, é o único ponto de partida válido para qualquer ação política. Rejeitamos toda a rotura e exigimos respeito para com a obra de *um povo durante quase meio século*". O parágrafo condensa bem o que os seus dirigentes não se cansavam de proclamar, tratava-se de adaptar as instituições franquistas aos novos tempos. Do mesmo modo, é de destacar que a linguagem que se utilizava os vinculava diretamente com o próprio franquismo: o regime identificava-se com a Espanha na sua totalidade, o que implicava a exclusão da ideia de comunidade de quem não compartira este ponto de partida. O mesmo texto explicitava que não aceitar essa visão da realidade só era explicável a partir do "revanchismo e exibição de ressentimentos"[12]. Assim, no manifesto constituinte da Aliança Popular criticava-se o Governo pelas "excessivas concessões a atividades revanchistas, erosivas da paz e da ordem e desagregadoras da integridade nacional". Também apareciam outros itens habituais nos textos franquistas, como a denúncia da "crise de autoridade a todos o níveis" e a "deterioração da ordem pública"[13].

Em vista do conteúdo, com o manifesto da AP na mão, o triunfo de elementos da Aliança Popular nas eleições de 1977 teria suposto o desenvolvimento de uma democracia limitada de acordo com o que representava o franquismo político, uma versão da extrema-direita nacional-populista[14]. Manuel Fraga fazendo um cálculo erróneo das posições dominantes na sociedade espanhola, não escondia esse carácter e na conferência de imprensa de apresentação do manifesto, o político galego afirmou em tom cortante que os ex-ministros de

---

[11] Archivo de la Diputación de Barcelona, Discurso de Manuel Fraga Iribarne, *Carta al Vicepresidente para Asuntos del Interior y Ministro de la Gobernación al abrir los trabajos de la Comisión para el estudio de un régimen administrativo especial para Cataluña*, Barcelona, abril de 1976, E-115, exp. 10.

[12] FRAGA, Manuel – *Alianza Popular*. Bilbao: Ed. Albia. P. 12-13. O itálico é de nossa autoria. A autoria do parágrafo da primeira citação é atribuída por Fernández de la Mora, FERNÁNDEZ DE LA MORA, Gonzalo – *Río arriba: memorias*, Barcelona: Planeta, 1995. P. 273.

[13] *El País*, 10 de outubro de 1976.

[14] DEL RÍO, Miguel Ángel – *De la extrema derecha neofranquista a la derecha conservadora: los orígenes de Alianza Popular (1973-1979)*, Tesis doctoral inédita, Bellaterra: Universitat Autónoma de Barcelona, 2013. P. 338.

Franco que se integravam na Aliança Popular assumiam a sua responsabilidade nos Governos em que tinham participado: "O termo *franquista* não nos envergonha"[15].

Isso mesmo afirmou Laureano López Rodó no I Congresso da Aliança Popular, celebrado nos dias 5 e 6 de março de 1977. Para quem tinha sido o cérebro tecnocrata, desde a mudança de governo de 1957, "frente aos que vergonhosamente pretendem que esqueçamos o seu passado, nós queremos afirmar com valentia, para que todos [sic] possam ouvir-nos, que em tudo o que fizemos ao serviço de Espanha, sob o comando de Franco, não temos nada que dissimular nem nada de que nos envergonhar"[16].

Gonzalo Fernández de la Mora destacou-se por manter uma defesa acérrima do franquismo inclusivamente depois, quando era contraproducente sob o ponto de vista eleitoral. Ele foi encarregado pelo *ABC* de redigir o editorial que o diário publicou ao cumprir-se um ano da morte do *Caudillo* e em que se dizia que Franco era o maior europeísta da Espanha contemporânea e era "um dos estadistas mais eminentes que tivemos"[17]. No I Congresso da AP, Fernández de la Mora fez um discurso "muito aplaudido" no qual reivindicou a história recente, afirmando que os homens da Aliança Popular "não renegam o seu passado" mas também assumiam leal e sinceramente "o património nacional que recebemos com vontade de o aperfeiçoar, e sem leiloar nada[18]. A melhor síntese da atitude política da AP antes das eleições foi de Manuel Fraga, que, no mesmo congresso, em março afirmou que se negava "a aceitar a destruição da obra gigantesca dos últimos quarenta anos"[19].

Contrariamente ao que esperavam, e como se tinha já dito, os resultados obtidos nas eleições gerais de junho de 1977 foram maus, situando a AP como quarta força política a nível espanhol. Manuel Fraga percebeu claramente em pouco tempo que um obstáculo que podia converter-se em insuperável era que se continuasse a identificar o partido com a ditadura e ele como "ministro

---

[15] Fraga, porta-voz da Aliança Popular, *La Vanguardia*, 22 de outubro de 1976.

[16] LÓPEZ RODÓ, Laureano – Discurso pronunciado por D. Laureano López Rodó. *In* Alianza Popular, *Discursos pronunciados en el I Congreso Nacional de Alianza Popular*, Madrid: Alianza Popular, 1977, p. 29.

[17] FERNÁNDEZ DE LA MORA, Gonzalo – *Río arriba..*, p. 274.

[18] FERNÁNDEZ DE LA MORA, Gonzalo – *Río arriba..*, p. 231.

[19] *El País*, 8 de março de 1977.

de Franco", tal como de facto ocorreu durante os anos 80. Romper com essa imagem era contudo difícil, não só pelo passado dos dirigentes da organização, mas também pela própria reivindicação do franquismo que tinha guiado os seus primeiros passos. Após as eleições, a sua estratégia mudou e caracterizou-se por não renegar o passado, ainda que defendendo as mudanças necessárias face ao futuro, atitude que guiou a sua atuação na Comissão constitucional, como se verá mais à frente. Não obstante, boa parte do grupo parlamentar não lhe facilitou a tarefa pois, na prática, nem todos estavam de acordo em quais eram as mudanças realmente imprescindíveis e continuava latente a oposição radical a qualquer tipo de rotura com o franquismo, que foi *leitmotiv* da atuação da AP até à aprovação da Constituição. O mesmo Manuel Fraga dedicava o livro que publicou justamente depois da aprovação da Constituição "aos que morreram por defender a Espanha, a sua unidade e a sua lei" [20], usando um discurso claramente franquista.

Que desde os anos oitenta no programa político da AP se tenha tentado fazer as mínimas referências possíveis ao franquismo não está em contradição com a apologia do regime noutras instâncias. Nas suas múltiplas atividades, em particular como ensaísta ou conferencista, o dirigente galego dedicou uma atenção destacada ao relato da história da Espanha recente. Em setembro de 1979, Manuel Fraga foi convidado pela Dinamarca a apresentar uma comunicação sobre "democratização e regionalização em Espanha". Como era habitual nele, posteriormente publicou-a num volume que compilava distintas intervenções. No texto relacionou de forma positiva a democracia com o franquismo e este, contrariamente, com uma reação defensiva ante a Segunda República. Fraga afirmava que a "vitória eleitoral da direita em 1933 deu lugar ao levantamento revolucionário de 1934, e a da esquerda em 1936, à trágica guerra civil, de 1936 a 1939"[21].

Eis aqui uma das chaves da interpretação conservadora da história de Espanha que desenvolveu a historiografia revisionista nos últimos anos. Este discurso de 1979 tinha o mesmo fio condutor que o que Manuel Fraga realizou em 1962 durante a tomada de posse como Ministro da Informação e Turismo.

---

[20] FRAGA, Manuel – *Ideas para la reconstrucción de una España con futuro*. Barcelona: Planeta, 1980.

[21] Reproduzido em FRAGA, Manuel – *Ideas para la reconstrucción de una España con futuro*. Barcelona: Planeta, 1980. P. 129.

Nessa ocasião Fraga afirmou que a "Nossa Espanha conheceu essas forças que desfazem as sociedades e no ano de 1936 conheceu uma terrível contenda que era o final de uma longa etapa de desintegração, de perda das suas essências tradicionais e de enfrentamento entre os espanhóis". O já ministro começava por considerar indiscutível que "aquela guerra não a inventamos, encontramo-la, nela defendemo-nos contra a última e definitiva intenção de fazer da Espanha um país que já que não era nem cristão, nem familiar, nem com sentido social e no qual se podia gritar "Viva a Rússia!" e não "Viva a Espanha!"[22]. Quase cinquenta anos depois, em 2006, referindo-se à *Lei da Memória Histórica*, Fraga apresentou a Segunda República, como a responsável pela guerra civil: "Toda a gente tem direito a enterrar os seus mortos. Mas os mortos amontoados são de uma guerra civil em que toda a responsabilidade, toda, foi dos políticos da II República. Toda!"[23].

A partir destes pressupostos é coerente que Manuel Fraga dissesse em Copenhaga que o Franquismo "foi o resultado natural do período anterior. Os espanhóis estavam fartos do atraso económico e educativo, dos enfrentamentos verbais de uns líderes políticos ineficazes, da insegurança pessoal, etc."[24]. Fraga continuou, afirmando que a vitória de '39 eliminou os fatores de instabilidade na sociedade espanhola, o agudo conflito de classes, etc., e isso tornou possível o desenvolvimento económico, que era quase o único que se destacava dos quase quarenta anos de ditadura: "o impulso ao desenvolvimento económico e os serviços sociais; a ampla liberdade pessoal e económica, restringindo unicamente as de expressão e organização política". Logicamente, as décadas dos anos quarenta e cinquenta despareciam do relato e com elas a fratura social e a extensão da miséria. Contrariamente destacava

---

[22] "Discurso del señor Fraga Iribarne", *La Vanguardia Española*, 13 de julho de 1962.

[23] Entrevista de María Antonia Iglesias a Manuel Fraga reproduzida no *El País* de 16 de janeiro de 2011.

[24] Reproduzido em FRAGA, Manuel – *Ideas para la reconstrucción de una España con futuro*. Barcelona: Planeta, 1980. P. 129. Durante 1976 na imprensa, e de forma intensiva no jornal *ABC*, publicaram-se numerosos artigos recordando a guerra civil e situando a legitimidade do regime franquista na vitória assim como nas suas consequências: a existência de vencedores e vencidos. Podem consultar-se, por exemplo, os artigos de José Mª Ruiz Gallardón de 1 de abril, 14 de agosto, 27 de outubro, 4, 7 e 10 de dezembro de 1976.

que "nos últimos dez anos, foi muito grande a liberdade de discussão pública e de negociação industrial"[25].

Uma boa demonstração desta interpretação da história, que apresentava o Franquismo como agente fundamental do crescimento e modernização da sociedade espanhola, e que se manteve nas décadas posteriores, pode comprovar-se por ocasião da morte de Manuel Fraga em janeiro de 2012. A imprensa dedicou uma grande atenção à sua figura, pondo-se novamente em relevo a visão que a direita espanhola tem da ditadura franquista e da sua própria – difícil – relação com ela. Em 2012 a tendência dominante foi obviar a ditadura, como se tivesse produzido um parêntesis, um vazio no tempo. Para Alberto Ruiz-Gallardón, Fraga foi "o político que impulsou a renovação de uns pressupostos ancorados no século XIX, até os substituir por novos planos, acordes com as necessidades da Espanha do século XXI" ao mesmo tempo foi um "hábil político que soube pôr a sua inteligência ao serviço de um projeto para Espanha"[26]. As frases ilustram bem a cultura política do PP, em que a democracia é conceito contingente já que Ruiz-Gallardón vem estabelecer uma linha de continuidade entre o Fraga de 1963 e o de quarenta anos depois; quer dizer, desde quando era ministro de Informação e Turismo e organizou campanhas propagandísticas em Espanha e no estrangeiro para justificar a execução do dirigente comunista Julián Grimau, ou quando defendia a repressão política dos mineiros, dos estudantes, ou o estado de exceção de 1969; esse mesmo Fraga que tinha um projeto para Espanha em 1976, dando continuidade ao regime franquista, e do século XXI, já como presidente da Junta da Galiza.

Se o artigo adquire muito significado por ser Ruiz-Gallardón, Ministro da Justiça, mais significativo ainda é o artigo assinado por Mariano Rajoy, presidente do Governo desde novembro de 2011, em que escrevia que "No itinerário vital de Manuel Fraga tiveram lugar os esforços e os resultados de quase um século da história de Espanha: conhecedor de quatro regimes diferentes e da dor de uma guerra civil, a sua figura resume como poucas o percurso da nação em via de construção de um país de liberdades". Quer dizer, a trajetória

---

[25] Reproduzido em FRAGA, Manuel – *Ideas para la reconstrucción de una España con futuro.* Barcelona: Planeta, 1980. P. 129.
[26] RUIZ-GALLARDÓN, Alberto – Acción y pensamiento. *El País*, 17 de janeiro de 2012.

de Fraga explicava-se na vontade de construir "um país de liberdades" pelo que se deduz que a ditadura de Franco era apresentada como o antecedente da democracia em Espanha; Rajoy fazia-o explicitamente pois reivindicava as leis da ditadura: "recordamos aquela *lei* Fraga – a de '66 – que possibilitou o início de uma cultura mediática alheia aos ditados ideológicos da época, ou quando analisamos o trabalho pioneiro que fez em prol do pluralismo e da democracia através daquele embrião de liberdades, que foram as associações políticas"[27]. Sem entrar no peso do significado do conteúdo do artigo de Rajoy e a correspondência nula entre as suas afirmações e a realidade histórica, será suficiente constatar que quando em 1974 se aprovaram as associações políticas no quadro do Movimento, nem o próprio Fraga aceitou inscrever-se nelas de tão restritivas que eram.

Em conclusão, é possível observar que no imaginário da direita espanhola, de forma sistemática, o franquismo era o ponto de partida para a democracia do último quarto de século. Situados na metade dos anos noventa, em plena viragem "ao centro", José Maria Aznar enfatizava que "em Espanha, a restauração democrática iniciada através da reforma política em 1976, legitimada pelas eleições de junho de 1977, culmina com a Constituição de 1978. (...) A instauração (em 1976-1977) de um regime democrático."[28]. A sequência descrita ajusta-se pouco à realidade histórica pois durante todo o ano 1976 estiveram vigentes as leis da ditadura, que não começaram a desaparecer até 1977; uma parte da oposição de esquerda continuava perseguida e encarcerada nos primeiros meses de 1977 e desde logo as eleições de 15 de junho não culminaram em nenhuma reforma, apenas abriram o processo constituinte. Contudo para a direita, consolidada desde a década de oitenta, as eleições de 1977 não foram o ponto de partida mas sim o ponto de chegada da democracia espanhola.

Esta reconstrução da história está em consonância com a documentação disponível e até com o que mostram as hemerotecas numa leitura superficial. A AP recusou até à celebração das eleições de junho de 1977 a elaboração de uma Constituição, defendendo pelo contrário o aperfeiçoamento das Leis

---

[27] RAJOY, Mariano – El amor a España, la pasión por la libertad. *El País*, 16 de janeiro de 2012.
[28] AZNAR, José Mª – *La España en la que yo creo. Discursos políticos (1990-1995)*. Madrid: Ediciones Noesis, 1995. P. 28.

Fundamentais da ditadura. Convertido em membro da declaração constitucional, Manuel Fraga participou na elaboração da Carta Magna mas o seu grupo parlamentar dividiu-se na hora de votar o texto constitucional: dos 16 deputados da AP no Congresso, cinco votaram contra e três abstiveram-se, de maneira que só oito deram a sua aprovação; por outro lado os que votaram favoravelmente a Constituição fizeram-no manifestando a sua discordância com partes substanciais do texto e proclamando a sua vontade de o reformar enquanto tivessem oportunidade de o fazer.

O enaltecimento da Transição corresponde, portanto, à visão do passado imediato que a direita fez nos últimos anos do século XX, uma visão que não correspondia à que tinha vinte anos antes. O mesmo José M.ª Aznar, recém ingressado na Aliança Popular, em 1979 escrevia regularmente no *La Nueva Rioja* artigos de carácter político, nos quais por diversas ocasiões, manifestou a sua rejeição às características do processo de Transição já que a reforma na realidade se tinha convertido numa rotura. A sua identificação com o Franquismo tornava-se transparente quando classificava como "ventos de desforra" a supressão dos nomes de Franco e José António em ruas que passavam a designar-se de Constituição[29].

Assim durante anos, a apresentação que os dirigentes da Aliança Popular fizeram do processo de transição foi globalmente muito dramático, coincidindo em catalogar os primeiros passos da democracia como a rotura com o passado. Para Fraga, a reforma, tal como a entendia – um processo de mudanças que não rompia com o Franquismo – era uma coisa e a rotura outra bem distinta, além de péssima. Nesse sentido afirmava:

> "Está à vista que por não se ter feito uma reforma, mas sim por se terem feito as coisas como se fizeram, à base de amnistias, de declarações mal pensadas, o resultado é que neste momento afundou-se a autoridade: ardem os montes, as cadeias são um desastre pela anarquia interna, o terrorismo domina em Bilbao e San Sebastian, e creio que isso se podia ter evitado"[30].

---

[29] TUSELL, Javier – *El aznarato. El gobierno del Partido Popular (1996-2003)*. Madrid: Santillana, 2005. P. 44.

[30] Entrevista a Manuel FRAGA em *Cambio 16*, 14 de outubro de 1979

É que ainda que o seu discurso pretendesse ser comedido, Fraga não pode evitar o tom aterrador, uma tensão que correspondia tanto ao medo do que contemplava, como a perda de controlo sobre a situação, como à vontade de aglutinar à sua volta o que considerava a massa não politizada da sociedade espanhola.

Um nacionalismo excludente

Situados já nos anos oitenta, as continuidades entre o franquismo e o Partido Popular continuaram a ser evidentes tanto na cultura política como nas mentalidades[31]. Um tema de especial relevância em si mesmo, que liga a cultura política da direita com o franquismo e que teve uma presença continuada no espaço público, ainda que com irregular intensidade, é a própria conceção da Espanha.

Depois de 1939, a identificação do nacionalismo espanhol[32] com o franquismo provocou que o nacionalismo democrático espanhol se tornasse invisível, particularmente durante os anos sessenta e setenta. O nacionalismo era o periférico e de forma destacada o *catalanismo*, mas não o espanholismo cuja existência era negada seguindo uma tradição de negar toda a filiação nacionalista aos próprios discursos[33]. Durante o franquismo, a reclamação catalã do estatuto de autonomia que refletia a vontade de autogoverno, foi-se progressivamente estendendo até estar presente em boa parte da Espanha

---

[31] Sobre as mudanças que houve no PP nos anos noventa ver BALFOUR, Sebastian – *The reinvention of Spanish conservatism. The Popular Party since 1989*. In *The Politics of Contemporary Spain*. Routledge, Londres, 2005. P. 146-168.

[32] Nos últimos anos o nacionalismo espanhol converteu-se no centro de atenção historiográfica atendendo particularmente ao conceito de cultura política. Entre os últimos trabalhos podem-se destacar SAZ, Ismael, ARCHILÉS, Ferran (Eds.) – *La nación de los españoles. Discursos y prácticas del nacionalismo español en la época contemporánea*, Valencia: PUV, 2012; MORENO, Javier y NÚÑEZ SEIXAS, Xosé (Eds.) – *Ser españoles: imaginarios nacionalistas en el siglo XX*. Barcelona: RBA, 2013; MORALES, Antonio, FUSI, Juan Pablo, DE BLAS, Andrés (Dirs.) – *Historia de la nación y del nacionalismo español*. Barcelona: Galaxia Gutenberg, 2013; QUIROGA, Alejandro, ARCHILÉS, Ferran (Eds.) – "La nacionalización de España". *Ayer*, 90, 2013, pp. 13-137.

[33] ARCHILÉS, Ferran – Melancólico bucle. Narrativas de la nación fracasada e historiografía española contemporánea. In *Estudios sobre nacionalismo y nación en la España contemporánea*. Zaragoza, Prensas Universitarias de Zaragoza, 2011. P. 272.

periférica. Não era só na Catalunha, País Basco ou na Galiza onde se asso-ciava democracia a autonomia, o mesmo vínculo estendia-se por exemplo, ao País Valenciano, às Ilhas Baleares, à Andaluzia ou às Canárias. Assim a incorporação da reivindicação da autonomia de "nacionalidades e regiões" aos programas das sucessivas plataformas unitárias da oposição antifranquista de toda a Espanha foi a manifestação clara da importância que tinham adquirido as posições do antifranquismo catalão e basco em volta do autogoverno no espaço antifranquista.

Na etapa inicial da democracia, a direita sentiu-se desconcertada no seu nacionalismo que tinha feito da eliminação do que denominava "separatismo" um elemento de identidade. Contrariamente ao que os setores agrupados na AP pretendiam, no processo de transição da ditadura para a democracia, o reconhecimento do direito ao autogoverno de "nacionalidades e regiões" tinha-se convertido num dos símbolos mais claros da democracia e isso foi assim porque a reivindicação nacional tinha adquirido durante o Franquismo um protagonismo destacado, particularmente durante o tardo franquismo. Perante esta realidade, no I Congresso da AP, a que já se tinha feito referência, dedicou-se especial atenção à rejeição do conceito "nacionalidade". Partia-se da consideração que "na tradição espanhola, a região, entidade vítima de um eclipse injusto e desacertado, é a base de apoio natural de um pluralismo de base geográfica, cultural e política". Porém, declarava-se que era uma "fraude política alentada pela hipocrisia comunista e advertido verbalmente por outros grupos, pouco escrupulosos na hora de procurar clientelas ainda à custa do patriotismo", afirmar a existência de "nacionalidades". Para que não restas-sem quaisquer tipos de dúvidas reiterava-se: "Nós afirmamos a unidade de Espanha, recusamos todo germe de separatismos e mantemos o orgulho de uma história comum dos nossos povos e a fidelidade a uma bandeira vermelha e amarela que há de continuar a seguir ondulando pelos séculos sobre uma pátria incólume"[34].

A conceção nitidamente franquista de Espanha, dominante na direita radi-cal que representava a AP, destacou-se desde que, após as eleições de 1977, se começaram a tomar medidas de desenvolvimento da democracia. No outono a

---

[34] ELORRIAGA, Gabriel – Ponencia política. In *I Congreso de Alianza Popular*. Madrid: Alianza Popular, 1977. P. 10-11.

restauração da *Generalitat* da Catalunha teve um apoio bastante extenso, ainda que com certas desconfianças, na direita aglutinada pela UCD e, sobretudo, com a rejeição da direita radical que já então denunciou a rotura da unidade de Espanha. O diário *Ya* considerou que se "estamos a liquidar o passado dos últimos quarenta anos, vamos ressuscitar o passado anterior a esses quarenta anos? E com que base?, porque a maioria dos votos deram a vitória aos parlamentares catalães não procedem dos partidos especificamente catalanistas, mas sim do socialismo"[35]. A incapacidade para entender as características do catalanismo de esquerda, que era hegemónico naqueles anos e diferente do estrito nacionalismo catalão explica afirmações como esta[36].

Perante o mesmo acontecimento, o *ABC* publicava na sua página principal de opinião um duro artigo do membro da Aliança Popular, Ramón Hermosilla, que partindo de um nacionalismo essencialista defendia uma conceção da Espanha incompatível com a pluralidade de identidades existentes no seu seio. Contrariamente, Hermosilla afirmava que "o que não é opinável é o conceito da pátria em si". Em Espanha "a Pátria não é a Península Ibérica, como tão pouco o é um pedaço desta ao qual nos sintamos incorporados por ter nascido aí". Este conceito de Pátria, que classificava de "tradicional", "perante os novos factos que estão a ocorrer face às confusões e aos equívocos poderá necessitar de reafirmações"[37].

Mas a atuação mais importante a favor da "Espanha, Una", foi desenvolvida pelos elementos da AP no Congresso dos Deputados. Na consolidação da democracia depois de 1977 foi essencial a denominada política de consenso, que veio determinada pelo "equilíbrio de debilidades" que caracterizou a instauração da democracia em Espanha. Neste sentido, os resultados das eleições de 1977 foram decisivos porque deram à esquerda e aos grupos nacionalistas a força da legitimidade democrática, uma força que a direita tinha para o seu controlo das instituições do Estado. Contrariamente ao triunfo violento que a direita esperava, o equilíbrio dos resultados e as características diferenciais do mapa político na Catalunha e no País Basco foram determinantes para que

---

[35] Regionalismo: respeto a la voluntad popular. In *Ya*, 30 de junho de 1977.
[36] Neste sentido ver MOLINERO, Carme y YSÀS, Pere – *Catalunya en la Transición española*. Barcelona: Crítica, 2014.
[37] HERMOSILLA, Ramón – La política de los hechos consumados. In *ABC*, 25 de outubro de 1977.

a atitude negociadora governamental, que tinha caracterizado os primeiros meses de 1977, se mantivesse durante 1977 e 1978. Evidentemente o fruto mais maduro desse processo foi a redação da Constituição, que incluía uma mudança tão radical como a criação do Estado das Autonomias. O consenso como método no debate constitucional correu perigo em muitas ocasiões e em relação a temas distintos, mas em nenhum como no caso da criação das Autonomias, que rompia com o Estado centralista dominante com exceção apenas para as brevíssimas etapas democráticas. Entre os setores intelectuais vinculados às instituições do Estado, a centralidade da "unidade de Espanha" no imaginário político tinha uma grande força.

Desde o início dos trabalhos da Comissão Constitucional que se produziu um vivo debate e pressões constantes para evitar o reconhecimento das "nacionalidades", que foi o termo final aceite para se referirem à Catalunha, País Basco e Galiza, comunidades as duas primeiras que tinham tido Estatuto de Autonomia nos anos trinta. Licinio de la Fuente, que tinha ocupado tantos e importantes cargos durante a ditadura, foi membro da Comissão Constitucional em representação da Aliança Popular[38]. A sua atuação foi de radical oposição à inclusão deste termo que, na sua opinião, obscurecia "o sentido da unidade nacional de Espanha". O deputado popular negava que fosse possível a existência da unidade nacional a partir da pluralidade nacional, e clamava contra o risco da "desintegração da unidade nacional", uma unidade que era um património comum que tinha custado "muitos esforços e séculos" e de que "uma geração não tem direito a dispor", uma fórmula conhecida que evocava a conhecida frase de José António Primo de Rivera que dizia "os espanhóis poderão decidir acerca de coisas secundárias, mas sobre a essência mesma de Espanha não têm nada que decidir"[39].

O também ex-ministro Federico Silva Muñoz foi encarregado de defender o voto particular da Aliança Popular contra o conceito de nacionalidade no debate do projeto da Constituição e no plenário do Congresso dos Deputados.

---

[38] Licinio de la Fuente foi ministro do Trabalho entre 1969 e 1975. Durante 1974 e 1975 foi também vice-presidente no último governo de Franco presidido por Arias Navarro.

[39] *Constitución Española. Trabajos parlamentarios.* Volumen I, Cortes Generales, Madrid, 1980, pp. 812-815. Sessão de 12 de maio de 1978. A citação de José Antonio Primo de Rivera *in* "La unidad de destino", FE, nº 15, 19 de julho de 1934.

No seu entender o conceito de nacionalidades era absolutamente contraditório com a nação espanhola. Para Silva Muñoz, uma nação era, em essência, "uma comunidade de sentimento" que se manifestava "de modo adequado num Estado próprio". Rejeitava, também, qualquer fórmula que alimentasse o separatismo, que segundo o deputado popular, durante a I e II República tinha ameaçado a unidade nacional espanhola[40].

A batalha a favor de uma ideia de unidade de Espanha antagónica da visão de Espanha como "nação de nações" não cessou com a aprovação da Constituição e ainda em 1979, quando se aprovaram os estatutos de autonomia do País Basco e da Catalunha, Licinio de la Fuente manteve que "sem exagero pode-se dizer que a Constituição institucionaliza uma surda, fria ou quente guerra civil permanente entre as "nacionalidades" e a nação espanhola"[41].

Durante os quinze anos de governos socialistas (1982-1996) a Aliança Popular, que mudou o seu nome em 1989 para Partido Popular, desenvolveu um programa sistemático com a vontade de melhorar a imagem que os cidadãos tinham do partido e, neste contexto, modificou as suas posições com respeito ao Estado das Autonomias, desenvolvendo-se um "nacionalismo regionalista"[42] que comportou que durante um tempo, Fraga e o seu substituto à frente do partido desde 1989, José Maria Aznar, utilizassem o conceito de "nação plural", um conceito afastado, contudo, da visão de Espanha como "nação de nações" defendido por uma parte da esquerda. Foi, também, um discurso muito efémero. Em meados dos anos noventa a chegada ao Governo do Partido Popular favoreceu dentro do nacionalismo catalão conservador, representado por *Convergència i Unió*, um discurso que reclamava "o direito de autodeterminação das nacionalidades históricas", ante o argumento desclassificado que não era outro senão que a "Espanha autodeterminou-se há mais de quinhentos anos e desde então os espanhóis defenderam bravamente a independência da nossa nação, inclusive em guerras heroicas e populares

---

[40] Diário das Sessões do Congresso dos Deputados, Sessão Plenária de 4 de julho de 1978, in *Constitución Española. Trabajos parlamentarios....* Volume II, pp. 1896-1899.

[41] DE LA FUENTE, Licinio – La gran decepción. In *Informaciones*, 7 de novembro de 1979.

[42] NUÑEZ SEIXAS, Xose Manuel – From National-Catholic nostalgia to constitutional patriotism. *In* BALFOUR, Sebastian (Ed.), *The Politics of Contemporary Spain*, Londres, Routledge, 2005. P. 126-129.

como a de 1808 contra o então dono da Europa"[43]. Voltava-se ao discurso do nacionalismo espanhol mais reacionário.

Desde que o PP obteve maioria absoluta no ano 2000, pôs em andamento um programa de agitação nacionalista espanholizante que sem entrar nos múltiplos elementos de carácter tático a considerar para o explicar, indubitavelmente se apoiava nas propostas que a Aliança Popular defendeu no debate constitucional. Quer dizer, a atuação do PP no século XXI foi guiada em boa medida pelas posições políticas que fez a AP em 1978. A sua visão de Espanha identificava-se com a do franquismo. Assim não surpreende que em pleno debate sobre a *Lei da Memória Histórica*, Jaime Mayor Oreja, ex-ministro do governo de José Maria Aznar e deputado no Parlamento Europeu até 2014, afirmasse que não podia condenar-se o Franquismo porque "representava um sector muito amplo dos espanhóis" e, também porque se vivia naquela época "uma situação de extraordinária placidez"[44]. Tinham passado já trinta anos desde o final da ditadura e a um destacado dirigente da direita não lhe importava reivindicar o Franquismo. Algumas *webs* vinculadas a grupos locais de Novas Gerações, as juventudes do PP, nos últimos anos tinham exaltado a ditadura de Franco, tornando visível a marca perene que a ditadura deixou na sua cultura política.

A direita e as políticas públicas da memória

A crise do franquismo, como tal, foi uma experiência singular no contexto europeu. O franquismo, que se consolidou em finais dos anos trinta e princípios dos quarenta no âmbito dos fascismos, entrou em crise nos anos setenta sem que nela interviesse nem a derrota internacional – como os regimes fascistas em 1945 – nem a pressão estrangeira, nem a crise colonial como em Portugal em 1974. Naufragou como resultado de uma larga e crescente pressão social, foi portanto resultado da dinâmica interna. A oposição social e política foi capaz de impedir a manutenção do franquismo sem Franco e o processo de

---

[43] *De qué autodeterminación habla Convergencia Democrática de Cataluña?* In *ABC*, 18 de julho de 1996.

[44] *El País*, 16 de outubro de 2007.

transição para a democracia fez-se de forma irreversível; porém, essa mesma oposição não contou com o apoio suficiente para substituir num só ato o sistema político procedente do franquismo. O resultado foi que se bem que no plano político a rotura com o franquismo foi total, nas instituições do Estado puderam permanecer redutos do poder estatal da ditadura com as consequências que se puderam observar a médio e longo prazo.

Já foi dito que os resultados eleitorais de junho de 1977 foram muito menos favoráveis para a direita do que os seus dirigentes esperavam e que esses resultados possibilitaram que a esquerda e as forças nacionalistas conseguissem que, ao contrário do que pretendia o Governo inicialmente, a Constituição fosse redigida por uma Comissão na qual todas as forças políticas relevantes participassem. O resultado foi que a Constituição de 1978 supôs uma rotura radical no que respeita ao franquismo, cujo conteúdo responde em boa medida às propostas da oposição antifranquista, que era quem tinha um programa para a democracia. Todavia, o ordenamento constitucional necessita de ser interpretado naqueles pontos que são ambíguos ou conflituosos e a ausência de rotura nas instituições do Estado, com o passar dos anos, facilitou que os pressupostos conservadores se impusessem com uma intensidade maior do que a que corresponde ao perfil político da sociedade espanhola.

Por outro lado, nos primeiros anos de democracia a esquerda não prestou ao espaço simbólico a importância que este tem e, nesse quadro, a permanência de muitos símbolos e bastantes personagens políticos, que se viram forçados a inscrever-se numa realidade política diferente, com o passar do tempo, converteram-se na prova irrefutável da continuidade no que respeita à ditadura franquista. Tal é o caso da monarquia; Juan Carlos de Borbón ocupou a Coroa como resultado da instauração da *Monarquia de 18 de julho*, com todos os poderes de Franco e em menos de três anos converteu-se num monarca sem prorrogativas governativas, com a aprovação da Constituição. Essa continuidade pessoal permitiu à direita alimentar o mito do monarca como motor da democracia. Por outro lado, a manutenção de elementos de continuidade no aparelho de Estado prejudicou gravemente a possibilidade de que aqueles que tinham lutado contra a ditadura se convertessem em valor referencial da nova democracia. Certamente, foi no espaço simbólico que a influência do antifranquismo foi menor. Isto deveu-se, em boa medida, às prioridades da esquerda naquela conjuntura[45] e inclusivamente aos problemas organizativos internos a que tiveram de fazer frente. Mas desde os anos noventa, numa fase de domínio radical dos meios de comunicação e de consumo simbólico, tão importante, tal facilitou tanto a satisfação da direita como a correspondente insatisfação da esquerda e pôs em questão o processo de Transição.

Porém, podemos insistir em que, no terreno simbólico, e portanto em aspetos fundamentais da perceção social do passado na sociedade atual, mais importante que o que sucedeu durante a Transição foi o que ocorreu durante a primeira década de estabilidade da democracia espanhola (1982-1996). Efetivamente, o governo de Filipe González adotou uma atitude de distanciamento com respeito ao passado, que foi lida por amplos setores sociais como a vontade de estabelecer um parêntesis em relação ao golpe de estado de 1936, a ditadura franquista e o seu significado. Numa data tão simbólica como a do 50º aniversário da guerra civil, o governo do PSOE, que tinha maioria absoluta no parlamento, fez uma declaração em que começava por afirmar que aquele não era "o lugar para analisar as causas de um acontecimento da magnitude da guerra civil, nem para valorizar as consequências que dela derivaram". Enquanto o espaço público de muitas cidades continuava a estar ocupado pela memória viva da ditadura franquista, o Governo declarava "que a guerra civil espanhola é definitivamente história, parte da memória dos espanhóis e da sua experiencia coletiva. Mas não tem já – nem deve ter – presença viva na realidade de um país cuja extrema consciência moral é baseada nos princípios da liberdade e da tolerância"[46]. Com esta política – da qual a declaração é só

---

[45] Dediquei atenção a esta questão *in* MOLINERO, Carme – *La Transición y la «renuncia» a la recuperación de la «memória democrática*. In *Journal of Spanish Cultural Studies*. Londres: Routledge. Nº 11 (2010), p. 33-52

[46] Ainda que no texto se afirmasse que o Governo "quer honrar e enaltecer a memória dos que, em todo tempo contribuíram com o seu esforço, e muitos de eles com a própria vida, à defesa da liberdade e da democracia em Espanha" também recordava "com respeito aos que, desde posições diferentes às da Espanha democrática, lutaram por uma sociedade diferente à que também muito sacrificaram a sua própria existência (...) O Governo expressa a sua convicção de que a Espanha demonstrou reiteradamente a sua vontade de esquecer as feridas abertas no corpo nacional pela guerra civil (...) Por tudo isso o Governo expressa também o seu desejo de que o 50º aniversário da guerra civil sele definitivamente a reconciliação dos espanhóis e a sua integração irreversível e permanente no projeto esperançado que se iniciou por causa do estabelecimento da democracia na Monarquia encabeçada pelo Rei Don Juan Carlos, projeto que foi acolhido na Constituição de 1978 e foi referendado pelo povo espanhol

um exemplo, ainda que de especial significado – o PSOE facilitou extraordinariamente as políticas de memória que, desde 1977, defendiam os setores conservadores, definidas pela vontade de converter a ditadura franquista num parêntesis na história de Espanha.

Durante os anos oitenta a ausência de políticas públicas democráticas não preocupou os governos socialistas, pois as referências éticas em relação ao passado não foram guia da ação politica e naqueles anos a sua maioria parlamentar era muito sólida; contrariamente, desde 1995, o PSOE mudou o seu discurso e apoiou as iniciativas que impulsionaram diferentes grupos parlamentares para impulsionar uma memória de reparação a favor dos "vencidos" da guerra civil e de condenação da ditadura.

Desde a perspetiva aqui tratada, pode-se destacar que a mudança de atitude socialista obrigou o PP a tornar visível a sua posição com respeito ao franquismo, o que não deixava de os incomodar já que os novos dirigentes populares procuravam referir-se à ditadura o mínimo possível. Mas o novo contexto de cultura memorial não era fácil. Na segunda metade dos anos noventa multiplicaram-se as iniciativas a favor da "recuperação da «memória histórica»" e a atuação popular tentou ser cautelosa. Assim, em novembro de 1995, estando na oposição o PP apoiou a proposta do PNV, IU e PSOE de outorgar a nacionalidade espanhola "como uma dívida histórica" aos membros das Brigadas Internacionais; contudo, um ano depois, quando chegaram 370 brigadistas para receber simbolicamente a nacionalidade, o Governo, já presidido por José Maria Aznar, negou-se a dar aos diferentes atos de receção qualquer tipo de relevância, até ao extremo de a cerimónia oficial de entrega nas Cortes ter sido presidida pelo segundo vice-presidente do Congresso, o deputado Joan Marcet[47].

Situados no início do século XXI, a presença de símbolos e lugares de memória da ditadura continuava a ser muito intensa. Se bem que, pela centralidade dos monumentos, se destacavam os casos de El Ferrol ou Santander, onde inclusivamente se conservava uma placa dedicada à "irmã Itália" com um monólito com as insígnias do *Fascio*, em muitas outras províncias

---

para o que consagra definitivamente a Paz", *Declaración del Gobierno de la Nación con ocasión del 50 aniversario del comienzo de la guerra civil.* 18 de julho de 1986.

[47] HUMLEBAEK, Carsten – *Usos políticos del pasado reciente durante los años de gobierno del PP.* In *Historia del Presente.* Madrid, Asociación de Historia del Presente. Nº 3 (2004), p. 158-159.

mantinham-se os símbolos franquistas. Assim, eram onze as províncias que conservavam mais de cem elementos de toponímia franquista: Ávila, Burgos, Cáceres, Cuenca, Madrid, Palencia, Salamanca, Toledo, Valladolid, Zamora e Saragoça. No que concerne apenas às capitais de província, verificamos que só tinham desterrado a toponímia franquista as correspondentes às comunidades autónomas das Ilhas Baleares, Catalunha, País Basco e Navarra. Isso significa que 42% dos espanhóis viviam em municípios com simbologia franquista[48]. Assim, em Madrid havia 167 vias com nomes vinculados ao franquismo, entre elas, *Caídos de la División Azul* ou aos generais *Millán Astray, Moscardó* ou *Yagüe*[49]. Em termos relativos o maior número de ruas com toponímia franquista, que habitualmente eram as avenidas principais, encontravam-se em municípios pequenos.

Após quase uma década de mobilização social notável em torno da recuperação da "memória histórica", o candidato José Luis Rodríguez Zapatero comprometeu-se a impulsionar uma lei que incorporasse o universo simbólico da democracia, os valores da resistência contra a ditadura e em especial, como em todos os países, centrada nas vítimas e no seu ressarcimento. O inesperado triunfo eleitoral gerou expectativas entre os setores sensibilizados tanto pela sorte dos milhares de pessoas que continuavam enterradas em valas e valetas, como entre aqueles que estavam convencidos de que a ditadura franquista se estava a consolidar no imaginário coletivo como um regime normalizado, o que não aceitavam.

O debate da lei[50] alcançou uma grande centralidade pública pois a oposição da direita foi radical, convertendo-se nos meios de comunicação conservadores num centro de irradiação de revisionismo notável. Como é habitual em Espanha, a defesa da ditadura foi indireta pois era o resultado de caracterizar a II República como uma etapa de caos e violência. Durante aqueles quase quatro anos, o PP tinha convertido a Lei da Memória Histórica num dos seus

---

[48] DUCH, Montserrat – *Toponimia franquista en democracia. In* IV Congreso de la Asociación de Historia Contemporánea – *Usos públicos de la historia.* Saragoça, AHC, 2002, pp. 380-8.
[49] Simancas recorda que 11 municípios mantêm ainda nomes franquistas. In *El País*, 19 de março de 2005.
[50] A "Lei pela qual se reconhecem e ampliam direitos e estabelecem medidas a favor dos que padeceram perseguição ou violência durante a Guerra Civil e a Ditadura" – conhecida como a Lei de Memória Histórica – foi aprovada a 26 de dezembro de 2007.

estribos da sua política de oposição. No mês de março de 2005 o ministério de Fomento aplicou o compromisso do governo de José Luis Rodríguez Zapatero de eliminar a simbologia franquista existente no espaço público retirando a estátua equestre do *Caudillo* situada na praça de *San Juan de la Cruz*, de Madrid; nesse mesmo dia 700 pessoas reuniram-se em volta do pedestal vazio e cantaram o *Cara al Sol*, mais importante do que isso foram as diversas declarações políticas de dirigentes conservadores[51] que se sucederam.

Alcançado novamente o governo em novembro de 2011 e obtendo maioria absoluta, o PP esteve na disposição de cumprir o que o seu presidente, Mariano Rajoy, declarou numa entrevista de 2008: "eu eliminaria todos os artigos da lei de memória histórica que falam de dar dinheiro público para recuperar o passado. Não daria nem um só euro para esses efeitos"[52]. Efetivamente o Governo anulou os efeitos práticos da lei pela via de não orçamentar verbas para a sua aplicação. Assim, enquanto o Executivo Socialista em 2011 destinou 6,2 milhões de euros para a aplicação da lei, em 2012 o orçamento foi de 2,5 milhões exclusivamente para abertura de valas, um processo que já estava em curso; desde 2013 que as verbas foram anuladas apesar de os enviados da ONU terem solicitado ao Governo que assuma como política de estado a localização dos desaparecidos e "proporcione os fundos adequados para que a lei da Memória possa aplicar-se eficazmente"[53] .

A resistência à rotura simbólica com o franquismo no espaço público converteu-se num traço distintivo das políticas de direita no século XXI. Isso foi acompanhado da recuperação de muitos elementos discursivos que a Aliança Popular utilizou durante a etapa da Transição. Tudo isto permite observar a profundidade de uma cultura política que tem na ditadura franquista uma das suas fontes mais destacadas.

---

[51] *El País*, 18 de março de 2005.
[52] Reproduzido em *La promesa que Rajoy sí cumplió*. In *El País*, 6 de outubro de 2013.
[53] A ONU solicitou aos juízes e Governo a procurar os desaparecidos do franquismo. In *El País*, 16 de novembro de 2013.

Memória e silêncio.
A esquerda espanhola durante a transição

Pere Ysàs[1]

Nos últimos anos, converteu-se num lugar-comum o denominado "pacto de silêncio" sobre a guerra civil e o franquismo, supostamente selado durante a transição da ditadura para a democracia pelos principais atores políticos do país, incluindo os partidos maioritários de esquerda que obtiveram representação parlamentar nas eleições celebradas a 15 de junho de 1977. Também são frequentes as alusões à renúncia dessa mesma esquerda à exigência de responsabilidades da ditadura. Não faltavam também as classificações de "autoamnistia" da Lei da Amnistia aprovada em outubro de 1977 pelas Cortes democráticas.

Nas páginas seguintes, vamos questionar a existência do dito "pacto de silêncio" assim como a denunciada "renúncia" da esquerda a levar o franquismo perante os tribunais de justiça. Rejeitar-se-á, igualmente, a consideração de "autoamnistia" da lei de 1977.

---

[1] Professor catedrático de História Contemporânea da Universitat Autònoma de Barcelona e investigador do *Centre d'Estudis sobre les Èpoques Franquista i Democràtica* (CEFID-UAB). Especialista em história política e social do franquismo e da transição para a democracia.

O franquismo

Obviamente, não houve nenhum "pacto de silêncio" explícito sobre a guerra civil e a longa ditadura franquista, mas também não o houve implícito. E acrescento, tão pouco houve silêncio, ou pelo menos o silêncio extenso e intenso a que reiteradamente se alude, ainda que tenha havido silêncios significativos.

Em primeiro lugar, sobre a ditadura não houve nem podia haver silêncio, simplesmente porque durante o processo de mudança política o franquismo não era passado mas ainda presente. Com frequência dá-se por finalizada a ditadura com a morte do seu *Caudillo*, mas o desaparecimento de Franco em novembro de 1975 e a chegada de Juan Carlos de Borbón a Chefe de Estado em conformidade com as denominadas "previsões sucessórias" não significou o final imediato do franquismo posto que, a legalidade, as instituições e as práticas políticas ditatoriais continuaram de pé e plenamente operativas. Precisamente contra o "franquismo sem Franco", quer dizer contra a continuidade da ditadura de acordo com a conhecida fórmula que afirmava que tudo tinha ficado "atado e bem atado"[2], a oposição, fundamentalmente a esquerda antifranquista, mobilizou todos os seus recursos, opondo-se não só à estrita continuidade mas também ao limitado reformismo que propunha o governo presidido por Carlos Arias Navarro, com Manuel Fraga Iribarne à frente da vice-presidência para os Assuntos Políticos, e cujo objetivo proclamado era estabelecer uma "democracia espanhola", quer dizer, uma democracia diferente das conhecidas e obviamente não semelhante às europeias, um híbrido entre autoritarismo e liberalismo democrático[3]. De igual forma, o

---

[2] O próprio Franco e outros dirigentes do regime utilizaram habitualmente tal formulação para remarcar que o futuro da ditadura tinha ficado absolutamente assegurado.

[3] Entre a bibliografia sobre o reformismo franquista ver, TUSELL, Javier y G. QUEIPO DE LLANO, Genoveva – *Tiempo de incertidumbre. Carlos Arias Navarro entre el franquismo y la Transición (1973-1976)*. Barcelona: Crítica, 2003, 392 p. ISBN 84-8432-476-1; MOLINERO, Carme e YSÀS, Pere – *La anatomía del franquismo. De la supervivencia a la agonía, 1945-1977*. Barcelona: Crítica, 2008, 320 p. ISBN 978-84-8432-006-7; GALLEGO, Ferran – *El mito de la Transición. La crisis del franquismo y los orígenes de la democracia (1973-1977)*. Barcelona: Crítica, 2008, 848 p. ISBN 978-84-8432-764-6; SÁNCHEZ-CUENCA, Ignacio – *Atado y mal atado. El suicidio institucional del franquismo y el surgimiento de la democracia*. Madrid: Alianza Editorial, 2014, 367 p. ISBN 978-84-2068471-0.

antifranquismo manteve a sua pressão face ao governo de Adolfo Suaréz cujos objetivos apareciam cheios de indefinições e com elas grandes incertezas sobre os seus últimos propósitos[4].

Porém, apesar da ampla mobilização social, o projeto de "rotura democrática" tal como tinha sido formulado pelo antifranquismo mais ativo encabeçado pelo PCE, quer dizer, a formação de um governo provisório que restabelecesse de imediato as liberdades e que conduzisse um processo constituinte, não conseguiu acumular a força suficiente para se impor, entretanto, o reformismo governamental, quer dizer, os projetos que pretendiam introduzir mudanças *no* regime mas não mudar *de* regime político, fracassaram. O equilíbrio de forças – classificado por vezes como um "equilíbrio de debilidades" – não permitiu alcançar a forma de rotura que desejava o antifranquismo mas ao mesmo tempo impediu o êxito de uma mera reforma da ditadura[5].

Depois da celebração do referendo da Lei da Reforma Política em dezembro de 1976 – uma lei que mantinha incertezas sobre questões essenciais – o governo Suaréz chegou à conclusão que não tinha outra opção senão aceitar que pudesse cruzar-se o *Rubicão* que separava a *reforma* do regime da *mudança* de regime mediante a celebração de umas eleições que permitissem estabilizar a situação e, com isso, não comprometer o futuro da monarquia com a agudização da crise política. Mas isso exigiu cumprir, pelo menos parcialmente, as condições que a oposição democrática considerou indispensáveis para que a vontade popular pudesse expressar-se livremente, entre elas o reconhecimento de todos os partidos e organizações sindicais, o exercício das liberdades fundamentais, a amnistia dos presos políticos e o estabelecimento de normas eleitorais que garantissem umas eleições limpas[6].

Aberto o processo eleitoral, o objetivo central da campanha da esquerda foi precisamente acabar com a legalidade e as instituições franquistas através de um processo constituinte que culminará com a aprovação de uma Constituição democrática. A confrontação mais intensa durante a dita campanha

---

[4] Um relato da ampla e sustentada mobilização antifranquista em SARTORIUS, Nicolás, SABIO, Alberto – *El final de la dictadura. La conquista de la democracia en España (noviembre de 1975-junio de 1977)*. Madrid: Temas de Hoy, 2007, 863 p. ISBN 978-84-8460-634-5.

[5] Sobre os limites da mobilização antifranquista ver SANCHEZ-CUENCA, Ignacio – *Atado y mal atado ...* pp. 71-94.

[6] As "sete condições" da oposição in *Mundo Obrero*, 43, 1 de dezembro de 1976.

eleitoral foi entre a esquerda antifranquista e as candidaturas da coligação da Aliança Popular, liderada por numerosos ex-ministros franquistas encabeçados por Manuel Fraga Iribarne. O amplo apoio à proposta constituinte determinou que até a coligação UCD, com parte do reformismo franquista no seu seio mas também com setores moderados da oposição, acabasse por se juntar a ela.

Em resumo, a legalidade e as instituições ditatoriais eram parte da realidade e a luta contra elas constituiu um dos aspetos chave do processo de mudança política, pelo que, se torna insustentável falar de silêncio sobre o franquismo durante a transição.

A guerra civil

Mas também não houve silêncio sobre a guerra civil. Para o comprovar, basta transitar do lugar-comum às fontes disponíveis e comprovar a presença notável da guerra civil em formas muito diversas. Por exemplo, no âmbito académico celebraram-se congressos, jornadas, seminários, alguns captando inclusivamente uma extraordinária atenção nos meios de comunicação de massas. É certo que a violência franquista, tal como a violência na retaguarda republicana, não foi objeto de especial atenção e os principais debates desenvolveram-se em torno da "revolução espanhola", das coletivizações; das políticas divergentes das forças republicanas ou dos "acontecimentos de maio" de 1937 em Barcelona – uma breve guerra civil dentro da guerra civil – o que se pode explicar, pelo menos em boa parte, pelas perspetivas e debates políticos do momento aos que me referirei mais adiante. No mundo editorial, as publicações foram muito numerosas, em forma de livros e artigos, estes últimos tanto em revistas de história, que viveram um autêntico *boom*, como em revistas generalistas[7]. A imprensa também não apostou no silêncio, ainda que a visão do passado próximo tivesse leituras diferenciadas. Até a

---

[7] Ver, JULIÁ, Santos – Echar al olvido: memoria y amnistía en la transición española. *Claves de Razón Práctica*. Madrid: Progresa. ISSN 1130-3689. Nº 129 (2003) p. 14-24; MAYAYO, Andreu – Amnèsia o neurosi? El record traumàtic de la repressió franquista durant la transició política (1975-1982). *In* FONT, Jordi (dir.) – *Història i memoria: el franquisme i els seus efectes als Països Catalans*. Valencia: Publicacions de la Universitat de Valencia, pp. 363-377. ISBN 978-84-370-6734-6.

televisão estatal, então a única existente, ainda que de maneira muito mais tímida, se ocupou do passado imediato. Porém, teria que se esperar até 1986, ao completar-se o 40º aniversário do início da guerra civil, para que a TVE elaborasse uma extensa série documental, que contou com a colaboração de numerosos historiadores. Por seu lado, os partidos políticos antifranquistas organizaram homenagens públicas aos que regressaram a Espanha depois de décadas de exílio assim como a militares que participaram na primeira resistência ao franquismo.

Tudo o que foi dito anteriormente não significa que em amplos e muitas vezes diversos setores da sociedade não existisse uma manifesta rejeição quanto ao olhar para o passado, justificado por diferentes atitudes. Numa parte da sociedade identificada com a Espanha vencida na guerra civil tinham-se instalado, desde há muito tempo atrás, atitudes difíceis de quantificar mas que, sem dúvida, não eram insignificantes, que tinham optado por esquecer um passado traumático que lhes tinha trazido muito sofrimento. A rejeição quanto ao olhar o passado era compartilhada também por aqueles que não tinham qualquer interesse em que fossem recordadas ações e comportamentos passados condenáveis pelos valores hegemónicos da Espanha dos anos setenta. Não havia também um particular interesse por esse passado em boa parte das gerações nascidas depois da guerra civil – em 1975, os menores de 35 anos – que constituíam já um segmento consideravelmente extenso da sociedade espanhola e que viam esse passado como algo longínquo e alheio.

Em todo caso, se não existiu na sociedade, em rigor, silêncio e muito menos um silêncio imposto, menos silêncio ainda se pode encontrar no âmbito político. O ultrafranquismo e também aqueles que se identificavam com a estrita continuidade falaram sem parar da guerra civil, em perfeita continuidade com o discurso propagado pela ditadura durante 40 anos, identificando a Segunda República com violência, desordem e caos, estabelecendo até um paralelismo direto com a situação política do presente, ampliando a violência política e a conflitualidade social e denunciando as ameaças de rotura – em especial da unidade social e da ordem social – que tanto tinham sido utilizadas para legitimar o denominado *Alzamiento Nacional* de julho de 1936. Dedicou-se particular atenção, desde estes setores políticos, à denúncia da violência *roja*, dos *paseos*, das *checas*, do assassinato de clérigos e de determinados episódios como a matança de Paracuellos de Jarama, com uma fixação singular na figura de Santiago Carrillo, secretário-geral do PCE[8].

Pela sua parte, o reformismo franquista representado pela Aliança Popular liderada por Manuel Fraga Iribarne e outros ex-ministros da ditadura não renunciou à defesa da legitimidade da origem do franquismo e da "obra" do dito regime, sintetizada na paz e progresso alcançado, focando o olhar nos anos sessenta e nos inícios dos anos setenta e silenciando a dureza do primeiro *ventennio* franquista.

Mas face à repetição incansável da memória franquista sobre a guerra civil e à sua utilização como arma de combate político pelo ultrafranquismo e pela extrema-direita, as demais forças políticas acederam à exclusão da contenda do debate político, exceto na base da necessária superação da profunda fratura social que havia ocasionado. Para os setores reformistas do franquismo, que fazendo da necessidade virtude optaram finalmente por aceitar o estabelecimento de um sistema democrático, a guerra civil era um tema incómodo e incorporaram exclusivamente o discurso da sua superação.

A esquerda, por seu lado, tinha decidido há muito tempo atrás evitar que a guerra civil estivesse presente no debate político em termos de confrontação, ainda que não significasse que não estivesse muito presente nas atitudes e nas posições sustentadas; pode afirmar-se que a experiência da guerra civil condicionou as suas atuações, tal como analisou há alguns anos Paloma Aguilar[9].

Mas para explicar a atitude da esquerda é necessário focarmo-nos na sua visão da guerra civil e na estratégia que tinha elaborado para acabar com a ditadura muito antes da morte de Franco[10]. Se o franquismo, como regime fundamentado na vitória bélica e perpetuador da divisão entre "vencedores" e "vencidos" na guerra civil, nunca durante a sua longa trajetória propôs qualquer política de reconciliação – pelo contrário, com aqueles que excluía da "comunidade nacional" com a "Anti Espanha" não queria reconciliar-se – o

---

[8] Para confirmar o que foi escrito anteriormente basta consultar publicações como *Fuerza Nueva* ou o diário *El Alcázar*.

[9] AGUILAR, Paloma, *Memoria y olvido de la Guerra Civil española*. Madrid: Alianza Editorial, 1996. 435 p. ISBN 84-206-9468-1.

[10] Para a releitura da guerra civil efetuada por filhos de vencedores e vencidos, ver o texto de PRADERA, Javier, "Una nueva visión de la Guerra Civil", *in* JULIÁ, Santos, *Camarada Javier Pradera*. Madrid: Galaxia Gutenberg, 2012, pp. 389-412, ISBN 978-84-15472-30-8.

antifranquismo rapidamente considerou que a restauração da democracia em Espanha só seria possível a partir da superação das profundas fraturas provocadas pela guerra civil, algumas sem dúvida alimentadas pela violência política que se tinha desencadeado na zona republicana e que tinha causado várias dezenas de milhar de vítimas, uma violência maioritariamente impune[11].

Sem uma sólida elaboração e com uma componente fundamentalmente possibilista, as conversações de dirigentes da anarcossindicalista CNT, em nome da Aliança Nacional de Forças Democráticas com militares monárquicos em diferentes momentos durante os anos quarenta – militares que tinham responsabilidades diretas na conspiração antirrepublicana e no estabelecimento da ditadura – admitiam optar por procurar uma saída do franquismo através do pacto com uma parte daqueles que tinham provocado a guerra e estabilizado a ditadura[12]. Da mesma forma, ainda que com alguns interlocutores menos comprometidos com a brutalidade da repressão exercida, o acordo de San-Jean-de-Luz, de 1948, entre os socialistas e os monárquicos dissidentes agrupados na Confederação de Forças Monárquicas implicava a reconciliação de atores que durante a guerra se tinham enfrentado. De facto, desde há alguns anos antes, o dirigente do PSOE e ex-ministro republicano Indalecio Prieto tinha defendido uma política de reconciliação a partir de uma posição autocrítica com a própria trajetória, "confessando a verdade completa e envergonhando-nos dos crimes próprios e alheios"[13].

Até um partido da esquerda marxista heterodoxa como o POUM (Partido Operário de Unificação Marxista) tornou público, em março de 1947, um manifesto em que afirmava que o "problema fundamental para a Espanha" era "liquidar a guerra civil". Esta organização política afirmava: "qualquer

---

[11] JULIÁ, Santos (coord.), *Víctimas de la guerra civil*. Madrid: Temas de Hoy, 1999, 431 p. ISBN 84-7880-983-X; LEDESMA, José Luis – Una violencia al rojo: las violencias de la zona republicana. *In* ESPINOSA, Francisco (coord.) *Violencia roja y azul. España, 1936-1950*. Barcelona, Crítica, 2010, pp. 152-250. ISBN 978-84-9892-116-8.

[12] Harmut Heine explica detalhadamente os contactos desde 1940 entre dirigentes libertários e setores militares e monárquicos. Ver HEINE, Harmut, *La oposición política al franquismo*. Barcelona: Crítica, 1983. 502 p. ISBN 84-7423-198-1.Também HERRERÍN, Ángel, *La CNT durante el franquismo. Clandestinidad y exilio (1939-1975)*. Madrid: Siglo XXI, 2004. 468 p. ISBN 84-323-1152-9.

[13] Texto de Indalecio Prieto "La reconciliación de los españoles" citado por JULIÁ, Santos, *Historia de las dos Españas*. Madrid: Taurus, 2004, p. 447. ISBN 84-306-0516-9.

DITADURAS E REVOLUÇÃO. DEMOCRACIA E POLÍTICAS DA MEMÓRIA

regime que sucedesse ao atual, que por espírito de desagravo fosse incapaz de superar a guerra civil, que pretendesse realizar de forma oposta a mesma política de Franco, colocando à margem da comunidade nacional a todos os que no decurso da contenda não estiveram ao nosso lado, não teriam diferente sorte da que aguarda aos que ainda sofremos". Para o POUM tratava-se de tornar possível a convivência entre os espanhóis, levando a luta política do "terreno do choque armado e da imposição pela violência ao da polémica e ao contraste de opiniões, ao da livre discussão das ideias e das condutas e à conquista da maioria e do poder pelo jogo das instituições democráticas"[14].

Mas a formulação mais elaborada de uma política de "reconciliação nacional" seria apresentada pelo Partido Comunista no ano 1956. Em meados dos anos cinquenta, o PCE tinha-se convertido no principal grupo organizado e ativo da oposição à ditadura; os partidos republicanos liberais quase tinham desaparecido de cena, o PSOE, a UGT e a CNT mantinham as organizações no exílio, mas a sua presença em Espanha era muito débil, tal como o PNV e os grupos nacionalistas catalães. Em 1955, o franquismo conseguia um novo êxito internacional, o ingresso na Organização das Nações Unidas depois dos pactos com os EUA e da Concordata com o Vaticano, assinados solenemente em 1953. Porém, a situação interna tinha-se deteriorado, com uma grave crise económica, com o surgir de protestos sociais – operários e estudantes – e ainda com divergências políticas internas. Neste cenário, a 1 de abril de 1956 – "aniversário de uma vitória militar que, todavia, não tinha resolvido nenhum dos problemas que obstaculizavam o desenvolvimento material e cultural da nossa pátria" afirmava o texto a que se alude de seguida – um grupo de estudantes universitários madrilenos que se apresentavam como "filhos dos vencedores e dos vencidos" denunciava num manifesto a "um regime que não foi capaz de nos integrar numa tradição autêntica, de nos projetar para um futuro comum, de nos reconciliar com Espanha e com nós próprios"[15].

---

[14] Declaração «El Partido Obrero de Unificación Marxista ante los problemas de España», in MOLINERO, Carme e YSÀS, Pere, L'oposició antifeixista a Catalunya (1939-1950). Barcelona: La Magrana, 1981, p. 184-187. ISBN 84-7410-077-1.
[15] Texto citado por FEBO, Giuliana Di, JULIÁ, Santos, El franquismo. Barcelona, Paidós: 2005, pp. 158-160. ISBN 84-493-1814-9. De forma mais ampla, JULIÁ, Santos, Historias de las dos Españas..., pp. 437-445.

A vinte anos de distância do início da guerra civil e do banho de sangue que desencadeou, a ditadura franquista estava definitivamente consolidada e tinha conseguido ser aceite nas principais instituições internacionais mas, ao mesmo tempo, pela primeira vez desde 1939, era possível incorporar novos setores no antifranquismo, e isso era indispensável para que este pudesse influir numa sociedade que iniciava um processo de mudanças profundas. No mês de junho de 1956, o PCE tornou pública a declaração *Por la Reconciliación Nacional. Por una solución democrática y pacífica del problema español*. Em que consistia a reconciliação nacional defendida pelos comunistas? Propunha-se a reconciliação entre franquistas e antifranquistas? O texto aprovado quando começava a chegar à idade adulta uma geração que não tinha participado na guerra, afirmava que "um estado de espírito favorável à reconciliação vai ganhando às forças político-sociais que lutaram em campos adversos durante a guerra civil". Mas, sobretudo, estava a crescer "uma nova geração que não viveu a guerra civil, que não comparte os ódios e as paixões de quem nela participou", de maneira que "não podemos, sem incorrer numa enorme responsabilidade perante Espanha e perante o futuro, fazer pesar sobre esta geração as consequências dos factos em que não tomou parte". Por isso, o PCE declarava "estar disposto a contribuir sem reservas para a reconciliação nacional dos espanhóis, a terminar com a divisão aberta pela guerra civil e mantida pelo general Franco".

Para o PCE o fundamental era que a guerra civil estava a deixar de ser "uma linha divisória entre os espanhóis", em contrapartida, a divisão fundamental podia situar-se entre o poder franquista e todos aqueles setores da sociedade que queriam pôr fim à ditadura e estabelecer em Espanha uma democracia. Se se mudava a linha de divisão definida pela guerra por uma nova linha divisória entre os defensores da ditadura e os partidários da democracia, esta opção podia fortalecer-se e abrir caminho a novas perspetivas. Por isso, os comunistas consideravam tão importante que aparecessem "novas formações políticas, surgidas do seio das forças que constituíam a base social da ditadura e que hoje se estão a afastar dela". Estas forças consideravam-se já – sem dúvida com excessivo otimismo – "uma realidade na vida política espanhola, influenciam-na, ainda que algumas não apareçam ainda abertamente, com a sua própria fisionomia". A declaração reconhecia que entre estas forças e o PCE havia enormes diferenças, mas era "perfeitamente possível a

DITADURAS E REVOLUÇÃO. DEMOCRACIA E POLÍTICAS DA MEMÓRIA

participação de uns e outros num regime parlamentar, com os nossos pontos de vista opostos e diferentes"[16].

A política de "reconciliação nacional" não consistia, portanto, em procurar um ponto de encontro intermédio entre franquismo e antifranquismo, não pretendia a reconciliação entre franquistas e antifranquistas, tinha como objetivo, isso sim, agrupar todas as forças opostas à ditadura, repudiando o seu passado, para conseguir a sua dissipação. Mas, defender "o estabelecimento das liberdades e a supressão da ditadura por via pacífica" para evitar "novos sofrimentos ao povo, novas perdas ao país" exigia sacrifícios e generosidade:

> "Um dos obstáculos fundamentais que ainda se interpõe entre as forças de esquerda e de direita no caminho da reconciliação nacional é, nuns o rancor e os ódios que a guerra e a repressão semearam; noutros, o temor à vingança e à exigência de responsabilidades [...] Se se tratasse de fazer o capítulo de ofensas e lutos, ninguém teria um maior que o nosso. A miséria, a pobreza e a repressão fizeram estragos nas classes e camadas sociais que representamos. A ditadura do general Franco enfureceu-se ferozmente connosco. Mas o ódio e a vingança não são os sentimentos que determinam a nossa política; não o foram nunca, ainda que a propaganda do ditador tenha disseminado essa ideia falsa sobre nós. Os comunistas sabemos sobrepor-nos aos sentimentos pessoais e inspiramo-nos nos interesses superiores do povo e da Pátria [...] Nós entendemos que a maior justiça para todos os que caíram e sofreram pela liberdade consiste, precisamente, em que a liberdade se restabeleça em Espanha"[17].

Reconciliação entendida como superação da guerra civil, e democracia como ponto de confluência de forças políticas com ideários e projetos diferentes, foram também as peças básicas do denominado pelo franquismo como *"complot* de Munique", pouco depois do movimento grevista da primavera

[16] Declaração «Por la Reconciliación Nacional. Por una solución democrática y pacífica del problema español», junho de 1956. MOLINERO, Carme – La política de reconciliación nacional. Su contenido durante el franquismo, su lectura en la Transición", Ayer. Madrid, Asociación de Historia Contemporánea. ISSN 1134-2277. Nº 66 (200) pp. 201-225. Neste artigo, a autora destaca as diferenças entre a significação da política de reconciliação na luta contra a ditadura e a utilização desta formulação no pós franquismo.

[17] Declaração "Por la Reconciliación Nacional..."

de 1962, o mais importante desenvolvido em Espanha desde 1939. No mês de junho, no âmbito do IV Congresso do Movimento Europeu realizado na capital bávara reuniram-se 118 membros da oposição de diversas tendências políticas – principalmente socialistas democratas-cristãos e liberais – exilados e do interior, incluindo dirigentes históricos republicanos e dissidentes do franquismo[18], e elaboraram uma resolução aprovada posteriormente pelo Congresso que exigia, como condição prévia a qualquer forma de associação ou de adesão da Espanha à Comunidade Económica Europeia, a "instauração de instituições autenticamente representativas e democráticas que garantam que o governo se baseie no consentimento dos governados", o pleno respeito pelos direitos humanos e civis e o reconhecimento da personalidade das diferentes "comunidades naturais"[19].

Assim, desde a década de cinquenta, enquanto o franquismo continuava a rejeitar a introdução da mais pequena mudança política no regime ditatorial estabelecido, e enquanto continuava a apresentar-se como o *Régimen de la Victoria*, a superação da guerra civil e a reconciliação, tendo por base o estabelecimento de uma democracia similar às europeias, converteu-se na linha mestra da política da esquerda e do antifranquismo no seu conjunto.

A tudo o que foi dito antes deve acrescentar-se que, nos anos finais da ditadura, o grosso do ativismo antifranquista era constituído por jovens, fundamentalmente com menos de 30 ou 35 anos, para quem a guerra civil estava já distante e entre os quais, inclusivamente, não eram inexistentes avaliações muito críticas face a um passado em que as divisões e até o violento confronto no seio da esquerda, não facilitava a sua reivindicação. No cenário final da ditadura imaginado pela maioria dos que a tinham combatido, especialmente a jovem geração de ativistas que tinha impulsionado a mobilização social antifranquista nos anos sessenta e setenta, não figuravam julgamentos e condenações contra os seus dirigentes, mas sim o restabelecimento da democracia e a abertura de um processo de transformações sociais para avançar para uma sociedade mais justa e igualitária. Igualmente, a identidade da vítima

---

[18] O testemunho dos participantes *in* SATRÚSTEGUI, Joaquín (dir.), *Cuando la Transición se hizo posible. El "contubernio de Munich"*. Madrid: Tecnos, 2013. 329 p. ISBN 978-84-309-5764-4.
[19] *Ibidem* p. 180.

era alheia à maior parte da referida militância: não se consideravam vítimas da ditadura mas sim combatentes antifranquistas.

Considerando tudo o que foi referido antes, é facilmente compreensível que nos programas das principais formações de esquerda, nem sequer nos da maioria dos grupos de extrema-esquerda, não figurasse a exigência de responsabilidades pela violência desencadeada pelos insurretos de julho de 1936 – por outro lado, a maioria dos responsáveis máximos da dita violência tinha falecido ao longo das décadas anteriores[20] – e da exercida pela ditadura imposta à sociedade espanhola. Em conclusão, ajustar contas com o franquismo levando-o aos tribunais não fazia parte da sua agenda política. Naturalmente não se pode considerar que constitua uma renúncia não alcançar um objetivo que nem sequer se tinha colocado.

Tudo o que foi referido anteriormente não significa ignorar que a situação política espanhola, com uma ditadura em crise mas com o aparelho repressivo do estado intacto, tornava impensável a exigência de responsabilidades aos dirigentes e funcionários da ditadura. Por vezes esquece-se com excessiva facilidade que a ditadura franquista não sucumbiu em resultado de uma derrota bélica, como aconteceu em 1945 com as ditaduras fascistas europeias instaladas nos anos vinte e trinta, nem por um golpe de estado militar, como a vizinha ditadura portuguesa em 1974. Mas não é fundamentalmente a correlação de forças no processo de mudança política que explica, como vimos nas páginas anteriores, a posição da esquerda face ao passado imediato.

A amnistia

Em outubro de 1977 as Cortes democráticas aprovaram uma Lei de Amnistia que, de forma nenhuma, pode ser considerada uma lei de "autoamnistia". Em primeiro lugar, há que ter presente que o objetivo da amnistia tinha tido um papel central nas mobilizações contra a ditadura e que a promulgação da Lei de Amnistia foi promovida pelas forças políticas antifranquistas. Não deve estranhar, portanto, que as resistências à aprovação da lei procedessem basicamente dos setores franquistas e que até aqueles que, desde o reformismo,

---

[20] A maior parte dos 35 principais responsáveis da repressão franquista citados no auto de 16 de outubro de 2008 do Tribunal Central de Instrução, nº 5 da Audiência Nacional dirigido por Baltasar Garzón contra os crimes da ditadura tinha falecido em meados dos anos setenta.

tinham contribuído para a mudança política em curso, tivessem mostrado inicialmente pouco entusiasmo, ainda que finalmente tenham aceitado a sua elaboração.

Há que ter em conta também um segundo fator: a situação política no País Basco. A continuidade da ação violenta por parte da ETA, apesar da mudança política iniciada, levou à existência de um grupo de presos processados ou condenados por delitos de sangue e estava disseminada a convicção de que a sua libertação, juntamente com o avanço das mudanças, contribuiria decisivamente para o fim da violência etarra. Com a amnistia pretendia-se proclamar solenemente que começava uma nova etapa, e que começava para todos, ainda que os etarras tivessem continuado a atuar e a causar vítimas depois da amnistia – mais propriamente, o indulto – decretada por Adolfo Suárez ao tomar posse do governo, em julho de 1976 e da sua ampliação em março de 1977 por exigência da oposição nas conversações que precederam as eleições de junho[21]. Precisamente, com essa medida emblemática, Suaréz tinha pretendido mostrar que estava disposto a impulsionar uma política que satisfizesse as petições sociais que gozavam de amplo apoio.

O debate parlamentar do projeto de lei de amnistia nas Cortes democráticas é especialmente interessante e revelador. Os deputados procedentes do antifranquismo exigiram a amnistia como uma medida de rotura com o passado, para além da reconciliação; para eles tratava-se de negar a ordem franquista e avançar decisivamente para um novo quadro político que permitisse que todos os cidadãos pudessem conviver em Espanha livremente, defendendo cada um as suas ideias.

O líder das *Comissiones Obreras*, Marcelino Camacho, com longos anos de prisão atrás de si e que no debate da lei no Congresso dos Deputados interveio em nome do Grupo Parlamentar Comunista, expressou-o claramente: "para nós, tanto como a reparação das injustiças cometidas ao longo destes quarenta anos de ditadura, a amnistia é uma política nacional e democrática,

---

[21] Alguns autores consideram que Suaréz se apropriou de parte do programa da oposição democrática, mas é mais exato afirmar que as decisões que foi adotando a partir de janeiro de 1977 obedeceram às condições formuladas pela oposição a fim de garantir que as eleições que deviam convocar-se permitissem a livre expressão da vontade popular. Ver, YSÀS, Pere – La Transición española: luces y sombras. *Ayer*. Madrid: Asociación de Historia Contemporánea. ISSN 1134-2277. Nº 70 (2010), p. 31-57.

a única consequente que pode fechar esse passado de guerras civis cruzadas". Por outro lado, o socialista catalão Josep M. Triginer manifestou que "o dia de hoje fecha definitivamente uma etapa histórica do nosso país", ainda que tenha apontado imediatamente que devia "seguir o processo democratizador com prontidão", pois não se devia esquecer que o parlamento era "o único instrumento democrático (...) na atual estrutura de poder". Para o também socialista José Maria Benegas, representante do Partido Socialista Basco (PSE--PSOE), a promulgação da amnistia implicava enterrar por fim a guerra civil, "a divisão entre os espanhóis e as responsabilidades derivadas dos que em defesa da liberdade se opuseram àqueles que pretenderam aplacar a força da razão pela força da violência e do exercício do poder". Para o dirigente do Partido Nacionalista Basco, Xabier Arzallus, a amnistia era o "início do começo da democracia"[22]. Quando, pouco depois, a lei foi aprovada também no Senado, o sacerdote e depois ativista do independentismo catalão Lluís M.ª Xirinachs, que tinha permanecido em pé em todas as sessões da câmara reivindicando a amnistia, decidiu sentar-se no seu lugar dando por alcançado esse objetivo fundamental que tinha sido o ponto central da sua atuação política.

Portanto, para as forças políticas procedentes do antifranquismo, a promulgação da lei da Amnistia e posteriormente de uma Constituição democrática, supunha alcançar o seu objetivo fundamental: conseguir o desaparecimento da ditadura, o que permitia, inclusivamente, aceitar a amnistia de "delitos" franquistas, introduzida no articulado da lei pela União do Centro Democrático.

A lei de outubro de 1977 não tem nada a ver com as autoamnistias aprovadas nos momentos finais de outras ditaduras para garantir a impunidade dos seus dirigentes; a lei da Amnistia foi elaborada pela iniciativa dos deputados das formações políticas antifranquistas e foi aprovada pelo Congresso e pelo Senado com o voto favorável da grande maioria dos seus membros, ainda que não de todos. A Lei da Amnistia deparou-se com a rejeição da Aliança Popular, quer dizer da formação política onde se encontrava o maior número de dirigentes da ditadura com uma longa trajetória e responsabilidade, dirigida por numerosos ex-ministros de Franco – Fraga, Laureano López Rodó, Federico Silva Muñoz, Gonzalo Fernández de la Mora, Licinio de la Fuente,

---

[22] *Diario de Sesiones del Congreso de los Diputados*, 14 de outubro de 1977.

etc. Oitenta por cento dos deputados da AP tinham sido "procuradores" nas Cortes franquistas e se a referida formação tivesse obtido melhores resultados eleitorais, teriam ocupado lugares no Congresso e no Senado muitos mais altos dirigentes, começando pelo ex-presidente do governo Carlos Arias Navarro, candidato derrotado a senador por Madrid. Como poderia considerar-se "autoamnistia" uma lei que foi rejeitada pelos seus supostos maiores beneficiários?

Certamente que a lei de 1977 significou também a amnistia dos delitos de "autoridades, funcionários e agentes da ordem pública". A introdução das duas secções a eles referidas foi interpretada como contrapartida pela saída da prisão dos presos da ETA[23]. Por outro lado, as formulações da lei sobre este ponto deram lugar a interpretações divergentes; assim a precisão sobre os delitos "que pudessem ter cometido"[24] essas autoridades, funcionários e agentes poderia não impedir que fossem levados a tribunal ante os tribunais e, se fosse provada a existência de delito, poderia ser posteriormente determinado se se procederia à aplicação da lei. Por isso, por exemplo, a Lei da Amnistia não impediu que os três polícias acusados da morte, em 1969, de um estudante, Enrique Ruano, tivessem que se sentar no banco dos réus após a reabertura do caso em 1990, ainda que no final, em 1996, tenham sido absolvidos por falta de provas[25].

Para avaliar até que ponto a exigência de responsabilidades estava fora dos objetivos das forças políticas antifranquistas, é revelador observar a posição da maior parte dos grupos da esquerda radical sobre a lei da Amnistia. A lei foi objeto de crítica de todos os partidos do referido âmbito ideológico, não porque perdoava os delitos de autoridades e funcionários franquistas mas sim por considerarem que tinha limitações importantes. Por exemplo, o *Combate*, porta-voz do Comité Central e principal publicação periódica da Liga Comunista Revolucionária (LCR), a principal organização trotskista no artigo que analisava a lei sob o título *No es una amnistía total*, criticava o texto aprovado por ter deixado de fora da amnistia alguns grupos que consideravam

---

[23] JULIÀ, Santos – Echar al olvido: memoria y amnistía en la transición a la democracia....,
[24] *Ley 46/1977 de Amnistía de 15 de octubre de 1977.*
[25] Ver, DOMINGUEZ RAMA, Ana (ed.) – *Enrique Ruano. Memoria viva de la impunidad del franquismo.* Madrid: Editorial Complutense, 2011. 414 p. ISBN 978-84-99380-58-2. Em todo caso, parece muito bem fundamentada a posição dos que defendiam que a Lei da Amnistia não afetava os que são definidos como "crimes contra a humanidade".

DITADURAS E REVOLUÇÃO. DEMOCRACIA E POLÍTICAS DA MEMÓRIA

que poderiam ser beneficiados por ela[26]. A mesma crítica à lei foi feita pelo Movimento Comunista de Espanha (MCE), assim como por outros grupos. *Servir al Pueblo*, o órgão do Comité Central do MCE, sob o título *Amnistía... y la verdad, cuándo?*, classificava a lei aprovada de indulto limitado: "limitado porque deixa de fora os militares do Exército republicano. Limitado porque esquece os militares da União Militar Democrática. Limitado porque continua a excluir determinados presos políticos. Limitado porque não se lembra das mulheres condenadas por 'delitos' especificamente femininos. Limitado, enfim, porque descrimina abertamente o conjunto de presos sociais"[27]. Em resumo, a crítica à lei esteve focada no facto de não ser a "amnistia total" que continuou a ser reclamada pela esquerda radical e pelo ultranacionalismo basco.

Futuro e presente

Mas para explicar a política da esquerda durante o processo de mudança política, para além do objetivo de estabelecer uma democracia em Espanha, deve considerar-se a prioridade outorgada ao olhar para o futuro. Para quando existisse já um regime democrático, o que esteve no centro dos debates e dos programas das diferentes formações políticas foi a perspetiva de abrir um processo de transformações socioeconómicas com o socialismo no horizonte, num contexto europeu e internacional que alimentava, todavia, as expectativas de profundas mudanças. Com posturas, mais ou menos, radicais esse era o grande projeto de toda a esquerda.

Em meados dos anos setenta, o PCE estava imerso na elaboração de um programa de transição para o socialismo – a via democrática para o socialismo – e de socialismo – o socialismo em liberdade – que o afastava do modelo soviético. Na segunda reunião do partido, celebrada em setembro de 1975, os comunistas aprovaram um manifesto-programa em que figurava como primeiro objetivo, depois da recuperação das liberdades, o estabelecimento de uma "democracia política e social" que abriria um "período de transformações

---

[26] *Combate*, nº 82, 19 de outubro de 1977.

[27] *Servir al Pueblo*, nº 85, novembro de 1977. Os presos comuns, apresentando-se como presos sociais reclamaram também a amnistia. Sobre o importante movimento que criaram ver LORENZO RUBIO, César – *Cárceles en llamas. El movimiento de presos sociales en la transición*. Barcelona: Virus Editorial. 438 p. ISBN 978-84-92559-47-3.

políticas, económicas, sociais e culturais" que criariam as condições para o caminho para o socialismo. O programa de "democracia política e social" defendia o livre exercício dos direitos e liberdades fundamentais, o respeito pelo sufrágio universal baseado na "representação proporcional como fonte de soberania nacional", o carácter multinacional do Estado espanhol e o direito à autodeterminação para a Catalunha, País Basco e Galiza, se bem que o PCE defendia "a união de todos os povos de Espanha numa República Federal". No âmbito local, deveria democratizar-se a vida municipal "com a participação dos habitantes através de organizações autónomas, de cidadãos e de bairro". A "democracia política e social" deveria combater as discriminações que sofriam as mulheres e assegurar os plenos direitos civis e políticos dos jovens, incluindo o direito de voto aos 18 anos. No que se refere às relações entre o Estado e Igreja Católica deveriam basear-se na não confessionalidade do Estado e na liberdade religiosa[28].

No âmbito das políticas sociais, o manifesto-programa incluía muitos objetivos que correspondiam aos do Estado de Bem-estar construído nos países europeus nas décadas anteriores, ainda que sem usar essa denominação. No plano económico, a "democracia política e social" defendida nacionalizaria a banca, as entidades financeiras, as companhias de seguros e as grandes empresas monopolistas, o que implicaria a criação de um potente sector público, estabeleceria a "planificação democrática" da economia, que deveria ter em conta o "equilíbrio ecológico" e introduzia "formas de autogestão".

A meta final socialista ficava um pouco distante e pouco delineada, não ia para além das referências à abolição da propriedade privada capitalista; em troca, insistia em demarcar-se do modelo soviético – "não concebemos o futuro sistema socialista em Espanha como um sistema de partido único, dominando o poder do Estado" – e reafirmava-se a opção por "um modelo de socialismo pluripartidista e democrático" no qual "se elevariam a um nível superior todas as liberdades pessoais e políticas conquistadas na etapa anterior", um socialismo baseado na soberania popular expressada através de sufrágio universal. Para o PCE, o processo para o socialismo exigia uma "nova formação política", capaz de articular todas as tendências socialistas e

---

[28] Segunda Conferência do Partido Comunista de España, *Manifiesto programa del Partido Comunista de España*, setembro de 1975.

a partidos e organizações diversas; o avanço para o socialismo não seria, portanto, obra de um só partido mas sim de um amplo bloco político sustentado numa ampla maioria social[29].

O 9º Congresso do partido, celebrado em abril de 1978, confirmou e aprofundou a estratégia para o socialismo conhecida já como "eurocomunismo". A "democracia política e social" seria "mais ampla e profunda, no sentido político das que existem nos países capitalistas" e também, uma democracia aplicada "ao terreno económico e social", que tenderia a "resolver a contradição entre um sistema político baseado na soberania popular e um sistema baseado na propriedade capitalista e no domínio da economia de um reduzido grupo de oligarcas". Dedicava também especial atenção à necessidade de "uma permanente mobilização das massas e a sua participação na vida política e a gestão económica da sociedade", assim como de "novas formas de democracia direta em questões respeitantes às condições de vida dos trabalhadores e da população em geral"[30].

Também a identidade ideológica do partido foi objeto de grande atenção. Nos meses anteriores à celebração do 9º congresso e nas suas sessões desenvolveu-se um intenso e apaixonado debate, causado pela proposta da direção da organização, impulsionada pelo secretário-geral, Santiago Carrillo, de mudar a definição marxista-leninista do partido, considerada de conotação estalinista, por outra que o definia como um partido "marxista, revolucionário, que se inspira nas teorias do desenvolvimento social elaboradas pelos fundadores do socialismo científico, Marx e Engels", eliminando a referência ao leninismo, o que para muitos militantes constituía uma ameaça à natureza revolucionária do partido. A proposta foi finalmente aprovada mas com a oposição de uma parte notável dos delegados. Meses antes a organização comunista mais importante, o Partido Socialista Unificado de Catalunha (PSUC), tinha mudado a definição do partido por outra que, ainda assim, teve um amplo apoio e que apelava aos princípios do "marxismo, do leninismo e de todas as outras

---

[29] Segunda Conferência do Partido Comunista de España, *Manifiesto programa del Partido Comunista de España*, setembro de 1975.

[30] "La democracia política y social. Etapa hacia el comunismo y el socialismo. Resolución aprobada en el Congreso", *9º Congreso del Partido Comunista de España. Resoluciones* – PCE. 1978, pp. 14-18.

aportações da prática e do pensamento revolucionário"[31]. O debate sobre o leninismo contribuiu para as divergências internas que acabaram por ocorrer, coincidindo com o final do processo de transição, e que levaram o partido a uma crise autodestrutiva.

Face a um PCE hegemónico na esquerda, no final do franquismo o PSOE ocupava apenas uma parte do espaço socialista, em disputa com grupos muito críticos com a social-democracia, formados desde finais da década dos anos sessenta e muito mais ativos na mobilização antifranquista. O primeiro objetivo da direção do PSOE surgida do último congresso celebrado no exílio, em 1974, foi a reorganização do partido e a afirmação da sua presença na sociedade espanhola. Em dezembro de 1976, aproveitando os importantes apoios internacionais decorrentes da sua condição de membro da Internacional Socialista e, ao mesmo tempo, a necessidade do governo de Adolfo Suárez de não desacreditar a sua proclamada vontade democratizadora, o PSOE pôde celebrar legalmente em Madrid o seu XXVII Congresso sendo, todavia, um partido ilegal, ainda que não clandestino.

O XXVII Congresso dedicou uma ampla atenção à definição da identidade do partido, o que expressa a necessidade de se afirmar no seio da esquerda. A Resolução Política definiu o PSOE como "partido de classe e portanto de massas, marxista e democrático", "internacionalista e anti-imperialista", solidário com "a luta de libertação dos povos oprimidos pelo imperialismo económico ou político de outras potências"[32].

Para além da democracia, que se considerava um objetivo que estava já ao alcance da mão, o Congresso aprovou um "Programa de Transição" que estabelecia três etapas no caminho para o socialismo, não se sucediam automaticamente, mas em cada uma delas encontravam-se "dialeticamente" elementos das outras duas. Essas etapas eram, "um Estado de liberdades públicas de democracia formal", "um Estado em que a hegemonia pertença à

---

[31] O debate ideológico tanto no PCE como no PSOE *in* ANDRADE BLANCO, Juan Antonio – *El PCE y el PSOE en [la] transición. La evolución ideológica de la izquierda durante el proceso de cambio*. Madrid: Siglo XX, 443 p. ISBN 978-84-323-1492-6. Sobre o PSUC, MOLINERO, Carme e YSÀS, Pere – *Els anys del PSUC. El partit de l'antifranquisme (1956-1981)*. 390 p. ISBN 978-84-88839-46-6.

[32] "Resolución política" *in* GUERRA, Alfonso (ed) – *XXVII Congreso del PSOE*. Barcelona: Avance, 1977, 324 p. ISBN 84-73-961013. As citações nas pp. 116-117.

classe trabalhadora, mantendo e aprofundando as liberdades", e "uma sociedade sem classes, de socialismo pleno, em que a totalidade dos aparelhos de
poder seja substituída pela autogestão a todos os níveis"[33]. Nesse programa
apareciam objetivos característicos do Estado de Bem-estar junto com outros
que exigiam transformações profundas e que comportariam um programa
de nacionalizações, autogestão das empresas, reforma agrária e planeamento
democrático da economia. A transição para o socialismo não poderia dar-se
por concluída "até à obtenção, para o nosso país e para todos os países, de
uma sociedade sem classes e portanto sem exploração, autogestionária na sua
atividade económica e política, plenamente humana e livre"[34].

Para a transição para o socialismo o PSOE defendia um "método dialético" que combinasse a luta parlamentar com a mobilização popular, "criando
órgãos democráticos de poder de base (...); que procure o aprofundamento do
conceito de democracia mediante a superação do carácter formal que as liberdades políticas têm no Estado capitalista e o acesso às liberdades reais: que
assinale as reivindicações de cada momento, assim como as alianças que fossem necessárias relacionadas com a perspetiva da revolução socialista, já que
não pode existir liberdade sem socialismo, nem socialismo sem liberdade"[35].

Dois anos depois, e após o êxito eleitoral de 1977, também o PSOE viveu
um intenso debate interno, neste caso em relação à definição marxista do
partido. No XVIII Congresso, celebrado em maio de 1978, a maioria dos delegados opôs-se à supressão da referida definição, defendida pela direção do
partido e aprovou a proposta alternativa do denominado "setor crítico" que
reafirmava o carácter marxista e revolucionário do PSOE, o que deu lugar à
renúncia de Felipe González em continuar à frente da organização, causando
uma situação de vazio impeditiva de formar uma nova direção. O Congresso
concluiu com a formação de uma Comissão de Gestão encarregada de preparar um Congresso extraordinário, que se celebrou poucos meses depois.

Desde o ponto de vista do dirigente do setor crítico Luis Gómez Lorente,
o partido tinha-se dividido entre os que queriam um partido de representação e "os que continuamos a querer um partido comprometido com a luta

---

[33] "Programa de Transición" *in* GUERRA, Alfonso (ed.), *XXVII Congreso del PSOE ...*, p. 159.
[34] *Ibidem* p. 276.
[35] "Resolución política" *in* GUERRA, Alfonso (ed.) – *XXVII Congreso del PSOE*, pp. 116-117.

de classes e que não se deixe cegar pelo eleitoralismo". Para outro dirigente crítico, Antonio García Santesmases, "abandonar o marxismo era um modo discreto de começar a atirar pela borda fora o socialismo. Renunciar aos sinais de identidade ideológicos era uma maneira subtil de renunciar também a transformar a sociedade em profundidade"[36].

Pela sua parte, Felipe González e a maioria dos dirigentes do partido consideravam que deviam rever-se as formulações ideológicas para as adequar à prática política, o que haveria de facilitar a atração de um segmento de votantes de perfil progressista, mas também moderado, algo considerado imprescindível para conseguir o acesso ao poder a curto prazo. O Congresso extraordinário celebrado varreu o setor crítico depois de alguns meses de intenso debate.

Em resumo, o debate sobre os projetos de futuro e sobre a situação do presente foi o que concentrou a atenção da esquerda, obviamente que juntamente com o próprio processo de mudança política.

O final do processo de transição coincidiu com a agudização da crise económica e com a entrada em cena da "revolução conservadora", impulsionada por vitórias como a de Margaret Thatcher, nas eleições britânicas de 1979 e a de Ronald Reagan, nas presidenciais norte-americanas do ano seguinte com o seu programa de privatizações, desregulações, luta aberta contra o poder das organizações sindicais e definitivamente o questionamento do Estado de Bem-estar construído depois da Segunda Guerra Mundial. Nesse quadro, as expectativas da esquerda de conseguir a curto prazo mudanças socioeconómicas profundas começaram a desvanecer-se. Num novo cenário e, anos depois, a esquerda começaria a olhar para o passado traumático à medida que deixava de ter grandes expectativas quanto ao futuro.

****

Porquê e quando surge o mito do "pacto do silêncio" e a denúncia das "renúncias da esquerda"?

---

[36] Ambas as citações *in* GARCÍA SANTESMASES, Antonio – *Repensar la izquierda. Evolución ideológica del socialismo en la España actual*. Barcelona: Anthropos, 1993, 398 p. ISBN 84-76-584075. As citações nas pp. 79 y 73.

Em primeiro lugar, uma vez plenamente consolidada a democracia, desde 1982 com sucessivos governos socialistas disfrutando de amplas maiorias parlamentares, a partir das instituições não se desenvolveram políticas da memória do franquismo e de luta pela democracia, permitindo até que permanecessem nos espaços públicos monumentos apologéticos da ditadura, como o intacto Vale dos Caídos como exemplo mais significativo.

Em segundo lugar, a lentidão e a insuficiência das atuações de ressarcimento das vítimas do franquismo por parte do estado e mais ainda de reconhecimento, contribuíram também para a criação das condições para o surgimento de um movimento de reivindicação da memória das vítimas que cresceu com a chegada ao poder do Partido Popular, em 1996. Tal coincidiu, para além do mais, com o momento de alcançar a idade adulta dos primeiros jovens nascidos depois do final da ditadura. Por último, o impacto dos movimentos de vítimas de outras ditaduras, a entrada em cena da justiça transicional e a revalorização da memória nas sociedades ocidentais, completaram os fatores que determinaram o aumento dos pedidos de "verdade, justiça e ressarcimento", mas identificando erradamente as causas da situação espanhola com pactos inexistentes e renúncias no difícil processo de mudança política e não nas decisões e omissões dos governantes da democracia consolidada.

TERCEIRA PARTE
Uma nova frente: a memória da ditadura militar no Brasil

As políticas de memória no Brasil, 50 anos após o Golpe

Carla Luciana Silva[1]

O objetivo desse trabalho é fazer um apanhado geral a implantação de políticas públicas de memória no Brasil sobre a Ditadura Militar (1964-1985). É necessário separar a questão em dois pontos: o primeiro, a produção de políticas públicas de memória, onde se corporifica o uso político que se faz da história da Ditadura brasileira. O segundo, a memória coletiva, social, pública, existente sobre a ditadura em distintas instâncias: a historiografia, a "opinião pública", a mídia, ou seja, a "sociedade civil" brasileira.

O objetivo é pensar as políticas de memória também como políticas sociais de memória. Ou seja, visualizar que o Estado avança com legislação apenas e tão somente na medida em que parcelas da sociedade se mobilizam nesse sentido.

A análise parte de uma concepção Gramsciana de Estado, portanto um Estado Ampliado. Isto quer dizer que o Estado não está sendo entendido apenas no seu sentido restrito, mas também nas formas como se amplia trazendo a sociedade para junto de seus espaços, suas câmaras, suas comissões. No caso em estudo, a Comissão da Anistia, a Comissão de Mortos e Desaparecidos, a

---

[1] Professora Associada da Universidade Estadual do Oeste do Paraná (UNIOESTE). Pesquisadora da Linha de Pesquisa História e Poder. Docente da Graduação e do Programa de Pós Graduação em História da Unioeste. Pós Doutorado na Universidade Nova de Lisboa (2011-2012).

Comissão da Verdade, são todas formas de ampliação do Estado. Na definição de políticas sobre essas questões, o Estado busca na sociedade grupos que representam os conflitos sociais da memória com o intuito de dentro dos aparelhos diminuir as lutas sociais concretas.

Estamos buscando perceber em que medida as políticas de memória do Estado brasileiro, partidário do Terror de Estado (Padrós, 2007) durante a Ditadura, reproduzem a lógica da ampliação estatal para com isso diluir lutas e dirimir conflitos sociais. A ampliação do Estado é um processo em que o Estado se abre, a partir de comissões, agências e agentes, trazendo os conflitos externos e desmobilizando-os na origem de classe.

A hipótese é que na definição de políticas sobre questões de memória, o Estado busca na sociedade grupos que representam os conflitos sociais da memória com o intuito de dentro dos aparelhos amainar as lutas sociais concretas. A experiência tem mostrado que esta estratégia estatal encontra eco na ação majoritária dos grupos (sociedade civil) organizados em nome da memória, verdade e justiça, como no caso da Comissão Especial sobre Mortos e Desaparecidos Políticos, mas o conflito de posições está dentro das comissões, inflexionando os debates e pressionando por posições. A tônica desses grupos é o enfrentamento frente às políticas do Estado, uma luta dentro e fora do Estado. Ricard Vinyes indica que "governos buscam decretar dissolução dos conflitos por leis", (Vinyes, 2009, p. 15) mas até que se chegue à aprovação da lei, há um longo processo, que tem se mostrado rico em aprendizado e também em avanços de formação de consenso social. Se inicialmente a luta pelo reconhecimento dos mortos e desaparecidos esteve muito restrita àqueles diretamente atingidos, muitos embates ocorreram e levaram à ampliação do leque daqueles que encampam a luta da memória.

Um caso relevante é a Comissão Especial sobre Mortos e Desaparecidos, da Secretaria Especial dos Direitos Humanos da Presidência da República[2]. Formada por representantes da Comissão de direitos Humanos da Câmara dos Deputados; representante da Sociedade Civil; representante dos familiares; representante das Forças Armadas; representante do Ministério Público

---

[2] O relatório da Comissão foi publicado em livro, disponível para download gratuitamente: http://portal.mj.gov.br/sedh/biblioteca/livro_direito_memoria_verdade/livro_direito_memoria_verdade_sem_a_marca.pdf

AS POLÍTICAS DE MEMÓRIA NO BRASIL, 50 ANOS APÓS O GOLPE

Federal e representante do Ministério das Relações Exteriores. Levou a diante exaustivo trabalho de pesquisa e investigação que permitiu investigar, em 11 anos de trabalho, 475 casos de mortes e desaparecimentos. Ou seja, a absoluta maioria dos casos apurados até hoje sobre mortes se origina do trabalho desta comissão. E a mesma funcionou apesar dos conflitos internos entre, por exemplo, "sociedade" e "Forças Armadas". E seu trabalho tem papel fundamental na ampliação do conhecimento social que se possui sobre o tema da ditadura Brasileira. Seus resultados ajudaram a construir leis, assim como estudos acadêmicos e organização de outros grupos que lutam pelo "não-esquecimento".

Desde 1994 se estabeleceu no Brasil um marco da efeméride dos "anos redondos" de alusão ao golpe. Nos 30 e 40 anos houve uma explosão editorial, que trouxeram consigo uma forte onda revisionista, consolidada na obra do jornalista Elio Gaspari. Tudo levava a crer que os 50 anos iriam no mesmo caminho. Mas, os movimentos da memória, e a coincidência de importantes fatores mudaram o quadro: a criação da Comissão Nacional da Verdade e a realização do Mundial de Futebol no Brasil.[3]

Acabou acontecendo que no contexto dos 50 anos do golpe de 1964, houve uma posição defensiva do revisionismo. Houve uma forte pressão dos movimentos sociais da memória quanto às políticas públicas de memória e isso levou ao recuo momentâneo das práticas revisionistas na sociedade (imprensa, campo editorial). A historiografia, por conseqüência, responde aos conflitos sociais concretos na sociedade brasileira. O objetivo, a partir daqui é apresentar um quadro geral das políticas públicas de memória, buscando entendê-las no seu contexto.

As políticas públicas de memória

Serão simplificadamente consideradas políticas públicas de memória aquelas políticas criadas no âmbito estatal, com vistas a regulamentar de alguma forma as questões pertinentes à memória histórica sobre a Ditadura e todas as conseqüências que o conhecimento do passado possa ter sobre a vida individual e coletiva. Ou seja, para fins de análise, o fato de que essas leis possam

---

[3] Não há espaço para desenvolver este argumento aqui, mas recordemos que em 1970 o Brasil foi campeão da Copa do Mundo e da Ditadura Militar fez amplo uso propagandístico deste fato.

DITADURAS E REVOLUÇÃO. DEMOCRACIA E POLÍTICAS DA MEMÓRIA

representar retrocesso ou entraves à Justiça (na medida em que não atendam às reivindicações mais amplas dos movimentos sociais de memória) não invalida que sejam de fato parte de um programa de política de memória, fruto de opções políticas.

A Lei da Anistia, n. 6683, de 28/8/1979

As políticas públicas de memória sobre a ditadura principiaram ainda circunscritas pelo engessamento proposto pela Lei da Anistia, n. 6683, de 28/8/1979 - saída imposta pelo próprio regime prevendo uma anistia, contra a exigida de fato "ampla, geral e irrestrita", do Movimento Anistia Ampla Geral e Irrestrita, que havia se configurado como um legítimo movimento de "caráter amplo e massivo". (Maciel, 2004, p. 203) A Anistia da "conciliação nacional" de Figueiredo[4] abriu caminho para que nenhum torturador fosse julgado e os crimes do Estado esquecidos, ou jamais conhecidos. Foi um lance decisivo na engenharia política, permitindo que o governo "conseguisse avançar definitivamente na passagem da distensão para a abertura" (Maciel, 2004, p. 205), mas garantindo controle político.

Todavia, é questionável que a Lei da Anistia seja uma Política de Memória. Em primeiro lugar porque não traz consigo políticas de reparação. Em segundo porque o eixo da lei não é a memória, e sim o ajuste histórico com o processo em curso naquele momento. O que não se questiona é que foi uma medida com vistas a um acerto de contas imediato com a realidade da repressão. Se havia uma forte pressão de movimentos sociais no sentido de permitir a volta dos políticos que contestaram a Ditadura do exterior, Figueiredo se adiantou a esse processo incluindo na anistia os responsáveis pelos crimes de Estado.

Recentemente essa questão reapareceu no debate público. A Lei de Anistia no Brasil foi uma forma dos responsáveis fugirem da punição, na medida em que anistia os "dois lados", colocando em pé de igualdades os mortos que resistiram à ditadura àqueles seus torturadores. A Lei, fruto de um decreto presidencial, passou por cima do projeto popular que visava uma anistia apenas para os perseguidos do regime. Segundo Kucinski, a lei contemplava "extravagâncias" para impedir de qualquer forma a punição aos repressores:

---

[4] João Batista Figueiredo. O último presidente-general da Ditadura.

AS POLÍTICAS DE MEMÓRIA NO BRASIL, 50 ANOS APÓS O GOLPE

Ficam anistiados, ampla e totalmente, os acusados de crimes 'conexos aos crimes políticos' (eufemismo para as torturas e outras violações dos direitos humanos); é criado um procedimento sumário pelo qual parentes de 'desaparecidos' podem obter rapidamente uma 'declaração de ausência' – tentativa do governo sepultar juridicamente os cadáveres insepultos dos 'desaparecidos'. (Kucinski, 1982, p. 135)

Além disso, a lei excluía da anistia os condenados por "crimes de seqüestro, assalto e atentado pessoal, mesmo quando essas ações tinham finalidades estritamente políticas". (Kucinski, 1982, o. 134). Ficavam fora da anistia todos aqueles que haviam lutado abertamente contra a Ditadura.

O que queremos ressaltar é que não houve desde o início dos anos 1980 um forte movimento junto à sociedade brasileira sobre as questões que envolvem o processo de anistia. Ela foi "consolidada" pela imprensa, sem debates. A revista *Veja*, em sua edição de 29/8/1979 já anunciava uma página virada na manchete de capa: O BRASIL DEPOIS DA ANISTIA. Ou seja, consolida o fato, joga para o futuro, sem questionamentos. Abaixo das letras garrafais "página virada", a revista anuncia:

Como o governo sempre quis, ela não será ampla, pois não beneficia terroristas presos, nem geral, porque distingue entre os crimes perdoados, nem irrestrita, porque não devolve aos punidos os cargos e patentes perdidos. Mas, para todos os efeitos práticos, ela virtualmente liquida uma questão que há anos vinha se arrastando na vida política brasileira – daqui por diante, convenceram-se os espíritos pragmáticos, pouco se ouvirá desse assunto. (Veja, 29/8/1979, p. 20)

As palavras de *Veja* surtiram efeito. O assunto morreu, consolidou-se a Anistia tal qual o projeto da própria ditadura. Pelo menos no âmbito de debate público da imprensa. Mexer nisso, para a grande imprensa, passou a ser sinônimo de revanchismo ou de vingança, como a mesma revista expressou em 2013, citando o jurista Ives Gandra Martins, ao falar do contexto de rediscutir a Lei da Anistia, no contexto da CNV: "mais parece uma comissão de inquérito do que uma comissão da verdade. Eles não estão fazendo o que a presidente Dilma determinou, mas o que sempre quiseram fazer: buscar vingança". (Veja, 29/5/2013, p. 78). O discurso de 1979 e o de 2013 tem uma perfeita sintonia: mexer na lei seria buscar vingança, romper com um suposto pacto de silêncio. E para isso, citar a presidente Roussef tem forte funcionalidade, voltaremos a isso.

Recentemente, o debate público se recolocou, havendo novo julgamento da Lei. A decisão julgada no Supremo Tribunal Federal (STF) manteve a interpretação de anistia nos caso de Tortura e outros crimes. Mesmo com veementes críticas sociais e de estudiosos do tema. A partir de um extenso trabalho de investigação, Emilio Meyer concluiu que

> A justiça de transição é um conjunto de medidas fundamental para a consolidação de um projeto constituinte de um Estado Democrático de Direito sob o signo do patriotismo constitucional.
>
> Isto implica no cumprimento de todos os elementos que a compõem. Desse modo, foge o Supremo Tribunal Federal de seu papel de guarda da Constituição ao não rechaçar a interpretação da Lei de Anistia de 1979 que visou estabelecer uma "auto-Anistia.
>
> Consequentemente, uma compreensão que leve na devida conta as exigências de uma Constituição permeada pelo Direito Internacional dos Direitos Humanos não poderá deixar de exigir o cumprimento in totum da decisão da Corte Interamericana de Direitos Humanos no Caso Gomes Lunde, mais do que isto, que a partir dela outras graves violações de direitos humanos ocorridas entre 1964 e 1985 sejam também investigadas e punidas. (2012, p. 280)

O trabalho repercutiu apenas na imprensa "alternativa" como o jornal *Correio da Cidadania* que se posicionou:

> "Meyer demonstra que a Lei de Anistia tem sido mobilizada como obstáculo a uma adequada "justiça de transição", sedimentando um entendimento problemático "de que não seria possível responsabilizar os agentes e ex--agentes públicos por suas graves violações de direitos humanos". "A Lei é recorrentemente invocada como o 'acordo político' que teria permitido o fim da ditadura e o início do regime constitucional de 1988", explica.
>
> Em seu trabalho, Emílio desconstrói os votos de ministros – Eros Grau, Ricardo Lewandowski, Ayres Britto, Celso de Mello e Gilmar Mendes –,

detectando suas contradições e falhas, sua ausência de "integridade" e uma tendência reducionista de suas decisões. "No julgamento, várias das condições de possibilidade importantes para tal processo de aprendizado se perderam. É possível que pressões contingenciais das mais diversas tenham colocado a atuação do STF em risco, conduzindo a decisão judicial para longe daquilo que se espera em termos de legitimidade jurisdicional", sugere o pesquisador".[5]

Mas, esse debate se circunscreveu neste campo, pois na grande mídia quem recebe voz são os defensores da manutenção da Lei, em nome da "reconciliação". Os movimentos sociais seguem aprofundando a questão. Há crimes imprescritíveis, bárbaros, contra a humanidade, que não podem por princípio ser anistiados. Mas os mesmos vem sendo sistematicamente esquecidos. Nas palavras de Suzana Lisboa: "Qualquer interpretação distinta da anistia recíproca provoca pânico, sendo considerada grave ameaça aos avanços democráticos, ainda hoje são tratados de revanchistas os que exigem a investigação dos crimes e a punição dos culpados".[6] A Rede Brasil – Memória, Verdade, Justiça, reunida em maio de 2014 publicou a Carta de Vitória, na qual explicita: "Entendemos nula a auto-anistia e imprescritíveis os crimes praticados por agentes do Estado ou a seu mando".

A Anistia Internacional recentemente lançou uma campanha pelo fim da Lei da Anistia (50 dias contra a impunidade[7]). O texto da Anistia nos lembra da situação internacional na qual está o Estado brasileiro:

> Em 2010 a Corte Interamericana de Direitos Humanos afirmou em sua sentença no caso Gomes Lund (Guerrilha do Araguaia): "No Sistema Interamericano de Direitos Humanos, do qual Brasil faz parte por decisão soberana, são reiterados os pronunciamentos sobre a incompatibilidade das leis de anistia com as obrigações convencionais dos Estados, quando se trata de graves violações dos direitos humanos. (....) As disposições da Lei de Anistia brasileira que impedem a investigação e sanção de graves violações de

---

[5] RIBEIRO, **Ewerton Martins.** Tese propõe superação de decisão do STF que mantém torturadores sob proteção da Lei da Anistia. Correio da Cidadania. 30/12/2013. http://www.correiocidadania.com.br/index.php?option=com_content&task=view&id=9210

[6] LISBOA, Suzana. p. 207.

[7] http://ativismo.anistia.org.br/50dias/

direitos humanos são incompatíveis com a Convenção Americana, carecem de efeitos jurídicos e não podem seguir representando um obstáculo para a investigação dos fatos do presente caso, nem para a identificação e punição dos responsáveis, e tampouco podem ter igual ou semelhante impacto a respeito de outros casos de graves violações de direitos humanos consagrados na Convenção Americana ocorridos no Brasil."

Portanto, a Anistia Internacional conclama a população à busca pela verdade, a pressionar para que os esforços que vêm sendo feitos sejam aprofundados no sentido do fim da impunidade: "o Brasil precisa punir os responsáveis por crimes contra a humanidade – torturas, assassinatos, estupros, desaparecimentos forçados – perpetrados durante o regime militar". (Campanha da Anistia Internacional)

Foi aprovado no Senado Federal em 9/4/2014, na Comissão de Direitos Humanos, a abolição da prescrição dos "crimes cometidos por agentes públicos, militares ou civis, contra opositores da ditadura". É necessário aguardar os desdobramentos, porque a reação militar é esperada. A própria presidente Dilma Roussef já manifestou ser contra a revisão da Lei, e sua fala é reverberada pelos grandes veículos de comunicação, como lemos acima na *Veja*. Essa visão é reiteradas vezes exposta em outros meios de comunicação de grande circulação brasileiros. Segundo o jornal *O Estado de São Paulo*:

> Dilma reconheceu ainda que "nós reconquistamos a democracia à nossa maneira, por meio de lutas e de sacrifícios humanos irreparáveis, mas também por meio de pactos e acordos nacionais, muitos deles traduzidos na Constituição de 1988". Em seguida, emendou lembrando seu discurso na instalação da Comissão da Verdade, cujos trabalhos são contestados pelos militares. "Assim como eu respeito e reverencio os que lutaram pela democracia, enfrentando a truculência ilegal do Estado e nunca deixarei de enaltecer estes lutadores e estas lutadoras, também reconheço e valorizo os pactos políticos que nós levaram à redemocratização".[8]

---

[8] Dilma sinaliza que não é favorável à lei da Anistia. O Estado de São Paulo, 315352014. http://www.estadao.com.br/noticias/nacional,dilma-sinaliza-que-nao-e-favoravel-a-alteracao-da--lei-da-anistia,1147383,0.htm

Instaura-se com a fala da presidente um discurso defensivo, deixando claro que não vai aceitar alterações na lei, atribuindo a todos a responsabilidade de manter um suposto pacto que teria sido feito e assegurado a democracia nacional. De que pacto fala a presidente, não se sabe.

No momento da instalação da CNV ela já havia deixado clara essa posição, que parece apontar para a existência de um suposto pacto, de fato, entre governo e forças apoiadoras do golpe que neste momento teriam "cedido" com a existência da CNV, desde que não houvesse nada além do "conhecimento da verdade". Assim noticiou o portal de notícias UOL:

> "A comissão não abriga ressentimento, ódio nem perdão. Ela só é o contrário do esquecimento", disse a presidente, que chorou durante o ato ao citar familiares de desaparecidos entre 1964 e 1985, período que durou a ditadura. Dilma afirmou que não revogará a Lei da Anistia, que perdoou crimes cometidos por agentes do Estado no período.
>
> A presidente afirmou que escolheu "um grupo plural de cidadãos, capaz de entender a dimensão do trabalho que vão executar com toda a liberdade e sem interferência do governo". (http://noticias.uol.com.br/politica/ultimas-noticias/2012/05/16/dilma-chora-ao-instalar-comissao-da-verdade.htm)

Portanto, o discurso do governo reitera o desinteresse em ir a fundo na apuração, rebatendo o discurso corriqueiro dos militares de que rever a Lei da Anistia seria "revanchismo". Mais que isso, o discurso enuncia que teria existido um pacto social em torno do silêncio e da falta de justiça. Na verdade, não há um efetivo esforço pela verdade. Nas palavras de Suzana Lisboa, "a anistia conquistada trouxe ao país os presos políticos, exilados e clandestinos, mas o mortos e desaparecidos não voltaram sequer na forma de um atestado de óbito"[9].

Nos anos 2000, no contexto da instalação da CNV se recoloca uma disputa em torno da Lei da Anistia. Sob ameaça de qualquer punição aos atos arbitrários, militares e grande imprensa (*O Globo*, *Folha de São Paulo*), defendem que não há o que modificar, que a lei já "virou a página" de qualquer direito que tenha sido desrespeitado; de que "não houve vencidos nem vencedores",

---

[9] LISBOA, Suzana. P. 208.

e que crimes foram cometidos "por ambos os lados da guerra suja".[10] Por outro lado, os familiares apontam que a mesma tem sido usada para estabelecer o "manto do esquecimento". Os militares e seus defensores alardeam nos meios possíveis os riscos de "revanchismo" daqueles que querem retomar esse debate e lutar por Justiça. As comissões de familiares e atingidos, por sua vez, tem levado adiante denúncias concretas, que tem levado à exigência internacional de apuração dos fatos. O fato é que não há equivalência entre atos revolucionários da luta armada e as ações realizadas pelo Estado contra os direitos humanos. Estas são expressão do Terror de Estado, cometidos "em nome da lei".

Mas a Lei da Anistia não é propriamente uma política de memória. Vejamos outros antecedentes ainda da CNV com relação a isso.

A Lei Dos Desaparecidos, Lei 9140/95

Em 1995 foi aprovada a Lei 9140 que permitiu o reconhecimento de mortos e desaparecidos da Ditadura, dando respaldo para um vasto trabalho de buscas e denúncias, (e de anistia) encampados sobretudo pelos familiares das vítimas. Na medida em que os movimentos da sociedade avançavam, empurrando o debate público e a criação de leis, a historiografia, assim como as ciências sociais e seus porta-vozes midiáticos avançam na produção de visões conservadoras e reacionárias.

É muito importante observarmos as críticas dos próprios envolvidos na questão, os familiares de desaparecidos e ex-presos políticos. De acordo com Suzana Lisboa[11] a Lei de 1995:

- Eximiu o Estado da obrigação de identificar e responsabilizar os agentes que estiveram envolvidos com a prática da tortura, morte e desaparecimento de opositores ao regime ditatorial;
- Não responsabilizou o Estado pela apuração das circunstâncias das mortes e desaparecimentos, cabendo aos familiares o ônus da

---

[10] Ver: GASPAROTTO, Alessandra. Apontamentos (e desapontamentos) em relação à criação da Comissão Nacional da Verdade no Brasil. In: PADRÓS, Enrique. (Org) Conesul em tempos de ditadura: reflexões e debates sobre a História Recente. Porto Alegre, Evangraf, 2013. 2013, p. 246.

[11] LISBOA, Suzana. P. 211.

comprovação das denúncias apresentadas; (atestados de óbito sem causa mortis)

- Não obrigou o estado a proceder à localização dos corpos dos desaparecidos, somente agindo (quando o faz) frente a indícios apresentados pelos familiares;
- A exigência de que o requerimento fosse apresentado apenas pelos familiares, tratando a questão dos mortos e desaparecidos unicamente como 'questão familiar' e não como um dever do Estado e direito de toda a sociedade.

Na síntese de Gallo, a lei eximiu o Estado de identificar e responsabilizar os agentes envolvidos nos crimes ocorridos durante a ditadura; legou o ônus da prova aos familiares; não obrigou o Estado brasileiro a localizar os corpos dos desaparecidos; excluiu a possibilidade de outros interessados ingressarem com o pedido de reconhecimento das mortes. (2013, p. 169). O problema não é encarado como social, é familiar – íntimo, pessoal. Ocorre, portanto, uma privatização da memória. Apenas podem ir atrás dos mortos os familiares; não é uma questão social; a memória não é pública. O Estado admite que houve as mortes mas não se responsabiliza por apurar as formas, nem punir os responsáveis. Assim, a lógica da Anistia e das indenizações é a única que fica.

A historiadora Caroline Bauer, em extensa pesquisa que compara o caso brasileiro com o caso argentino, sintetiza a questão. Para ela, "A Lei 9140 não pode ser considerada uma política de memória, pois estabelece apenas uma forma de reparação em relação ao passado – a pecuniária -, desobrigando o Estado de fazer valer outros direitos fundamentais, como o direito à justiça e o direito à verdade. Trata-se de uma medida de reparação (...)" (Bauer, p. 212.) Não cabe aqui discutir o termo, pois nos parece que a simples reparação o descompromisso com a justiça é também uma "política de memória", política pública de estado, deliberada e com um sentido claro, o esquecimento. Mas, de fato, ela não leva o Estado a criar outras iniciativas para produzir memória. Cabe ressaltar para a conquista desta lei, ainda que limitada, a atividade árdua e incansável dos familiares que seguem "ano a ano, lutando para reduzir o hiato estabelecido entre a memória e o esquecimento com o final da ditadura e sob a lógica da reconciliação nacional". (Gallo, in Padrós, 2013, p. 174).

O PNDH3

Em 21/12/2009 um Decreto presidencial n. 7037 aprovou o Programa Nacional de Direitos Humanos – PNDH-3 neles são tratadas questões amplas relacionadas aos Direitos Humanos, incluindo-se a questão da memória como direito. O Eixo Orientador VI, Direito à Memória e à Verdade diz que "a investigação do passado é fundamental para construção da cidadania". E acrescenta: "O Brasil ainda processa com dificuldades o resgate da memória e da verdade sobre o que ocorreu com as vítimas atingidas pela repressão política durante o regime de 1964", e que "o trabalho de reconstituir a memória exige revisitar o passado e compartilhar experiências de dor, violências e mortes. Somente depois de lembrá-las e fazer seu luto, será possível superar o trauma histórico e seguir adiante".

O Plano elenca uma série de fatos marcantes do que seriam políticas públicas de governo. Entre elas, destaca a criação, por Medida Provisória 2151-3 a Comissão da Anistia do Ministério da Justiça. A Comissão foi responsável pela realização de Caravanas da Anistia, que, no momento do NPDH somavam mais de 50 mil pedidos de avaliação de processos de Anistia. Esse trabalho segue até hoje. A Comissão vem sendo responsável também por um programa chamado "Clínica do Testemunho", onde são tratados psicologicamente pessoas atingidas pela repressão, tortura e mortes. Além disso, o Ministério promove eventuais editais de apoio a intervenções sociais vinculadas à temática através do programa Marcas da Memória.

O que mais importa a ressaltar é a justificativa mais ampla do Plano: "as ações programáticas tem como finalidade assegurar o processamento democrático e republicano de todo esse período da história brasileira, para que se viabilize o desejável sentimento de reconciliação nacional". Ou seja, a lógica que comanda o programa do governo é a da reconciliação. Tanto assim que não prevê punição, não obriga investigação e não fala em Justiça, apenas em conciliação. Mas, é importante destacar. Este plano previa a constituição de Comissão Nacional da Verdade, "observadas as disposições da Lei 6683 de 28/8/1979", ou seja, a Lei da Anistia é tratada como "cláusula pétrea", imutável.

Em 12/5/2010 um novo Decreto presidencial, o 7177 alterava parcialmente o PND3. No tocante ao tema da memória, o Decreto revogava os seguintes itens, pelos quais ficavam responsáveis a Secretaria Especial dos direitos

Humanos da Presidência da República (SEDH); o Ministério da Educação; o da Justiça e o da Cultura: "c) identificar e sinalizar locais públicos que serviram à repressão ditatorial, bem como locais onde foram ocultados corpos e restos mortais de perseguidos políticos"; e também o que estava sob responsabilidade da SEDH e do Ministério da Educação: "f) desenvolver programas e ações educativas, inclusive a produção de material didático-pedagógico para ser utilizado pelos sistemas de educação básica e superior sobre o regime de 1964-1985 e sobre a resistência popular à repressão".

Estes itens são substituídos por este outro: "identificar e tornar públicos as estruturas, os locais, as instituições e as circunstâncias relacionadas à prática de violações de direitos humanos, suas eventuais ramificações nos diversos aparelhos estatais e na sociedade, bem como promover, com base no acesso às informações, os meios e recursos necessários para a localização e identificação de corpos e restos mortais de desaparecidos políticos". As mudanças são certeiras no sentido que viria a assumir a CNV. Em primeiro lugar, centra a pesquisa no âmbito do próprio Estado, sem ampliar para agências e outros órgãos da sociedade civil, como por exemplo os meios de comunicação. Mas o mais importante, antes cabia ao Estado a responsabilidade por "identificar e localizar" os corpos dos assassinados. Agora, passa a caber apenas "promover meios e recursos para a localização", ou seja, ela deixa de ser responsável, passa a ser um simples apoiador.

Além disso, a perspectiva de uma efetiva política pública, com projetos educacionais é abandonada e a memória dos lutadores que resistiram á repressão, também. Como indicam Teles e Quinalha, "uma breve análise comparativa entre o texto original e o final, documento básico para a criação da CNV, torna explícita a supressão de referências fundamentais, tais como 'repressão ditatorial, 'resistência popular à repressão', 'pessoas que praticaram crimes de lesa-humanidade' e 'responsabilização criminal sobre casos que envolvam atos relativos ao regime de 1964-1985." (2013) Como atentam os autores, foi uma série de mudanças feitas a toque de caixa, sem debate social, para criar as condições para a criação de uma Comissão da Verdade incapaz e desresponsabilizada.

Movimentos sociais de memória

Ao observador estrangeiro pode parecer estranho que no Brasil tenhamos um processo de avanço-retrocesso com relação à legislação e às políticas de memória relativas à Ditadura. Um elemento essencial para aclarar esse ponto está no papel ativo que os movimentos sociais da memória tiveram nesses últimos anos na história brasileira. Todos os avanços ocorridos são fruto da pressão dessas pessoas. A maior parte delas foi diretamente atingida pela repressão, parentes de desaparecidos, ex-presos e torturados pelo Estado terrorista. O governo brasileiro, sistematicamente, desde Fernando Henrique Cardoso, Luis Inácio Lula da Silva e Dilma Roussef tem respondido defensivamente às pressões que esses movimentos vem fazendo. Os governos tem tentado aplicar a fórmula da "ampliação do Estado", ou seja, trazendo os movimentos sociais da memória para dentro de comissões, na esperança de dobrá-los e diminuir sua disposição à luta, mas não é isso o que vem acontecendo.

As denúncias contra os abusos da Ditadura brasileira começaram ainda nos anos 1970, ainda sob ditadura. O grupo que principia em torno de D. Paulo Evaristo Arns tem papel fundamental no sentido de denunciar a tortura. O relatório publicado em forma de livro "Brasil Nunca Mais" foi um documento base para a denúncia dos crimes, e sobretudo dos desaparecimentos provocados pela Ditadura[12]. O livro foi um marco, mas foi também produto de sua época, expressando os limites daquele momento de transição ao não publicar, por exemplo, a lista de torturadores que tinham levantado (Teles, 2012, 274). É importante a ressalva para percebermos que aquele contexto não permitia esse passo, a denúncia aberta contra os torturadores, o que só viria a ocorrer bem mais tarde na sociedade brasileira.

À ação do BNM se somava a Comissão Justiça e Paz[13], que no contexto da Ditadura articulou com o Alto Comando das Nações Unidas para os Refugiados, tendo uma atuação concreta na proteção e salvamento de muitos militantes perseguidos, não apenas brasileiros, mas oriundos dos países do Conesul que vivam também suas ditaduras, sobretudo Argentina e Uruguai.

---

[12] Todo o trabalho do Projeto foi disponibilizado em um Portal Eletrônico onde podem ser pesquisados os documentos reunidos: http://bnmdigital.mpf.mp.br/
[13] Sobre a comissão, consultar o portal: http://www.cbjp.org.br

Percebemos que a ação de lideranças religiosas de viés progressistas foi essencial no sentido de mínima proteção, e sobretudo de informação para perseguidos que buscavam asilo político. Mas, perceba-se, tratava-se de instituições não estatais, de origem religiosa, e que sempre receberam em seus quadros outras pessoas não necessariamente religiosas na soma desse trabalho.

De 1974 a 1979 o Brasil teve como presidente o Ditador Ernesto Geisel. É dele a célebre proposição de que o Brasil sob seu comando começaria uma "abertura lenta, gradual e restrita". De concreto, o que tivemos foi o extermínio dos grupos que lutavam contra a Ditadura. É o caso dos "guerrilheiros do Araguaia". O período de Geisel foi o de maior número de desaparecimentos no Brasil.[14] Foram mais de 80 do final de 1973 a junho de 1975 (Suzana Lisboa). A ordem era: "matar sem deixar vestígios". Isso vai explicar os cemitérios clandestinos, os corpos de mortos desaparecidos que até então não passavam de "mortos presumidos".

Em 4/9/1990 foi descoberto um cemitério clandestino, que ficaria conhecido como Vala de Perus, onde 1.049 ossadas foram encontradas. A idéia da ditadura era fazer crematório público, mas isso não funcionou. Descoberta a vala, os ossos foram pra Unicamp e nunca foram identificados, foram misturados e perdidos. Foram identificados apenas poucos corpos. Mas esse fato contribuiu para a tomada de consciência de familiares e outros envolvidos sobre a relevância da sua luta, sobretudo pela implantação de uma Comissão Parlamentar de Inquérito. O fato é que houve divulgação pública: "as exumações de restos mortais de mortos e desaparecidos políticos do cemitério de Perus desempenharam um papel catalisador junto à opinião pública brasileira, sobretudo devido à ampla divulgação do tema nos meios de comunicação" (Teles, 2012, 283).

Ainda em 1982 foi criada a Comissão de Cidadania e Direitos Humanos (CCHH/RS), que deu um passo importante ainda 1982 ao receber os restos do primeiro morto encontrado na Vala de Perus, Luiz Eurico Tejera Lisboa. Foi recebido pela Assembléia Legislativa, após a luta incessante da esposa de Luiz Eurico, Suzana Lisboa.

---

[14] Para visualizar mais dados sobre os Desaparecidos Políticos no Brasil, consultar: www.desaparecidospoliticos.org.br

DITADURAS E REVOLUÇÃO. DEMOCRACIA E POLÍTICAS DA MEMÓRIA

Depois da Vala de Perus, outros cemitérios na mesma condição foram encontrados, sem terem contudo a mesma repercussão pública, mas ajudando na consolidação de outros movimentos de luta: Campo Grande, Vila Formosa, Ricardo Albuquerque. A busca de cemitérios foi um dos focos do trabalho de outro grupo, surgido em 1982, o Grupo Tortura Nunca Mais, que atua em algumas cidades, como Rio de Janeiro e São Paulo. Sua luta se ampliou sempre apontando para as permanências de elementos da ditadura, seja a estrutura repressiva, seja a violência policial contra a população pobre e negra brasileira.

Aos familiares, que são os "movimentos sociais da memória", com a anistia, só cabia a "morte presumida". Aliás, a mesma presunção que foi declarada para o pedreiro Amarildo desaparecido em 2013, que ficou conhecido fora do Brasil inclusive, morto pela polícia; até hoje não se descobriu o corpo. As Caravanas da Anistia, a partir de 2001 mostram de novo que todas as conquistas diante da lei somente são configuradas em avanços quando os movimentos atuam para sua realização.

O caso de maior repercussão na luta por Justiça tem sido o "caso Araguaia". É o caso que mais impacto internacional teve, inclusive na pressão para a criação da CNV e na primeira condenação de um torturador no Brasil, o coronel Brilhante Ustra. Foram 69 guerrilheiros e 17 camponeses diretamente vitimados pela repressão. Este tema é altamente relevante, além dos números, pela forma que as famílias buscam apoio no direito internacional para levar adiante sua luta. Na medida em que o governo "privatiza a questão", as ações individuais tem sido uma saída paralela. Uma das saídas do embróglio jurídico imposto pela Lei da Anistia tem sido os recursos individuais. O mais relevante deles talvez seja o caso da condenação de Brilhante Ustra. Em 14/8/2012 o Tribunal de Justiça de SP condenou o coronel Ustra por três votos a zero pelas torturas ocorridas no Doi-Codi, como anuncia a notícia:

> Notícia na Rede Brasil: O ex-ministro-chefe da Secretaria de Direitos Humanos Paulo Vannuchi disse que a confirmação hoje (14) da condenação do Tribunal de Justiça de São Paulo (TJSP) que declarou como "torturador" o coronel da reserva Carlos Brilhante Ustra "vai provocar consciência nova" e "abrir caminho para decisões", no âmbito cível, contrária a agentes do Estado acusados de sequestro, tortura, estupro, morte e desaparecimento

de presos políticos e oponentes ao regime militar durante a ditadura (1964-1985).[15]

Na verdade, todo o caso Araguaia (Caso Gomes/Lindu) tem sido fundamental para a pressão externa sobre o Brasil, e isso tem levado o Estado brasileiro a ampliar o campo das leis, mesmo tendo que enfrentar esses embates.

Pressão externa

O decisivo para a criação de medidas de reparação no Brasil está sendo, sem dúvidas, a Pressão externa. No Recurso à Comissão Internacional de Direitos Humanos, agosto de 2005: Comissão de Familiares de Mortos e Desaparecidos, GTNMRJ, *Human Right Watch* e Centro pela Justiça e Direito Internacional (CEJIL). Recorreram à CIDH.

A condenação do Brasil por parte da OEA em virtude da impunidade levou à criação, em 2012 da Comissão Nacional da Verdade. A questão que se pretende discutir aqui é o papel que a CNV tem tido no incentivo à criação de novos grupos na sociedade que se organizam para conhecer, apurar e denunciar os crimes da Ditadura. Esse impulso não vem de políticas da CNV, senão de grupos pré-existentes na sociedade, o que nos faz concluir que a ação do Estado (existência da CNV) foi essencial para incentivar a ampla divulgação e debate público sobre a história recente, permitindo condições para que se constituam na sociedade embates no campo da memória, e não apenas a imposição da memória oficial.

As memórias hoje

A CNV é apenas um momento nesse processo mais amplo, em que o Estado brasileiro busca trazer as lutas (do campo da memória) para seu domínio. Ao mesmo tempo, se ocupa de dar respostas no âmbito internacional para os bárbaros crimes de lesa humanidade. São crimes imprescritíveis, mas que no Brasil tem se escudado na "auto-anistia", outro instrumento que não é

---

[15] http://www.redebrasilatual.com.br/cidadania/2012/08/vannuchi-decisao-contra-ustra--abre-caminho-par-punicao-a-torturadores

reconhecido no direito internacional. Não foi uma comissão por memória e justiça como queriam os familiares, foi uma comissão da "verdade", o que em si já traz o risco de deliberações oficiais sobre a verdade.

Muitas são as perguntas que ficam: se tudo isso tudo vai levar em alguma medida a tomadas de posição historiográficas? Ou a um boom historiográfico? Ou à produção de materiais de fato instigantes? A Associação Nacional de História, a Anpuh se posicionou pela criação de uma espécie de assessoria à CNV, mas ainda não há como avaliar esta efetividade. Há pesquisas sendo realizadas mas não há editais de pesquisa específicos sobre a temática. É de se questionar se as pesquisas desenvolvidas têm liberdade de argumento teórico ou são recusadas por não se utilizarem de referenciais revisionistas.

No caso do Brasil, podemos nos perguntar, em que momento passa a acontecer o despertar pela memória, pois não há um amplo movimento social em torno da memória. Será que no caso brasileiro o revisionismo veio mesmo antes da memória e do conhecimento da história? A CNV representa um marco nesse processo? Nos parece que sem qualquer dúvida, a CNV representou um avanço. Mas não por ela, e sim pelo movimento que se dá em torno da sua existência. Isso porque está possibilitando que grupos distintos se organizem e atuem concretamente em questões específicas. Audiências Públicas e comitês regionais e locais tem descoberto muito sobre a Ditadura brasileira ainda desconhecida da população. Ao que tudo indica o trabalho da comissão Nacional ficará apenas na produção de relatórios sobre esses fatos, em boa parte apurado por outras comissões.

O debate sobre a memória precisa se ampliar quanto ao papel que os meios de comunicação e mercado editorial tem tido na produção de uma versão "oficial" da história. Não é isso que queremos, mas corremos o risco de uma "boa memória" que engessa, consolidando a lógica reconciliatória. O grande desafio que os movimentos sociais tem diante de si hoje é justamente criar formas de ampliar o debate e sensibilizar a população. Está claro que politicamente o avanço da CNV está em elencar elementos que permitirão futuros processos judiciais que levarão a formas de Justiça, pois isso não é objetivo da Comissão, que se preocupa apenas com a "verdade". Mas para dar esse pulo haverá sem dúvida uma longa batalha na opinião pública sobre o que foi a ditadura. E só se pode avançar nesse campo produzindo conhecimentos sobre ela para poder colocá-la como uma questão "social". É necessário fazer valer a assertiva da memória como um direito.

Bibliografia

Arquidiocese de São Paulo. BRASIL: Nunca mais. 14ª Ed. Petrópolis, Ed. Vozes, 1985. s/ ISBN.

BAUER, Caroline. Brasil e Argentina: ditaduras, desaparecimentos e políticas de memória. Porto Alegre, Medianiz, 2012.

BRASIL. Secretaria de Direitos Humanos da Presidência da República. Programa Nacional de Direitos Humanos (PNDH-3) / Secretaria de Direitos Humanos da Presidência da República - - rev. e atual. - - Brasília : SDH/PR, 2010 228p

GALLO, Carlos Artur. Notas sobre a luta dos familiares de mortos e desaparecidos políticos no Brasil. In: PADRÓS, Enrique. (ET AL, org) Cone Sul em tempos de Ditadura: reflexões e debates sobre a história recente. Evangraf, Porto alegre, 2013.

GASPAROTTO, Alessandra. Apontamentos (e desapontamentos) em relação à criação da Comissão Nacional da Verdade no Brasil. In: PADRÓS, Enrique. (Org) Conesul em tempos de ditadura: reflexões e debates sobre a História Recente. Porto Alegre, Evangraf, 2013. 2013, p. 246

KUCINSKI, Bernardo. Abertura. História de uma crise. São Paulo, Brasil Debate, 1982.

LISBOA, Suzana Keninger. Lembrar, lembrar... 45 anos do Golpe Militar: resgatar o passado para transformar o presente. In: PADRÓS, Enrique ET al. (Org) Ditadura de Segurança Nacional no rio Grande do Sul. 1964-1985. Porto Alegre, Corag, 2009.

MACIEL, David. A argamassa da ordem: da ditadura Militar à Nova República (1974-1985). São Paulo, Xamã, 2004.

PADRÓS, Enrique Serra. A política de desaparecimento como modalidade repressiva das Ditaduras de Segurança Nacional. Tempos Históricos, vol. 10, 2007.

Secretaria Especial dos Direitos Humanos da Presidência da República. Direito à memória e à Verdade. Comissão Especial sobre Mortos e Desaparecidos Políticos. Brasília, SEDH, 2007, 500p.

TELES, Edson e QUINALHA, Renan. Lógica da governabilidade como escolha da democracia: o trabalho de Sísifo da Comissão Nacional da Verdade. Le monde Diplomatique Ed. 74, setembro 2013.

TELES, Janaina de Almeida. A constituição das memórias sobre a repressão das ditaduras. Anos 90, Porto Alegre, v. 19, n. 35, p. 263-300, jul 2012. ISSN:0104-236XI.

50 Anos Depois: Discursos de Memória e Reconstruções históricas sobre o Golpe de 1964 e a Ditadura Brasileira

Lucileide Costa Cardoso*

O universo dos discursos memorialísticos e historiográficos sobre o Golpe de 1964 e a Ditadura, tornou-se um vasto campo político, onde proliferam discursos ideológicos, emotivos e analíticos. As interpretações históricas mais significativas foram, em certa medida, incorporadas aos atos e criações da memória, assumindo cristalizações, revitalizações e confrontos. Novos recortes temáticos, conceituais e temporais foram restabelecidos pelos estudiosos da ditadura civil-militar brasileira, sensíveis aos vários movimentos de memória em busca de justiça, verdade e em defesa de políticas públicas voltadas para consolidação de espaços democráticos de negociação e de conflito em relação ao passado. O direito ao ressentimento como protesto e ao não enquadramento dos traumas em memória institucionalizada ainda constitui um campo de resistência importante e diferenciado. As datas emblemáticas e a profusão dos discursos durante os 30 anos, 40 anos e 50 anos do golpe acompanham a análise, sustentando o argumento de uma memória que sobrevive tensionada

---

* Doutora em História Social pela USP. Professora Associada do Departamento e do Programa de Pós-graduação em História da Universidade Federal da Bahia. Líder do Grupo de Pesquisa *Memórias, Ditaduras e Contemporaneidades* (UFBA/CNPq).

pelo contexto de transição que insiste em permanecer. A tese que buscaremos desenvolver ao longo do texto é a de que, no caso brasileiro, não houve ruptura política no contexto de transição da ditadura para a democracia, mas a pactuação através de consentimentos e consensos.

Seguindo essas assertivas que originaram esse texto, é válido o esforço de entendermos, em termos políticos e sociais, quando emerge no Brasil uma cultura de memória a respeito dos acontecimentos ocorridos durante 21 anos de vigência da Ditadura Civil-Militar. Vale ressaltar que as políticas de memória e suas implicações na recuperação dos passados ditatoriais criaram a memória como dever, especialmente na América Latina. A Argentina foi protagonista ao tomar o "Nunca Mais" como princípio de justiça de transição, cristalizada mais tarde na aprovação da Convenção Internacional para a Proteção de Todas as Pessoas contra os Desaparecimentos Forçados. (AGEITOS, 2011).[1] O testemunho surgiu como necessidade jurídica, moral e política e os atos de Memória, tornaram-se peça central da transição democrática, "apoiado às vezes pelo Estado e, de forma permanente, pelas organizações da sociedade". (SARLO, 2007: 20).

No Brasil, uma vasta literatura do testemunho também obteve êxito editorial e de público, especialmente a produção de memórias de grupos oposicionistas, bem mais prementes em uma primeira avaliação e condenação da ditadura do que a produção dos historiadores. No quadro mais amplo dos círculos culturais, muitos deles estiveram confinados ao silêncio e autorrepressão, mediante a censura, a perseguição e o controle das universidades, instituições científicas e educacionais do país. Não podemos esquecer que a repressão atingiu um lado social e político amplo, como aponta a cientista política Maria Helena M. Alves, ao explicar as três variáveis da "cultura do medo" que se impôs:

---

[1] Sobre as decisões políticas que possibilitaram a impunidade na Argentina ver AGEITOS, Stella Maris. História de La impunidade. Lãs Actas de Videla, los indultos de Menen Y La reapertura de los juicios. 3ª. Edição, Buenos Aires. Adriana Hidalgo Editora, 2011. A autora discute os regulamentos, atas, leis, decretos e documentos, argumentando que não foram suficientes para castigar os criminosos na Argentina. Também esclarecemos que a Convenção Internacional para a Proteção de Todas as Pessoas contra os Desaparecimentos Forçados foi adotada em 20 de Dezembro de 2006 pela Assembleia Geral das Nações Unidas e aberta à assinatura em Paris a 06 de Fevereiro de 2007, entrando em vigor na ordem internacional em 2010.

> O uso generalizado e institucionalizado da tortura numa sociedade cria um efeito demonstrativo capaz de intimidar os que têm conhecimento de sua existência e inibir a participação política. A evidência da repressão do Estado criou uma "cultura do medo" na qual a participação política equiparou-se ao risco real de prisão e consequente tortura e coibiu a participação em atividades de oposição comunitária, sindical ou política.
>
> Essa "cultura do medo" tinha três importantes componentes psicológicos: o primeiro era o silêncio imposto à sociedade pela rigorosa censura (...). Este silêncio imposto provocou profundo sentimento de isolamento naqueles que sofriam diretamente a repressão e/ou exploração econômica. (...) Amplos setores da população viram-se marginalizados e isolados de outros segmentos que poderiam oferecer-lhes apoio e ajuda. (...) Parecia impossível enfrentar o poder do Estado. Um sentimento de total desesperança passou a prevalecer na sociedade, (...), silêncio, isolamento e descrença eram os fortes elementos dissuasivos da "cultura do medo". (ALVES, 2005:205).

Na tentativa de recompor o traço que segue no presente com tantas variáveis, retomamos os discursos memorialísticos produzidos em meados dos anos sessenta e setenta, seguindo atuante até o fim da hegemonia militar e revigorados pela transição política. Reverberações da inflexão política de 64, assumindo matizes ideológicas defensáveis ou condenáveis ao regime adquiriram "surtos" de memórias, concretizados com proliferação de publicações, eventos, vídeos, filmes, entre outros produtos culturais. Os 40 anos e os 50 anos ganharam expressividade e (re) criaram novas leituras de acordo com os interesses e embates do presente. A literatura política e as primeiras obras de cunho histórico anunciaram contendas que insistem em permanecer.

Nunca se publicou tanto sobre o tema, condição que nos permite indagar se os constantes lançamentos editoriais, projetos governamentais, produtos multimídia podem revelar o caráter não só político mas também rentável de tal empreendimento. Trata-se de "novas roupagens" para uma velha história? É possível nos referirmos ao processo de mercantilização da memória ou do imperativo de uma era da memória e não mais da história? Esta tendência continua direcionando o nosso mercado editorial, cujos escritos orientam-se na perspectiva de polos antagônicos: "vencidos" versus "vencedores", opressores versus oprimidos, torturados versus torturadores, todos buscando, através de suas memórias, entregues à opinião pública, uma absolvição frente ao tribunal da história. Grandes projetos editoriais, financiados por particulares, governos, instituições civis ou militares, resultam em publicações luxuosas e caras. Espécie de empresa auto(bio)gráfica a serviço de técnicas de marketing e de recursos estilísticos cada vez mais sofisticados, pretendendo provocar o encantamento e a consagração da sua versão como a verdade de uma época. Anula-se o entendimento público do passado ditatorial, especialmente da violência política, e cristaliza-se uma história-memória que termina por legitimar a censura ao excluir parcelas consideráveis da sociedade, herdeiros de uma memória social mais ampla.

Contrariando essa tendência, a tarefa a que nos propomos consiste em tentarmos realizar uma arqueologia das criações da memória, que ganharam o estatuto de escritos combatentes, representados por grupos de autores críticos do regime. Esses escritos, elaborados durante os 30 anos que se seguiram ao golpe, ofereceram ao público material narrativo para exorcizar a situação vivida no passado. Contudo, o lugar reservado em bancas e livrarias, para biografias, autobiografias, entre outras modalidades e expressões da memória, não se deveu, exclusivamente, ao talento dos seus autores. Em parte, foi responsabilidade do mercado editorial, ampliado a partir dos anos 70 pelas técnicas de marketing, esquemas de distribuição e divulgação das obras e cuja expansão comercial também foi responsável por deslocar o eixo RJ-SP-MG. Foi o "boom de 75", dividido entre contistas, romancistas e poetas, todos produzindo uma ficção voltada para o real imediato. A intenção era de "contar a história, testemunhar, colar-se ao real imediato". (HOLLANDA, 1979:13).

Nesse ponto, podemos dizer que os livros representativos da "memória dos vencidos" romperam o cerco da "cultura do medo", do silêncio, do isolamento e da descrença, já a partir de 1964. Mas, por serem também discursos, não podem ficar confinados numa "cristalização inabordável": "É mais importante entender do que lembrar, embora para entender também seja preciso lembrar." (SARLO,2007:22). No geral, os discursos de memórias dos "vencidos" podem ser classificados como: livros de denúncias contra os governos militares, depoimentos de exilados e ex-presos políticos, obras de parlamentares de oposição, livros-reportagem, memórias auto(bio)gráficas e romances políticos. Essa avalanche de livros, em conjunto com a imprensa, com as cartas de presos políticos e com os documentos que foram produzidos dentro e fora das prisões, expuseram a violência da ditadura ao mundo e clamaram por justiça.

No entanto, a memória dos "vencidos" só poderá ser compreendida sob a chave de leitura da pluralidade de vozes que relataram a violência da ditadura, incluindo os relatos dos "vencedores", com efeito retardado e ressentido. No momento em que o enfrentamento político mais direto e aberto com a ditadura tornou-se impossível ou não mais desejável, o livro foi o instrumento da denúncia da tortura, provocando respostas dos seus algozes que logo trataram de se defender, produzindo relatos articulados em controvérsias. Guerra, luta, contenda, combate ou disputa de memórias, representam termos comuns às novas e diversas abordagens historiográficas sobre o assunto. (CARDOSO,1994, MARTINS FILHO,2002). Com isso, destacamos que o tema da tortura assume centralidade em algumas narrativas, representando uma "ferida" aberta, que inspira combates dos dois lados. Nos limites desse texto, selecionamos os mais significativos e aqueles produzidos durante a vigência do regime e no período de meados dos anos oitenta, considerados de transição política.

Estatuto da Memória: Arsenal de Narrativas sobre a Violência da Ditadura

Dois livros de teor memorialístico de que temos notícia, publicados em 1964, procuraram dar conta dos acontecimentos que precederam a deposição do governo de João Goulart e os impasses da política institucional requisitada pelos conspiradores para consolidar o golpe de 1964. O primeiro compreende a obra, *Sexta-feira, 13: Os Últimos Dias do Governo Goulart*, Rio de Janeiro, 3a. Ed., Editora O Cruzeiro, 1964, feita pelo Ex-ministro da Justiça do governo João Goulart, Abelardo Jurema. Sua repercussão foi imediata, para um público mais amplo, por meio da Revista *"O Cruzeiro"*, que publicou vários capítulos esparsos, visando incentivar o julgamento crítico dos seus leitores e despertar a atenção para o fato de que havia uma relativa liberdade para divulgar opiniões divergentes da oficializada pelo governo do general Castelo Branco. Trata-se de uma memória escrita por um membro do executivo que buscou naquele momento denunciar as arbitrariedades contra o governo Goulart, constitucional e democraticamente eleito.

O segundo inclui um *best-seller* de 1964, relançado em 2014, pela Editora Nova Fronteira, com o título *O Ato e o Fato*, do escritor Carlos Heitor Cony, reunindo crônicas publicadas na coluna *"Da Arte de Falar Mal"*, assinadas por ele no *Correio da Manhã*. A ideia para esses escritos surgiu de um passeio do jornalista com o poeta Carlos Drummond de Andrade na tarde do 1º. de abril de 1964, quando presenciaram soldados e oficiais, à paisana, armando uma barricada em frente ao Forte de Copacabana. Local tomado pelos golpistas que supunham uma desesperada resistência do governo Goulart, enviando tropas sediadas no Rio com o auxílio das tropas do general Amauri Kruel de São Paulo.[2] O fato inspirou uma série de textos corajosos de Cony, condenando o golpe. Organizada pelo editor Ênio Silveira,[3] a coletânea foi lançada em 1964 e, na noite de autógrafos, Cony assinou 1.600 exemplares, além de presenciar uma sessão que se transformou num ato de repúdio à ditadura. O jornalista não poupou ninguém em suas crônicas, atacou a prepotência militar, os generais líderes do regime e os políticos, como Juscelino Kubistchek, Carlos Lacerda e João Goulart. A novidade dessa nona edição, motivada pelos 50 anos do golpe, é o acréscimo do relato memorialístico do escritor, publicado há dez anos numa série sobre o golpe, organizada pela editora paulistana, CIA das Letras, e com apresentações de Otto Maria Carpeaux e Paulo Francis. Heitor Cony sofreu com ameaças de morte, prisões, além de responder ao processo do então ministro da Guerra e futuro presidente, general Costa e Silva, que queria condená-lo a 30 anos de prisão por incitar, com os seus textos, atritos entre militares e civis.

Em 1965, ano seguinte, como parte de uma cultura comunista mais ampla, foi lançado um misto de relato autobiográfico e documento político, em formato de livro, *Por que Resistir à Prisão*, de Carlos Marighella. O livro, reeditado em 1994[4], tendo em vista os 30 anos do golpe de 1964, conta com apresentação

---

[2] CONY, Heitor Carlos. A Revolução dos Caranguejos. Col. Vozes do Golpe. Memória. São Paulo. CIA das Letras, p 16-17. 2004. Ver matéria *"Best-seller de 1964, série de Cony contra a Ditadura é relançada"*. FSP, 26 de Abril de 2014. Caderno Ilustrada E-4.

[3] Ênio da Silveira, comunista, dono da editora Civilização Brasileira. Manteve uma linha inconformista de edições, e liderou uma resistência cultural ao dispor a sede da editora para realizações de reuniões clandestinas com a presença de vários intelectuais perseguidos. O editor foi preso e respondeu a vários inquéritos movidos pela Justiça Militar. Para visão mais ampla sobre a repressão política e cultural aos intelectuais, incluindo o editor aqui citado, consultar CARDOSO, Lucileide C. *Nelson Werneck Sodré: Censura, Repressão e Resistência*. Anos 90 (UFRGS. Impresso e digital), v. 20, p. 237-267, 2013.

[4] Primeira edição, RJ, Edições Contemporâneas, 1965. Segunda edição, São Paulo, Editora Brasiliense, 1994 com o acréscimo de Ilustração de capa: Esboço do arquiteto Oscar Niemayer para o projeto do túmulo de Marighella, concretizado no translado do corpo de São Paulo para

do renomado crítico literário, Antônio Cândido, que destaca exatamente a ideia de superação de um relato da experiência individual para uma análise da situação política, do ponto de vista do desafio revolucionário no enfrentamento com a ditadura (CÂNDIDO, 1994:08). O prefácio de Jorge Amado recupera o homem e o herói, remete ao livro como mescla de reportagem, relato pessoal e documento político, permeado sempre por emoções. Composto de maneira interessante, a narrativa começa por um fato concreto, em que o autor descreve a sua prisão em nove de maio de 1964, denunciando os requintes desnecessários da brutalidade da repressão, durante uma sessão de cinema cheia de crianças, no bairro da Tijuca, Rio de Janeiro. Nesse episódio, Marighella resistiu e foi baleado no peito, sendo a seguir preso e longamente maltratado. O caráter de exemplaridade norteia a narrativa com o propósito de preparar os futuros militantes para o enfrentamento com a ditadura.

O autor ainda trata do polêmico tema das "Cadernetas Prestes", base do Inquérito Policial Militar do Partido Comunista Brasileiro, IPM/PCB, instaurado em 1964, sob o comando do coronel Ferdinando de Carvalho. Marighella desbrava os homens do DOPS do Rio de Janeiro e São Paulo, seus algozes, sempre driblando todas as investidas dos policiais com o fito de vincular seu nome ao de Prestes e ao PCB. Refere-se à ditadura como "fascismo militar" do tipo brasileiro, numa linguagem mais de manifesto do que propriamente de enfrentamento teórico-conceitual, não existindo uma preocupação em dar conta das implicações que o uso do termo acarreta, pois, o sentido é outro, convocar todos os brasileiros para encampar a luta de resistência. A palavra 'resistência' comparece no texto, mas o critério não é o da resistência democrática, e sim revolucionária. O autor foi solto nesse mesmo ano, por pressão dos jornais que passaram a denunciar a prática da tortura. Para tanto, importa lembrar que ainda não vigorava o AI-5, imposto em 13 de dezembro de 1968 e revogado somente em 1979.

O comunista e ex-deputado federal, Carlos Marighella, experimentou prisão, tortura, exílio e clandestinidade, tornando-se líder da organização da esquerda armada ALN (Ação Libertadora Nacional) até ser assassinado, em 1969, a mando do delegado Sérgio Paranhos Fleury, chefe da repressão em

Salvador. Terceira edição de MARIGHELLA, Carlos. Por que Resisti à Prisão. SP: Brasiliense, Salvador: EDUFBA/OLODUM, 1995, em circulação até hoje.

São Paulo. Existem inúmeros escritos memorialísticos e acadêmicos sobre o personagem, cujo molde, após os 50 anos do golpe, resiste a uma tentativa de enquadramento em memória institucionalizada, movidos pela convicção de que Marighella sempre acreditou na resistência coletiva e não individual. Portanto, redesenhar a grafia de sua vida exige o compromisso de não cair na tentativa da heroificação. Um grande best-seller comporta sua biografia, escrita pelo jornalista Mário Magalhães, lançado em várias livrarias brasileiras, em 2012, e vencedor do Prêmio Jabuti de 2013, maior prêmio da literatura brasileira. As sessões de autógrafos aglutinam familiares, militantes de esquerda, simpatizantes e curiosos em geral que transformam esses momentos em atos de reforço da memória, para que não se esqueça a luta daqueles que deram a vida para derrubar a ditadura. Contudo, não devemos deixar de pontuar que tais sessões podem representar iniciativas e estratégias de marketing editorial, contaminado pelos interesses midiáticos e de mercado, interessados em produtos que representem as "guerras de memórias" no momento atual de visibilidade política das diversas Comissões de Verdade.[5]

Assim, no período de 1964-65 surgiram as primeiras denúncias de tortura em formato de livros, artigos na imprensa, discursos proferidos em instituições políticas e manifestos variados, o que significa dizer que a ditadura foi extremamente violenta em seu momento inicial, conforme atestam os novos estudos e fontes condensados em relatórios parciais de Comissões de Verdade e divulgados pela imprensa. A ideia de uma "ditadura envergonhada", atestada pelo título do primeiro volume da coleção escrita pelo jornalista Elio Gasparin, publicada em 2004, não convence os observadores mais atentos. O conteúdo desenvolvido no livro não recupera a dinâmica da sociedade. No apreço à verdade, o jornalista constrói sua bela narrativa centrada em dois sujeitos históricos: o sacerdote (general Golbery do Couto e Silva) e o feiticeiro

---

[5] Trata-se do livro *Marighella: O Guerrilheiro que incendiou o mundo*, escrito por Mário Magalhães. SP; Editora CIA das Letras, 2012. Além de capa e edição luxuosas, estratégia editorial, que aposta e financiam vários outros projetos biográficos, o autor recebeu do jornalista baiano Emiliano José um extenso acervo documental sobre o personagem. Consultou uma vasta bibliografia e apresenta um rico material coletados no exterior. O itinerário político de Marighella, mulato, descendente de negros e de imigrantes, destemido e revolucionário, adequa-se aos novos "ventos" democráticos, sempre em busca de forjar heróis que identifiquem o povo com a república. O Brasil "Para Todos", centrado na noção do otimismo das três raças, ou no mito da mestiçagem, que nos identifica como nação.

(general Ernesto Geisel). Com isso, pretende criar uma moldura do início da ditadura que já prenuncia o seu devir, neste caso, uma política de transição sem conflitos. O último volume da coleção, intitulado "A Ditadura Derrotada", com requinte e apelo de marketing editorial, buscou expressar que os dois "gênios", Geisel e Golbery, arquitetos da política de abertura, devolveram o poder aos civis sem traumas e sem possibilidade de revanche. Em suma, a obra condensada em quatro volumes, obteve grande sucesso editorial e orientou o debate político em torno dos 40 anos do golpe. Mais uma vez a obra de um jornalista repercutiu mais do que a própria historiografia que trata do assunto (SCHIMIDT, 2007).

A questão consiste em entendermos quando que a ditadura foi derrotada? Houve ruptura política? Revolução, guerra ou troca de governantes, através de processos eleitorais democráticos? A resposta, evidentemente, é não. Nossa ditadura teve fim com um colégio eleitoral negociado e conciliado por militares e civis, que atestaram a candidatura do mineiro Tancredo Neves à Presidência da República, em 1985. Não chegou a tomar posse, logo após a sua morte, por motivo de doença, assumiu o seu vice, José Sarney, antigo político civil apoiador da ditadura e líder da ARENA, no Maranhão. Assim, nascia a "Nova República", com todos os problemas e impasses para a consolidação democrática, seguindo uma política de pactuacão, sem revanches e sem cortes. 50 anos depois, a memória frustrada dos que sobreviveram à tortura e dos parentes das vítimas de assassinatos e desaparecimentos, reclama e clama por verdade e justiça.

Nessa luta de poder, muitos militares defensores da ditadura, ainda não desistiram ou agonizaram, buscando revidar a cada investida das Comissões de Verdade, cerca de 100 que se espalharam por todo o país. No dia 01 de abril de 2014, data que marcou os 50 anos do Golpe de 64, as Forças Armadas anunciaram a abertura da investigação para apurar a prática da tortura e mortes em sete unidades militares. Alguns meses depois, a apuração dos próprios militares sobre os crimes da ditadura resultaram em mais frustação: *"Forças Armada silenciam sobre a tortura e assassinatos na ditadura"*, matéria publicada pela Folha de São Paulo, em 19 de junho de 2014. Nessa matéria, o Exército, Marinha e Aeronáutica negam ter usado quartéis em desacordo com legislação da época. A FSP reproduziu o trecho do Relatório do Exército sobre o DOI-CODI de São Paulo: "Não foram encontrados registros que comprovem o uso das instalações para fins diferentes dos que lhes tenham sido prescritos" (Caderno Poder, A-7). Em contrapartida, a Comissão Nacional da Verdade[6] apontou 24 vítimas (15 torturados e nove mortos) em instalações militares, que foram objeto de sindicâncias internas. Em todos esses casos, o Estado brasileiro reconheceu a responsabilidade nos episódios e indenizou vítimas de familiares. Os relatórios emitidos pelas unidades investigadas (DOIs de São Paulo, RJ e Recife; quartéis da 1ª Campanha da Polícia do Exército Vila Militar, no RJ; 12º Regimento de Infantaria do Exército, em BH; Base Naval, da Ilha das Flores; e a Base Aérea do Galeão) são similares em seu conteúdo e afirmam não terem documentos que comprovem "desvios de finalidade". Os relatores citam legislação, documentos da época e realizam um longo histórico sobre as unidades, mas não abordam os casos de mortes e torturas.[7]

A atual historiografia brasileira também teceu considerações sobre o assunto. Os dados sistematizados merecem ser citados, mesmo quando geram questionamentos do ponto de vista da produção das fontes que sustentam a análise. Esses dados são capazes de responder a uma determinada memória imposta na sociedade brasileira, de que a violência só ocorreu durante o período da luta armada, o mal denominado "anos de chumbo". Estudo recente afirma que cerca de 50 mil pessoas foram presas somente nos primeiros meses de ditadura por motivação política. Durante vigência do regime cerca de 20 mil presos foram submetidos a torturas físicas, uma quantia desconhecida

---

[6] A CNV foi instituída em 2012, após a Lei NO. 12.528/2011 ter sido sancionada no fim do ano anterior pela presidenta Dilma Rouseff. Instrumento criado pelo Estado para apurar violações aos direitos humanos entre 1946-1988. Sua atuação tem contribuído para consolidar ações de justiça de transição no Brasil.

[7] Documentos oficiais dos EUA entregues ao governo brasileiro descrevem de forma minuciosa a prática da tortura empregada nas instituições militares. Ver matéria *"Documentos dos EUA mostram que país sabia de torturas da ditadura militar no Brasil"*, publicada no *Jornal O Estado de São Paulo* em 02 de Julho de 2014. "Os documentos entregues pelo governo americano à Comissão Nacional da Verdade mostram que os diplomatas do país tinham conhecimento em detalhes das torturas praticadas nos porões do regime militar, mas pouco fizeram para evitá-las. (...) Apesar de não terem abandonados os tradicionais choques elétricos e o pau de arara, "uma nova, mais sofisticada pressão psicológica e física" estava sendo usada para intimidar e apavorar os interrogados, (...)o que ficou conhecido como "método inglês". http://politica. estadao.com.br/. Acesso em 26/07/2014. Os documentos não contribuíram com os trabalhos da CNV, principalmente porque a maioria das informações apresentadas já foram mapeadas, com o uso de outros registros.

de mortos em manifestações públicas, cerca de 400 mortos e desaparecidos políticos; 7.367 indiciados e 10.034 atingidos na fase de inquérito, totalizando 707 processos judiciais, 4 condenações à pena de morte, 130 banidos, 4.862 cassados, 6.592 militares atingidos, além de número significativo de exilados, camponeses e indígenas assassinados. (TELES, 2005:15).

Não é difícil supor que os livros de denúncia da tortura constitui o maior conjunto memorialístico e merecem ser analisados como peças de combate pela memória de um passado que muitos querem esquecer. Quando também, outros ainda insistem em lembrar com ações e construções de narrativas sedimentadas no dever de memória. Algumas delas foram publicadas primeiramente no exterior, outras circularam de forma clandestina e restrita, com edições nem sempre bem elaboradas. Outras se tornaram livros com alta tiragem, concretizadas em várias edições, ganhando o estatuto de verdadeiros *best-seller*. Mas esse alcance não se deve exclusivamente ao talento do escritor, provocando o encantamento da leitura ao narrar a sua experiência. O modelo como se organiza a difusão dos livros em uma sociedade, e das redes de sociabilidades que se sucedem, merecem também alguns comentários. No Brasil, em meados da década de setenta ocorreu uma rápida expansão do mercado editorial. As editoras já estabelecidas, como a Civilização Brasileira, a Brasiliense, Vozes e a Paz & terra, ousaram ao publicar obras de opositores, assumindo o risco da repressão que se impôs. Surgiram novas editoras comprometidas com esse perfil, entre elas Codecri, Global, Alfa-Omega, Debates, Kairós, entre outras.

Márcio Moreira Alves, ainda em abril de 1964, foi o primeiro a denunciar a tortura do novo regime, publicando corajosos textos na imprensa que motivaram sua prisão, fato relatado por Heitor Cony quando dividiram a mesma cela em novembro de 1965. Em 1966, lança o livro pioneiro, *Tortura e Torturados*, RJ, Idade Nova, que teve sua primeira edição proibida e recolhida. Um relato documental, composto de descrição de casos de torturas, conteúdo suficiente para sustentar o argumento de livro "subversivo" usado pelo governo Castelo para impugnar a candidatura a deputado federal do autor. No ano seguinte, 1967, a obra foi liberada pela justiça. Eleito deputado federal, proferiu um discurso na Câmara, em resposta a invasão da Universidade de Brasília, conclamando a juventude a não comemorar o 7 de setembro, o dia da Pátria. O discurso serviu de pretexto para edição do AI-5 em 13 de dezembro de 1968.

Ainda nessa década, outro texto importante, intitulado "Documento de Linhares", de 1969, produzido dentro da prisão, encaminhado às autoridades brasileiras, que não por acaso fizeram descaso do mesmo, e depois largamente divulgado no exterior, passou a incomodar a imagem do regime e motivar a luta contra a tortura no mundo. Mais tarde o texto originou a peça autobiográfica, intitulado *D. Linhares: Memorial da prisão política*, de Gilney Amorim Viana, Comitê Brasileiro de Anistia/Minas Gerais, relato de experiências de um autor ainda preso em 1979.

Na década seguinte, precisamente a partir de 1973/74, a luta de familiares dos presos, mortos e desaparecidos, organizando grupos em diversos Estados brasileiros, passaram a denunciar as torturas e as degradantes condições dos cárceres. Antes, porém, a ficção política cumpriu um papel relevante de denúncia da tortura frente ao recrudescimento da repressão. Em 1971, o romance político de Antônio Callado, *Bar Don Juan – autocrítica da luta armada*, realizou uma avaliação dos impasses dos grupos armados.[8] Em 1973, Lygia Fagundes Telles, no capítulo seis da obra *As Meninas*, reproduziu uma carta de um preso político, denunciando a tortura.[9] No campo ainda da ficção política, podemos destacar em 1975, *Zero: romance pré-histórico*, de autoria de Ignácio de Loyola Brandão, lançado primeiro na Itália e logo proibido no Brasil, liberado apenas em 1979, com a decretação da anistia e retorno dos exilados.

Em 1976, dois romances, entre outros, são considerados de resistência: *A Festa*, de Ivan Ângelo, representação de uma crítica social mais ampla ao regime, e *Quatro-Olhos*, de Renato Pompeu, exploração do fenômeno da "loucura" como resultado da máquina repressiva.[10] Mas, do ponto de vista da denúncia da tortura, podemos considerar como um dos importantes romances políticos

---

[8] Os romances políticos de Callado engajam-se na utopia da revolução brasileira sempre pelo viés autocrítico e da derrota anunciada: *Quarup* (1967), *Bar Don Juan* (1971), *Reflexos do Baile* (1976) e *Sempre-viva* (1981).

[9] Entrevista realizada por SUCUPIRA, Elizabeth. *O engajamento de Lygia Fagundes Telles.* Disponível em: http://www.portalliteral.com.br/artigos/o-engajamento-de-lygia-fagundes-telles e datado de 01/02/2005. Acesso em 25/06/2014.

[10] No entanto, para obter uma visão de conjunto da literatura política do período e de romances considerados de resistência, consultar FRANCO, Renato. *"Literatura e Catástrofe no Brasil: Anos 70"* (p. 351-370) IN SELIGMANN-SILVA, Márcio (Orgs). História, Memória e Literatura: o Testemunho na Era das Catástrofes. Campinas, São Paulo; Ed. Da UNICAMP, 2003. Além desse artigo, temos o livro, também de sua autoria, intitulado *Itinerário Político do romance pós-64: A Festa.* SP. Editora da UNESP, 1998.

do período, *Em Câmara Lenta*, 1977, de Renato Tapajós. O autor apresenta cenas de prisão e bárbara tortura vivida por sua companheira, quando ambos eram militantes da organização revolucionária Ala Vermelha. O trauma da execução dela em estabelecimento militar, em 1972, é repetido incessante-mente na narração, como forma de relatar a sua própria prisão e também morte sob tortura de tantos outros. Narrar as ruínas e o desmoronamento do projeto político revolucionário de sua organização transformou-se no compromisso de atualizar a memória dos que sobreviveram e falar em nome dos mortos, representando, nesse ato, uma centelha de vida que ainda pulsa, mesmo considerando a proibição do romance e todas as suas repercussões a posteriori.[11] Em 1977, outro livro, de autoria de Rodolfo Konder, *Cadeia para os Mortos, História de ficção política*, narra cenas de torturas vividas por ele. Do mesmo autor, temos um ano depois, em 1978, *Tempo de Ameaça, Autobiografia política de um exilado*, momento em que o autor rememora a experiência do exílio.

A produção poética voltada a denunciar as violações nos cárceres pede uma análise apurada. Aqui, referenciamos apenas *Poemas do Povo da Noite*, livro de Pedro Tierra, pseudônimo de Hamilton Pereira da Silva, publicado antes na Espanha e depois no Brasil. Como principal expoente da poética encarcera-da, *Inventário de Cicatrizes*, de Alex Polari, escrito na prisão em 1978. Nele, o autor apresenta cenas de torturas e reflexões sobre o sentido da luta armada. Polari nasceu em João Pessoa, em 1951, militante da VPR, Vanguarda Popular Revolucionária, participou do sequestro do embaixador alemão, nos anos 70, preso no DOI-CODI em 1971, e barbaramente torturado. Polari sobreviveu para denunciar ao próprio Tribunal Militar o assassinato de Stuart Angel (filho da estilista Zuzu Angel), retratado no poema "Canção para Paulo",

---

[11] A história de sua militância e do livro foi recuperada em vários trabalhos acadêmicos. Entrevista com Renato Tapajós e análise da obra pode ser lida em SILVA, Mário Augusto Medeiros da Silva. *Os Escritores da Guerrilha Urbana. Literatura de testemunho, ambivalência e transição política (1977/1984)*. SP. Annablume; Fapesp, 2008, além do trabalho mais específico de MAUÉS, Eloísa Aragão. *Em Câmara Lenta, de Renato Tapajós: A história do livro, experiência histórica da repressão e narrativa literária*. 2008. Dissertação (Mestrado em História) - Departa-mento de História da Faculdade de Filosofia, Letras e Ciências Humanas da Universidade de São Paulo (FFLCH-USP). Ver também FRANCO, Renato. Op. Cit. p. 351-370

e as torturas que sofreu e presenciou. "Amar em Aparelhos" é um dos seus poemas mais celebrados.[12]

Os livros de não ficção também somam a estes, como por exemplo, em 1972, o *Livro Negro da Ditadura Militar*, dossiê de violações produzido pela Ação Popular Marxista-Leninista com circulação muito restrita, já que a publicação era clandestina e nem recebeu tratamento editorial para fins de um público mais amplo. Interessante que os militares também produziram um documento denominado o *Livro Negro do Terrorismo no Brasil*, com 996 páginas, divididos em dois volumes e que reúne textos de militares mantidos até então em sigilo. O livro, organizado pelo Centro de Inteligência do Exército, o CIE, dá a versão oficial das Forças Armadas para os "anos de chumbo" e resultou em pistas importantes sobre o destino dos desaparecimentos. Revela que pelo menos 23 das 135 pessoas desaparecidas durante a vigência do regime foram mesmo mortas, incluindo o caso de Rubens Paiva.[13] Mas antes dos militares, um livro corajoso, datado de 1974, *Oposição no Brasil Hoje*, com pronunciamentos políticos de Marcos Freire, advogado e deputado federal pelo MDB, deve ser considerado a primeira publicação que remete ao famoso caso do desaparecimento do deputado federal Rubens Paiva.[14]

A partir de 1975 a 1980, com o início do processo de "Política de Abertura", promovido pelo governo do general Ernesto Geisel, notamos uma espécie de "surto memorialístico", especialmente ocasionado com o abrandamento da

[12] O esclarecimento do caso de assassinato, seguido de desaparecimento de Stuart Angel, parece ter chegado ao fim com o depoimento do capitão reformado Álvaro Moreira de Oliveira Filho, 89 anos, concedido a CNV em dezembro de 2013, afirmando que o corpo do militante desaparecido, em 1971, foi ocultado na Base Aérea de Santa Cruz, localizada na zona oeste do Rio de Janeiro. Os Comissários consideram o depoimento do militar verossímil, mas acham difícil realizar buscas no local. Maiores detalhes ver: "Stuart Angel foi enterrado no Rio, diz capitão". FSP, 10 de junho de 2014. Caderno Poder A-11.

[13] Informação extraída da matéria "O Livro Negro da Ditadura", publicada pela Revista Isto É, em 25 de abril de 2007, reportagem de autoria de Hugo Studart. P. 54-56.

[14] Caso também já esclarecido pela CNV. Consultar a matéria *"Justiça abre ação no caso Rubens Paiva"*, FSP, 27 de maio de 2014 – Caderno Poder – A-11, em que cinco militares serão processados pela morte do deputado, desaparecido desde sua prisão pela ditadura, em 1971. Tal atitude surge no contexto de pressões para revisão da Lei da Anistia. Sobre isso ver a matéria importante também divulgada em primeira página pelo jornal A Folha de São Paulo no dia 31 de março de 2014, data da antevéspera do golpe de 64, 50 anos depois, *"46% apoiam revisão da Anistia, diz Datafolha"*. O conteúdo da pesquisa realizada pelo instituto Datafolha detalha que 54% querem julgar quem realizaram atentados, e 46%, os torturadores.

censura e pela Campanha da Anistia em 1977/78/79, permitindo uma proliferação de peças com características autobiográficas. Somando-se ao conjunto três livros de Frei Betto: *Cartas de Prisão* de Frei Betto, 1977; *Das Catacumbas: cartas de prisão, 1969-71* e *Cantos na Fogueira*, ambos publicados em 1978. Com esses escritos, os dominicanos expuseram-se ao público e, mesmo sem qualquer palavra contundente de acusação, denunciaram a condição de presos políticos que haviam vivido. As cartas enfatizam a prática da tortura aplicada a eles e aos companheiros de cela, as greves de fome para reivindicar melhores condições carcerárias e o cotidiano das relações entre presos políticos e presos comuns. As cartas são fragmentos dessa experiência na prisão. Ainda não era o momento das veementes denúncias que marcaram sua obra publicada em 1982, *Batismo de Sangue*, que virou um clássico do gênero e inspirou um filme, do mesmo nome, exibido nas salas de cinema em 2007. (CARDOSO, 2012:201). Frei Betto reproduz no livro o dossiê que procurou reunir provas documentais para denunciar um dos casos mais terríveis de tortura aplicados a um preso político, trata-se do *"Dossiê Frei Tito"*. Outro livro reportagem importante é *A sangue-quente: A morte do jornalista Vladimir Herzog*, publicado originalmente no jornal alternativo EX, em novembro de 1975, de autoria do jornalista Hamilton Almeida Filho. O objetivo foi desmontar a versão do suicídio através de um relato dos principais fatos que conduziram e seguiram com a morte do jornalista Vlado Herzog nas dependências do DOI-CODI de São Paulo.[15]

As fortes limitações da Lei da Anistia de 1979 frustraram as expectativas dos opositores do regime, permanecendo a luta de versões, visões e ficções, justificadas até hoje como dever de memória contra o esquecimento. Não obstante a esse compromisso político, notamos um maior dinamismo do mercado editorial, já que o sucesso de "obras de esquerda" passou a agradar cada vez mais o público-leitor, ávido em ouvir dos próprios participantes da luta armada a sua versão sobre a história censurada. Memórias "subterrâneas"

---

[15] Desesseis números do periódico Ex foram às bancas. O jornal mensal foi produzido entre 1973 e 1975, e teve vários exemplares recolhidos pela ditadura militar. O último número, *"Liberdade, liberdade, abre as asas sobre nós"*, revela o assassinato do jornalista Vladimir Herzog, em outubro de 1975. Esta edição vendeu 50 mil exemplares, e foi a que levou ao encerramento da publicação. A reunião das publicações é uma iniciativa da Imprensa Oficial do Estado de São Paulo e do Instituto Vladimir Herzog, disponível no site http://www.imprensaoficial.com.br/jornalex/. Acesso em 02/07/2014.

DITADURAS E REVOLUÇÃO. DEMOCRACIA E POLÍTICAS DA MEMÓRIA

vieram à tona. (POLLACK, 1989). Nesse ano de 1979, temos a publicação de *Desaparecidos políticos: Prisões, sequestros, assassinatos*, organizados por Reinaldo Cabral e Ronaldo Lapa – Centro Brasileiro Anistia/RJ – espécie de dossiê; *Tortura: A história da repressão política no Brasil*, do jornalista Antônio Carlos Fon, originalmente publicado no formato de uma reportagem para a Revista Veja, trazendo a novidade em denunciar a tortura como prática "científica". Logo após a publicação, temos o enquadramento de Fon na LSN (Lei de Segurança Nacional).[16] Completa a série, mais um livro sobre o caso Herzog, jornalista morto em 1975, *Dossiê Herzog: Prisão, tortura e morte no Brasil*, de Fernando Pacheco Jordão, livro reportagem que narra a farsa do assassinato e o movimento social pelo esclarecimento de sua morte. Vários escritos sobre o caso Herzog proliferam ao longo dos 50 anos, o último livro lançado em 2012, de autoria de Audálio Dantas, *As duas guerras de Vlado Herzog*. Editora Civilização Brasileira, recebeu também o importante Prêmio Jabuti de 2013, em sua categoria.

Voltando à ficção, os antigos exilados continuaram expressando a violência perpetrada pelo Estado. Entre eles, citamos dois livros de Reinaldo Guarany, *Fornos Quentes*, publicado no Brasil em 1978, quando o seu autor continuava exilado na Suécia, negociando, dois anos antes do seu retorno, a editoração do livro com a Alfa-ômega de São Paulo. O segundo livro, publicado em 1984, *A Fuga*, não obteve tanto sucesso editorial, talvez porque denunciar a tortura já não era mais impactante e nem despertava a curiosidade do público leitor. Temos ainda o texto *A fábrica de chocolate*, peça teatral de Mário Prata, encenada em SP, em 1979, por Ruy Guerra, em que cenas de tortura são reproduzidas com toda a sua crueza no palco. O movimento autobiográfico seguiu com diversas publicações: *Milagre no Brasil*, de Augusto Boal; *Nas profundezas do inferno*, de Augusto Porner, premiado na Itália em 1978, mas publicado no Brasil só em 1979; *Confesso que peguei em armas*, de Pinheiro Salles; e *Esquerda*

---

[16] Antônio Carlos Fon é um jornalista engajado em vários atos, movimentos, mobilizações contra a tortura. Participou como depoente no documentário, *Cidadão Boilesen*, de 2009, destinado a expor os vínculos entre militares e empresários, empreiteiros da tortura em São Paulo, especialmente na estruturação da OBAN, Operação Bandeirantes, fundada em 1969. Outras informações sobre ele e o livro podem ser extraídas do artigo: MAUÉS, Flamarion. *A tortura denunciada sem meias palavras: um livro expõe o aparelho repressivo da ditadura*. In: SANTOS, Cecília MacDowell; TELES, Edson Luís de Almeida e TELES, Janaina de Almeida (orgs.). Desarquivando a Ditadura: Memória e Justiça no Brasil. Vol. 1 São Paulo, Hucitec, 2009. p.110-134.

armada: testemunhos dos presos políticos do Presídio Milton Dias Moreira no RJ, organizado por Luzimar N. Dias.

Apesar da lista ser bem mais extensa do que os livros já destacados, incluindo várias publicações no exterior[17], referenciamos quatro autores, de menor ou maior sucesso editorial, que influenciaram uma geração de leitores na perspectiva da autocrítica, bem como da autoafirmação dos valores do passado no presente. Trata-se dos ex-guerrilheiros e antigos exilados, Fernando Gabeira, *O Que É Isso Companheiro?* (1979). O livro venceu o Prêmio Jabuti de Literatura na categoria memórias em 1980 e foi transformado em filme pelo cineasta Bruno Barreto em 1997. Escreveu ainda *Crepúsculo do Macho* (1980) e *Entradas e Bandeiras* (1981). Alfredo Syrkis, *Os Carbonários: Memória da Guerrilha Perdida* (1980). A 14a edição foi revista, em 1998, e uma edição de bolso foi lançada em 2002, além de *Roleta Chilena* (1981). Os seus relatos guiam-se pelo viés do rompimento passado/presente, compreendendo a "manifestação de derrota" dos projetos revolucionários. Adeptos dos movimentos libertários realizaram a autocrítica da luta armada e da esquerda tradicional. Do ponto de vista da permanência do valor da luta e da resistência armada ou não a ditadura, temos os livros já citados de Frei Betto, especialmente o *Batismo de Sangue* (1982) e do ex-padre português, Alípio de Freitas, *Resistir é Preciso: Memória da Morte Civil no Brasil*, (1981), que oscilam entre o heroísmo revolucionário e o desejo do testemunho, estabelecendo uma relação de continuidade entre passado/presente. O combate pela memória de Betto e Freitas espelha uma luta de resistência e autoafirmação dos ideais revolucionários socialistas do seu tempo. (CARDOSO, 2012:199)

---

[17] Alguns livros de denúncia da tortura e da repressão no Brasil editados no exterior são: *Brasil: Tortura, represión y muerte. La represión como instrumento de poder del gobierno de Brasil*. Caracas, Ediciones Bárbara, 1970; *"Pau de Arara" – La Violence Militaire au Brésil*. Paris, François Maspero, Cahiers Libres, 1971; ALARCON, Rodrigo. *Brasil: repressión y tortura*. Santiago de Chile, Orbe, 1971; *"Pau de Arara" – La Violencia Militar en el Brasil*. Ciudad de Mexico, Siglo XXI, 1972 (Informação extraída da COMISSÃO de Familiares de Mortos e Desaparecidos Políticos. *Dossiê Ditadura: Mortos e Desaparecidos Políticos no Brasil (1964-1985)*. São Paulo, IEVE/Imprensa Oficial, 2009. p. 260, esta obra foi organizada por Bernardo Kucinski, Ítalo Tronca e Luiz Eduardo Merlino); BIOCCA, Ettore. *Estratégia do terror: A face oculta e repressiva do Brasil*. Lisboa, Iniciativas Editoriais, 1974; BIMBI, Linda. Brasile, Violazione dei Diritti dell'Uomo. *Dossiê do Tribunal Russel II*. Milão, Feltrinelli, 1975; *Dos presos políticos brasileiros: Acerca da repressão fascista no Brasil*. Lisboa: Maria da Fonte, 1976.

Esse conjunto de memórias que denunciaram a repressão representa um exercício de explicação histórica a respeito da identidade que se abandonou. O significado delas emerge no interior da dimensão temporal e o sentido atribuído aos acontecimentos passados foi produzido depois deles terem se dado. A narrativa que produz não é exclusivamente sua, mas reveladora da experiência de vários outros. O viés ideológico, centrado na condenação do regime autoritário oscila entre o heroísmo revolucionário e a autocrítica/ruptura com o passado. Alguns autores aspirantes ao poder, elaboraram distintos projetos de revolução que visaram derrubar a ditadura através da luta de guerrilhas. Mas no geral, o sentido do estatuto da memória e do seu discurso é o de luta de resistência contra o esquecimento, capaz, portanto, de informar, influenciar e "despertar a memória". Constituindo uma moldura de crônicas com pretensões historicista/documental/analítica e interpretativa em que imaginário e real se interpenetram, tensionada pela relação história-mídia--memória.

Transição e Contendas de Memórias: Militares versus Militantes

O certo é que a partir do final dos anos setenta até os anos noventa do século passado, iniciou-se um verdadeiro combate pela memória, que prossegue no presente como um ponto de vista que remete as diferentes versões, visões e ficções sobre o nosso passado ditatorial. O livro *Brasil Nunca Mais*, 1985 transformou-se em matéria-prima da indignaçao, indispensável para a restauração de uma esfera pública de luta pelos direitos humanos. Como parte do Projeto BNM (1979-1985), o livro recupera a importância e a respeitabilidade das memórias de militantes, mas sem promover uma política de revanche. Nas palavras de Dom Paulo Evaristo Arns que prefaciou a obra: "Não é intenção de o Projeto organizar um sistema de provas para apresentação em qualquer Nuremberg brasileiro. Não o anima qualquer sentido de revanche." (ARNS, 1985:26;27). Portanto, a obra não cobra punição aos militares, pois o momento ainda era de grande temor de que os documentos pudessem desaparecer e de que os envolvidos na pesquisa sofressem represálias. No entanto, se tornou uma referência na luta pelo direito à verdade e à justiça, trazendo informações importantes sobre torturas, mortos e desaparecidos. Contribui ainda hoje para a luta dos familiares, com todo o acervo digitalizado e disponível na internet, reunindo documentos que ajudam a explicar e comprovar as circunstâncias de determinadas mortes e casos de perseguições e torturas.

Exemplo emblemático das disputas de memórias, é o *Brasil Sempre*, publicado um ano depois, 1986, para combater a versão do impactante *Brasil Nunca Mais*. No confronto, diz o tenente Marco P. Giordanni, hoje os militares são malvistos. Os escritos da "esquerda" impuseram uma "memória do vencido". Aqui, é bom dizer, que não somente ele, mas todos os militares golpistas que escreveram memórias, são unânimes na condenação do *Projeto Brasil Nunca Mais*, que deu origem a algumas publicações e teses que denunciam, ainda hoje, com provas documentais a prática da tortura neste período. Eles condenam também as orientações da Lei dos Desaparecidos de 1995, aprovada no governo Fernando Henrique Cardoso, que não contemplam as vítimas do "terrorismo". Os escritos mal denominados de "esquerda" pelos militares, não dialogam com as memórias deles, apenas os consideram algozes que utilizaram todos os meios (legais e ilegais) para conter a oposição ao regime. Se houve equívocos e exageros na "guerra", eles pensam poder partilhá-los com parcela da sociedade civil envolvidos nas tramas do regime e pouco estudados e citados. Queixam que as suas instituições são as únicas atingidas pela crítica, sem documentos comprobatórios de irregularidades praticadas por elas.

Para além desse exemplo mais contudente, podemos afirmar que militares e políticos civis apoiadores da ditadura produziram uma contra-memória. A maioria das obras data de 1964 a 1999, totalizando cerca de 40 livros, sem considerar vários discursos, depoimentos, artigos de jornais e palestras. Muitas são obras do fim da hegemonia militar e a maioria dos autores pertence à oficialidade graduada das Forças Armadas. O objetivo é superar os impasses das constantes crises de legitimidade que permearam os anos de vigência do regime autoritário. Os julgamentos que emitem têm por objetivo superar a situação vivida no passado ou reafirmar a legitimidade do ideário do que creditam como "revolução de 64". Revelam o desempenho dos conspiradores na articulação do golpe de 64; o ideário "revolucionário" que orientou a atuação desses agentes; a defesa ou desencantamento com a obra da "revolução gloriosa"; a pretensão de estarem contribuindo com uma historiografia que prima pela "verdade", através da "análise imparcial" dos acontecimentos. Ainda, dialogam com a historiografia: apoiando-se nela para confirmar

DITADURAS E REVOLUÇÃO. DEMOCRACIA E POLÍTICAS DA MEMÓRIA

a "veracidade" de suas próprias versões ou, pelo contrário, para denunciar as "inverdades" nela contida.

Os militares tecem considerações emotivas, afirmações patrióticas e apologia dos feitos gloriosos da "Revolução de 1964". São narrativas pormenorizadas, destacando atuações individuais e a grande obra modernizadora realizada pelos governos autoritários. Algumas são mais descritivas, dedicando-se a rememorações dos momentos iniciais da "revolução" e desligando-se de um mínimo de visão de conjunto do processo revolucionário.[18] Destacam-se também as narrativas "emotivas" de autores que se propõem a relatar o seu envolvimento heroico na erradicação do comunismo em 1964, considerando-se verdadeiros "heróis da pátria". Apresentam posicionamentos ideológicos bastante definidos sobre o tema da tortura, considerando-a um instrumento para obter determinadas confissões e um mal menor diante dos métodos empregados pelos "terroristas".[19] Outras são mais "críticas" e "autocríticas", apontando considerações mais agudas sobre o momento vivido e buscando explicações junto à historiografia.[20] Apresentam maior vigor interpretativo,

[18] Livro do marechal M. Poppe de Figueiredo, *A Revolução de 1964: um depoimento para a história pátria* (1970), em que relata momentos decisivos vividos no Rio Grande do Sul durante os idos de 1964. O livro apresenta em anexos vários documentos transcritos e completa o texto com abordagem de temas como Desenvolvimento, Civilismo, Segurança Nacional, Pátria e Nacionalismo. Outro livro significativo, *A Revolução de 31 de Março – 2º Aniversário*. (1966), reúne vários editoriais do Jornal Correio da Manhã, Estado de Minas e Folha de São Paulo, publicados por militares e civis em defesa da "Revolução de 1964".

[19] Como exemplo podemos destacar os livros do general Raymundo Negrão Torres *Nos "Porões" da Ditadura: fatos que a esquerda finge ignorar e a falácia do militarismo no Brasil*, 1998 e do tenente Marco Pollo Giordani, *Brasil Sempre*, 1986. Dedicam-se ao tema da repressão política em defesa das medidas iniciadas no governo Costa e Silva e levadas adiante no governo Médici. O livro do coronel Carlos Alberto Brilhante Ustra - *Rompendo o Silêncio*, 1987, e do médico, oficial do Exército, Amílcar Lobo - *A Hora do Lobo, A Hora do Carneiro*, 1989. Sobre as ásperas apreciações do general Olímpio Mourão Filho, líder do movimento militar anti-Goulart em Minas Gerais, consultar seu livro autobiográfico *Memórias: a verdade de um revolucionário* (1978), em que evidencia seus desentendimentos logo depois do golpe de 64 com Castelo Branco e Costa e Silva.

[20] Estão nesta categoria os dois livros do general Hugo Abreu (*O Outro Lado do Poder*, 1979, e *Tempo de Crise*, 1980) e do ex-Ministro da Justiça Armando Falcão, *Tudo a Declarar*;1989). Dois livros do ex-Ministro do Trabalho Jarbas Passarinho, intitulado *Um híbrido fértil. Expressão e Cultura*, 1996 e *As intervenções dos militares* (resenha dos livros consta no jornal Correio Braziliense, São Paulo, abril/1977); o livro de Roberto Simonsen Campos, *A lanterna na popa*. (Editora Topbooks, 1994).

não se reduzindo a percepção que os autores têm do momento vivido. Parte delas apresenta o "não envolvimento" do autor na narrativa, privilegiando a obsessão quase positivista pela "objetividade" dos fatos.[21]

Assim, os militares e civis apoiadores do golpe e da ditadura, também enquanto sujeitos históricos produziram um amplo "corpus documental", constituído de mensagens, discursos, artigos e livros especializados na divulgação do ideário "revolucionário", hoje ainda palidamente relembrado. Os militares representaram a revolução como sendo unitária e monolítica com amplo apoio das massas, que enxergavam os revolucionários como legitimadores de sua vontade. Tornou-se, portanto, emergencial construir uma imagem positiva da Revolução e do país.[22] A imagem do "novo", no bojo da história política, é fundamental para justificar a ideia de ruptura com o passado, da mesma forma que considera o presente como prenúncio de um futuro melhor. Assim, contrapondo-se ao "velho", representado por instituições ultrapassadas contaminadas pela corrupção e pelo comunismo do governo Goulart, o "novo" regime construiu a imagem do Brasil-potência, caracterizado por um Estado centralizado e intervencionista, o que foi básico para o processo de industrialização e modernização do país naquele momento. Portanto, alguns militares expressaram a necessidade de preservação da memória da "Revolução de 1964" frente às constantes investidas da "memória dos vencidos", que acabou por se impor.

A análise desses textos aponta para a permanência das ideias de ruptura versus continuidade tão características da história política. Essas ideias têm conteúdos diversos de acordo com o ponto de vista de cada grupo ao produzirem interpretações do passado. Alguns militares acreditam que a

---

[21] Entre diversos livros, destacamos: COUTO, Adolpho João de Paula. *Revolução de 1964: A Versão e o Fato*. Porto Alegre. Gente do Livro. 1999 e PEDROSA, J.F. Maya. *A Grande Barreira: Os militares e a esquerda radical no Brasil (1930-1968)*. RJ. Biblioteca do Exército, 1998.

[22] Consultar o artigo de CARDOSO, Lucileide C. *Os Discursos de Celebração da "Revolução de 1964"*. Revista Brasileira de História (Online), v. 31, p. 117-140, 2011, em que aborda aspectos relevantes dos discursos de memórias, construídos pelos militares entre os anos de 1964 a 1999. Através deles, buscaram explicitar as motivações quanto à articulação do Golpe de Estado, a estruturação do regime e o seu desfecho em 1985. As matrizes discursivas assumem contornos de radicalidade ao justificarem o 31 de março em oposição à "Revolução Comunista" que estava em curso no Governo João Goulart. O objetivo foi o de elucidar a estruturação do pensamento anticomunista e autoritário em disputa no campo da memória por uma determinada apropriação do passado.

"revolução de 64" representou a continuidade das sucessivas intervenções militares na vida republicana, garantindo os princípios de disciplina e hierarquia, essenciais para unificação das Forças Armadas e da sociedade. Contudo, essa posição não é unânime. Outros militares interpretam 1964 como um momento de grande ruptura em que se ergueu um Estado modernizador e democrático. Lamentam apenas a incapacidade do regime de comunicar-se com a sociedade através de uma política de propaganda sobre suas realizações. Revelam também o seu desencantamento com os erros e impasses diante da opção pela abertura política a partir de 1979.

Enfim, é preciso notar, que além da clássica divisão dos militares em "brandos" e "duros", a análise dos seus diversos escritos mostrou que o bloco revolucionário do poder não era tão coeso. Na verdade, prevaleceu uma sucessão desordenada de conflitos pessoais que revelou diferentes tendências frente ao poder instituído. Portanto, essa classificação dos militares em dois grupos, que se tornou convencional na academia, deve ser questionada, pois constatamos a existência de matrizes discordantes no interior desses grupos. Os inúmeros depoimentos de militares clarificam que alguns deles, da linha "dura", se opuseram à prática da tortura. Já outros, considerados "brandos", defenderam sua prática, bastando apenas que fizessem de maneira clandestina.

A Tortura: ponto de atrito entre forças opostas de memórias

Para precisar o embate de forças opostas de memórias sobre o golpe e a ditadura é preciso afirmar que a TORTURA constitui o principal ponto de atrito no confronto entre eles. Talvez o nó a ser desatado entre memória e história. Sem desconsiderar que para os opositores, as práticas de torturas físicas e psicológicas ganharam centralidade na narrativa e atingiram um alto grau de denúncia capaz de provocar mudanças e servir até hoje para reavivar o espaço público contra qualquer forma de violência. Para os militares e políticos civis apoiadores do regime, tal prática era episódica – distante e desconhecida dos altos escalões – no máximo, admitem que haja excesso dos dois lados. Justificada em decorrência de um estado de guerra, os exageros cometidos seriam de responsabilidade dos órgãos de repressão que tiveram, de acordo com eles, autonomia na condução das operações e nos interrogatórios dos presos. (CARDOSO, 1994, MARTINS FILHO, 2002:191).

Portanto, a tortura foi consequência direta da criação de um aparelho de segurança que passou dos limites estabelecidos por uma política decidida nas mais altas esferas do aparelho de Estado. Ao reconhecerem a existência de torturados, não citam nenhum torturador ou mandante de tortura. A maioria tampouco reconhece que eles próprios presenciaram ou estiveram no centro da engrenagem dos interrogatórios, baseados na aplicação de técnicas científicas e rotineiras de tortura. Revelam uma encruzilhada por ter que falar de forma distante e estranha de um tema que conhecem intimamente. A tortura sistemática de presos enquanto um acontecimento histórico fartamente comprovado fora colocada no campo das possibilidades e justificada em casos especiais para eliminar o "mal maior": o comunismo. A revelação veio a tona em 1997, quando o depoimento do general e ex-presidente, Ernesto Geisel, prestado ao Centro de Pesquisa e Documentação de História Contemporânea do Brasil (CPDOC), da Fundação Getúlio Vargas, Rio de Janeiro, atingiu a marca de quatro edições no formato de livro.[23] Tal posição provocou movimentos de "revolta da memória" (LOFF, 2000) por parte das vítimas e estudiosos do período. Porém, confirmou e trouxe pela primeira vez a fala de um general presidente que admitiu diante da sociedade o uso da tortura pelo Estado aplicada aos opositores do regime.

Os discursos dos militares não são meras peças de retórica, mas adquirem profundo sentido político ao justificar a revolução e a repressão, visando principalmente "esclarecer" civis e militares não participantes dos grupos de informação e segurança. Responsáveis pelas suas próprias ações buscaram divulgar um discurso especializado na defesa dos atos governamentais e na necessidade de manter órgãos de espionagem e repressão. Os mais exaltados glorificaram seus feitos heroicos no combate à "subversão", contudo permanecem ressentidos quanto à acusação de que foram torturadores ou simplesmente toleravam os excessos como medida preventiva. Portanto, alguns militares expressam a necessidade de preservação da memória da "Revolução de 1964" frente às constantes investidas da "memória dos vencidos", sustentando uma visão genérica de que todos estiveram comprometidos com os horrores dos "porões".

---

[23] GEISEL. Ernesto/Organizadores Maria Celina D'Araújo e Celso Castro – Rio de Janeiro: Editora FGV, 4ª. edição, 1997. 508p.

DITADURAS E REVOLUÇÃO. DEMOCRACIA E POLÍTICAS DA MEMÓRIA

A pesquisa também revelou que a maioria dos discursos e narrativas é de autoria de militares moderados e ocupantes de patentes do alto escalão das Forças Armadas. Esses oficiais, generais em sua maioria, fizeram circular internamente uma série de documentos que revelaram uma profunda convicção no iminente "perigo vermelho", ameaçando a vocação democrática do nosso povo. Também divulgaram, através de publicações oficiais, os objetivos revolucionários atrelados aos objetivos nacionais, denunciando às autoridades e à sociedade a existência de uma "guerra interna", tendendo não apenas a identificar os "inimigos internos" da nação, mas a superestimar sua capacidade ofensiva. Os intelectuais de esquerda continuam como um grupo especialmente visado pelos memorialistas militares e políticos civis de direita, que guardam profundos ressentimentos das avaliações que lhes são atribuídos por eles. Desacreditados frente às denúncias cada vez mais intensas dos casos de tortura e assassinatos, tentam a todo custo recuperar seu legado através de novas publicações, sites e programas de rádio, mas suas vozes já não mais ecoam.

A bem dizer, as memórias dos militares e militantes pesquisadas reproduzem cautelas bastante difundidas e feridas pouco cicatrizadas. A rigor, ainda está em curso no século XXI uma batalha entre duas memórias fortemente ideologizadas, reveladora de forte disputa política, envolvendo de um lado os integrantes da antiga esquerda – intelectuais, militantes de vários matizes, ex-lideranças estudantis e operárias, e por outro lado, os conservadores de todos os estratos que apoiaram ou participaram dos governos militares. A análise da ampla documentação aqui rastreada permite considerar que as memórias estudadas não são apenas versões sobre um determinado período, são produções memorialísticas que tiveram enorme influência político-partidária nos anos subsequentes a sua produção. Infere-se que facções bem sucedidas integrantes da "memória dos vencidos" em 64 estão hoje no centro do poder. Enquanto a "memória dos vitoriosos" do golpe de abril permanece relegada ao segundo plano, desprezada e combatida por setores sociais progressistas, contrários a qualquer forma de poder autoritário.

A "memória do vencido" continua no combate, representando o desejo do permanente exercício da memória com o intuito de resgatar uma contribuição política relevante para que futuras gerações aprendam com o passado público do seu tempo. Para os oposicionistas em geral, 1964 foi um "divisor de águas" na história do país, portanto uma ruptura que destruiu parte dos projetos revolucionários e reformistas em curso no Governo Goulart. Outros buscam enfatizar mais o elemento externo como explicativo das artimanhas que culminou na inflexão política de 64, representando apenas uma troca de elites no poder, submetendo os interesses capitalistas nacionais e internacionais à tutela militar. Nessa somatória, todos os opositores, armados ou não, compreendem que permaneceu uma herança "maldita" dos anos da ditadura militar, bastando verificar a dívida externa brasileira, o autoritarismo dos políticos tradicionais, enraizados em nossa sociedade, a preservação dos direitos dos militares e de suas instituições e a continuidade da prática da tortura, agora também aplicada aos presos comuns.

Considerações Finais

A memória do poder e do contrapoder, por sua própria natureza, devem ser compreendidas no bojo das transformações políticas iniciadas com o golpe de 64 e mantidas durante vinte e um anos de ditadura militar no país. A partir do governo Geisel, o discurso dos militares comprometidos com a repressão ficou desacreditado frente às denúncias cada vez mais intensas dos casos de tortura e assassinatos. Com a análise de parte dos documentos ficou evidente a multiplicidade de narrativas e pontos de vista que disputam interpretações polarizadas. Interpretações essas dos que exerceram o poder e dos que defendem até hoje sua ditadura e daqueles que, na contramão da história, foram capazes do exercício do contrapoder, minando paulatinamente com as bases do regime de exceção que se instalou entre nós.

Até que apareçam mais documentos oficiais ou melhores condições de acessibilidade, os relatos das vítimas constituem o núcleo de um conhecimento sobre a repressão, portanto, não podem sem desconsiderados nem julgados a priori. O respeito à dimensão da memória é fundamental, mas é importante salientar que qualquer relato da experiência é interpretável. Os fatos possuem máscaras, olhares, visões e versões diferenciadas entre seus autores. Dessa forma, inúmeras obras da esquerda política contrárias ao regime apresentam os fatos que lhes convêm, com seus interesses em voga. Logo, a defesa ou a condenação do regime militar está ligada ao viés ideológico do memorialista no ato de sua criação. Ademais, a discussão em torno da produção da memória e de novas perspectivas e olhares sobre a Ditadura Civil-Militar brasileira faz com que consideremos as inúmeras "armadilhas" encontradas em torno dos processos de elaboração de versões sobre um determinado passado. Partindo de um pressuposto lógico de tensões e complexidades de conceitos ideológicos e formativos de cada indivíduo, sua memória estará estritamente atrelada aos seus interesses e suas formas de observar o que viveu, bem como sua visão política.

De qualquer maneira, é preciso atentar para o fato de que houve e persiste o desejo de escrever ou fazer leituras críticas sobre 64, empolgando leitores, escritores e editores que vão muito além da peculiaridade do que se convencionou como relato memorialístico. A literatura política também apresenta fortes imagens, talvez até mais exatas do horror do passado recente e de sua textura de ideias e experiências. No dizer de Beatriz Sarlo: "o narrador sempre pensa de fora da experiência, como se os humanos pudessem se apoderar do pesadelo, e não apenas sofrê-lo." (SARLO, 2007:119). A verdade é que os limites entre "ficção" e "realidade" nem sempre podem ser delimitados. A literatura de testemunho tenta resgatar o que há de mais terrível no "real" para apresentá-lo. Mesmo que para isso ela precise da imaginação. (SELLIGMANN, 2003:375) O que fizemos nesse texto foi sistematizar algumas tendências da produção memorialística sobre o período, buscando avaliar o volume e o teor das narrativas que constituem um campo de memórias de forças opostas que disputam projetos políticos para fins de apropriação desse passado. Portanto, o estatuto da memória ainda pode ser considerado imperativo meio século após o golpe. Não obstante o fato de que passou a ser avaliado, problematizado e considerado, ao mesmo tempo, *fonte* e *objeto* pelos historiadores.

Nessa perspectiva, o conhecimento histórico expande-se para além dos relatos de memória, comprometido com análises mais abrangentes e acuradas, pois tais décadas estão repletas de uma massa documental – processos, material apreendido, jornais, manifestos, entre outros –, que acrescentam a moldura de um espírito de época, ao mesmo tempo em que precisam ser redefinidas e redesenhadas pelo historiador em seu ofício de coletor de fragmentos do passado. O fenômeno da memória continua conduzindo a história, manifestando pretensões também historiográficas e testando os limites do nosso trabalho. Assim, o tratamento às criações da memória, guiado pelo olhar crítico do historiador, buscará a reflexão em detrimento do encantamento da memória, por vezes autoritária e enganadora, das complexas relações sociais dessa fase em questão. Ao sugerir a compreensão da história do período, a partir de memórias em disputas, o trabalho sinaliza com atualizações do volume dessa produção, devendo inspirar novas pesquisas sobre os livros auto(bio)gráficos que já sabemos imensa.

Ademais, o debate acerca da memória da Ditadura Civil-Militar brasileira alcançaria maior êxito no diálogo com a historiografia, capaz de desbravar os vários acervos que se constituíram e que continuaram a se formar diante das novas rotas traçadas de justiça de transição com projetos que envolvem o Estado e políticas de memórias. As Comissões de Verdade, originadas de forma institucionalizada ou a partir de demandas sociais, delegam a voz ao passado mais pelo viés da memória do que da história. Todas reportam ao passado com alguma ponta de lembrança que as vinculam à luta política do presente, devendo a historiografia alargar os seus horizontes, deixando de ser menos restrita ao mundo acadêmico, e abrir-se ao diálogo com outros centros e grupos de produção do saber histórico. Nesta encruzilhada, a memória não pode ser apenas ilustrativa e servir para confirmar ou não uma determinada verdade. Ela própria, repleta de vida, campo magnético de símbolos e significados, constitui um fundo sobre o qual o outro se inscreve mediado por lembranças e esquecimentos. A tarefa da memória deve ser compartilhada, considerando sua dimensão individual e coletiva, assim como o registro (acadêmico) da historiografia.

Referências Bibliográficas

ALVES, Maria Helena Moreira. Estado e oposição no Brasil (1964 – 1985). Bauru, São Paulo: EDUSC, 2005.

ARNS, Dom Paulo Evaristo. (Prefácio). *Brasil: Nunca Mais*. Petrópolis, Vozes, três[a] ed., 1985.

CARDOSO, Lucileide Costa. CRIAÇÕES DA MEMÓRIA: Defensores e Críticos da Ditadura (1964-1985). 1. ed. Cruz das Almas: Editora da UFRB, 2012. v. 1. 248p .

_____. Construindo a memória do regime de 64. In: Revista Brasileira de História. São Paulo: ANPUH/Marco Zero, vol.14, n° 27, 1994, pp. 179-196.

GASPARI, Elio. *As Ilusões Armadas: A ditadura Envergonhada, A Ditadura Escancarada, A Ditadura Derrotada, A Ditadura Encurralada*. Coleção As Ilusões Armadas. São Paulo: Cia. das Letras, 2002 a 2004, 4 volumes.

HOLLANDA, Heloísa B. de & M.A. Gonçalves. "Política e Literatura: A Ficção da Rea-

DITADURAS E REVOLUÇÃO. DEMOCRACIA E POLÍTICAS DA MEMÓRIA

lidade Brasileira". In: Anos 70 vol. 2 - Literatura. Rio de Janeiro, Europa Gráfica e Editora, 1979, p. 7 - 79.

LOFF, Manuel. "Esquecimento, revisão da História e revolta da memória", In DELGADO, Ivã, LOFF, Manuel; CLUNY, Antônio; PACHECO, Carlos; MONTEIRO, Ricardo (Eds.), De Pinochet a Timor Lorosae. Impunidade e Direito à Memória. Lisboa: Fundação Humberto Delgado/Edições Cosmos, PP.189-202, 2000.

MARTINS FILHO, João Roberto. A guerra da memória: a ditadura militar nos depoimentos de militantes e militares. Varia História. UFMG, nº 28, dez. 2002, pp. 01-18.

POLLAK, Michael. Memória, esquecimento, silêncio. Estudos Históricos. Rio de Janeiro,v.2,n.3,p.3-15.

REIMÃO, Sandra. Repressão e Resistência: Censura a livros na Ditadura Militar. SP. EDUSP/FAPESP, 2001.

SARLO, Beatriz. *TEMPO PASSADO: Cultura da Memória e Guinada Subjetiva*. São Paulo. CIA das Letras, Belo Horizonte, UFMF, 2007.

SELIGMANN-SILVA, Márcio. "Reflexões sobre a Memória, a história e o Esquecimento". (p.59-88); "O testemunho: entre a Ficção e o "Real" (p. 371-386) IN SILVA, Márcio Seligmann(Orgs). *História, Memória e Literatura: o Testemunho na Era das Catástrofes*. Campinas, São Paulo; Ed. Da UNICAMP, 2003.

SCHMIDT, Benito Bisso. Cicatriz aberta ou página virada? Lembrar e esquecer o golpe de 1964 quarenta anos depois. Anos 90, Porto Alegre, v. 14, nº 26, dez. 2007. pp. 127- 156.

TELES, Janaina de Almeida. Os Herdeiros da Memória: a luta de familiares de mortos e desaparecidos políticos no Brasil. 2005. Dissertação de Mestrado, FFLCH-USP.

QUARTA PARTE
Uma memória europeia?

Memórias europeias. Perspetivas emaranhadas

Enzo Traverso[1]

Em dezembro de 2007, após um longo debate que envolveu profundamente a sociedade civil, o Parlamento espanhol votou uma lei que reconhecia e compensava – pelo menos simbolicamente – as vítimas da ditadura de Franco. Não é objetivo deste trabalho analisar o conteúdo dessa lei. O que, na nossa perspetiva, é interessante é a sua atual designação: "*ley de memoria histórica*" (lei da memória histórica), porque esta tem na sua base dois conceitos, memória e História, os quais as Ciências Sociais tentaram separar ao longo do século XX. De Maurice Halbwachs a Aleida Assmann, passando por Pierre Nora e Josef H. Yerushalmi, todos os estudiosos que trabalham com a memória e História sublinharam as suas diferenças.[2] É claro que não existe uma distinção

---

[1] Nasceu em Itália em 1957. Concluiu o seu Doutoramento no EHESS de Paris e ensinou Ciência Política em França, entre 1995 e 2009. É atualmente professor no Susan and Barton Winokur no dapartamento de Humanidades da Cornell University, Ithaca, NY. Os seus livros foram traduzidos para várias línguas. "The European Civil War 1914-1945" será publicado em 2015 pela Verso.

[2] Maurice Halbwachs, *On Collective Memory*, The University of Chicago Press, 1992; Aleida Assmann, *Der lange Schatten der Vergangenheit. Erinnerungkultur und Geschichtspolitik*, C.H. Beck, München, 2006; Pierre Nora, «Between Memory and History», *Representations*, 1989, 26, pp. 7-25; Josef H. Yerushalmi, *Zakhor. Jewish History and Jewish Memory*, The University of Washington Press, Seattle, 1982. Retomei este debate em Enzo Traverso, *Le passé, modes d'emploi*, La Fabrique, Paris, 2005.

DITADURAS E REVOLUÇÃO. DEMOCRACIA E POLÍTICAS DA MEMÓRIA

ontológica ou sequer hierárquica entre eles – ambos são formas de elaboração do passado – mas não devem ser confundidos. A memória é um conjunto de lembranças individuais e coletivas do passado. A História é uma discussão crítica sobre o passado: uma reconstituição de fatos e eventos decorridos no sentido de os contextualizar e interpretar. A memória é, sem dúvida, um tipo de *matriz* para a História que antecede a sua ambição de ser uma "ciência"[3]. Concebendo-se como uma narrativa objetiva do passado, elaborada segundo determinadas regras, no século XIX, a História "emancipou-se" da memória e passou a considerá-la um obstáculo (a lembrança efêmera e errada) ou transformou-a numa fonte a ser explorada com distanciamento crítico. Assim, nas últimas décadas, a memória coletiva foi introduzida no trabalho dos historiadores, onde se transformou em mais um objeto de investigação. A relação entre memória e História tornou-se complexa, por vezes conflituosa, mas as suas diferenças não foram questionadas.

A "lei da memória histórica" cria uma situação nova e confusa, e funde os géneros, invertendo a relação tradicional entre os elementos deste casal: a memória domina como substantivo, enquanto a História é relegada para uma posição de adjetivo. Esta lei não somente pretende controlar o passado, indicando de que forma a sociedade deve pensar a sua própria história, mas coloca a memória numa posição superior. Em alguns aspetos, tal revela uma anterioridade genealógica. O nascimento da História como um campo específico de conhecimento, como observado por Carlo Ginzburg, foi profundamente influenciado pela lei.[4] Num tribunal, os advogados tentam convencer o júri da inocência ou culpa do arguido, apresentando provas e exibindo as suas habilidades retóricas. Neste sentido, a justiça tornou-se num modelo para a elaboração de narrativas históricas. Esta lei espanhola relembra-nos este simples fato, não pela reconstrução de uma arqueologia do conhecimento histórico, mas através do estabelecimento de uma hierarquia. Os historiadores, que desempenharam um papel decisivo nos últimos anos na elucidação da violência do regime de Franco – sem eles, esta lei simplesmente não poderia existir – são forçados a aceitar esta situação. O seu trabalho é reconstituir e

---

[3] Paul Ricoeur, *Memory, History, Forgetting*, The University of Chicago Press, 2004.
[4] Carlo Ginzburg, *The Judge and the Historian. Marginal Notes on a Late Twentieth-Century Miscarriage of Justice*, Verso, London, 2002.

interpretar o passado, mas eles não possuem o monopólio da sua representação. As suas investigações são usadas pela sociedade sem a sua permissão e fora do seu controlo. Eles não possuem a última palavra.

Ao reabrir um debate controverso sobre a relação entre História, memória e direito, esta lei espanhola mostra a dificuldade de separar a História da memória, duas esferas que estão na realidade entrelaçadas. Na verdade, "memória histórica" existe: é a memória de um passado que aparece de forma definitiva como fechado e que entrou para a História. Por outras palavras, esta lei revela a colisão entre memória e História que molda os nossos dias, uma encruzilhada entre diferentes temporalidades, o espelho de um passado que é, em simultâneo, vivo e arquivado. A escrita da História do século XX é um equilíbrio entre as duas temporalidades. Por um lado, as suas testemunhas atingiram a condição de fonte para os historiadores; por outro lado, os estudiosos debruçam-se sobre uma questão que constantemente questiona a sua experiência vivida, colocando em discussão a sua própria condição. Dois livros como *Era dos Extremos* do marxista Eric Hobsbawm e *O Passado de uma Ilusão* do conservador François Furet são, em muitos aspetos, antipodais,[5] mas convergem em direção a uma lembrança dos eventos do século XX tomando a forma de uma autobiografia.

No seu livro póstumo, *History. The Last Things Before the Last*, Siegfried Kracauer sugere a metáfora do exílio para descrever a jornada do historiador. Na sua perspetiva, o historiador é, tal como um exilado ou um "estranho" (*Fremde*), uma imagem de *extraterritorialidade*.[6] Está dividido entre dois mundos: o mundo onde vive e o mundo que tenta explorar. Encontra-se suspenso entre eles, porque, apesar do seu esforço em penetrar no universo mental dos atores do passado, as suas ferramentas analíticas e categorias hermenêuticas são formuladas no seu próprio tempo, ou seja, no presente. Este intervalo temporal implica armadilhas – principalmente, anacronismos – e vantagens, permitindo uma explicação retrospetiva que não é submetida às limitações

---

[5] Eric J. Hobsbawm, *Age of Extremes. The Short Twentieth Century*, Abacus, London, 1995; François Furet, *The Passing of an Illusion. The Idea of Communism in the Twentieth Century*, The University of Chicago Press, 1999.

[6] Siegfried Kracauer, *History. The Last Things Before the Last*, Markus Wiener Publishers, Princeton, 1995, pp. 83-84. Consultar também Georg Simmel, «The Stranger», *The Sociology of Georg Simmel*, The Free Press, New York, 1950, pp. 402-408.

culturais, políticas e psicológicas existentes no contexto em que os sujeitos da História atuam. É precisamente nesta lacuna que as narrativas e representações históricas do passado têm origem. A metáfora do exílio é, sem dúvida, proveitosa – o exílio continua a ser uma das experiências mais fascinantes da história intelectual moderna – mas deve ser, porém, suavizada. Os historiadores do século XX são tanto "exilados" quanto "testemunhas" (primárias ou secundárias), visto estarem profundamente envolvidos nos eventos que constituem o objeto da sua investigação. Os historiadores do século XX não exploram um passado distante e desconhecido. A sua dificuldade reside no distanciamento de um passado recente, um passado que eles próprios viveram e que muitas vezes persegue o seu ambiente. A sua relação empática (ou heteropática[*]) com os atores do passado corre permanentemente o risco de ser perturbada por momentos inesperados de transferência que vêm à tona no seu trabalho, ressuscitando uma parte da experiência vivida e da subjetividade.[7] Por outras palavras, vivemos numa época em que os historiadores escrevem a História da memória, enquanto as sociedades civis transmitem a memória de um passado histórico.

A memória coletiva é uma representação do passado que é fabricada no presente. É o resultado de um processo no qual diversos elementos interagem. Entre estes vetores de memória existem, além de lembranças pessoais, culturas herdadas transmitidas dentro dos "quadros sociais" (Halbwachs)[8] de gerações, classes, movimentos, instituições e todos os segmentos organizados da sociedade. Correspondem à experiência (*Erfahrung*) transmissível das sociedades tradicionais cuja crise foi provocada, segundo Walter Benjamin, pelos cataclismos da modernidade abertos pela Grande Guerra.[9] Mas outros vetores poderosos contribuem para moldar as memórias coletivas. Em primeiro lugar, aparecem os média e a indústria cultural, ferramentas de um processo de reificação que transforma a História numa acumulação inesgotável de imagens e mercadorias permanentemente acessíveis e consumíveis. Além disso, há as

---

[7] Saul Friedländer, «Trauma, Transference and Working-Through», *History and Memory*, 1992, vol. 4, pp. 39-55.

[*] Nota do tradutor: o autor refere-se a um termo utilizado por Dominick LaCapra.

[8] Maurice Halbwachs, *On Collective Memory*, pp. 38-39, 182-183.

[9] Walter Benjamin, «The Storyteller. Observations on the Works of Nikolai Leskov», *Selected Writings, vol. 3, 1935-1938*, Harvard University Press, New York, 2002, pp. 143-166.

políticas de memória desenvolvidas pelos Estados, através de comemorações, monumentos e educação. Por fim, surge a lei que, em muitos países, tenta submeter o passado a uma espécie de rede jurídica com o intuito de fixar o seu significado e a sua interpretação. A proliferação de leis memoriais na Europa continental corre o risco de transformar a História num "dispositivo" foucaultiano, isto é, uma tecnologia disciplinar de normalização do passado.[10]

A escrita da História pressupõe a exploração de fontes específicas: arquivos, documentos, textos, imagens, objetos, etc. No entanto, como discurso crítico sobre o passado, a História precisa de pelo menos duas premissas. A primeira é uma *rutura* – pelo menos, uma rutura simbólica – com o que veio antes. De forma a pensar historicamente o passado, mesmo o passado mais próximo, deve haver um distanciamento deste passado como sendo uma experiência concluída. Esta é a premissa básica para distinguir o passado do presente, mesmo que seja sempre no *presente* que a História é escrita. Por outro lado, a escrita da História depende de uma *procura social de conhecimento* que sugere aos estudiosos o objeto de sua investigação. A representação do passado surge na esfera pública a partir de uma circulação permanente entre passado e presente, História e memória. Consequentemente, a historiografia não representa exclusivamente um local de produção de conhecimento; também se pode transformar num espelho de lacunas de memória, zonas de sombra e experiências silenciadas e reprimidas das nossas sociedades. Entre os muitos exemplos que ilustram este fenómeno, o colonialismo é provavelmente um dos mais emblemáticos. Em França, uma longa tradição de historiografia, de Ernest Renan a Fernand Braudel e Pierre Nora, explorou e interpretou uma identidade nacional ignorando a sua dimensão colonial, ou seja, a antropologia política subjacente à formação de uma cidadania moderna.[11] Mas a mesma observação pode ser aplicada, de forma mais geral, a muitos outros países ocidentais.

---

[10] Sobre a genealogia do conceito foucaultiano de *dispositif,* consultar Giorgio Agamben, *Qu'est-ce qu'un dispositif?,* Payot, Paris, 2007.

[11] Sobre o caso francês, consultar Nicolas Bancel, Pascal Blanchard, Françoise Vergès, *La République coloniale,* Albin Michel, Paris, 2003. A supressão do passado colonial francês em «realms of memory» de Nora é sublinhada por Perry Anderson, *La pensée tiède. Un regard critique sur la culture française,* Seuil, Paris, 2005.

O fim das utopias

A procura de uma memória europeia nos nossos dias deve começar com uma observação simples: o século XXI nasce num mundo sem utopias. Vivemos um tempo moldado por um eclipse geral de utopias. Esta é uma grande diferença que o distingue dos últimos dois séculos. Logo no início do século XIX, a Revolução Francesa tinha definido o horizonte de uma nova era em que a sociedade, a política e a cultura foram profundamente transformadas. O ano de 1789 criou um novo conceito de revolução – já não uma rotação, de acordo com o seu significado astronómico original, mas uma rutura e uma inovação radical – e lançou as bases para o nascimento do socialismo, que se desenvolveu com o crescimento da sociedade industrial. O século XX emergiu da Grande Guerra e da queda de uma ordem dinástica europeia – a "persistência" do Antigo Regime – mas este cataclismo gerou a Revolução Russa. Os acontecimentos de Outubro de 1917 foram imediatamente considerados como um grande e, ao mesmo tempo, trágico evento. Durante uma sangrenta guerra civil, foi criada uma ditadura autoritária que rapidamente se tornou numa forma de totalitarismo. Em simultâneo, a Revolução Russa despertou uma esperança de emancipação, mobilizando milhões de homens e mulheres em todo o mundo. A trajetória deste movimento – a sua ascensão, o seu apogeu no final da Segunda Guerra Mundial e o seu declínio – moldou profundamente a História do século XX. O século XXI, por outro lado, inicia-se com o colapso desta utopia.[12] A queda do muro de Berlim e a implosão da URSS representam muito mais do que o fim de um sistema de poder, possuindo diversas ramificações internacionais: na verdade, a sua destruição engoliu as utopias que acompanharam o seu nascimento e a sua história (frequentemente emancipando-se ou separando-se do regime soviético, como os movimentos de 1968, da revolta francesa de maio à Primavera de Praga, defendendo um "um socialismo de rosto humano").

Com uma resignação exultante ao capitalismo que muitos críticos enfatizaram com satisfação, François Furet chega a esta conclusão no fim de *O Passado de uma Ilusão*: "The idea of another society has become almost impossible to

---

[12] Martin Malia, *History's Locomotives. Revolutions and the Making of the Modern World*, Yale University Press, New Haven & London, 2006.

conceive of, and no one in the world today is offering any advice on the subject or even trying to formulate a new concept. Here we are, condemned to live in the world as it is."[13] Sem partilhar do entusiasmo do historiador francês, o filósofo marxista Frederic Jameson formulou um diagnóstico semelhante, observando que, hoje, o fim do mundo é mais fácil de imaginar do que o fim do capitalismo. Ao longo de uma década, quando o liberalismo e a sociedade de mercado foram apresentados como o horizonte natural e insuperável da humanidade, a utopia de um novo e diferente modelo de sociedade apareceu como uma ideologia perigosa e potencialmente totalitária. Em Seattle, em 1999, surgiu um movimento internacional que rejeitava a reificação de mercadorias do planeta e lançou um slogan promissor: "um outro mundo é possível". Mas esse movimento não foi capaz de indicar as suas características – neste ponto, o diagnóstico de Furet foi confirmado. Em suma, o virar do século XXI coincidiu com a transição do "princípio da esperança" para o "princípio da responsabilidade".[14] O "princípio da esperança" inspirou as batalhas do século passado, de Petrogrado em 1917 a Manágua em 1979, passando por Barcelona em 1936 e Paris em 1968. Assombrou também os momentos mais terríveis dessa era de guerras e revoluções e incentivou os movimentos de resistência na Europa nazi. O "imperativo de responsabilidade" surgiu quando o futuro se tornou mais escuro, quando descobrimos que as revoluções haviam gerado poderes totalitários, quando a ecologia nos consciencializou dos perigos que ameaçam o planeta e começámos a pensar sobre o tipo de mundo que iríamos deixar para as próximas gerações. Usando um famoso par conceitual elaborado por Reinhart Koselleck, poderíamos formular este diagnóstico da seguinte forma: o comunismo já não está no ponto de interseção entre um "espaço de experiência" e um "horizonte de expetativas".[15] As expetativas desapareceram, enquanto a experiência tomou a forma de um campo de ruínas: o comunismo foi revisitado, historicizado e relembrado *somente* na sua dimensão totalitária.

---

[13] François Furet, *The Passing of an Illusion*, p. 502.
[14] Ernst Bloch, *The Principle of Hope*, MIT Press, Cambridge, Massachusetts, 1986, 3 vol.; Hans Jonas, *The Imperative of Responsibility. In Search of an Ethics for the Technological Age*, The University of Chicago Press, 1985.
[15] Reinhart Koselleck, «'Space of experience' and 'horizon of expectation': two historical categories», *Futures Past. On the Semantics of Historical Time*, MIT Press, cambridge, Massachusetts, 1985, pp. 267-288.

É claro que o fracasso do socialismo real não foi a única fonte na origem desta mudança histórica. A utopia socialista estava profundamente ligada a uma memória dos trabalhadores que, por sua vez, desapareceu durante esta década crucial. A queda do comunismo coincidiu com o fim do Fordismo, ou seja, o modelo de capitalismo industrial que dominou o século XX. A introdução do trabalho flexível, móvel e precário, bem como a penetração de modelos individualistas de competição entre os homens assalariados, corroeu as suas formas tradicionais de sociabilidade e solidariedade. O advento de novas formas de produção e o deslocamento do antigo sistema de grandes fábricas com uma enorme concentração de forças de trabalho tiveram inúmeras consequências: por um lado, afetaram profundamente a Esquerda tradicional, colocando em causa a sua identidade social e política; por outro lado, desarticularam as estruturas sociais da memória da Esquerda, cuja continuidade foi irremediavelmente quebrada. A Esquerda europeia perdeu a sua base social, assim como a sua cultura.

Ao mesmo tempo, a década de 1990 foi marcada pela crise do "modelo partidário" tradicional (*forme-parti*). Os partidos políticos de massa – que foram a forma dominante da vida política após a Segunda Guerra Mundial e cujo paradigma eram os partidos de Esquerda (tanto o comunista como o social-democrata) – desapareceram ou entraram em declínio. Com centenas de milhares, por vezes milhões de membros, e profundamente enraizados na sociedade civil, estes tinham sido um importante vetor de formação e transmissão de uma memória coletiva política. Os novos partidos "para todos" que os vieram substituir são aparatos eleitorais sem identidades sociais e políticas fortes. Socialmente decomposta, a memória de classe permaneceu sem representação política num contexto em que os subalternos tinham perdido qualquer visibilidade no espaço público. A memória de classe tornou-se numa memória oculta (exatamente como a memória do Holocausto logo após a guerra). A Esquerda europeia perdeu as suas bases sociais e a sua cultura. O fracasso do socialismo real foi seguido por uma ofensiva ideológica do conservadorismo e não por um balanço estratégico da Esquerda.

A reativação do passado que está a moldar os nossos dias é, provavelmente, o resultado deste eclipse de utopias: um mundo sem utopias está inevitavelmente a olhar para o passado. A emergência da memória no espaço público das sociedades ocidentais é a consequência desta mudança. Entramos no

MEMÓRIAS EUROPEIAS. PERSPETIVAS EMARANHADAS

século XXI sem revoluções, sem uma Bastilha ou um assalto ao Palácio de Inverno. Obtivemos, pelo contrário, o seu chocante e hediondo substituto no 11 de setembro, com os ataques contra as Torres Gémeas e o Pentágono, os quais não espalharam a esperança, mas sim o terror. Privado do seu horizonte de expectativas, o século XX surge no nosso olhar retrospetivo como uma era de guerras e genocídios. Uma imagem anteriormente discreta e modesta explode no centro do palco: a *vítima*.[16] Vítimas massivas, maioritariamente anónimas e silenciosas, assumem uma posição de destaque e dominam a nossa visão da História. Graças à qualidade e influência das suas obras literárias, as testemunhas dos campos nazis (Primo Levi, Robert Antelme, Imre Kertesz, Jorge Semprún, Elie Wiesel...), bem como as dos gulags de Stalin (Varlam Salamov, Aleksandr Soljenitsin, Gustaw Herling...) tornaram-se ícones deste século das vítimas. O historiador Tony Judt conclui o seu fresco da Europa do pós-guerra com um capítulo dedicado à memória do continente que carrega um título emblemático: "A partir da casa dos mortos".[17]

Esta sensibilidade em relação às vítimas ilumina o século XX com uma nova luz, introduzindo na História uma imagem que, apesar da sua omnipresença, sempre se manteve nas sombras. A partir de então, o passado assemelha-se à paisagem contemplada pelo Anjo da História de Benjamin: um campo de ruínas incessantemente acumuladas em direção ao céu. Ainda assim, o novo *Zeitgeist* é exatamente antipodal ao messianismo do filósofo judaico-alemão: não há um "tempo do agora" (*Jetztzeit*) em ressonância com o passado, com o objetivo de atender às esperanças dos vencidos e assegurar a sua redenção.[18] A memória do gulag apagou a das revoluções, a memória do Holocausto substituiu a do antifascismo e a memória da escravidão eclipsou a do anticolonialismo: a recordação das vítimas parece ser incapaz de conviver com a lembrança das suas lutas, das suas conquistas e suas derrotas.

[16] Consultar Annette Wiewiorka, *L'ère du témoin*, Plon, Paris, 1998.
[17] Tony Judt, *Postwar. A History of Europe since 1945*, Penguin Books, London, 2005, pp. 802-833.
[18] Walter Benjamin, «On the Concept of History», *Selected Writings, vol. 4, 1938-1940*, pp. 392-393, 395.

Identidades

Este é o contexto das memórias europeias. Estas não são obviamente um bloco homogéneo, nem uma simples soma de diversas memórias nacionais. É claro que existem as memórias nacionais, mas mesmo estas estão divididas. O debate espanhol sobre a "lei da memória histórica" demonstra claramente que os passados nacionais permanecem como um campo de batalha. A retórica atual de Bruxelas retrata um tipo de narrativa pós-hegeliana do fim da História e esboça as características de uma memória reconciliada, personificada por diversos estadistas a celebrarem em conjunto os aniversários de grandes acontecimentos históricos.[19] As comemorações de Verdun, o desembarque na Normandia, a libertação do campo de Auschwitz e a queda do Muro de Berlim – todos com uma enorme cobertura por parte dos média de todo o mundo – não eliminam as "guerras de memória" que incessantemente irrompem em diferentes países.[20] Ao escrever sobre o conceito de Europa, Eric Hobsbawm, sublinha pertinentemente que "la présomption d'unité est d'autant plus absurde que c'est précisément la division qui a caractérisé son histoire." Consequentemente seria um anacronismo interpretar os "valores europeus" celebrados de hoje – a democracia liberal baseada no capitalismo – como a manifestação visível de "d'un courant sous-jacent à l'histoire de notre continent."[21] Esta retórica europeia não é muito antiga. A ideia de Europa tem origem no Iluminismo e o projeto de unificação europeia nasceu na segunda metade do século XX, quando foi elaborado como o corolário de um processo de integração económica baseado num mercado monetário comum. A história da Europa moderna fez-se de conflitos armados entre Estados antagónicos. O *Jus Publicum Europæum*, que nasceu com a Paz de Vestefália no final da Guerra dos Trinta Anos e, depois, consolidado pelo Congresso de Viena no final das guerras napoleónicas, não pressupunha a existência de uma cultura

---

[19] Perry Anderson, «Depicting Europe », *London Review of Books* of 20 September 2007.

[20] Sobre o caso francês, consultar Pascal Blanchard, Isabelle Veyrat- Masson, et Benjamin Stora (eds), *La guerre de mémoires. La France et son histoire*, La Découverte, Paris, 2008.

[21] Eric Hobsbawm, «L'Europe : mythe, histoire, réalité», *Le Monde* du 25 septembre 2008. Consultar também Eric Hobsbawm, «The Curious History of Europe», *On History*, Weidenfeld & Nicolson, London, 1997, pp. 217-227.

e uma memória comuns.[22] Ele postulou a Europa como um espaço de nações soberanas capazes de estabelecer regras de coexistência (um sistema que foi destruído entre 1914 e 1945), mas não pretendia fornecer-lhe uma memória, com exceção da clarividência das suas elites aristocráticas.

Historicamente, a visão da Europa como uma civilização homogénea e um espaço geopolítico foi criada pela reação aos inimigos externos. Acima de tudo, havia a Europa cristã contra o Islão; posteriormente, a Europa branca, imperial e "civilizada" em oposição a um mundo colonial "selvagem" e racialmente "inferior", e, finalmente, na época da Guerra Fria, a Europa religiosamente católica e protestante, economicamente capitalista e politicamente liberal-democrata em oposição a uma Eurásia ortodoxa, islâmica e soviética.[23] Se existe uma corrente subterrânea aos "valores europeus", devemos procurá-la na tradição do orientalismo, do colonialismo e do anticomunismo que moldaram a história do continente. Nesta perspetiva, a consciência de um passado comum europeu não é nada mais do que a expressão, de acordo com Norbert Elias, da "autoconsciência do Ocidente" (*Selbstbewußtein des Abendlandes*). Por outras palavras, a visão da Europa como um recetáculo da civilização reunifica os seus diferentes componentes nacionais, para além das suas especificidades e antagonismos, contrapondo-os a um mundo ameaçador externo. "To a certain extent – escreve Elias –, the concept of civilization plays down the differences between peoples; it emphasizes what is common to all human beings or – in the view of its bearers – should be. It expresses the self--assurance of peoples whose national boundaries and national identity have for centuries been so fully established that they have ceased to be the subject of any particular discussion, peoples which have long expanded outside their borders and colonized beyond them."[24]

Escrita em 1939, o ano do início da Segunda Guerra Mundial, esta passagem revela, para além do seu otimismo ingénuo, a força de uma consciência ocidental transcendente, tão forte que, durante o conflito, o nazismo precisou de ser expulso da tradição do Ocidente para ser combatido como um inimigo.

---

[22] Sobre a história do conceito de *Jus publicum europæum*, consultar Carl Schmitt, *Nomos of the Earth in the International Law of Jus Publicum Europaeum*, Telos Press, New York, 2003.
[23] J.G.A. Pocock, «Some Europes in their History», in Anthony Padgen (ed.), *The Idea of Europe. From Antiquity to the European Union*, Cambridge University Press, New York, 2002, pp. 55-71.
[24] Norbert Elias, *The Civilizing Process*, Blackwell, London, 1994, p. 7.

Ainda em 1965, o historiador britânico Hugh Trevor Roper reafirmou o mesmo conceito: "the history of the world, for the last five centuries, in so far as it has significance, has been European history. I do not think that we need to make any apology if our study of history is European-centric."[25] É claro que, como observou Jack Goody, esta representação esconde treze séculos de intercâmbios, isto é, uma história feita de transferências intelectuais, científicas e técnicas entre a Europa e outras civilizações, principalmente, o Islão.[26] A própria Europa, não só os seus diferentes componentes nacionais, é uma "comunidade imaginada".[27]

Nos nossos dias de globalização, as palavras de Elias parecem menos convincentes. É claro que a queda do comunismo foi considerada uma demonstração evidente da superioridade do Ocidente e, ao longo de uma década de euforia, diversos apologistas viram em tal evento o *signum prognosticum* do fim da História. No entanto, este triunfo do Ocidente aconteceu quando a Europa havia deixado de ser o seu centro. A construção de uma memória europeia está interligada com um processo de globalização da memória – uma reativação do passado numa escala internacional[28] – com foco no século XX, a era da *provincialização* do velho continente. O primeiro passo desta transição foi, no final da Primeira Guerra Mundial, a *translatio imperii* que deslocou o eixo do mundo ocidental de uma costa para a outra do Oceano Atlântico. A segunda etapa, em 1945, foi a criação de uma ordem bipolar que transformou a Europa num espaço de divisão e confronto entre os Estados Unidos e a URSS. A Europa dividiu-se em dois campos opostos. Atualmente, ela já não tenta exportar a sua "missão civilizadora". No entanto, ninguém poderia contestar seriamente a posição hegemónica da Europa na paisagem da memória, onde as suas vítimas possuem um papel universal e paradigmático. O colonialismo, o comunismo e o Holocausto tornam-se experiências supranacionais cuja memória transcende as fronteiras dos Estados.

---

[25] Hugh Trevor-Roper, *The Rise of Christian Europe*, Thames & Hudson, London, 1965, p. 11, citado por Jack Goody, *The Theft of History*, Cambridge University Press, Cambridge, 2006, p. 1.

[26] Jack Goody, *Islam in Europe*, Polity Press, Oxford, 2003.

[27] Consultar Benedict Anderson, *Imagined Communities: Reflections on the Origin and Spread of Nationalism*, Verso, London, 1983.

[28] Henry Rousso, «Vers une mondialisation de la mémoire», *Vingtième siècle*, 2007/2, n° 94, pp. 3-10.

Três memórias

Uma conferência alemã recente, organizada por Rudolf von Tadden, e um brilhante ensaio do historiador israelo-alemão Dan Diner dedicaram-se aos conflitos retomados pela comemoração da vitória de 8 de maio de 1945.[29] Consagrado como feriado nacional em muitos países, este aniversário não tem o mesmo significado para o mundo ocidental, a Europa Oriental e a África do Norte. A Europa Ocidental celebra a rendição incondicional do Terceiro Reich às Forças Aliadas como um evento de libertação, o ponto de partida de uma era de paz, liberdade, democracia e reconciliação de um continente que estava envolvido num conflito fratricida. Com o passar do tempo, os próprios alemães passaram a partilhar esta visão do passado, abandonando a sua antiga perceção da derrota do Terceiro Reich como uma humilhação nacional que foi acompanhada inicialmente pela privação da sua soberania e, em seguida, pela divisão do seu país em dois estados inimigos. Em 1985, numa palestra retumbante, o ex-presidente da República Federal da Alemanha, Richard von Weiszacker, definiu o dia 8 de maio como o "Dia da Libertação" e, 20 anos mais tarde, o chanceler Gerhard Schröder participou, ao lado de Jacques Chirac, Tony Blair, Georges Bush e Vladimir Putin, nas comemorações do desembarque aliado na Normandia em 6 de junho de 1944. Foi definitivamente ratificada a adoção pela Alemanha de uma espécie de "patriotismo constitucional" fortemente enraizado no Ocidente.

Neste contexto, a memória do Holocausto desempenha o papel de uma *narrativa unificadora*. É um fenómeno relativamente recente – poderíamos datá-lo do início da década de 1980 – que conclui um processo de lembrança que passou por diferentes etapas. No início, ao silêncio dos anos do pós-guerra, seguiu-se a anamnese das décadas de 1960 e 1970, provocada pelo despertar da memória judaica e uma mudança geracional, e, por fim, a obsessão pela memória dos últimos vinte anos. Após um longo período de repressão, o Holocausto regressou à superfície numa cultura europeia finalmente libertada do antissemitismo (um dos seus principais elementos até à década de 1940).

---

[29] Dan Diner, *Gegenläufige Gedächtnisse. Über Geltung und Wirkung des Holocaust*, Vandenhoeck & Ruprecht, Tübingen, 2007. Sobre as comemorações do 8 de maio de 1945, consultar as contribuições recolhidas por Rudolf von Thadden et Steffen Kudelka (éds), *Erinnerung und Geschichte. 60 Jahre nach dem 8. Mai 1945*, Wallstein, Göttingen, 2006.

DITADURAS E REVOLUÇÃO. DEMOCRACIA E POLÍTICAS DA MEMÓRIA

Todos os países da Europa continental estavam envolvidos nesta mudança, não apenas a França, que tem a maior comunidade judaica fora da Rússia, mas também a Alemanha, onde a continuidade com o judaísmo dos anos anteriores à guerra foi radicalmente rompida. De uma forma bastante paradoxal, o lugar do Holocausto nas nossas representações da história do século XX parece estar a crescer à medida que o evento se torna mais remoto. É claro que esta tendência não é irreversível e a situação pode mudar com a morte dos últimos sobreviventes dos campos de concentração nazis. Contudo, até agora, ela domina o espaço memorial do Ocidente – tanto na Europa como nos Estados Unidos – onde o Holocausto tornou-se numa espécie de "religião civil" (isto é, numa crença secular, de acordo com Rousseau, útil para unificar uma determinada comunidade).[30] Ritualizada e coberta pelos média, a comemoração do Holocausto permite a sacralização dos valores fundamentais das democracias liberais: pluralismo, tolerância e direitos do Homem. A defesa e a transmissão de tais valores tomam a forma de uma liturgia secular da lembrança.

Seria errado confundir a memória coletiva e a religião civil do judeocídio: a primeira é a presença do passado no mundo de hoje, a segunda é uma política de representação, educação e comemoração. Enraizada na formação de uma consciência histórica transnacional, a religião civil do Holocausto é o produto de um esforço pedagógico dos governos. Como é demonstrado pela comemoração da libertação do campo de Auschwitz, em janeiro de 2005, com a participação de muitos estadistas, trata-se de uma tentativa de criar uma memória consensual de compaixão. A presença dos arquitetos da guerra contra o Iraque (Dick Cheney, Jack Straw, Silvio Berlusconi) no centro desta celebração mostrou de uma maneira geral o seu objetivo apologético: pareciam dizer que a lembrança das vítimas inspirou as suas escolhas e, consequentemente, que a nossa guerra é uma guerra justa. Na União Europeia, a religião civil do Holocausto tenta construir uma base ética supranacional com muitas funções. Por um lado, as divisões políticas da União Europeia poderiam ser ocultadas por uma fachada de unidade ética. Por outro lado, este aspeto

---

[30] Peter Novick, *The Holocaust in American Life*, Houghton Mifflin, New York, 1999, pp. 11, 198-199. Sobre o conceito de «religião civil», consultar Emilio Gentile, *Politics as Religion*, Princeton University Press, Princeton, 2006. Sobre a memória do Holocausto como um alicerce do presente discurso sobre os Direitos do Homem, consultar Daniel Levy, Natan Sznaider, *The Holocaust and Memory in the Global Age*, Temple University Press, Philadelphia, 2006.

virtuoso poderia convenientemente ocultar o enorme vácuo democrático de uma construção europeia fundada, de acordo com os termos do seu projeto constitucional imperfeito, numa economia de mercado "altamente competitiva", bem como num poder essencialmente oligárquico.

Como qualquer religião civil, a do Holocausto possui qualidades e ambiguidades. Na Alemanha, a criação de um memorial no coração de Berlim dedicado aos judeus assassinados (*Holocaust Mahnmal*) concretizou uma mudança de identidade de dimensão histórica. Os crimes do nazismo pertencem definitivamente à identidade alemã, da mesma forma que a Reforma ou a *Aufklärung*. A Alemanha deixou de se considerar uma nação etnicamente concebida, tornando-se uma comunidade política em que o mito do sangue e do solo foi substituído por uma visão moderna de cidadania. Ao mesmo tempo, o "dever de lembrar" o Holocausto desenvolvido pela Alemanha unificada foi seguido por uma destruição sistemática dos traços da República Democrática Alemã. A demolição dos edifícios associados à sua história – sobretudo o Palácio da República, a ser substituído pela reconstrução do castelo de Hohenzollern – contrasta fortemente com a restauração metódica de antigas sinagogas, cemitérios judeus e todos os locais de memória do Terceiro Reich (por exemplo, a transformação num museu do estádio Zeppelin de Nuremberg, onde se realizaram as reuniões do regime nazi). A Alemanha revela tantos esforços para recuperar a memória do nazismo e do Holocausto como para apagar a memória da RDA (bem como a do antifascismo).[31]

Deste ponto de vista, a Itália deparava-se com uma evolução exatamente inversa. À unidade antifascista das décadas do pós-guerra (a chamada "Primeira República") seguiu-se, no início da década de 1990, uma rejeição global da memória da Resistência e uma reabilitação dos soldados fascistas de 1943-1945 (*"I ragazzi di Salò"*) como "patriotas" cuja memória deveria ser defendida pelas instituições italianas de hoje. Nascida em 1943, quando os antifascistas pegaram em armas contra as forças de ocupação nazis e os seus colaboradores italianos, a Resistência foi reinterpretada como sendo a principal responsável pela "morte da Pátria" (*la morte della patria*), enquanto a República de Salò

---

[31] Peter Reichel, *Vergangenheitsbewältigung in Deutschland: Die Auseinandersetzung mit der NS--Diktatur von 1945 bis heute*, C.H., Beck, München, 2007; Régine Robin, *Berlin chantiers*, Stock, Paris, 2000.

teria tentado preservar a unidade da nação[32]. Na década de 1990, a crise do antifascismo foi a premissa cultural da nova era de Berlusconi, na qual uma mistura de neoliberalismo e populismo abrangeu o aparecimento de tendências xenófobas e uma poderosa mobilização do individualismo (para não dizer egoísmo) social. Em simultâneo, coincidiu com o desenvolvimento da memória do Holocausto, anteriormente ignorada ou simplesmente subordinada às comemorações antifascistas. Em 2000, a proclamação do "Dia do Holocausto" pelo Parlamento italiano coincidiu com um debate sobre a possível supressão de outra festa nacional: o aniversário da Libertação, a 25 de abril de 1945. Enquanto a Alemanha, após um longo período de esquecimento, introduziu os crimes do nazismo na sua própria consciência histórica, a Itália reabilitou a memória do fascismo. Esta evolução inversa não exclui uma característica partilhada: em ambos os países, a emergência da memória do Holocausto ocorreu juntamente com a rejeição da memória antifascista.

Na era das vítimas, o Holocausto torna-se o paradigma da memória ocidental, a base sobre a qual foi construída a lembrança de outras formas antigas ou recentes de violência e crimes, da escravidão a massacres coloniais, do gulag aos *desaparecidos* da América Latina, do genocídio arménio ao genocídio de Ruanda. A própria historiografia foi profundamente moldada por esta tendência, tendo como consequência a transformação das categorias analíticas elaboradas pelos estudos do Holocausto num tipo de quadro normativo. Nos debates públicos, surge a propensão para reduzir a História a um confronto binário entre executores e vítimas. Esta tentação não se refere exclusivamente à recordação de genocídios, mas também à de experiências históricas completamente diferentes, como, por exemplo, a Guerra Civil Espanhola. Trinta anos após uma transição "amnésica" voluntária para a democracia, com base no chamado "pacto do esquecimento" (*pacto de olvido*), os fantasmas do franquismo regressam.[33] O medo de cair novamente na violência gerou a repressão do passado – nem instituída, nem total, mas eficaz – que acompanhou o ad-

---

[32] Ernesto Galli della Loggia, *La morte della patria*, Laterza, Roma-Bari, 1996. Sobre este debate italiano, consultar Filippo Focardi, *La guerra della memoria. La Resistenza nel dibattito politico italiano dal 1945 ad oggi*, Laterza, Roma-Bari, 2005.

[33] Consultar em particular Santos Juliá, «Memoria, historia y política de un pasado de guerra y dictadura», in Santos Juliá (ed.), *Memoria de la guerra y del franquismo*, Taurus, Madrid, 2006, pp. 15-26.

vento da democracia. Atualmente, dentro de uma democracia sólida na qual foi formada uma nova geração, a integração europeia da Espanha também assume uma dimensão memorial com algumas consequências paradoxais. Nos últimos anos, os historiadores investigaram intensamente a violência da guerra civil (isto é, um conjunto de crimes de guerra que foram cometidos por ambos os lados, mesmo sendo a violência de Franco muito maior, mais assassina e prolongada do que a violência republicana). Eles reconstituíram as formas, os métodos e a ideologia da violência entre 1936 e 1939, identificando e quantificando as vítimas de ambos os lados. Pela primeira vez, a história dos campos de concentração de Franco foi seriamente investigada e descrita. No entanto, no debate público, este valioso trabalho de elucidação do passado não impediu uma nova interpretação, na qual a recordação das vítimas simplesmente ofusca a importância da História. De acordo com esta abordagem, o conflito entre a democracia e o fascismo – a Guerra Civil Espanhola foi percebida desta forma na Europa durante a década de 1930 – torna-se numa sequência de crimes contra a Humanidade. Alguns historiadores e comentadores consideram este evento histórico um "genocídio", por outras palavras, uma explosão de violência, na qual havia apenas perseguidores e vítimas (podendo estes, além do mais, trocar de posição entre si de acordo com a perspetiva escolhida).

Na Europa Oriental, o final da Segunda Guerra Mundial não é celebrado como um momento de libertação. É claro que, na União Soviética, – atualmente Rússia – o aniversário da rendição alemã, assinada em Berlim a 9 de maio de 1945, foi comemorado como o triunfo da "Grande Guerra Patriótica". No entanto, nos países que foram ocupados pelo Exército Vermelho, este aniversário indica a transição de uma ocupação estrangeira para outra. O fim do pesadelo nazi coincidiu com o início da longa noite de hibernação soviética. Para alguns observadores, esta mudança confirma a vocação histórica da Europa do Leste para ser oprimida por uma potência estrangeira (otomana ou czarista, prussiana ou austríaca), enquanto outros denunciam um "sequestro" pelo qual a Europa Central se separou da Ocidental.[34] Para os europeus do Leste, a verdadeira "Libertação" não se concretizou até 1989. Isto explica a

---

[34] Milan Kundera, «L'Occident kidnappé ou la tragédie de l'Europe centrale», *Le Débat*, 27, Paris, 1983, pp. 3-22.

violência dos confrontos do verão de 2006, em Tallinn, nos quais os estónios confrontaram russos à volta de um monumento dedicado à memória dos soldados do Exército Vermelho. Para os russos, esta estátua celebra a Grande Guerra Patriótica, enquanto, para a maioria dos estónios, é, pelo contrário, o símbolo de muitas décadas de opressão soviética.[35]

Atualmente, na Europa do Leste, o passado é revisitado quase que exclusivamente sob o prisma do nacionalismo. Muitos sinais indicam uma renacionalização das memórias coletivas. Na Polónia, foi criado o Instituto da Memória Nacional em dezembro de 1998, cujo objetivo é preservar a memória dos "crimes comunistas, nazis e outros, cometidos contra os cidadãos polacos, no período de 1 de setembro de 1939 a 31 de dezembro de 1989". Postulando uma continuidade significativa entre a ocupação nazi e soviética, o Instituto celebra a história da Polónia do século XX como um longo martírio nacional e uma longa noite totalitária. Em Budapeste, uma visão de história nacional semelhante inspirou a Casa do Terror, um museu dedicado a ilustrar a "luta contra os dois sistemas mais cruéis do século XX", uma luta que, felizmente, terminou com "a vitória das forças da liberdade e da independência". Em Kiev, o Parlamento votou em 2006 uma lei que define a coletivização soviética da agricultura e a fome da década de 1930 como um "genocídio do povo ucraniano", apesar de esta política ter sido aplicada à URSS como um todo e as suas vítimas não terem sido exclusivamente ucranianas. Assim, uma lei memorial encerra drasticamente uma questão controversa – em relação não ao número de vítimas, mas à caracterização do evento – sempre aberta entre os historiadores. Apresentando-se como representantes das nações-vítimas, os governos da Europa do Leste remetem a memória do Holocausto para uma posição marginal. Aqui, o judeocídio não desempenha o mesmo papel que na parte ocidental. Pelo contrário, a sua lembrança aparece como uma espécie de concorrente e como um obstáculo para um reconhecimento completo do sofrimento de comunidades nacionais inteiras. Este contraste é paradoxal, porque o extermínio dos judeus ocorreu na Europa do Leste: aí vivia a grande maioria das vítimas e foi aí que os nazis criaram os guetos e campos de extermínio. Não obstante, os novos membros da União Europeia parecem frequentemente considerar o Holocausto como um objeto de luto diplomático. Exumando uma

---

[35] Tatiana Zhurzhenko, «The Geopolitics of Memory» (May 10, 2007), *www.eurozine.com*.

imagem forjada por Heinrich Heine para descrever a conversão dos judeus na Alemanha do século XIX, Tony Judt apresenta estas condolências forçadas como um "bilhete de entrada europeu", isto é, o preço a pagar para obter respeitabilidade e mostrar sensibilidade em relação aos direitos humanos.[36] Tal não impediu reclamações de muitos deputados, tanto no Conselho Europeu como no Parlamento de Bruxelas, que denunciavam o espaço excessivo tomado pelo Holocausto nas comemorações da UE e nas políticas culturais, pedindo uma posição semelhante para os crimes do comunismo.

Esta redefinição da memória coletiva como vitimização nacional evita, inevitavelmente, um olhar crítico sobre o passado. Por vezes, esta tendência foi produtivamente contestada por agentes externos, como ocorreu na Polónia em 2000, quando Jan T. Gross publicou *Vizinhos*, analisando a destruição da comunidade judaica de Jedwabne, no verão de 1941, não pelos nazis, mas pelos antissemitas polacos[37]. O debate apaixonado provocado por este admirável livro escrito por um historiador polaco-americano transformou-se num drama nacional (como o debate em torno do pogrom de Kielce de 1946, há muitos anos atrás), mas permaneceu como um caso isolado, sem inverter uma tendência geral.

Durante a década de 1990, a guerra na Jugoslávia foi um ponto de cruzamento entre as memórias ocidentais e orientais. O final da Guerra Fria, dez anos após a morte de Tito, produziu uma explosão de nacionalismos que reativou a memória da Segunda Guerra Mundial, com o seu cortejo de massacres, e mobilizou os mitos ligados a uma história dos Balcãs feita de domínio imperial. Na Croácia, os nacionalistas sérvios lutaram contra os fantasmas de Ante Pavelic e, no Kosovo, os símbolos dos conquistadores otomanos. Por outro lado, os Estados da UE descobriram as virtudes de um humanismo militar ao qual a memória ofereceu um excelente pretexto. O bombardeio de cidades sérvias tornou-se um dever, no sentido de redimir as vítimas do gulag, de não repetir os erros de Munique, etc. De acordo com Jürgen Habermas, as bombas da NATO eram um sinal providencial do advento de um direito cosmopolita kantiano.[38]

---

[36] Tony Judt, *Postwar*, p. 803.
[37] Jan T. Gross, *Neighbours*, Arrow, London, 2003.
[38] Jürgen Habermas, «Bestialität und Humanität», *Die Zeit*, 1999, n° 18.

Na África do Norte, o aniversário de 8 maio de 1945 lembra outros eventos. Nesse dia, as forças coloniais francesas abriram fogo contra milhares de nacionalistas argelinos que, ao manifestarem-se nas ruas de Sétif para celebrar a derrota do nazismo, se recusaram a retirar a sua bandeira. A repressão militar espalhou-se por outras cidades e vilas e o conflito foi encerrado por novas manifestações, nas quais os *indigènes* argelinos foram obrigados a submeter-se às autoridades coloniais, curvando-se perante a bandeira francesa. O massacre produziu entre 15 000 e 45 000 vítimas, de acordo com fontes francesas ou argelinas.[39] Sétif foi o ponto de partida para uma onda de violência e repressão militar nas colónias francesas, especialmente em Madagáscar, onde uma insurreição foi sangrentamente silenciada em 1947. Em maio de 2005, enquanto os representantes das grandes potências ocidentais celebravam o aniversário do final da Segunda Guerra Mundial, o presidente argelino Abdel Aziz Boutlefika pediu oficialmente o reconhecimento do massacre de Sétif, qualificando o colonialismo como "genocídio" e reivindicando indenizações da França. Esta declaração oficial foi também uma resposta à lei com a qual, poucos meses antes, o Parlamento francês saudou o "papel positivo" do colonialismo na África do Norte e nas Antilhas. A onda de protestos levantados por esta lei obrigou o presidente Chirac a exigir a revogação de seus artigos mais polémicos. A indignação acalmou, mas este episódio revelou as tensões que, muito além das relações franco-argelinas, moldam de forma profunda a própria sociedade francesa, na qual uma vasta minoria de cidadãos cujos antepassados eram escravos negros ou *indigènes* magrebinos encarnam uma nova memória pós-colonial. Esta lei de fevereiro de 2005 foi o catalisador para a explosão de muitas contradições acumuladas durante os últimos quarenta anos, após a descolonização e a imigração das ex-colónias. O caráter universal, pedagógico e paradigmático do Holocausto torna-se muito discutível quando é reivindicado por um poder político que, em simultâneo, reabilita o colonialismo.

A visão do século XX como uma era de vítimas inclui uma espécie de recolonização do olhar ocidental sobre o passado, bem evidente na retórica francesa sobre a chamada "tirania da penitência".[40] "l'homme africain [n'était]

---

[39] Sobre Sétif, consultar Yves Benot, *Massacres coloniaux*, La Découverte, Paris, 2001, pp. 9-35.
[40] Pascal Bruckner, *La tyrannie de la pénitence. Essai sur le masochisme occidental*, Grasset, Paris, 2006; Daniel Lefeuvre, *Pour en finir avec la repentance coloniale*, Flammarion, Paris, 2006.

pas encore entré dans l'histoire", afirmou Nicolas Sarkozy em julho de 2007, perante um público atónito da Universidade de Dakar.[41] Assim que a memória da colonização é apagada, os povos do sul são privados da sua condição de sujeitos históricos. Além disso, na Europa, a imigração é percebida como uma ameaça à preservação da identidade nacional, um objetivo para o qual o governo francês criou um ministério específico e, de uma forma mais folclórica, o governo italiano instigou os seus cidadãos a organizarem esquadrões (*ronde*) para patrulharem as ruas contra os imigrantes. Neste contexto, a memória pós-colonial põe em causa velhas identidades herdadas e reivindica uma redefinição da cidadania, reconhecendo o pluralismo cultural, étnico e religioso que existe dentro de cada segmento nacional da UE.[42]

A comemoração da vitória de 8 de maio de 1945 é uma condensação de memórias entrelaçadas. Observada de uma perspetiva ocidental, oriental ou pós-colonial, a história do século XX assume um aspeto diferente. As narrativas históricas entrelaçadas por este aniversário são diferentes, apesar do seu tropismo partilhado perante as vítimas do passado. Não há um confronto entre memórias opostas, monolíticas e incompatíveis. O reconhecimento deste pluralismo poderia criar espaços proveitosos de coexistência, para além das identidades nacionais fechadas. A Europa do Leste, onde vivia a maioria dos judeus da Europa antes da Segunda Guerra Mundial e onde os vestígios do Holocausto ainda estão presentes na sua paisagem, deve registar este evento na sua memória. O pós-colonialismo questiona a antropologia política subjacente a todas as nações europeias modernas e reivindica uma redefinição do conceito de cidadania, criticando a perceção de imigrantes não-europeus como "outros" antipodais. Além disso, coloca em causa o caráter de exemplaridade exclusiva do Holocausto postulado pela sua religião civil (um evento absolutamente "único" ou que "transcende" a História). Uma vez que a retórica da "tirania da penitência" foi criticada, seria difícil considerar os crimes nazis contra os judeus como um "mito sionista", de acordo com um cliché atualmente difundido no mundo islâmico, no qual a memória do Holocausto é identificada com Israel (e usada como justificativa para as suas políticas).

---

[41] Adame Ba Konaré (ed.), *Petit précis de remise à niveau sur l'histoire africaine à l'usage du président Sarkozy*, La Découverte, Paris, 2008.

[42] Edward Said, *Humanism and Democratic Criticism*, Columbia University Press, New York, 2004.

DITADURAS E REVOLUÇÃO. DEMOCRACIA E POLÍTICAS DA MEMÓRIA

Por fim, o comunismo poderia ser concebido nas suas diferentes dimensões, seja como uma forma de domínio totalitário ("socialismo real") ou como uma ferramenta de transformação das classes subalternas em sujeitos políticos.

No entanto, para escrever a história da Europa do século XX, precisamos de superar as restrições (políticas, culturais e até mesmo psicológicas) associadas a essas memórias entrelaçadas. Isso significa, em primeiro lugar, levar em consideração a complexidade do passado, isto é, rejeitar uma hermenêutica histórica que reduza essa questão a um simples confronto entre perpetradores e vítimas. Mas também devemos estar cientes de que pertencemos a estes espaços memoriais, exatamente para alcançar o distanciamento crítico necessário. Como lembrou Eric Hobsbawm, os historiadores não escrevem para uma nação, uma minoria, uma classe ou um género, escrevem para todos.[43]

---

[43] Eric Hobsbawm, «Identity History is not Enough», *On History*, Weidenfeld & Nicolson, London, 1997, p. 277.

Invasores ou vítimas? Sobre a memória transnacional da guerra germano-soviética (1941-45)

Xosé M. Núñez Seixas[1]

A Frente Leste, denominação genérica para a guerra germano-soviética de 1941-1945 (ou, como foi denominada pela historiografia soviética e grande parte da pós-soviética, ainda a "Grande Guerra Patriótica") é um ponto de viragem claro na história da II Guerra Mundial. Este foi um choque sem concessões entre dois sistemas ditatoriais que representam duas formas (com diferentes nuances) de totalitarismo, formulado desde o início como uma campanha de extermínio em que, por parte dos invasores germânicos, as regras da guerra convencional, e especialmente as estabelecidas pela Convenção de Genebra, não foram aplicadas de forma consciente. A cosmovisão racial e imperial do III Reich levou-o a perseguir o aniquilamento de uma parte substancial da população eslava do território soviético, começando com o assassinato sistemático de comissários políticos, abuso e dizimação dos prisioneiros do Exército Vermelho (pelo menos até meados de 1942), passando pela pilhagem

[1] Doutor em História Contemporânea pelo Instituto Universitário Europeu de Florença, catedrático da mesma matéria na Universidade de Santiago de Compostela e, desde outubro de 2012, catedrático de Historia Contemporánea de Europa na Universidade Ludwig--Maximilian de Munique.

e exploração sistemática das terras conquistadas, a falta de abastecimento de alimentos e de cuidados de saúde à população civil soviética, e um longo etc.

A Frente Leste também significou o fim da miragem da guerra relâmpago (*Blitzkrieg*) no que diz respeito ao confronto bélico. As condições de combate retrocederam para níveis de brutalidade que fizeram lembrar, em muitos aspetos, a guerra de trincheiras da Primeira Guerra Mundial, num cenário muito mais inóspito do que as planícies de Flandres, em circunstâncias climáticas especialmente desfavoráveis.[2] Os avanços imparáveis das tropas blindadas deram lugar, em poucos meses, a uma guerra cruel de posições e a longas batalhas de desgaste, tendo como exemplos emblemáticos os cercos de Leninegrado e Estalinegrado. O resultado foi um número de vítimas extremamente alto, tanto militares como civis, que pode chegar a pelo menos dez milhões de soldados e dezassete milhões de civis soviéticos, e cerca de 3,8 milhões de soldados alemães, aos que se juntaram cerca de 350.000 húngaros, 45.000 italianos, 480.000 romenos e 84.000 finlandeses, para além de contingentes menores das mais variadas nacionalidades.[3]

A Guerra germano-soviética proporcionou também à Alemanha nazi a oportunidade geoestratégica de materializar o objetivo, até então mais implícito do que explícito, de proceder ao extermínio sistemático dos judeus europeus. É inquestionável que a execução gradual, envolvendo categorias cada vez mais amplas da população até chegar à erradicação total dos habitantes judeus do território soviético ocupado, aconteceu após a Decisão Final de Wannsee (janeiro de 1942), a deportação em massa dos judeus da Europa Central, Meridional e Ocidental para os campos de extermínio, o que foi possível através do controle de grandes faixas de território na Europa Oriental por parte do III Reich. Tivesse o extermínio dos judeus europeus sido pré--determinado já desde os primeiros tempos do nazismo, ou fosse resultado da radicalização acumulativa de decisões no curso da guerra, o fato é que, sem a Operação Barbarossa dificilmente a *Shoah* teria ocorrido da mesma maneira.[4]

---

[2] Vid. O. Bartov, *Hitler's Army, Soldiers, Nazis, and War in the Third Reich*, Nova Iorque/ Oxford: Oxford UP, 1991, e id., *The Eastern Front, 1941-45, German Troops and the Barbarisation of Warfare*, Houndmills/ Nova Iorque: Palgrave, 2001 [1985].

[3] Cf. para uma recapitulação comparativa X. M. Núñez Seixas, *Imperios de muerte. La guerra germano-soviética, 1941-1945*, Madrid: Alianza, 2007, pp. 350-52.

[4] T. Snyder, *Terra Sangrenta. A Europa Entre Hitler e Estaline*, Lisboa: Bertrand Editora, 2011.

A Frente Leste não era apenas um cenário do confronto final entre o III Reich e a União Soviética. Foi também uma guerra em que a Alemanha contou com o apoio de vários países aliados, alguns desde o momento da invasão da URSS (Roménia, Finlândia), e vários outros desde as primeiras semanas do conflito (Itália, Hungria, Eslováquia, Croácia), países que enviaram às frentes de batalha soviéticas centenas de milhares de homens. Deixou uma marca profunda na memória das duas Alemanhas depois de 1945, ou da própria União Soviética; mas também na maioria dos países europeus. Neste sentido, é também um elemento comum, embora abordado a partir de diferentes perspetivas, discursos e políticas sobre a memória do totalitarismo e do Holocausto do século XX, na Europa Oriental e Ocidental, que, no entanto, não é sempre individualizado como tal, diluindo-se frequentemente nas duas categorias conceituais (totalitarismo e *Shoah*) referidas.[5] Ao contrário da própria II Guerra Mundial ou do fim desta, objeto de comemorações conjuntas, o cenário bélico da Frente Leste apresenta-se com perfis pouco nítidos.[6]

Os líderes dos países aliados do III Reich entraram na guerra impulsionados por várias razões.[7] Um anticomunismo partilhado, um desejo de participar no que se anunciava como a próxima distribuição da Europa após a inevitável vitória da Alemanha, a satisfação de ambições territoriais próprias — o caso da rivalidade húngaro-romena sobre a Transilvânia —, ou, especialmente no caso da Finlândia após a Guerra de Inverno de 1939-40, mas também por parte da Roménia, o desejo de recuperar territórios perdidos anteriormente às mãos dos soviéticos. A percentagem dos contingentes de tropas magiares,

---

[5] Vid. alguns exemplos em H. Welzer (ed.), *Der Krieg der Erinnerung. Holocaust, Kollaboration und Widerstand im europäischen Gedächtnis*, Frankfurt a. M.: Fischer, 2007; J. Kroh, *Transnationale Erinnerung. Der Holocaust im Fokus geschichtspolitischer Initiativen*, Frankfurt a. M. / Nova Iorque: Campus, 2008; W. S. Kissel e U. Liebert (eds.), *Perspektiven einer europäischen Erinnerungsgemeinschaft. Nationale Narrative und transnationale Dynamiken seit 1989*, Münster: Lit, 2010; K. Hammerstein, U. Mählert, J. Trappe e E. Wolfrum (eds.), *Aufarbeitung der Diktatur – Diktat der Aufarbeitung? Normierungsprozesse beim Umgang mit diktatorischer Vergangenheit*, Göttingen: Wallstein, 2009.

[6] Vid. S. Troebst, "1945: Ein (gesamt-)europäischer Erinnerungsort?", *Osteuropa*, 58:6 (2008), pp. 67-76. Igualmente, o volume coordenado por S. Troebst e J. Wolf (ed.), *Erinnern an den Zweiten Weltkrieg. Mahnmale und Museen in Mittel- und Osteuropa*, Leipzig: Leipziger Universitätsverlag, 2011.

[7] Vid. R. L. Di Nardo, "The Dysfunctional Coalition: The Axis Powers and the Eastern Front in World War II", *The Journal of Military History*, 60:4 (1996), pp. 711-30.

italianas e romenas no conjunto do Exército do Leste (*Ostheer*) chegou a ser, em alguns momentos, quase vinte por cento do número total do exército invasor; em alguns setores da frente oriental (Ucrânia Meridional, frente do Don, setores da frente central e da frente de Leninegrado) constituíram uma percentagem muito maior. E é um fato comprovado a participação dos aliados do Terceiro Reich, em maior ou menor grau, em operações contra os *partisans*, represálias contra civis e outros crimes de guerra, especialmente por parte das tropas romenas no sul da Ucrânia e de tropas magiares na retaguarda dos Grupos de Exércitos Centro.[8]

Uma proporção igualmente importante, e ainda não calculada de maneira precisa, é a das legiões de Leste ou *Ostlegionen*: ou seja, contingentes de tropas recrutadas entre os desertores e prisioneiros de guerra soviéticos de nacionalidades não eslavas, desde tártaros a cossacos, georgianos, tropas auxiliares de retaguarda bálticas, colaboracionistas ucranianos, e um longo etc. Em alguns cenários da guerra germano-soviética, e em particular em labores mais próprios da guerra suja de retaguarda, como poderiam ser as tarefas de contrainsurgência contra os *partisans*, a vigilância de prisioneiros, a execução de represálias contra a população civil ou a deportação e assassinato de judeus, ciganos, etc., a contribuição dos combatentes da Europa de Leste au serviço dos invasores foi vital para os objetivos estratégicos do III Reich.

Aos contingentes referidos uniram-se igualmente vários grupos de soldados da Europa ocidental, nórdica e central, em grande parte genuínos voluntários fascistas ou anticomunistas motivados por rações ideológicas, em outros casos motivados por razões pecuniárias, espírito de aventura ou busca da sobrevivência. Neste grupo estão incluídos desde os corpos de tropas nacionais integrados como unidades específicas na Wehrmacht (a Divisão Azul espanhola, a Legião Flandres, a Legião *Niederlande*, a *Légion des Volontaires Français...*) até aos diversos contingentes de voluntários "germânicos" que se

---

[8] Vid. T. O. Anderson, „A Hungarian *Vernichtungskrieg*? Hungarian Troops and the Soviet Partisan War in Ukraine, 1942", *Militärgeschichtliche Mitteilungen*, 58 (1999), pp. 345-66; J. Förster, „Hitlers Verbündete gegen die Sowjetunion 1941 und der Judenmord", e K. Ungváry, „Das Beispiel der ungarischen Armee. Ideologischer Vernichtungskrieg oder militärisches Kalkül?", em Ch. Hartmann, J. Hürter e U. Jureit (eds.), *Verbrechen der Wehrmacht. Bilanz einer Debatte*, Munique: Beck, 2005, pp. 91-97 e 98-106; M. Hausleitner, B. Mihok e J. Wetzel (eds.), *Rumänien und der Holocaust. Zu den Massenverbrechen in Transnistrien 1941-1944*, Berlím: Metropol, 2001.

integraram em diversas divisões das Waffen SS: suecos, noruegueses, valões, dinamarqueses... E também de voluntários italianos, muçulmanos bósnios, albaneses e os alemães étnicos de distintos países da Europa balcânica e danubiana, que constituíram a principal contribuição dos cidadãos não-alemães às Waffen SS. Os estrangeiros que não eram alemães étnicos, incluindo por um lado europeus ocidentais assim como diversos grupos étnicos da Europa Centro-Oriental e do Cáucaso, nunca chegaram a alcançar vinte por cento dos efetivos do que deveria ser, segundo Himmler, o autentico exército europeu do III Reich.[9]

Esses contingentes voluntários eram especialmente relevantes para o III Reich e a sua propaganda de guerra, uma vez que justificavam a sua representação do conflito como uma "Cruzada Europeia contra o bolchevismo". Portanto, eles foram objeto de uma vasta idealização. No entanto, a sua relevância militar foi reduzida. Do ponto de vista operacional, representaram frequentemente uma complicação logística para o Alto Comando Alemão. Mas para a extrema direita Europeia posterior a 1945, e também para uma parte da opinião pública, as tropas estrangeiras da Wehrmacht e das Waffen SS representaram um motivo de fascinação estética. Foram apresentadas como um precedente da NATO, uma manifestação de heroísmo anticomunista transnacional, e de um "nacionalismo europeu" *avant la lettre* contra o comunismo "asiático", num leque de manifestações culturais variadas.

Como foi recordada a guerra germano-soviética na Europa posterior à Segunda Guerra Mundial? Qual foi o seu impacto ou dimensão transnacional? Em primeiro lugar, convém assinalar que não existe um padrão europeu, ou mesmo europeu-ocidental de comemoração ou lembrança da Frente Leste, embora esteja implícito na política da memória do Holocausto ou do totalitarismo do século XX. O cenário da Frente Leste é associado com um número de lugares de memória ou imagens plásticas: a batalha de Estalinegrado, o cerco de Leninegrado, os soldados caminhando exaustos na neve... Há, por outro lado, uma grande variedade de memórias privadas e públicas, assim como de políticas da memória de marca claramente estatal-nacional, que

---

[9] S. Neitzel, "Hitlers Europaarmee und der 'Kreuzzug' gegen die Sowjetunion", em M. Salewski e H. Timmermann (eds.), *Armeen in Europa – Europäische Armeen*, Münster: Lit, 2004, pp. 137-50; X. M. Núñez Seixas, "La 'Cruzada europea contra el bolchevismo': Mito y realidad", *Cuadernos de Historia Contemporánea*, 34 (2012), pp. 31-63.

DITADURAS E REVOLUÇÃO. DEMOCRACIA E POLÍTICAS DA MEMÓRIA

apenas dialogam entre si – o que também se traduz em parte num intercâmbio muito limitado das suas historiografias sobre a própria participação dos seus compatriotas na Frente Leste, e que não são capazes de estabelecer uma narrativa ou consenso minimamente comum, em que se realizem concessões mutuas. Um bom paradigma é o que é oferecido pelo *Museu Russo-Alemão* de Karlshorst em Berlim, superposição de um discurso crítico com a guerra (o alemão) e uma narrativa em grande parte acrítica (a russa), apesar dos esforços para combinar ambas as perspetivas em diversas exposições que foram organizadas desde 1991.[10]

Dentro dessa diversidade de perspetivas, podemos assinalar a existência de cinco paradigmas: a) a evolução desde a perceção de dupla vítima à aceitação condicionada da culpa, própria da Alemanha Ocidental desde 1949; b) a persistência do mito da Grande Guerra Patriótica no bloco comunista entre 1945 e 1990, cujas características essenciais persistem na política da memória da Rússia pós-soviética;[11] c) a busca de uma equidistância difícil, consubstanciada no paradigma da dupla invasão, na Europa de Leste após 1989-90, passando os "libertadores" a serem considerados novos invasores e muitos dos colaboracionistas (ucranianos, bálticos, etc.) a serem reabilitados como patriotas;[12] d) a narrativa da excecionalidade heroica, no caso da Finlândia; e e) a construção de um mito do "bravo" soldado mediterrânico na Frente Leste que, com tons diferentes, representam Itália e Espanha, com base em alguns elementos também comuns aos paradigmas anteriores: a externalização da culpa e a perceção dos próprios soldados e a sua experiência como vítimas por duas vezes. Vamos expor aqui, de maneira sintética, os paradigmas que atingem os países invasores.

1. *Quem eram os nazis? De vítimas a companheiros de viagem*

O discurso crítico sobre a memória recente na Alemanha Ocidental desde 1945 é, em linhas gerais, bem conhecido. Neste discurso, o ocorrido na

---

[10] Cf. http://www.museum-karlshorst.de.

[11] Cf. sobre o particular N. Tumarkin, *The Living and the Dead: The Rise and Fall of the Cult of World War II in Russia*, Nova Iorque: Basic Books, 1994.

[12] Cf. S. Troebst e J. Wolf (ed.), *Erinnern an den Zweiten Weltkrieg. Mahnmale und Museen in Mittel- und Osteuropa*, Leipzig: Leipziger Universitätsverlag, 2011.

Frente Leste tinha um papel central, embora complementário ao que tinha sido a grande catástrofe alemã do século XX: o nacional-socialismo e o Holocausto.[13]

Até aos anos setenta do século XX, estava estabelecida nas narrativas alemãs do pós-guerra uma diferença substancial entre a Wehrmacht e as Waffen SS. Era o mito da "Wehrmacht limpa", elaborado e divulgado na opinião pública da Alemanha Ocidental durante os anos 1950 e 1960.[14] A distinção foi especialmente mantida pelas associações de ex-combatentes, que procuram também acomodar-se ao novo contexto de guerra fria e destacar o seu compromisso anticomunista.[15] De acordo com este modelo explicativo, os soldados alemães destinados no exército regular da Frente Leste (4 de cada 5 mobilizados pela Wehrmacht) conduziram uma guerra principalmente limpa e convencional, que estava em conformidade com as normas civilizadas comparáveis às aplicadas na Frente Ocidental ou na África Setentrional, num meio muito mais hostil e contra um inimigo implacável. O mesmo era aplicado aos seus generais profissionais, muitos dos quais (desde Heinz Guderian a Erich von Manstein) levaram a cabo uma autentica reinvenção do seu legado e da sua história no pós-guerra, com o consentimento tácito dos Aliados e da NATO, apresentando-se a si mesmos como militares profissionais que lutaram pelo seu país, obrigados a obedecer a um *Führer* lunático por lealdade patriótica, e defensores da tradição do exército alemão, projetando-a para o presente para tornar possível a construção de um novo exército democrático

---

[13] Vid., sem ser exaustivos, N. Frei, *Vergangenheitspolitik. Die Anfänge der Bundesrepublik und die NS-Vergangenheit*, Munique: C. H. Beck, 1996; P. Reichel, *Vergangenheitsbewältigung in Deutschland. Die Auseinandersetzung mit der NS-Diktatur von 1945 bis heute*, Munique: C. H. Beck, 2001, e id., *Politik mit der Erinnerung. Gedächtnisorte im Streit um die nationalsozialistische Vergangenheit*, Frankfurt a. M.: Fischer, 1999 [1995], assim como R. G. Moeller, *War Stories: The Search for a Usable Past in the Federal Republic of Germany*, Berkeley/ Los Angeles: University of California Press, 2001.

[14] Vid. K. Pätzold, *Ihr waret die besten Soldaten. Ursprung und Geschichte einer Legende*, Leipzig: Militzke Verlag, 2000, assim como D. Bald, J. Klotz e W. Wette, *Mythos Wehrmacht. Nachkriegsdebatten und Traditionspflege*, Berlím: Aufbau Taschenbuch Verlag, 2001.

[15] Vid. J. Echternkamp, "Mit dem Krieg seinen Frieden schließen – Wehrmacht und Weltkrieg in der Veteranenkultur (1945-1960)", em T. Kühne (ed.), *Von der Kriegskultur zur Friedenskultur? Zum Mentalitätswandel in Deutschland seit 1945*, Münster: Lit, 2009, pp. 80-95.

(a *Bundeswehr*).[16] Pelo contrário, os crimes de guerra e a *Shoah* eram devidos apenas a uns quantos dirigentes lunáticos e a umas fanáticas Waffen SS.

Os alemães comuns seriam duplamente afetados. O discurso histórico-político, o cinema e literatura da República Democrática Alemã evitaram a especificidade do Holocausto, mas abordaram na sua memória pública a guerra de Leste como um grande cadinho de sangue de onde surgiu uma renovada amizade germano-soviética, apresentando a derrota como uma experiência catártica em que muitos alemães saíram transformados em novos cidadãos, convencidos dos erros do fascismo e da necessidade de reconstruir a Alemanha sobre um molde socialista. Os invasores soviéticos e os comunistas alemães que vieram com eles foram apresentados como um exército libertador que *abria os olhos* aos alemães.[17] Pelo contrário, na esfera pública e na literatura da RFA prevaleceu inicialmente o silêncio recorrente sobre o passado recente, particularmente sobre a guerra do Leste. Quando começou a ser abordada desde o ponto de vista fílmico e literário, desde meados da década de 1950, passou a predominar um paradigma da vitimização coletiva, que distinguia as responsabilidades do Holocausto da guerra de extermínio. Auschwitz apresentou-se num plano diferente e afastado de Estalinegrado. Os alemães comuns também haviam sofrido padecimentos atrozes, tanto os soldados na Frente Leste – apresentados nas recriações literárias das duas Alemanhas de 1950 como instrumentos de um destino trágico – como os civis na retaguarda.[18] A "catástrofe alemã" tinha sido induzida por uma minoria de loucos fanáticos, capaz de seduzir e depois aprisionar nas suas garras o povo alemão, que haviam desencadeado uma tempestade cujos efeitos sofreu na sua carne: bombardeamentos em massa da aviação aliada, elevadas perdas

---

[16] Cf. O. von Wrochem, *Erich von Manstein: Vernichtungskrieg und Geschichtspolitik*, Paderborn et al.: Schöningh, 2006.

[17] Era o caso dos filmes do realizador germano-oriental W. Staudte, desde a inicial *Die Mörder sind unter uns* ["Os assassinos estao entre nós", 1946]; ou do diretor Konrad Wolf, a quem se devem títulos como *Lissy* (1956), *Sterne* ["Estrelas", 1959] e a posterior *Ich war neunzehn* ["Eu tinha dez-a-nove anos", 1969], onde o protagonista, alter ego autobiográfico do própio Wolf, é um jovem alemão refugiado na URSS que volta à Alemania como oficial do Ejército Vermelho e apenas pouco a pouco descobre que nem todos os alemães foram corresponsáveis do nazismo.

[18] Vid. em particular Ch. Morina, *Legacies of Stalingrad: Remembering the Eastern Front in Germany since 1945*, Cambridge: CUP, 2011, pp. 67-105.

humanas nas frentes de combate, amputações territoriais às mãos do Exército Vermelho e dos seus aliados, e sofrimento sem fim da população civil obrigada a fugir do avanço soviético e deportada no pós-guerra da Europa Centro-Oriental. A isto se juntam as humilhações infligidas nos primeiros dias e meses de ocupação pelos soldados soviéticos, que deixaram um rastro de pilhagens, violações e abusos sexuais de vários tipos contra dezenas de milhares de mulheres germânicas. Sobre este último assunto, no entanto, estendia-se uma pesada manta de silêncio público, apenas rompido nas últimas duas décadas.[19]

Essas humilhações teriam também continuado muito tempo depois de 1945. Aí estavam, para testemunhar, o padecimento dos milhares de prisioneiros de guerra do exército alemão que sofreram em campos de concentração soviético trabalhos forçados até à sua libertação total, em meados da década de 1950, ou os suicídios e traumas de milhares de ex-combatentes ou mulheres que sofreram violações levadas a cabo por soldados desconhecidos de Leste. Estes temas nem sempre se expressavam publicamente, e sobre alguns deles pesava um certo tabu historiográfico, que também se manifestava, embora com menos intensidade, no campo da alta literatura.

Dentro da vitimização coletiva dos alemães diluía-se uma categoria: a dos perpetradores, seguida pelos partidários do nacional-socialismo. Uma questão fundamental era deixada na sombra: Quem havia sido nazi, para além da cúpula do regime que tinha morrido, tinha sido julgado em Nuremberga ou desapareceu no pós-guerra? A política do silêncio conveniente, praticada durante a era de domínio democrata-cristão (1949-1963) do Chanceler Konrad Adenauer, foi acompanhada por uma desnazificação seletiva dos funcionários da administração e da nova *Bundeswehr*, e desta maneira também pela proliferação de estratégias familiares de absolvição dos próprios pais e avós: silêncio na primeira geração de sobreviventes, fossem veteranos de guerra, retornados do cativeiro soviético ou ex-prisioneiros de campos de concentração nazis, aos quais a opinião pública exigia deixar para trás os traumas vividos e que

---

[19] Cf. um bom retrato no diário anónimo de uma habitante de Berlim onde se reflete a chegada das tropas soviéticas ao seu bairro: *Eine Frau in Berlin. Tagebuchaufzeichnungen vom 20. April bis 22. Juni 1945*, Frankfurt a. M.: Eichborn Verlag, 2003.

DITADURAS E REVOLUÇÃO. DEMOCRACIA E POLÍTICAS DA MEMÓRIA

se concentrassem na tarefa de reconstrução da Alemanha.[20] Mas também desculpas de ubíquo uso familiar. O pai ou avô veterano de guerra *não tinha sido nazi*. Não se debatia a maldade inerente ao regime nacional-socialista, mas destacava-se sempre o próprio parente como um caso mais ou menos raro, embora discreto, de implicita resistência ou não conformidade com o nazismo.[21]

Alguns dos filmes sobre a Frente Leste que se sucederam desde a década de 1950 são exemplos claros dessa tendência. Em particular as recreações da batalha de Estalinegrado, o ponto culminante e a grande tragédia apresentada como um *pathos* coletivo, desde o ponto de vista alemão. Foi o caso de *Der Arzt von Stalingrad* ["O médico de Estalinegrado", 1957], de Géza von Radványi, baseado no romance homónimo de Heinz G. Konsalik, que recria a luta pela sobrevivência num campo de concentração soviético; ou *Hunde, Wollt ihr ewig leben?* ["O Inferno de Estalinegrado", 1959], de Frank Wisbar. Mas também em filmes posteriores como *Heimat* (Edgar Reitz, 1984) e o mais recente *Stalingrad* (Frank Vilsmaier, 1993).[22] Nestes filmes, os soldados do exército regular são apresentados desde um angulo fatalista, por vezes épico, como lutadores pela sua sobrevivência, numa tentativa fútil de heroísmo em vão perante uma situação e uma lógica que está totalmente fora do seu controle.

No discurso germano-ocidental do pós-guerra também se registava uma tendência implícita, e às vezes explícita, a equiparar o nacional-socialismo e o comunismo soviético, que foi sem dúvida acentuada pela polémica induzida por Ernst Nolte e outros historiadores em meados da década de 1980 (a *Historikerstreit* ou a disputa dos historiadores), mas já estava presente antes.[23] Desde meados da década de 1970 começou a registar-se uma nova sensibilidade para a questão da *Shoah*, graças em primeiro lugar à transmissão em fevereiro de 1979 na televisão pública da RFA da série americana *Holocausto*.

---

[20] Cf. S. Goltermann, *Die Gesellschaft der Überlebenden. Deutsche Kriegsheimkehrer und ihre Gewalterfahrungen im Zweiten Weltkrieg*, Munique: Dva, 2009, pp. 345-85.

[21] H. Welzer, S. Moller e K. Tschuggnall, *Opa war kein Nazi. Nationalsozialismus und Holocaust im Familiengedächtnis*, Frankfurt a. M.: Fischer, 2002.

[22] A. Kaes, *From Hitler to Heimat: The Return of History as Film*, Cambridge (Mass.): Harvard UP, 1989, pp. 73-103 e 136-90, e O. Bartov, *Germany's War and the Holocaust: Disputed Histories*, Ithaca/ Londres: Cornell UP, 2003, pp. 29-31.

[23] Sobre a disputa dos historiadores, vid. a recompilação de textos »*Historikerstreit*«. *Die Dokumentation der Kontroverse um die Einzigartigkeit der nationalsozialistischen Judenvernichtung*, Munique: Piper, 1987.

O que indiretamente também levantou a questão do que realmente tinha acontecido na Frente Leste. Era uma pergunta socialmente incómoda, uma vez que, para 80 por cento dos alemães, significava, nem mais nem menos, formular essa questão no âmbito familiar. Uma pergunta que, mesmo no século XXI, continua a ser embaraçosa.[24]

Um marco fundamental nesse sentido foi a chamada *Exposição da Wehrmacht (Wehrmachtsausstellung)*, organizada pelo Instituto de História Social de Hamburgo, graças ao novos fundos arquivísticos disponíveis por um tempo nos arquivos militares russos depois de 1990, que incluíam centenas de fotos e cartas recolhidas pelo Exército vermelho em cadáveres de soldados da Wehrmacht ou apreendidas a prisioneiros alemães. A exposição, que ao longo de 1995 e 1996 percorreu várias cidades alemãs, teve uma enorme adesão do público.[25] Embora algumas das fotos não tivessem sido corretamente identificadas, essencialmente a sua credibilidade não foi afetada. Na exposição demonstrava-se, especialmente, a cumplicidade da Wehrmacht com certos aspetos do extermínio de judeus, assim como a sua colaboração ou, pelo menos, conivência, com a guerra suja mantida contra os *partisans* na retaguarda.[26] Assim, o mito da *Wehrmacht limpa* desabou, embora tenha sido mantido por grandes setores da opinião pública conservadora.

A investigação histórica demonstrou de maneira fidedigna ao longo das duas últimas décadas que o caráter criminoso da guerra no Leste exigia a cumplicidade e muitas vezes a cooperação ativa das unidades da Wehrmacht, do exército regular.[27] Estudos sobre memórias, cartas, história oral, às

---

[24] Vid. por exemplo M. Pfeiffer, *Mein Grossvater im Krieg 1939-1945. Erinnerung und Fakten im Vergleich*, Bremen: Donat Verlag, 2012.

[25] Cf. Hamburg Institute for Social Research (ed.), *The German Army and Genocide. Crimes Against War Prisoners, Jews and Other Civilians in the East, 1939-1944*, Nova Iorque: The New Press, 1999.

[26] Cf. H. Prantl (ed.), *Wehrmachtsverbrechen: Eine deutsche Kontroverse*, Hamburgo: Hoffmann und Campe, 1997.

[27] Vid. as recapitulações de Ch. Hartmann, "Wie verbrecherisch war die Wehrmacht? Zur Beteiligung von Wehrmachtsangehörigen an Kriegs- und NS-Verbrechen", em Hartmann, Hürter e Jureit (eds.), *Verbrechen der Wehrmacht*, pp. 69-79, asim como de S. Fritz, *Ostkrieg. Hitler's War of Extermination in the East*, Lexington: The University Press of Kentucky, 2011; Ch. Hartmann, *Wehrmacht im Ostkrieg: Front und militärisches Hinterland 1941/42*, Munique: Oldenbourg, 2009, e id., J. Hürter, P. Lieb e D. Pohl, *Der deutsche Krieg im Osten 1941-1944. Facetten einer Grenzüberschreitung*, Munique: Oldenbourg, 2009; D. Pohl, *Die Herrschaft der Wehrmacht.*

DITADURAS E REVOLUÇÃO. DEMOCRACIA E POLÍTICAS DA MEMÓRIA

vezes à escala micro-histórica, confirmaram esse envolvimento das tropas da Wehrmacht na guerra de extermínio. Soldados regulares que não estavam necessariamente imbuídos da ideologia nazi foram capazes de executar prisioneiros soviéticos, de cumprir a ordem de fuzilar os comissários políticos com poucas objeções, de passar pelas armas civis soviéticos em represália a atos de sabotagem dos *partisans*, de saquear e roubar. Estes soldados comuns eram igualmente capazes de odiar idosos judeus que nunca lhes tinham feito nada, de maltratar gratuitamente civis, de tirar fotografias junto a um *partisan* enforcado. A brutalização da guerra também condicionou o modo de comportamento dos soldados na retaguarda. O debate historiográfico centrou-se nos últimos anos na questão de quão *especificamente alemã* era essa conduta. Ou seja, se a brutalização da guerra no Leste era atribuída às condições de combate e a critérios situacionistas, salientando assim que, potencialmente, qualquer soldado de qualquer exército teria reagido de forma semelhante aos estímulos e condicionalismos externos da mesma natureza; ou se, apesar de reconhecer o peso das condições de combate, os anos de doutrinação nacional-socialista e a perceção especificamente alemã e nacional-socialista da guerra no Leste teriam acrescentado uma predisposição à violência e brutalização especialmente favorável no caso das tropas alemãs, pelo que a sua comparação com outros contingentes de tropas invasoras no Leste se mostra particularmente relevante.[28]

Algumas áreas temáticas continuam a ser objeto de debate, entre elas o grau em que grande parte dos protagonistas posteriores da conspiração contra Hitler que terminou na tentativa frustrada de assassinato a 20 de julho de 1944, e que foram devidamente recuperados 60 anos depois do relativo esquecimento (e até mesmo da consideração inicial de traidores da pátria) para apresentá-los como exemplos para fundamentar a continuidade da *Bundeswehr,* se opuseram ou não desde o início à conceção racial da guerra de extermínio; o grau em que as tropas auxiliares e colaboracionistas soviéticas (bálticos, ucranianos, etc.) cooperaram com os ocupantes; a perspetiva das vítimas da guerra

---

Deutsche Militärbesatzung und einheimische Bevölkerung in der Sowjetunion 1941-1944, Munique: Oldenbourg, 2008, e mais J. Hasenclever, *Wehrmacht und Besatzungspolitik in der Sowjetunion. Die Befehlshaber der rückwartigen Heeresgebiete 1941-1943*, Paderborn et al: Schöningh, 2010.
[28] Vid. S. Neitzel e H. Welzer, *Soldaten. Protokolle von Kämpfen, Töten und Sterben*, Frankfurt a. M.: Fischer, 2011; F. Römer, *Kameraden. Die Wehrmacht von innen*, Munique/Zürich: Piper, 2012.

de extermínio, um pouco esquecida, paradoxalmente, por uma historiografia alemã concentrada em investigar de modo exaustivo os perpetradores; ou o caráter excecional da Frente Leste no contexto das guerras travadas pelo III Reich. Especificamente, se já durante a invasão da Polonia em setembro de 1939 foram aplicadas pela Wehrmacht práticas que faziam prever o caráter exterminador da guerra germano-soviética.[29]

A aceitação do grau de culpabilidade, ou pelo menos do conhecimento do que realmente ocorria nas frentes e nas retaguardas por parte de muitos soldados comuns do exército alemão, que silenciaram o que viveram no regresso a casa, levou à necessidade de reconstruir e readaptar o relato da memória na Alemanha do século XXI, de acordo com as conclusões da investigação histórica profissional. Um bom exemplo disso é a produção televisiva do segundo canal público alemão (ZDF), que estreou em março de 2013 *Unsere Mütter, unsere Väter* ("As nossas mães, os nossos pais"). Trata-se de uma minissérie de três capítulos, que procura entrar na memória familiar e criar um diálogo intergeracional entre os protagonistas da guerra (neste caso, da Frente Leste) e a terceira geração, criando personagens fictícios inspirados em grande parte em experiências reais e que podem ser facilmente identificados pelas famílias alemãs. A história narra a evolução de cinco amigos berlinenses: dois irmãos mobilizados pela Wehrmacht para a Frente Leste que experimentaram processos opostos de brutalização e contemplam as atrocidades cometidas pelos seus camaradas na retaguarda, participando também nessas atrocidades; uma enfermeira que exerce nos hospitais da Wehrmacht até à sua captura pelo Exército Vermelho; um jovem judeu que consegue escapar à deportação e sobreviver protegido por um grupo de *partisans* polacos que, por seu lado, não escondem os seus sentimentos antissemitas; e a sua namorada, uma cantora ambiciosa que, para conseguir uma carreira e ao mesmo tempo proteger o seu namorado se torna amante de um dirigente das SS. O produtor, Nico Hoffmann (1959), inspirou-se em parte nas experiências dos seus pais, e criou deliberadamente personagens moralmente ambíguos, que se deixavam levar pelos acontecimentos, e facilmente identificáveis por muitos telespectadores

---

[29] Vid. J. Böhler, *Auftakt zum Vernichtungskrieg. Die Wehrmacht in Polen 1939*, Frankfurt a. M.: Fischer, 2006.

DITADURAS E REVOLUÇÃO. DEMOCRACIA E POLÍTICAS DA MEMÓRIA

como os seus próprios pais ou avós, ao contrário de outras produções (como o filme sobre o bombardeio de Dresden, *Dresden*, Roland S. Richter, 2006).

A série teve um nível de audiência muito elevado e desencadeou durante semanas um amplo debate público, tendo conseguido, em grande parte, alcançar o seu objetivo (romper o silêncio familiar e criar empatia entre os sobreviventes da época do III Reich e a história narrada). No entanto, na sua abordagem ainda podemos observar alguns elementos de continuidade com o discurso da memória anterior e os seus limites. Em primeiro lugar, a desaparição dos nazis e os perpetradores conscientes: estes são sempre alheios aos protagonistas do relato e indiretamente apresentados como simples sádicos —pelo contrário, os oficiais da *Sicherheitsdienst* ou das *Einsatzgruppen* eram muitas vezes diplomados universitários, convencidos da bondade de exterminar determinadas categorias da população. Porém, não é abordada a questão do consentimento, adesão ativa ao regime, e devoção por Hitler, de milhões de alemães comuns, posteriormente convertidos em soldados no Leste. Por tanto, os nazis continuam a ser os *outros*, presentes como atores secundários, mas nunca como protagonistas.[30] Em segundo lugar, não está claro se os alemães comuns eram conscientes do que sucedia aos seus concidadãos judeus quando eram deportados. Em terceiro lugar, o caráter específico do antissemitismo alemão é relativizado indiretamente, ao ser sugerido que os outros povos (neste caso, os *partisans* polacos) também partilhavam os preconceitos antissemitas. Em quarto lugar, a externalização relativa da culpa (os nazis são "outros") e a aceitação da ambiguidade dos protagonistas leva à esperança: os companheiros de viagem do nazismo, mais ou menos ingénuos e seduzidos de forma enganosa pelo carisma do *Führer*, seriam depois, fortalecidos pela experiencia bélica e libertados das suas ambiguidades anteriores, os protagonistas da reconstrução da Alemanha. Neste aspeto, *Unsere Mütter, unsere Väter* não é muito diferente da recriação fílmica de testemunhos como o da jovem de Munique, secretária de Hitler, Traudl Junge, na premiada produção de Oliver Hirschbiegel *Der Untergang* ("A queda", 2004).[31]

---

[30] Vid. as reflexões ao respeito de A. Assmann, *Das neue Unbehagen an der Erinnerungskultur. Eine Intervention*, Munique: Beck, 2013, pp. 33-42.

[31] Cf. T. Junge, *Até ao fim — Um relato verídico da secretária de* Hitler, Lisboa: Dinalibro, 2003; J. Fest, *A queda – Hitler e o fim do Terceiro Reich*, Lisboa: Guerra & Paz, 2007.

INVASORES OU VÍTIMAS?

A visão crítica do passado recente da Alemanha sobre a guerra de Leste pode ser discutível em vários aspetos. Foi referida a continuidade do paradigma do vitimismo, a "sombra de Estalinegrado", que teria salientado a imagem de um exército abandonado pelos seus comandantes supremos, entregado à fatalidade de um clima inóspito e de uma guerra sem quartel, obrigados a caminhar para um cativeiro de onde poucos voltariam. Contudo, a maneira como os veteranos depois socializados na Alemanha Oriental recordavam o cativeiro diferia muito da imagem transmitida pelos veteranos retornados à RFA. O que também demonstrava o peso das diferentes culturas públicas da memória em ambas Alemanhas.[32] Aleida Assmann sublinhou que, visto desde fora, a RFA deixou de ser a mestra na execução de matanças em massa a exercer de modelo sobre como elaborar um discurso crítico delas, imitada com diferentes graus de sucesso por outros países. Mas essa imagem ignorava os altos e baixos da política da memória germano-ocidental. Dentro da sociedade alemã, e especialmente nos setores conservadores, manteve-se desde o pós-guerra uma atitude reticente acerca das concessões "excessivas" ao relato dos vencedores e ao esquecimento dos sofrimentos do próprio povo alemão na guerra e no pós-guerra, questões que foram cultivadas por parte de um revisionismo de baixa intensidade, mas mais ou menos presentes na esfera pública da Alemanha Ocidental e unificada até hoje.[33] . Mas a verdade é que este último discurso nunca se converteu em hegemónico.

2. A "heroica excecionalidade" de um povo em armas

Se existe em toda a Europa um caso em que se verifica uma marcada continuidade entre o discurso patriótico de guerra da década de 1940 e o relato memorialístico do pós-guerra, esse é sem dúvida a Finlândia. Para a historiografia e a memória oficial finlandesa, a guerra germano-soviética não existe, posto que se denomina oficialmente "Guerra de Continuação" e não é equiparável à agressão alemã. Se as suas forças armadas se comprometeram, por mandato de um regime parlamentário, a entrar em guerra ao lado das potências fascistas,

---

[32] Cf. P. Jahn, *Stalingrad erinnern. Stalingrad im deutschen und im russischen Gedächtnis*, Berlim: Links, 2003; B. Ulrich, "Stalingrad", em E. François e H. Schulze (eds.), *Deutsche Erinnerungsorte*, Munique: Beck, 2001, pp. 332-48.
[33] Cf. Assmann, *Das neue Unbehagen*, pp. 59-60.

441

DITADURAS E REVOLUÇÃO. DEMOCRACIA E POLÍTICAS DA MEMÓRIA

foi para recuperar o território perdido a mãos dos soviéticos durante a guerra de inverno de 1939-40. As tropas finlandesas não ultrapassaram os limites territoriais da antiga fronteira fino-soviética de 1939 e, apesar das pressões alemãs, não fecharam totalmente pelo norte o cerco de Leninegrado.[34] A ofensiva soviética do verão de 1944 levou o governo finlandês a quebrar as suas promessas de fidelidade ao III Reich e, em setembro de 1944, a cancelar de forma unilateral a sua aliança com a Alemanha, para assinar por separado um acordo de paz com a URSS. Em consequência, registaram-se enfrentamentos entre as tropas finlandesas e os cerca de 200 000 soldados alemães estaciona-dos na Lapónia. Foi a curta "Guerra da Lapónia", que se saldou pela retirada das tropas germânicas que, em represália, praticaram uma política de terra queimada, a qual permitiu compensar, na memória posterior, a colaboração militar com o III Reich durante um lustro.[35]

Desde a década de 1960 reina na opinião pública finlandesa um certo des-conhecimento das circunstâncias concretas da colaboração fino-germânica durante a Operação Barbarossa. A recordação da irmandade de armas com a Alemanha tende a ser positiva, e mesmo a curta Guerra da Lapónia é atribuída à iniciativa de alguns "nazis" e a tropas das SS, sem macular a boa conduta das tropas germânicas em relação à população civil do Norte da Finlândia. A resistência oferecida ao agressor soviético durante a Guerra de Inverno de 1939-40 serve, não obstante, como discurso de legitimação da *Guerra de Continuação*. Tratar-se-ia, em ambos os casos, da resposta orgulhosa de uma nação consciente da sua individualidade, capaz de unir a todos os estratos sociais numa luta pela sua sobrevivência nacional face a agressores externos, tanto soviéticos como alemães.[36]

O tema de eleição da política da memória é a representação de um heroico povo em armas, capaz de preservar a sua independência. Os monumentos aos caídos e os "cemitérios de heróis" disseminados por todos os cemitérios

[34] Cf. O. Vehviläinen, *Finland in the Second World War. Between Germany and Russia*, Basings-toke: Macmillan, 2002.

[35] Cf. S. Ruoho, *Der Krieg in Lappland (1941-1944) als geteilte Erinnerungslandschaft*, Norderstedt: Books on Demand, 2013 .

[36] Cf. B. Wegner, "Selbstverteidigung, Befreiung, Eroberung? Die finnische Historiographie und der Zweite Weltkrieg", em R. Bohn, C. Cornelißen e K.-C. Kammers (eds.), *Vergangenheits-politik und Erinnerungskulturen im Schatten des Zweiten Weltkrieges. Deutschland und Skandinavien seit 1945*, Essen: Klartext, 2008, pp. 153-68.

civis do país —já que a prática do exército finlandês foi a repatriação sistemática dos restos dos caídos para os seus locais de origem— converteram-se em lugares de culto para as cerimónias e comemorações patrióticas do pós-guerra, ainda que a neutralidade da Finlândia tenha conferido a essas celebrações um caráter mais cristão do que marcial e nacionalista. A este facto uniu-se a idealização de um líder supremo, o Marechal Barão Gustaf Mannerheim (como demonstra a sua casa-museu do bairro de Kalvopulsto, Helsinquia),[37] capaz de galvanizar um exército de camponeses, operários e homens de classe media, nacional e interclassista, espelho invertido do conceito de exército popular bolchevique, para deter a avalancha de um invasor muito superior em homens e meios, num meio ambiente hostil. E que possuía uma qualidade catártica: a de selar a curta mas intensa guerra civil finlandesa de 1918, tapando a recordação de vários milhares de vitimas do "terror branco". A guerra contra a URSS reintegrava os social-democratas e os operários finlandeses no corpo da nação.

Ao contrário dos outros países beligerantes, a maior parte do território finlandês não foi invadida e o número de prisioneiros que acabaram em campos soviéticos foi muito reduzido. Para a população finlandesa, a Guerra de Continuação foi, de certa maneira, uma guerra vivida como um conflito convencional. As operações bélicas finlandesas eram apresentadas como humanitárias e exemplares: soldados com camuflagem branca na neve, tão puros como as suas fardas, o que em boa medida e em comparação com a Wehrmacht é confirmado pela investigação histórica. Contudo, o discurso público omite algumas nuances menos benévolas, recentemente reveladas pela historiografia finlandesa, como a entrega de alguns prisioneiros judios, comissários políticos e prisioneiros do Exercito Vermelho às SS, para a sua execução pelos nazis na Carélia, o internamento de prisioneiros e civis russos em campos de concentração (e a morte de umas 4.200 pessoas de nacionalidade soviética nesses campos), ou a própria participação finlandesa no cerco de Leninegrado (operação destinada a condenar os habitantes da cidade à morte por inanição). O Holocausto, em particular, é visto com olhos críticos pela população finlandesa, mas também como um acontecimento distante e

---

[37] Cf. http://www.mannerheim-museo.fi.

DITADURAS E REVOLUÇÃO. DEMOCRACIA E POLÍTICAS DA MEMÓRIA

alheio à experiencia do seu país na Guerra Mundial.[38] O *epos* de um pequeno povo, que pagou um elevado tributo de sangue (2,5% da sua população) por manter a sua independência face a um inimigo superior, permite também minimizar a aliança bélica com o III Reich.

A política de estrita neutralidade e a procura de umas relações cordiais com a URSS levou os governos de Helsínquia a reduzir a visibilidade das comemorações da II Guerra Mundial, durante as décadas de 1960 e 1970. Mas desde meados da década de 1980 assiste-se a um ressurgimento no país dos tópicos patrióticos do pós-guerra imediato, que continuavam a apresentar a Finlândia como uma vítima e, ao mesmo tempo, um heroico sobrevivente do conflito. O reavivamento do discurso da memória heroica das Guerras de Inverno e de Continuação encontrou expressão na inauguração de dezenas de memoriais por todo o país. Neste sentido, as recreações fílmicas finlandesas cujo argumento incide na Guerra de Inverno e na Guerra de Continuação evidenciam uma mais que notável continuidade temática, entre a década de 1950 e os últimos anos do seculo XX, que podemos constatar através da comparação de dois filmes. O primeiro é "O Soldado Desconhecido" (*Tuntematon sotilas*, 1955), de Edvin Laine, baseado no relato homónimo do escritor Vainno Linna, publicado um ano antes e epitome dos valores de masculinidade e heroísmo atribuíveis aos soldados, cuja vivência realista da dureza da guerra não questionava a narrativa épica da mesma. O segundo é a produção mais recente *Talvisota* ("Guerra de Inverno", 1989), de Pekka Perikka, também baseado em novela homónima do escritor Anti Tuuri, e objeto de numerosas reposições na televisão pública do país, com grande êxito de audiência. *Talvisota* reproduzia os mesmos temas: realismo, por um lado, e idealização do povo em armas, por outro, bem como uma certa caricatura do inimigo soviético.

Não obstante, no dealbar do seculo XXI e coincidindo com o gradual desaparecimento da geração dos veteranos de guerra e com a necessidade de inserir a identidade finlandesa no padrão das políticas da memória da Europa ocidental, tem vindo a desenvolver-se uma visão cada vez mais crítica

---

[38] A. Holmila, "Varieties of Silence: Collective Memory of the Holocaust in Finland", em T. Kinnunen e V. Kivimaki (eds.), *Finland in World War II: History, Memory, Interpretations*, Leiden/ Boston: Brill, 2012, pp. 519-60.

e distanciada da narrativa finlandesa da II Guerra Mundial, combinada com um *boom* reivindicativo por parte da extrema-direita.[39]

3. *"Nós não sabemos odiar": a guerra do simpático mediterrânico*

Como já apontámos, diversos contingentes de tropas voluntarias estiveram presentes na Frente Leste, enquadrados em corpos de exército próprios ou integrados em divisões das Waffen SS. Tratando-se de combatentes colaboracionistas, simplesmente não existem no discurso da memória das democracias ocidentais do pós-guerra. Nem a Holanda, nem a França, nem a Bélgica, nem a Noruega ou a Suécia sentiram a necessidade de assumir responsabilidades, ainda que indiretas, pelos atos que tenham podido cometer os seus concidadãos na Frente Leste, já que teriam atuado com uniforme alemão e sob o comando da Wehrmacht ou das Waffen SS. A mesma norma tem sido aplicada aos *malgré nous*, os milhares de soldados alsacianos e lorenos recrutados pela Wehrmacht e enviados para a frente oriental, sobre cujas experiencias e sofrimentos tem imperado o silencio na França do pós-guerra, em parte pela incomodidade das estatísticas de baixas, que demonstravam que a maioria dos franceses caídos nas frentes da guerra... caíram na Rússia, com uniforme alemão![40] Só os círculos revisionistas e de extrema-direita, bem como um amplo setor do nacionalismo flamengo do pós-guerra, pugnaram pela recuperação da *memória heroica* de uns voluntários, cuja principal motivação tinha sido o anticomunismo, por vezes apresentados como patriotas que se sacrificaram na Frente Leste para garantir a sobrevivência das suas nações numa futura Europa sob hegemonia alemã.[41]

---

[39] Vid. V. Kivimaki, "Between Defeat and Victory: Finnish Memory Culture of the Second World War", *Scandinavian Journal of History*, 37:4 (2012), pp. 482-504, assim como T. Kinnunen e M. Jokisipila, „Shifting Images of ‚Our Wars': Finnish Memory Culture of the World War II", em Kinnunen e Kivimaki (eds.), *Finland in World War II*, pp. 435-82; igualmente, T. Kinnunen (ed.), "Finnische Kriegserinnerung", em K. von der Lingen (ed.), *Kriegserfahrung und nationale Identität in Europa nach 1945*, Paderborn et al.: Schöningh, 2009, pp. 350-69.
[40] Cf. P. Lagrou, "Les guerres, les morts et le deuil: Bilan chiffré de la Seconde Guerre Mondiale", em S. Audoin-Rouzeau et al. (eds.), *La violence de guerre 1914-1945*, París: Éditions Complexe, 2002, pp. 313-27.
[41] Vid. por exemplo G. Starcky, *L'Alsacien*, París: Éditions France-Empire, 1983, ou J. Mabire, *Mourir à Berlin*, París: Fayard, 1975. Sobre a conflitiva coexistência da memória flamenga da

Os casos italiano e espanhol eram e são, a este respeito, diferentes de outros países da Europa ocidental. Dezenas de milhares de soldados transalpinos, enquadrados nos seus próprios corpos de exército e sob o comando de oficiais italianos, combateram até 1943 na frente oriental. A Divisão Azul espanhola, se bem que integrada na Wehrmacht, era um corpo misto constituído por voluntários recrutados pela Falange, oficiais e suboficiais oriundos do exército, e voluntários igualmente recrutados nos quartéis. Ainda que a dimensão e a relevância da sua participação militar fossem distintas, como também o foi a natureza dos seus corpos expedicionários, os relatos acerca das experiencias dos soldados na Frente Leste são relativamente semelhantes.

Um elemento comum é, sem dúvida, a persistência de uma memória profissional do exército, protagonista, enquanto instituição, da campanha da Rússia e obrigado a integrar essa memória na sua própria política de recordação na etapa pós-fascista (desde 1945 no caso italiano, desde 1975 no espanhol). Em ambos os casos, os recursos metanarrativos basearam-se numa combinação do tão útil mecanismo da externalização da culpa – todos os excessos, crimes e violações das normas da guerra convencional eram atribuíveis aos alemães – com o argumento da sua dupla ou tripla condição de vítimas (dos desconfiados aliados germânicos, da crueldade soviética e dos próprios dirigentes políticos), e com a autopercepção de ter conduzido a guerra do Leste com excecional decência.

No caso espanhol, um elemento diferencial foi o facto de que a memória da Divisão Azul oscilou, durante o franquismo, entre o silêncio e a sua apresentação como um projeto anticomunista, continuação direta da guerra civil. Se a presença pública da recordação da participação espanhola na frente russa foi reduzida durante o franquismo, os seus tons acríticos perduraram depois de 1975 e até à atualidade. O discurso da exceção espanhola, alicerçado na ausência de preconceitos raciais contra russos e judeus, bem como no bom trato outorgado a prisioneiros soviéticos e civis russos, combinou-se com a aura exótica de uma aventura em terras estranhas, e com os silêncios acerca de questões como a luta contra os *partisans*, a ordem de executar os comissários políticos ou a forma como os judeus eram tratados nos territórios ocupados,

---

guerra com o discurso belga, vid. M. Conway, "The end(s) of Memory. Memories of the Second World War in Belgium", *Journal of Belgian History*, XLII:2-32 (2012), pp. 188-205.

facto observado por muitos soldados durante a sua marcha a pé até à frente russa em agosto e setembro de 1941 ou durante o seu internamento nos hospitais espanhóis de Riga ou Vilnius.[42]

No caso italiano, o recurso à externalização das responsabilidades começou a utilizar-se de maneira sistemática pouco depois da destituição de Mussolini em julho de 1943. Ainda que não esteja demonstrado que as tropas italianas tenham tido participação direta em grandes massacres contra a população civil, há provas de numerosos saqueios e abundantes represálias contra a mesma durante operações contra os *partisans* na retaguarda. Não obstante, também se documentaram casos de proteção de civis, especialmente judeus, por parte de unidades e oficiais italianos. Tudo isto configurava uma peculiar experiencia da guerra. Os argumentos através dos quais se desenvolveu uma memória partilhada e aceite como predominante na esfera pública italiana do pós-guerra, relativamente à participação italiana na frente russa, articulavam--se em torno a três estratégias argumentativas principais.[43]

Em primeiro lugar, uma externalização sistemática da culpa. Os responsáveis por matanças e atrocidades na frente e na retaguarda da frente oriental tinham sido unicamente os alemães. Esta explicação também se usava para consumo interno: a guerra russa tinha sido uma "guerra de Mussolini", imposta pela megalomania do *Duce*, mas não desejada pela imensa maioria do povo italiano. Tal como nas elaborações canónicas da política da memória recente que se generalizaram em Itália depois de 1945, estabeleceu-se aqui também uma separação absoluta entre Mussolini e a elite fascista, por um lado, e a autentica nação italiana, por outro. Nos manuais de Historia para o ensino básico

---

[42] Sobre estas questões, cf. X. M. Núñez Seixas, „Russland war nicht schuldig: Die Ostfronterfahrung der spanischen Blauen Division in Selbstzeugnissen und Autobiographien, 1943-2004", em M. Epkenhans, S. Förster e K. Hagemann (eds.), *Militärische Erinnerungskultur. Soldaten im Spiegel von Biographien, Memoiren und Selbstzeugnissen*, Paderborn: Schöningh, 2006, pp. 236-67, assim como id., "¿Testigos o encubridores? La División Azul y el Holocausto de los judíos europeos: Entre Historia y Memoria", *Historia y Política*, 26 (2011), pp. 259-90.
[43] A. Osti-Guerrazzi, „Wir können nicht hassen''. Zum Selbstbild der italienischen Armee während des Krieges und nach dem Krieg", em H. Welzer, S. Neitzel e Ch. Guderius (Hg.), *"Der Führer war wieder viel zu human, viel zu gefühlvoll". Der Zweite Weltkrieg aus der Sicht deutscher und italienischer Soldaten*, Frankfurt a. M.: Fischer, 2011, pp. 350-91. Vid. também S. Mondini, *Alpini. Parole e immagini di un mito guerriero*, Bari: Laterza, 2008, pp. 157-218.

e secundário durante o pós-guerra imperava a subvalorização ou a redução consciente da importância numérica e estratégica dos contingentes italianos.

Em segundo lugar, a insistência no benigno e generoso comportamento italiano relativamente à população civil, extensível também à política de ocupação transalpina da Albânia, Eslovénia ou Grécia. Uma frase resumia essa perceção de que os italianos eram incapazes de se comportarem como severos ocupantes: *Noi non sappiamo odiare*, escrevia nas suas memórias da frente russa, editadas em 1947, Giovanni Messe, que tinha sido o comandante-em-chefe do corpo de exército italiano na Rússia e que acabou por comandar as tropas do Marechal Badoglio após o armistício de 1943, lutando ao lado dos Aliados.[44] De aí surgiu a construção mítica do "bravo italiano", em contraposição ao alemão mau e acentuado pela própria experiencia da ocupação alemã após 1943 e pela exaltação da figura dos *partisans* italianos no discurso da memória antifascista do pós-guerra.[45]

Em terceiro lugar, a adoção do estatuto de dupla vitima, que se conjugava também com a possibilidade de externalizar o sofrimento. Os soldados italianos teriam sido vitimas tanto das duras condições de uma guerra cruel e selvagem num meio físico inóspito, como da megalomania e ambição destrutiva do *Duce*, que de resto ignorava o sentir antialemão e pacifista do seu povo. Tudo isto permitia também salvar convenientemente a honra do *Regio Esercito* italiano, apresentado como instrumento disciplinado da ambição de Mussolini mas que, como no caso da *limpa* Wehrmacht, se teria limitado a cumprir profissionalmente o seu dever. Os soldados italianos não teriam sofrido só os rigores da guerra e os ataques do inimigo soviético, superior em armamento e em efetivos humanos. Mais ainda, os transalpinos teriam sofrido, na frente, vexações por parte dos dois lados: tanto dos alemães (maus tratos, desprezo, desconfiança...) como dos soviéticos, particularmente durante o penoso cativeiro. Não obstante, teria surgido, a medio prazo, uma especial cumplicidade entre italianos e civis ucranianos, que se teria perpetuado numa recordação favorável dos *bravi italiani* por parte daqueles.

[44] Cf. G. Messe, *La guerra al fronte russo*, Milão: Rizzoli, 1947.
[45] F. Foccardi, *Il cattivo tedesco e il bravo italiano. La rimozione delle colpe della seconda guerra mondiale*, Bari: Laterza, 2013.

INVASORES OU VÍTIMAS?

Estes temas condensavam-se numa serie de imagens de grande impacto visual e literário na memorialística italiana do pós-guerra, que se podem resumir em duas. Por um lado, a *ritirata di Russia*, o desastre da queda da frente do Don em janeiro de 1943 e a desordenada e penosa retirada dos soldados italianos, perseguidos pelo fogo inimigo em condições climáticas terríveis. A sua difusão na literatura e na filmografia italiana do pós-guerra converteram-na num autêntico *lugar de memória* da Itália do seculo XX.[46] Por outro lado, as duras condições do cativerio dos soldados italianos nos campos de prisioneiros soviéticos, que se traduziram também numas taxas de mortalidade muito mais elevadas entre os italianos do que as dos alemães, romenos ou húngaros, e no drama dos prisioneiros que não puderam voltar ao seu país, também omnipresente no cinema italiano do pós-guerra, como demonstra *I girasoli* (1970), de Vittorio de Sica.[47] Estes dois temas converteram-se em elemento central e até omnipresente da grande maioria dos testemunhos autobiográficos dos sobreviventes, de relatos de ficção e de recreações fílmicas, começando pelo grande êxito das memórias romanceadas do médico militar Giulio Bedeschi *Centomila gavette di ghiaccio* ["Cem mil marmitas de gelo", 1963] ou as de Mario Rigoni Stern *Il sergente nella neve* ["O sargento na neve", 1953].[48] Até em algumas obras recentes de Historia militar dos italianos na Rússia se reflete a experiencia da derrota em termos quase místicos, como um "calvário" que acentuava a condição de vítimas dos combatentes mediterrânicos.[49]

O paradigma memorialístico do *bravo italiano* tem sido questionado por alguns historiadores, tanto italianos como estrangeiros, que apontam o comportamento ambivalente e não isento de responsabilidades em relação a crimes dos soldados italianos da Frente Leste, particularmente a pouco benigna

---

[46] Vid. N. Revelli, "La ritirata di Russia", em M. Isnenghi (ed.), *I luoghi della memoria. Strutture ed eventi dell'Italia unita*, Roma/Bari: Laterza, 1997, pp. 356-79.

[47] Mª T. Giusti, *I prigionieri italiani in Russia*, Bolonha: Il Mulino, 2003, pp. 97-98.

[48] M. Rigoni Stern, *Il sergente nella neve*, Turim: Einaudi, 1953; G. Bedeschi, *Centomila gavette di ghiaccio*, Milán: Mursia, 1994 [1ª ed. 1963]. Cf. igualmente G. Rochat, "Memorialistica e storiografia sulla campagna italiana di Russia 1941-1943", em VV. AA., *Gli italiani sul fronte russo*, Bari: Istituto Storico della Resistenza di Cuneo e Provincia, 1982, pp. 465-84, e A. Carteny, "La memorialistica italiana della Campagna di Russia: (Bedeschi, Rivelli, Rigoni Stern)", em A. Biagini e A. Zarcone (ed.), *La campagna di Russia: Nel 70º anniversario dell'inizio dell'intervento dello CSIR, Corpo di Spedizione italiano in Russia*, Roma: Edizioni Nuova Cultura, 2013, pp. 269-74.

[49] A. Leggiero, *Apocalisse nella steppa. Storia militare degli Italiani in Russia 1941-1943*, Bolonha: Odoya, 2013, pp. 193-352.

DITADURAS E REVOLUÇÃO. DEMOCRACIA E POLÍTICAS DA MEMÓRIA

política de ocupação do exército italiano nos Balcãs.[50] Não obstante, as suas investigações têm sido mal recebidas pela historiografia militar italiana – a começar pelo próprio Estado-maior do exercito italiano, que dificultou o acesso à documentação sobre a campanha da Rússia que consta dos seus arquivos – e por uma parte da opinião publica e publicada, que mantem a crença no desempenho limpo das tropas italianas na frente do Don. Às iniciativas benéficas e culturais protagonizadas por algumas associações de veteranos nas zonas onde esteve destinada a maioria dos soldados italianos em 1942-43, uniu-se toda uma campanha pública de *retorno simbólico* dos restos mortais dos soldados caídos, através da recuperação das suas placas de identificação, recolhidas por habitantes ucranianos, e a sua entrega aos descendentes ou parentes vivos em Itália, que foi objeto de programas da televisão pública RAI. Essas iniciativas demonstrariam *a posteriori* que, casos excecionais à parte, eram os alemães e não os italianos (e outros exércitos *aliados* do Eixo) quem praticava uma guerra de extermínio. Assim o reiteraram também alguns historiadores, baseando-se na documentação soviética, que demonstraria que, de facto, a proporção de crimes de guerra entre as tropas italianas era muito inferior à das tropas alemãs na frente do Don. Estas descobertas foram apresentadas pelas associações de veteranos (especialmente dos *Alpini*) e pelo próprio Estado-maior do exército italiano como uma confirmação do estereótipo do *bravo italiano*.[51]

Em qualquer caso, se para a narrativa alemã do pós-guerra sobre a Frente Leste os nazis eram sempre os outros, para o resto dos discursos sobre a memória da Guerra nos antigos países aliados do III Reich o recurso à externalização das responsabilidades foi ainda mais fácil e recorrente: os criminosos sempre foram os alemães.

***

[50] T. Schlemmer, *Die Italiener an der Ostfront 1942/43. Dokumente zu Mussolinis Krieg gegen die Sowjetunion*, Munique: Oldenbourg, 2005; A. Osti-Guerrazzi, *The Italian Army in Slovenia: Strategies of Antipartisan Repression, 1941-1943*, Basingstoke: Palgrave, 2013, e D. Rodogno, *Fascism's European Empire: Italian occupation during the Second World War*, Cambridge et al.: CUP, 2006.

[51] Vid. G. Scotoni, "La memoria della guerra sul Don e l'esperienza italo-russa di cooperazione nella regione di Voronezh (1990-2010)", em Biagini e Zarcone (eds.), *La campagna di Russia*, pp. 251-63, e id., *Il nemico fidato. La guerra di sterminio in URSS e l'occupazione alpina sull' Alto Don*, Trento: Panorama, 2013.

INVASORES OU VÍTIMAS?

O nosso percurso pela interpretação histórico-política e os discursos da memória sobre a Frente Leste chega a conclusões ambíguas, que podem até questionar que seja verdadeiramente, um lugar de memória partilhado e europeu. Pelo contrário, é um lugar de memória disputado ou, em certo sentido, um não-lugar de memória transnacional, frente ao papel que episódios singulares da guerra germano-soviética – a batalha de Estalinegrado, o cerco de Leninegrado, a Batalha de Berlim, *a retirada da Rússia*, Auschwitz... – desempenharam e desempenham no imaginário e na memória pública de diferentes países, e ainda (como no caso de Estalinegrado) assumiram um significado universal como condensação do *pathos* combatente, a resistência heroica e a tragédia de um exército abandonado.

Em primeiro lugar, é evidente que não existe um discurso de consenso sobre a experiência da Frente Leste e o seu caracter singular dentro da II Guerra Mundial, em parte pela dificuldade de dissociar a guerra de extermínio, em si, da *Shoah*. O pêndulo oscilou entre dois polos de forma permanente: Auschwitz e Estalinegrado. Quanto maior o protagonismo adquirido por um, menor a visibilidade do outro. A imagem do assassinato em massa face à tragédia uns soldados famintos e paralisados na neve.

Em segundo lugar, na guerra germano-soviética parece, à primeira vista, haver pouca dúvida sobre as responsabilidades. Houve um lado agressor (o III Reich e os seus aliados) e um país invadido. Mas, por outro lado, o país invadido havia assinado um ano e meio antes um pacto de não agressão com o invasor e tinha repartido com ele um terceiro país. O invadido, por outro lado, era um mosaico multinacional e multiétnico onde, em alguns casos, os invasores foram recebidos como libertadores, pelo menos ao início. A derrota alemã, o conhecimento das atrocidades cometidas pelo lado invasor e o alto preço em vidas humanas pago pela URSS escureceu essas complexidades. O peso da culpa recaiu e recai de forma quase exclusiva sobre a Alemanha. E isso fez com que, na memória da frente oriental, as estratégias de externalização da culpa (e/ou, simplesmente, as perguntas incomodas), fossem facilmente dirigidas na direção da Alemanha e/ou dos nazis.

Em terceiro lugar, a elaboração, desde 1945 na Europa Ocidental e a partir de 1990 na Europa Oriental, de um relato nacional próprio que pudesse individualizar a experiência de cada coletivo na frente oriental, e que exaltasse a diferença com as narrativas dominantes (a alemã e a soviética) levou a uma nacionalização crescente da memória da frente oriental. Cada país tem buscado a sua especificidade, o "seu" lugar na "guerra da Rússia" e a sua própria justificação dentro dos grandes relatos: a luta pela independência nacional e o anticomunismo, por exemplo...

Em quarto lugar, a frente oriental oferece um bom exemplo da nova virtualidade que, depois de 1946, adquiriu a categoria de *vítima*, e em particular a sua interpretação maleável: as próprias culpas também podiam ser contornadas através da autorrepressão como um coletivo vítima dos seus dirigentes, do inimigo, dos aliados prepotentes e do meio físico.

Em quinto lugar, o fato de que na frente oriental combatessem a sangue e fogo duas ditaduras facilitou as estratégias não só de externalização das culpas, mas também a equiparação de ambos os lados. Exceto o lado soviético e a narrativa da Grande Guerra Patriótica, pouco dado antes e depois de 1989 a admitir contradições internas, a equalização dos dois males permitia justificar escolhas difíceis e posições equidistantes, fosse dos " legionários " letões das Waffen SS ou dos soldados finlandeses.

Em sexto e último lugar, é importante destacar um fator importante na conformação das diferentes culturas da memória sobre a frente oriental: a presença ou ausência de exércitos regulares, e daí a necessidade de justificar a continuidade das próprias forças armadas mediante a diferenciação entre uma memória *profissional* do próprio exército – a Wehrmacht, o Regio Esercito italiano, o Exército espanhol, o Exército Vermelho – e uma memória meramente *política* dos contingentes de voluntários. Os exércitos tiveram de elaborar uma imagem de si mesmos limpa e profissional, desde a Wehrmacht aos aliados que levaram a cabo uma guerra ainda mais *limpa* que a da Wehrmacht.

A ética da memória europeia: o que deve ser feito?

Luisa Passerini[1]

Este tópico permite-me repensar muito sobre o meu trabalho sobre a história da identidade europeia, o qual irei recordar brevemente ao longo de minha argumentação. Em vez de assumir uma posição diretamente normativa sobre o que deve ser feito, prefiro deixar a mesma emergir indiretamente de três pontos que gostaria de assinalar, sobre **o que NÃO deve ser feito** nesse campo, sobre **o que já está a ser feito** e sobre **o que poderia ser feito**. Portanto, como primeiro ponto, gostaria de começar pelo que, relativamente a qualquer forma de memória europeia, **não deve ser feito.** Estas são observações parcialmente sugeridas pela minha participação em alguns estágios da preparação do Musée de l'Europe em Bruxelas.

Como historiadora, acredito que o primeiro obstáculo a evitar é a ilusão de continuidade em qualquer forma de memória europeia. Porque é que a questão de continuidade e descontinuidade é tão decisiva? Porque atualmente

---

[1] Professora em regime de part-time do Instituto Universitário Europeu (Florença, Itália); Professora visitante da *Columbia University* (Nova Iorque); antiga professora de História Cultural na Universidade de Turim; Investigadora Responsável pelo projeto do *European Research Council*, «Bodies Across Borders. Oral and Visual Memory in Europe and Beyond». Autora de vários livros, entre os quais, mais recentemente: *Women and Men in Love. European Identities in the Twentieth Century* (2012); *Sogno di Europa* (2009); *Memory and Utopia. The Primacy of Intersubjectivity* (2007); *Europe in Love, Love in Europe* (1999); *Autobiography of a Generation. Italy 1968,* (1996); *Fascism in Popular Memory* (1987).

não há nenhuma outra forma de determinar o que é ser europeu – independentemente da forma ou dos limites que se deseje usar – que não seja através do reconhecimento da herança cultural europeia *de uma forma desconstrutiva*. Em relação a esta questão, é um equívoco postular uma continuidade por mais de dois mil anos de cultura ocidental desde a Grécia antiga até ao presente. Especialmente no terreno do conhecimento, o reconhecimento de ruturas torna-se necessário. Um posicionamento de descontinuidade radical com o nosso passado – sem negar a responsabilidade que recai sobre nós – é necessário para que possamos afirmar de forma credível que desejamos reconhecer o valor da multiplicidade e diversidade no continente europeu. Necessitamos de continuidade na crítica desta herança e de romper com aqueles aspetos da herança que não queremos ignorar, mas que também não queremos reproduzir através de uma nova forma, como o colonialismo, o genocídio, a perseguição de minorias, a opressão e degradação das mulheres, dos negros, dos judeus, dos ciganos e de muitos outros. Sublinhar simplesmente a continuidade do ideal europeu iria impor uma falsa ideia de permanência sobre uma história muito diversa e "partida".

Esta abordagem pode ajudar na conceptualização de uma forma de memória europeia que permita romper com o eurocentrismo e com as hierarquias entre regiões e países europeus e acelerar o abandono de hierarquias internas e externas, como as distinções de longa data entre centro e periferia, entre oeste e leste, entre o Mediterrâneo e o norte (todos exemplos de hierarquias internas) ou os contrastes entre a Europa e a Ásia ou entre a Europa e a América (hierarquias externas). Em vez de continuidade através do tempo, pode ser mais útil representar um espaço comum, como veremos no meu segundo ponto: um espaço europeu partilhado, descontinuado pelas fronteiras nacionais, desterritorializado por movimentos de todos os tipos, e potencialmente um território onde pessoas de todas as origens e identidades podem reunir-se e efectuar trocas de diversas naturezas, desde económicas a simbólicas. Um espaço que não coincide com a União Europeia e que inclui as partes ocidental, central e oriental do continente.

O pressuposto de continuidade é, na verdade, um componente do essencialismo europeu, que alimenta as ilusões de uma memória essencialista. De fato, a continuidade é o essencialismo aplicado ao período de tempo. Traços deste essencialismo podem ainda ser encontrados um pouco por todo o lado. Zygmunt Bauman escreveu sobre uma essência do espírito europeu, que possui todas as características de uma memória, uma vez que é anterior à chamada "Europa real" e que, de acordo com o mesmo, consiste num espírito de aventura, uma busca por novos e emocionantes empreendimentos, uma capacidade de estar sempre um passo à frente da realidade existente, um nomadismo transgressor alérgico a fronteiras. Se já existiu algo semelhante, a nossa memória deve vê-lo pelo que realmente era, um caminho para o capitalismo e o imperialismo, enquanto a paixão pela descoberta deve ser lembrada como uma paixão pela conquista e pela exploração. Bauman vai mais longe e afirma que "we Europeans are perhaps the only ones (as historical subjects and agents of culture) not to have an identity, i.e. a fixed identity", porque a nossa cultura "does not know any rest". Ao mesmo tempo ele defende que esta identidade pode ser reconhecida pelos seus valores e, com base em Tzvetan Todorov, elabora uma lista de valores supostamente europeus, que incluem racionalidade, justiça e democracia. Este é realmente um caso de má memória, que não tem em mente, entre outras coisas, as formas de democracia diferentes da europeia, como as que Amartya Sen nos relembrou estarem presentes nas histórias da África e da Ásia. Eu concordo com a afirmação de que os europeus não possuem uma identidade, o que ecoa na afirmação que os europeus não pertencem a uma raça. Esse essencialismo é nostálgico e nostalgia é precisamente a atitude que poderia prejudicar qualquer nova forma de memória europeia.

Uma nostalgia da Europa do passado está também presente na abordagem da identidade e memória europeias de George Steiner, que acredita que "the genius of Europe is the genius of diversity of a very rich mosaic". Para ele, é a memória de duas cidades, Atenas e Jerusalém, que marca a história da Europa. Mas porque não também a memória histórica de diversos outros locais, que nos lembram casos de uma coexistência amplamente pacífica entre as culturas islâmica, cristã e judaica, em locais como Al-Andaluz entre os séculos VIII e XV? Porque não a memória de africanos e asiáticos que contribuíram para formar a cultura europeia nos últimos séculos? Estas são as mesmas perguntas que poderíamos colocar sobre uma memória que defende que as "raízes europeias" são unicamente as judaico-cristãs e não as raízes pagãs, seculares, islâmicas e outras. (Uso o termo "raízes" devido ao debate em torno da Constituição Europeia, mas gostaria de salientar que este termo possui uma tendência naturalista e confirma a ideia de uma continuidade quase biológica.)

De acordo com Steiner, a Europa não é o local de uma memória feliz, mas sim da memória de homicídios individuais e coletivos. Steiner está correto ao afirmar que os campos de extermínio são um fenómeno europeu, mas esquece-se de mencionar que estes tiveram início nas colónias europeias, como a Namíbia. O esquecimento do passado colonial torna mais difícil ver as potencialidades do nosso momento pós-colonial, as quais podem nutrir uma memória diaspórica capaz de superar o típico eurocentrismo da sua parte ocidental. Há uma memória da Europa que está a morrer nas suas velhas formas hierárquicas e eurocêntricas, mas há uma outra que pode crescer com uma consciência das origens mistas da Europa e das ligações entre culturas na base de sua civilização.

Contudo, Steiner faz uma importante contribuição para um conceito inovador de memória europeia: para ele, a Europa é caracterizada por uma paisagem e tempo humanizados, uma paisagem forjada pelos pés e mãos de mulheres e homens, indo de uma casa para a outra, de uma aldeia para a outra. Esta observação contribui para as formas tradicionais da memória europeia, que tem tradicionalmente insistido em cidades e numa paisagem rural. Podemos lembrar que foi das áreas rurais da Europa que partiram muito daqueles que migraram para África, Austrália e para as Américas. Estes imigrantes viram-se definidos como "europeus" pela primeira vez nas colónias; esta é uma outra forma na qual a memória de ser europeu é marcada pela experiência de colonialismo, um aspeto da História que deve ser parte de qualquer memória de Europa.

Nesta perspetiva, após quase vinte anos, Edgar Morin atualizou o seu livro *Penser l'Europe*, escrevendo que é necessário um trabalho de memória para elaborar a herança da barbárie europeia: comércio de escravos, racismo, totalitarismos nazi e soviético. Para Morin, integrar os seus aspetos bárbaros na memória europeia é a única possibilidade de integrar também a memória dos antídotos para a barbárie, como o humanismo e universalismo, de uma forma que seja possível regenerá-los.

Para concluir este primeiro ponto, poderia resumir as minhas intenções dizendo que o que deve ser evitado na construção de qualquer forma de memória que deseje ser chamada de europeia são os pressupostos essencialistas de que pode existir uma história ininterrupta da memória europeia e que o sujeito europeu dessa memória é, por definição, branco, cristão e homem. Isso implicitamente exige que novas formas de memória europeia incluam as dimensões de género, cor e raça.

Agora, gostaria de abordar uma segunda questão, sobre o **que já está a ser feito** e que parece promissor para a construção de memórias europeias. Por "o que está a ser feito" refiro-me a dois domínios de significado. O primeiro é um processo que decorre no espaço europeu, no sentido literal e metafórico. Os movimentos de migração através da Europa não só desterritorializam o continente através de passagens clandestinas e legais das fronteiras nacionais, mas também rompem as fronteiras entre as esferas pública e privada, uma vez que esses sujeitos diaspóricos vivem em situações em que a esfera privada é reduzida ou negada, tanto fisicamente como metaforicamente. Ao mesmo tempo, eles percorrem espaços públicos tanto por formas abertas como clandestinas; novos espaços europeus são assim criados pelos itinerários dos imigrantes através da Europa, de tal forma que as fronteiras parecem ser permeáveis. Romances e filmes sobre a migração na Europa transmitem o sentido da aniquilação da privacidade. Ao mesmo tempo, estão a ser construídos novos espaços públicos em ligação com as comunidades culturais de minorias, espaços que podem ser definidos como esferas públicas subordinadas, como uma esfera turca na Alemanha, uma paquistanesa na Grã-Bretanha, uma romena na Itália, mas também há esferas públicas subordinadas multinacionais. Tudo isso poderia, e provavelmente irá, produzir memórias fragmentadas, uma vez que estes processos ocorrem tanto no espaço geográfico, como no espaço simbólico.

É precisamente na ligação entre as esferas pública e privada que Heidrun Friese baseia a ideia de uma nova perspetiva para a Europa a ser aberta pela memória do que está "em falta". Para ela, o que podemos indicar culturalmente com o nome "Europa" não pode ser encontrado no que já existe, mas apenas em transições e ruturas. É algo que deve ser recuperado nas possibilidades históricas que a Europa perdeu, as suas "oportunidades perdidas": o seu cosmopolitismo perdido, a sua liberdade perdida, a sua justiça perdida. Para recusar a possibilidade de que tudo na Europa continue como está, a memória do que falta é indispensável.

DITADURAS E REVOLUÇÃO. DEMOCRACIA E POLÍTICAS DA MEMÓRIA

O segundo sentido no qual digo "o que está a ser feito" refere-se a um esforço consciente para construir formas de memória europeia adequadas ao que acontece física e culturalmente ao território europeu e no território europeu. Recentemente, as artes visuais forçaram, de diversas formas, o debate em torno da questão de um espaço público europeu e daqueles que são excluídos dele. Este espaço público pode ser compreendido, no seu sentido mais amplo, como um espaço ao qual todos os cidadãos têm garantido algum tipo de direito legal de acesso. Aquilo que é questionado por muitos é o próprio direito de se tornarem cidadãos, uma questão que se torna particularmente sensível quando a cidadania é compreendida no seu sentido mais geral, como estando ligada ao corpo e àquilo que os constitucionalistas europeus chamam de "direitos humanos portáteis", isto é, os direitos que um indivíduo deve poder carregar consigo, independente de ser ou não um real cidadão.

Nos últimos anos, as artes visuais começaram a contribuir para um tipo de memória compreendida na sua dimensão múltipla. Gostaria de dar alguns exemplos do trabalho que as artes visuais já fizeram em documentar e desafiar uma Europa fortaleza espacial. O DVD "Border" (França/Reino Unido 2004) de Laura Waddington retrata de forma dramática e a meia-luz as sombras de migrantes que tentam todas as noites atravessar de França para Inglaterra através do Eurotúnel. A peça de teatro "Le dernier Caravansérail (Odyssées)" de Ariadne Mnouchkine (Avignon, 2003) levou ao palco a mesma experiência dos migrantes de uma forma profundamente comovente e chocante. O vídeo "Europlex" de Ursula Biemann e Angela Sanders (2003) apresenta o ir e vir maioritariamente clandestino no estreito de Gilbraltar, o qual os autores chamam de "corredor cultural", o ir e vir de mulheres e homens marroquinos, a polícia espanhola e piratas, através de barcos de diversos tipos, helicópteros, ferryboats e autocarros. "B-zone", um projeto de arte de investigação visual intitulado "Becoming Europe and Beyond" (2005) elaborado por diversos artistas com diferentes meios (Ursula Biemann, Angela Melitopoulos, Lisa Parks) ilustrou as geografias transitórias do sudoeste da Europa, desde os Balcãs até à Turquia e Cáucaso, incluindo o novo oleoduto que liga a antiga capital do petróleo Baku na costa do Mar Cáspio ao Mediterrâneo. Na ausência de uma política europeia clara no sentido de transformar o continente num espaço público para todos os seus habitantes, a arte visual assume a tarefa de mostrar nitidamente os limites desse espaço e a necessidade de desafiar as suas fronteiras como Europa fortaleza. Aqui, a linguagem das imagens dialoga com as emoções de um contrapúblico que se constitui no território europeu e contribui para criar uma memória do espaço europeu a caminho de ser transformada.

O cinema também tem contribuído de uma forma significativa, mas muitas vezes contraditória, para a construção de várias memórias da Europa. Há exemplos clássicos neste campo, como *La grande illusion* de Jean Renoir, 1937. Este filme criou um escândalo no seu tempo devido à sua mensagem pacifista. Mas também contém uma mensagem europeia implícita, o que o torna uma parte fundamental da memória europeia. O filme demonstra a inanidade do nacionalismo e o absurdo das fronteiras nacionais, o declínio da velha Europa e das suas classes dominantes, mas também o poder das emoções individuais, como a amizade e o amor, que unem pessoas em diferentes países e culturas: um futuro espaço europeu parece ser o único local adequado para acolher a afetividade dos protagonistas. O filme transmite de forma vigorosa a ideia de que há mais de uma Europa e antecipa aquilo que Albert Camus escreveu durante a Segunda Guerra Mundial no seu *Letter to a German Friend*: "A sua Europa não é a nossa".[2]

Mas, recentemente, há uma série de possíveis exemplos de filmes que podem ser considerados como contribuições para a construção de uma memória europeia, geralmente de uma forma indireta, que é o que é mais poderoso e significativo para uma forma de subjetividade enraizada em emoções como é a memória. A ligação entre o público e o privado e a relevância do corpo e das suas emoções no espaço europeu estão muito presentes, por exemplo, nos filmes das cores: *Azul, Branco* e *Vermelho* de Krzysztof Kieslowski, 1993-94. Os protagonistas dos três filmes movem-se num espaço que vai da França e Suíça até à Grã-Bretanha, Hungria e Polónia, um território que somente poderia ser europeu nas suas partes ocidental, central e oriental.

Um horizonte europeu pode também ser discernido na produção recente de filmes mais modestos e comerciais. Diversos filmes recentes contribuíram para a construção da memória na Europa, colocando a questão de um espaço europeu e da fronteira móvel entre público e privado, através de histórias de

---

[2] Nota do tradutor: o livro em questão foi publicado em Portugal com o título *Cartas a um Amigo Alemão*. Porém, a citação não foi retirada da edição portuguesa e sim traduzida tendo por base a citação feita pela autora originalmente em inglês.

casais compostos por parceiros de origens culturais diferentes. Tenho em mente um grupo de filmes italianos, entre os quais *Un'altra vita* (Outra vida) de Carlo Mazzacurati, 1992, *Un'anima divisa in due* (Uma alma dividida) de Silvio Soldini, 1993, *Vesna va veloce* (Vesna corre rápido) de Carlo Mazzacurati, 1996, *L'Assedio* (O assédio) de Bernardo Bertolucci, 1999, *Sotto il Sole nero* (Sob o sol negro) de Enrico Verra, 2004 e *Quando sei nato non puoi più nasconderti* (Quando se nasce não se pode mais esconder)[3] de Marco Tullio Giordana, 2005. Todos estes filmes narram histórias de amor entre um homem italiano e uma mulher imigrante (da Rússia, da República Checa, Nigéria, Albânia) e, geralmente, tratam-se amores impossíveis. O homem adulto, um homem italiano "tradicional", é apresentado na maioria das vezes como desiludido após uma relação fracassada e localizado num espaço local ou nacional. Mas, apesar de diversos obstáculos, o espaço parece abrir-se para as figuras das mulheres que se movem livremente através da Europa, enquanto os homens, apesar dos seus esforços, permanecem presos às suas situações insatisfatórias.

As imagens propostas por alguns diretores, europeus e não europeus, são mais explícitas na apresentação de espaços de intercâmbio transcultural que denunciam a Europa existente e fazem alusão à necessidade de imaginar um continente diferente, dois elementos que convergem na caracterização de uma memória europeia possível do nosso presente a ser transmitida para o futuro. Por exemplo, em alguns filmes do diretor turco-alemão Fatih Akin, o amor é o motor de itinerários através do território europeu, incluindo a Turquia, sem rutura de continuidade e expressa a dificuldade das relações interculturais. Um importante filme a este respeito é *La Faute à Voltaire* (2000) do diretor franco-tunisino Abdellatif Kéchiche. O filme narra a história do tunisino Jallel na França e as suas dificuldades em sobreviver. A memória europeia é um dos componentes do filme, mas de uma forma irónica, visto que é nítido o contraste entre a memória da herança do Iluminismo – entendida como incluindo a promessa de um asilo político – e a realidade europeia existente.

O que as artes visuais nos dizem é que é oferecida à Europa a possibilidade de uma nova memória através da abertura do seu espaço e da abolição de fronteiras que os migrantes de dentro e fora do continente trazem consigo.

---

[3] Nota do tradutor: os títulos dos filmes em português foram traduzidos tendo por base a tradução inglesa feita pela autora e não o título original italiano.

A importância do trabalho feito pelas artes visuais reside no fato de estas apelarem às emoções e desejos e criarem bases para uma memória que são significativas ao nível emocional. Tal trabalho sugere que a construção de uma memória na Europa deve valorizar a consciência do processo através do qual o privado e o íntimo se tornam cada mais de interesse e relevância pública.

Como terceiro ponto, gostaria de adicionar algumas considerações finais sobre a importância do **que pode ser feito**, usando mitos e símbolos para a criação de memórias europeias. Na área de discussão em torno de uma Europa unida e da questão do que deve hoje significar um sentido europeu de pertença, o termo "mito" tem sido muitas vezes compreendido no seu sentido mais fraco e negativo e usado de uma forma pejorativa, como na expressão "Euromitologia". Esse tipo de compreensão contrasta com o fato de os mitos representarem um importante componente da esfera simbólica e com o papel que eles podem ter em relação à construção de uma memória europeia.

O mito é capaz de iluminar áreas de significado dentro da realidade, de tornar certas partes do mundo narráveis e renarráveis (termos usados por Hans Blumenberg no seu trabalho sobre o mito) numa linha de "comunicabilidade intersubjetiva", que está também na base da transmissão da memória. Experimentei essa utilização no meu trabalho sobre a imagem mítica de Europa e do touro, um trabalho realizado com duas intenções, uma no sentido de contribuir para a superação do chamado défice simbólico que resulta de uma construção europeia baseada nos aspetos económicos e financeiros da realidade; e a outra no sentido de compreender o valor atual deste mito. Com base nesta experiência, gostaria de apresentar uma dupla consideração. Embora a relevância de conceder um local adequado para os mitos e símbolos na construção de memórias europeias deva ser valorizada, é preciso estar ciente de que a dimensão icónica de mitos e símbolos tende a superar o seu significado atual relativamente a uma memória europeia. Um risco semelhante de arrebatamento simbólico tornou-se evidente no decorrer da exposição sobre o mito de Europa na que participei em 2002 e que foi realizada em Florença, na Galeria Uffizi.

Em qualquer caso, se considerarmos a produção artística em torno do mito de Europa nas últimas décadas, da segunda metade do século XX até hoje, descobrimos que este mito é representado por diversos artistas que não são europeus de origem e que nem ambicionam tornar-se europeus: americanos que combinam este tema com motivos provenientes de mitos nativos americanos, como o escultor Waylande Gregory, ou japoneses, como o pintor Yasushi Sugiyama, ou caribenhos, como o poeta Derek Walcott. Isso significa que hoje o mito de Europa já não pertence apenas ou mesmo diz respeito somente à Europa, uma vez que é transformado e profundamente inovado por artistas de vários continentes. Ele contém diversos significados associados à Europa, mas também atua de forma poderosa na criação de ligações entre a Europa e os outros. Tornou-se parte de uma memória do mundo em construção, na qual qualquer nova forma de memória europeia deve ser localizada.

Além disso, no nosso tempo, o mito inovou profundamente o seu significado. Por exemplo, ele reflete agora as alterações nas relações de género. As suas representações visuais durante o século XX contam uma história complexa da figura de Europa, ilustrando vicissitudes da subjetividade feminina, a combinação da passividade e atividade, a alternância de vitimização e triunfo. A Europa representa um passado de poder das mulheres, como uma das Grandes Mães do Mediterrâneo, e uma alusão à transição de uma sociedade matriarcal para uma patriarcal. Algumas interpretações pictóricas da imagem de Europa nos últimos 40 anos, como as da artista alemã Ursula e da italiana Carol Rama, recordam este passado nas suas poderosas representações arcaicas da mulher a dominar o touro. Este passado pode convergir numa memória da Europa ligada ao género, incluindo formas míticas de poder, em conjunto com as memórias históricas de formas de emancipação e libertação.

Por fim, gostaria de mencionar uma implicação que o mito de Europa assume, novamente, na atualidade em relação à memória do espaço. A Europa mítica partiu da região sul de Tiro e Sídon, atualmente a região sul de Beirute, e de locais de acampamento, como Sabra e Chatila. Assim, o mito da Europa chama a atenção para a trágica situação do povo e da terra da Palestina. Neste sentido, o mito contém a esperança de que a sua conclusão no futuro inclua uma Europa capaz de abraçar tanto Israel como a Palestina nas bases culturais e simbólicas. Recordo-me que Bronislaw Geremek assumiu uma vez uma posição semelhante numa perspetiva política e institucional, convidando a União Europeia a oferecer a possibilidade de adesão tanto a Israel como à Autoridade Palestina. Tenho a esperança que insistir na dimensão cultural e simbólica como um caminho para os europeus construírem uma memória, tendo em consideração os conflitos de nossa época, pode também ser útil no que se refere à situação política.

Para concluir, nos dias de hoje, na Europa, existem potencialmente formas de memória diaspóricas. Num recente workshop sobre a noção de locais europeus de memória, organizado por Etienne François do Instituto de Estudos Avançados de Nantes, os participantes concordaram em falar sobre memórias europeias, em vez de locais europeus de memória, e em evitar qualquer definição *a priori* de "Europa", considerando antes as definições dadas no decorrer do tempo por parte dos europeus e não-europeus, numa perspetiva global. Algumas das palavras-chave possíveis sugeridas foram: Egito, Constantinopla, Maomé e o Corão, a mesquita e a sinagoga, e Xangai. Um exercício semelhante, tentando imaginar onde se podem situar as memórias da Europa que gostaríamos de construir, seria útil para nos habituarmos a desterritorializar as possíveis memórias da Europa.

No seu ensaio *A Cortina*, originalmente publicado em Francês com o título *Le Rideau*, Milan Kundera transmite um profundo sentimento de mudanças culturais na história do que é europeu e fornece uma definição seminal de esquecimento e memória: a força do esquecimento é cancelar, a força da memória é transformar. As novas memórias europeias serão aquelas que possuem a força para transformar.

Algumas referências

Etienne Balibar, *L'Europe, l'Amerique, la guerre*, La Découverte, Paris 2003.
Idem, *Nous, citoyens d'Europe?*, La Découverte, Paris 2001.
Zygmunt Bauman, *Europe. An Unfinished Adventure*, Polity Press, Cambridge-Malden, Mass. 2004.
Hans Blumenberg, *Work on Myth*, MIT Press, Cambridge, Mass. and London 1985
Heidrun Friese, *L'Europa a venire*, in Heidrun Frese, Antonio Negri, Peter Wagner (editors), *Europa politica. Ragioni di una necessità*, manifestolibri, Roma 2002, pp. 59-75.
Milan Kundera, *Le rideau*, Gallimard, Paris 2005.
Edgar Morin, *Penser l'Europe*, Gallimard, Paris 1987.
Idem, *Culture et barbarie européennes*, Bayard, Paris 2005.
Luisa Passerini, *Il mito d'Europa. Radici antiche per nuovi simboli*, Giunti, Firenze 2002.
Amartya Sen, *La democrazia degli altri. Perché la libertà non è un'invenzione europea*, Mondatori, Milano 2004.
George Steiner, *The Idea of Europe* (Lecture originally given at the Nexus Institute, The Netherlands), *The Liberal*, July-August 2006.